Der Koran

Die Übersetzung seiner Bedeutung
in der deutschen Sprache

Aus dem Arabischen von
Abu-Rida Muhammad Ibn Ahmad Rassoul

Mit einer Einführung von
Maulana Wahiduddin Khan

W0180396

Goodword Books
IB Verlag Islamische Bibliothek

Erstmalige Veröffentlichung von Goodword Büchern im Jahr
2013 mit der Genehmigung und in Kooperation mit IB Verlag
Islamische Bibliothek

Goodword Books
A-21, Sector 4, Noida-201301, India
Tel. +91-8588822672, +91120-4314871
email: info@goodwordbooks.com
www.goodwordbooks.com

Goodword Books, Chennai
324, Triplicane High Road
Triplicane, Chennai-600005
Tel. +9144-4352-4599
Mob. +91-9790853944, 9600105558
email: chennaigoodword@gmail.com

Goodword Books, Hyderabad
Tel. 04023000131, Mob. 07032641415
email: hyd.goodword@gmail.com

Islamic Vision Ltd.
426-434 Coventry Road, Small Heath
Birmingham B10 0UG, U.K.
Tel. 121-773-0137
e-mail: info@ipci-iv.co.uk
www.islamicvision.co.uk

IB Publisher Inc.
81 Bloomingdale Rd, Hicksville
NY 11801, USA
Tel. 516-933-1000
Toll Free: 1-888-560-3222
email: info@ibpublisher.com
www.ibpublisher.com

Gedruckt in Indien
Printed in India

The Quran App

The Quran App and the Quran ebook are especially developed for today's readers. This free app and ebook enhance the reading experience of the Quran and can be read even if you are offline.

DOWNLOAD YOUR FREE APPS AND EBOOKS NOW

GOOGLE BOOK

IOS

BLACKBERRY

SMART PHONES

kobo
KOBO

NOOK

KINDLE

TABLETS

Wenn du Fragen zum Islam hast und mehr über ihn wissen möchtest, kannst du die unten aufgeführten Websites aufsuchen.

www.cpsglobal.org
www.alrisala.org
www.alquranmission.org
www.goodowordbooks.com

Von dort kannst du Videos, Artikel und andere Audiodateien zu verschiedenen Themen, die den Islam, den Quran und das Leben des Propheten Muhammad betreffen, runterladen. Ebenso kannst du eine kostenlose Druckausgabe des Quran in Englisch und anderen Sprachen von diesen Websites bestellen.

Inhaltsverzeichnis

EINFÜHRUNG

Der Koran ist das Buch Gottes. Es ist in seiner Gesamtheit für alle Zeiten bewahrt worden. Obwohl ursprünglich auf Arabisch geschrieben, ist es dank Übersetzungen jenen zugänglich gemacht worden, die keine Kenntnis der arabischen Sprache haben. Wenngleich sie kein Ersatz für das Original sind, dienen Übersetzungen dem Zweck der Verbreitung des Wortes Gottes weit über die Arabisch sprechenden Völker hinaus, zu einem weit größeren Spektrum der Menschheit.

Der Koran ist offensichtlich in der arabischen Sprache verfasst. Doch in Wirklichkeit ist dies die Sprache der Natur, das heißt, die Sprache, in der Gott alle Menschen zur Zeit der Schöpfung direkt ansprach. Dieser göttliche Aufruf an die Menschheit ist allgegenwärtig im Bewusstsein aller Menschen, und das ist der Grund, weshalb der Koran universell verständlich ist - für einige auf einer bewussten Ebene und für andere auf einer unterbewussten Ebene. Diese Tatsache wird im Koran beschrieben als „klare Zeichen in den Herzen derer, denen das Wissen gegeben wurde." In diesem Vers heißt es weiter: „Es gibt keinen, der Unsere Zeichen leugnet außer den Ungerechten" (29:49).

Dies bedeutet, dass die göttliche Wirklichkeit, die im Koran auf einer bewussten Ebene erklärt wird, auf der Ebene des Unterbewusstseins bereits in Menschen existiert. Die Botschaft des Korans ist also nicht etwas, was dem Menschen fremd ist. Tatsächlich ist sie ein verbaler Ausdruck derselben göttlichen Wirklichkeit, die mit der menschlichen Natur übereinstimmt und mit welcher der Mensch bereits vertraut ist. Der Koran erklärt dies damit, dass jene, die in späteren Zeiten geboren wurden, alle ursprünglich zum Zeitpunkt der Erschaffung Adams geboren worden seien und Gott sich damals direkt an all diese menschlichen Seelen gerichtet habe.

Daher wird dieses Ereignis im Koran erwähnt:

„Und als dein Herr aus den Kindern Adams - aus ihren Lenden − ihre Nachkommenschaft hervorbrachte und sie zu Zeugen gegen sich selbst machte (indem Er sprach): 'Bin Ich nicht euer Herr?', sagten sie: 'Doch, wir bezeugen es.' (Dies ist so,) damit ihr nicht am Tag der Auferstehung sprecht: 'Siehe, wir wussten nichts davon.'" (7:172).

In folgendem Vers erwähnt der Koran den Dialog zwischen Gott und den Menschen ein weiteres Mal:

„Wahrlich, Wir boten das Treuhänderamt den Himmeln und der Erde und den Bergen an; doch sie weigerten sich, es zu tragen, und schreckten davor zurück. Aber der Mensch nahm es auf sich. Wahrlich, er ist sehr ungerecht, unwissend." (33:72)

Der Koran ist dem Menschen im Grunde schon bekannt und viel mehr als eine völlig unbekannte Sache. Tatsächlich ist der Koran die Entfaltung des menschlichen Geistes.

Wenn jemand, dessen natürliche Veranlagung noch lebendig ist und der sich vor einem gewissen Einfluss bewahren konnte, den Koran liest, werden jene Gehirnzellen aktiviert, in denen Gottes erste Ansprache erhalten ist. Wenn wir dies im Hinterkopf behalten, wird es nicht schwer fallen anzuerkennen, dass die Übersetzung des Korans ein gültiges Mittel zu seinem Verständnis ist.

Wenn Gottes Ansprache der erste Bund war, so ist der Koran der zweite Bund. Jeder der beiden legt Zeugnis für die Wahrhaftigkeit des anderen ab. Beherrscht man die arabische Sprache nur wenig oder gar nicht und liest den Koran lediglich in seiner Übersetzung, sollte man nicht davon ausgehen, ihn nicht verstehen zu können, da das koranische Konzept vom Menschen als natürlichem Empfänger von Gottes Wort in der Moderne Wirklichkeit geworden ist. Die Wissenschaft des genetischen Codes und die Erkenntnisse der Anthropologie unterstützen diese Sichtweise.

Der Schöpfungsplan Gottes

Jedes Buch hat sein Ziel, und das Ziel des Korans ist es, den Menschen den Schöpfungsplan Gottes bewusst zu machen. Das heißt, den Menschen mitzuteilen, warum Gott diese Welt erschuf, was der Zweck der Ansiedlung von Menschen auf der Erde ist, was vom Menschen zu seinen Lebzeiten erwartet wird, und was ihn nach dem Tod erwartet. Der Mensch wird als ewiges Wesen geboren. Als Gott den Menschen als solches erschuf, teilte er seine Lebensspanne in zwei Phasen auf: die vor dem Tod, welche eine Zeit der Prüfung ist; und jene nach dem Tod, in der er die Belohnung oder die Strafe erhält, die er sich durch das eigene Handeln im Laufe des Lebens verdient hat, in Form des ewigen Paradieses oder der ewigen Hölle. Der Zweck des Korans ist es, den Menschen diese Realität bewusst zu machen. Dies ist das Thema dieses göttlichen Buches, das dem Menschen als Führer für die gesamte Reise dient, von diesem Leben bis ins Leben nach dem Tod.

Man könnte sagen, dass der Mensch von Geburt an ein Suchender ist. Diese Fragen gehen jedem durch den Kopf: Wer bin ich? Was ist der Sinn meines Lebens? Was ist die Realität von Leben und Tod? Was ist das Geheimnis von menschlichem Erfolg oder Misserfolg? - usw. Nach dem Koran lautet eine der Antworten auf diese Fragen, dass die diesseitige Welt ein Ort der Prüfung ist, und dass alles, womit der Mensch in diesem Leben ausgestattet wird, Teil der Prüfung ist. Das Jenseits ist der Ort, an dem das Ergebnis der Prüfung vom Allmächtigen angerechnet wird, und was immer der Mensch im Leben nach dem Tod an Belohnung oder Bestrafung erhält, wird seinen Taten in dieser Welt angemessen sein. Das Geheimnis menschlichen Erfolgs in diesem Leben besteht darin, Gottes Schöpfungsplan zu verstehen und sein Leben entsprechend zu gestalten.

Ein Buch der göttlichen Warnung

Der Koran ist ein Buch der göttlichen Warnung. Es ist eine Kombination aus Unterricht und Ermahnungen und könnte daher noch angemessener als ein Buch der Weisheit bezeichnet werden. Der Koran folgt nicht dem Muster des traditionellen didaktischen Buches. Wenn der durchschnittliche Leser den Koran aufschlägt, erscheint er ihm womöglich wie eine Sammlung fragmentarischer Aussagen. Dieser Eindruck ist nicht ganz falsch. Jedoch ist diese Anordnung des Korans nicht die Folge eines Mangels, sondern stimmt vielmehr mit dem koranischen Plan überein - nämlich seine ursprüngliche Form zu bewahren, um seinen Zweck zu erfüllen, welcher darin liegt, dem Leser die Botschaft der Wahrheit zu übermitteln, wenn er auf seinen Streifzügen durch die Schrift vielleicht nur eine Seite, einen Vers oder eine Zeile liest.

Ein wichtiger Aspekt des Korans liegt darin, dass er eine Erinnerung an die Segnungen ist, die uns vom Versorgenden und höchsten Wohltäter gewährt werden. Die wichtigsten davon sind die außergewöhnlichen Qualitäten, mit denen Gott den Menschen ausstattete, als Er ihn erschuf. Ein weiterer großer Segen liegt darin, dass Er ihn auf der Erde ansiedelte, einem Planeten, auf dem es alles gibt, was der Mensch braucht. Der Zweck des Korans ist es, sicherzustellen, dass der Mensch, während er diese Segnungen der Natur genießt, an seinen Wohltäter denkt: Er muss die Freigebigkeit seines Schöpfers anerkennen. Wenn er sich so verhält, wird dem Menschen der Eintritt in das ewige Paradies gewährt werden; ignoriert er jedoch seinen Wohltäter, führt dies den Menschen geradewegs in die Hölle. Der Koran ist in der Tat eine Erinnerung an diese unausweichliche Realität.

Einige glauben, dass für ein richtiges Verständnis des Korans eine spirituelle Person an seiner Seite notwendig sei, und dass sich nur so die Bedeutung des Korans erschließen würde. Dies bedeutet, sowohl den Menschen als auch den Koran zu unterschätzen. Der Koran spricht den Geist des Menschen an, und der Geist ist des Menschen größte Fähigkeit. So ist die Entdeckung des Korans auf einer rein intellektuellen Ebene ausreichend, um seine Bedeutung zu erfassen. Tatsächlich wird der Koran auf der intellektuellen Ebene zu einem offenen Buch. Von jenen, die den Koran auf einem niedrigeren Niveau entdecken, kann man nicht behaupten, dass sie ihn überhaupt entdeckt haben. Stattdessen auf die Traditionen ihrer Gemeinde zurückzugreifen, um Unterweisung und Erleuchtung zu erhalten, kann nicht mit dem idealen Zugang zur Religion verglichen werden, den der Koran so beständig anbietet.

Die innere Einstellung und das Bewusstsein von der Existenz Gottes

Ein wichtiges Merkmal des Korans ist, dass er uns einfache, aber grundlegende Prinzipien vorgibt, die zum Teil oft wiederholt werden, um sie zu betonen. Dabei machen nicht- grundlegende oder formelle Aspekte nur einen geringen Teil des Textes aus. Dies steht im Einklang mit der koranischen Regel, dass die Bedeutung der Form völlig zweitrangig ist. Für den Koran sind nur jene Vorschriften wichtig, die als grundlegende Richtlinien fungieren. Dieser Aspekt des Korans ist so klar, dass seine Leser nicht anders können als dies wahrzunehmen und zu schätzen.

Die Wahrheit ist, dass die innere Einstellung von größter Bedeutung beim Aufbau einer islamischen Persönlichkeit ist. Sobald die innere Einstellung entwickelt ist, wird sich die korrekte Form von selbst ergeben. Aber die Form alleine kann niemals die innere Einstellung hervorrufen. Darum ist es das Ziel des Korans, eine intellektuelle Revolution im Menschen zu initiieren und zu verwirklichen. Der Ausdruck, der im Koran für diese geistige Revolution verwendet wird, lautet *Ma'rifa* (Erkenntnis der Wahrheit) (5:83).

Der Koran betont die Bedeutung der Entdeckung der Wahrheit durch den Menschen auf der Ebene der Umsetzung. Wahrer Glaube an Gott ist, was man auf einem solchen Niveau erreicht. Wo es keine Umsetzung gibt, gibt es keinen Glauben.

Das Wort Gottes

Wenn Sie den Koran lesen, werden Sie immer wieder finden, dass darin behauptet wird, dass er das Wort Gottes sei. Augenscheinlich ist dies eine offensichtliche Tatsache. Aber wenn man es im Zusammenhang betrachtet, ist es eine außergewöhnliche Aussage. Es gibt in der Welt viele Bücher, die als heilig angesehen werden. Aber mit Ausnahme des Korans findet sich kein religiöses Buch, das sich selbst als das Wort Gottes bezeichnet. Diese Aussage, die nur im Koran auftaucht, gibt dem Leser einen Ausgangspunkt. Dann studiert er ihn als ein außergewöhnliches Buch und nicht als ein gewöhnliches, von Menschen geschriebenes Buch. Im Koran finden sich wiederkehrende Aussagen, die in etwa wie folgt gefasst sind: „Oh Mensch, es ist dein Herr, der zu dir spricht. Höre auf Seine Worte und folge Ihm." Auch diese Art der Ansprache ist sehr außergewöhnlich. Diese Form des direkten göttlichen Aufrufs findet sich in keinem anderen Buch. Er hinterlässt einen nachhaltigen Eindruck beim Menschen. Er fühlt, dass sein Herr ihn direkt anspricht. Dieses Gefühl zwingt den Menschen, die Aussagen des Korans äußerst ernst zu nehmen, anstatt sie wie alltägliche Aussagen eines gewöhnlichen Buches zu behandeln. Die Art der Zusammenstellung des Korans ist ebenfalls einzigartig. In von Menschen geschriebenen Büchern ist das Material in der Regel in alphabetischer Reihenfolge geordnet, je nach Thema. Aber der Koran folgt keiner solchen Reihenfolge, so dass er dem gewöhnlichen Leser ungeordnet erscheint. Wenn man es jedoch näher betrachtet, entsteht ein äußerst kohärentes und geordnetes Buch von sehr majestätischem Stil. Beim Lesen des Korans spüren wir, dass sein Verfasser sich auf einem sehr hohen Podest befindet, von wo aus Er nach unten blickt und die gesamte Menschheit anspricht, was Sein besonderes Anliegen ist. Diese Ansprache konzentriert sich auf verschiedene Gruppen von

Menschen, während sie gleichzeitig alle von ihnen umfasst.

Eine Besonderheit des Korans ist, dass der Leser jederzeit seinen Verfasser konsultieren kann, Ihm Fragen stellen kann und Antworten erhalten wird, denn der Verfasser des Korans ist Gott selber. Er ist ein lebendiger Gott. Als Schöpfer des Menschen hört und beantwortet Er den Anruf des Menschen auf direkte Weise.

Der Dschihad ist ein friedlicher, ideologischer Kampf

Diejenigen, die den Koran nur durch die Medien kennen lernen, haben im Allgemeinen den Eindruck, dass er ein Buch des Dschihad sei; und unter Dschihad verstehen sie den Versuch, ein Ziel mit gewaltsamen Mitteln zu erreichen. Doch diese Idee basiert auf einem Missverständnis. Wer den Koran selbst liest, wird ohne Weiteres anerkennen, dass seine Botschaft nichts mit Gewalt zu tun hat. Der Koran ist - vom Anfang bis zum Ende - ein Buch, das Frieden verkündet und in keiner Weise zu Gewalt aufruft. Es stimmt, dass der Dschihad eine der Lehren des Korans ist. Die wahre Bedeutung des Wortes „Dschihad" ist jedoch vielmehr „friedlicher Kampf" als irgendeine Art von gewalttätigen Aktionen. Das koranische Konzept des Dschihad wird im folgenden Vers ausgedrückt: „...sondern eifere [d.h. verrichte den größeren Dschihad] mit ihm (dem Quran) in großem Eifer gegen sie" (25:52).

Es ist offensichtlich, dass der Koran keine Waffe ist, sondern ein Buch, das uns eine Einführung in die göttliche Ideologie des friedlichen Kampfes gibt. Die Methode eines solchen Kampfes laut des Koran: „...und sprich zu ihnen über sie selbst ein eindringliches Wort" (4:63).

Der gewünschte Ansatz ist nach dem Koran also einer, der Herz und Geist des Menschen bewegt. Das heißt, indem er den Geist der Menschen anspricht, erfüllt er sie, überzeugt sie von der Wahrhaftigkeit des Korans und bewirkt, kurz gesagt, eine intellektuelle Revolution in ihnen. Das ist die Mission des Korans. Und diese Mission kann nur mithilfe rationaler Argumente durchgeführt werden. Dieses Ziel kann niemals durch Gewalt oder bewaffnete Aktionen erreicht werden.

Es ist wahr, dass es bestimmte Verse im Koran gibt, die Vorschriften wie die folgende vermitteln: „Und tötet sie, wo immer ihr auf sie stoßt" (2:191).

Unter Bezugnahme auf solche Verse wird oft versucht, den Eindruck zu vermitteln, dass der Islam eine Religion des Krieges und der Gewalt sei. Das ist völlig falsch. Solche Verse beziehen sich nur auf diejenigen, welche die Muslime einseitig angreifen. Der obige Vers übermittelt nicht einen allgemeinen Befehl des Islams.

In Wahrheit wurde der Koran in dieser vollständigen Form, in welcher er heute existiert, nicht auf einmal offenbart. Er wurde je nach entsprechenden Umständen nach und nach über einen Zeitraum von 23 Jahren offenbart. Teilt man dies in Jahre des Krieges und des Friedens auf, so beträgt die Zeit des Friedens zwanzig Jahre, die des Kriegszustandes jedoch nur drei Jahre. In den Offenbarungen dieser zwanzig friedlichen Jahre ging es um die friedlichen Lehren des Islams, wie sie in den Versen über die Gotteserkenntnis, den Gottesdienst, Moral, Gerechtigkeit usw. vermittelt werden.

Diese Aufteilung der Gebote in verschiedene Kategorien ist ein ganz natürlicher Vorgang, der in allen religiösen Büchern zu finden ist. So geht es zum Beispiel in der Gita, dem heiligen Buch der Hindus, um Weisheit und moralische Werte. Doch damit einher geht die Ermutigung Krishnas an Arjuna zu kämpfen (Bhagavad Gita, 3:30). Dies bedeutet nicht, dass diejenigen, die an die Gita glauben, ständig Krieg führen sollen. Schließlich hat Mahatma Gandhi seine Philosophie der Gewaltlosigkeit aus eben jener Gita abgeleitet. Die Aufforderung zur Kriegsführung in der Gita gilt nur für Ausnahmefälle, in denen die Umstände keine andere Wahl lassen. Aber für das alltägliche Leben erteilt sie die gleichen friedfertigen Gebote wie die, die von Mahatma Gandhi aus ihr abgeleitet wurden.

Auch Jesus Christus sagte: „Ihr sollt nicht wähnen, dass ich gekommen sei, Frieden zu senden auf die Erde. Ich bin nicht gekommen, Frieden zu senden, sondern das Schwert." (Matthäus 10:34).

Es wäre nicht richtig, zu dem Schluss zu kommen, dass die Religion, die Christus predigte, eine von Krieg und Gewalt sei, da solche Äußerungen sich ausschließlich auf bestimmte Anlässe beziehen. Was das Leben im Allgemeinen angeht, so lehrte Christus friedliche Werte, wie den Aufbau eines guten Charakters, einander zu lieben, den Armen und Bedürftigen zu helfen usw.

Das Gleiche gilt für den Koran. Als der Prophet Muhammad von Mekka nach Medina auswanderte, verhielten sich die heidnischen Stämme ihm gegenüber aggressiv. Doch der Prophet wendete ihre Angriffe stets durch Geduld und eine Strategie der Vermeidung ab. Doch in bestimmten Fällen gab es keine andere Möglichkeit als sich zu verteidigen. Deshalb musste er bei einigen Anlässen kämpfen. Wegen dieser Umstände wurden Offenbarungen über den Krieg herabgesandt. Diese Gebote, die spezifisch für bestimmte Umstände waren, sollten keine allgemeine Geltung haben. Sie sollten nicht für alle Zeiten gelten. Daher ist der endgültige Status des Propheten eine so genannte „Barmherzigkeit für alle Welten" (21:107).

Der Islam ist eine Religion des Friedens im wahrsten Sinne des Wortes. Der Koran nennt seinen Weg „die Wege des Friedens" (5:16). Er beschreibt Versöhnung als die beste Politik (4:128), und erklärt, dass Gott jede Störung des Friedens verabscheut (2:205). Es ist keine Übertreibung zu sagen, dass Islam und Gewalt im Widerspruch zueinander stehen. Das Konzept der islamischen Gewalt ist so offensichtlich unbegründet, dass es unmittelbar zurückzuweisen ist. Die Tatsache, dass Gewalt in der heutigen Welt nicht zukunftsfähig ist, genügt als Zeichen dafür, dass Gewalt als Prinzip der islamischen Weltanschauung völlig fremd ist. Der Islam beansprucht für sich, eine ewige Religion zu sein, und als solche könnte er es sich niemals leisten, ein Prinzip aufrechtzuerhalten, das sich nicht bewährt hat. Jeder Versuch, den Islam mit Gewalt in Verbindung zu bringen, läuft daher darauf hinaus, Zweifel an der Ewigkeit der islamischen Religion zu wecken. Islamischer Terrorismus ist ein Widerspruch in sich, ähnlich wie 'pazifistischer' Terrorismus. Tatsächlich ist es so, dass alle Lehren des Islams direkt oder indirekt auf dem Prinzip des Friedens basieren.

Ein offenbartes Buch

Der Koran ist ein von Gott dem Propheten Muhammad offenbartes Buch. Er ist nicht in Form eines kompletten Buches zu ihm gekommen, sondern nach und nach, über einen Zeitraum von 23 Jahren. Der erste Teil wurde im Jahre 610 n. Chr. offenbart, als der Prophet Muhammad in Mekka lebte. Anschließend kam es regelmäßig zu weiteren Offenbarungen, wobei der letzte Teil im

Jahre 632, als der Prophet in Medina lebte, offenbart wurde.

Der Koran hat 114 Kapitel, sowohl lange als auch kurze. Die Zahl der Verse beträgt mehr als 6600. Um den Erfordernissen der Rezitation gerecht zu werden, wurde der Koran in dreißig Teile aufgeteilt. Diese Teile wurden schließlich unter der Leitung des Engels Gabriel, durch den Gott den Koran offenbart hatte, geordnet.

Als der Koran im ersten Viertel des siebten Jahrhunderts offenbart wurde, war das Papier bereits erfunden worden. Dieses Papier, das als Papyrus bekannt ist, wurde von Hand aus den Fasern bestimmter Bäume gefertigt. Immer wenn ein Teil des Korans offenbart wurde, wurde er auf Papyrus niedergeschrieben, was auf Arabisch qirtas (6:7) heißt. Während dieses Prozesses lernten die Menschen die Verse auswendig, wobei der Koran die einzige islamische Literatur ist, die sowohl im Gebet rezitiert als auch für Da'wa- Zwecke (d.h. die Einladung zum Islam) vorgetragen wird. Auf diese Weise wurde der Koran gleichzeitig auswendig gelernt und niedergeschrieben. Diese Methode der Erhaltung bzw. Bewahrung des Korans wurde bereits zu Lebzeiten des Propheten Mohammed angewandt und setzt sich seitdem weiter fort.

Der dritte Kalif, 'Uthman ibn 'Affan, ließ mehrere Kopien anfertigen. Er schickte sie in verschiedene Städte, wo sie in den großen Moscheen aufbewahrt wurden. Die Menschen rezitierten nicht nur aus diesen Kopien, sondern fertigten auch weitere Kopien von ihnen an.

Der Koran wurde weiterhin von Hand aufgeschrieben, bis die Druckerpresse erfunden wurde und Papier dank der industriellen Revolution in großem Maßstab hergestellt werden konnte. Dann begann man den Koran zu drucken. Die Druckverfahren wurden immer weiter verbessert und damit ebenfalls der Druck des Korans. Heute sind gedruckte Exemplare des Korans so geläufig, dass sie in jedem Haus, in jeder Moschee, Bibliothek oder Buchhandlung zu finden sind. Heute kann jeder eine schöne Kopie des Korans finden, wo immer er auch sein mag, überall auf der Welt.

Maulana Wahiduddin Khan
sk@skhan.org

Der
Koran

(1) Sura Al-Fātiḥa (Die Eröffnende)

Offenbart zu Makka, 7 Āyāt

Im Namen Allāhs, des Allerbarmers, des Barmherzigen! (1)

Alles Lob gebührt Allāh, dem Herrn der Welten (2), dem Allerbarmer, dem Barmherzigen (3), dem Herrscher am Tage des Gerichts! (4)

Dir allein dienen wir, und Dich allein bitten wir um Hilfe. (5)

Führe uns den geraden Weg (6), den Weg derer, denen Du Gnade erwiesen hast, nicht den Weg derer, die Deinen Zorn erregt haben, und nicht den Weg der Irregehenden. (7)

(2) Sura Al-Baqara (Die Kuh)

Offenbart zu Al-Madīna, 286 Āyāt

Im Namen Allāhs, des Allerbarmers, des Barmherzigen!

Alif Lām Mīm. (1) Dies ist das Buch Allāhs, das keinen Anlass zum Zweifel gibt, es ist eine Rechtleitung für die Gottesfürchtigen (2), die an das Verborgene glauben und das Gebet verrichten und von dem ausgeben, was Wir ihnen beschert haben (3), und die an das glauben, was auf dich und vor dir herabgesandt wurde, und die mit dem Jenseits fest rechnen. (4) Diese folgen der Leitung ihres Herrn und diese sind die Erfolgreichen. (5)

Wahrlich, denen, die ungläubig sind, ist es gleich, ob du sie warnst oder nicht warnst: sie glauben nicht. (6) Versiegelt hat Allāh ihre Herzen und ihr Gehör; und über ihren Augen liegt ein Schleier; ihnen wird eine gewaltige Strafe zuteil sein. (7)

Und manche Menschen sagen: "Wir glauben an Allāh und an den Jüngsten Tag", doch sie sind keine Gläubigen. (8) Sie versuchen, Allāh und die Gläubigen zu betrügen, und doch betrügen sie nur sich selbst, ohne dass sie dies empfinden. (9) In ihren Herzen ist eine Krankheit, und Allāh mehrt ihre Krankheit, und für sie ist eine schmerzliche Strafe dafür bestimmt, dass sie logen. (10) Und wenn ihnen gesagt wird: "Stiftet kein Unheil auf der Erde", so sagen sie: "Wir sind doch die, die Gutes tun." (11) Gewiss jedoch sind sie die, die Unheil stiften, aber sie empfinden es nicht. (12) Und wenn ihnen gesagt wird: "Glaubt wie die Menschen geglaubt haben", sagen sie: "Sollen wir etwa wie die Toren glauben?" Gewiss jedoch sind sie selbst die Toren, aber sie wissen es nicht. (13) Und wenn sie mit den Gläubigen zusammentreffen, so sagen sie: "Wir glauben." Wenn sie aber mit ihren Satanen allein sind, sagen sie: "Wir sind ja mit euch; wir treiben ja nur Spott." (14) Allāh verspottet sie und lässt sie weiter verblendet umherirren. (15) Diese sind es, die das Irregehen gegen die Rechtleitung eingetauscht haben, doch ihr Handel brachte ihnen weder Gewinn, noch werden sie rechtgeleitet. (16) Ihr Beispiel ist dem Beispiel dessen gleich, der ein Feuer anzündet; und als es nun alles um ihn herum erleuchtet hatte, ließ Allāh ihr Licht verschwinden und ließ sie in Finsternissen zurück, und sie sahen nichts (17), taub, stumm und blind; und so kehrten sie nicht um. (18) Oder (ihr Beispiel ist) gleich (jenen bei) einem Regenguss vom Himmel, voller Finsternisse, Donner und Blitz; sie stecken ihre Finger in ihre Ohren in Todesangst vor den Donnerschlägen. Und Allāh hat die Ungläubigen in Seiner Gewalt. (19) Der Blitz raubt ihnen beinahe ihr Augenlicht: Sooft er ihnen Licht gibt, gehen sie darin voran, und wenn es dunkel um sie wird, so bleiben sie stehen. Und wenn Allāh wollte, hätte Er ihnen gewiss Gehör und Augenlicht genommen. Wahrlich, Allāh ist über alle Dinge Mächtig. (20)

O ihr Menschen, dient eurem Herrn, Der euch und diejenigen vor euch erschaffen hat, damit ihr gottesfürchtig sein mögt (21), Der euch die Erde zu einer Ruhestätte und den Himmel zu einem Bau gemacht hat und vom Himmel Wasser herniedersandte und dadurch Früchte als Gabe für euch hervorbrachte, darum setzt Allāh nichts gleich, wo ihr doch wisst. (22) Und wenn ihr im Zweifel seid über das, was Wir auf Unseren Diener herabgesandt haben, so bringt doch eine Sura gleicher Art herbei und beruft euch auf eure Zeugen außer Allāh, wenn ihr wahrhaftig seid. (23) Und wenn ihr es aber nicht tut - und ihr werdet es bestimmt nicht tun können - so fürchtet das Feuer, dessen Brennstoff Menschen und Steine sind; es ist für die Ungläubigen vorbereitet. (24) Und verkünde die frohe Botschaft denjenigen, die glauben und Gutes tun, auf dass ihnen Gärten zuteil werden, in deren Niederungen

Bäche fließen; und sooft sie eine Frucht daraus bekommen, sagen sie: "Das ist doch das, was wir schon früher zu essen bekamen." Doch ihnen wird nur Ähnliches gegeben. Und ihnen gehören darin Gattinnen vollkommener Reinheit und sie werden ewig darin bleiben. (25)

Wahrlich, Allāh schämt Sich nicht, irgendein Gleichnis zu prägen mit einer Mücke oder mit etwas darüber. Nun diejenigen, die glauben, wissen, dass es die Wahrheit von ihrem Herrn ist. Diejenigen aber, die ungläubig sind, sagen: "Was wollte denn Allāh mit einem solchen Gleichnis?" Er führt damit viele irre und leitet viele auch damit recht. Doch die Frevler führt Er damit irre (26), die den Bund Allāhs brechen, nachdem dieser geschlossen wurde, und die zerreißen, was nach Allāhs Gebot zusammengehalten werden soll, und Unheil auf der Erde anrichten. Diese sind die Verlierer. (27)

Wie könnt ihr Allāh leugnen, wo ihr doch tot wart und Er euch lebendig machte und euch dann sterben lässt und euch dann (am Jüngsten Tag) lebendig macht, an dem ihr zu Ihm zurückkehrt? (28) Er ist es, Der für euch alles auf der Erde erschuf; alsdann wandte Er Sich den Himmeln zu und richtete sie zu sieben Himmeln auf; und Er ist aller (Dinge) kundig. (29)

Und als dein Herr zu den Engeln sprach: "Wahrlich, Ich werde auf der Erde einen Nachfolger einsetzen", sagten sie: "Willst Du auf ihr jemanden einsetzen, der auf ihr Unheil anrichtet und Blut vergießt, wo wir doch Dein Lob preisen und Deine Herrlichkeit rühmen?" Er sagte: "Wahrlich, Ich weiß, was ihr nicht wisst." (30) Und Er brachte Adam alle Namen bei, dann brachte Er diese vor die Engel und sagte: "Nennt mir die Namen dieser Dinge, wenn ihr wahrhaftig seid!" (31) Sie sprachen: "Gepriesen bist Du. Wir haben kein Wissen außer dem, was Du uns gelehrt hast; wahrlich, Du bist der Allwissende, der Allweise." (32) Er sprach: "O Adam, nenne ihnen ihre Namen!" Und als er ihnen ihre Namen nannte, sprach Er: "Habe Ich nicht gesagt, dass Ich das Verborgene der Himmel und der Erde kenne, und dass Ich kenne, was ihr offenbart und was ihr verborgen gehalten habt." (33)

Und als Wir zu den Engeln sprachen: "Werft euch vor Adam nieder", da warfen sie sich nieder bis auf *Iblīs*; er weigerte sich

und war hochmütig. Und damit wurde er einer der Ungläubigen.
(34) Und Wir sprachen: "O Adam, verweile du und deine Gattin
im Garten und esst uneingeschränkt von seinen Früchten, wo
immer ihr wollt! Kommt jedoch diesem Baum nicht nahe, sonst
würdet ihr zu den Frevlern gehören." (35) Doch Satan ließ sie
dort straucheln und brachte sie aus dem Zustand heraus, in
dem sie waren. Da sprachen Wir: "Geht (vom Garten) hinunter!
Der eine von euch sei des Anderen Feind. Und ihr sollt auf der
Erde Wohnstätten und Versorgung auf beschränkte Dauer
haben." (36) Daraufhin empfing Adam von seinem Herrn Worte,
worauf Er ihm verzieh; wahrlich, Er ist der Allverzeihende,
der Barmherzige. (37) Wir sprachen: "Geht hinunter von hier
allesamt!" Und wenn dann zu euch Meine Rechtleitung kommt,
brauchen diejenigen, die Meiner Rechtleitung folgen, weder
Angst zu haben, noch werden sie traurig sein. (38) Diejenigen
aber, die ungläubig sind und Unsere Zeichen für Lüge erklären,
werden Bewohner des Feuers sein, in dem sie auf ewig verweilen
sollen. (39)

O ihr Kinder Israels! Gedenkt Meiner Gnade, die Ich euch
erwiesen habe und erfüllt euer Versprechen Mir gegenüber, so
erfülle Ich Mein Versprechen euch gegenüber. Und Mich allein
sollt ihr fürchten. (40) Und glaubt an das, was Ich als Bestätigung
dessen herabgesandt habe, was bei euch ist, und seid nicht die
ersten, die dies verleugnen! Und tauscht Meine Zeichen nicht
ein gegen einen geringen Preis, und Mir allein gegenüber sollt
ihr ehrfürchtig sein. (41) Und mischt nicht Wahrheit mit Unrecht
durcheinander! Und verschweigt nicht die Wahrheit, wo ihr
(sie) doch kennt. (42) Und verrichtet das Gebet und entrichtet
die *Zakāh* und verneigt euch mit den Sich-Verneigenden. (43)
Wollt ihr den Menschen Aufrichtigkeit gebieten und euch selbst
vergessen, wo ihr doch das Buch lest! Habt ihr denn keinen
Verstand? (44) Und helft euch durch Geduld und Gebet; dies ist
wahrlich schwer, außer für Demütige (45), welche ahnen, dass
sie ihrem Herrn begegnen und zu Ihm heimkehren werden.
(46) O ihr Kinder Israels! Gedenkt Meiner Gnade, mit der Ich
euch begnadete und (denkt daran) dass Ich euch allen Welten
vorgezogen habe. (47) Und fürchtet den Tag, an dem keine Seele

für eine andere bürgen kann und von ihr weder Fürsprache noch Lösegeld angenommen wird; und ihnen wird nicht geholfen. (48) Und denkt daran, dass Wir euch vor den Leuten des Pharao retteten, die euch schlimme Pein zufügten, indem sie eure Söhne abschlachteten und eure Frauen am Leben ließen. Darin lag eine schwere Prüfung von eurem Herrn. (49) Und denkt daran, dass Wir für euch das Meer teilten und euch retteten, während Wir die Leute des Pharao vor euren Augen ertrinken ließen. (50) Und denkt daran, dass Wir Uns mit Moses vierzig Nächte verabredeten, als ihr dann hinter seinem Rücken das Kalb nahmt und damit Unrecht begingt. (51) Alsdann vergaben Wir euch, auf dass ihr dankbar sein mögt. (52)

Und denkt daran, dass Wir Moses das Buch gaben, sowie die Unterscheidung, auf dass ihr rechtgeleitet werden mögt. (53) Und da sagte Moses zu seinen Leuten: "O meine Leute! Ihr habt auf euch selbst eine schwere Schuld geladen, indem ihr euch das Kalb nahmt; so kehrt reumütig zu eurem Schöpfer zurück und tötet selbst eure Schuldigen. Dies ist für euch besser bei eurem Schöpfer." Alsdann vergab Er euch; wahrlich, Er ist der Allvergebende, der Barmherzige. (54)

Und als ihr sagtet: "O Moses! Wir werden dir gewiss nicht glauben, bis wir Allāh unverhüllt sehen", da traf euch der Blitzschlag, während ihr zuschautet. (55) Dann erweckten Wir euch wieder nach eurem Tode, auf dass ihr dankbar sein mögt (56), und Wir ließen die Wolken über euch Schatten werfen und sandten euch Manna und Wachteln herab: "Esst von den guten Dingen, die Wir euch gegeben haben." Und sie schadeten Uns nicht; vielmehr schadeten sie sich selbst. (57)

Und Wir sagten: "Tretet ein in diese Stadt und esst von dort, wo immer ihr wollt nach Herzenslust, und tretet durch das Tor ein, indem ihr euch niederwerft und sagt: »Vergebung!«, auf dass Wir euch eure Missetaten vergeben. Und Wir werden den Rechtschaffenen mehr geben." (58) Doch die Ungerechten vertauschen das Wort mit einem, das ihnen nicht gesagt wurde. Da sandten Wir auf die

Ungerechten eine Strafe vom Himmel herab, weil sie gefrevelt hatten. (59)

Und als Moses für sein Volk um Wasser bat, da sagten Wir: "Schlag mit deinem Stock auf den Felsen." Da sprudelten aus ihm zwölf Quellen heraus. So kannte jeder Stamm seine Trinkstelle. "Esst und trinkt von dem, was Allāh euch gegeben hat, und richtet auf Erden kein Unheil an." (60)

Und als ihr sagtet: "O Moses, wir können uns mit einer einzigen Speise nicht mehr zufriedengeben. Bitte also deinen Herrn für uns, dass Er uns (Speise) von dem hervorbringe, was die Erde wachsen lässt, (von) Kräutern, Gurken, Knoblauch, Linsen und Zwiebeln!" Da sagte er: "Wollt ihr etwa das, was geringer ist, in Tausch nehmen für das, was besser ist? Geht doch zurück in eine Stadt. Dort werdet ihr das erhalten, was ihr verlangt!" Und Schande und Elend kamen über sie und sie verfielen dem Zorn Allāhs. Dies (geschah deshalb), weil sie immer wieder die Zeichen Allāhs leugneten und die Propheten zu Unrecht töteten; dies (geschah), weil sie sich auflehnten und immer wieder übertraten. (61)

Wahrlich, diejenigen, die glauben, und die Juden, die Christen und die Sabäer, wer an Allāh und den Jüngsten Tag glaubt und Gutes tut - diese haben ihren Lohn bei ihrem Herrn und sie werden weder Angst haben noch werden sie traurig sein. (62)

Und als Wir mit euch einen Bund schlossen und über euch den Berg emporragen ließen (und zu euch sagten): "Haltet fest an dem, was Wir euch gebracht haben, und gedenkt dessen, was darin enthalten ist; vielleicht werdet ihr gottesfürchtig sein" (63); da habt ihr euch abgewandt; und wenn nicht die Gnade Allāhs und Seine Barmherzigkeit über euch gewesen wären, so wäret ihr gewiss unter den Verlierenden gewesen. (64)

Und gewiss habt ihr diejenigen unter euch gekannt, die das Sabbat-Gebot brachen. Da sprachen Wir zu ihnen: "Werdet ausgestoßene Affen." (65) Und Wir machten dies zu einem warnenden Beispiel für alle Zeiten und zu einer Lehre für die Gottesfürchtigen. (66)

Und als Moses zu seinem Volk sagte: "Wahrlich, Allāh befiehlt euch, eine Kuh zu schlachten", sagten sie: "Willst du dich über

uns lustig machen?" Er sagte: "Allāh bewahre mich davor, einer
der Toren zu sein." (67) Sie sagten: "Bitte für uns deinen Herrn,
dass Er uns erkläre, wie sie sein soll." Er sagte: "Wahrlich, Er
sagt, sie soll eine Kuh sein, die nicht zu alt und nicht zu jung ist,
sondern ein Alter dazwischen hat. So tut das, was euch befohlen
wird." (68) Sie sagten: "Rufe für uns deinen Herrn an, dass
Er uns erkläre, welche Farbe sie haben soll." Er (Moses) sagte:
"Wahrlich, Er sagt, es soll eine gelbe Kuh sein von lebhafter
Farbe, die die Schauenden erfreut." (69) Sie sagten: "Rufe für uns
deinen Herrn an, dass Er uns erkläre, wie sie sein soll. Für uns
sind die Kühe einander ähnlich; und wenn Allāh will, werden
wir gewiss rechtgeleitet sein!" (70) Er (Moses) sagte: "Wahrlich,
Er sagt, es soll eine Kuh sein, die nicht abgerichtet ist, die weder
den Boden pflügt noch den Acker bewässert, makellos, ohne
jeglichen Flecken." Da sagten sie: "Jetzt bist du mit der Wahrheit
gekommen." So schlachteten sie sie, und beinahe hätten sie
es nicht getan. (71) Und als ihr jemanden getötet und darüber
untereinander gestritten hattet, da sollte Allāh ans Licht bringen,
was ihr verborgen hieltet. (72) Da sagten Wir: "Berührt ihn mit
einem Stück von ihr!" So bringt Allāh die Toten wieder zum
Leben und zeigt euch Seine Zeichen; vielleicht werdet ihr es
begreifen. (73)

Sodann verhärteten sich eure Herzen, so dass sie wie Steine
wurden, oder noch härter. Und es gibt wahrlich Steine, aus denen
Bäche hervorsprudeln, und es gibt auch welche unter ihnen, die
bersten und aus denen Wasser herausfließt. Und es gibt welche
unter ihnen, die herniederstürzen aus Furcht vor Allāh. Und
Allāh ist eures Tuns nicht achtlos. (74)

Hofft ihr etwa, dass sie euch glauben, wo doch eine Schar von
ihnen das Wort Allāhs bereits gehört und es dann, nachdem sie
es begriffen hatten, bewusst verfälschten? (75)

Und wenn sie mit denen zusammentreffen, die glauben, so
sagen sie: "Wir glauben." Und wenn sie aber untereinander
allein sind, sagen sie: "Sprecht ihr zu ihnen über das, was Allāh
euch eröffnet hat, damit sie es vor eurem Herrn als Argument
gegen euch verwenden? Begreift ihr denn nicht?" (76) Als ob sie
nicht wüssten, dass Allāh weiß, was sie verheimlichen und was

sie kundtun! (77) Es gibt Ungelehrte unter ihnen, die das Buch nicht kennen, sondern nur Wunschvorstellungen; und sie stellen nichts anderes als Vermutungen an. (78) Doch wehe denen, die das Buch mit ihren eigenen Händen schreiben und dann sagen: "Dies ist von Allāh!", um dafür einen geringen Preis zu erlangen. Wehe ihnen also ob dessen, was ihre Hände geschrieben und wehe ihnen ob dessen, was sie erworben haben! (79) Und sie sagen: "Gewiss wird uns das Feuer nicht berühren, außer auf abgezählte Tage!" Sprich: "Habt ihr etwa ein Versprechen (darüber) von Allāh erhalten? Dann wird Allāh Sein Versprechen bestimmt nicht brechen, oder wollt ihr über Allāh (etwas) sagen, wovon ihr kein Wissen besitzt?" (80) Doch nein! Wer sich Übles erworben hat und sich in seiner Sündhaftigkeit eingefangen hält - diese werden Bewohner des Feuers sein. Darin werden sie ewig bleiben. (81) Diejenigen aber, die glauben und gute Werke tun, werden die Bewohner des Paradieses sein. Darin werden sie ewig bleiben. (82)

Und als Wir mit den Kindern Israels einen Bund schlossen: "Ihr sollt niemanden außer Allāh anbeten, euch den Eltern, Verwandten, Waisen und Armen gegenüber wohltätig erweisen, freundlich zu den Menschen sprechen, das Gebet verrichten und die *Zakāh* entrichten", so habt ihr euch danach abgewendet bis auf wenige unter euch, indem ihr abtrünnig bliebt. (83)

Und als Wir mit euch einen Bund schlossen: "Ihr sollt weder euer Blut vergießen noch euch gegenseitig aus euren Häusern vertreiben", da habt ihr es dann zugesagt und es bezeugt. (84) Dennoch seid gerade ihr es, die ihr euch gegenseitig tötet und einen Teil von euch aus seinen Häusern vertreibt, indem ihr gemeinsam gegen sie vorgeht in Sünde und Unrecht. Wenn sie jedoch als Gefangene zu euch kommen, kauft ihr sie los, wo euch doch ihre Vertreibung verboten worden ist. Glaubt ihr denn an einen Teil des Buches und leugnet einen anderen Teil? Für diejenigen unter euch, die solches tun, gibt es aber keine andere Vergeltung außer Schande in diesem Leben; und am Tage der Auferstehung werden sie der strengsten Bestrafung zugeführt werden. Und Allāh ist eures Tuns nicht achtlos. (85) Diese sind es, die das diesseitige Leben um das jenseitige erkauft haben;

deshalb wird ihnen die Strafe nicht erleichtert und ihnen nicht geholfen werden. (86)

Wahrlich, Wir gaben Moses das Buch und ließen ihm die Gesandten nachfolgen; und Wir gaben Jesus, dem Sohn Marias, die klaren Beweise und unterstützten ihn durch heilige Eingebung. Doch sooft euch ein Gesandter etwas brachte, was euch nicht behagte, wart ihr hochmütig und erklärtet einige für Lügner und erschlugt andere! (87) Und sie sagten: "Unsere Herzen sind unempfindlich." Aber nein! Allāh hat sie wegen ihres Unglaubens verflucht. Darum sind sie wenig gläubig. (88)

Und als zu ihnen ein Buch von Allāh kam, das bestätigend, was ihnen vorlag - und zuvor hatten sie (Ihn) um den Sieg angefleht über diejenigen, die ungläubig waren; als aber zu ihnen das kam, was sie schon kannten, da leugneten sie es. Darum lastet der Fluch Allāhs auf den Ungläubigen! (89) Schlecht ist das, wofür sie ihre Seelen verkauft haben, indem sie das leugnen, was Allāh herabgesandt hat, aus Missgunst, dass Allāh etwas von Seiner Huld herabkommen lasse auf wen von Seinen Dienern Er auch immer will. So haben sie Zorn über Zorn auf sich geladen, und den Ungläubigen wird eine erniedrigende Strafe zuteil sein. (90)

Wenn ihnen gesagt wird: "Glaubt an das, was Allāh herabgesandt hat", sagen sie: "Wir glauben an das, was uns herabgesandt wurde", während sie das leugnen, was danach kam, obgleich es um die Wahrheit geht, die das bestätigt, was in ihrem Besitz ist. Sprich: "Warum habt ihr also die Propheten Allāhs vordem getötet, wenn ihr Gläubige seid?" (91) Und Moses war zu euch mit den klaren Beweisen gekommen. Dann nahmt ihr euch das Kalb, nachdem er weggegangen war, und habt unrecht getan. (92)

Und als Wir mit euch einen Bund schlossen und über euch den Berg emporragen ließen: "Haltet fest an dem, was Wir euch gegeben haben und hört", da sagten sie: "Wir hören, doch wir widersetzen uns." Und sie wurden in ihren Herzen durch das Kalb trunken gemacht um ihres Unglaubens willen. Sprich: "Schlecht ist das, was euer Glaube euch befiehlt, wenn ihr Gläubige seid." (93) Sprich: "Wenn die Wohnstätte des Jenseits bei Allāh nur euch gehört, unter Ausschluss anderer Menschen, dann wünscht euch den Tod, wenn ihr wahrhaftig seid!" (94) Doch nie werden sie ihn herbeiwünschen wegen dessen, was ihre Hände vorausgeschickt haben, und Allāh kennt die Ungerechten. (95) Und bestimmt wirst du sie unter allen Menschen am gierigsten nach Leben finden, und mehr noch als diejenigen, die Götzen anbeten. Manch einer von ihnen möchte, dass ihm ein Leben von tausend Jahren gewährt wird; doch er hält sich dadurch von der Strafe nicht fern, (auch) wenn ihm ein hohes Alter gewährt würde. Und Allāh sieht wohl, was sie tun. (96)

Sprich: "Wer auch immer Gabriel zum Feind nimmt, so hat er ihn (den Qurʾān) doch mit Ermächtigung Allāhs in dein Herz herabgesandt als Bestätigung dessen, was vor ihm war, und als Rechtleitung und frohe Botschaft für die Gläubigen." (97) Wer auch immer zum Feind wurde gegen Allāh und Seine Engel und Seine Gesandten und Gabriel und Michael, so ist wahrlich Allāh den Ungläubigen ein Feind. (98)

Und Wir haben dir gewiss klare Zeichen herabgesandt und niemand leugnet sie außer den Frevlern. (99) Ist es denn nicht immer so, dass jedesmal, wenn sie ein Bündnis eingegangen sind, ein Teil von ihnen es verwirft? Die meisten von ihnen glauben es doch nicht. (100) Und als nunmehr zu ihnen ein Gesandter von Allāh kam, das bestätigend, was in ihrem Besitz ist, da hat ein Teil von ihnen, denen das Buch gegeben wurde, das Buch Allāhs hinter ihren Rücken geworfen, als ob sie nichts wüssten. (101)

Und sie folgten dem, was die Satane während der Herrschaft Salomos vortrugen; doch nicht Salomo war ungläubig, sondern die Satane waren ungläubig; sie brachten den Menschen die Zauberei bei sowie das, was den beiden Engeln in Babel, Hārūt und *Mārūt*, herabgesandt wurde. Die beiden jedoch haben niemanden etwas gelehrt, ohne dass sie gesagt hätten: "Wir sind nur eine Versuchung, so werde nicht ungläubig!" Und sie lernten von den beiden das, womit man zwischen dem Mann und seiner Gattin Zwietracht herbeiführt. Doch sie fügten damit niemandem Schaden zu, es sei denn mit der Ermächtigung Allāhs. Und sie lernten, was ihnen schadet und ihnen nichts nützt. Und doch wussten sie, dass, wer es erkauft, keinen Anteil am Jenseits hat.

Schlecht ist das wahrlich, wofür sie ihre Seelen verkauft haben, hätten sie es (nur) gewusst! (102) Hätten sie aber geglaubt und wären gottesfürchtig gewesen, so wäre eine Belohnung (für sie) von Allāh besser gewesen, hätten sie es nur gewusst! (103)

O ihr, die ihr glaubt, sagt nicht: "Achte auf uns!" sondern sagt: "Schau auf uns!" und hört (auf den Propheten). Und den Ungläubigen wird eine schmerzliche Strafe zuteil sein. (104) Diejenigen, die ungläubig sind unter den Besitzern des Buches, und die Götzenanbeter möchten nicht, dass euch etwas Gutes von eurem Herrn herabgesandt werde, doch Allāh zeichnet mit Seiner Barmherzigkeit aus, wen Er will, und Allāh besitzt die große Huld. (105)

Wenn Wir eine Āya aufheben oder der Vergessenheit anheimfallen lassen, so bringen Wir eine bessere als sie oder eine gleichwertige hervor. Weißt du denn nicht, dass Allāh Macht hat über alle Dinge? (106) Weißt du denn nicht, dass Allāh die Herrschaft über die Himmel und die Erde gehört? Und außer Allāh habt ihr weder Freund noch Helfer. (107) Oder wollt ihr euren Gesandten ausfragen, wie früher Moses ausgefragt wurde? Und wer den Unglauben gegen den Glauben eintauscht, der ist gewiss vom rechten Weg abgeirrt. (108)

Viele von den Besitzern des Buches möchten euch - nachdem ihr gläubig geworden seid - gern wieder zu Ungläubigen machen, aus Neid in ihren Seelen, nachdem ihnen die Wahrheit klar gemacht wurde. Doch vergebt und seid nachsichtig, bis Allāh Seine Entscheidung ergehen lässt. Wahrlich, Allāh hat zu allem die Macht. (109) Und verrichtet das Gebet und gebt die *Zakāh*, und was ihr für euch an Gutem vorausschickt, das werdet ihr bei Allāh vorfinden. Wahrlich! Allāh sieht wohl, was ihr tut. (110) Und sie sagen: "Es wird niemand in das Paradies eingehen außer Juden und Christen." Dies sind Wunschvorstellungen. Sprich: "Bringt euren Beweis her, wenn ihr wahrhaftig seid!" (111)

Doch wer sich Allāh hingibt und Gutes tut, der hat seinen Lohn bei seinem Herrn; und diese werden weder Angst haben noch werden sie traurig sein. (112)

Und die Juden sagen: "Die Christen stützen sich auf nichts", und die Christen sagen: "Die Juden stützen sich auf nichts", wobei sie doch das Buch lesen. Genauso, wie sie reden, redeten auch diejenigen, die kein Wissen besitzen. Allāh wird dann am Tag der Auferstehung zwischen ihnen über das richten, worüber sie gestritten haben. (113)

Wer begeht mehr Unrecht als derjenige, der verhindert, dass in den Gebetsstätten Allāhs Sein Name gerufen wird, und der für ihre Zerstörung eifert? Jene dürfen sie nicht anders als in Furcht betreten. Für sie gibt es im Diesseits Schande und im Jenseits wird ihnen eine schwere Strafe zuteil sein. (114) Und Allāh gehört der Osten und der Westen; wo immer ihr euch also hinwendet, dort ist das Antlitz Allāhs. Wahrlich, Allāh ist Allumfassend, Allwissend. (115)

Und sie sagen: "Allāh hat Sich einen Sohn genommen." Gepriesen sei Er! Wahrlich, Ihm gehört, was in den Himmeln und auf der Erde ist - alles ist Ihm untertan (116), Dem Schöpfer der Himmel und der Erde! Wenn Er eine Sache beschließt, so sagt Er nur zu ihr: "Sei!" und sie ist. (117) Und diejenigen, die kein Wissen besitzen, sagen: "Warum spricht Allāh nicht zu uns oder sendet uns ein Zeichen?" So, wie sie reden, redeten auch diejenigen vor ihnen. Ihre Herzen sind einander gleich. Wir haben die Āyāt klargemacht für Leute mit sicherem Glauben. (118) Wir haben dich mit der Wahrheit gesandt als Verkünder der frohen Botschaft und Warner, und du bist für die Gefährten der *Al-Ğahīm* nicht verantwortlich. (119)

Mit dir werden weder die Juden noch die Christen zufrieden sein, bis du ihrem Bekenntnis gefolgt bist. Sprich: "Wahrlich, die Rechtleitung Allāhs ist die einzig wahre Rechtleitung." Und wenn du ihrem Ansinnen folgst, nachdem zu dir das Wissen gekommen ist, so wirst du vor Allāh weder Freund noch Helfer haben. (120) Diejenigen, denen Wir das Buch gegeben haben, lesen es, wie man es lesen soll. Diese glauben daran. Wer aber daran nicht glaubt - diese sind wahrlich die Verlierenden. (121)

O ihr Kinder Israels! Gedenkt Meiner Gnade, die Ich euch gewährt habe, und (denkt daran) dass Ich euch den Vorrang vor den Völkern gegeben habe. (122) Und fürchtet den Tag, an dem keine Seele für eine andere etwas übernehmen kann und von ihr weder Lösegeld angenommen noch ihr eine Fürsprache (etwas) nützen wird. Und diesen wird kein Beistand zuteil. (123)

Und als Abraham von seinem Herrn durch Worte geprüft wurde und er diese vollbrachte, (da) sprach Er: "Ich werde dich zu einem Imām für die Menschen machen." Da bat Abraham: "Auch von meiner Nachkommenschaft." Er sprach: "Mein Versprechen erstreckt sich nicht auf die, die Unrecht tun." (124) Und als Wir das Haus zu einem Ort der Einkehr für die Menschen machten sowie zu einer Sicherheit (sprachen Wir): "Und nehmt euch die Stätte Abrahams zum Gebetsort." Und Wir haben Abraham und Ismael auferlegt: "Reinigt Mein Haus für die es Umkreisenden und (sich dorthin) Zurückziehenden, die Sich-Verneigenden und Sich-Niederwerfenden." (125)

Und als Abraham sagte: "Mein Herr, mach dies zu einem sicheren Ort und gib Früchte den dort Wohnenden, wer von ihnen an Allāh und den Jüngsten Tag glaubt", sagte Er: "Auch den, der ungläubig ist, werde Ich für kurze Zeit versorgen, alsdann ihn ausliefern der Bestrafung des Feuers; und welch ein schlechtes Los ist das!" (126)

Und als Abraham mit Ismael die Grundmauern des Hauses errichtete, (sagte er): "Unser Herr, nimm von uns an; denn wahrlich, Du bist der Allhörende, der Allwissende. (127) Und, unser Herr, mach uns Dir ergeben und aus unserer Nachkommenschaft eine Gemeinde, die Dir ergeben ist. Und zeige uns, wie wir Dich anbeten sollen und wende uns Deine Gnade wieder zu; denn wahrlich, Du bist der gnädig Sich-wieder-Zuwendende, der Barmherzige. (128) Und, unser Herr, erwecke unter ihnen einen Gesandten aus ihrer Mitte, der ihnen Deine Worte verliest und sie das Buch und die Weisheit lehrt und sie läutert; denn wahrlich, Du bist der Allmächtige, der Allweise." (129)

Und wer verschmäht den Glauben Abrahams außer dem, der sich selbst zum Toren macht? Denn Wir hatten ihn bereits im Diesseits auserwählt, und im Jenseits wird er gewiss unter den Rechtschaffenen sein. (130) Als sein Herr zu ihm sprach: "Sei (Mir) ergeben!" sagte er: "Ich habe mich dem Herrn der Welten ergeben." (131) Und Abraham befahl es seinen Söhnen an und ebenso Jakob: "Meine Söhne, Allāh hat für euch die Religion auserwählt, deshalb sterbt nicht anders als (Allāh) ergeben zu sein." (132)

Wart ihr etwa Zeugen, als Jakob im Sterben lag. Als er zu seinen Söhnen sagte: "Wem werdet ihr dienen, wenn ich weg bin?" sagten sie: "Wir dienen deinem Gott, dem Gott deiner Väter Abraham, Ismael und Isaak, dem Einzigen Gott, und Ihm sind wir ergeben." (133) Dies ist eine Gemeinde der Vergangenheit; ihr wird zuteil, was sie sich erworben hat, und euch wird zuteil, was ihr euch erworben habt. Und ihr werdet nicht für das verantwortlich sein, was jene getan haben. (134)

Und sie sagen: "Seid ihr Juden oder Christen, dann werdet ihr rechtgeleitet sein." Sprich: "Nein! (Wir befolgen) die Religion Abrahams, der rechtgläubig war und nicht den Götzenanbetern angehörte." (135) Sprecht: "Wir glauben an Allāh und an das, was uns herabgesandt worden ist, und was Abraham, Ismael, Isaak, Jakob und den Stämmen (Israels) herabgesandt wurde, und was Moses und Jesus gegeben wurde, und was den Propheten von ihrem Herrn gegeben worden ist. Wir machen zwischen ihnen keinen Unterschied, und Ihm sind wir ergeben." (136) Wenn sie so glauben, wie ihr glaubt, dann werden sie rechtgeleitet sein; wenn sie sich aber abwenden, so sind sie nur in Abspaltung geraten. Doch Allāh wird dir wider sie genügen, und Er ist der Allhörende, der Allwissende. (137) (Dies ist unsere) Identität von Allāh, und wer hat eine schönere Identitätsgebung als Allāh! Und Ihm dienen wir. (138) Sprich: "Wollt ihr etwa mit uns über Allāh streiten, wo Er unser Herr und euer Herr ist? Doch wir haben unsere Taten und ihr habt eure Taten, und Ihm sind wir aufrichtig zugetan. (139) Oder wollt ihr etwa sagen, dass Abraham, Ismael, Isaak, Jakob und die Stämme (Israels) Juden oder Christen waren?" Sprich: "Wisst ihr es besser oder Allāh?" Und wer ist ungerechter als derjenige, der ein Zeugnis verbirgt, das er von Allāh erhalten hat! Und Allāh ist dessen nicht achtlos, was ihr tut. (140) Dies ist eine Gemeinde der Vergangenheit; ihr wird zuteil, was sie sich erworben hat, und euch wird zuteil, was ihr euch erworben habt. Und ihr werdet nicht für das verantwortlich sein, was jene getan haben. (141)

* Die Toren unter den Menschen werden sagen: "Was hat sie bewogen, sich von ihrer *Qibla* abzuwenden, nach der sie sich bisher gerichtet hatten?" Sprich: "Allāh gehört der Osten und der Westen; Er leitet, wen Er will, zu einem geraden Weg." (142)

Und so machten Wir euch zu einer maßvollen Gemeinde, auf dass ihr Zeugen seiet über die Menschen und auf dass der Gesandte Zeuge sei über euch. Und Wir haben die *Qibla*, nach der du dich bisher gerichtet hattest, nur gemacht, damit Wir denjenigen, der dem Gesandten folgt, von demjenigen unterscheiden, der auf seinen Fersen eine Kehrtwendung macht; und dies war wahrlich schwer, außer für diejenigen, die Allāh rechtgeleitet hat. Und es ist nicht Allāh, Der euren Glauben verloren gehen lässt; wahrlich, Allāh ist gegenüber den Menschen Mitleidig, Barmherzig. (143)

Wir sehen, wie dein Gesicht sich dem Himmel suchend zukehrt, und Wir werden dich nun zu einer *Qibla* wenden, mit der du zufrieden sein wirst. So wende dein Gesicht in Richtung der heiligen Moschee, und wo immer ihr auch seid, wendet eure Gesichter in ihre Richtung. Diejenigen, denen das Buch gegeben wurde, wissen bestimmt, dass es die Wahrheit von ihrem Herrn ist. Und Allāh ist dessen nicht achtlos, was sie tun. (144)

Doch, wenn du denjenigen, denen das Buch gegeben wurde, alle Beweise brächtest, würden sie deine *Qibla* nicht befolgen. Und du befolgst ihre *Qibla* nicht; sie befolgen ja selbst untereinander ihre jeweilige *Qibla* nicht. Doch solltest du ihrem Ansinnen folgen nach dem, was dir an Wissen zugekommen ist, so würdest du bestimmt zu denen gehören, die Unrecht tun. (145) Diejenigen, denen Wir das Buch gegeben haben, kennen es, wie sie ihre eigenen Söhne kennen; und dennoch verbergen einige von ihnen die Wahrheit, wo sie (sie) doch kennen. (146) Dies ist die Wahrheit von deinem Herrn, darum sei nicht einer von denen, die daran zweifeln. (147)

Jeder hat eine Richtung, der er sich zuwendet. So wetteifert miteinander in guten Werken. Wo immer ihr auch seid, Allāh wird euch allesamt zusammenführen; wahrlich, Allāh hat Macht über alle Dinge. (148) Und von wo du auch herkommst, wende dein Gesicht in Richtung der heiligen Moschee; denn dies ist gewiss die Wahrheit von deinem Herrn. Und Allāh ist dessen nicht achtlos, was ihr tut. (149) Und von wo du auch herkommst, wende dein Gesicht in Richtung der heiligen Moschee. Und wo immer ihr auch seid, wendet eure Gesichter in ihre Richtung, damit die Menschen keinen Beweisgrund gegen euch haben - außer denjenigen unter ihnen, die unrecht tun; so fürchtet nicht sie, sondern fürchtet Mich. Und damit Ich Meine Gnade an euch vollende und damit ihr euch vielleicht werdet rechtleiten lassen. (150) Sowie Wir unter euch einen Gesandten aus eurer Mitte erstehen ließen, der euch Unsere Verse verliest und euch läutert und euch das Buch und die Weisheit lehrt und euch lehrt, was ihr nicht wusstet. (151) So gedenkt also Meiner, damit Ich eurer gedenke; und seid Mir dankbar und verleugnet Mich nicht. (152)

O ihr, die ihr glaubt, sucht Hilfe in der Geduld und im Gebet; wahrlich Allāh ist mit den Geduldigen. (153) Und nennt nicht diejenigen, die auf Allāhs Weg getötet wurden, „Tote". Denn sie leben, ihr aber nehmt es nicht wahr. (154) Und gewiss werden Wir euch prüfen durch etwas Angst, Hunger und Minderung an Vermögen, Menschenleben und Früchten. Doch verkünde den Geduldigen eine frohe Botschaft (155), die, wenn sie ein Unglück trifft, sagen: "Wir gehören Allāh und zu Ihm kehren wir zurück." (156) Auf diese lässt ihr Herr Segnungen und Barmherzigkeit herab und diese werden rechtgeleitet sein. (157)

Wahrlich, Aṣ-Ṣafā und Al-Marwa gehören zu den Kultstätten Allāhs; und wer zu dem Hause pilgert oder die ʿUmra vollzieht, für den ist es kein Vergehen, wenn er zwischen beiden hin- und herschreitet. Und wenn einer freiwillig Gutes tut, so ist Allāh Erkenntlich, Allwissend. (158)

Diejenigen, die das verschweigen, was Wir von den klaren Beweisen und der Rechtleitung herabsandten, nachdem Wir es den Menschen im Buch erklärt hatten, diese verflucht Allāh, und diese verfluchen auch die Fluchenden (159); außer denjenigen, die sich reuevoll zuwenden, sich bessern und klarstellen, (was sie von der Offenbarung verbargen). Denen wende Ich Meine Gnade wieder zu; denn Ich bin der gnädig Sich-wieder-Zuwendende, der Barmherzige. (160)

Wahrlich, diejenigen, die ungläubig sind und in ihrem Unglauben sterben, auf denen lastet der Fluch Allāhs und der Engel und der Menschen allesamt. (161) Darin werden sie ewig sein. Die Strafe wird ihnen nicht erleichtert, und es wird ihnen kein Aufschub gewährt. (162)

Und euer Gott ist ein Einziger Gott. Kein Gott ist da außer Ihm, dem Erbarmenden, dem Barmherzigen. (163)

Wahrlich, im Erschaffen der Himmel und der Erde und im Wechsel von Nacht und Tag und in den Schiffen, die im Meer fahren mit dem, was den Menschen nützt, und in dem, was Allāh vom Himmel an Wasser herniedersandte - und Er gab der Erde damit Leben, nachdem sie tot war und ließ auf ihr allerlei Getier sich ausbreiten - und im Wechsel der Winde und den dienstbaren Wolken zwischen Himmel und Erde, (in alldem) sind Zeichen für Leute, die begreifen. (164)

Und es gibt unter den Menschen einige, die sich außer Allāh Seinesgleichen (zum Anbeten) nehmen und lieben, wie man (nur) Allāh lieben soll. Die aber, die glauben, lieben Allāh noch mehr. Und wenn (doch nur) diejenigen, die Unrecht tun, angesichts der Strafe sehen könnten, dass die Macht gänzlich bei Allāh ist und dass Allāh streng in der Bestrafung ist. (165) (Dereinst) wenn sich diejenigen, denen (im Diesseits) gefolgt wurde, von jenen lossagen, die ihnen gefolgt sind, und sie die Strafe sehen, während ihnen die Bindungen abgeschnitten sind. (166) Und (wenn) diejenigen, die (ihnen) gefolgt sind, sagen: "Wenn wir zurückkehren könnten, so würden wir uns von ihnen lossagen, wie sie sich von uns losgesagt haben!" So zeigt ihnen Allāh ihre Taten als gramvolle Reue, und sie kommen aus dem Feuer nicht heraus. (167)

O ihr Menschen, esst von dem, was es auf der Erde an Erlaubtem und Gutem gibt, und folgt nicht den Fußstapfen Satans; denn er ist euer offenkundiger Feind. (168) Er gebietet euch nur Böses und Abscheuliches, und dass ihr über Allāh sagen sollt, was ihr nicht wisst. (169)

Und wenn ihnen gesagt wird: "Folgt dem, was Allāh herabgesandt hat", so sagen sie: "Nein! Wir folgen dem, bei dem wir unsere Väter vorgefunden haben", auch, wenn ihre Väter nichts begriffen hätten und nicht rechtgeleitet gewesen wären? (170) Das Gleichnis derjenigen, die ungläubig sind, ist wie das Gleichnis derjenigen, die irgendein (Tier) anschreien, das nichts hört außer Lauten und Zurufen. Taub, stumm und blind sind sie, darum begreifen sie nichts. (171)

O ihr, die ihr glaubt, esst von den guten Dingen, die Wir euch bereitet haben, und seied Allāh dankbar, wenn ihr Ihm allein dient. (172) Verboten hat Er euch nur (den Genuss von) natürlich Verendetem, Blut, Schweinefleisch und dem, worüber etwas anderes als Allāh angerufen worden ist. Wenn aber jemand (dazu) gezwungen ist, ohne (es) zu begehren und ohne das Maß zu überschreiten, so trifft ihn keine Schuld; wahrlich, Allāh ist Allverzeihend, Barmherzig. (173)

Diejenigen, die das verschweigen, was Allāh von dem Buch herabgesandt hat, und es um einen geringen Preis verkaufen, diese verzehren in ihren Bäuchen nichts als Feuer. Und Allāh wird zu ihnen am Tage der Auferstehung weder sprechen noch wird Er sie läutern; und ihnen wird eine schmerzliche Strafe zuteil sein. (174) Sie sind es, die den Irrtum für die Rechtleitung erkauft haben und die Strafe für die Vergebung. Wie können sie dem Feuer gegenüber standhaft sein! (175) Dies geschieht darum, weil Allāh das Buch mit der Wahrheit herabgesandt hat. Und diejenigen, die sich über das Buch streiten, befinden sich gewiss in weiter Abspaltung. (176)

Es ist keine Frömmigkeit, wenn ihr eure Angesichter in Richtung Osten oder Westen wendet; Frömmigkeit ist vielmehr, dass man an Allāh glaubt, den Jüngsten Tag, die Engel, das Buch und die Propheten und vom Vermögen - obwohl man es liebt - den Verwandten gibt, den Waisen, den Armen, dem Sohn des Weges, den Bettlern und (für den Freikauf von) Sklaven, dass man das Gebet verrichtet und die Zakāh entrichtet. Es sind diejenigen, die ihr Versprechen einhalten, wenn sie es gegeben haben; und diejenigen, die in Elend, Not und in Kriegszeiten geduldig sind; sie sind es, die wahrhaftig und gottesfürchtig sind. (177)

O ihr, die ihr glaubt! Es ist euch die Wiedervergeltung vorgeschrieben für die Getöteten: der Freie für den Freien, der

Sklave für den Sklaven, das Weibliche für das Weibliche. Doch wenn jemandem von seinem Bruder etwas vergeben wird, so soll der Vollzug auf geziemende Art und die Leistung ihm gegenüber auf wohltätige Weise geschehen. Diese ist eine Erleichterung von eurem Herrn und eine Barmherzigkeit. Wer nun von jetzt an (die Gesetze) übertritt, dem wird eine schmerzliche Strafe zuteil sein. (178) In der Wiedervergeltung ist Leben für euch, o ihr, die ihr einsichtig seid! Vielleicht werdet ihr (Allāh) fürchten. (179)

Es ist euch vorgeschrieben, dass, wenn sich bei einem von euch der Tod einstellt, sofern er Gut hinterlässt, den Eltern und den Verwandten auf geziemende Art ein Vermächtnis gemacht wird. Dies ist eine Verpflichtung gegenüber den Gottesfürchtigen. (180) Doch wer es umändert, nachdem er es gehört hat - so liegt die Schuld dafür nur bei denen, die es umändern. Wahrlich, Allāh ist Allhörend, Allwissend. (181) Wer aber seitens des Erblassers Unrecht oder Vergehen befürchtet und zwischen ihnen Frieden stiftet, so trifft ihn keine Schuld. Wahrlich, Allāh ist Allverzeihend, Barmherzig. (182)

O ihr, die ihr glaubt! Das Fasten ist euch vorgeschrieben, so wie es denen vorgeschrieben war, die vor euch waren. Vielleicht werdet ihr (Allāh) fürchten. (183) Es sind nur abgezählte Tage. Und wer von euch krank ist oder sich auf einer Reise befindet, soll eine Anzahl anderer Tage (fasten). Und denen, die es mit großer Mühe ertragen können, ist als Ersatz die Speisung eines Armen auferlegt. Und wenn jemand freiwillig Gutes tut, so ist es besser für ihn. Und dass ihr fastet, ist besser für euch, wenn ihr es (nur) wüsstet! (184)

Der Monat Ramaḍān ist es, in dem der Qur'ān als Rechtleitung für die Menschen herabgesandt worden ist und als klarer Beweis der Rechtleitung und der Unterscheidung. Wer also von euch in dem Monat zugegen ist, der soll in ihm fasten. Und wer krank ist oder sich auf einer Reise befindet, soll eine Anzahl anderer Tage (fasten) - Allāh will es euch leicht, Er will es euch nicht schwer machen - damit ihr die Frist vollendet und Allāh rühmt, dass Er euch rechtgeleitet hat. Vielleicht werdet ihr dankbar sein. (185) Und wenn dich Meine Diener über Mich befragen, so bin Ich nahe; Ich höre den Ruf des Rufenden, wenn er Mich ruft. Deshalb sollen sie auf Mich hören und an Mich glauben. Vielleicht werden sie den rechten Weg einschlagen. (186)

Es ist euch erlaubt, euch in der Nacht des Fastens euren Frauen zu nähern; sie sind Geborgenheit für euch und ihr seid Geborgenheit für sie. Allāh weiß, dass ihr gegen euch selbst trügerisch gehandelt habt, und Er wandte euch Seine Gnade wieder zu und vergab euch. So pflegt nun Verkehr mit ihnen und trachtet nach dem, was Allāh für euch bestimmt hat. Und esst und trinkt, bis der weiße Faden von dem schwarzen Faden der Morgendämmerung für euch erkennbar wird. Danach vollendet das Fasten bis zur Nacht. Und pflegt keinen Verkehr mit ihnen, während ihr euch in die Moscheen zurückgezogen habt. Dies sind die Schranken Allāhs, so kommt ihnen nicht nahe! So erklärt Allāh den Menschen Seine Zeichen. Vielleicht werden sie (Ihn) fürchten. (187)

Und verschlingt nicht euer Vermögen untereinander in ungerechter Weise und bietet es nicht den Behörden (zur Bestechung) an, um einen Teil vom Vermögen der Menschen in sündhafter Weise zu verschlingen, wo ihr doch wisst. (188)

Sie fragen dich nach den Neumonden. Sprich: "Sie sind festgesetzte Zeiten für die Menschen und den Ḥaǧǧ." Und es ist keine Frömmigkeit, wenn ihr Häuser von der Rückseite betretet. Frömmigkeit ist vielmehr, (Allāh) zu fürchten. So geht in die Häuser durch ihre Türen hinein und fürchtet Allāh. Vielleicht werdet ihr erfolgreich sein. (189)

Und kämpft auf dem Weg Allāhs gegen diejenigen, die gegen euch kämpfen, doch übertretet nicht. Wahrlich, Allāh liebt nicht diejenigen, die übertreten. (190) Und tötet sie, wo immer ihr auf sie stoßt, und vertreibt sie, von wo sie euch vertrieben haben; denn die Verführung (zum Unglauben) ist schlimmer als Töten. Und kämpft nicht gegen sie bei der heiligen Moschee, bis sie dort gegen euch kämpfen. Wenn sie aber gegen euch kämpfen, dann tötet sie. Solcherart ist der Lohn der Ungläubigen. (191) Wenn sie aber aufhören, so ist Allāh Allverzeihend, Barmherzig. (192) Und kämpft gegen sie, bis es keine Verwirrung (mehr) gibt und die Religion Allāh gehört. Wenn sie aber aufhören, so soll es keine Gewalttätigkeit geben außer gegen diejenigen, die Unrecht tun. (193) Der heilige Monat ist für den heiligen Monat, und für die geschützten Dinge ist Wiedervergeltung (bestimmt). Wer nun gegen euch gewalttätig handelt, gegen den handelt in gleichem Maße gewalttätig, wie er gegen euch gewalttätig war, und fürchtet Allāh und wisst, dass Allāh mit den Gottesfürchtigen ist. (194) Und spendet auf dem Weg Allāhs und stürzt euch nicht mit eigenen Händen ins Verderben und tut Gutes! Wahrlich, Allāh liebt diejenigen, die Gutes tun. (195)

Und vollendet den Ḥaǧǧ und die ʿUmra für Allāh. Und wenn ihr daran gehindert werdet, so bringt ein Opfertier dar, das euch (zu opfern) leicht fällt. Und schert nicht eure Häupter, bis das Opfertier seinen Bestimmungsort erreicht hat. Und wer von euch krank ist oder an seinem Haupt ein Leiden hat, der soll Ersatz leisten durch Fasten, Mildtätigkeit oder Darbringen eines Schlachtopfers. Und wenn ihr euch sicher fühlt, dann soll der, der die ʿUmra mit dem Ḥaǧǧ vollziehen möchte, ein Opfertier (darbringen), das ihm (zu opfern) leicht fällt. Und wer keines zu finden vermag, soll drei Tage während des Ḥaǧǧ fasten und sieben, wenn ihr zurückgekehrt seid. Dies sind zehn insgesamt. Dies gilt für den, dessen Angehörige nicht nahe der heiligen Moschee wohnen. Und seid gottesfürchtig und wisst, dass Allāh streng ist im Strafen. (196) Für den Ḥaǧǧ sind bekannte Monate (vorgesehen). Wer sich in ihnen zum Ḥaǧǧ entschlossen hat, der enthalte sich des Beischlafs und begehe weder Frevel noch unziemliche Rede während des Ḥaǧǧ. Und was ihr an Gutem tut, Allāh weiß es. Und sorgt für die Reise, doch wahrlich, die beste Vorsorge ist die Gottesfurcht. Und fürchtet Mich, o ihr, die ihr einsichtig seid! (197) Es ist kein Vergehen von euch, wenn ihr nach der Gunst eures Herrn (durch Handelsgewinn) strebt. Und wenn ihr von ʿArafāt herbeieilt, dann gedenkt Allāhs bei *Al-Mašʿari-l-ḥarām*. Und gedenkt Seiner, wie Er euch rechtgeleitet hat, obwohl ihr wahrlich vordem unter jenen wart, die irregingen. (198) Dann eilt dorthin weiter, vonwo die Menschen weitereilen, und bittet Allāh um Vergebung. Wahrlich, Allāh ist Allverzeihend, Barmherzig. (199) Und wenn ihr eure heiligen Riten beendet habt,

23

dann gedenkt Allāhs so, wie ihr eurer Väter zu gedenken pflegt oder vielmehr mit noch stärkerem Gedenken. Und unter den Menschen sind welche, die sagen: "Unser Herr, gib uns (Gutes) in dieser Welt." Doch haben sie nicht im Jenseits Anteil (am Guten). (200) Und unter ihnen sind manche, die sagen: "Unser Herr, gib uns in dieser Welt Gutes und im Jenseits Gutes und verschone uns vor der Strafe des Feuers!" (201) Diesen wird ein Anteil von dem (gewährt), was sie erworben haben; und Allāh ist schnell im Abrechnen. (202) Und gedenkt Allāhs während einer bestimmten Anzahl von Tagen; und wer eilig in zwei Tagen aufbricht, den trifft keine Schuld, und wer länger bleibt, den trifft keine Schuld, wenn er gottesfürchtig ist. Und fürchtet Allāh und wisst, dass ihr zu Ihm geführt werdet. (203)

Und unter den Menschen gibt es manch einen, dessen Rede über diese Welt dich in Verwunderung versetzen mag; und er ruft Allāh zum Zeugen an für das, was in seinem Herzen ist. Und dabei ist er der streitsüchtigste Widersacher. (204) Wenn er sich abwendet, bemüht er sich, überall auf der Erde Unheil zu stiften, und vernichtet das Ackerland und die Nachkommenschaft. Und Allāh liebt das Unheil nicht. (205) Und wenn ihm gesagt wird: "Fürchte Allāh!", überwältigt ihn sündhafter Stolz. *Ğahannam* ist ein angemessenes Entgelt für ihn - was für eine schlechte Ruhestätte! (206)

Und unter den Menschen ist manch einer, der sich selbst hergibt im Verlangen nach Allāhs Wohlgefallen. Und Allāh ist wahrlich gütig gegen die Diener. (207)

O ihr, die ihr glaubt! Tretet allesamt ein in das Heil und folgt nicht den Fußstapfen Satans; wahrlich, er ist euer offenkundiger Feind. (208) Und wenn ihr straucheln solltet, nachdem die Beweise zu euch gekommen sind, dann wisst, dass Allāh Allmächtig und Allweise ist. (209) Erwarten sie etwa, dass Allāh ihnen beschirmt von Wolken erscheine und mit Ihm die Engel - doch dann ist die Sache schon entschieden. Und zu Allāh werden alle Dinge zurückgeführt. (210)

Frage die Kinder Israels, wie viel klare Beweise Wir ihnen gegeben haben. Doch wer die Gnade Allāhs eintauscht, nachdem sie ihm zuteil geworden ist - dann ist Allāh wahrlich streng im

Strafen. (211) Anziehend erscheint denen, die ungläubig sind, das diesseitige Leben, und sie verhöhnen diejenigen, die glauben. Doch diejenigen, die gottesfürchtig sind, werden am Tag der Auferstehung über ihnen stehen. Und Allāh beschert wem Er will ohne Maß. (212)

Die Menschen waren eine einzige Gemeinschaft. Dann entsandte Allāh die Propheten als Bringer froher Botschaft und als Warner. Und Er offenbarte ihnen das Buch mit der Wahrheit, um zwischen den Menschen zu richten über das, worüber sie uneins waren. Uneins aber waren nur jene, denen es gegeben wurde, nachdem klare Beweise zu ihnen gekommen waren, aus Missgunst untereinander. Doch Allāh leitet mit Seiner Erlaubnis diejenigen, die gläubig sind, zur Wahrheit, über die sie uneins waren. Und Allāh leitet, wen Er will, auf einen geraden Weg. (213)

Oder meint ihr etwa, ihr würdet ins Paradies eingehen, ohne (dass etwas) Ähnliches über euch gekommen sei wie über diejenigen, die vor euch dahingegangen sind? Not und Unheil erfasste sie, und sie sind erschüttert worden, bis der Gesandte und diejenigen, die mit ihm gläubig waren, sagten: "Wann kommt die Hilfe Allāhs?" Doch wahrlich, Allāhs Hilfe ist nahe. (214)

Sie befragen dich, was sie spenden sollen. Sprich: "Was immer ihr spendet an Gutem, das sei für die Eltern und Verwandten und die Waisen und die Armen und den Sohn des Weges. Und was immer ihr an Gutem tut, wahrlich, Allāh weiß es wohl." (215)

Zu kämpfen ist euch vorgeschrieben, auch wenn es euch widerwärtig ist. Doch es mag sein, dass euch etwas widerwärtig ist, was gut für euch ist, und es mag sein, dass euch etwas lieb ist, was übel für euch ist. Und Allāh weiß es, doch ihr wisst es nicht. (216)

Sie befragen dich über das Kämpfen im heiligen Monat. Sprich: "Das Kämpfen in ihm ist schwerwiegend. Doch das Abbringen vom Weg Allāhs und nicht an Ihn zu glauben und (den Zutritt) zur heiligen Moschee (zu verwehren) und deren Bewohner daraus zu vertreiben, ist schwerwiegender vor Allāh. Und die Verführung ist schwerwiegender als Töten." Und sie werden nicht ablassen, gegen euch zu kämpfen, bis sie euch von eurem Glauben abbringen, wenn sie dazu imstande sind. Wer sich aber von euch von seinem Glauben abbringen lässt und als Ungläubiger stirbt - das sind diejenigen, deren Taten wertlos sein werden in dieser Welt und im Jenseits. Sie werden die Bewohner des Feuers sein, und darin werden sie ewig verweilen. (217)

Wahrlich, jene, die glauben und ausgewandert sind und sich auf dem Weg Allāhs mit aller Kraft einsetzen, die sind es, die auf die Barmherzigkeit Allāhs hoffen. Und Allāh ist Allverzeihend, Barmherzig. (218)

Sie befragen dich über Berauschendes und Glücksspiel. Sprich: "In beiden liegt großes Übel und Nutzen für die Menschen. Doch ihr Übel ist größer als ihr Nutzen." Und sie befragen dich, was sie spenden sollen. Sprich: "Den Überschuss." So macht euch Allāh die Zeichen klar, damit ihr nachdenken mögt (219) über diese Welt und das Jenseits. Sie befragen dich über die Waisen. Sprich: "Ihre Lage zu verbessern ist gut. Und wenn ihr ihre Angelegenheiten mit den euren zusammentut, so sind sie eure Geschwister." Und Allāh weiß den Unheilstifter von dem zu unterscheiden, der Gutes tut. Und wenn Allāh es gewollt hätte, hätte Er euch in Bedrängnis gebracht. Wahrlich, Allāh ist Allmächtig, Allweise. (220)

Und heiratet keine Götzenanbeterinnen, ehe sie glauben. Und eine gläubige Dienerin ist besser als eine Götzenanbeterin, mag sie euch auch noch so gut gefallen. Und verheiratet nicht (gläubige Frauen) mit Götzenanbetern, ehe sie glauben. Und ein gläubiger Diener ist besser als ein Götzenanbeter, mag er euch auch noch so gut gefallen. Jene rufen zum Feuer, doch Allāh ruft zum Paradies und zur Verzeihung mit Seiner Erlaubnis und macht den Menschen Seine Zeichen klar, damit sie Seiner gedenken mögen. (221)

Und sie befragen dich über die Menstruation. Sprich: "Sie ist ein Leiden. So haltet euch von den Frauen während der Menstruation fern und kommt ihnen nicht nahe, bis sie rein sind; und wenn sie rein sind, dann geht zu ihnen, wie Allāh es euch geboten hat. Wahrlich, Allāh liebt diejenigen, die sich (Ihm) reuevoll zuwenden und die sich reinigen." (222)

Eure Frauen sind ein Saatfeld für euch; darum bestellt euer Saatfeld wie ihr wollt. Doch schickt (Gutes) für eure Seelen voraus. Und fürchtet Allāh und wisst, dass ihr Ihm begegnen werdet. Und verheiße den Gläubigen die frohe Botschaft. (223)

Und macht Allāh nicht bei euren Schwüren zum Hinderungsgrund, ehrlich und gottesfürchtig zu sein und Frieden zwischen den Menschen zu stiften. Und Allāh ist Allhörend, Allwissend. (224) Allāh wird euch nicht Unachtsamkeit in euren Schwüren zum Vorwurf machen, doch macht Er euch das zum Vorwurf, was eure Herzen erworben haben. Und Allāh ist Allverzeihend, Nachsichtig. (225)

Diejenigen, die Enthaltsamkeit von ihren Frauen beschwören, sollen vier Monate warten. Wenn sie sich dann von ihrem Schwur entbinden wollen, ist Allāh wahrlich Allverzeihend, Barmherzig. (226) Doch wenn sie den festen Entschluss zur Scheidung gefasst haben, dann ist Allāh wahrlich Allhörend, Allwissend. (227)

Geschiedene Frauen sollen selbst drei Perioden abwarten, und es ist ihnen nicht erlaubt, zu verbergen, was Allāh in ihrer Gebärmutter erschaffen hat, wenn sie an Allāh und an den Jüngsten Tag glauben. Und ihre Ehemänner haben vorrangig das Anrecht, sie dann zurückzunehmen, wenn sie eine Versöhnung anstreben. Und ihnen (den Frauen) stehen die gleichen Rechte zu wie sie (die Männer) zur gütigen Ausübung über sie haben. Doch die Männer stehen eine Stufe über ihnen. Und Allāh ist Allmächtig, Allweise. (228)

Die Scheidung ist zweimal (widerrufbar). Dann (sollen die Männer die Frauen) in angemessener Weise behalten oder im Guten entlassen. Und es ist euch nicht erlaubt, irgendetwas von dem zurückzunehmen, was ihr ihnen (als Brautgabe) gegeben habt, es sei denn, beide (Mann und Frau) befürchten, die Schranken Allāhs nicht einhalten zu können. Und wenn ihr befürchtet, dass sie die Schranken Allāhs nicht einhalten können, dann liegt kein Vergehen für sie beide in dem, was sie hingibt, um sich damit loszukaufen. Dies sind die Schranken Allāhs, so übertretet sie nicht. Und wer die

Schranken Allāhs übertritt - das sind diejenigen, die Unrecht tun. (229)

Und wenn er sie (ein drittes Mal) entlässt, dann ist sie ihm nicht mehr erlaubt, solange sie nicht einen anderen Mann geheiratet hat. Wenn dieser sie entlässt, ist es kein Vergehen für beide, wenn sie zueinander zurückkehren, sofern sie annehmen, dass sie die Gebote Allāhs einhalten können. Dies sind die Schranken Allāhs, die Er denjenigen klarmacht, die wissen. (230) Und wenn ihr euch von den Frauen scheidet und sie sich der Erfüllung ihrer Wartezeit nähern, dann behaltet sie in gütiger Weise oder entlasst sie in gütiger Weise. Doch behaltet sie nicht aus Schikane, um zu übertreten. Und wer dies tut, der fügt sich selbst Unrecht zu. Und macht euch nicht über die Zeichen Allāhs lustig, und gedenkt der Gnade Allāhs, die Er euch erwiesen hat und dessen, was Er euch vom Buch und der Weisheit herabgesandt hat, um euch damit zu ermahnen. Und fürchtet Allāh und wisst, dass Allāh über alles Bescheid weiß. (231) Und wenn ihr die Frauen entlasst und sie ihren Termin erreichen, dann haltet sie nicht davon ab, ihre Gatten zu heiraten, wenn sie sich in gütiger Weise einigen. Dies ist eine Ermahnung für denjenigen unter euch, der an Allāh und an den Jüngsten Tag glaubt. Das ist besser für eure Lauterkeit und Reinheit. Und Allāh weiß, doch ihr wisst nicht. (232) Und die Mütter stillen ihre Kinder zwei volle Jahre. (Das gilt) für die, die das Stillen vollenden wollen. Und es obliegt dem, dem das Kind geboren wurde, für (die Mütter) ihre Nahrung und Kleidung auf gütige Weise Sorge zu tragen. Von keiner Seele soll etwas gefordert werden über das hinaus, was sie zu leisten vermag. Einer Mutter soll nicht wegen ihres Kindes Schaden zugefügt werden, und dem, dem das Kind geboren wurde, nicht wegen seines Kindes. Und für den Erben gilt das gleiche. Und wenn sie beide in gegenseitigem Einvernehmen und nach Beratung (das Kind vorzeitig) entwöhnen wollen, dann liegt darin kein Vergehen für sie. Und wenn ihr eure Kinder stillen lassen wollt, so ist es kein Vergehen für euch, sofern ihr das, was ihr vereinbart habt, in gütiger Weise bezahlt. Und fürchtet Allāh und wisst, dass Allāh wohl sieht, was ihr tut. (233) Und wenn diejenigen von euch, die abberufen werden, Gattinnen zurücklassen, so sollen diese (Witwen) vier Monate und zehn Tage abwarten. Und wenn sie dann ihren Termin erreicht haben, so ist es kein Vergehen für euch, wenn sie in gütiger Weise über sich selbst verfügen. Und Allāh ist wohl vertraut mit dem, was ihr tut. (234)

Und es ist kein Vergehen für euch, wenn ihr ihnen (den Frauen) gegenüber Heiratsabsichten andeutet oder euch insgeheim mit diesem Gedanken tragt. Allāh wusste, dass ihr an sie denken werdet. Doch verabredet euch nicht heimlich mit ihnen, außer ihr sprecht ein geziemendes Wort. Und fasst keinen festen Entschluss zum Ehebund, bevor die Wartezeit erfüllt ist. Und wisst, dass Allāh dessen gewahr ist, was in euren Seelen ist. Darum seid vor Ihm auf der Hut. Und wisst, dass Allāh Allverzeihend und Nachsichtig ist. (235)

Es ist kein Vergehen für euch, wenn ihr die Frauen entlasst, bevor ihr sie berührt oder ihnen eine Brautgabe gewährt habt. Doch gewährt ihnen Versorgung: der Wohlhabende (nach dem), was er vermag, und der Minderbemittelte (nach dem), was er vermag - eine Versorgung auf gütige Weise. (Dies ist) eine Verpflichtung für die Gütigen. (236) Und wenn ihr sie entlasst, bevor ihr sie berührt habt, jedoch nachdem ihr ihnen eine Brautgabe ausgesetzt habt, dann zahlt die Hälfte dessen, was ihr ausgesetzt habt, es sei denn, sie erlassen es (euch) oder der, in dessen Hand der Ehebund ist, erlässt es. Und wenn ihr es erlasst, so kommt das der Gottesfürchtigkeit näher. Und vergesst nicht, einander Güte zu erweisen. Wahrlich, Allāh sieht wohl, was ihr tut. (237)

Haltet die Gebete ein, sowie das mittlere Gebet. Und steht in demütiger Ergebenheit vor Allāh. (238) Doch wenn ihr in Furcht seid, dann betet zu Fuß oder im Reiten. Und wenn ihr in Sicherheit seid, gedenkt Allāhs, wie Er euch das gelehrt hat, was ihr nicht wusstet. (239)

Und diejenigen von euch, die abberufen werden und Gattinnen zurücklassen, sollen ihren Gattinnen Versorgung für ein Jahr vermachen, ohne dass sie vertrieben werden. Gehen sie jedoch weg, so ist es kein Vergehen für euch, wenn sie zu ihrem Besten über sich selbst verfügen. Und Allāh ist Erhaben, Allweise. (240) Und den geschiedenen Frauen eine Versorgung auf gütige Weise (zu geben, ist) eine Verpflichtung für die Gottesfürchtigen. (241) So macht euch Allāh Seine Zeichen klar; vielleicht werdet ihr (es) begreifen. (242)

Hast du nicht über jene nachgedacht, die in Todesfurcht zu Tausenden aus ihren Häusern auszogen? Allāh sprach zu ihnen: "Sterbt!" Dann gab Er ihnen das Leben (wieder). Wahrlich, Allāh ist huldvoll gegen die Menschen, doch die meisten Menschen sind nicht dankbar. (243) Und kämpft auf dem Weg Allāhs und wisst, dass Allāh Allhörend und Allwissend ist. (244)

Wer ist es, der Allāh ein gutes Darlehen gibt, damit Er es ihm um ein Vielfaches verdoppele? Und Allāh schmälert und mehrt, und zu Ihm werdet ihr zurückgebracht. (245)

Hast du nicht nachgedacht über die Vornehmen von den Kindern Israels (in der Zeit) nach Moses, als sie zu einem Propheten unter ihnen sagten: "Setze für uns einen König ein, damit wir auf dem Weg Allāhs kämpfen!" Er sagte: "Ist es nicht möglich, dass ihr, wenn euch vorgeschrieben ist zu kämpfen, doch nicht kämpfen werdet?" Sie sagten: "Was sollte uns dazu bewegen, dass wir nicht auf dem Weg Allāhs kämpfen, wo wir doch aus unseren Häusern vertrieben und von unseren Söhnen (getrennt) worden sind?" Doch als ihnen vorgeschrieben wurde zu kämpfen, da wandten sie sich ab bis auf wenige von ihnen. Und Allāh kennt die Ungerechten. (246)

Und ihr Prophet sagte zu ihnen: "Wahrlich, Allāh hat bereits Saul zum König über euch eingesetzt." Da fragten sie: "Wie kann ihm die Herrschaft über uns zustehen, wo wir doch das (größere) Anrecht auf die Herrschaft haben als er und ihm nicht genügend Vermögen gegeben ist?" Er sagte: "Wahrlich, Allāh hat ihn vor euch auserwählt und hat ihm reichlich Wissen und körperliche Vorzüge verliehen. Und Allāh gibt Seine Herrschaft, wem Er will." Und Allāh ist Allumfassend, Allwissend. (247) Und ihr Prophet sagte zu ihnen: "Wahrlich, ein Zeichen für seine Herrschaft soll sein, dass die Bundeslade zu euch (zurück-) kommen wird; darin ist Frieden von eurem Herrn und ein Vermächtnis von dem, was die Nachkommen von Moses und die Nachkommen von Aaron hinterlassen haben. Sie wird von

Engeln getragen. Wahrlich, darin ist ein Zeichen für euch, wenn ihr Gläubige seid." (248)

Und als Saul mit den Heerscharen auszog, sagte er: "Wahrlich, Allāh wird euch an einem Fluss prüfen. Wer aus ihm trinkt, gehört nicht zu mir, und wer nicht davon kostet, der gehört wahrlich zu mir, außer dem, der nur eine Handvoll mit seiner Hand (daraus) schöpft." Und sie tranken davon bis auf wenige von ihnen. Und als sie den Fluss überquert hatten, er und diejenigen, die mit ihm gläubig waren, sagten sie: "Wir haben heute keine Kraft gegen Goliath und seine Heerscharen." Doch diejenigen, die damit rechneten, dass sie Allāh begegnen würden, sagten: "Wie oft hat nicht eine geringe Schar über eine große Schar gesiegt mit Allāhs Erlaubnis! Und Allāh ist mit den Geduldigen." (249)

Und als sie gegen Goliath und seine Heerscharen in den Kampf zogen, sagten sie: "Unser Herr, verleih uns reichlich Geduld und festige unsere Schritte und hilf uns gegen das Volk der Ungläubigen." (250)

Und sie schlugen sie mit Allāhs Erlaubnis, und David erschlug Goliath, und Allāh gab ihm die Herrschaft und die Weisheit, und Er lehrte ihn, was Er wollte. Und wenn Allāh nicht die einen Menschen durch die anderen zurückgehalten hätte, dann wäre die Erde wahrhaftig von Unheil erfüllt. Doch Allāh ist huldvoll gegen alle Welten. (251) Dies sind die Zeichen Allāhs. Wir tragen sie dir in Wahrheit vor. Und wahrlich, du bist einer der Gesandten. (252)

* Dies sind die Gesandten. Wir haben einigen von ihnen den Vorrang über andere gegeben. Unter ihnen sind welche, zu denen Allāh gesprochen hat, und einige, die Er um Rangstufen erhöht hat. Und Wir gaben Jesus, dem Sohn Marias, die klaren Beweise und unterstützten ihn durch heilige Eingebung, und wenn Allāh es so gewollt hätte, dann hätten sich diejenigen, die nach ihnen kamen, nicht gegenseitig bekämpft, nachdem klare Beweise zu ihnen gekommen waren. Sie wurden jedoch uneins. Die einen von ihnen waren gläubig, die anderen ungläubig. Wenn Allāh es so gewollt hätte, dann hätten sie sich nicht gegenseitig bekämpft. Doch Allāh tut, was Er will. (253)

O ihr, die ihr glaubt! Spendet von dem, was Wir euch (an Gut) beschert haben, bevor ein Tag kommt, an dem es kein Handeln, keine Freundschaft und keine Fürsprache (mehr) geben wird. Die Ungläubigen sind es, die Unrecht tun. (254)

Allāh - kein Gott ist da außer Ihm, Dem Ewiglebenden, Dem durch Sich Selbst Seienden. Ihn ergreift weder Schlummer noch Schlaf. Ihm gehört, was in den Himmeln und was auf der Erde ist. Wer ist es, der bei Ihm Fürsprache einlegen könnte außer mit Seiner Erlaubnis? Er weiß, was vor ihnen und was hinter ihnen liegt; sie aber begreifen nichts von Seinem Wissen, es sei denn das, was Er will. Weit reicht Sein Thron über die Himmel und die Erde, und es fällt Ihm nicht schwer, sie (beide) zu bewahren. Und Er ist der Hohe, der Allmächtige. (255)

Es gibt keinen Zwang im Glauben. Der richtige Weg ist nun klar erkennbar geworden gegenüber dem unrichtigen. Wer nun an die Götzen nicht glaubt, an Allāh aber glaubt, der hat gewiss den sichersten Halt ergriffen, bei dem es kein Zerreißen gibt. Und Allāh ist Allhörend, Allwissend. (256)

Allāh ist der Beschützer derjenigen, die glauben. Er führt sie aus den Finsternissen ins Licht. Diejenigen aber - die ungläubig sind, deren Freunde sind die Götzen. Sie führen sie aus dem Licht in die Finsternisse. Sie werden die Bewohner des Feuers sein, darin werden sie ewig bleiben. (257)

Hast du nicht über jenen nachgedacht, der über seinen Herrn mit Abraham ein Wortgefecht führte, weil Allāh ihm die Herrschaft gegeben hatte? Als Abraham sagte: "Mein Herr ist Derjenige, Der lebendig macht und sterben lässt", sagte er: "Ich bin es, der lebendig macht und sterben lässt." Da sagte Abraham: "Doch es ist Allāh, Der die Sonne im Osten aufgehen lässt; so lass du sie im Westen aufgehen." Da war der Ungläubige verwirrt. Und Allāh leitet nicht die ungerechten Leute. (258)

Oder (hast du auch nicht über) den (nachgedacht), der an einer Stadt vorüberkam, die wüst in Trümmern lag? Da sagte er: "Oh, wie soll Allāh dieser nach ihrer Zerstörung wieder Leben geben?" Und Allāh ließ ihn für hundert Jahre tot sein. Dann erweckte Er ihn wieder. Er sprach: "Wie lange hast du verharrt?" Er sagte: "Ich verharrte einen Tag oder den Teil eines Tages." Da sprach Er: "Nein, du verharrtest einhundert Jahre. Nun betrachte deine Speise und deinen Trank. Sie sind nicht verdorben. Und betrachte deinen Esel. Wir machen dich damit zu einem Zeichen für die Menschen. Und betrachte die Knochen, wie Wir sie zusammensetzen und dann mit Fleisch bekleiden." Und als ihm dies klargemacht worden war, sagte er: "Ich weiß, dass Allāh Macht hat über alle Dinge." (259)

Und gedenke, als Abraham sagte: "Mein Herr, lass mich sehen, wie Du die Toten wieder zum Leben bringst." Er sprach: "Glaubst du denn nicht?" Er sagte: "Doch! Aber (ich frage), um mein Herz zu beruhigen." Er sagte: "Nimm dir vier Vögel und zerstücke sie, dann setze auf jeden Berg einige Teile davon. Hierauf rufe sie. Sie werden eilends zu dir kommen. Und wisse, dass Allāh Allmächtig und Allweise ist!" (260)

Das Gleichnis derjenigen, die ihr Vermögen auf dem Weg Allāhs ausgeben, ist wie das Gleichnis eines Samenkorns, das sieben Ähren wachsen lässt, in jeder Ähre hundert Körner. Und Allāh vervielfacht es, wem Er will. Und Allāh ist Allumfassend, Allwissend. (261) Diejenigen, die ihr Vermögen auf dem Weg Allāhs spenden, dann dem, was sie gespendet haben, weder Vorhaltung noch Ungemach folgen lassen, denen wird ihr Lohn von ihrem Herrn zuteil werden, und weder Angst wird über sie kommen noch werden sie traurig sein. (262)

Gütige Rede und Verzeihung sind besser als ein Almosen, dem ein Übel folgt; und Allāh ist Reich und Milde. (263) O ihr, die ihr glaubt, vereitelt nicht eure Almosen durch Vorhaltungen und Ungemach, gleich dem, der sein Gut ausgibt, um von den Leuten gesehen zu werden, und nicht an Allāh glaubt und an den Jüngsten Tag. Das Gleichnis dessen ist das Gleichnis eines Felsens mit Erdreich darüber, und es trifft ihn ein Platzregen und lässt ihn hart. Sie richten nichts aus mit ihrem Verdienst; denn Allāh leitet nicht die ungläubigen Leute. (264) Das Gleichnis jener aber, die ihr Gut ausgeben im Trachten nach Allāhs Wohlgefallen und zur Stärkung ihrer Seele, ist das Gleichnis eines Gartens auf einem Hügel: es trifft ihn ein Platzregen, und da bringt er seine Früchte zweifach (hervor). Und wenn ihn kein Platzregen trifft, so doch Tau. Und Allāh durchschaut euer Tun. (265)

Wünscht einer von euch, dass er einen Garten besitze mit Palmen und Reben, durcheilt von Bächen, in dem er allerlei Früchte habe, und dass ihn das Alter treffe, während er (noch) schwache Sprösslinge habe, und (dass) ihn (den Garten) ein feuriger Wirbelsturm da treffe und er verbrenne? So erklärt euch Allāh die Zeichen; vielleicht denkt ihr (darüber) nach. (266)

O ihr, die ihr glaubt, spendet von dem Guten, das ihr erwarbt, und von dem, was Wir für euch aus der Erde hervorkommen lassen, und sucht darunter zum Spenden nicht das Schlechte aus, das ihr selber nicht nähmt, ohne dabei die Augen zuzudrücken; und wisst, Allāh ist Reich und Gepriesen. (267)

Satan droht euch Armut an und befiehlt euch Schändliches, Allāh aber verheißt euch Seine Vergebung und Huld. Und Allāh ist Allumfassend und Allwissend. (268) Er gibt die Weisheit, wem Er will, und wem da Weisheit gegeben wurde, dem wurde hohes Gut gegeben; doch niemand bedenkt dies außer den Einsichtigen. (269)

Und was ihr an Spende gebt oder als Gelübde versprecht, seht, Allāh weiß es, und die Ungerechten finden keine Helfer. (270) Wenn ihr Almosen offenkundig gebt, so ist es angenehm, und wenn ihr sie verbergt und sie den Armen gebt, so ist es besser für euch und sühnt eure Missetaten. Und Allāh ist eures Tuns kundig. (271)

Ihre Rechtleitung obliegt nicht dir, sondern Allāh leitet recht, wen Er will. Was immer ihr an Gutem spendet, das ist für euch selbst, und ihr (sollt) nicht spenden, es sei denn aus Verlangen nach dem Angesicht Allāhs. Und was immer ihr an Gutem spendet, das soll euch voll zurückerstattet werden, und es soll euch kein Unrecht zugefügt werden. (272) (Dies ist) für die Armen, die auf dem Weg Allāhs (daran) gehindert werden, sich frei im Land zu bewegen. Der Unwissende hält sie für reiche wegen (ihrer) Zurückhaltung. Du aber erkennst sie an ihrem Auftreten. Sie betteln die Menschen nicht aufdringlich an. Und was immer ihr an Gutem spendet, wahrlich, Allāh weiß es. (273)

Diejenigen, die ihr Vermögen bei Nacht und Tag, geheim oder offen, spenden - denen ist ihr Lohn von ihrem Herrn (gewiss), und sie brauchen keine Angst zu haben noch werden sie traurig sein. (274)

Diejenigen, die Zinsen verschlingen, sollen nicht anders dastehen als wie einer, der vom Satan erfasst und zum Wahnsinn getrieben wird. Dies (soll so sein) weil sie sagen: "Handel ist dasselbe wie Zinsnehmen." Doch Allāh hat den Handel erlaubt und das Zinsnehmen verboten. Und wenn zu jemandem eine Ermahnung von seinem Herrn kommt und er dann aufhört - dem soll verbleiben, was bereits geschehen ist. Und seine Sache ist bei Allāh. Wer es aber von neuem tut - die werden Bewohner des Feuers sein, darin werden sie ewig bleiben. (275) Allāh wird den Zins dahinschwinden lassen und die Mildtätigkeit vermehren. Und Allāh liebt keinen, der ein hartnäckiger Ungläubiger und Übeltäter ist. (276)

Wahrlich, denjenigen, die gläubig sind und gute Werke tun und das Gebet verrichten und die *Zakāh* entrichten, ist ihr Lohn von ihrem Herrn (gewiss) und sie brauchen keine Angst haben noch werden sie traurig sein. (277) O ihr, die ihr glaubt, fürchtet Allāh und verzichtet auf das, was noch übrig ist an Zinsen, wenn ihr Gläubige seid. (278) Und wenn ihr dies nicht tut, dann ist euch Krieg angesagt von Allāh und Seinem Gesandten. Doch wenn ihr bereut, dann soll euch euer Kapital zustehen, so dass weder ihr Unrecht tut, noch euch Unrecht zugefügt wird. (279) Wenn jemand in Schwierigkeiten ist, dann gewährt ihm Aufschub, bis eine Erleichterung (eintritt). Doch wenn ihr mildtätig seid, so ist es besser für euch, wenn ihr es nur wüsstet. (280)

Und fürchtet den Tag, an dem ihr zu Allāh zurückgebracht werdet. Dann wird jeder Seele das zurückerstattet, was sie erworben hat, und ihnen wird kein Unrecht geschehen. (281)

O ihr, die ihr glaubt, wenn ihr eine Anleihe gewährt oder aufnehmt zu einer festgesetzten Frist, dann schreibt es nieder. Und ein Schreiber soll es in eurem Beisein getreulich niederschreiben. Und kein Schreiber soll sich weigern zu schreiben, so wie Allāh es gelehrt hat. So schreibe er also, und der Schuldner soll es diktieren und Allāh, seinen Herrn, fürchten und nichts davon weglassen. Und wenn der Schuldner schwachsinnig oder schwach ist oder unfähig, selbst zu diktieren, dann soll sein Sachwalter getreulich für ihn diktieren. Und lasst zwei Zeugen unter euren Männern es bezeugen, und wenn es keine zwei Männer gibt, dann (sollen es bezeugen) ein Mann und zwei Frauen von denen, die euch als Zeugen geeignet erscheinen, damit, wenn sich eine der beiden irrt, die andere von ihnen sie (daran) erinnert. Und die Zeugen sollen sich nicht weigern, wenn sie gerufen werden. Und verschmäht nicht, es niederzuschreiben - (seien es) große oder kleine (Beträge) - bis zur festgesetzten Frist. Das ist rechtschaffener vor Allāh und zuverlässiger, was die Bezeugung angeht und bewahrt euch eher vor Zweifeln, es sei denn es handelt sich um eine sogleich verfügbare Ware, die von Hand zu Hand geht unter euch; dann ist es kein Vergehen für euch, wenn ihr es nicht niederschreibt. Und nehmt Zeugen, wenn ihr miteinander Handel treibt. Und weder dem Schreiber noch dem Zeugen soll Schaden zugefügt werden. Und wenn ihr es tut, dann ist es wahrlich ein Frevel von euch. Und fürchtet Allāh. Und Allāh lehrt euch, und Allāh ist über alles kundig. (282) Und wenn ihr auf einer Reise seid und keinen Schreiber findet, dann soll ein Pfand in Empfang genommen werden. Und wenn einer von euch dem anderen (etwas) anvertraut, dann soll der, dem es anvertraut wurde, das ihm Anvertraute zurückgeben und Allāh, seinen Herrn, fürchten. Und unterdrückt das Zeugnis nicht. Und wer es verbirgt, dessen Herz ist wahrlich mit Schuld befleckt. Und Allāh ist dessen kundig, was ihr tut. (283)

Allāh gehört das, was in den Himmeln und was in der Erde ist. Und ob ihr kundtut, was in euren Seelen ist, oder es geheim haltet, Allāh wird euch dafür zur Rechenschaft ziehen. Dann verzeiht Er, wem Er will, und bestraft, wen Er will. Und Allāh hat Macht über alle Dinge. (284)

Der Gesandte glaubt an das, was ihm von seinem Herrn herabgesandt worden ist, ebenso die Gläubigen; sie alle glauben an Allāh und an Seine Engel und an Seine Bücher und an Seine Gesandten. Wir machen keinen Unterschied zwischen Seinen Gesandten. Und sie sagen: "Wir hören und gehorchen. Gewähre uns Deine Vergebung, unser Herr, und zu Dir ist die Heimkehr. (285) Allāh fordert von keiner Seele etwas über das hinaus, was sie zu leisten vermag. Ihr wird zuteil, was sie erworben hat, und über sie kommt, was sie sich zuschulden kommen lässt. Unser Herr, mache uns nicht zum Vorwurf, wenn wir (etwas) vergessen oder Fehler begehen. Unser Herr, und erlege uns keine Bürde auf, so wie Du sie jenen auferlegt hast, die vor uns waren. Unser Herr, und lade uns nichts auf, wofür wir keine Kraft haben. Und verzeihe uns, und vergib uns, und erbarme Dich unser. Du bist unser Beschützer. So hilf uns gegen das Volk der Ungläubigen!" (286)

(3) Sura Āli-ʿImrān (Das Haus ʿImrān)

Offenbart zu Al-Madīna, 200 Āyāt

Im Namen Allāhs, des Allerbarmers, des Barmherzigen!

Alif Lām Mīm. (1) Allāh - kein Gott ist da außer Ihm, Dem Ewiglebenden, Dem Einzigerhaltenden. (2) Er hat das Buch mit der Wahrheit auf dich herabgesandt als Bestätigung dessen, was vor ihm war. Und Er hat die Thora und das Evangelium herabgesandt (3) vordem als Rechtleitung für die Menschen, und Er hat (das Buch zur) Unterscheidung herabgesandt. Wahrlich, denjenigen, die die Zeichen Allāhs verleugnen, wird eine strenge Strafe zuteil sein. Und Allāh ist Allmächtig und Herr der Vergeltung. (4)

Vor Allāh bleibt gewiss nichts verborgen, weder in der Erde noch im Himmel. (5) Er ist es, Der euch in der Gebärmutter gestaltet, wie Er will. Es ist kein Gott außer Ihm, dem Allmächtigen, dem Allweisen. (6) Er ist es, Der dir das Buch herabgesandt hat. Darin sind eindeutig klare Verse - sie sind die Grundlage des Buches - und andere, die verschieden zu deuten sind. Doch diejenigen, in deren Herzen (Neigung zur) Abkehr ist, folgen dem, was darin verschieden zu deuten ist, um Zwietracht herbeizuführen und Deutelei zu suchen, (indem sie) nach ihrer abwegigen Deutung trachten. Aber niemand kennt ihre Deutung außer Allāh. Diejenigen aber, die ein tiefbegründetes Wissen haben, sagen: "Wir glauben wahrlich daran. Alles ist von unserem Herrn." Doch niemand bedenkt dies außer den Einsichtigen. (7)

Unser Herr, lass unsere Herzen sich nicht (von Dir) abkehren, nachdem Du uns rechtgeleitet hast. Und schenke uns Barmherzigkeit von Dir; denn Du bist ja wahrlich der unablässig Gebende. (8) Unser Herr, Du wirst die Menschen zusammenführen an einem Tag, über den es keinen Zweifel gibt. Wahrlich, Allāh verfehlt niemals Seinen Termin. (9)

Wahrlich, denen, die ungläubig sind, werden weder ihr Vermögen noch ihre Kinder bei Allāh etwas helfen. Sie sind es, die zum Brennstoff des Feuers werden. (10) Nach dem Brauch des Volkes Pharaos und derer, die vor ihnen waren, verwarfen sie Unsere Zeichen als Lüge. Da ergriff Allāh sie in ihrer Schuld. Und Allāh ist streng im Strafen. (11) Sprich zu denen, die ungläubig sind: "Bald schon werdet ihr besiegt sein und in *Ğahannam* versammelt werden - was für eine schlechte Ruhestätte!" (12) Es war euch ein Zeichen zuteil geworden in den beiden Scharen, die aufeinandertrafen: Die eine Schar kämpfte auf dem Weg Allāhs, die andere war ungläubig. Sie sahen mit eigenen Augen (ihre Gegner) doppelt (so zahlreich). Und Allāh stärkt mit Seinem Beistand, wen Er will. Wahrlich, darin liegt eine Lehre für die, die Einsicht haben. (13)

Zum Genuss wird den Menschen die Freude gemacht an ihrem Trieb zu Frauen und Kindern und aufgespeicherten Mengen von Gold und Silber und Rassepferden und Vieh und Saatfeldern. Dies ist der Genuss des irdischen Lebens; doch bei Allāh ist die schönste Heimkehr. (14) Sprich: "Soll ich euch Besseres als dies verkünden?" Für die Gottesfürchtigen gibt es bei ihrem Herrn Gärten, durcheilt von Bächen - darin werden sie auf ewig bleiben - sowie reine Gattinnen und Allāhs Wohlgefallen. Und Allāh kennt (Seine) Diener wohl (15), diejenigen, die sagen: "Unser Herr, siehe, wir glauben; darum vergib uns unsere Sünden und behüte uns vor der Strafe des Feuers." (16) Die Geduldigen und die Wahrhaften und die Andachtsvollen und die Spendenden und diejenigen, die um Vergebung bitten vor der Morgendämmerung. (17)

Bezeugt hat Allāh, dass kein Gott da ist außer Ihm Selbst; und die Engel und die Wissenden (bezeugen es); Er sorgt für die

Gerechtigkeit. Es ist kein Gott außer Ihm, Dem Allmächtigen, Dem Allweisen. (18)

Wahrlich, die Religion bei Allāh ist der Islam. Und diejenigen, denen die Schrift gegeben wurde, wurden erst uneins, als das Wissen zu ihnen gekommen war - aus Missgunst untereinander. Und wer die Zeichen Allāhs verleugnet - siehe, Allāh ist schnell im Rechnen. (19) Und wenn sie mit dir streiten, so sprich: "Ich habe mich ganz und gar Allāh ergeben, und ebenso, wer mir nachfolgt." Und sprich zu jenen, denen die Schrift gegeben wurde, und zu den Unbelehrten: "Werdet ihr Muslime?" Und wenn sie Muslime werden, sind sie rechtgeleitet; kehren sie sich jedoch ab, so obliegt dir nur die Verkündigung. Und Allāh kennt (Seine) Diener wohl. (20)

Wahrlich, jenen, die nicht an Allāhs Zeichen glauben und die Propheten ohne rechtlichen Grund töten und jene Menschen töten, die zur Rechtschaffenheit ermahnen, denen verkünde schmerzliche Strafe. (21) Sie sind es, deren Werke nichtig sind - in dieser Welt und im Jenseits; und sie haben keine Helfer. (22)

Hast du nicht jene gesehen, denen ein Teil von der Schrift gegeben wurde? Sie wurden zum Buch Allāhs aufgefordert, dass es zwischen ihnen richte. Alsdann kehrte ein Teil von ihnen den Rücken und wandte sich ab (23), indem sie sagten: "Nimmer wird uns das Feuer berühren, es sei denn für abgezählte Tage." Und es betrog sie in ihrem Glauben, was sie selber erdachten. (24) Aber wie, wenn Wir sie versammeln an einem Tag, über den kein Zweifel herrscht, und jeder Seele vergolten wird, was sie verdient hat, und sie kein Unrecht erleiden sollen? (25)

Sprich: "O Allāh, Herrscher des Königtums, Du gibst das Königtum, wem Du willst und nimmst das Königtum, wem Du willst; und Du ehrst, wen Du willst und erniedrigst, wen Du willst. In Deiner Hand ist das Gute; wahrlich, Du hast Macht über alle Dinge. (26) Du lässt die Nacht übergehen in den Tag und lässt den Tag übergehen in die Nacht; und Du lässt das Lebendige aus dem Toten erstehen und lässt das Tote aus dem Lebendigen erstehen, und Du versorgst, wen Du willst, ohne Maß." (27)

Die Gläubigen sollen die Ungläubigen nicht statt der Gläubigen zu Beschützern nehmen; und wer solches tut, der findet von

Allāh in nichts Hilfe - außer ihr fürchtet euch vor ihnen. Und Allāh warnt euch vor Sich Selbst (achtlos zu sein), und zu Allāh ist die Heimkehr. (28)

Sprich: "Ob ihr verbergt, was in eurer Brust ist, oder ob ihr es kundtut, Allāh weiß es; Er weiß, was in den Himmeln und was auf der Erde ist; und Allāh hat Macht über alle Dinge." (29) An jenem Tage wird jede Seele bereit finden, was sie an Gutem getan hat; und was sie an Bösem getan hat - wünschen wird sie, dass zwischen ihr und ihm eine weite Zeitspanne läge. Und Allāh warnt euch vor Sich Selbst (achtlos zu sein); und Allāh ist gütig gegen Seine Diener. (30)

Sprich: "Wenn ihr Allāh liebt, so folgt mir. Lieben wird euch Allāh und euch eure Sünden vergeben; denn Allāh ist Allvergebend, Barmherzig." (31) Sprich: "Gehorcht Allāh und dem Gesandten!" Und wenn sie sich abwenden, so liebt Allāh die Ungläubigen nicht. (32)

Wahrlich, Allāh erwählte Adam und Noah und das Haus Abraham und das Haus ʿImrān vor allen Welten (33), ein Geschlecht, von dem einer aus dem anderen stammt, und Allāh ist Allhörend, Allwissend. (34)

Damals sagte die Frau ʿImrāns: "Mein Herr, siehe, ich gelobe Dir, was in meinem Leibe ist, zu weihen; so nimm es von mir an; siehe, Du bist der Allhörende, der Allwissende." (35) Und als sie es geboren hatte, sagte sie: "Mein Herr, siehe, ich habe es als Mädchen geboren." Und Allāh wusste wohl, was sie geboren hatte; denn der Knabe ist nicht wie das Mädchen. "Und ich habe sie Maria genannt, und siehe, ich möchte, dass sie und ihre Nachkommen zu Dir Zuflucht nehmen vor dem gesteinigten Satan." (36) Und so nahm sie Allāh gnädig an und ließ sie in schöner Weise in der Obhut des Zacharias heranwachsen. Sooft Zacharias zu ihr in den Tempel hineintrat, fand er Speise bei ihr. Da sagte er: "O Maria, woher kommt dir dies zu?" Sie sagte: "Es ist von Allāh; siehe, Allāh versorgt unbegrenzt, wen Er will." (37) Dort rief Zacharias seinen Herrn an und sagte: "Mein Herr, gib mir als Geschenk von Dir gute Nachkommenschaft, wahrlich, Du bist Der Erhörer des Gebets." (38) Und da riefen ihm die Engel zu, während er zum Gebet in dem Tempel stand:

"Siehe, Allāh verheißt dir Johannes, den Bestätiger eines Wortes von Allāh, einen Vornehmen, einen Asketen und Propheten, einen von den Rechtschaffenen." (39) Er sagte: "Mein Herr, soll mir ein Knabe (geschenkt) werden, wo mich das Alter doch überkommen hat und meine Frau unfruchtbar ist?" Er sprach: "Allāh tut ebenso, was Er will." (40) Er sagte: "Mein Herr, gib mir ein Zeichen." Er sprach: "Dein Zeichen ist, dass du drei Tage lang zu den Menschen nicht sprechen wirst außer durch Gesten. Und gedenke deines Herrn häufig und preise Ihn am Abend und am Morgen." (41)

Und damals sprachen die Engel: "O Maria, siehe, Allāh hat dich auserwählt und gereinigt und erwählt vor den Frauen der Welten. (42) O Maria, sei vor deinem Herrn voller Andacht und wirf dich nieder und beuge dich mit den Sich-Beugenden." (43) Dies ist eine der Verkündungen des Verborgenen, die Wir dir offenbaren. Denn du warst nicht bei ihnen, als sie ihre Losröhrchen warfen, wer von ihnen Maria pflegen sollte. Und du warst nicht bei ihnen, als sie miteinander stritten. (44) Damals sprachen die Engel: "O Maria, siehe, Allāh verkündet dir ein Wort von Ihm; sein Name ist der Messias, Jesus, der Sohn der Maria, angesehen im Diesseits und im Jenseits, und einer von denen, die (Allāh) nahe stehen. (45) Und reden wird er in der Wiege zu den Menschen und auch als Erwachsener, und er wird einer der Rechtschaffenen sein." (46) Sie sagte: "Mein Herr, soll mir ein Sohn (geboren) werden, wo mich doch kein Mann berührte?" Er sprach: "Allāh schafft ebenso, was Er will; wenn Er etwas beschlossen hat, spricht Er nur zu ihm: »Sei!« und es ist." (47) Und Er wird ihn das Buch lehren und die Weisheit und die Thora und das Evangelium (48) und wird ihn entsenden zu den Kindern Israels. (Sprechen wird er:) "Seht, ich bin zu euch mit einem Zeichen von eurem Herrn gekommen. Seht, ich erschaffe für euch aus Ton die Gestalt eines Vogels und werde in sie hauchen, und sie soll mit Allāhs Erlaubnis ein Vogel werden; und ich heile den Blindgeborenen und den Aussätzigen und mache die Toten mit Allāhs Erlaubnis lebendig, und ich verkünde euch, was ihr esst und was ihr in eueren Häusern speichert. Wahrlich, darin ist ein Zeichen für euch, wenn ihr gläubig seid. (49) Und als ein Bestätiger der Thora, die vor mir da war, und um euch einen Teil von dem zu erlauben, was euch verboten war, bin ich zu euch gekommen mit einem Zeichen von eurem Herrn. So fürchtet Allāh und gehorcht mir (50); wahrlich, Allāh ist mein Herr und euer Herr, darum dient Ihm. Dies ist ein gerader Weg." (51)

Und als Jesus ihren Unglauben wahrnahm, sagte er: "Wer ist mein Helfer (auf dem Weg) zu Allāh?" Die Jünger sagten: "Wir sind Allāhs Helfer; wir glauben an Allāh, und (du sollst) bezeugen, dass wir (Ihm) ergeben sind. (52) Unser Herr, wir glauben an das, was Du herabgesandt hast, und folgen dem Gesandten. Darum führe uns unter den Bezeugenden auf." (53)

Und sie schmiedeten eine List, und Allāh schmiedete eine List; und Allāh ist der beste Listenschmied. (54) Damals sprach Allāh: "O Jesus, siehe, Ich will dich verscheiden lassen und will dich zu Mir erhöhen und will dich von den Ungläubigen befreien und will deine Anhänger über die Ungläubigen setzen bis zum Tag der Auferstehung. Alsdann werdet ihr zu Mir wiederkehren, und Ich will zwischen euch richten über das, worüber ihr uneins wart. (55) Was aber die Ungläubigen anbelangt, so werde Ich sie schwer im Diesseits und im Jenseits bestrafen; und sie werden keine Helfer finden." (56) Was aber diejenigen anbelangt, die glauben und gute Werke tun, so wird Er ihnen ihren vollen Lohn geben. Und Allāh liebt nicht die Ungerechten. (57) Dies verlesen Wir dir von den Zeichen und der weisen Ermahnung. (58)

Wahrlich, Jesus ist vor Allāh gleich Adam; Er erschuf ihn aus Erde, alsdann sprach Er zu ihm: "Sei!" und da war er. (59) (Dies) ist die Wahrheit von deinem Herrn! Darum sei keiner der Zweifler. (60) Und wenn sich jemand mit dir über sie streitet, nachdem das Wissen zu dir kam, so sprich: "Kommt her, lasst uns rufen unsre Söhne und eure Söhne, unsre Frauen und eure Frauen und unsre Seelen und eure Seelen. Alsdann wollen wir zu Allāh flehen und mit Allāhs Fluch die Lügner bestrafen." (61) Wahrlich, dies ist die Geschichte der Wahrheit, und es ist kein Gott außer Allāh, und Allāh - Er ist wahrlich der Allmächtige, der Allweise. (62) Und wenn sie sich abwenden, so kennt Allāh die Missetäter. (63)

Sprich: "O Volk der Schrift, kommt herbei zu einem gleichen Wort zwischen uns und euch, dass wir nämlich Allāh allein dienen und nichts neben Ihn stellen und dass nicht die einen von uns die anderen zu Herren nehmen außer Allāh." Und wenn sie sich abwenden, so sprecht: "Bezeugt, dass wir (Ihm) ergeben sind." (64)

O Volk der Schrift, warum streitet ihr über Abraham, wo die Thora und das Evangelium doch erst (später) nach ihm herabgesandt worden sind? Habt ihr denn keinen Verstand? (65) Ihr habt da über etwas gestritten, wovon ihr Wissen habt; weshalb aber streitet ihr über das, wovon ihr kein Wissen habt? Allāh weiß, ihr aber wisst nicht. (66) Abraham war weder Jude noch Christ; vielmehr war er lauteren Glaubens, ein Muslim, und keiner von denen, die (Allāh) Gefährten beigesellen. (67) Wahrlich, die Menschen, die Abraham am nächsten stehen, sind jene, die ihm folgen, und dieser Prophet (Muḥammad) und die Gläubigen. Und Allāh ist der Beschützer der Gläubigen. (68)

Eine Gruppe von den Leuten der Schrift möchte euch gern verführen, doch verführen sie nur sich selber und wissen es nicht. (69) Ihr Leute der Schrift, warum verleugnet ihr die Zeichen Allāhs, wo ihr sie doch bezeugt? (70) Ihr Leute der Schrift, weshalb vermengt ihr die Wahrheit mit der Lüge und verbergt die Wahrheit gegen euer Wissen? (71)

Und da sagte eine Gruppe von den Leuten der Schrift: "Glaubt bei Tagesanbruch an das, was zu den Gläubigen herabgesandt wurde, und leugnet es ab bei seinem Ende; vielleicht werden sie umkehren. (72) Und glaubt nur denen, die eure Religion befolgen." Sprich: "Seht, die (wahre) Rechtleitung ist die Rechtleitung Allāhs." Dass (auch) einem (anderen) gegeben werde, was euch gegeben worden ist, oder wenn sie mit euch vor eurem Herrn streiten, so sprich: "Seht, die Huld ist in Allāhs Hand, Er gewährt sie, wem Er will. Und Allāh ist Allumfassend und Allwissend. (73) Er zeichnet mit Seiner Barmherzigkeit aus, wen Er will. Und Allāh ist Herr der großen Huld." (74)

Und unter den Leuten der Schrift gibt es welche, die, wenn du ihnen eine große Summe anvertraust, dir diese aushändigen. Und unter ihnen gibt es auch solche, die, wenn du ihnen einen

Dīnār anvertraust, ihn dir nur aushändigen, wenn du stets hinter ihnen her bist. Dies geschieht deshalb, weil sie sagen: "Uns obliegt gegen die Unbelehrbaren keine Pflicht." Und sie sprechen eine Lüge gegen Allāh und wissen es. (75) Wer jedoch seiner Verpflichtung nachkommt und gottesfürchtig ist - siehe, Allāh liebt die Gottesfürchtigen. (76) Wahrlich, diejenigen, welche ihren Bund mit Allāh und ihre Eide um einen geringen Preis verkaufen, haben keinen Anteil am Jenseits, und Allāh spricht nicht zu ihnen, und Er schaut sie nicht an am Tag der Auferstehung, und Er reinigt sie nicht, und ihnen wird eine schmerzliche Strafe zuteil sein. (77) Wahrlich, ein Teil von ihnen verdreht seine Zunge mit der Schrift, damit ihr es für einen Teil der Schrift haltet, obwohl es nicht zur Schrift gehört. Und sie sagen: "Es ist von Allāh"; jedoch ist es nicht von Allāh, und sie sprechen eine Lüge gegen Allāh, obwohl sie es wissen. (78)

Es darf nicht sein, dass ein Mensch, dem Allāh die Schrift und die Weisheit und das Prophetentum gegeben hat, alsdann zu den Leuten spräche: "Seid meine Diener neben Allāh." Vielmehr (soll er sagen): "Seid Gottesgelehrte mit dem, was ihr gelehrt habt und mit dem, was ihr studiert habt." (79) Und Er gebietet euch nicht, euch die Engel oder die Propheten zu Herren zu nehmen. Sollte Er euch den Unglauben gebieten, nachdem ihr (Ihm) ergeben geworden seid? (80)

Und da nahm Allāh von den Propheten den Bund entgegen (des Inhalts:) "Wenn Ich euch das Buch und die Weisheit gebe, dann wird zu euch ein Gesandter kommen und das bestätigen, was ihr habt. Wahrlich, ihr sollt ihm glauben und sollt ihm helfen." Er sprach: "Erkennt ihr das an und nehmt ihr unter dieser (Bedingung) das Bündnis mit Mir an?" Sie sagten: "Wir erkennen es an." Er sprach: "So bezeugt es, und Ich will mit euch (ein Zeuge) unter den Zeugen sein." (81) Wer sich nach diesem abwendet - das sind die Frevler. (82)

Verlangen sie etwa eine andere als Allāhs Religion? Ihm ergibt sich, was in den Himmeln und auf der Erde ist, gehorsam oder wider Willen, und zu Ihm kehren sie zurück. (83)

Sprich: "Wir glauben an Allāh und an das, was auf uns herabgesandt worden ist, und was herabgesandt worden ist auf Abraham und Ismael und Isaak und Jakob und die Stämme (Israels), und was gegeben worden ist Moses und Jesus und den Propheten von ihrem Herrn; wir machen keinen Unterschied zwischen ihnen, und Ihm sind wir ergeben." (84)

Und wer eine andere Religion als den Islam begehrt: nimmer soll sie von ihm angenommen werden, und im Jenseits wird er unter den Verlierern sein. (85) Wie soll Allāh ein Volk leiten, das ungläubig wurde nach seinem Glauben und nachdem es bezeugt hatte, dass der Gesandte wahrhaftig sei, und nachdem die deutlichen Zeichen zu ihnen gekommen waren? Und Allāh leitet die Ungerechten nicht. (86) Ihr Lohn ist, dass auf ihnen der Fluch Allāhs und der Engel und der Menschen allesamt lastet. (87) Ewig bleiben sie darin; ihnen wird die Strafe nicht erleichtert und ihnen wird kein Aufschub gewährt (88); außer denen, die danach umkehren und gute Werke verrichten. Denn siehe, Allāh ist Allverzeihend und Barmherzig. (89)

Siehe, wer nach seinem Glauben ungläubig wird und immer mehr dem Unglauben verfällt - dessen Reue wird nicht angenommen, und dies sind die Irrenden. (90) Wahrlich, jene, die ungläubig sind und im Unglauben sterben - niemals wird von ihnen eine Erde voll Gold angenommen werden, auch wenn sie sich damit loskaufen wollten. Diese haben eine schmerzhafte Strafe, und sie werden keine Helfer haben. (91)

Ihr werdet das Gütigsein nicht erlangen, solange ihr nicht von dem spendet, was ihr liebt; und was immer ihr spendet, seht, Allāh weiß es. (92)

* Alle Speise war den Kindern Israels erlaubt, außer, was Israel sich selber verwehrte, bevor die Thora herabgesandt wurde. Sprich: "So bringt die Thora und lest sie, wenn ihr wahrhaftig seid." (93) Und diejenigen, die danach eine Lüge gegen Allāh erdichten, sind die Ungerechten. (94) Sprich: "Allāh spricht die Wahrheit. So folgt der Religion Abrahams, des Lauteren im Glauben, der neben Allāh keine Götter setzte." (95)

Wahrlich, das erste Haus, das für die Menschen gegründet wurde, ist das in *Bakka* - ein gesegnetes und eine Leitung für die Welten. (96) In ihm sind deutliche Zeichen - die Stätte Abrahams. Und wer es betritt, ist sicher. Und der Menschen Pflicht gegenüber Allāh ist die Pilgerfahrt zum Hause, wer da den Weg zu ihm machen kann. Wer aber ungläubig ist - wahrlich, Allāh ist nicht auf die Welten angewiesen. (97)

Sprich: "O Leute der Schrift, warum verleugnet ihr die Zeichen Allāhs, wo Allāh Zeuge eures Tuns ist?" (98) Sprich: "O Leute der Schrift, warum wendet ihr die Gläubigen von Allāhs Weg ab? Ihr trachtet ihn krumm zu machen, wo ihr ihn doch bezeugt. Doch Allāh ist eures Tuns nicht achtlos." (99)

O ihr, die ihr glaubt, wenn ihr einem Teil jener, denen die Schrift gegeben wurde, gehorcht, so werden sie euch nach eurem Glauben wieder ungläubig machen. (100) Wie aber werdet ihr ungläubig werden, wo euch die Verse Allāhs verlesen werden und unter euch Sein Gesandter weilt? Und wer an Allāh festhält, der ist auf den rechten Weg rechtgeleitet. (101)

O ihr, die ihr glaubt, fürchtet Allāh in geziemender Furcht und sterbt nicht anders denn als Muslime. (102) Und haltet insgesamt an Allāhs Seil fest, und zerfallt nicht, und gedenkt der Gnade Allāhs gegen euch, da ihr Feinde wart, und Er eure Herzen so zusammenschloss, dass ihr durch Seine Gnade Brüder wurdet; und da ihr am Rande einer Feuergrube wart, und Er euch ihr entriss. So macht Allāh euch Seine Zeichen klar, auf dass ihr euch rechtleiten lassen mögt. (103)

Und aus euch soll eine Gemeinde werden, die zum Guten einlädt und das gebietet, was Rechtens ist, und das Unrecht verbietet; und diese sind die Erfolgreichen. (104) Und seid nicht wie jene, die gespalten und uneins sind, nachdem die deutlichen Zeichen zu ihnen kamen; und jene erwartet eine schmerzliche Strafe (105) an einem Tag, da Gesichter weiß werden und Gesichter schwarz werden. Und was jene anbelangt, deren Gesichter schwarz werden: "Wurdet ihr nach eurem Glauben ungläubig? So kostet darum die Strafe, weil ihr ungläubig wurdet." (106) Und was jene anbelangt, deren Gesichter weiß werden: diese sollen in Allāhs Gnade sein, und darin werden sie ewig bleiben. (107) Dies sind die Zeichen Allāhs; Wir verkünden sie dir in Wahrheit. Und Allāh will keine Ungerechtigkeit gegen die Welten. (108) Und Allāhs ist, was in den Himmeln und was auf der Erde ist, und zu Allāh kehren alle Dinge zurück. (109)

Ihr seid die beste Gemeinde, die für die Menschen je entstand. Ihr gebietet das, was Rechtens ist, und ihr verbietet das Unrecht, und ihr glaubt an Allāh. Und wenn die Leute der Schrift geglaubt hätten, wahrlich, es wäre gut für sie gewesen! Unter ihnen sind Gläubige, aber die Mehrzahl von ihnen sind Frevler. (110) Niemals werden sie euch ein Leid zufügen, es sei denn einen (geringen) Schaden, und wenn sie gegen euch kämpfen, werden sie euch den Rücken kehren; alsdann werden sie nicht siegreich werden. (111) Erniedrigung ist für sie vorgeschrieben, wo immer sie getroffen werden, außer sie wären in Sicherheit (auf Grund) ihrer Verbindung mit Allāh oder mit den Menschen. Und sie ziehen sich den Zorn Allāhs zu, und für sie ist die Armut vorgeschrieben, weil sie Allāhs Zeichen verleugneten und die Propheten ungerechterweise ermordeten. Solches (geschieht), da sie widerspenstig und Übertreter waren. (112)

Sie sind aber nicht (alle) gleich. Unter den Leuten der Schrift gibt es (auch) eine Gemeinschaft, die stets die Verse Allāhs zur Zeit der Nacht verlesen und sich dabei niederwerfen. (113) Diese glauben an Allāh und an den Jüngsten Tag und gebieten das, was Rechtens ist, und verbieten das Unrecht und wetteifern in guten Werken; und diese gehören zu den Rechtschaffenen. (114) Und was sie an Gutem tun, wird ihnen niemals bestritten; und Allāh kennt die Gottesfürchtigen. (115)

Wahrlich, denjenigen, die ungläubig sind, werden ihr Gut und ihre Kinder keinesfalls etwas vor Allāh helfen; und jene sind die Gefährten des Feuers, und ewig sollen sie darin bleiben. (116) Das Gleichnis dessen, was sie in diesem irdischen Leben spenden, ist das Gleichnis des eiskalten Windes, welcher den Acker von Leuten trifft, die gegen sich selber sündigten. Und so vernichtet er ihn, und nicht Allāh war gegen sie ungerecht, sondern gegen sich selber waren sie ungerecht. (117)

O ihr, die ihr glaubt, nehmt euch nicht Leute zu Vertrauten, die außerhalb eurer Gemeinschaft stehen. Sie werden nicht

zaudern, euch zu verderben, und wünschen euren Untergang.
Schon wurde Hass aus ihrem Mund offenkundig, aber das, was
ihr Inneres verbirgt, ist schlimmer. Schon machten Wir euch
die Zeichen klar, wenn ihr es begreift. (118) Seht da! Ihr seid
es, die ihr sie liebt, doch sie lieben euch nicht; und ihr glaubt
an das ganze Buch. Und wenn sie euch begegnen, sagen sie:
"Wir glauben"; sind sie jedoch allein, so beißen sie sich in die
Fingerspitzen aus Grimm gegen euch. Sprich: "Sterbt an eurem
Grimm." Siehe, Allāh kennt das Innerste eurer Herzen. (119)
Wenn euch etwas Gutes trifft, empfinden sie es als Übel, und
wenn euch ein Übel trifft, so freuen sie sich dessen. Aber wenn
ihr geduldig und gottesfürchtig seid, wird ihre List euch keinen
Schaden zufügen. Seht, Allāh umfasst (mit Seinem Wissen) das,
was sie tun. (120)

Und damals verließest du deine Familie in der Frühe, um die
Gläubigen in die Stellungen des Kampfes einzuweisen; und Allāh
ist Allhörend, Allwissend. (121) Da verloren zwei Gruppen von
euch beinahe den Mut, und Allāh war beider Beschützer. Und
auf Allāh sollen sich die Gläubigen verlassen. (122) Und wahrlich,
Allāh verhalf euch bei *Badr* zum Sieg, als ihr (zahlenmäßig)
verächtlich wart; darum fürchtet Allāh; vielleicht werdet ihr
dankbar sein. (123)

Als du zu den Gläubigen sagtest: "Genügt es euch denn nicht,
dass euer Herr euch mit dreitausend herniedergesandten Engeln
hilft? (124) Ja, wenn ihr geduldig und gottesfürchtig seid und sie
sofort über euch kommen, wird euer Herr euch mit fünftausend
Engeln in Kampfbereitschaft helfen." (125) Und dies machte
Allāh allein als frohe Botschaft für euch, und auf dass eure
Herzen ruhig wären - denn der Sieg kommt nur von Allāh, Dem
Allmächtigen, Dem Allweisen (126), auf dass Er den Ungläubigen
einen Teil (ihrer Macht) abschneide oder sie niederwerfe, so
dass sie enttäuscht heimkehren. (127) Von dir ist es gar nicht
abhängig, ob Er Sich ihnen wieder verzeihend zuwendet oder
ob Er sie straft; denn sie sind ja Frevler. (128) Und Allāhs ist, was
in den Himmeln und was auf der Erde ist; Er verzeiht, wem Er
will, und straft, wen Er will, und Allāh ist Allverzeihend und
Barmherzig. (129)

O ihr, die ihr glaubt, verschlingt nicht die Zinsen in mehrfacher Verdoppelung, sondern fürchtet Allāh; vielleicht werdet ihr erfolgreich sein. (130) Und fürchtet das Feuer, das für die Ungläubigen vorbereitet ist (131) und gehorcht Allāh und dem Gesandten; vielleicht werdet ihr Erbarmen finden. (132) Und wetteifert nach der Vergebung eures Herrn und nach einem Garten, dessen Breite der von Himmel und Erde entspricht, der für die Gottesfürchtigen vorbereitet ist (133), die da spenden in Freud und Leid und den Groll unterdrücken und den Menschen vergeben. Und Allāh liebt die Rechtschaffenen. (134) Und diejenigen, die - wenn sie etwas Schändliches getan oder gegen sich gesündigt haben - Allāhs gedenken und für ihre Sünden um Vergebung flehen; und wer vergibt die Sünden außer Allāh? - und diejenigen, die nicht auf dem beharren, was sie wissentlich taten (135); für diese besteht ihr Lohn aus Vergebung von ihrem Herrn und aus Gärten, durch die Bäche fließen; darin werden sie ewig sein, und herrlich ist der Lohn der Wirkenden. (136)

Schon vor euch hat es Lebensweisen gegeben. So durchwandert die Erde und schaut, wie der Ausgang derer war, welche (die Wahrheit) für eine Lüge erklärt haben. (137) Dies ist eine Bekanntmachung an die Menschen und eine Leitung und eine Ermahnung für die Gottesfürchtigen. (138) Und seid nicht verzagt und traurig; ihr werdet siegen, wenn ihr gläubig seid. (139)

Wenn euch eine Härte getroffen hat, so hat eine Härte gleich schon andere Leute getroffen. Und diese Tage (des Sieges und der Niederlage) lassen Wir wechseln unter den Menschen, damit Allāh die Gläubigen erkennt und Sich aus euch Märtyrer erwählt. Und Allāh liebt die Ungerechten nicht. (140) Und damit Allāh die Gläubigen läutert und die Ungläubigen dahinschwinden lässt. (141) Oder meint ihr, in das Paradies einzugehen, ohne dass Allāh diejenigen erkennt, die unter euch gekämpft haben, und (ohne) dass Er die Geduldigen erkennt? (142)

Und wahrlich, ihr wünschtet euch den Tod, bevor ihr ihm begegnetet. Nun sahet ihr ihn mit eigenen Augen. (143) Und Muḥammad ist nur ein Gesandter; schon vor ihm gingen die

Gesandten dahin. Und ob er stirbt oder getötet wird - werdet ihr auf euren Fersen umkehren? Und wer auf seinen Fersen umkehrt - nimmer schadet er Allāh etwas; aber Allāh wird wahrlich die Dankbaren belohnen. (144) Keiner wird sterben ohne Allāhs Erlaubnis; (denn dies geschieht) gemäß einer zeitlichen Vorherbestimmung. Und dem, der den Lohn der Welt begehrt, geben Wir davon, und dem, der den Lohn des Jenseits begehrt, geben Wir davon; wahrlich, Wir werden die Dankbaren belohnen. (145)

Und wie viele Propheten kämpften gegen (einen Feind) gefolgt von vielen Gottesfürchtigen. Aber sie verzagten nicht bei dem, was sie auf Allāhs Weg traf, und sie wurden weder schwach noch ließen sie sich demütigen. Und Allāh liebt die Geduldigen. (146) Und ihr Wort war nicht anders, als dass sie sagten: "Unser Herr, vergib uns unsere Sünden und unser Vergehen in unserer Sache; und festige unsere Schritte und hilf uns gegen das ungläubige Volk." (147) Und Allāh gab ihnen den Lohn dieser Welt und den schönsten Lohn des Jenseits. Und Allāh liebt diejenigen, die Gutes tun. (148)

O ihr, die ihr glaubt, wenn ihr den Ungläubigen gehorcht, (dann bringen sie euch dazu) dass ihr auf euren Fersen kehrtmacht, und ihr werdet die Verlierer sein. (149) Doch Allāh ist euer Beschützer, und Er ist der beste Helfer. (150)

Wir werden in die Herzen der Ungläubigen Schrecken werfen; deshalb, weil sie Allāh Götter (zur Seite) setzten, wozu Er keine Ermächtnis niedersandte; und ihre Wohnstätte wird das Feuer sein, und schlimm ist die Herberge der Ungerechten! (151)

Und wahrlich, Allāh hatte euch gegenüber schon Sein Versprechen gehalten, als ihr sie mit Seiner Erlaubnis vernichtetet, bis dass ihr verzagtet und über die Sache strittet und ungehorsam wurdet, nachdem Er euch hatte sehen lassen, was ihr wünschtet. Einige von euch verlangten nach dieser Welt und andere verlangten nach dem Jenseits. Alsdann kehrte Er euch von ihnen (zur Flucht) ab, um euch zu prüfen; und wahrlich, jetzt hat Er euch vergeben. Denn Allāh ist voller Huld gegen die Gläubigen. (152)

Als ihr hinaufstiegt und auf niemanden achtetet, während der Gesandte hinter euch her rief, da ließ Er Kummer über Kummer über euch kommen, damit ihr nicht traurig sein solltet über das euch Entgangene und über das, was ihr erlitten habt. Und Allāh kennt das, was ihr tut. (153) Alsdann sandte Er auf euch nach dem Kummer Sicherheit (in der Art von) Schläfrigkeit nieder. Müdigkeit überkam eine Gruppe von euch; eine andere Gruppe war aber sorgenvoll mit sich selbst beschäftigt; ungerecht denken sie über Allāh in heidnischem Denken. Sie sagten: "Haben wir irgendetwas von der Sache?" Sprich: "Seht, die ganze Sache ist Allāhs." Sie verbargen in ihren Seelen, was sie dir nicht kundtaten, indem sie sagten: "Hätten wir etwas von der Sache gehabt, lägen wir hier nicht erschlagen!" Sprich: "Wäret ihr auch in euren Häusern gewesen, wahrlich, jene wären hinausgezogen, denen der Tod bei ihren Ruhestätten vorgezeichnet war - und (es geschah) damit Allāh prüfe, was in eurem Innern war, und erforsche, was in euren Herzen war. Und Allāh kennt das Innerste (der Menschen)." (154) Wahrlich, diejenigen von euch, welche am Tage des Zusammenstoßes der beiden Scharen (Allāh) den Rücken kehrten - nur Satan verleitete sie zum Straucheln für etwas von ihrem Tun. Aber wahrlich, nunmehr hat Allāh ihnen vergeben; seht, Allāh ist Allverzeihend und Milde. (155)

O ihr, die ihr glaubt, seid nicht gleich den Ungläubigen, die da sprechen von ihren Brüdern, als sie das Land durchwanderten oder Streiter waren: "Wären sie bei uns geblieben, wären sie nicht gestorben und nicht erschlagen worden." Allāh bestimmte dies als Kummer für ihre Herzen. Und Allāh macht lebendig und lässt sterben, und Allāh durchschaut euer Tun. (156) Und wahrlich, wenn ihr auf dem Weg Allāhs erschlagen werdet oder sterbt, wahrlich, Allāhs Vergebung und Barmherzigkeit ist besser als das, was ihr zusammenscharrt. (157) Und wenn ihr sterbt oder erschlagen werdet, werdet ihr vor Allāh versammelt. (158)

Und in Anbetracht der Barmherzigkeit Allāhs warst du (o Muḥammad) mild zu ihnen; wärst du aber rauh und harten Herzens gewesen, so wären sie dir davongelaufen. Darum vergib ihnen und bitte für sie um Verzeihung und ziehe sie in der Sache zu Rate; und wenn du entschlossen bist, dann vertraue auf Allāh; denn wahrlich, Allāh liebt diejenigen, die auf Ihn vertrauen. (159)

Wahrlich, wenn Allāh euch (zum Sieg) verhilft, so gibt es keinen, der über euch siegen könnte; wenn Er euch aber im Stich lässt, wer könnte euch da nach Ihm helfen? Wahrlich, auf Allāh sollen die Gläubigen vertrauen. (160)

Und kein Prophet darf (etwas von der Beute) unterschlagen. Und wer (etwas) unterschlägt, soll das, was er unterschlagen hat, (zu seiner eigenen Belastung) am Tag der Auferstehung bringen. Alsdann wird jeder Seele nach ihrem Verdienst vergolten werden, und es soll ihnen kein Unrecht geschehen. (161)

Und ist denn der, welcher das Wohlgefallen Allāhs erstrebte, wie der, welcher sich den Zorn Allāhs zuzog und dessen Herberge Ǧahannam ist? Und schlimm ist das Ende! (162) Sie stehen in verschiedenem Rang bei Allāh, und Allāh durchschaut ihr Tun. (163)

Wahrlich, huldreich war Allāh gegen die Gläubigen, da Er unter ihnen einen Gesandten aus ihrer Mitte erweckte, um ihnen Seine Verse zu verlesen und sie zu reinigen und das Buch und die Weisheit zu lehren; denn siehe, sie hatten sich zuvor in einem offenkundigen Irrtum befunden. (164)

Und als euch ein Unglück traf, obwohl ihr (euren Gegnern) bereits ein doppelt so schlimmes zugefügt hattet, spracht ihr da etwa: "Woher (kommt) dies?" Sprich: "Es kommt von euch selber." Siehe, Allāh hat Macht über alle Dinge. (165) Und was euch am Tage des Zusammenstoßes der beiden Scharen traf, das geschah mit Allāhs Erlaubnis, und damit Er die Gläubigen erkennt (166) und (damit) Er die Heuchler erkennt, zu denen gesprochen wurde: "Heran! Kämpft auf Allāhs Weg oder wehrt ab!" Sie aber sagten: "Wenn wir zu kämpfen gewusst hätten, wahrlich, wir wären euch gefolgt!" Sie waren an jenem Tage dem Unglauben näher als dem Glauben. Sie sagten mit ihrem Munde das, was nicht in ihren Herzen lag; und Allāh weiß wohl, was sie verbergen. (167)

(Das sind) diejenigen, die zu ihren Brüdern sagten, während sie daheim blieben: "Hätten sie uns gehorcht, wären sie nicht erschlagen worden." Sprich: "So wehrt von euch den Tod ab, wenn ihr wahrhaftig seid." (168)

Und betrachte nicht diejenigen, die auf Allāhs Weg gefallen sind, als tot. Nein! Sie leben bei ihrem Herrn, und sie werden dort versorgt. (169) Sie freuen sich über das, was Allāh ihnen von Seiner Huld gab, und von Freude erfüllt (sind sie) über diejenigen, die ihnen noch nicht gefolgt sind, so dass keine Furcht über sie kommen wird und sie nicht trauern werden. (170)

Von Freude erfüllt (sind sie) über die Gnade von Allāh und über Seine Huld und darüber, dass Allāh den Lohn der Gläubigen nicht verlorengehen lässt. (171) Diejenigen, die da auf Allāh und den Gesandten hörten, nachdem sie eine Niederlage erlitten hatten: Für diejenigen von ihnen, welche Gutes taten und gottesfürchtig waren, ist großer Lohn. (172) Diejenigen, zu denen die Leute sagten: "Seht, die Leute haben sich bereits gegen euch geschart; fürchtet sie darum!" - nur stärker wurden sie im Glauben und sagten: "Uns genügt Allāh, und Er ist der beste Sachwalter!" (173) Daher kehrten sie mit Allāhs Gnade und Huld zurück, ohne dass sie ein Übel getroffen hätte, und sie folgten dem Wohlgefallen Allāhs; und Allāh ist voll großer Huld. (174)

Es ist wahrlich Satan, der seine Helfer fürchten lassen will; fürchtet sie aber nicht, sondern fürchtet Mich, wenn ihr gläubig seid. (175) Und lass dich nicht von jenen betrüben, die energisch dem Unglauben nacheilen; siehe, nimmer können sie Allāh etwas zuleide tun. Allāh will ihnen keinen Anteil am Jenseits geben, und für sie ist eine große Strafe (bestimmt). (176) Wahrlich, wer den Glauben für den Unglauben verkauft - nimmer vermögen sie Allāh etwas zuleide zu tun, und für sie ist eine schmerzliche Strafe (bereitet). (177)

Und die Ungläubigen sollen nicht wähnen, dass das, was Wir ihnen an Frist gewähren, für sie gut sei; Wir geben ihnen nur langes Leben, so dass sie in Sünde wachsen. Und für sie ist eine schändende Strafe (bestimmt). (178)

Allāh will die Gläubigen nicht in dem Zustand belassen, in dem ihr (jetzt) seid, so lange Er das Schlechte von dem Guten nicht gesondert hat. Und Allāh gedenkt nicht, euch das Verborgene zu offenbaren, sondern Allāh erwählt von Seinen

Gesandten, wen Er will; so glaubt an Allāh und Seine Gesandten; und wenn ihr glaubt und gottesfürchtig seid, so wird euch ein gewaltiger Lohn zuteil sein. (179)

Und diejenigen, die mit dem geizen, was Allāh (ihnen) von Seiner Huld gegeben hat, sollen ja nicht meinen, das sei so besser für sie. Nein, zum Bösen soll es ihnen dienen. Als Halsband sollen sie am Tag der Auferstehung das tragen, womit sie geizig waren. Und Allāhs ist das Erbe der Himmel und der Erde, und Allāh kennt euer Tun. (180)

Wahrlich, Allāh hat das Wort jener gehört, die da sagten: "Siehe, Allāh ist arm und wir sind reich." Wir wollen ihre Worte und ihr ungerechtes Ermorden der Propheten niederschreiben und sprechen: "Kostet die Strafe des Brennens. (181) Dies ist für das, was eure Hände vorausschickten, und Allāh ist nicht ungerecht gegen die Diener (182), die da sagen: »Siehe, Allāh hat uns verpflichtet, keinem Gesandten zu glauben, bevor er uns ein Opfer bringt, welches das Feuer verzehrt!« Sprich: "Schon vor mir kamen zu euch Gesandte mit den deutlichen Zeichen und mit dem, wovon ihr sprecht. Weshalb denn ermordetet ihr sie, wenn ihr wahrhaftig seid?" (183) Und wenn sie dich der Lüge bezichtigen, so sind schon vor dir Gesandte der Lüge bezichtigt worden, obwohl sie mit den deutlichen Zeichen, den Schriften und dem erleuchtenden Buch kamen. (184)

Jede Seele wird den Tod kosten, und euch wird euer Lohn am Tag der Auferstehung vollständig gegeben; und wer da vom Feuer ferngehalten und ins Paradies geführt wird, der soll glücklich sein. Und das irdische Leben ist nichts als ein trügerischer Nießbrauch. (185) Wahrlich, ihr sollt geprüft werden in eurem Gut und an euch selber, und wahrlich, ihr sollt viele verletzende Äußerungen von denen hören, welchen die Schrift vor euch gegeben wurde und von denen, die Allāh Gefährten (zur Seite) setzen. Wenn ihr jedoch geduldig und gottesfürchtig seid - dies ist wahrlich ein Zeichen von fester Entschlossenheit. (186)

Und als Allāh den Bund mit denen schloss, welchen die Schrift gegeben wurde, (und sprach:) "Wahrlich, tut sie den Menschen kund und verbergt sie nicht!" - da warfen sie sie über ihre Schulter und verkauften sie für einen winzigen Preis. Und schlimm ist das, was sie (dafür) erkaufen! (187)

Du sollst nicht meinen, dass diejenigen, die sich ihrer Tat freuen und gerühmt zu werden wünschen für das, was sie nicht getan haben, der Strafe entronnen seien. Ihnen wird eine schmerzliche Strafe zuteil sein. (188) Und Allāhs ist das Reich der Himmel und der Erde, und Allāh hat Macht über alle Dinge. (189)

Wahrlich, in der Schöpfung der Himmel und der Erde und in dem Wechsel der Nacht und des Tages, liegen wahre Zeichen für die Verständigen (190), die Allāhs gedenken im Stehen und im Sitzen und (im Liegen) auf ihren Seiten und über die Schöpfung der Himmel und der Erde nachdenken (und sagen): "Unser Herr, Du hast dieses nicht umsonst erschaffen. Gepriesen bist Du, darum behüte uns vor der Strafe des Feuers. (191) Unser Herr, wahrlich, wen Du ins Feuer führst, den führst Du in Schande, und die Ungerechten haben keine Helfer. (192) Unser Herr, wahrlich, wir hörten einen Rufer, der zum Glauben aufrief (und sprach:) »Glaubt an euren Herrn!« und so glauben wir. Unser Herr, und vergib uns darum unsere Sünden und tilge unsere Missetaten und lass uns mit den Frommen verscheiden. (193) Unser Herr, und gib uns, was Du uns durch Deine Gesandten versprochen hast, und führe uns nicht in Schande am Tage der Auferstehung. Wahrlich, Du brichst nicht (Dein) Versprechen." (194) Da erhörte sie ihr Herr (und sprach): "Wahrlich, Ich lasse kein Werk der Wirkenden unter euch verlorengehen, sei es von Mann oder Frau; die einen von euch sind von den anderen. Und diejenigen, die da auswanderten und aus ihren Häusern vertrieben wurden und auf Meinem Weg litten und kämpften und fielen - wahrlich, tilgen will Ich ihre Missetaten, und wahrlich, führen will Ich sie in Gärten, durch die Bäche fließen, als Lohn von Allāh." Und bei Allāh ist die beste Belohnung. (195)

Lass dich nicht trügen durch das Hin- und Herziehen der Ungläubigen in den Ländern. (196) Ein winziger Nießbrauch - dann ist Ǧahannam ihre Herberge, und schlimm ist das Lager! (197) Wer jedoch seinen Herrn fürchtet - denen werden Gärten zuteil sein, durcheilt von Bächen; ewig werden sie darin bleiben, eine Bewirtung von Allāh - und was bei Allāh bereitsteht, ist für die Frommen besser. (198)

Und wahrlich, unter den Leuten der Schrift gibt es solche, die an Allāh glauben und an das, was zu euch herabgesandt worden ist, und was herabgesandt worden ist zu ihnen. Dabei sind sie Allāh gegenüber demütig und verkaufen Seine Zeichen nicht gegen einen geringen Preis. Jene haben ihren Lohn bei ihrem Herrn. Wahrlich, Allāh ist schnell im Abrechnen. (199)

O ihr, die ihr glaubt, übt Geduld und wetteifert in Geduld und seid standhaft und fürchtet Allāh; vielleicht werdet ihr erfolgreich sein. (200)

(4) Sura An-Nisā' (Die Frauen)

Offenbart zu Al-Madīna, 176 Āyāt

Im Namen Allāhs, des Allerbarmers, des Barmherzigen!

O ihr Menschen, fürchtet euren Herrn, Der euch erschaffen hat aus einem einzigen Wesen; und aus ihm erschuf Er seine Gattin, und aus den beiden ließ Er viele Männer und Frauen entstehen. Und fürchtet Allāh, in Dessen Namen ihr einander bittet, sowie (im Namen eurer) Blutsverwandtschaft. Wahrlich, Allāh wacht über euch. (1) Und gebt den Waisen ihr Gut, und tauscht nicht (euer) Schlechtes mit (ihrem) Guten ein, und zehrt nicht ihr Gut zu dem eurigen hinzu; seht, das ist ein großes Verbrechen. (2)

Und wenn ihr fürchtet, die (weiblichen) Waisen nicht gerecht behandeln zu können, so heiratet, was euch an Frauen gut ansteht, zwei, drei oder vier. Doch wenn ihr fürchtet, sie nicht gleich behandeln zu können, dann (heiratet) eine oder was im Besitz eurer rechten (Hand ist). So könnt ihr am ehesten Ungerechtigkeit vermeiden. (3) Und gebt den Frauen ihre Brautgabe als Schenkung. Und wenn sie euch gern etwas davon erlassen, so könnt ihr dies unbedenklich zum Wohlsein verbrauchen. (4)

Und gebt nicht den Schwachsinnigen euer Gut, das Allāh euch zum Unterhalt gegeben hat. Versorgt sie davon und kleidet sie und sprecht zu ihnen mit freundlichen Worten. (5) Und prüft die

Waisen, bis sie die Ehereife erreicht haben; und wenn ihr in ihnen Vernunft wahrnehmt, so händigt ihnen ihr Gut aus. Und zehrt es nicht auf verschwenderisch und in Eile (in der Erwartung), dass sie großjährig werden. Und wer (als Vormund) reich ist, der soll sich zurückhalten, und wer arm ist, der soll nach Billigkeit zehren. Und wenn ihr ihnen ihr Gut aushändigt, so lasst dies vor ihnen bezeugen. Es genügt jedoch, dass Allāh die Rechenschaft vornimmt. (6)

Den Männern steht ein Teil von der Hinterlassenschaft ihrer Eltern und Verwandten zu, und ebenfalls den Frauen steht ein Teil von der Hinterlassenschaft ihrer Eltern und Verwandten zu. Sei es wenig oder viel. (Das gilt) als vorgeschriebener Anteil. (7) Und wenn bei der Teilung die Verwandten und die Waisen und die Armen anwesend sind, so schenkt ihnen etwas davon und sprecht freundliche Worte zu ihnen. (8) Und fürchten sollen sich diejenigen, die, wenn sie schwache Nachkommen hinterließen, für sie bangen würden; Allāh sollen sie fürchten und geziemende Worte sprechen. (9) Wahrlich, diejenigen, die der Waisen Gut ungerecht aufzehren, die zehren (in Wirklichkeit) Feuer in ihre Bäuche auf und werden in einem Höllenfeuer brennen. (10) Allāh schreibt euch hinsichtlich eurer Kinder vor: Auf eines männlichen Geschlechts kommt (bei der Erbteilung) gleichviel wie auf zwei weiblichen Geschlechts. Sind es aber (nur) Frauen, mehr als zwei, sollen sie zwei Drittel der Hinterlassenschaft erhalten. Ist es nur eine, soll sie die Hälfte haben. Und jedes Elternteil soll den sechsten Teil der Hinterlassenschaft erhalten, wenn er (der Verstorbene) Kinder hat; hat er jedoch keine Kinder, und seine Eltern beerben ihn, steht seiner Mutter der dritte Teil zu. Und wenn er Brüder hat, soll seine Mutter den sechsten Teil, nach Bezahlung eines etwa gemachten Vermächtnisses oder einer Schuld, erhalten. Eure Eltern und eure Kinder - ihr wisst nicht, wer von beiden euch an Nutzen näher steht. (Dies ist) ein Gebot von Allāh; wahrlich, Allāh ist Allwissend, Allweise. (11)

Und ihr bekommt die Hälfte von dem, was eure Frauen hinterlassen, falls sie keine Kinder haben; haben sie aber Kinder, dann erhaltet ihr ein Viertel von ihrer Erbschaft, nach allen etwa von ihnen gemachten Vermächtnissen oder Schulden. Und ihnen steht ein Viertel von eurer Erbschaft zu, falls ihr keine Kinder habt; habt ihr aber Kinder, dann erhalten sie ein Achtel von eurer Erbschaft, nach allen etwa von euch gemachten Vermächtnissen oder Schulden. Und wenn es sich um einen Mann handelt - oder eine Frau, dessen Erbschaft geteilt werden soll, und der weder Eltern noch Kinder, aber einen Bruder oder eine Schwester hat, dann erhalten diese je ein Sechstel. Sind aber mehr (Geschwister) vorhanden, dann sollen sie sich ein Drittel teilen, nach allen etwa gemachten Vermächtnissen oder Schulden, ohne Beeinträchtigung - (dies ist) eine Vorschrift von Allāh, und Allāh ist Allwissend, Milde. (12)

Dies sind die Schranken Allāhs; und den, der Allāh und Seinem Gesandten gehorcht, führt Er in Gärten ein, durch die Bäche fließen; darin sollen sie ewig weilen; und das ist die große Glückseligkeit. (13) Und wer Allāh und Seinem Gesandten den Gehorsam versagt und Seine Schranken übertritt, den führt Er ins Feuer; darin muss er ewig bleiben; und ihm wird eine schmähliche Strafe zuteil. (14) Und wenn einige eurer Frauen eine Hurerei begehen, dann ruft vier von euch als Zeugen gegen sie auf; bezeugen sie es, dann schließt sie in die Häuser ein, bis der Tod sie ereilt oder Allāh ihnen einen Ausweg gibt. (15) Und wenn zwei von euch (Männern) es begehen, dann fügt ihnen Übel zu. Wenn sie (aber) umkehren und sich bessern, dann lasst ab von ihnen; denn Allāh ist Gnädig und Barmherzig. (16)

Nur diejenigen haben bei Allāh Vergebung zu erwarten, die in Unwissenheit Böses tun und hierauf beizeiten umkehren. Diesen wendet Sich Allāh wieder gnädig zu; und Allāh weiß Bescheid und ist Allweise. (17) Diejenigen aber haben keine Vergebung zu erwarten, die schlechte Taten begehen, und die erst, wenn sie zum Sterben kommen, sagen: "Jetzt kehre ich um." Auch diejenigen nicht, die als Ungläubige sterben. Für sie haben Wir eine schmerzhafte Strafe bereitet. (18)

O ihr, die ihr glaubt, euch ist nicht erlaubt, Frauen gegen ihren Willen zu beerben. Und hindert sie nicht (an der Verheiratung mit einem anderen), um einen Teil von dem zu nehmen, was ihr ihnen (als Brautgabe) gabt, es sei denn, sie hätten offenkundig Hurerei begangen. Verkehrt gütig mit ihnen; und wenn ihr

Abscheu gegen sie empfindet, empfindet ihr vielleicht Abscheu gegen etwas, in das Allāh reiches Gut gelegt hat. (19)

Und wenn ihr eine Gattin gegen eine andere eintauschen wollt und ihr habt der einen ein Talent (als Brautgabe) gegeben, so nehmt nichts von ihm fort. Wollt ihr es etwa in Verleumdung und offenbarer Sünde fortnehmen? (20) Und wie könntet ihr es fortnehmen, wo ihr einander bereits beiwohntet, und sie mit euch einen festen Bund schlossen? (21)

Und heiratet keine Frauen, die eure Väter geheiratet hatten, es sei denn, es geschah bereits zuvor. Wahrlich, es ist eine Schande und eine Abscheu und ein übler Weg. (22) Verboten sind euch (zur Heirat) eure Mütter, eure Töchter, eure Schwestern, eure Vaterschwestern und Mutterschwestern, eure Brudertöchter und Schwestertöchter, eure Nährmütter, die euch gestillt haben, und eure Milchschwestern und die Mütter eurer Frauen und eure Stieftöchter, die in eurem Schutze sind, von euren Frauen, mit denen ihr (die Ehe) vollzogen habt. Habt ihr diese jedoch noch nicht mit ihnen vollzogen, so ist es keine Sünde. Ferner die Ehefrauen eurer Söhne aus eurer Abstammung, und ihr sollt nicht zwei Schwestern zusammen haben, es sei denn, (es ist) bereits geschehen. Seht, Allāh ist Allverzeihend und Barmherzig. (23) *Und (verwehrt sind euch) verheiratete Frauen außer denen, die ihr von Rechts wegen besitzt. Dies ist Allāhs Vorschrift für euch. Und erlaubt ist euch außer diesem, dass ihr mit eurem Geld Frauen begehrt, zur Ehe und nicht zur Hurerei. Und gebt denen, die ihr genossen habt, ihre Brautgabe. Dies ist eine Vorschrift; doch soll es keine Sünde sein, wenn ihr über die Vorschrift hinaus miteinander eine Übereinkunft trefft. Seht, Allāh ist Allwissend und Allweise. (24) Und wer von euch nicht vermögend genug ist, um gläubige Frauen zu heiraten, der heirate von dem Besitz eurer rechten Hand unter euren gläubigen Mägden; und Allāh kennt euren Glauben sehr wohl. Ihr seid einer vom anderen. Darum heiratet sie mit Erlaubnis ihrer Familien und gebt ihnen ihre Brautgabe nach Billigkeit, wenn sie keusch sind, weder Unzucht treiben noch insgeheim Liebhaber nehmen. Und wenn sie, nachdem sie verheiratet sind, der Unzucht schuldig werden, dann sollen sie die Hälfte der Strafe erleiden, die für freie Frauen vorgeschrieben ist. Diese (Erleichterung) ist für diejenigen von euch (vorgesehen), die fürchten, in Bedrängnis zu kommen. Dass ihr Geduld übt, ist besser für euch; und Allāh ist Allverzeihend, Barmherzig. (25)

Allāh will euch die Wege derer klar machen, die vor euch waren, und euch dahin leiten und Sich in Gnade zu euch kehren. Und Allāh ist Allwissend, Allweise. (26) Und Allāh will Sich in Gnade zu euch kehren; und diejenigen aber, die den niederen Gelüsten folgen, wollen, dass ihr (vom rechten Weg) völlig abweicht. (27) Allāh will eure Bürde erleichtern; denn der Mensch ist schwach erschaffen. (28)

O die ihr glaubt! Verzehrt nicht euer Vermögen untereinander in ungerechter Weise, sondern treibt Handelsgeschäfte im gegenseitigen Einvernehmen; und begeht nicht Selbstmord! Wahrlich, Allāh verfährt barmherzig mit euch. (29) Wenn einer dies in Übertretung und in frevelhafter Weise tut, werden Wir ihn im Feuer brennen lassen, und das ist Allāh ein leichtes. (30) Wenn ihr euch von den schwereren unter den euch verbotenen Dingen fernhaltet, dann werden Wir eure geringeren Übel von euch hinwegnehmen und euch an einen ehrenvollen Platz führen. (31) Und begehrt nicht das, womit Allāh die einen von euch vor den anderen ausgezeichnet hat. Die Männer sollen ihren Anteil nach ihrem Verdienst erhalten, und die Frauen sollen ihren Anteil nach ihrem Verdienst erhalten. Und bittet Allāh um Seine Huld. Wahrlich, Allāh hat vollkommene Kenntnis von allen Dingen. (32)

Und einem jeden haben Wir Erben bestimmt für das, was Eltern und Verwandte und jene, mit denen eure Eide einen Bund bekräftigten, hinterlassen haben. So gebt ihnen denn ihren Anteil. Seht, Allāh ist von allem Zeuge. (33)

Die Männer stehen den Frauen in Verantwortung vor, weil Allāh die einen vor den anderen ausgezeichnet hat und weil sie von ihrem Vermögen hingeben. Darum sind tugendhafte Frauen die Gehorsamen und diejenigen, die (ihrer Gatten) Geheimnisse mit Allāhs Hilfe wahren. Und jene, deren Widerspenstigkeit ihr befürchtet: ermahnt sie, meidet sie im Ehebett und schlagt sie!

Wenn sie euch dann gehorchen, so sucht gegen sie keine Ausrede. Wahrlich, Allāh ist Erhaben und Groß. (34)

Und wenn ihr einen Bruch zwischen beiden befürchtet, dann sendet einen Schiedsrichter von seiner Familie und einen Schiedsrichter von ihrer Familie. Wollen sie sich aussöhnen, so wird Allāh Frieden zwischen ihnen stiften. Wahrlich, Allāh ist Allwissend, Allkundig. (35)

Und dient Allāh und setzt Ihm nichts zur Seite; und seid gut zu den Eltern und zu den Verwandten, den Waisen, den Armen, dem Nachbar, sei er verwandt oder aus der Fremde, dem Begleiter an der Seite, dem Sohn des Weges und zu dem (Sklaven), den ihr von Rechts wegen besitzt. Seht, Allāh liebt nicht den Hochmütigen und Prahler (36), die da geizig sind und den Leuten gebieten, geizig zu sein, und verbergen, was Allāh ihnen in Seiner Huld gegeben hat; und den Ungläubigen haben Wir eine schändende Strafe bereitet. (37) (Ebenfalls) diejenigen, die da ihr Gut spenden, um von den Menschen gesehen zu werden, und nicht an Allāh glauben und an den Jüngsten Tag; und wer den Satan zum Nächsten hat, der hat einen schlimmen Nächsten. (38)

Was aber käme über sie, wenn sie an Allāh glaubten und an den Jüngsten Tag und von dem spendeten, was Allāh ihnen beschert hat? Und Allāh weiß über sie Bescheid. (39) Wahrlich, Allāh tut kein Unrecht; auch nicht vom Gewicht eines Stäubchens. Und ist da irgendeine gute Tat, so vervielfacht Er sie und gibt von Sich aus gewaltigen Lohn. (40) Und wie, wenn Wir aus jedem Volk einen Zeugen herbeibringen und dich als Zeugen gegen diese herbeibringen? (41) An jenem Tag werden diejenigen, welche ungläubig waren und dem Gesandten den Gehorsam versagten, wünschen, dass doch die Erde über ihnen geebnet werde, und sie werden kein Wort vor Allāh verbergen können. (42)

O ihr, die ihr glaubt, nahet nicht dem Gebet, wenn ihr betrunken seid, bis ihr versteht, was ihr sprecht, noch im Zustande der Unreinheit - ausgenommen als Reisende unterwegs, bis ihr den Ġusl vorgenommen habt. Und wenn ihr krank seid oder euch auf einer Reise befindet oder einer von euch von der Notdurft zurückkommt oder wenn ihr die Frauen berührt habt und kein Wasser findet, dann sucht guten (reinen) Sand und reibt euch dann Gesicht und Hände ab. Wahrlich, Allāh ist Allverzeihend, Allvergebend. (43)

Hast du nicht jene gesehen, denen ein Teil der Schrift gegeben wurde? Sie erkaufen Irrtum und wünschen, dass ihr auch vom Weg abirrt. (44) Und Allāh kennt am besten eure Feinde, und Allāh genügt als Beschützer, und Allāh genügt als Helfer. (45) Es gibt welche unter den Juden, die Worte aus ihren Stellungen verdrehen und sagen: "Wir hören und wir gehorchen nicht", und "Höre, ohne gehört zu werden", und "Sei uns nachsichtig", indem sie mit ihren Zungen lügen und den Glauben lästern. Und hätten sie gesagt: "Wir hören und wir gehorchen", und "Höre", und "Schaue gnädig auf uns", wäre es besser für sie gewesen und aufrechter. Aber Allāh hat sie zur Strafe für ihren Unglauben verflucht; darum glauben sie nur wenig. (46)

O ihr, denen die Schrift gegeben wurde, glaubt an das, was Wir herabgesandt haben und welches das bestätigt, was euch schon vorliegt, bevor Wir manche Gesichter vernichten und sie auf ihre Rücken werfen oder sie verfluchen, wie Wir die Sabbatleute verfluchten. Und Allāhs Befehl wird mit Sicherheit ausgeführt. (47)

Wahrlich, Allāh wird es nicht vergeben, dass Ihm Götter zur Seite gestellt werden; doch Er vergibt das, was geringer ist als dies, wem Er will. Und wer Allāh Götter zur Seite stellt, der hat wahrhaftig eine gewaltige Sünde begangen. (48) Hast du nicht jene gesehen, die sich selber reinsprechen? Allāh ist es aber, Der reinspricht, wen Er will, und ihnen wird kein Fädchen Unrecht getan. (49) Schau, wie sie Lügen gegen Allāh erdichten. Und das allein genügt als offenkundige Sünde. (50) Hast du nicht jene gesehen, denen ein Teil der Schrift gegeben wurde? Sie glauben an Zauberei und Götzen, und sie sagen von den Ungläubigen: "Sie sind in der Lehre besser rechtgeleitet als die Gläubigen." (51) Diese sind es, die Allāh verflucht hat; und für den, den Allāh verflucht, wirst du keinen Helfer finden. (52) Oder haben sie (etwa) Anteil an der Herrschaft? Dann würden sie den Menschen nicht einmal so viel wie die Rille eines Dattelkerns abgeben. (53) Oder beneiden sie die Menschen um das, was Allāh ihnen aus Seiner Huld gegeben hat? Nun, Wir gaben wohl dem Haus Abrahams das Buch und die Weisheit, und Wir gaben ihnen ein mächtiges Reich. (54) Und einige unter ihnen glaubten an ihn, während andere unter ihnen sich davon abwandten. Und *Ğahannam* ist schlimm genug als ein Flammenfeuer. (55)

Gewiss diejenigen, die nicht an Unsere Zeichen glauben, die werden Wir im Feuer brennen lassen: Sooft ihre Haut verbrannt ist, geben Wir ihnen eine andere Haut, damit sie die Strafe kosten. Wahrlich, Allāh ist Allmächtig, Allweise. (56) Diejenigen aber, die glauben und gute Werke tun, wollen Wir in Gärten eingehen lassen, durch die Bäche fließen, darin werden sie ewig weilen; dort sollen sie reine Gattinnen haben, und Wir werden sie in einen wohltätigen Ort mit reichlich Schatten eingehen lassen. (57)

Wahrlich, Allāh befiehlt euch, die anvertrauten Güter ihren Eigentümern zurückzugeben; und wenn ihr zwischen Menschen richtet, nach Gerechtigkeit zu richten. Wahrlich, billig ist, wozu Allāh euch ermahnt. Wahrlich, Allāh ist Allhörend, Allsehend. (58)

O ihr, die ihr glaubt, gehorcht Allāh und gehorcht dem Gesandten und denen, die unter euch Befehlsgewalt besitzen. Und wenn ihr über etwas streitet, so bringt es vor Allāh und den Gesandten, wenn ihr an Allāh glaubt und an den Jüngsten Tag. Das ist das Beste und nimmt am ehesten einen guten Ausgang. (59)

Hast du nicht jene gesehen, die behaupteten, an das zu glauben, was zu dir und was vor dir herabgesandt worden ist? Sie wollen (nun aber) eine rechtswirksame Entscheidung beim Teufel suchen, wo ihnen doch befohlen worden ist, nicht daran zu glauben; und Satan will sie weit verwirren lassen. (60) Und wenn ihnen gesagt wird: "Kommt her zu dem, was Allāh herabgesandt hat, und zu dem Gesandten", siehst du die Heuchler sich in Widerwillen von dir abwenden. (61) Aber wie, wenn ein Unheil sie trifft für die früheren Werke ihrer Hände, dann kommen sie zu dir und schwören bei Allāh: "Wahrlich, wir wollten nichts anderes als Gutes und Versöhnung." (62) Diese sind es, von denen Allāh wohl Bescheid weiß, was in ihren Herzen ist. So wende dich von ihnen ab und ermahne sie und sprich zu ihnen über sie selbst ein eindringliches Wort. (63)

Und Wir haben keinen Gesandten geschickt, außer damit ihm gehorcht werde mit Allāhs Erlaubnis. Und wären sie zu dir gekommen, nachdem sie sich gegen sich selber vergangen hatten, und hätten sie zu Allāh um Verzeihung gefleht, und hätte der Gesandte für sie um Verzeihung gebeten, hätten sie gewiss Allāh Allvergebend, Barmherzig gefunden. (64)

Doch nein, bei deinem Herrn; sie sind nicht eher Gläubige, bis sie dich zum Richter über alles machen, was zwischen ihnen strittig ist, und dann in ihren Herzen keine Bedenken gegen deine Entscheidung finden und sich voller Ergebung fügen. (65)

Und hätten Wir ihnen vorgeschrieben: "Tötet euch selbst oder verlasst eure Häuser!", so würden sie es nicht tun, ausgenommen einige wenige von ihnen; hätten sie aber das getan, wozu sie aufgefordert worden waren, so wäre es wahrlich besser für sie gewesen und stärkend (für ihren Glauben). (66) Dann würden Wir ihnen gewiss einen großen Lohn von Uns aus geben (67); und Wir würden sie sicher auf den geraden Weg leiten. (68) Und wer Allāh und dem Gesandten gehorcht, soll unter denen sein, denen Allāh Seine Huld gewährt, unter den Propheten, den Wahrhaftigen, den Zeugen und den Rechtschaffenen - welch gute Gefährten! (69) Derart ist eine Gnade von Allāh, und Allāh genügt als Allwissender. (70)

O ihr, die ihr glaubt, seid auf der Hut! Und zieht entweder truppweise aus oder alle zusammen! (71) Unter euch ist wohl mancher, der zurückbleibt. Und wenn euch ein Unglück trifft, sagt er: "Wahrlich, Allāh ist gnädig zu mir gewesen, dass ich nicht bei ihnen zugegen war." (72) Wenn euch aber eine Huld von Allāh beschieden ist, dann sagt er, als sei keine Freundschaft zwischen euch und ihm: "Wäre ich doch bei ihnen gewesen, dann hätte ich einen großen Erfolg errungen!" (73) Lasst also für Allāhs Sache diejenigen kämpfen, die das irdische Leben um den Preis des jenseitigen Lebens verkaufen. Und wer für Allāhs Sache kämpft, alsdann getötet wird oder siegt, dem werden Wir einen gewaltigen Lohn geben. (74) Und was ist mit euch, dass ihr nicht für Allāhs Sache kämpft und für die der Schwachen - Männer,

Frauen und Kinder, die sagen: "Unser Herr, führe uns heraus aus dieser Stadt, deren Bewohner ungerecht sind, und gib uns von Dir einen Beschützer, und gib uns von Dir einen Helfer."? (75)

Die da glauben, kämpfen für Allāhs Sache, und die nicht glauben, kämpfen für die Sache des Teufels; darum kämpft gegen die Anhänger Satans! Wahrlich, die List Satans ist schwach. (76)

Hast du nicht jene gesehen, zu denen man sagte: "Haltet eure Hände zurück, verrichtet das Gebet und entrichtet die *Zakāh*." Doch als ihnen der Kampf verordnet wurde, da fürchtete ein Teil von ihnen die Menschen wie in Furcht vor Allāh oder mit noch größerer Furcht; und sie sagten: "Unser Herr, warum hast Du uns den Kampf verordnet? Möchtest Du uns nicht noch eine Weile Aufschub gewähren?" Sprich: "Die Nutznießung dieser Welt ist gering, und das Jenseits wird für die Gottesfürchtigen besser sein; und kein Fädchen Unrecht sollt ihr erleiden." (77)

Wo auch immer ihr seid, der Tod ereilt euch doch, und wäret ihr in hohen Burgen. Und wenn ihnen Gutes begegnet, sagen sie: "Das ist von Allāh"; und wenn ihnen Schlimmes begegnet, sagen sie: "Das ist von dir." Sprich: "Alles ist von Allāh." Warum verstehen denn diese Leute kaum etwas von dem, was ihnen gesagt wird? (78) Was dich an Gutem trifft, kommt von Allāh, und was dich an Schlimmem trifft, kommt von dir selbst. Und Wir haben dich als einen Gesandten zu den Menschen entsandt. Und Allāh genügt als Zeuge. (79)

Wer dem Gesandten gehorcht, der hat Allāh gehorcht; und wenn sich jemand abwendet, so haben Wir dich nicht zum Hüter über sie gesandt. (80) Und sie sagen: "Gehorsam"; doch wenn sie von dir weggehen, dann munkelt ein Teil von ihnen von etwas anderem, als von dem, was du sagst. Allāh aber zeichnet auf, worüber sie munkeln. So wende dich von ihnen ab und vertraue auf Allāh. Und Allāh genügt als Sachwalter. (81) Sie machen sich keine Gedanken über den Qurʾān. Wäre er von einem anderen als Allāh, so würden sie darin gewiss viel Widerspruch finden. (82) Und wenn ihnen etwas zu Ohren kommt, das Sicherheit oder Furcht betrifft, machen sie es bekannt. Hätten sie es aber vor den Gesandten und vor jene gebracht, die unter ihnen die Befehlsgewalt besitzen, dann würden es sicherlich die unter ihnen, die es entschleiern könnten, wissen. Und wäre nicht Allāhs Gnade über euch und Seine Barmherzigkeit, wäret ihr alle dem Satan gefolgt, bis auf wenige Ausnahmen. (83) Kämpfe darum für Allāhs Sache - du wirst für keinen verantwortlich gemacht außer für dich selbst - und feuere die Gläubigen zum Kampf an. Vielleicht wird Allāh die Gewalt derer, die ungläubig sind, aufhalten; und Allāhs Gewalt ist viel größer und Er ist strenger im Strafen. (84)

Wer Fürsprache für etwas Gutes einlegt, dem soll ein Anteil daran zukommen, und wer Fürsprache für etwas Schlechtes einlegt, trägt die Schuld dafür. Und Allāh hat Macht über alle Dinge. (85) Und wenn ihr mit einem Gruß gegrüßt werdet, so grüßt mit einem schöneren wieder oder erwidert ihn. Wahrlich, Allāh verlangt Rechenschaft über alle Dinge. (86)

(Er ist) Allāh; es ist kein Gott außer Ihm. Er wird euch versammeln am Tage der Auferstehung, über den es keinen Zweifel gibt. Und wer ist glaubwürdiger in der Aussage als Allāh? (87)

Was ist euch denn widerfahren, dass ihr in der Angelegenheit der Heuchler in zwei Parteien gespalten seid? Und Allāh hat sie verstoßen wegen dem, was sie begangen haben. Wollt ihr den rechtleiten, wen Allāh ins Verderben hat gehen lassen? Und für den, den Allāh ins Verderben gehen lässt, findest du keinen Weg. (88)

Sie wünschen, dass ihr ungläubig werdet, wie sie ungläubig sind, so dass ihr alle gleich werdet. Nehmt euch daher keine Beschützer von ihnen, solange sie nicht auf Allāhs Weg wandern. Und wenn sie sich abwenden, dann ergreift sie und tötet sie, wo immer ihr sie auffindet; und nehmt euch keinen von ihnen zum Beschützer oder zum Helfer (89), mit Ausnahme derer, die zu Leuten gelangen, mit denen ihr ein Bündnis habt, und die zu euch kommen, weil ihre Herzen davor zurückschrecken, gegen euch oder gegen ihr eigenes Volk zu kämpfen. Und wenn Allāh es gewollt hätte, hätte Er ihnen Macht über euch geben können; dann hätten sie sicherlich gegen euch gekämpft. Darum, wenn sie sich von euch fernhalten und nicht gegen euch kämpfen, sondern euch Frieden bieten; dann hat Allāh euch keinen Grund gegen sie gegeben. (90)

Ihr werdet andere finden, die vor euch und vor ihren Leuten Sicherheit haben wollen. Sooft sie wieder zur Feindseligkeit verleitet werden, stürzen sie kopfüber hinein. Wenn sie sich also weder von euch fernhalten noch euch Frieden bieten noch ihre Hände zügeln, dann ergreift sie und tötet sie, wo immer ihr sie auffindet. Denn gegen diese haben Wir euch volle Gewalt gegeben. (91)

Keinem Gläubigen steht es zu, einen anderen Gläubigen zu töten, es sei denn aus Versehen. Und wer einen Gläubigen aus Versehen tötet: so soll er einen gläubigen Sklaven befreien und Blutgeld an seine Erben zahlen, es sei denn, sie erlassen es aus Mildtätigkeit. War er (der Getötete) aber von einem Volk, das euer Feind ist, und war er (der Getötete) gläubig: so soll er einen gläubigen Sklaven befreien; war er aber von einem Volk, mit dem ihr ein Bündnis habt: so soll er Blutgeld an seine Erben zahlen und einen gläubigen Sklaven befreien. Wer (das) nicht kann: so (soll er) zwei Monate hintereinander fasten - (dies ist) eine Vergebung von Allāh. Und Allāh ist Allwissend, Allweise. (92)

Und wer einen Gläubigen vorsätzlich tötet, dessen Lohn ist *Ğahannam*, worin er auf ewig bleibt. Allāh wird ihm zürnen und ihn von Sich weisen und ihm eine schwere Strafe bereiten. (93)

O ihr, die ihr glaubt, wenn ihr auszieht auf dem Weg Allāhs, so stellt erst gehörig Nachforschungen an und sagt zu keinem, der euch den Friedensgruß bietet: "Du bist kein Gläubiger". Ihr trachtet nach den Gütern des irdischen Lebens, doch bei Allāh ist des Guten Fülle. So wart ihr einst, dann aber hat Allāh euch Seine Huld erwiesen; darum stellt erst gehörig Nachforschungen an. Seht, Allāh ist eures Tuns wohl kundig. (94)

Diejenigen unter den Gläubigen, die daheim bleiben - ausgenommen die Gebrechlichen, und die, welche für Allāhs Sache ihr Gut und Blut im Kampf einsetzen, sind nicht gleich. Allāh hat die mit ihrem Gut und Blut Kämpfenden über die, die daheim bleiben, im Rang um eine Stufe erhöht. Jeden von beiden aber hat Allāh Gutes verheißen; doch die Kämpfenden hat Allāh vor den Daheimbleibenden durch großen Lohn ausgezeichnet (95), (mit) Rangstufen von Ihm und Vergebung und Barmherzigkeit; und Allāh ist Allvergebend, Barmherzig. (96)

Zu jenen, die Unrecht gegen sich selbst verübt haben, sagen die Engel, wenn sie sie abberufen: "In welchen Umständen habt ihr euch befunden?" Sie antworten: "Wir wurden als Schwache im Lande behandelt." Da sprechen jene: "War Allāhs Erde nicht weit genug für euch, dass ihr darin hättet auswandern können?" Sie sind es, deren Herberge Ǧahannam sein wird, und schlimm ist das Ende! (97) Ausgenommen davon sind die unterdrückten Männer, Frauen und Kinder, die über keinerlei Möglichkeit verfügen und keinen Ausweg finden. (98) Diese sind es, denen Allāh vergeben möge; denn Allāh ist Allverzeihend, Allvergebend. (99)

Und wer für die Sache Allāhs auswandert, der wird auf Erden genug Stätten der Zuflucht und der Fülle finden. Und wer seine Wohnung verlässt und zu Allāh und Seinem Gesandten auswandert und dabei vom Tode ereilt wird, für dessen Lohn sorgt Allāh, und Allāh ist Allvergebend, Barmherzig. (100)

Und wenn ihr durch das Land zieht, so ist es keine Sünde für euch, wenn ihr das Gebet verkürzt, wenn ihr fürchtet, die Ungläubigen könnten euch bedrängen. Wahrlich, die Ungläubigen sind eure offenkundigen Feinde. (101) Und wenn du unter ihnen bist und für sie das Gebet anführst, so soll ein Teil von ihnen (für das Gebet) bei dir stehen, doch sollen sie ihre Waffen tragen. Und wenn sie sich niederwerfen, so sollen sie hinter euch treten und eine andere Abteilung, die noch nicht gebetet hat, soll mit dir beten; doch sollen sie auf der Hut sein und ihre Waffen bei sich haben. Die Ungläubigen sähen es gerne, dass ihr eure Waffen und euer Gepäck außeracht ließet, so dass sie euch auf einmal überfallen könnten. Und es ist keine Sünde für euch, wenn ihr eure Waffen ablegt, falls ihr unter Regen leidet oder krank seid. Seid jedoch (immer) auf der Hut. Wahrlich, Allāh hat für die Ungläubigen eine schmähliche Strafe bereitet. (102) Und wenn ihr das Gebet verrichtet habt, dann gedenkt Allāhs im Stehen, Sitzen und im Liegen. Und wenn ihr in Sicherheit seid, dann verrichtet das Gebet; wahrlich das Gebet zu bestimmten Zeiten ist für die Gläubigen eine Pflicht. (103) Und lasst nicht nach, die Schar (der Ungläubigen) aufzuspüren. Leidet ihr, so leiden sie gerade so, wie ihr leidet. Doch ihr erhofft von Allāh, was sie nicht erhoffen. Und Allāh ist Allwissend, Allweise. (104)

Wahrlich, zu dir haben Wir das Buch mit der Wahrheit niedergesandt, auf dass du zwischen den Menschen richten mögest, wie Allāh es dir gezeigt hat. Sei also nicht ein Verfechter der Treulosen. (105) Und bitte Allāh um Vergebung. Wahrlich, Allāh ist Allverzeihend, Barmherzig. (106) Und setze dich nicht für diejenigen ein, die sich selbst betrügen. Wahrlich, Allāh liebt nicht denjenigen, der ein Betrüger, ein Sünder ist. (107) Sie möchten sich vor den Menschen verbergen, doch vor Allāh können sie sich nicht verborgen halten; und Er ist bei ihnen, wenn sie sich auf verwerfliche Intrigen vorbereiten. Und Allāh ist ihres Tuns kundig. (108) Ihr habt euch also für sie in diesem irdischen Leben eingesetzt. Wer aber wird sich für sie vor Allāh am Tage der Auferstehung einsetzen? Oder wer wird ihr Beschützer sein? (109)

Und wer Böses tut oder sich gegen sich selbst vergeht und dann Allāh um Vergebung bittet, der findet Allāh Allvergebend, Barmherzig. (110) Und wer eine Sünde begeht, der begeht sie gegen sich selbst; und Allāh ist Allwissend, Allweise. (111) Und wer einen Fehler oder eine Sünde begeht und sie dann einem Unschuldigen zur Last legt, der trägt eine Verleumdung und eine offenkundige Sünde. (112)

Und wäre dir nicht Allāhs Huld und Barmherzigkeit zuteil gewesen, so hätte eine Schar von ihnen sich angeschickt, dich irrezuführen. Doch zum Irrweg führen sie sich selbst; und dir können sie keinerlei Schaden zufügen, und Allāh hat das Buch und die Weisheit auf dich herabgesandt und dich gelehrt, was du nicht wusstest, und Allāhs Huld, die Er dir erwiesen hat, ist wahrlich gewaltig. (113) Nichts Gutes ist in vielen ihrer Besprechungen, es sei denn in solchen, die zur Mildtätigkeit oder zur Güte oder zum Friedenstiften unter den Menschen ermahnen. Und wer das im Trachten nach Allāhs Wohlgefallen tut, dem werden Wir einen großen Lohn geben. (114)

Wer sich aber mit dem Gesandten verfeindet, nachdem ihm der rechte Weg klar geworden ist, und einen anderen Weg befolgt als den der Gläubigen, den werden Wir verfolgen lassen, was er verfolgt, und werden ihn dann in *Ǧahannam* brennen lassen; und schlimm ist sein Ende. (115) Wahrlich, Allāh wird es nicht vergeben, dass Ihm Götter zur Seite gestellt werden: doch Er vergibt, was geringer ist als dies, wem Er will. Und wer Allāh Götter zur Seite stellt, der ist in der Tat weit irregegangen. (116)

Wahrlich, sie rufen statt Seiner nur weibliche Wesen an; dabei rufen sie nur einen rebellischen Satan (117), den Allāh verflucht hat und der dies erwiderte: "Ich werde von Deinen Dienern einen bestimmten Teil nehmen (118); und ich werde sie irreleiten und ihre Hoffnungen anregen und ihnen Befehle erteilen, dem Vieh die Ohren aufzuschlitzen, und ich werde ihnen befehlen, und sie werden Allāhs Schöpfung verändern." Und wer sich Satan statt Allāh zum Beschützer nimmt, der hat sicherlich einen offenkundigen Verlust erlitten (119); er macht ihnen Versprechungen und erweckt Wünsche in ihnen, und was Satan ihnen verspricht, ist Trug. (120) Diese haben *Ǧahannam* zur Herberge, und sie werden keinen Ausweg daraus finden. (121)

Diejenigen aber, die glauben und gute Werke tun, wollen Wir in Gärten führen, durch welche Bäche fließen, darin werden sie auf ewig und immerdar verweilen - (dies ist) eine wahrhaftige Verheißung Allāhs; und wer ist glaubwürdiger in der Aussage als Allāh? (122)

Es ist weder nach euren Wünschen noch nach den Wünschen der Leute der Schrift. Wer Böses tut, dem wird es vergolten werden; und er wird für sich außer Allāh weder Freund noch Helfer finden. (123) Diejenigen aber, die handeln, wie es recht ist - sei es Mann oder Frau - und dabei gläubig sind, werden ins Paradies eingehen und nicht im Geringsten Unrecht erleiden. (124) Und wer hat eine schönere Religion als jener, der sich Allāh ergibt und dabei Güte übt und dem Glauben Abrahams folgt, des Aufrechten? Und Allāh nahm Sich Abraham zum Freund. (125) Allāhs ist alles, was in den Himmeln und was auf Erden ist; und Allāh umfasst alle Dinge. (126)

Und sie fragen dich um Belehrung über die Frauen. Sprich: "Allāh hat euch über sie belehrt; und (bedenkt), was euch in dem Buch hinsichtlich der Waisenmädchen verlesen wird, denen ihr nicht gebt, was für sie vorgeschrieben ist, und die ihr doch zu heiraten wünscht, und hinsichtlich der Schwachen unter den Kindern - und dass ihr euch nach Billigkeit für die Waisen einsetzt. Und was ihr an Gutem tut, Allāh weiß darüber Bescheid." (127) Und wenn eine Frau von ihrem Ehemann rohe Behandlung oder Gleichgültigkeit befürchtet, so soll es keine Sünde für beide sein, wenn sie sich auf geziemende Art miteinander versöhnen; denn Versöhnung ist gut. Die Menschen sind auf Habsucht eingestellt. Tut ihr jedoch Gutes und seid gottesfürchtig, dann ist Allāh eures Tuns kundig. (128) Und ihr könnt zwischen den Frauen keine Gerechtigkeit üben, so sehr ihr es auch wünschen mögt. Aber neigt euch nicht gänzlich (einer) zu, so dass ihr die andere gleichsam in der Schwebe lasst. Und wenn ihr es wiedergutmacht und gottesfürchtig seid, so ist Allāh Allverzeihend, Barmherzig. (129) Und wenn sie sich trennen, so wird Allāh beiden aus Seiner Fülle Genüge tun; denn Allāh ist Huldreich und Allweise. (130) Und Allāhs ist, was in den Himmeln und was auf Erden ist. Und Wir haben jenen, denen vor euch die Schrift gegeben wurde, und euch selbst auferlegt, Allāh zu fürchten. Wenn ihr jedoch ungläubig werdet, so ist Allāhs, was in den Himmeln und was auf Erden ist; und Allāh ist auf keinen angewiesen und des Lobes würdig. (131) Allāhs ist, was in den Himmeln und auf Erden ist, und Allāh genügt als Beschützer. (132) Wenn Er will, so wird Er euch fortschaffen, ihr Menschen, und andere bringen; und Allāh ist dessen Mächtig. (133) Wer den Lohn dieser Welt begehrt - so ist der Lohn dieser und jener Welt bei Allāh; und Allāh ist Allhörend, Allsehend. (134)

O ihr, die ihr glaubt, seid auf der Hut bei der Wahrnehmung der Gerechtigkeit und seid Zeugen für Allāh, auch dann, wenn es gegen euch selbst oder gegen Eltern und Verwandte geht. Ob der eine reich oder arm ist, so ist Allāh beiden näher; darum folgt nicht der persönlichen Neigung, auf dass ihr gerecht handeln könnt. Und wenn ihr aber (die Wahrheit) verdreht oder euch von (der Wahrheit) abwendet, so ist Allāh eures Tuns kundig. (135)

O ihr, die ihr gläubig geworden seid, glaubt an Allāh und Seinen Gesandten und an das Buch, das Er auf Seinen Gesandten herabgesandt hat, und an die Schrift, die Er zuvor herabsandte. Und wer nicht an Allāh und Seine Engel und Seine Bücher und Seine Gesandten und an den Jüngsten Tag glaubt, der ist wahrlich weit irregegangen. (136) Wahrlich, diejenigen, die gläubig sind und hernach ungläubig werden, dann wieder glauben, dann abermals ungläubig werden und noch heftiger im Unglauben werden, denen wird Allāh nimmermehr vergeben noch sie des Weges leiten. (137)

Verkündige den Heuchlern die „frohe Botschaft", dass ihnen schmerzliche Strafe zuteil werde (138); jenen, die sich Ungläubige als Beschützer anstelle der Gläubigen nehmen. Suchen sie etwa Macht und Ansehen bei ihnen? Wahrlich, Allāh allein gehört alle Erhabenheit. (139)

Und Er hat euch schon in dem Buch herabgesandt, dass - wenn ihr hört, dass die Zeichen Allāhs geleugnet und verspottet werden - ihr nicht bei ihnen sitzt, bis sie zu einem anderen Gespräch übergehen; ihr wäret sonst wie sie. Wahrlich, Allāh wird die Heuchler und die Ungläubigen allesamt in *Ǧahannam* versammeln (140), die auf Nachrichten über euch harren. Wenn euch ein Sieg von Allāh beschieden wird, sagen sie: "Waren wir nicht mit euch?" Haben aber die Ungläubigen einen Anteil (am Erfolg), sagen sie (zu den Ungläubigen): "Haben wir nicht Oberhand über euch bekommen und euch vor den Gläubigen beschützt?" Allāh wird alsdann zwischen euch am Tage der Auferstehung richten; und Allāh wird niemals den Ungläubigen die Oberhand über die Gläubigen geben. (141)

Wahrlich, die Heuchler versuchen, Allāh zu überlisten; doch Er wird sie überlisten. Und wenn sie sich zum Gebet hinstellen, dann stellen sie sich nur ungern auf; (sie tun dies nur), um von den Menschen gesehen zu werden, und sie gedenken Allāhs nur selten. (142) Unentschlossen schwanken sie zwischen diesen und jenen und gelangen weder zu diesen noch zu jenen. Und wen

Allāh irreführt, für den wirst du nimmermehr einen Ausweg finden. (143)

O ihr, die ihr glaubt, nehmt euch keine Ungläubigen zu Beschützern anstelle der Gläubigen. Wollt ihr Allāh offenkundige Beweise gegen euch selbst geben? (144) Wahrlich, die Heuchler befinden sich auf dem untersten Grund des Höllenfeuers, und du findest für sie keinen Helfer (145); außer jenen, die es bereut haben und sich bessern und zu Allāh Zuflucht nehmen und die sich mit ihrem Glauben nur an Allāh richten. Diese gehören also zu den Gläubigen. Und Allāh wird den Gläubigen einen gewaltigen Lohn geben. (146) Was wird Allāh aus eurer Bestrafung machen, wenn ihr dankbar seid und glaubt? Und Allāh ist Dankend, Allwissend. (147)

* Allāh liebt nicht, dass böse Worte laut vernehmbar gebraucht werden, außer wenn einem Unrecht geschieht; wahrlich, Allāh ist Allhörend, Allwissend. (148) Ob ihr etwas Gutes kundtut oder es geheimhaltet oder etwas Böses verzeiht, so ist Allāh wahrlich Allvergebend, Allmächtig. (149)

Wahrlich, diejenigen, die nicht an Allāh und Seine Gesandten glauben und eine Trennung zwischen Allāh und Seinen Gesandten machen und sagen: "Wir glauben an die einen und verwerfen die anderen" und einen Zwischenweg einschlagen möchten (150), diese sind die Ungläubigen im wahren Sinne, und bereitet haben Wir den Ungläubigen eine schmähliche Strafe. (151)

Diejenigen aber, die an Allāh und an Seine Gesandten glauben und zwischen ihnen keinen Unterschied machen, sind es, denen Er ihren Lohn geben wird; und Allāh ist Allvergebend, Barmherzig. (152)

Die Leute der Schrift verlangen von dir, dass du ein Buch vom Himmel zu ihnen herabkommen lässt. Von Moses aber verlangten sie etwas Größeres als dies, da sie sagten: "Zeig uns Allāh offensichtlich!" Da traf sie der Blitzschlag wegen ihres Frevels. Danach nahmen sie sich das Kalb, nachdem ihnen doch deutliche Zeichen zuteil geworden waren: aber Wir vergaben das. Und Wir verliehen Moses offensichtliche Beweismacht. (153)

Und Wir erhoben anläßlich des Bundes mit ihnen den Berg über sie empor und sprachen zu ihnen: "Tretet durch das Tor in Unterwürfigkeit ein!" Und Wir sprachen zu ihnen: "Übertretet nicht das Sabbatgebot." Und Wir schlossen einen starken Bund mit ihnen. (154) Als sie dann ihren Bund brachen und die Zeichen Allāhs verleugneten und die Propheten widerrechtlich töteten und sagten: "Unsere Herzen sind hinter einem Schleier" - aber nein, Allāh hat diese wegen ihres Unglaubens verschlossen, so dass sie nur wenig glauben. (155) Und wegen ihres Unglaubens und wegen ihrer Behauptung, die sie gegen Maria mit einer enormen Lüge vorbrachten (156) und wegen ihrer Rede: "Wir haben den Messias, Jesus, den Sohn der Maria, den Gesandten Allāhs, getötet", während sie ihn doch weder erschlagen noch gekreuzigt hatten, sondern dies wurde ihnen nur vorgetäuscht; und jene, die in dieser Sache uneins sind, sind wahrlich im Zweifel darüber; sie haben keine Kenntnis davon, sondern folgen nur einer Vermutung; und sie haben ihn nicht mit Gewissheit getötet. (157) Vielmehr hat Allāh ihn zu Sich emporgehoben, und Allāh ist Allmächtig, Allweise. (158)

Und es gibt keinen unter den Leuten der Schrift, der nicht vor seinem Tod daran glauben wird; und am Tage der Auferstehung wird er ein Zeuge gegen sie sein. (159) Und der Sünde der Juden wegen haben Wir ihnen gute Dinge verboten, die ihnen erlaubt waren, wie auch, weil sie viele Hindernisse in Allāhs Weg legten (160) und weil sie Zins nahmen, obgleich es ihnen untersagt war, und weil sie das Gut der Leute widerrechtlich aufzehrten. Und Wir haben den Ungläubigen unter ihnen eine schmerzliche Strafe bereitet. (161)

Aber denen von ihnen, die ein gründliches Wissen haben, und den Gläubigen, die da an das glauben, was zu dir herabgesandt wurde und was vor dir herabgesandt wurde, und denjenigen, die das Gebet verrichten und die Zakāh entrichten, und denen, die an Allāh und an den Jüngsten Tag glauben - ihnen werden Wir einen großen Lohn gewähren. (162)

Wahrlich, Wir haben dir offenbart, wie Wir Noah und den Propheten nach ihm offenbart haben. Und Wir offenbarten Abraham, Ismael, Isaak, Jakob, den Stämmen (Israels), Jesus,

Hiob, Jonas, Aaron und Salomo; und Wir haben David einen *Zabūr* gegeben. (163) Es sind Gesandte, von denen Wir dir bereits berichtet haben, und Gesandte, von denen Wir dir nicht berichtet haben - und Allāh hat mit Moses wirklich gesprochen. (164) (Es sind) Gesandte, Überbringer froher Botschaften und Warner, so dass die Menschen nach den Gesandten keinen Beweisgrund gegen Allāh haben. Und Allāh ist Allmächtig, Allweise. (165) Doch Allāh bezeugt durch das, was Er zu dir herabgesandt hat, dass Er es mit Seinem Wissen sandte; und die Engel bezeugen es; und Allāh genügt als Zeuge. (166)

Diejenigen aber, die ungläubig sind und sich von Allāhs Weg abwenden, sie sind wahrlich weit in die Irre gegangen. (167) Diejenigen, die ungläubig sind und Unrecht verübt haben - ihnen wird Allāh weder vergeben noch sie zu einem Weg leiten (168); es sei denn den Weg zu *Ǧahannam*, in der sie in aller Ewigkeit bleiben werden. Und dies ist für Allāh ein leichtes. (169)

O ihr Menschen, der Gesandte ist nunmehr zu euch mit der Wahrheit von eurem Herrn gekommen; glaubt darum, das gereicht euch zum Guten. Seid ihr aber ungläubig, dann ist Allāhs, was in den Himmeln und was auf Erden ist; und Allāh ist Allwissend, Allweise. (170)

O Leute der Schrift, übertreibt nicht in eurem Glauben und sagt von Allāh nichts als die Wahrheit. Wahrlich, der Messias, Jesus, Sohn der Maria, ist nur der Gesandte Allāhs und Sein Wort, das Er Maria entboten hat, und von Seinem Geist. Darum glaubt an Allāh und Seine Gesandten, und sagt nicht: ''Drei''. Lasst (davon) ab - (das) ist besser für euch. Allāh ist nur ein einziger Gott. Es liegt Seiner Herrlichkeit fern, Ihm ein Kind zuzuschreiben. Sein ist, was in den Himmeln und was auf Erden ist; und Allāh genügt als Sachwalter. (171) Der Messias wird es niemals verschmähen, Diener Allāhs zu sein; ebenso nicht die (Allāh) nahestehenden Engel; und wer es verschmäht, Ihn anzubeten, und sich dazu zu erhaben fühlt - so wird Er sie alle zu Sich versammeln. (172)

Denen aber, die glauben und gute Werke tun, wird Er den vollen Lohn und noch mehr von Seiner Huld geben; die aber, die verschmähen und stolz sind, die wird Er schmerzlich bestrafen. Und außer Allāh finden sie weder Freund noch Helfer. (173) O ihr Menschen, zu euch ist in Wahrheit ein deutlicher Beweis von eurem Herrn gekommen; und Wir sandten zu euch ein klares Licht hinab. (174) Was aber diejenigen angeht, die an Allāh glauben und an Ihm festhalten - diese wird Er in Seine Barmherzigkeit und Huld aufnehmen und sie auf dem geraden Weg zu Sich führen. (175)

Sie fragen dich um Belehrung. Sprich: "Allāh belehrt euch über die seitliche Verwandtschaft: Wenn ein Mann stirbt und keine Kinder hinterlässt, aber eine Schwester hat, dann erhält sie die Hälfte seiner Erbschaft; und er beerbt sie, wenn sie keine Kinder hat. Sind es aber zwei (Schwestern), dann erhalten sie zwei Drittel von seiner Erbschaft. Und wenn sie Geschwister sind, Männer und Frauen, kommt auf eines männlichen Geschlechts gleichviel wie auf zwei weiblichen Geschlechts." Allāh macht euch das klar, damit ihr nicht irrt; und Allāh weiß über alle Dinge Bescheid. (176)

(5) Sura Al-Mā'ida (Der Tisch)

Offenbart zu Al-Madīna, 120 Āyāt

Im Namen Allāhs, des Allerbarmers, des Barmherzigen!

O ihr, die ihr glaubt, erfüllt die Verträge. Erlaubt ist euch jede Art des Viehs, mit Ausnahme dessen, was euch (in der Schrift) bekanntgegeben wird; nicht, dass ihr die Jagd als erlaubt ansehen dürft, während ihr pilgert; wahrlich, Allāh richtet, wie Er will. (1)

O ihr, die ihr glaubt! Entweiht weder die Glaubensausübung zur Verherrlichung Allāhs, noch den heiligen Monat, noch die Opfertiere, noch die geweihten Opfertiere, noch die nach dem heiligen Hause Ziehenden, die da Gunst und Wohlgefallen von ihrem Herrn suchen. Wenn ihr den Weihezustand beendet habt, dürft ihr jagen. Und lasst euch nicht durch den Hass, den ihr gegen Leute hegt, weil sie euch von der heiligen Moschee abgehalten haben, zu Übergriffen verleiten. Und helft einander in Rechtschaffenheit und Frömmigkeit; doch helft einander nicht in Sünde und Übertretung. Und fürchtet Allāh; denn Allāh ist streng im Strafen. (2)

Verboten ist euch das Verendete sowie Blut und Schweinefleisch und das, worüber ein anderer als Allāhs Name angerufen wurde; das Erdrosselte, das zu Tode Geschlagene, das zu Tode Gestürzte oder Gestoßene und das, was Raubtiere angefressen haben, außer dem, was ihr geschlachtet habt, ferner das, was auf einem heidnischen Opferstein geschlachtet worden ist, und ferner (ist euch verboten), dass ihr durch Lospfeile das Schicksal zu erkunden sucht. Das ist eine Freveltat. Heute haben die Ungläubigen vor eurem Glauben resigniert; also fürchtet nicht sie, sondern fürchtet Mich. Heute habe Ich euch eure Religion vervollkommnet und Meine Gnade an euch vollendet und euch den Islam zur Religion erwählt. Wer aber durch Hungersnot gezwungen wird, ohne sündhafte Neigung - so ist Allāh Allverzeihend, Barmherzig. (3)

Sie fragen dich, was ihnen erlaubt sei. Sprich: "Alle guten Dinge sind euch erlaubt; und was ihr die Jagdtiere gelehrt habt, indem ihr sie zur Jagd abrichtet und sie lehrt, was Allāh euch gelehrt hat." Also esst von dem, was sie für euch fangen, und sprecht Allāhs Namen darüber. Und fürchtet Allāh; denn Allāh ist schnell im Abrechnen. (4)

Heute sind euch alle guten Dinge erlaubt. Und die Speise derer, denen die Schrift gegeben wurde, ist euch erlaubt, wie auch eure Speise ihnen erlaubt ist. Und ehrbare gläubige Frauen und ehrbare Frauen unter den Leuten, denen vor euch die Schrift gegeben wurde, wenn ihr ihnen die Brautgabe gebt, und nur für eine Ehe und nicht für Unzucht und heimliche Liebschaften. Und wer den Glauben verleugnet, dessen Tat ist ohne Zweifel zunichte geworden; und im Jenseits wird er unter den Verlierern sein. (5)

O ihr, die ihr glaubt! Wenn ihr euch zum Gebet begebt, so wascht euer Gesicht und eure Hände bis zu den Ellenbogen und streicht über euren Kopf und (wascht) eure Füße bis zu den Knöcheln. Und wenn ihr im Zustande der Unreinheit seid, so reinigt euch. Und wenn ihr krank seid oder euch auf einer Reise befindet oder einer von euch von der Notdurft zurückkommt oder wenn ihr Frauen berührt habt und kein Wasser findet, so sucht reinen Sand und reibt euch damit Gesicht und Hände ab. Allāh will euch nicht mit Schwierigkeiten bedrängen, sondern Er will euch nur reinigen und Seine Gnade an euch erfüllen, auf dass ihr dankbar sein mögt (6) und gedenkt der Gnade Allāhs gegen euch und des Bundes, den Er mit euch schloss, als ihr spracht: "Wir hören und gehorchen." Und fürchtet Allāh; wahrlich, Allāh weiß, was die Herzen verbergen. (7)

O ihr, die ihr glaubt! Setzt euch für Allāh ein und seid Zeugen der Gerechtigkeit. Und der Hass gegen eine Gruppe soll euch nicht (dazu) verleiten, anders als gerecht zu handeln. Seid gerecht, das ist der Gottesfurcht näher. Und fürchtet Allāh; wahrlich, Allāh ist eures Tuns kundig. (8) Allāh hat denen, die glauben und gute Werke tun, verheißen, dass sie Vergebung und großen Lohn erlangen werden. (9) Die aber ungläubig sind und Unsere Zeichen verleugnen, werden Insassen der *Al-Ğaḥīm* sein. (10)

O ihr, die ihr glaubt! Gedenkt der Gnade Allāhs über euch, als eine Gruppe die Hände nach euch auszustrecken trachtete. Er aber hielt ihre Hände von euch zurück. Und fürchtet Allāh; auf Allāh sollen die Gläubigen vertrauen. (11)

Wahrlich, Allāh hatte einen Bund mit den Kindern Israels geschlossen; und Wir erweckten aus ihnen zwölf Führer. Und Allāh sprach: "Seht, Ich bin mit euch, wenn ihr das Gebet verrichtet und die *Zakāh* entrichtet und an Meine Gesandten glaubt und sie unterstützt und Allāh ein gutes Darlehen gebt, dann werde Ich eure Missetaten tilgen und euch in Gärten führen, in denen Bäche fließen. Wer von euch aber hierauf in den Unglauben zurückfällt, der ist vom rechten Weg abgeirrt." (12) Deshalb, weil sie ihren Bund brachen, haben Wir sie verflucht und haben ihre Herzen verhärtet. Sie entstellten die Schrift an ihren richtigen Stellen und sie haben einen Teil von dem vergessen, woran sie gemahnt wurden. Und du wirst nicht aufhören, auf ihrer Seite - bis auf einige von ihnen - Verrat zu entdecken. Also vergib ihnen und wende dich (von ihnen) ab. Wahrlich, Allāh liebt jene, die Gutes tun. (13)

Und auch mit denen, die sagen: "Wir sind Christen", schlossen Wir einen Bund; auch diese haben dann einen Teil von dem vergessen, woran sie gemahnt wurden. Darum erregten Wir Feindschaft und Hass unter ihnen bis zum Tage der Auferstehung. Und Allāh wird sie wissen lassen, was sie getan haben. (14)

O Leute der Schrift, Unser Gesandter ist nunmehr zu euch gekommen, um euch vieles zu enthüllen, was ihr von der Schrift geheim gehalten habt, und (er ist zu euch gekommen) um gegen vieles Nachsicht zu üben. Wahrlich, zu euch sind ein Licht von Allāh und ein klares Buch gekommen. (15) Damit leitet Allāh jene, die Sein Wohlgefallen suchen, auf die Wege des Friedens, und Er führt sie mit Seiner Erlaubnis aus den Finsternissen zum Licht und führt sie auf einen geraden Weg. (16)

Wahrlich, ungläubig sind diejenigen, die sagen: "Allāh ist der Messias, der Sohn der Maria." Sprich: "Wer vermochte wohl etwas gegen Allāh, wenn Er den Messias, den Sohn der Maria, seine Mutter und jene, die allesamt auf der Erde sind, vernichten will?" Allāhs ist das Königreich der Himmel und der Erde und dessen, was zwischen beiden ist. Er erschafft, was Er will; und Allāh hat Macht über alle Dinge. (17) Und es sagten die Juden und die Christen: "Wir sind die Söhne Allāhs und Seine Lieblinge." Sprich: "Warum bestraft Er euch dann für eure Sünden? Nein, ihr seid Menschen von denen, die Er erschuf." Er vergibt, wem Er will, und Er bestraft, wen Er will. Und Allāhs ist das Königreich der Himmel und der Erde und dessen, was zwischen beiden ist, und zu Ihm ist die Heimkehr. (18)

O Leute der Schrift, zu euch ist nunmehr Unser Gesandter nach einer Zeitspanne zwischen den Gesandten gekommen, um euch aufzuklären, damit ihr nicht sagen könnt: "Kein Bringer froher Botschaft und kein Warner ist zu uns gekommen." So ist nun in Wahrheit ein Bringer froher Botschaft und ein Warner zu euch gekommen. Und Allāh hat Macht über alle Dinge. (19)

Und (damals) als Moses zu seinem Volk sagte: "O mein Volk, besinnt euch auf Allāhs Huld gegen euch, als Er aus eurer Mitte Propheten erweckte und euch zu Königen machte und euch gab, was Er keinem anderen auf der Welt gegeben hat. (20) O mein Volk, betretet das heilige Land, das Allāh für euch bestimmt hat, und kehret (Ihm) nicht den Rücken; denn dann werdet ihr als Verlorene umkehren." (21) Sie sagten: "O Moses, siehe, dort lebt ein tyrannisches Volk, und wir werden es (das Land) nicht betreten, ehe jene es nicht verlassen haben. Doch wenn sie es verlassen, dann wollen wir dort einziehen." (22) Es sagten zwei Männer von denen, die gottesfürchtig waren, und denen Allāh Seine Gnade erwiesen hatte: "Zieht durch das Tor ein und wendet euch gegen sie; seid ihr eingezogen, dann werdet ihr siegreich sein. Und vertraut auf Allāh, wenn ihr Gläubige seid." (23) Sie sagten: "O Moses, nimmermehr werden wir es betreten, solange jene dort sind. Gehe denn du mit deinem Herrn und kämpft; wir bleiben hier sitzen." (24) Er sagte: "Mein Herr! Ich habe nur Macht über mich selbst und meinen Bruder; darum scheide Du uns von dem aufrührerischen Volk." (25) Er sprach: "Wahrlich, es (das Land) soll ihnen vierzig Jahre lang verwehrt sein; sie sollen auf der Erde umherirren. Und betrübe dich nicht wegen des aufrührerischen Volkes." (26)

Und verlies ihnen in Wahrheit die Geschichte von den zwei Söhnen Adams, als sie beide ein Opfer darbrachten, und es von dem einen angenommen und von dem anderen nicht angenommen wurde. Da sagte dieser: "Wahrhaftig, ich schlage dich tot." Jener erwiderte: "Allāh nimmt nur von den Gottesfürchtigen (Opfer) an. (27) Wenn du auch deine Hand nach mir ausstreckst, um mich zu erschlagen, so werde ich doch nicht meine Hand nach dir ausstrecken, um dich zu erschlagen. Ich fürchte Allāh, den Herrn der Welten. (28) Ich will, dass du die Last meiner Sünde und deiner Sünde trägst und so unter den Bewohnern des Feuers bist, und dies ist der Lohn der Frevler." (29) Doch er erlag dem Trieb, seinen Bruder zu töten; also erschlug er ihn und wurde einer von den Verlierern. (30) Da sandte Allāh einen Raben, der auf dem Boden scharrte, um ihm zu zeigen, wie er den Leichnam seines Bruders verbergen könne. Er sagte: "Wehe mir! Bin ich nicht einmal imstande, wie dieser Rabe zu sein und den Leichnam meines Bruders zu verbergen?" Und da wurde er reumütig. (31) Deshalb haben Wir den Kindern Israels verordnet, dass, wenn jemand einen Menschen tötet, ohne dass dieser einen Mord begangen hätte, oder ohne dass ein Unheil im Lande geschehen wäre, es so sein soll, als hätte er die ganze Menschheit getötet; und wenn jemand einem Menschen das Leben erhält, es so sein soll, als hätte er der ganzen Menschheit das Leben erhalten. Und Unsere Gesandten kamen mit deutlichen Zeichen zu ihnen; dennoch, selbst danach begingen viele von ihnen Ausschreitungen im Land. (32)

Der Lohn derer, die gegen Allāh und Seinen Gesandten Krieg führen und Verderben im Lande zu erregen trachten, soll sein, dass sie getötet oder gekreuzigt werden oder dass ihnen Hände und Füße wechselweise abgeschlagen werden oder dass sie aus dem Lande vertrieben werden. Das wird für sie eine Schmach in dieser Welt sein, und im Jenseits wird ihnen eine schwere Strafe zuteil. (33) Ausgenommen davon sind jene, die bereuen, noch ehe ihr sie in eurer Gewalt habt. So wisst, dass Allāh Allvergebend, Barmherzig ist. (34)

O ihr, die ihr glaubt, fürchtet Allāh und trachtet danach, Ihm nahezukommen und kämpft auf Seinem Weg, auf dass ihr Erfolg haben mögt. (35)

Wahrlich, die Ungläubigen - hätten sie auch alles, was auf der Erde ist, und dann nochmal so viel, um sich damit am Tage der Auferstehung von der Strafe loszukaufen - es würde doch nicht von ihnen angenommen werden; und ihnen wird eine schmerzliche Strafe zuteil sein. (36) Sie wollen dem Feuer entrinnen, doch sie werden nicht daraus entrinnen können, und ihre Pein wird immerwährend sein. (37)

Dem Dieb und der Diebin trennt ihr die Hände ab, als Vergeltung für das, was sie begangen haben, und als abschreckende Strafe von Allāh. Und Allāh ist Allmächtig, Allweise. (38) Aber wer es bereut nach seiner Freveltat und sich bessert, von dem wird Allāh die Reue annehmen; denn Allāh ist Allvergebend, Barmherzig. (39) Hast du nicht gewusst, dass Allāh es ist, Dem das Königreich der Himmel und der Erde gehört? Er bestraft, wen Er will, und Er vergibt, wem Er will; und Allāh hat Macht über alle Dinge. (40)

O du Gesandter, es sollen dich nicht jene betrüben, die hastig dem Unglauben verfallen, die mit dem Munde sagen: "Wir glauben", jedoch im Herzen nicht glauben. Und unter den Juden sind solche, die auf jede Lüge hören; sie hören auf andere, die noch nicht zu dir gekommen sind. Sie rücken die Worte von ihren richtigen Stellen ab und sagen: "Wenn euch dies, (was wir gutheißen wollen) vorgebracht wird, so nehmt es an, doch wenn es euch nicht vorgebracht wird, dann seid auf der Hut!" Und wen Allāh in Versuchung führen will, dem wirst du mit keiner Macht gegen Allāh helfen können. Das sind die, deren Herzen Allāh nicht reinigen wollte; für sie ist in dieser Welt Schande, und im Jenseits wird ihnen eine große Strafe zuteil sein. (41) Sie sind notorische Lauscher hinsichtlich der Falschheit, Verschlinger von Unerlaubtem. Wenn sie nun zu dir kommen, so richte zwischen ihnen oder wende dich von ihnen ab. Und wenn du dich von ihnen abwendest, so können sie dir keinerlei Schaden zufügen; richtest du aber, so richte zwischen ihnen in Gerechtigkeit. Wahrlich, Allāh liebt die Gerechten. (42) Wie aber wollen sie dich zum Richter berufen, während sie doch die Thora in ihrem Besitz haben, worin Allāhs Richtspruch ist? Hierauf, und trotz alledem, kehren sie (Ihm) den Rücken; und sie sind nicht als Gläubige zu bezeichnen. (43)

Wahrlich, Wir hatten die Thora, in der Führung und Licht war, herabgesandt. Damit haben die Propheten, die sich (Allāh) hingaben, den Juden Recht gesprochen, und so auch die Rabbiner und die Gelehrten; denn ihnen wurde aufgetragen, das Buch Allāhs zu bewahren, und sie waren seine Hüter. Darum fürchtet nicht die Menschen, sondern fürchtet Mich; und gebt nicht Meine Zeichen um einen geringen Preis hin. Und wer nicht nach dem richtet, was Allāh herabgesandt hat - das sind die Ungläubigen. (44) Wir hatten ihnen darin vorgeschrieben: Leben um Leben, Auge um Auge, Nase um Nase, Ohr um Ohr und Zahn um Zahn; und für Verwundungen gerechte Vergeltung. Wer aber darauf verzichtet, dem soll das eine Sühne sein; und wer nicht nach dem richtet, was Allāh herabgesandt hat - das sind die Ungerechten. (45) Und Wir ließen ihnen Jesus, den Sohn der Maria, folgen; zur Bestätigung dessen, was vor ihm in der Thora war; und Wir gaben ihm das Evangelium, worin Rechtleitung und Licht war, zur Bestätigung dessen, was vor ihm in der Thora war und als Rechtleitung und Ermahnung für die Gottesfürchtigen. (46) Und die Leute des Evangeliums sollen sich nach dem richten, was

Allāh darin offenbart hat; und die sich nicht nach dem richten, was Allāh herabgesandt hat - das sind die (wahren) Frevler. (47) Und Wir haben das Buch mit der Wahrheit zu dir herabgesandt, das bestätigt, was von der Schrift vor ihm da war und darüber Gewissheit gibt; richte also zwischen ihnen nach dem, was Allāh herabgesandt hat und folge nicht ihren Neigungen, von der Wahrheit abzuweichen, die zu dir gekommen ist. Für jeden von euch haben Wir Richtlinien und eine Laufbahn bestimmt. Und wenn Allāh gewollt hätte, hätte Er euch zu einer einzigen Gemeinde gemacht. Er wollte euch aber in alledem, was Er euch gegeben hat, auf die Probe stellen. Darum sollt ihr um die guten Dinge wetteifern. Zu Allāh werdet ihr allesamt zurückkehren; und dann wird Er euch das kundtun, worüber ihr uneins wart. (48) Und du sollst zwischen ihnen nach dem richten, was von Allāh herabgesandt wurde; und folge nicht ihren Neigungen, und sei vor ihnen auf der Hut, damit sie dich nicht bedrängen und von einem Teil dessen, was Allāh zu dir herabgesandt hat, wegtreiben. Wenden sie sich jedoch (von dir) ab, so wisse, dass Allāh sie für etliche ihrer Sünden zu treffen gedenkt. Wahrlich, viele der Menschen sind Frevler. (49) Wünschen sie etwa die Richtlinien der Al-Ğāhiliyya? Und wer ist ein besserer Richter als Allāh für ein Volk, das fest im Glauben ist? (50)

O ihr, die ihr glaubt! Nehmt nicht die Juden und die Christen zu Beschützern. Sie sind einander Beschützer. Und wer sie von euch zu Beschützern nimmt, der gehört wahrlich zu ihnen. Wahrlich, Allāh weist nicht dem Volk der Ungerechten den Weg. (51) Und du wirst jene sehen, deren Herzen von Krankheit befallen sind, (und die) zu ihnen hineilen; sie sagen: "Wir fürchten, es könnte uns ein Unglück befallen." Möge Allāh den Sieg oder sonst ein Ereignis herbeiführen. Dann werden sie bereuen, was sie in ihren Herzen verbargen. (52) Und die Gläubigen werden sagen: "Sind das etwa jene, die mit ihren feierlichsten Eiden bei Allāh schworen, dass sie unverbrüchlich zu euch stünden?" Eitel sind ihre Werke, und sie sind zu Verlierern geworden. (53)

O ihr, die ihr glaubt, wer sich von euch von seinem Glauben abkehrt, wisst, Allāh wird bald ein anderes Volk bringen, das Er liebt und das Ihn liebt, (das) demütig gegen die Gläubigen und hart gegen die Ungläubigen (ist); sie werden auf Allāhs Weg kämpfen und werden den Vorwurf des Tadelnden nicht fürchten. Das ist Allāhs Huld; Er gewährt sie, wem Er will; denn Allāh ist Allumfassend, Allwissend. (54) Eure Beschützer sind wahrlich Allāh und Sein Gesandter und die Gläubigen, die das Gebet verrichten, die *Zakāh* entrichten und sich (vor Allāh) verneigen. (55) Und wer Allāh und Seinen Gesandten und die Gläubigen zu Beschützern nimmt, der soll wissen, dass Allāhs Schar es ist, die siegreich sein wird. (56) O ihr, die ihr glaubt, nehmt euch nicht die zu Beschützern - von jenen, denen vor euch die Schrift gegeben wurde, und von den Ungläubigen, die mit eurem Glauben Spott und Scherz treiben - und fürchtet Allāh, wenn ihr Gläubige seid. (57) Und wenn ihr zum Gebet ruft, treiben sie damit ihren Spott und Scherz. Dies (ist so), weil sie Leute sind, die es nicht begreifen. (58)

Sprich: "O Leute der Schrift, ihr grollt uns nur deswegen, weil wir an Allāh und an das glauben, was zu uns herabgesandt und was schon vorher herabgesandt wurde, und weil die meisten von euch Frevler sind." (59) Sprich: "Soll ich euch über die belehren, deren Lohn bei Allāh noch schlimmer ist als das? Es sind jene, die Allāh verflucht hat und denen Er zürnt und aus denen Er Affen, Schweine und Götzendiener gemacht hat. Diese befinden sich in einer noch schlimmeren Lage und sind noch weiter vom rechten Weg abgeirrt." (60) Und wenn sie zu euch kommen, sagen sie: "Wir glauben", während sie doch mit Unglauben eintreten und in diesem fortgehen; und Allāh weiß am besten, was sie verborgen halten. (61) Und du siehst, wie viele von ihnen in Sünde und Übertretung und im Verzehr verbotener Dinge wetteifern. Übel ist wahrlich, was sie getan haben. (62) Warum untersagen ihnen die Rabbiner und die Schriftgelehrten nicht ihre sündige Rede und ihren Verzehr von Verbotenem? Übel ist wahrlich, was sie getrieben haben. (63) Und die Juden sagen: "Die Hand Allāhs ist gefesselt." Ihre Hände sollen gefesselt sein, und sie sollen verflucht sein um dessentwillen, was sie da sprechen. Nein, Seine Hände sind weit offen; Er spendet, wie Er will. Und was auf dich von deinem Herrn herabgesandt wurde, wird gewiss viele von ihnen in ihrem Aufruhr und

Unglauben noch bestärken. Und Wir haben unter ihnen Hass und Zwietracht bis zum Tage der Auferstehung gesät. Sooft sie ein Feuer für den Krieg anzündeten, löschte Allāh es aus, und sie trachteten nur nach Unheil auf Erden; und Allāh liebt nicht die Unheilstifter. (64) Wenn die Leute der Schrift geglaubt hätten und gottesfürchtig gewesen wären, hätten Wir gewiss ihre Übel von ihnen hinweggenommen und Wir hätten sie gewiss in die Gärten der Wonne geführt. (65) Und hätten sie die Thora befolgt und das Evangelium und das, was zu ihnen von ihrem Herrn herabgesandt wurde, würden sie sicherlich über sich und zu ihren Füßen Nahrung finden. Es gibt unter ihnen Leute, die Mäßigung üben; doch viele von ihnen verrichten üble Dinge. (66)

O du Gesandter! Verkünde, was zu dir von deinem Herrn herabgesandt wurde; und wenn du es nicht tust, so hast du Seine Botschaft nicht verkündigt. Und Allāh wird dich vor den Menschen schützen. Wahrlich, Allāh weist den ungläubigen Leuten nicht den Weg. (67) Sprich: "O Leute der Schrift, ihr fußt auf nichts, ehe ihr nicht die Thora und das Evangelium und das in die Tat umsetzt, was von eurem Herrn zu euch herabgesandt wurde." Aber gewiss, das, was von deinem Herrn zu dir herabgesandt wurde, wird viele von ihnen in ihrem Aufruhr und Unglauben bestärken. Darum betrübe dich nicht über die ungläubigen Leute. (68)

Jene, die geglaubt haben, und die Juden und die Sabäer und die Christen - wer an Allāh glaubt, den Jüngsten Tag und gute Werke tut, keine Furcht soll über sie kommen, noch sollen sie traurig sein. (69) Wahrlich, Wir hatten einen Bund mit den Kindern Israels geschlossen und Gesandte zu ihnen geschickt. Sooft aber Gesandte zu ihnen mit etwas kamen, was ihre Herzen nicht begehrten, erklärten sie einige von ihnen für Lügner und brachten andere um. (70) Und sie dachten, dies würde keine Verwirrung zur Folge haben; so wurden sie blind und taub. Dann wandte Sich Allāh ihnen gnädig wieder zu; trotzdem wurden viele von ihnen abermals blind und taub; und Allāh sieht wohl, was sie tun. (71)

Wahrlich, ungläubig sind diejenigen, die sagen: "Allāh ist der Messias, der Sohn der Maria", während der Messias doch selbst gesagt hat: "O ihr Kinder Israels, betet zu Allāh, meinem Herrn und eurem Herrn." Wer Allāh Götter zur Seite stellt, dem hat Allāh das Paradies verwehrt, und das Feuer wird seine Herberge sein. Und die Frevler sollen keine Helfer finden. (72) Wahrlich, ungläubig sind diejenigen, die sagen: "Allāh ist der Dritte von dreien"; und es ist kein Gott da außer einem Einzigen Gott. Und wenn sie nicht von dem, was sie sagen, Abstand nehmen, wahrlich, so wird diejenigen unter ihnen, die ungläubig bleiben, eine schmerzliche Strafe ereilen. (73) Wollen sie sich denn nicht reumütig Allāh wieder zuwenden und Ihn um Verzeihung bitten? Und Allāh ist Allverzeihend, Barmherzig. (74) Der Messias, der Sohn der Maria, war nur ein Gesandter; gewiss, andere Gesandte sind vor ihm dahingegangen. Und seine Mutter war eine Wahrhaftige; beide pflegten Speise zu sich zu nehmen. Siehe, wie Wir die Zeichen für sie erklären, und siehe, wie sie sich abwenden. (75)

Sprich: "Wollt ihr statt Allāh das anbeten, was nicht die Macht hat, euch zu schaden oder zu nützen?" Und Allāh allein ist der Allhörende, der Allwissende. (76) Sprich: "O Leute der Schrift, übertreibt nicht zu Unrecht in eurem Glauben und folgt nicht den bösen Neigungen von Leuten, die schon vordem irregingen und viele irregeführt haben und weit vom rechten Weg abgeirrt sind." (77)

Verflucht wurden die Ungläubigen von den Kindern Israels durch die Zunge Davids und Jesus', des Sohnes der Maria. Dies, weil sie ungehorsam waren und (gegen die Gebote) verstießen. (78) Sie hinderten einander nicht an den Missetaten, die sie begingen. Übel wahrlich war das, was sie zu tun pflegten. (79) Du siehst, wie sich viele von ihnen die Ungläubigen zu Beschützern nehmen. Wahrlich, übel ist das, was sie selbst für sich vorausgeschickt haben, so dass Allāh ihnen zürnt; und in der Strafe werden sie auf ewig bleiben. (80) Und hätten sie an Allāh geglaubt und an den Propheten und an das, was zu ihm herabgesandt wurde, hätten sie sich jene nicht zu Beschützern genommen; aber viele von ihnen sind Frevler. (81) * Sicherlich findest du, dass unter allen Menschen die Juden und die Götzendiener die erbittertsten Gegner der Gläubigen sind. Und du wirst zweifellos finden, dass die, welche sagen: "Wir sind Christen" den Gläubigen am freundlichsten gegenüberstehen. Dies (ist so), weil es unter ihnen Priester und Mönche gibt und weil sie nicht hochmütig sind. (82) Und wenn sie hören, was zu dem Gesandten herabgesandt worden ist, siehst du ihre Augen von Tränen überfließen ob der Wahrheit, die sie erkannt haben. Sie sagen: "Unser Herr, wir glauben, so schreibe uns unter die Bezeugenden. (83) Und weshalb sollten wir nicht an Allāh glauben und an die Wahrheit, die zu uns gekommen ist, wo wir innig wünschen, dass unser Herr uns zu den Rechtschaffenen zählen möge?" (84) Und um dessentwillen, was sie da gesagt haben, wird Allāh sie mit Gärten belohnen, durch die Bäche fließen. Darin sollen sie ewig verweilen; und das ist der Lohn derer, die Gutes tun. (85) Die aber, die nicht glauben und Unsere Zeichen verwerfen, das sind die Insassen der *Al-Ǧaḥīm*. (86)

O ihr, die ihr glaubt, erklärt die guten Dinge, die Allāh euch erlaubt hat, nicht für verboten; doch übertretet auch nicht. Denn Allāh liebt die Übertreter nicht. (87) Und esst von dem, was Allāh euch gegeben hat: Erlaubtes, Gutes. Und fürchtet Allāh, an Den ihr glaubt. (88)

Allāh wird euch für ein unbedachtes Wort in euren Eiden nicht zur Rechenschaft ziehen, doch Er wird von euch die Rechenschaft für das fordern, was ihr mit Bedacht geschworen habt. Die Sühne dafür sei dann die Speisung von zehn Armen in jenem Maß, wie ihr die Eurigen im Durchschnitt speist, oder ihre Bekleidung oder die Befreiung eines Sklaven. Wer es aber nicht kann, dann (soll er) drei Tage fasten. Das ist die Sühne für eure Eide, wenn ihr sie geleistet habt. Und hütet ja eure Eide. So macht euch Allāh Seine Zeichen klar, auf dass ihr dankbar sein mögt. (89)

O ihr, die ihr glaubt! Berauschendes, Glücksspiel, Opfersteine und Lospfeile sind ein Greuel, das Werk Satans. So meidet sie, auf dass ihr erfolgreich seid (90); Satan will durch das Berauschende und das Losspiel nur Feindschaft und Hass zwischen euch auslösen, um euch vom Gedenken an Allāh und vom Gebet abzuhalten. Werdet ihr euch denn abhalten lassen? (91) Und gehorcht Allāh und gehorcht dem Gesandten und seid auf der Hut. Kehrt ihr euch jedoch von ihm ab, dann wisst, dass Unserem Gesandten nur die deutliche Verkündigung obliegt. (92) Denen, die glauben und gute Werke tun, soll als Sünde nicht angerechnet werden, was sie aßen, wenn sie gottesfürchtig sind und glauben und gute Werke tun, und abermals fürchten und glauben, dann nochmals fürchten und Gutes tun. Und Allāh liebt jene, die Gutes tun. (93)

O ihr, die ihr glaubt! Allāh will euch gewiss Prüfungen aussetzen mit dem Wild, das eure Hände und eure Speere erreichen können, so dass Allāh die auszeichnen möge, die Ihn im geheimen fürchten. Wer sich darum noch nach diesem vergeht, dem wird eine schmerzliche Strafe zuteil sein. (94) O ihr, die ihr glaubt! Tötet kein Wild, während ihr pilgert. Und (wenn) einer von euch ein Tier vorsätzlich tötet, so ist die Ersatzleistung (dafür) ein gleiches Maß vom Vieh, wie das, was er getötet (hat), nach dem Spruch von zwei Redlichen unter euch, und das soll dann als Opfertier zu der *Al-Ka'ba* gebracht werden; oder die Sühne sei die Speisung von Armen oder dementsprechendes Fasten, damit er die bösen Folgen seiner Tat koste. Allāh vergibt das Vergangene; den aber, der es wieder tut, wird Allāh der Vergeltung aussetzen. Und Allāh ist Allmächtig und Herr der Vergeltung. (95) Der Fang aus dem Meer und sein Genuss sind euch - als Versorgung für euch und für die Reisenden - erlaubt, doch verwehrt ist (euch) das Wild des Landes, solange ihr pilgert. Und fürchtet Allāh, vor Dem ihr versammelt werdet. (96)

Allāh hat die *Al-Ka'ba*, das unverletzliche Haus, zu einer Gebetsstätte für die Menschen gemacht, ebenso den heiligen Monat und die Opfertiere und die Tiere mit dem Halsschmuck. Dies, damit ihr wisst, dass Allāh weiß, was in den Himmeln und was auf Erden ist, und dass Allāh alle Dinge weiß. (97) Wisst, dass Allāh streng im Strafen ist und dass Allāh Allverzeihend, Barmherzig ist. (98)

Dem Gesandten obliegt nur die Verkündigung. Und Allāh weiß, was ihr kundtut und was ihr verborgen haltet. (99) Sprich: "Das Schlechte und das Gute sind nicht gleich", auch wenn dich die Menge des Schlechten in Erstaunen versetzen mag. Darum fürchtet Allāh, ihr Verständigen, auf dass ihr erfolgreich sein mögt. (100)

O ihr, die ihr glaubt! Fragt nicht nach Dingen, die, wenn sie euch enthüllt würden, euch unangenehm wären; und wenn ihr danach zur Zeit fragt, da der Qurʾān niedergesandt wird, werden sie euch doch klar. Allāh hat euch davon entbunden; und Allāh ist Allverzeihend, Nachsichtig. (101) Es haben schon vor euch Leute nach solchen (Dingen) gefragt, doch dann versagten sie ihnen den Glauben. (102) Allāh hat keinerlei Baḥīra oder Sāʾiba oder Waṣīla oder Ḥām geboten: vielmehr ersinnen die Ungläubigen eine Lüge gegen Allāh, und die meisten von ihnen begreifen es nicht. (103) Und wenn ihnen gesagt wird: "Kommt her zu dem, was von Allāh herabgesandt wurde, und kommt zu dem Gesandten", sagen sie: "Uns genügt das, wobei wir unsere Väter vorfanden." Und selbst (dann) wenn ihre Väter kein Wissen hatten und nicht auf dem rechten Weg waren! (104)

O ihr, die ihr glaubt! Wacht über euch selbst. Wer irregeht, kann euch nicht schaden, wenn ihr nur selbst auf dem rechten Weg seid. Zu Allāh ist euer aller Heimkehr; dann wird Er euch enthüllen, was ihr zu tun pflegtet. (105) O ihr, die ihr glaubt! Wenn der Tod an einen von euch herantritt, liegt die Zeugenschaft zum Zeitpunkt der Testamentseröffnung bei euch: (bei) zwei Redlichen unter euch, oder zwei anderen, die nicht zu euch gehören, wenn ihr gerade im Land herumreist und euch das Unglück des Todes trifft. Ihr sollt sie beide nach dem Gebet zurückhalten; und wenn ihr zweifelt, so sollen sie beide bei Allāh schwören: "Wir erstehen damit keinen Gewinn, handelte es sich auch um einen nahen Verwandten, und wir verhehlen das Zeugnis Allāhs nicht; wahrlich, wir wären sonst Sünder." (106) Wenn aber bekannt wird, dass die beiden (Zeugen) sich der Sünde schuldig gemacht haben, dann sollen an ihre Stelle zwei andere aus der Zahl derer treten, gegen welche die beiden ausgesagt haben, und die beiden (späteren Zeugen) sollen bei Allāh schwören: "Wahrlich, unser Zeugnis ist wahrhaftiger als das Zeugnis der beiden (früheren), wahrlich, wir gehörten sonst zu den Ungerechten." (107) So geschieht es eher, dass sie ein wahres Zeugnis ablegen oder dass sie fürchten, es könnten andere Eide nach ihrem Eide gefordert werden. Und fürchtet Allāh und hört! Denn Allāh weist nicht den ungehorsamen Leuten den Weg. (108)

Am Tage, an dem Allāh die Gesandten versammelt und spricht: "Welche Antwort empfingt ihr (auf eure Botschaft)?" sagen sie: "Wir haben kein Wissen, Du allein bist der Allwissende des Verborgenen." (109) Wenn Allāh sagen wird: "O Jesus, Sohn der Maria, gedenke Meiner Gnade gegen dich und gegen deine Mutter; wie Ich dich stärkte mit der heiligen Eingebung - du sprachst zu den Menschen sowohl in der Wiege als auch im Mannesalter; und wie Ich dich die Schrift und die Weisheit lehrte und die Thora und das Evangelium; und wie du mit Meiner Erlaubnis aus Ton bildetest, was wie Vögel aussah, du hauchtest ihm dann (Atem) ein, und es wurde mit Meiner Erlaubnis zu (wirklichen) Vögeln; und wie du mit Meiner Erlaubnis die Blinden und die Aussätzigen heiltest; und wie du mit Meiner Erlaubnis die Toten erwecktest; und wie Ich die Kinder Israels von dir abhielt, als du zu ihnen mit deutlichen Zeichen kamst und die Ungläubigen unter ihnen sagten: »Das ist nichts als offenkundige Zauberei.«" (110) Und als Ich den Jüngern eingab, an Mich und an Meinen Gesandten zu glauben, da sagten sie: "Wir glauben, und sei Zeuge, dass wir (Dir) ergeben sind." (111) Als die Jünger sagten: "O Jesus, Sohn der Maria, ist dein Herr imstande, uns einen Tisch (mit Speisen) vom Himmel herabzusenden?", sagte er: "Fürchtet Allāh, wenn ihr Gläubige seid." (112) Sie sagten: "Wir wollen davon essen, und unsere Herzen sollen beruhigt sein, und wir wollen wissen, dass du in Wahrheit zu uns gesprochen hast, und wollen selbst dafür Zeugnis ablegen." (113) Da sagte Jesus, der Sohn der Maria: "O Allāh, unser Herr, sende uns einen Tisch (mit Speise) vom Himmel herab, dass er ein Fest für uns sei, für den Ersten von uns und für den Letzten von uns, und ein Zeichen von Dir; und versorge uns; denn Du bist der beste Versorger." (114) Allāh sprach: "Siehe, Ich will ihn (den Tisch) zu euch niedersenden; wer von euch aber danach ungläubig wird, über den werde Ich eine Strafe verhängen, mit welcher Ich keinen anderen auf der Welt bestrafen werde." (115) Und wenn Allāh sprechen wird: "O Jesus, Sohn der Maria, hast du zu den Menschen gesagt: »Nehmt mich und meine Mutter als zwei Götter neben Allāh?« wird er antworten: "Gepriesen bist Du. Nie könnte ich das sagen, wozu ich kein Recht hatte. Hätte ich es gesagt, würdest Du es sicherlich wissen. Du weißt, was in meiner Seele ist, aber ich weiß nicht, was Du in Dir hegst. Du allein bist der Allwissende des Verborgenen. (116) Nichts anderes sagte ich zu ihnen, als das, was Du mich geheißen hattest: »Betet Allāh an, meinen Herrn und euren Herrn.« Und ich war ihr Zeuge, solange ich unter ihnen weilte, doch nachdem Du mich abberufen hattest, bist Du ihr Wächter gewesen; und Du bist der Zeuge aller Dinge. (117) Wenn Du sie bestrafst, sind sie Deine Diener, und wenn Du ihnen verzeihst, bist Du wahrlich der Allmächtige, der Allweise." (118) Allāh wird sprechen: "Das ist ein Tag, an dem den Wahrhaftigen ihre Wahrhaftigkeit nützen soll. Für sie gibt es Gärten, durch welche Bäche fließen; darin sollen sie verweilen auf ewig und immerdar. Allāh hat an ihnen Wohlgefallen, und sie haben Wohlgefallen an Ihm; das ist die große Glückseligkeit." (119)

Allāhs ist das Königreich der Himmel und der Erde und dessen, was in ihnen ist; und Er hat Macht über alle Dinge. (120)

(6) Sura Al-Anʿām (Das Vieh)

Offenbart zu Makka, 165 Āyāt

Im Namen Allāhs, des Allerbarmers, des Barmherzigen!
Alles Lob gebührt Allāh, Der Himmel und Erde erschaffen und die Finsternisse und das Licht gemacht hat; doch setzen jene, die da ungläubig sind, ihrem Herrn anderes gleich. (1)

Er ist es, Der euch aus Lehm erschaffen hat, und dann bestimmte Er (euch) eine (Lebens-) Frist. Und eine weitere Frist ist Ihm bekannt. Ihr aber zweifelt noch! (2) Und Er ist Allāh, (der Gott) in den Himmeln wie auch auf der Erde. Er kennt euer Verborgenes und euer Verlautbartes, und Er weiß, was ihr begeht. (3)

Es kommt zu ihnen auch nicht ein Zeichen von den Zeichen ihres Herrn, ohne dass sie sich davon abwenden. (4) So haben sie die Wahrheit für Lüge erklärt, als sie zu ihnen kam; bald aber soll ihnen von dem Kunde gegeben werden, was sie verspotteten. (5)

Sehen sie denn nicht, wie so manches Geschlecht Wir schon vor ihnen vernichtet haben? Diesen hatten Wir auf der Erde Macht gegeben, wie Wir sie euch nicht gegeben haben; und ihnen sandten Wir vom Himmel reichlich Regen; und unter ihnen ließen wir Bäche fließen; dann aber tilgten Wir sie um ihrer Sünden willen aus und erweckten nach ihnen ein anderes Geschlecht. (6)

Wenn Wir dir auch eine Schrift auf einem Blatt Papier herabgesandt hätten, welche sie mit Händen angefasst hätten, die Ungläubigen hätten selbst dann gesagt: "Das ist nichts als offenkundige Zauberei." (7) Und sie sagen: "Wäre ein Engel zu ihm herabgesandt worden!" Hätten Wir aber einen Engel herabgesandt, wäre die Sache entschieden gewesen; dann hätten sie keinen Aufschub erlangt. (8) Und wenn Wir ihn zu einem Engel gemacht hätten, hätten Wir ihn doch als Menschen erscheinen lassen, und so hätten Wir ihnen das noch mehr verwirrt, was sie selbst schon verwirrt. (9) Schon vor dir wurden Gesandte verspottet, doch das, worüber sie spotteten, erfasste die Spötter unter ihnen. (10)

Sprich: "Wandert im Lande umher und seht, wie das Ende der Verleugner war." (11)

Sprich: "Wem gehört das, was in den Himmeln und was auf Erden ist?" Sprich: "Allāh." Er hat Sich Selbst Barmherzigkeit vorgeschrieben. Er wird euch gewiss (in den Gräbern) versammeln bis zum Tage der Auferstehung. Darüber besteht kein Zweifel. Jene aber, die ihrer selbst verlustig gegangen sind, glauben es nicht. (12) Ihm gehört das, was in der Nacht und am Tage ruht. Und Er ist der Allhörende, der Allwissende. (13)

Sprich: "Sollte ich einen anderen zum Beschützer nehmen als Allāh, den Schöpfer der Himmel und der Erde, Der Nahrung gibt und Selbst keine Nahrung nimmt?" Sprich: "Mir wurde geboten, dass ich der Erste sei, der sich ergebe." Und sei nicht einer der Götzendiener. (14) Sprich: "Ich fürchte die Strafe eines gewaltigen Tages, sollte ich meinem Herrn ungehorsam sein." (15) Wer an jenem Tage davor bewahrt bleibt, dem hat Er Barmherzigkeit erwiesen. Das ist ein offenbarer Erfolg. (16)

Und wenn Allāh dir Schaden zufügt, so kann ihn keiner als Er hinwegnehmen; und wenn Er dir Gutes beschert, so hat Er die Macht, alles zu tun, was Er will. (17) Er ist Der, Der über Seine Diener Macht ausübt, und Er ist Allweise, Der wohl unterrichtet ist. (18)

Sprich: "Was für ein Zeugnis wiegt schwerer?" Sprich: "Allāh ist mein und euer Zeuge. Und dieser Qurʾān ist mir offenbart worden, auf dass ich euch damit warne und jeden, den er erreicht. Wolltet ihr wirklich bezeugen, dass es neben Allāh andere Götter gebe?" Sprich: "Ich bezeuge es nicht." Sprich: "Er ist der Einzige Gott, und ich bin wahrlich fern von dem, was ihr anbetet." (19)

Sie, denen wir das Buch gaben, erkennen es, wie sie ihre Söhne erkennen. Jene aber, die ihrer selbst verlustig gegangen sind, glauben es nicht. (20) Und wer ist ungerechter als der, der eine Lüge gegen Allāh ersinnt oder Seine Verse für Lüge erklärt? Wahrlich, die Ungerechten erlangen keinen Erfolg. (21)

Und am Tage, an dem Wir sie alle versammeln werden, werden Wir zu denen, die Götzen anbeten, sprechen: "Wo sind nun eure Götter, die ihr wähntet?" (22) Dann werden sie keine andere Ausrede haben als zu sagen: "Bei Allāh, unserem Herrn, wir waren keine Götzendiener." (23)

Schau wie sie sich selbst belügen und das, was sie sich ausdachten, sie im Stich lässt. (24) Und unter ihnen sind manche, die dir Gehör schenken, doch Wir haben auf ihre Herzen Hüllen gelegt, so dass sie nicht begreifen, und in ihre Ohren Taubheit. Selbst wenn sie jedes Zeichen sähen, würden sie nicht daran glauben, so dass sie mit dir stritten, wenn sie zu dir kämen. Die Ungläubigen sagen: "Das sind bloß Fabeln der Früheren." (25) Und sie hindern sich daran und halten sich selbst davon fern. Aber sie stürzen sich selbst ins Verderben; allein, sie begreifen es nicht. (26)

Und wenn du nur sehen könntest, wie sie vor das Feuer gestellt werden! Dann werden sie sagen: "Ach, würden wir doch zurückgebracht! Wir würden dann die Zeichen unseres Herrn nicht für Lüge erklären, und wir würden zu den Gläubigen zählen." (27) Nein, das, was sie ehemals zu verhehlen pflegten, ist ihnen nun klar geworden. Doch wenn sie auch zurückgebracht würden, kehrten sie ganz gewiss bald zu dem ihnen Verbotenen zurück. Und sie sind gewiss Lügner. (28)

Und sie sagen: "Es gibt kein anderes als unser irdisches Leben, und wir werden nicht wiedererweckt werden." (29) Aber wenn du nur sehen könntest, wie sie vor ihren Herrn gestellt werden! Er wird sprechen: "Ist dies nicht die Wahrheit?" Sie werden antworten: "Ja, bei unserem Herrn." Er wird sprechen: "Dann kostet die Strafe dafür, dass ihr ungläubig wart." (30)

Wahrlich, die Verlierer sind diejenigen, die die Begegnung mit Allāh leugnen. Wenn dann unversehens die Stunde über sie kommt, werden sie sagen: "O wehe uns, dass wir sie vernachlässigt haben!" Und sie werden ihre Last auf dem Rücken tragen. Wahrlich, schlimm ist das, was sie tragen werden. (31) Das Leben in dieser Welt ist wahrlich nichts als ein Spiel und Vergnügen. Und wahrlich, die Wohnstätte des Jenseits ist für jene besser, die gottesfürchtig sind. Wollt ihr (das) denn nicht begreifen? (32)

Wir wissen wohl, dass dich das betrübt, was sie sagen; denn wahrlich, nicht dich bezichtigen sie der Lüge, sondern es sind die Zeichen Allāhs, welche die Ungerechten verwerfen. (33) Es sind auch vor dir Gesandte als lügenhaft gescholten worden; doch, obgleich sie verleugnet und verfolgt wurden, sie blieben geduldig, bis Unsere Hilfe zu ihnen kam. Es gibt keinen, der die Worte Allāhs zu ändern vermag. Wahrlich, von den Gesandten ist die Kunde zu dir gekommen. (34)

Und wenn dir ihr Widerwille schmerzlich ist - nun wohl, falls du imstande bist, einen Schacht in die Erde oder eine Leiter in den Himmel zu finden, um ihnen ein Zeichen zu bringen, (dann magst du es tun). Wäre es Allāhs Wille, Er hätte sie gewiss auf dem rechten Weg zusammengeführt. So sei nicht einer der Unwissenden. (35)

Nur die können (etwas) aufnehmen, die zuhören. Die Toten aber wird Allāh dereinst erwecken; dann sollen sie zu Ihm zurückgebracht werden. (36) Sie sagen: "Warum wird nicht ein

Zeichen zu ihm herabgesandt von seinem Herrn!" Sprich: "Allāh hat die Macht, ein Zeichen herabzusenden, doch die meisten von ihnen wissen es nicht!" (37)

Es gibt kein Getier auf Erden und keinen Vogel, der auf seinen zwei Schwingen dahinfliegt, die nicht Gemeinschaften wären so wie ihr. Nichts haben Wir in dem Buch ausgelassen. Vor ihrem Herrn sollen sie dann versammelt werden. (38) Die aber Unsere Zeichen leugnen, sind taub und stumm in Finsternissen. Allāh führt, wen Er will, in die Irre, und wen Er will, den führt Er auf einen geraden Weg. (39)

Sprich: "Was denkt ihr? Wenn die Strafe Allāhs über euch kommt oder die Stunde euch ereilt, werdet ihr dann zu einem anderen rufen als zu Allāh, wenn ihr wahrhaftig seid?" (40) Nein, zu Ihm allein werdet ihr rufen; dann wird Er das hinwegnehmen, weshalb ihr (Ihn) anruft, wenn Er will, und ihr werdet vergessen, was ihr (Ihm) zur Seite stelltet. (41) Wahrlich, Wir sandten schon vor dir (Botschaften) zu den Völkern herab, dann suchten Wir sie mit Not und Drangsal heim, auf dass sie (Mich) anflehen mögen. (42) Warum demütigten sie sich dann nicht, als Unsere Strafe über sie kam? Jedoch ihre Herzen waren verhärtet, und Satan ließ ihnen alles, was sie taten, als wohlgetan erscheinen. (43)

Als sie das vergaßen, woran sie erinnnert worden waren, da öffneten Wir ihnen die Tore aller Dinge. Als sie sich dann schließlich über das freuten, was sie erhalten hatten, verhängten Wir plötzlich eine Strafe über sie, und siehe, sie wurden in Verzweiflung gestürzt! (44) So wurden die Leute ausgerottet, die Frevler waren; und alles Lob gebührt Allāh, dem Herrn der Welten. (45)

Sprich: "Was wähnt ihr? Wenn Allāh euer Gehör und euer Gesicht wegnähme und eure Herzen versiegelte, welcher Gott außer Allāh könnte euch das wiedergeben?" Schau, wie mannigfach Wir die Zeichen dartun, und dennoch wenden sie sich (davon) ab. (46) Sprich: "Was wähnt ihr? Wenn Allāhs Strafe unversehens oder offenkundig über euch kommt, wer anders wird vernichtet werden als die Ungerechten?" (47)

Wir schicken die Gesandten nur als Bringer froher Botschaft und als Warner. Über die also, die da glauben und sich bessern, soll keine Furcht kommen, noch sollen sie traurig sein. (48) Diejenigen aber, die Unsere Zeichen leugnen, wird die Strafe erfassen, weil sie ungehorsam sind. (49)

Sprich: "Ich sage nicht zu euch: »Bei mir sind Allāhs Schätze«, noch kenne ich das Verborgene; auch sage ich nicht zu euch: »Ich bin ein Engel«; ich folge nur dem, was mir offenbart wurde." Sprich: "Können wohl ein Blinder und ein Sehender einander gleichen? Wollt ihr denn nicht nachdenken?" (50)

Und warne hiermit diejenigen, die da fürchten, dass sie vor ihrem Herrn versammelt werden - wo sie außer Ihm keinen Beschützer noch Fürsprecher haben werden, auf dass sie doch gottesfürchtig werden mögen. (51) Und treibe nicht jene fort, die ihren Herrn am Morgen und am Abend im Trachten nach Seinem Angesicht anrufen. Du bist nicht verantwortlich für sie, und sie sind nicht verantwortlich für dich. Treibst du sie fort, so wirst du einer der Ungerechten. (52)

Und so haben Wir einige von ihnen durch andere in Versuchung geführt, so dass sie sagten: "Sind es diese, denen Allāh aus unserer Mitte huldreich gewesen ist?" Kennt Allāh denn die Dankbaren nicht am besten? (53) Und wenn jene, die an Unsere Zeichen glauben, zu dir kommen, so sprich: "Friede sei auf euch! Euer Herr hat Sich Selbst Barmherzigkeit vorgeschrieben; wenn einer von euch unwissentlich etwas Böses tut und es danach bereut und sich bessert, so ist Er Allvergebend, Barmherzig." (54) So machen Wir die Zeichen klar, auf dass der Weg der Sünder erkannt werde. (55)

Sprich: "Mir ist es verboten worden, dass ich diejenigen anbete, die ihr anruft außer Allāh." Sprich: "Ich folge euren bösen Gelüsten nicht; ich würde sonst wahrlich irregehen und wäre nicht unter den Rechtgeleiteten." (56) Sprich: "Ich folge einem klaren Beweis von meinem Herrn, den ihr als Lüge erklärt. Es liegt nicht in meiner Macht, (herbeizuführen), was ihr zu beschleunigen wünscht. Die Entscheidung liegt nur bei Allāh. Er legt die Wahrheit dar, und Er ist der beste Richter." (57) Sprich: "Läge das in meiner Macht, was ihr zu beschleunigen wünscht,

wahrlich, die Sache zwischen mir und euch wäre entschieden."
Und Allāh kennt die Ungerechten am besten. (58)

Bei Ihm befinden sich die Schlüssel zum Verborgenen; nur
Er kennt sie. Und Er weiß, was auf dem Lande ist und was im
Meer. Und nicht ein Blatt fällt nieder, ohne dass Er es weiß;
und kein Körnchen ist in der Finsternis der Erde und nichts
Feuchtes und nichts Trockenes, das nicht in einem deutlichen
Buch (verzeichnet) wäre. (59) Und Er ist es, Der eure Seelen in
der Nacht abruft und weiß, was ihr am Tage begeht, an dem
Er euch dann wieder erweckt, auf dass die vorbestimmte Frist
erfüllt werde. Zu Ihm werdet ihr dann (schließlich) heimkehren;
dann wird Er euch verkünden, was ihr getan habt. (60) Und Er
ist es, der alle Macht über seine Diener hat, und Er sendet über
euch Wächter, bis endlich, wenn der Tod an einen von euch
herantritt, Unsere Boten seine Seele dahinnehmen; und sie sind
darin nicht nachlässig. (61) Dann werden sie zu Allāh, ihrem
Herrn, zurückgebracht. Wahrlich, Sein ist das Urteil, und Er ist
der Schnellste im Abrechnen. (62)

Sprich: "Wer errettet euch aus den Fährnissen zu Lande und
Meer, wenn ihr Ihn in Demut anruft und insgeheim (denkt):
»Wenn Er uns hieraus errettet, werden wir wahrlich dankbar
sein.«" (63) Sprich: "Allāh errettet euch daraus und aus aller
Drangsal; dennoch stellt ihr Ihm Götter zur Seite." (64) Sprich:
"Er hat die Macht, euch ein Strafgericht zu senden aus der Höhe
oder (aus der Tiefe) unter euren Füßen, oder euch in verschiedene
Parteien zersplittern und die einen der anderen Gewalttat kosten
zu lassen." Schau, wie mannigfach Wir die Zeichen dartun, auf
dass sie (sie) verstehen mögen. (65) Und deine Leute haben es für
eine Lüge gehalten, obwohl es die Wahrheit ist. Sprich: "Ich bin
nicht euer Wächter." (66) Jede Weissagung hat ihre festgesetzte
Zeit, und bald werdet ihr es erfahren. (67)

Wenn du jene siehst, die über Unsere Zeichen töricht reden,
dann wende dich ab von ihnen, bis sie zu einem anderen
Gespräch übergehen. Und sollte dich Satan (dies) vergessen
lassen, dann sitze nach dem Wiedererinnern nicht mit den
Ungerechten (beisammen). (68) Den Gottesfürchtigen obliegt

nicht die Verantwortung für jene, sondern nur das Ermahnen, auf dass jene gottesfürchtig werden mögen. (69)

Und verlasst jene, die mit ihrem Glauben ein Spiel treiben und ihn als Zerstreuung betrachten, und die vom irdischen Leben betört sind. Und ermahne sie hiermit, auf dass nicht eine Seele durch das ins Verderben stürzt, was sie begangen hat. Keinen Helfer noch Fürsprecher soll sie haben außer Allāh; auch wenn sie jegliches Lösegeld bietet, wird es von ihr nicht angenommen. Das sind diejenigen, die für ihre eigenen Taten dem Verderben preisgegeben werden. Ein Trunk siedenden Wassers wird ihr Anteil sein sowie eine schmerzliche Strafe, weil sie ungläubig waren. (70)

Sprich: "Sollen wir statt Allāh das anrufen, was uns weder nützt noch schadet, und sollen wir auf unseren Fersen umkehren, nachdem Allāh uns den Weg gewiesen hat, gleich einem, den die Satane verwirrt im Land herumgängeln? (Jedoch) er hat Gefährten, die ihn zum rechten Weg rufen: »Komm zu uns!«" Sprich: "Allāhs Führung ist die eigentliche Führung, und uns ist befohlen worden, dass wir uns dem Herrn der Welten ergeben sollen." (71) Und (uns ist befohlen worden): "Verrichtet das Gebet und fürchtet Ihn, und Er ist es, vor Dem ihr versammelt werdet." (72)

Er ist es, Der in Wahrheit die Himmel und die Erde erschuf; und am Tage, da Er spricht: "Sei!" wird es so sein. Sein Wort ist die Wahrheit, und Sein ist das Reich an dem Tage, da in den Ṣūr gestoßen wird. Er kennt das Verborgene und das Offenkundige; und Er ist der Allweise, Der am besten unterrichtet ist. (73)

Und als Abraham zu seinem Vater Āzar sagte: "Nimmst du Götzen zu Göttern? Ich sehe dich und dein Volk in einem offenbaren Irrtum" (74), da zeigten Wir Abraham das Reich der Himmel und der Erde, auf dass er zu den Festen im Glauben zählen möge. (75) Als ihn nun die Nacht überschattete, da erblickte er einen Stern. Er sagte: "Das ist mein Herr." Doch da er unterging, sagte er: "Ich liebe nicht die Untergehenden." (76) Als er den Mond sah, wie er sein Licht ausbreitete, da sagte er: "Das ist mein Herr." Doch da er unterging, sagte er: "Wenn mein Herr mich nicht rechtleitet, werde ich gewiss unter den Verirrten sein."

(77) Als er die Sonne sah, wie sie ihr Licht ausbreitete, da sagte er: "Das ist mein Herr, das ist noch größer." Da sie aber unterging, sagte er: "O mein Volk, ich habe nichts mit dem zu tun, was ihr (Allāh) zur Seite stellt. (78) Seht, ich habe mein Angesicht in Aufrichtigkeit zu Dem gewandt, Der die Himmel und die Erde erschuf, und ich gehöre nicht zu den Götzendienern." (79)

Und sein Volk stritt mit ihm. Da sagte er: "Streitet ihr mit mir über Allāh, da Er mich schon rechtgeleitet hat? Und ich fürchte nicht das, was ihr Ihm zur Seite stellt, sondern nur das, was mein Herr will. Mein Herr umfasst alle Dinge mit Wissen. Wollt ihr euch denn nicht ermahnen lassen? (80) Und wie sollte ich das fürchten, was ihr (Allāh) zur Seite stellt, wenn ihr nicht fürchtet, Allāh etwas zur Seite zu stellen, wozu Er euch keine Vollmacht niedersandte?" Welche der beiden Parteien hat also ein größeres Anrecht auf Sicherheit, wenn ihr es wissen würdet? (81)

Die da glauben und ihren Glauben nicht mit Ungerechtigkeiten vermengen - sie sind es, die Sicherheit haben und die rechtgeleitet werden. (82) Dies ist unsere Beweisführung, die Wir Abraham seinem Volk gegenüber gaben. Wir erheben im Rang, wen Wir wollen. Wahrlich, dein Herr ist Allweise, Allwissend. (83)

Und Wir schenkten ihm Isaak und Jakob; jeden leiteten Wir recht, wie Wir vordem Noah rechtgeleitet hatten und von seinen Nachkommen David, Salomo, Hiob, Yūsuf, Moses und Aaron. So belohnen Wir diejenigen, die Gutes tun. (84) Und (Wir leiteten) Zacharias, Johannes, Jesus und Elias; sie alle gehörten zu den Rechtschaffenen. (85) Und (Wir leiteten) Ismael, Elisa, Jonas und Lot; und jeden (von ihnen) zeichneten Wir unter den Völkern aus (86); ebenso manche von ihren Vätern und ihren Nachkommen und ihren Brüdern: Wir erwählten sie und leiteten sie auf den geraden Weg. (87) Das ist die Rechtleitung Allāhs; damit leitet Er von Seinen Dienern, wen Er will. Hätten sie aber (etwas) anderes angebetet, wahrlich, all ihr Tun wäre für sie fruchtlos geblieben. (88) Diese sind es, denen Wir die Schrift gaben und die Weisheit und das Prophetentum. Wenn diese das aber leugnen, so vertrauen Wir es einem Volk an, das es nicht leugnet. (89) Das sind jene, die Allāh rechtgeleitet hat: so folge ihrer Rechtleitung.

Sprich: "Ich verlange von euch dafür keinen Lohn. Es ist ja nichts anderes als eine Ermahnung für die Welten." (90)

Sie haben Allāh nicht richtig nach Seinem Wert eingeschätzt, wenn sie sagen: "Allāh hat keinem Menschen irgendetwas herabgesandt." Sprich: "Wer sandte das Buch nieder, das Moses als ein Licht und eine Führung für die Menschen brachte - ihr macht es zu Papyrusblättern, die ihr kundtut, während ihr viel verbergt, und wo euch das gelehrt worden ist, was weder ihr noch eure Väter wussten?" Sprich: "Allāh!" Dann lass sie sich weiter vergnügen an ihrem eitlen Geschwätz. (91) Und dies ist ein Buch, das Wir segensreich hinabsandten als Bestätigung dessen, was vor ihm war, auf dass du die Mutter der Städte (Makka) und die rings um sie (Wohnenden) warnen mögest. Diejenigen, die an das Jenseits glauben, glauben daran, und sie halten ihre Gebete regelmäßig ein. (92)

Wer ist ungerechter als derjenige, der eine Lüge gegen Allāh erdichtet oder sagt: "Mir wurde offenbart", während ihm doch nichts offenbart worden war, und der da sagt: "Ich werde dergleichen hinabsenden, was Allāh herabgesandt hat."? Aber könntest du die Frevler nur in des Todes Schlünden sehen, wenn die Engel ihre Hände ausstrecken: "Liefert eure Seelen aus! Heute sei euer Lohn die Strafe der Schande als Vergeltung für das, was ihr an Falschem gegen Allāh gesprochen habt, und weil ihr euch hochmütig von Seinen Zeichen abgewendet habt." (93) Und nun kommt ihr einzeln zu Uns, wie Wir euch zuerst erschufen, und habt, was Wir euch bescherten, hinter euch gelassen, und Wir sehen bei euch nicht eure Fürsprecher, von denen ihr wähntet, sie seien Teilhaber an euren Sachen. Nun seid ihr voneinander abgeschnitten und das, was ihr wähntet, ist euch dahingeschwunden. (94)

Wahrlich, Allāh ist es, Der das Korn und die Kerne keimen lässt. Er bringt das Lebendige aus dem Toten hervor, und Er bringt das Tote aus dem Lebendigen hervor. Das ist Allāh; warum lasst ihr euch dann (von Ihm) abwenden? (95) Er lässt den Tag anbrechen; und Er macht die Nacht zur Ruhe und Sonne und Mond zur Berechnung (von Tag und Nacht). Das ist die Anordnung des Allmächtigen, des Allwissenden. (96) Und Er ist es, Der die Sterne für euch erschaffen hat, auf dass ihr durch sie den Weg in den Finsternissen zu Land und Meer finden mögt. Und so haben Wir bis ins einzelne die Zeichen für die Menschen, die Wissen haben, dargelegt. (97) Er ist es, Der euch aus einem einzigen Wesen hervorbrachte, alsdann für euch eine Bleibe (im Mutterleib) und einen Aufbewahrungsort (im Grab bestimmte). Wir haben die Zeichen für Leute dargelegt, die es begreifen. (98) Und Er ist es, Der aus dem Himmel Wasser niedersendet; damit bringen Wir alle Arten von Pflanzen hervor; mit diesen bringen Wir dann Grünes hervor, woraus Wir Korn in Reihen sprießen lassen; und aus der Dattelpalme, aus ihren Blütendolden, (sprießen) niederhängende Datteltrauben, und Gärten mit Beeren, und Oliven- und Granatapfel-(Bäume) - einander ähnlich und nicht ähnlich. Betrachtet ihre Frucht, wenn sie Früchte tragen, und ihr Reifen. Wahrlich, hierin sind Zeichen für Leute, die glauben. (99)

Und doch haben sie die Ǧinn zu Allāhs Teilhabern gemacht, obwohl Er sie erschaffen hat; und sie dichten Ihm ohne alles Wissen fälschlicherweise Söhne und Töchter an. Gepriesen sei Er und Erhaben über das, was sie (Ihm) zuschreiben. (100) Schöpfer der Himmel und der Erde! Wie sollte Er einen Sohn haben, wo Er keine Gefährtin hat und wo Er alles erschuf und alle Dinge kennt? (101) Er ist Allāh, euer Herr. Es ist kein Gott außer Ihm, dem Schöpfer aller Dinge; so betet Ihn an. Und Er ist der Hüter aller Dinge. (102) Blicke können Ihn nicht erreichen, Er aber erreicht die Blicke. Und Er ist der Allgütige, der Allkundige. (103) "Wahrlich, sichtbare Beweise sind nunmehr von eurem Herrn zu euch gekommen; wenn einer also sieht, so ist es zu seinem eigenen Besten; und wenn einer blind wird, so ist es zu seinem eigenen Schaden. Und ich bin nicht euer Wächter." (104) Und so legen Wir die Zeichen vielgestaltig dar, damit sie sagen: "Du hast geforscht", und damit Wir sie für die Leute, die Wissen haben, klar machen. (105)

Folge dem, was dir von deinem Herrn offenbart wurde - es ist kein Gott außer Ihm - und wende dich von den Götzendienern ab. (106) Und hätte Allāh es gewollt, hätten sie (Ihm) keine Götter zur Seite gesetzt. Wir haben dich weder zu ihrem Hüter gemacht, noch bist du ihr Wächter. (107)

Und schmäht die nicht, welche sie statt Allāh anrufen, sonst würden sie aus Groll ohne Wissen Allāh schmähen. Also lassen Wir jedem Volk sein Tun als wohlgefällig erscheinen. Dann aber werden sie zu ihrem Herrn heimkehren; und Er wird ihnen verkünden, was sie getan haben. (108)

Und sie haben bei Allāh hoch und heilig geschworen, wenn zu ihnen nur ein Zeichen käme, würden sie sicherlich daran glauben. Sprich: "Über die Zeichen verfügt Allāh. Und was gibt euch die Sicherheit, dass sie glauben, wenn sie (die Zeichen) kommen?" (109) Und Wir werden ihre Herzen und ihre Augen verwirren, weil sie ja auch das erste Mal nicht daran glaubten, und Wir lassen sie sodann in ihrer Widerspenstigkeit verblendet irregehen. (110) * Und sendeten Wir auch Engel zu ihnen herab, und sprächen die Toten zu ihnen, und versammelten Wir alle Dinge ihnen gegenüber, sie würden doch nicht glauben, es sei denn, Allāh wollte es. Jedoch die meisten von ihnen sind unwissend. (111)

Und so hatten Wir für jeden Propheten Feinde bestimmt: die Satane (aus den Reihen) der Menschen und der Ǧinn. Sie geben einander zum Trug prunkende Rede ein - und hätte es dein Herr gewollt, hätten sie es nicht getan; so überlass sie sich selbst mit dem, was sie erdichten. (112) Und damit die Herzen derer, die nicht an das Jenseits glauben, sich demselben zuneigen und an diesem Gefallen finden und (fortfahren) mögen zu verdienen, was sie sich nun erwerben. (113)

"Soll ich denn einen anderen Richter suchen als Allāh - und Er ist es, Der euch das Buch klar gemacht und herabgesandt hat?" Und jene, denen Wir das Buch gegeben haben, wissen, dass es von deinem Herrn mit der Wahrheit herabgesandt wurde, deshalb solltest du nicht unter den Bestreitern sein. (114) Und das Wort deines Herrn ist in Wahrheit und Gerechtigkeit vollendet worden. Keiner vermag Seine Worte zu ändern, und Er ist der Allhörende, der Allwissende. (115)

Und wenn du den meisten derer auf der Erde gehorchst, werden sie dich von Allāhs Weg irreführen. Sie folgen nur Vermutungen, und sie raten nur. (116) Wahrlich, dein Herr kennt die am besten, die von Seinem Weg abirren; und Er kennt die Rechtgeleiteten am besten. (117) So esst das, worüber Allāhs Name ausgesprochen wurde, wenn ihr an Seine Zeichen glaubt. (118) Warum solltet ihr denn nicht von dem essen, worüber Allāhs Name gesprochen wurde, wo Er euch bereits erklärt hat, was Er euch verboten hat - das ausgenommen, wozu ihr gezwungen werdet? Und gewiss, viele führen mit ihren Gelüsten durch Mangel an Wissen zum Irrweg. Wahrlich, dein Herr kennt die Übertreter am besten. (119)

Und meidet die offenkundige und die geheime Sünde. Jene, die Sünde erwerben, werden den Lohn für ihren Erwerb empfangen. (120) Und esst nicht von dem, worüber Allāhs Name nicht gesprochen wurde; denn wahrlich, das ist Frevel. Und gewiss werden die Satane ihren Freunden eingeben, mit euch zu streiten. Und wenn ihr ihnen gehorcht, so werdet ihr Götzendiener sein. (121)

Kann wohl einer, der tot war und dem Wir Leben gaben und für den Wir ein Licht machten, um damit unter den Menschen zu wandeln, dem gleich sein, der in Finsternissen ist und nicht daraus hervorzugehen vermag? Und so wurde den Ungläubigen schön gemacht, was sie zu tun pflegten. (122)

Und so haben Wir es in jeder Stadt mit den Großen ihrer Sünder gemacht: damit sie darin Ränke schmieden. Und sie schmieden nur Ränke gegen sich selbst, ohne dass sie es merken. (123) Und wenn ein Zeichen zu ihnen kommt, sagen sie: "Wir werden nicht eher glauben, als bis wir dasselbe erhalten, was die Gesandten Allāhs erhalten haben." Allāh weiß am besten, wem Er Seine Botschaft anvertraut. Wahrlich, Erniedrigung vor Allāh und eine strenge Strafe wird die Sünder für ihre Ränke treffen. (124)

Wen Allāh aber rechtleiten will, dem weitet Er die Brust für den Islam; und wen Er in die Irre gehen lassen will, dem macht Er die Brust eng und bedrückt, wie wenn er in den Himmel emporsteigen würde. So verhängt Allāh die Strafe über jene, die nicht glauben. (125) Und dies ist der Weg deines Herrn, ein gerader (Weg). Wahrlich, Wir haben die Zeichen für die

Leute dargelegt, die sich ermahnen lassen. (126) Ihnen wird ein Haus des Friedens bei ihrem Herrn zuteil sein, und Er ist ihr Beschützer um ihrer Werke willen. (127)

Und an dem Tage, da Er sie allesamt versammeln wird, (spricht Er): "O ihr Ǧinn, ihr habt euch viele Menschen verschafft." Und ihre Freunde unter den Menschen sagen: "Unser Herr, einige von uns haben von anderen Vorteile genossen, nun aber stehen wir am Ende unserer Frist, die Du uns bestimmtest." Er spricht: "Das Feuer sei eure Herberge, darin sollt ihr auf ewig bleiben, es sei denn, dass Allāh es anders will." Wahrlich, dein Herr ist Allweise, Allwissend. (128) Und auf diese Weise lassen Wir die, die Unrecht tun, sich einander zuwenden wegen dessen, was sie zu tun pflegten. (129) "O ihr Ǧinn und Menschen! Sind nicht aus eurer Mitte Gesandte zu euch gekommen, die euch Meine Zeichen berichteten und euch vor dem Eintreffen dieses eures Tages warnten?" Sie sagen: "Wir zeugen gegen uns selbst." Das irdische Leben hat sie betört, und sie werden gegen sich selbst das Zeugnis ablegen, dass sie Ungläubige waren. (130) Dies, weil dein Herr nicht ungerechterweise die Städte zerstören wollte, während ihre Bewohner ungewarnt waren. (131) Jeder hat Rangstellungen für das, was er geleistet hat; und dein Herr übersieht nicht, was sie tun. (132)

Und dein Herr ist Der, Der auf keinen angewiesen ist, und Dem die Barmherzigkeit zu eigen ist. Wenn Er will, wird Er euch hinwegnehmen und an eurer Stelle folgen lassen, wie Ihm beliebt, wie Er euch auch aus der Nachkommenschaft anderer entstehen ließ. (133) Wahrlich, was euch versprochen wird, das wird geschehen, und ihr könnt es nicht vereiteln. (134)

Sprich: "O Leute, handelt eurem Standpunkt gemäß, (auch) ich werde (entsprechend) handeln. Bald werdet ihr erfahren, wer den endgültigen Lohn der Wohnstatt erhalten wird." Siehe, die Ungerechten sind nie erfolgreich. (135)

Und sie haben für Allāh einen Anteil an den Feldfrüchten und dem Vieh, das Er wachsen ließ, ausgesetzt, und sie sagen: "Das ist für Allāh", wie sie meinen, "und das ist für unsere Teilhaber (Götzen)." Aber was für ihre Teilhaber ist, das erreicht Allāh nicht, während das, was für Allāh ist, ihre Teilhaber erreicht. Übel ist das, was sie beurteilen. (136)

Und ebenso haben ihre Teilhaber vielen der Götzenanbeter das Töten ihrer Kinder als wohlgefällig erscheinen lassen, damit sie sie verderben und ihren Glauben verwirren können. Und hätte Allāh Seinen Willen erzwungen, hätten sie das nicht getan; so überlasse sie sich selbst mit dem, was sie erdichten. (137) Und sie sagten: "Dieses Vieh und diese Feldfrüchte sind unantastbar; niemand soll davon essen, außer dem, dem wir es erlauben", wie sie meinten, und es gibt Vieh, dessen Rücken (zum Reiten) verboten ist, und Vieh, über das sie (beim Schlachten) nicht den Namen Allāhs sprechen und so eine Lüge gegen Allāh erfinden. Bald wird Er ihnen vergelten, was sie erdichteten. (138) Und sie sagen: "Was im Schoße von diesem Vieh ist, das ist ausschließlich unseren Männern vorbehalten und unseren Frauen verboten." Wird es aber tot (geboren), dann haben sie (alle) Anteil daran. Er wird ihnen den Lohn für ihre Behauptung geben. Wahrlich, Er ist Allweise, Allwissend. (139) Den Schaden tragen wahrlich jene, die ihre Kinder aus törichter Unwissenheit töten und das für verboten erklären, was Allāh ihnen gegeben hat und so eine Lüge gegen Allāh erfinden. Sie sind wahrlich in die Irre gegangen, und sie sind nicht rechtgeleitet. (140)

Und Er ist es, Der Gärten wachsen lässt, mit Rebspalieren und ohne Rebspaliere, und die Dattelpalme und die Getreidefelder, deren Früchte von verschiedener Art sind, und Oliven- und Granatapfel-(Bäume), einander ähnlich und unähnlich. Esst von ihren Früchten, wenn sie Früchte tragen, doch gebt davon am Tage der Ernte (dem Armen) seinen Anteil, und seid (dabei aber) nicht verschwenderisch! Wahrlich, Er liebt diejenigen nicht, die nicht Maßhalten. (141) Unter dem Vieh sind Lasttiere und Schlachttiere. Esst von dem, was Allāh euch gegeben hat und folgt nicht den Fußstapfen Satans. Wahrlich, er ist euch ein offenkundiger Feind. (142) Acht (in) Paaren: zwei von den Schafen und zwei von den Ziegen. Sprich: "Sind es die beiden Männchen, die Er (euch) verboten hat, oder die beiden Weibchen oder das, was der Mutterschoß der beiden Weibchen umschließt? Verkündet es mir mit Wissen, wenn ihr wahrhaftig seid." (143)

Und von den Kamelen zwei und von den Rindern zwei. Sprich: "Sind es die beiden Männchen, die Er (euch) verboten hat, oder die beiden Weibchen oder das, was der Mutterschoß der beiden Weibchen umschließt? Wart ihr dabei, als Allāh euch dies gebot?" Wer ist also ungerechter als der, welcher eine Lüge gegen Allāh ersinnt, um die Leute ohne Wissen irrezuführen? Wahrlich, Allāh leitet das ungerechte Volk nicht. (144)

Sprich: "Ich finde in dem, was mir offenbart worden ist, nichts, was einem Essenden, der es essen möchte, verboten wäre, es sei denn von selbst Verendetes oder ausgeflossenes Blut oder Schweinefleisch - denn das ist eine Unreinheit oder ein Greuel, worüber ein anderer Name als der Allāhs angerufen worden ist." Wenn aber jemand durch Not (dazu) getrieben wird und dabei keine Ungehorsamkeit oder Übertretung begeht, dann ist dein Herr Allverzeihend, Barmherzig. (145) Und den Juden haben Wir alles Getier untersagt, das Krallen hat; und von den Rindern und vom Kleinvieh haben Wir ihnen das Fett verboten, ausgenommen das, was an ihrem Rücken sitzt oder in den Eingeweiden oder mit den Knochen verwachsen ist. Damit haben Wir ihnen ihre Auflehnung vergolten. Und siehe, Wir sind Wahrhaftig. (146)

Wenn sie dich aber der Lüge bezichtigen, so sprich: "Euer Herr ist von allumfassender Barmherzigkeit, doch Seine Strenge soll nicht vom verbrecherischen Volk abgewendet werden. (147) Die Götzendiener werden sagen: "Hätte Allāh es gewollt, so hätten weder wir noch unsere Väter (Allāh etwas) beigesellt; auch hätten wir nichts ohne Erlaubnis gemacht." Genauso leugneten schon jene, die vor ihnen waren, bis sie Unsere Strenge zu kosten bekamen. Sprich: "Habt ihr irgendein Wissen? Dann bringt es für uns zum Vorschein. Doch ihr geht nur Vermutungen nach; und ihr rätselt nur." (148) Sprich: "Allāh hat den überzeugenden Beweis. Hätte Er es gewollt, so hätte Er euch alle rechtgeleitet." (149) Sprich: "Her mit euren Zeugen, die bezeugen, Allāh habe dies verboten!" Wenn sie (dies) bezeugen, so lege du nicht mit ihnen Zeugnis ab und folge nicht den Neigungen derer, die Unsere Zeichen für Lüge erklärt haben, und (den Neigungen) derer, die nicht an das Jenseits glauben und die andere Wesen ihrem Herrn gleichsetzen. (150)

Sprich: "Kommt her, ich will verlesen, was euer Herr euch verboten hat: Ihr sollt Ihm nichts zur Seite stellen und den Eltern Güte erweisen; und ihr sollt eure Kinder nicht aus Armut töten, Wir sorgen ja für euch und für sie. Ihr sollt euch nicht den Schändlichkeiten nähern, seien sie offenkundig oder verborgen; und ihr sollt niemanden töten, dessen Leben Allāh unverletzlich gemacht hat, außer wenn dies gemäß dem Recht geschieht. Das ist es, was Er euch geboten hat, auf dass ihr es begreifen mögt. (151) Und kommt dem Vermögen der Waise nicht nahe, es sei denn zu ihrem Besten, bis sie ihre Volljährigkeit erreicht hat. Und gebt volles Maß und Gewicht in Billigkeit. Wir fordern von keiner Seele etwas über das hinaus, was sie zu leisten vermag. Und wenn ihr eine Aussage macht, so übt Gerechtigkeit, auch wenn es einen nahen Verwandten (betrifft); und haltet den Bund Allāhs ein. Das ist es, was Er euch gebietet, auf dass ihr ermahnt sein mögt." (152) Und dies ist Mein gerader Weg. So folgt ihm; und folgt nicht den (anderen) Wegen, damit sie euch nicht weitab von Seinem Weg führen. Das ist es, was Er euch gebietet, auf dass ihr gottesfürchtig sein mögt. (153)

Hierauf gaben Wir Moses das Buch - (die Gnade) erfüllend für den, der das Gute tat, und als Klarlegung aller Dinge und als Führung und als Barmherzigkeit - auf dass sie an die Begegnung mit ihrem Herrn glauben mögen. (154)

Und das ist (auch) ein Buch, das Wir niedersandten - voll des Segens. So folgt ihm und hütet euch vor Sünde, auf dass ihr Barmherzigkeit finden mögt (155), damit ihr nicht sprecht: "Nur zu zwei Völkern vor uns wurde die Schrift niedergesandt, und wir hatten in der Tat keine Kunde von ihrem Inhalt" (156), oder damit ihr nicht sprecht: "Wäre das Buch zu uns niedergesandt worden, hätten wir uns wahrlich besser leiten lassen als sie." Nun ist zu euch ein deutlicher Beweis von eurem Herrn gekommen und eine Führung und eine Barmherzigkeit. Wer ist also ungerechter als der, der Allāhs Zeichen leugnet und sich von ihnen abkehrt? Wir werden über die, die sich von Unseren Zeichen abkehren, eine schlimme Strafe verhängen, da sie sich abgewandt haben. (157)

Warten sie etwa darauf, dass Engel zu ihnen kommen oder dass dein Herr kommt oder dass einige Zeichen deines Herrn kommen? Am Tag, an dem einige Zeichen deines Herrn eintreffen, soll der Glaube an sie niemandem nützen, der nicht vorher geglaubt oder in seinem Glauben Gutes gewirkt hat. Sprich: "Wartet nur; auch wir warten." (158)

Mit jenen aber, die zur Spaltung ihrer Religion beitrugen und zu Parteien geworden sind, hast du nichts Gemeinsames. Ihre Angelegenheit wird sicherlich von Allāh beurteilt werden; dann wird Er ihnen verkünden, was sie getan haben. (159) Dem, der eine gute Tat vollbringt, soll (sie) zehnfach vergolten werden; derjenige aber, der eine böse Tat verübt, soll nur das Gleiche als Lohn empfangen; und sie sollen kein Unrecht erleiden. (160) Sprich: "Wahrlich, mich hat mein Herr auf einen geraden Weg rechtgeleitet - zu dem rechten Glauben, dem Glauben Abrahams, des Aufrechten. Und er war keiner der Götzendiener." (161) Sprich: "Mein Gebet und meine Opferung und mein Leben und mein Tod gehören Allāh, dem Herrn der Welten. (162) Er hat niemanden neben Sich. Und so ist es mir geboten worden, und ich bin der erste der Gottergebenen." (163) Sprich: "Sollte ich einen anderen Herrn als Allāh suchen, wo Er doch der Herr aller Dinge ist?" Und keine Seele wirkt, es sei denn gegen sich selbst, und keine lasttragende (Seele) soll die Last einer anderen tragen. Zu eurem Herrn werdet ihr dann heimkehren, und Er wird euch über all das belehren, worüber ihr uneins wart. (164)

Und Er ist es, Der euch zu Nachfolgern auf der Erde machte und die einen von euch über die anderen um Rangstufen erhöhte, um euch durch das zu prüfen, was Er euch gegeben hat. Wahrlich, dein Herr ist schnell im Strafen; und wahrlich, Er ist Allvergebend, Barmherzig. (165)

(7) Sura Al-A'rāf (Die Höhen)

Offenbart zu Makka, 206 Āyāt

Im Namen Allāhs, des Allerbarmers, des Barmherzigen!

Alif Lām Mīm Ṣād. (1) (Dies ist) ein zu dir hinabgesandtes Buch; du sollst seinetwegen nicht bedrückt sein; und du sollst damit warnen; und es soll eine Ermahnung für die Gläubigen (sein). (2)

Folgt dem, was zu euch von eurem Herrn herabgesandt wurde, und folgt keinen anderen Beschützern außer Ihm. Wie wenig seid ihr (dessen) eingedenk! (3)

Und wieviele Städte haben Wir zerstört! Unsere Strafe kam über sie bei Nacht oder während sie (sich) am Mittag ausruhten. (4) Ihr Ausruf war nichts anderes, als Unsere Strafe über sie kam, als dass sie sagten: "Wir waren wahrlich Frevler!" (5) Wahrlich, Wir werden jene fragen, zu denen (die Gesandten) geschickt wurden, und Wir werden die Gesandten fragen. (6) Dann werden Wir ihnen mit Wissen berichten, (was geschehen ist); denn Wir waren (ja) niemals abwesend. (7)

Und das Wägen an jenem Tage wird wahrhaftig sein. Diejenigen, deren Waagschale dann schwer ist, werden erfolgreich sein. (8) Diejenigen, deren Waagschale aber leicht ist, sind jene, die ihrer selbst verlustig gegangen sind, weil sie sich gegen Unsere Zeichen vergingen. (9)

Wahrlich, Wir haben euch auf der Erde Macht verliehen und euch darin die Mittel zum Unterhalt bereitet. Wie wenig seid ihr dankbar! (10) Und Wir haben euch erschaffen, dann gaben Wir euch die Gestalt; dann sprachen Wir zu den Engeln: "Werft euch vor Adam nieder!" - und sie alle warfen sich nieder. Nur *Iblīs* nicht; er gehörte nicht zu denen, die sich niederwarfen. (11) Er sprach: "Was hinderte dich daran, dich niederzuwerfen, nachdem Ich es dir befohlen habe?" Er sagte: "Ich bin besser als er. Du hast mich aus Feuer erschaffen, ihn aber erschufst Du aus Lehm!" (12) Er sprach: "Hinab mit dir von hier; es ziemt sich nicht für dich, hier hochmütig zu sein. Hinaus denn; du bist wahrlich einer der Erniedrigten." (13) Er sagte: "Gewähre mir Aufschub bis zu dem Tage, da sie auferweckt werden." (14) Er sprach: "Dir sei Aufschub gewährt." (15) Er sagte: "Darum, dass Du mich hast abirren lassen, will ich ihnen gewiss auf Deinem geraden Weg auflauern. (16) Dann will ich über sie von vorne und von hinten kommen, von rechts und von links, und Du wirst die Mehrzahl von ihnen nicht dankbar finden." (17) Er sprach: "Hinweg mit dir, (sei) verachtet und verstossen! Wahrlich, wer von ihnen dir folgt - Ich werde mit euch allesamt Ǧahannam füllen." (18) "O Adam, weile du mit deiner Gattin in dem Garten und esst, wovon immer ihr wollt, nur nähert euch nicht diesem Baum, sonst werdet ihr Ungerechte sein." (19)

Doch Satan flüsterte ihnen Böses ein, um ihnen das kundzutun, was ihnen von ihrer Scham verborgen war. Er sagte: "Euer Herr hat euch diesen Baum nur deshalb verboten, damit ihr nicht Engel oder Ewiglebende werdet." (20) Und er schwor ihnen: "Gewiss, ich bin euch ein aufrichtiger Ratgeber." (21) So verführte er sie durch Trug. Und als sie von dem Baum kosteten, wurde ihnen ihre Scham offenbar und sie begannen, sich mit den Blättern des Gartens zu bekleiden; und ihr Herr rief sie: "Habe Ich euch nicht diesen Baum verwehrt und euch gesagt: »Wahrlich, Satan ist euer offenkundiger Feind«?" (22) Sie sagten: "Unser Herr, wir haben gegen uns selbst gesündigt; und wenn Du uns nicht verzeihst und Dich unser erbarmst, dann werden wir gewiss unter den Verlierern sein." (23) Er sprach: "Hinab mit euch; die einen von euch seien der anderen Feinde. Und es sei euch auf der Erde (nur) ein Aufenthaltsort und eine Versorgung auf Zeit bestimmt." (24) Er sprach: "Auf ihr sollt ihr leben, und auf ihr sollt ihr sterben, und aus ihr werdet ihr (wieder) hervorgebracht werden." (25)

O Kinder Adams, Wir gaben euch Kleidung, um eure Scham zu bedecken und zum Schmuck; doch das Kleid der Frömmigkeit - das ist das Beste. Dies ist eins der Zeichen Allāhs, auf dass sie (dessen) eingedenk sein mögen. (26)

O Kinder Adams, lasst Satan euch nicht verführen, (so) wie er eure Eltern aus dem Garten vertrieb und ihnen ihre Kleidung entriss, um ihnen ihre Scham zu zeigen. Wahrlich, er sieht euch, er und seine Schar, von wo ihr sie nicht seht. Denn seht, Wir haben die Satane zu Freunden derer gemacht, die nicht

glauben. (27) Und wenn sie eine Schandtat begehen, sagen sie:
"Wir fanden unsere Väter dabei, und Allāh hat sie uns befohlen."
Sprich: "Wahrlich, Allāh befiehlt keine Schandtaten. Wollt ihr
denn von Allāh reden, was ihr nicht wisst?" (28) Sprich: "Mein
Herr hat Gerechtigkeit befohlen. Und ihr sollt euer Antlitz
bei jeder Gebetsstätte (zu Ihm) richten, und ihr sollt Ihn in
lauterem Gehorsam anrufen. Wie Er euch ins Dasein gebracht
hat, so werdet ihr (zu Ihm) zurückkehren." (29) Eine Schar
hat Er rechtgeleitet, einer anderen aber wurde nach Gebühr
Irrtum zuteil, da sie sich die Satane zu Beschützern außer Allāh
genommen hatten; und (sie) meinen, sie seien rechtgeleitet. (30)

O Kinder Adams, habt eine gepflegte Erscheinung an jeder
Gebetsstätte, und esst und trinkt, doch überschreitet (dabei) das
Maß nicht; wahrlich, Er liebt nicht diejenigen, die nicht Maß
halten. (31)

Sprich: "Wer hat die schönen Dinge Allāhs verboten,
die Er für Seine Diener hervorgebracht hat und die guten
Dinge der Versorgung?" Sprich: "Sie sind für die Gläubigen
in diesem Leben (und) ausschließlich (für sie) am Tage der
Auferstehung." So machen Wir die Zeichen klar für Leute, die
Wissen haben. (32)

Sprich: "Mein Herr hat nur Schändlichkeiten verboten, seien
sie offenkundig oder verborgen, dazu Sünde und ungerechte
Gewalttat. Und (Er hat verboten) dass ihr Allāh das zur Seite
setzt, wozu Er keine Befugnis herabsandte, und (Er hat verboten)
dass ihr (etwas) von Allāh aussagt, was ihr nicht wisst." (33)

Jedem Volk ist eine Frist gesetzt; und wenn ihre Zeit
gekommen ist, dann können sie (sie) auch nicht um eine Stunde
hinausschieben, noch können sie (sie) vorverlegen. (34)

O Kinder Adams, wenn zu euch aus eurer Mitte Gesandte
kommen, die euch Meine Zeichen verkünden - über diejenigen,
die dann gottesfürchtig sind und gute Werke tun, soll keine
Furcht kommen, noch sollen sie traurig sein. (35) Diejenigen aber,
die Unsere Zeichen verleugnen und sich hochmütig von ihnen
abwenden, sollen die Bewohner des Feuers sein; darin werden sie
auf ewig verweilen. (36)

Wer ist wohl frevelhafter als der, der eine Lüge gegen Allāh erdichtet oder Seine Zeichen der Lüge bezichtigt? Diesen soll das bestimmte Los (zuteil) werden, bis Unsere Boten zu ihnen kommen, um ihnen den Tod zu bringen; sie werden sprechen: "Wo ist nun das, was ihr statt Allāh anzurufen pflegtet?" Jene werden antworten: "Wir können sie nicht finden"; und sie werden gegen sich selbst Zeugnis ablegen, dass sie Ungläubige waren. (37)

Er wird sprechen: "Tretet ein in das Feuer zu den Scharen der *Ǧinn* und der Menschen, die vor euch dahingingen." Sooft eine Schar eintritt, wird sie ihre Schwesterschar verfluchen, bis endlich, wenn sie alle nacheinander darin angekommen sind, die letzten zu den ersten sagen werden: "Unser Herr, diese da haben uns irregeführt, so gib ihnen die Pein des Feuers mehrfach." Er wird sprechen: "Jeder hat (sie) mehrfach, allein ihr wisst es nicht." (38) Und die ersten werden zu den letzten sagen: "So hattet ihr denn keinen Vorteil vor uns; kostet also die Strafe für das, was ihr begangen habt." (39)

Wahrlich, denjenigen, die Unsere Zeichen für Lüge erklären und sich mit Hochmut von ihnen abwenden, noch werden sie in das Paradies eingehen, ehe denn ein Kamel durch ein Nadelöhr geht. Und so belohnen Wir die Verbrecher. (40) Sie sollen *Ǧahannam* zum Lager und als Decke über sich haben. Und so belohnen Wir die Ungerechten. (41) Diejenigen aber, die glauben und gute Werke tun - Wir belasten keine Seele über ihr Vermögen hinaus - sie sind die Bewohner des Paradieses; darin sollen sie auf ewig verweilen. (42) Und Wir wollen alles hinwegräumen, was an Groll in ihren Herzen sein mag. Unter ihnen sollen Bäche fließen. Und sie werden sagen: "Alles Lob gebührt Allāh, Der uns zu diesem (Paradies) rechtgeleitet hat! Wir hätten den Weg nicht zu finden vermocht, wenn Allāh uns nicht rechtgeleitet hätte. Die Gesandten unseres Herrn haben in der Tat die Wahrheit gebracht." Und es soll ihnen zugerufen werden: "Das ist das Paradies, das euch zum Erbe gegeben wird für das, was ihr getan habt." (43)

Und die Bewohner des Paradieses rufen den Bewohnern der Hölle zu: "Seht, wir haben als Wahrheit vorgefunden, was unser Herr uns verhieß. Habt ihr auch als Wahrheit vorgefunden, was euer Herr (euch) verhieß?" Jene sagen: "Ja". Dann kündigt ein Ausrufer unter ihnen an: "Der Fluch Allāhs sei über den Missetätern (44), die von Allāhs Weg abhalten und ihn zu krümmen suchen und nicht an das Jenseits glauben!" (45)

Und zwischen den zweien soll eine Scheidewand sein; und in den Höhen sind Leute, die die beiden (Scharen) an ihren Merkmalen erkennen. Sie rufen der Schar des Paradieses zu: "Friede sei auf euch!" Diese sind (noch) nicht (in das Paradies) eingegangen, obwohl sie es erhoffen. (46) Und wenn ihre Blicke sich in Richtung der Bewohner des Feuers wenden, sagen sie: "Unser Herr, mache uns nicht zum Volk der Frevler." (47) Und die (Leute) in den Höhen rufen den Leuten, die sie an ihren Merkmalen erkennen, zu (und) sagen: "Nichts hat euch das gefruchtet, was ihr zusammengebracht habt, und auch euer Hochmut (hat euch nichts gefruchtet). (48) Sind das jene, von denen ihr (einst) geschworen habt, Allāh würde ihnen keine Barmherzigkeit erweisen?" Geht ein in das Paradies; keine Furcht soll über euch kommen, noch sollt ihr traurig sein. (49)

Und die Bewohner des Feuers rufen den Bewohnern des Paradieses zu: "Gießt etwas Wasser über uns aus oder etwas von dem, was Allāh euch gegeben hat." Sie sagen: "Wahrlich, Allāh hat beides den Ungläubigen verwehrt (50), die ihre Religion als Zerstreuung betrachteten und ihr Spiel mit ihr trieben und vom irdischen Leben betört waren." An diesem Tage nun vergessen Wir sie, wie sie die Begegnung an diesem ihrem Tage vergaßen und wie sie Unsere Zeichen zu leugnen pflegten. (51)

Und wahrlich, Wir hatten ihnen ein Buch gebracht, das Wir mit Wissen darlegten als Richtschnur und Barmherzigkeit für die Leute, die gläubig sind. (52) Warten sie auf etwas (anderes) als auf seine Auslegung? An dem Tage, da seine Auslegung Wirklichkeit wird, werden jene sagen, die es vordem vergessen hatten: "Die Gesandten unseres Herrn haben in der Tat die Wahrheit gebracht. Haben wir wohl Fürsprecher, die für uns Fürsprache einlegen? Oder könnten wir zurückgeschickt werden, auf dass wir anderes tun mögen, als wir zu tun pflegten?" Sie haben ihre Seelen zugrunde gerichtet, und das, was sie zu erdichten gewohnt waren, hat sie im Stich gelassen. (53)

Seht, euer Herr ist Allāh, Der die Himmel und die Erde in sechs Tagen erschuf und Sich alsdann (hoheitsvoll) über den Thron erhob: Er lässt die Nacht den Tag verhüllen, der ihr eilends folgt. Und (Er erschuf) die Sonne und den Mond und die Sterne, Seinem Befehl dienstbar. Wahrlich, Sein ist die Schöpfung und der Befehl! Segensreich ist Allāh, der Herr der Welten. (54)

Ruft euren Herrn in Demut und im Verborgenen an. Wahrlich, Er liebt die Übertreter nicht. (55) Und stiftet keinen Verderb auf Erden, nachdem dort Ordnung herrscht, und ruft Ihn in Furcht und Hoffnung an. Wahrlich, Allāhs Barmherzigkeit ist denen nahe, die gute Werke tun. (56)

Er ist es, Der in Seiner Barmherzigkeit die Winde als frohe Botschaft schickt, bis dass Wir sie, wenn sie eine schwere Wolke tragen, zu einem toten Ort treiben; dann lassen Wir Wasser aus ihr herab, mit dem Wir Früchte von jeglicher Art hervorbringen. So bringen Wir auch die Toten hervor, auf dass ihr dessen eingedenk sein mögt. (57) Und der gute Ort - seine Pflanzen sprießen nach der Erlaubnis seines Herrn hervor; der (Ort, der) aber schlecht ist - (seine Pflanzen) sprießen nur kümmerlich. Und so wenden Wir die Zeichen für Leute, die dankbar sind. (58)

Wir entsandten Noah zu seinem Volk, und er sagte: "O mein Volk, dient Allāh; ihr habt keinen anderen Gott außer Ihm. Wahrlich, ich fürchte für euch die Strafe eines großen Tages." (59) Es sagten die Vornehmen seines Volkes: "Wahrlich, wir sehen dich in einem offenkundigen Irrtum." (60) Er sagte: "O meine Leute, es ist kein Irrtum in mir, sondern ich bin ein Gesandter vom Herrn der Welten. (61) Ich überbringe euch die Botschaften meines Herrn und gebe euch aufrichtigen Rat, und ich weiß durch Allāh, was ihr nicht wisst. (62) Wundert ihr euch, dass eine Ermahnung von eurem Herrn durch einen Mann aus eurer Mitte zu euch gekommen ist, auf dass er euch warne, und auf dass ihr (Allāh) fürchten mögt und vielleicht Erbarmen findet?" (63) Doch sie bezichtigten ihn der Lüge; dann erretteten Wir ihn und die, die mit ihm im Schiff waren, und ließen jene ertrinken, die

Unsere Zeichen verwarfen. Sie waren wahrlich eine blinde Schar. (64)

Und zu den ʿĀd (entsandten Wir) ihren Bruder Hūd. Er sagte: "O mein Volk, dient Allāh; ihr habt keinen anderen Gott außer Ihm. Wollt ihr nicht gottesfürchtig sein?" (65) Die ungläubigen Vornehmen seines Volkes sagten: "Wahrlich, wir sehen dich in Torheit, und wahrlich, wir erachten dich für einen Lügner." (66) Er sagte: "O mein Volk, es ist keine Torheit in mir, sondern ich bin ein Gesandter vom Herrn der Welten. (67) Ich überbringe euch die Botschaften meines Herrn, und ich bin euch ein aufrichtiger und getreuer Ratgeber. (68) Wundert ihr euch etwa, dass eine Ermahnung von eurem Herrn durch einen Mann aus eurer Mitte zu euch gekommen ist, auf dass er euch warne? Und gedenkt (der Zeit), da Er euch zu Erben der Leute Noahs einsetzte und euch ein Übermaß an Körperwuchs verlieh. Gedenkt denn der Gnaden Allāhs, auf dass ihr erfolgreich sein mögt." (69) Sie sagten: "Bist du zu uns gekommen, damit wir Allāh allein verehren und das verlassen (sollen), was unsere Väter anbeteten? Bring uns denn her, was du uns (an Drohung) versprichst, wenn du wahrhaftig bist!" (70) Er sagte: "Wahrlich, fällig geworden ist nunmehr für euch Strafe und Zorn von eurem Herrn. Wollt ihr mit mir über die Namen streiten, die ihr nanntet - ihr und eure Väter, wozu Allāh keine Befugnis hinabsandte? Wartet denn, ich bin mit euch unter den Wartenden." (71) Sodann erretteten Wir ihn und diejenigen, die bei ihm waren, durch Unsere Barmherzigkeit; und Wir schnitten den letzten Zweig derer ab, die Unsere Zeichen leugneten und nicht gläubig waren. (72)

Und zu den Ṯamūd (entsandten Wir) ihren Bruder Ṣāliḥ. Er sagte: "O mein Volk, dient Allāh; ihr habt keinen anderen Gott außer Ihm. Wahrlich, nunmehr ist zu euch ein deutlicher Beweis von eurem Herrn gekommen - diese Kamelstute Allāhs als Zeichen für euch. So lasst sie auf Allāhs Erde weiden und tut ihr nichts zuleide; (denn) sonst würde euch eine schmerzliche Strafe treffen. (73) Und gedenkt (der Zeit), da Er euch zu Erben der ʿĀd einsetzte und euch eine Stätte im Land anwies; ihr erbaut Paläste in seinen Ebenen und grabt Wohnungen in die Berge. Seid also der Gnaden Allāhs eingedenk und treibt im Land nicht (euer)

Unwesen, indem ihr Unheil anrichtet. (74) Die Vornehmen seines Volkes, die hochmütig waren, sagten zu denen, die unterdrückt wurden - das waren die Gläubigen unter ihnen: "Seid ihr sicher, dass Ṣāliḥ von seinem Herrn gesandt worden ist?" Sie sagten: "Wahrlich, wir glauben an das, womit er gesandt worden ist." (75) Da sagten die Hochmütigen: "Wahrlich, wir verleugnen das, an das ihr glaubt." (76) Dann schnitten sie der Kamelstute die Sehnen durch und trotzten dem Befehl ihres Herrn und sagten: "O Ṣāliḥ, bring uns das her, was du uns (an Drohung) versprichst, wenn du einer der Gesandten bist." (77) Da erfasste sie das Beben; und am Morgen lagen sie in ihren Wohnungen auf dem Boden hingestreckt. (78) Da wandte er sich von ihnen ab und sagte: "O mein Volk, ich überbrachte euch die Botschaft meines Herrn und bot euch aufrichtigen Rat an; ihr aber liebt die Ratgeber nicht." (79)

Und (Wir entsandten) Lot, da er zu seinem Volk sagte: "Wollt ihr eine Schandtat begehen, wie sie keiner in der Welt vor euch je begangen hat? (80) Ihr gebt euch in (eurer) Sinnenlust wahrhaftig mit Männern statt mit Frauen ab. Nein, ihr seid ein ausschweifendes Volk." (81) Da war die Antwort seines Volkes keine andere als die: "Treibt sie aus eurer Stadt hinaus; denn sie sind Leute, die sich reinsprechen wollen." (82) Sodann erretteten Wir ihn und die Seinen, mit Ausnahme seiner Frau; denn sie gehörte zu denen, die zurückblieben. (83) Und Wir ließen einen gewaltigen Regen auf sie niedergehen. Nun siehe, wie das Ende der Verbrecher war! (84)

Und zu den Madyan (entsandten Wir) ihren Bruder Šuʿaib. Er sagte: "O mein Volk, dient Allāh; ihr habt keinen anderen Gott außer Ihm. Ein deutliches Zeichen ist nunmehr von eurem Herrn zu euch gekommen. Darum gebt volles Maß und Gewicht und schmälert den Menschen ihre Dinge nicht und stiftet nicht nach ihrer Ordnung Unheil auf Erden. Das ist besser für euch, wenn ihr gläubig seid. (85) Und lauert nicht auf jedem Weg, indem ihr jene bedroht und von Allāhs Weg abtrünnig zu machen trachtet, die an Ihn glauben, und indem ihr ihn (den Weg) zu krümmen sucht. Und denkt daran, wie wenige ihr wart und (wie) Er euch mehrte. Und schaut, wie das Ende derer war, die Unheil stifteten! (86) Und wenn unter euch solche sind, die an das glauben, womit ich gesandt worden bin, und andere, die nicht (daran) glauben, so habt Geduld, bis Allāh zwischen uns richtet; denn Er ist der beste Richter." (87) * Da sagten die Vornehmen seines Volkes, die hochmütig waren: "O Šuʿaib, wir wollen dich und mit dir die Gläubigen aus unserer Stadt hinaustreiben, wenn ihr nicht zu unserer Religion zurückkehrt." Er sagte: "Auch wenn wir (dazu) nicht willens sind? (88) Wir würden ja eine Lüge gegen Allāh erdichten, wenn wir zu eurer Religion zurückkehrten, nachdem Allāh uns daraus gerettet hat. Es ziemt sich für uns nicht, dazu zurückzukehren, es sei denn, dass Allāh, unser Herr, es will. Unser Herr umfasst alle Dinge mit Wissen. Auf Allāh vertrauen wir. O unser Herr, entscheide denn Du zwischen uns und unseren Leuten nach der Wahrheit; denn Du bist es, Der am besten entscheidet." (89) Und die Vornehmen seines Volkes, die ungläubig waren, sagten: "Wenn ihr Šuʿaib folgt, seid ihr wahrlich verloren." (90) Dann erfasste sie das Beben; und am Morgen lagen sie in ihren Wohnungen auf dem Boden hingestreckt. (91) Diejenigen, die Šuʿaib der Lüge beschuldigt hatten, wurden (so zugerichtet), als hätten sie nie darin gewohnt. Diejenigen, die Šuʿaib der Lüge beschuldigt hatten, waren selbst die Verlierer. (92) Dann wandte er sich von ihnen ab und sagte: "O mein Volk, wahrlich, ich überbrachte euch die Botschaften meines Herrn und gab euch aufrichtigen Rat. Wie sollte ich mich nun über ungläubige Leute betrüben?" (93)

Nie sandten Wir einen Propheten in eine Stadt, ohne dass Wir ihre Bewohner mit Not und Drangsal heimsuchten, auf dass sie (Mich) demütig anflehen sollten. (94) Darauf tauschten Wir das Übel gegen etwas Gutes ein, bis sie anwuchsen und sagten: "Auch unsere Väter erfuhren Leid und Freude." Dann erfassten Wir sie unversehens, ohne dass sie es merkten. (95) Hätten aber die Bewohner (jener) Städte geglaubt und wären sie gottesfürchtig gewesen, so hätten Wir ihnen ganz gewiss die Segnungen von Himmel und Erde eröffnet. Doch sie leugneten; also erfassten Wir sie um dessentwillen, was sie begangen hatten. (96)

Sind denn die Bewohner der Städte sicher, dass Unsere Strafe nicht zur Nachtzeit über sie kommt, während sie noch schlafen? (97) Oder sind die Bewohner der Städte sicher, dass Unsere Strafe nicht vormittags über sie kommt, während sie beim Spiel sind? (98) Sind sie denn sicher vor dem Plan Allāhs? Aber niemand kann sich vor dem Plan Allāhs sicher fühlen, außer dem Volk der Verlierenden. (99) Leuchtet das jenen nicht ein, die die Erde von ihren (früheren) Bewohnern ererbt haben, dass Wir, wenn Wir wollen, sie für ihre Sünden treffen können und ihre Herzen versiegeln, so dass sie nicht hören können? (100)

Dies sind die Städte, deren Geschichte Wir dir erzählt haben. Wahrlich, ihre Gesandten waren zu ihnen mit deutlichen Beweisen gekommen. Aber sie mochten nicht an das glauben, was sie zuvor geleugnet hatten. So versiegelt Allāh die Herzen der Ungläubigen. (101) Und bei den meisten von ihnen fanden Wir keine Vertragstreue, sondern Wir fanden die meisten von ihnen als Frevler vor. (102)

Hierauf, nach ihnen, entsandten Wir Moses mit Unseren Zeichen zu Pharao und seinen Vornehmen, doch sie frevelten an ihnen. Nun schau, wie das Ende derer war, die Unheil stifteten! (103) Und Moses sagte: "O Pharao, ich bin ein Gesandter vom Herrn der Welten. (104)

Es ziemt sich, dass ich von Allāh nichts anderes als die Wahrheit rede. Ich bin zu euch mit einem deutlichen Beweis von eurem Herrn gekommen; so lass denn die Kinder Israels mit mir ziehen." (105) Er sagte: "Wenn du wirklich mit einem Zeichen gekommen bist, so weise es vor, wenn du zu den Wahrhaftigen gehörst." (106) Da warf er seinen Stock nieder, und da war dieser (auf einmal) eine leibhaftige Schlange. (107) Dann zog er seine Hand heraus und da sah sie (auf einmal) für die Zuschauer weiß aus. (108) Die Vornehmen von Pharaos Volk sagten: "Wahrlich, das ist ein wissensreicher Zauberer. (109) Er will euch aus eurem Land vertreiben. Was veranlasst ihr nun?" (110) Sie sagten: "Warte mit ihm und seinem Bruder noch eine Weile und sende Ausrufer zu einer Versammlung in die Städte aus (111), auf dass sie jeden kundigen Zauberer zu dir bringen sollen." (112)

Und die Zauberer kamen zu Pharao (und) sagten: "Uns wird doch gewiss eine Belohnung zuteil, wenn wir siegen?" (113) Er sagte: "Ja, und ihr sollt zu den Nächsten (von uns) gehören." (114) Sie sagten: "O Moses, entweder wirfst du (den Stock) oder wir werfen (zuerst)." (115) Er sagte: "Ihr sollt werfen!" Und als sie geworfen hatten, bezauberten sie die Augen der Leute und versetzten sie in Furcht und brachten einen gewaltigen Zauber hervor. (116) Und Wir offenbarten Moses: "Wirf deinen Stock!" Und siehe, er verschlang alles, was sie an Trug vorgebracht hatten. (117) So wurde die Wahrheit vollzogen, und ihre Werke erwiesen sich als nichtig. (118) Dort wurden sie damals besiegt, und beschämt kehrten sie um. (119) Und die Zauberer trieb es, in Anbetung niederzufallen. (120) Sie sagten: "Wir glauben an den Herrn der Welten (121), den Herrn von Moses und Aaron." (122) Da sagte Pharao: "Ihr habt an ihn geglaubt, ehe ich es euch erlaubte. Gewiss, das ist eine List, die ihr in der Stadt ersonnen habt, um ihre Bewohner daraus zu vertreiben; doch ihr sollt es bald erfahren. (123) Wahrlich, ich werde wechselweise eure Hände und Füße abhauen. Dann werde ich euch alle kreuzigen." (124) Sie sagten: "Dann kehren wir zu unserem Herrn zurück. (125) Du nimmst nur darum Rache an uns, weil wir an die Zeichen unseres Herrn glaubten, als sie zu uns kamen. Unser Herr, gib uns reichlich Geduld und lass uns als Gottergebene sterben." (126) Die Vornehmen von Pharaos Volk sagten: "Willst du zulassen, dass Moses und sein Volk Unheil im Land stiften und dich und deine Götter verlassen?" Er (Pharao) sagte: "Wir wollen ihre Söhne umbringen und ihre Frauen am Leben lassen; denn wir haben Gewalt über sie." (127) Da sagte Moses zu seinem Volk: "Fleht Allāh um Hilfe an und seid geduldig. Wahrlich, die Erde ist Allāhs; Er vererbt sie unter Seinen Dienern, wem Er will, und der Ausgang (aller Dinge) ist für die Gottesfürchtigen." (128) Sie sagten: "Wir litten, ehe du zu uns kamst und nachdem du zu uns gekommen bist." Er sagte: "Euer Herr möge bald eure Feinde zugrunde gehen lassen und euch die Folgeherrschaft im Land geben; und Er wird sehen, was ihr dann tut." (129)

Und Wir bestraften Pharaos Volk mit Dürre und Mangel an Früchten, auf dass sie sich ermahnen ließen. (130) Doch als dann

Gutes zu ihnen kam, sagten sie: "Das gebührt uns." Und wenn sie ein Übel traf, so schrieben sie das Unheil Moses und den Seinigen zu. Nun liegt doch gewiss ihr Unheil bei Allāh allein, jedoch die meisten von ihnen wissen es nicht. (131) Und sie sagten: "Was du uns auch immer für ein Zeichen bringen magst, um uns damit zu bezaubern, wir werden dir doch nicht glauben." (132) Da sandten Wir die Flut über sie, die Heuschrecken, die Läuse, die Frösche und das Blut - deutliche Zeichen, doch sie betrugen sich hochmütig und wurden ein sündiges Volk. (133) Wann immer aber das Strafgericht über sie kam, sagten sie: "O Moses, bete für uns zu deinem Herrn und berufe dich auf das, was Er dir verhieß! Wenn du die Strafe von uns wegnehmen lässt, so werden wir dir ganz gewiss glauben und die Kinder Israels ganz gewiss mit dir ziehen lassen." (134) Doch als Wir ihnen die Strafe wegnahmen - für eine Frist, die sie vollenden sollten, siehe, da brachen sie ihr Wort. (135) Darauf bestraften Wir sie und ließen sie im Meer ertrinken, weil sie Unsere Zeichen für Lüge erklärten und nicht auf sie achteten. (136) Und Wir gaben dem Volk, das als schwach galt, die östlichen Teile des Landes zum Erbe und dazu die westlichen Teile, die Wir gesegnet hatten. Und das gnadenvolle Wort deines Herrn wurde damit an den Kindern Israels erfüllt, weil sie geduldig waren; und Wir zerstörten alles, was Pharao und sein Volk geschaffen und was sie an hohen Bauten erbaut hatten. (137)

Und Wir brachten die Kinder Israels durch das Meer; und sie kamen zu einem Volk, das seinen Götzen ergeben war. Sie sagten: "O Moses, mache uns (so) einen Gott, wie diese hier Götter haben." Er sagte: "Ihr seid ein unbelehrbares Volk. (138) Diesen geht wahrlich (all) das zugrunde, was sie betreiben, und eitel wird all das sein, was sie tun." (139) Er sagte: "Soll ich für euch einen anderen Gott fordern als Allāh, obwohl Er euch vor allen Völkern ausgezeichnet hat?" (140)

Und (gedenkt der Zeit) da Wir euch vor den Leuten Pharaos erretteten, die euch mit bitterer Pein bedrückten, eure Söhne hinmordeten und eure Frauen am Leben ließen. Und hierin lag für euch eine schwere Prüfung von eurem Herrn. (141) Und Wir verabredeten Uns mit Moses für dreißig Nächte und ergänzten

sie mit zehn. So war die festgesetzte Zeit seines Herrn vollendet
- vierzig Nächte. Und Moses sagte zu seinem Bruder Aaron:
"Vertritt mich bei meinem Volk und führe (es) richtig und folge
nicht dem Weg derer, die Unheil stiften." (142) Und als Moses
zu Unserem Termin gekommen war und sein Herr zu ihm
gesprochen hatte, sagte er: "Mein Herr, zeige (Dich) mir, auf dass
ich Dich schauen mag." Er sprach: "Du wirst Mich nicht sehen,
doch blicke auf den Berg; wenn er unverrückt an seinem Ort
bleibt, dann wirst du Mich sehen." Als nun sein Herr dem Berg
erschien, da ließ Er ihn zu Schutt zerfallen, und Moses stürzte
ohnmächtig nieder. Und als er zu sich kam, sagte er: "Gepriesen
bist Du, ich bekehre mich zu Dir, und ich bin der Erste der
Gläubigen." (143) Er sprach: "O Moses, Ich habe dich vor den
Menschen durch Meine Botschaft und durch Mein Wort zu dir
auserwählt. So nimm denn, was Ich dir gegeben habe, und sei
einer der Dankbaren." (144)

Und Wir schrieben ihm auf den Tafeln allerlei auf zur
Ermahnung und Erklärung von allen Dingen: "So halte sie
fest und befiehl deinem Volk, das Beste davon zu befolgen."
Bald werde Ich euch die Stätte der Frevler sehen lassen. (145)
Abwenden aber will Ich von Meinen Zeichen diejenigen, die sich
im Lande hochmütig gegen alles Recht gebärden; und wenn sie
auch alle Zeichen sehen, so wollen sie nicht daran glauben; und
wenn sie den Weg der Rechtschaffenheit sehen, so wollen sie ihn
nicht als Weg annehmen; sehen sie aber den Weg des Irrtums, so
nehmen sie ihn als Weg an. Dies (ist so), weil sie Unsere Zeichen
für Lügen erklärten und sie nicht achteten. (146) Diejenigen, die
Unsere Zeichen und ihre Begegnung im Jenseits leugnen - deren
Werke sind hinfällig. Können sie für etwas anderes als das, was
sie getan haben, belohnt werden? (147)

Und die Leute Moses' nahmen sich, nachdem er weggegangen
war, aus ihren Schmucksachen ein leibhaftiges Kalb, das muhte.
Sahen sie denn nicht, dass es nicht zu ihnen sprechen und sie
nicht auf den rechten Weg führen konnte? Sie nahmen es sich,
und sie wurden Frevler. (148) Als sie dann von Reue erfasst
wurden und einsahen, dass sie wirklich irregegangen waren,
da sagten sie: "Wenn Sich unser Herr nicht unser erbarmt und

uns verzeiht, so werden wir ganz gewiss unter den Verlierenden sein." (149) Und als Moses zu seinen Leuten zurückkehrte, zornig und voller Gram, da sagte er: "Es ist schlimm, was ihr in meiner Abwesenheit an meiner Stelle verübt habt. Wolltet ihr den Befehl eures Herrn beschleunigen?" Und er warf die Tafeln hin und packte seinen Bruder beim Kopf und zerrte ihn zu sich. Er (Aaron) sagte: "Sohn meiner Mutter, siehe, das Volk hielt mich für schwach, und fast hätten sie mich getötet. Darum lass die Feinde nicht über mich frohlocken und weise mich nicht dem Volk der Ungerechten zu." (150) Er (Moses) sagte: "Mein Herr, vergib mir und meinem Bruder und gewähre uns Zutritt zu Deiner Barmherzigkeit; denn Du bist der Barmherzigste aller Barmherzigen." (151) Wahrlich, diejenigen, die sich nun das Kalb nahmen, wird der Zorn ihres Herrn sowie Schmach im diesseitigen Leben treffen. Und so belohnen Wir diejenigen, die Lügen erdichten. (152) Diejenigen aber, die Böses taten und es dann bereuten und glaubten - wahrlich, dein Herr ist hernach Allverzeihend, Barmherzig. (153)

Und als der Zorn von Moses abließ, nahm er die Tafeln, und in ihrer Niederschrift war Rechtleitung und Barmherzigkeit für jene, die ihren Herrn fürchten. (154)

Und Moses erwählte aus seinem Volk siebzig Männer für Unsere Verabredung. Doch als das Beben sie ereilte, sagte er: "Mein Herr, hättest Du es gewollt, hättest Du sie zuvor vernichten können und mich ebenfalls. Willst Du uns denn vernichten um dessentwillen, was die Toren unter uns getan haben? Dies ist nur eine Prüfung von Dir. Damit führst Du irre, wen Du willst, und weist den Weg, wem Du willst. Du bist unser Beschützer; so vergib uns denn und erbarme Dich unser; denn Du bist der Beste der Vergebenden. (155) Und bestimme für uns Gutes, sowohl im Diesseits als auch im Jenseits; denn zu Dir sind wir reuevoll zurückgekehrt." Er sprach: "Ich treffe mit Meiner Strafe, wen Ich will; doch Meine Barmherzigkeit umfasst alle Dinge; so werde Ich sie bestimmen - für jene, die (Mich) fürchten und die *Zakāh* entrichten und für jene, die an Unsere Zeichen glauben." (156) Dies sind jene, die dem Gesandten, dem Propheten folgen, der des Lesens und Schreibens unkundig ist; dort in der Thora und im Evangelium werden sie über ihn (geschrieben) finden: er gebietet ihnen das Gute und verbietet ihnen das Böse, und er erlaubt ihnen die guten Dinge und verwehrt ihnen die schlechten, und er nimmt ihnen ihre Last hinweg und die Fesseln, die auf ihnen lagen. Diejenigen also, die an ihn glauben und ihn stärken und ihm helfen und dem Licht folgen, das mit ihm herabgesandt wurde, die sollen erfolgreich sein. (157)

Sprich: "O ihr Menschen, ich bin für euch alle ein Gesandter Allāhs, Dessen das Königreich der Himmel und der Erde ist. Es ist kein Gott außer Ihm. Er macht lebendig und lässt sterben. Darum glaubt an Allāh und an Seinen Gesandten, den Propheten, der des Lesens und Schreibens unkundig ist, der an Allāh und an Seine Worte glaubt; und folgt ihm, auf dass ihr rechtgeleitet werden mögt." (158)

Und unter dem Volk Moses' gibt es eine Gemeinde, die in Wahrheit den Weg weist und demgemäß Gerechtigkeit übt. (159) Und Wir teilten sie in zwölf Stämme zu Gemeinschaften auf, und Wir offenbarten Moses, als sein Volk von ihm etwas zu trinken forderte: "Schlage mit deinem Stock an den Felsen." Da entsprangen ihm zwölf Quellen: so kannte jeder Stamm seinen Trinkplatz. Und Wir ließen sie von Wolken überschatten und sandten ihnen Manna und Wachteln herab: "Esst von den guten Dingen, die Wir euch beschert haben." Und nicht Uns taten sie Unrecht, sondern sich selbst haben sie Unrecht zugefügt. (160)

Und (gedenkt der Zeit) als zu ihnen gesagt wurde: "Wohnt in dieser Stadt und nehmt von ihr eure Speise, wo immer ihr wollt, und sprecht: »Vergebung!« und geht durch das Tor ein, indem ihr euch niederwerft! Dann werden Wir euch eure Sünden vergeben; wahrlich, Wir werden jenen, die Gutes tun, noch mehr (an Gnade) erweisen." (161) Da vertauschten die Ungerechten unter ihnen den Ausspruch mit einem anderen als dem, der zu ihnen gesprochen worden war. Darum sandten Wir wegen ihres frevelhaften Tuns ein Strafgericht vom Himmel über sie hernieder. (162)

Und frage sie nach der Stadt, die am Meer lag, und (danach) wie sie den Sabbat entweihten, wie ihre Fische scharenweise an ihrem Sabbattage zu ihnen kamen. Doch an dem Tage, da sie den Sabbat nicht feierten, da kamen sie nicht zu ihnen. So prüften Wir sie, weil sie zu freveln pflegten. (163) Und als eine Gemeinschaft unter ihnen sagte: "Warum ermahnt ihr Leute, die Allāh vernichten oder mit einer strengen Strafe bestrafen will?" - da sagten sie (die Ermahner): "Um uns von der Schuld freizusprechen vor eurem Herrn, und damit sie gottesfürchtig werden mögen." (164) Und als sie das vergaßen, wozu sie ermahnt worden waren, da retteten Wir jene, die das Böse verhindert hatten, und erfassten die Ungerechten mit peinlicher Strafe, weil sie gefrevelt hatten. (165) Und als sie trotzig bei dem verharrten, was ihnen verboten worden war, da sprachen Wir zu ihnen: "Werdet denn verächtliche Affen!" (166)

Und (gedenke der Zeit) da dein Herr verkündete, Er wolle gewiss gegen sie bis zum Tage der Auferstehung solche entsenden, die sie mit grimmiger Pein bedrängen würden. Wahrlich, dein Herr ist schnell im Strafen. Und wahrlich, Er ist Allvergebend, Barmherzig. (167) Und Wir haben sie auf Erden in Gemeinschaften zerteilt. Unter ihnen sind Rechtschaffene, und unter ihnen gibt es welche, die nicht so sind. Und Wir prüften sie durch Gutes und durch Böses, auf dass sie sich bekehren mögen. (168) Es folgten ihnen dann Nachkommen, die die Schrift erbten; sie greifen aber nach den armseligen Gütern dieser niedrigen (Welt) und sagen: "Es wird uns verziehen werden." Doch wenn (abermals) derartige Güter zu ihnen kämen, griffen sie wiederum danach. Wurde denn der Bund der Schrift nicht mit ihnen geschlossen, damit sie von Allāh nichts als die Wahrheit aussagen sollten? Und sie haben gelesen, was darin steht. Und die Wohnstätte im Jenseits ist besser für die Gottesfürchtigen. Wollt ihr es denn nicht begreifen? (169) Und diejenigen, die an der Schrift festhalten und das Gebet verrichten - Wir lassen den Rechtschaffenen den Lohn nicht verlorengehen. (170)

Und da Wir den Berg über ihnen schüttelten, als wäre er ein Schattenspender, und sie dachten, er würde auf sie stürzen, (da sprachen Wir): "Haltet fest, was Wir euch gegeben haben, und denkt daran, was darin steht, auf dass ihr gottesfürchtig werden mögt." (171)

Und als dein Herr aus den Kindern Adams - aus ihren Lenden - ihre Nachkommenschaft hervorbrachte und sie zu Zeugen gegen sich selbst machte (indem Er sprach): "Bin Ich nicht euer Herr?", sagten sie: "Doch, wir bezeugen es." (Dies ist so) damit ihr nicht am Tage der Auferstehung sprecht: "Siehe, wir wussten nichts davon." (172) Oder (damit ihr nicht) sprecht: "Es waren bloß unsere Väter, die vordem Götzendiener waren; wir aber waren ein Geschlecht nach ihnen. Willst Du uns denn vernichten um dessentwillen, was die Verlogenen taten?" (173) Und so machen Wir die Zeichen klar, auf dass sie sich bekehren mögen. (174)

Und erzähle ihnen die Geschichte dessen, dem Wir Unsere Zeichen gaben, der aber an ihnen vorbeiglitt; so folgte Satan ihm nach, und er wurde einer der Irregegangenen. (175)

Und hätten Wir es gewollt, hätten Wir ihn dadurch erhöhen können; doch er neigte der Erde zu und folgte seiner eigenen Neigung. Er gleicht daher einem Hunde: treibst du ihn fort, so hängt er seine Zunge heraus; lässt du aber von ihm ab, so hängt er auch seine Zunge heraus. Gerade so ergeht es Leuten, die Unsere Zeichen leugnen. Darum erzähle (ihnen) die Geschichten, auf dass sie sich besinnen mögen. (176)

Schlimm ist das Beispiel der Leute, die Unsere Zeichen leugnen und gegen sich selbst gesündigt haben. (177) Derjenige, den Allāh rechtleitet, ist auf dem rechten Weg. Diejenigen aber, die Er irreführt, sind wahrlich jene, die verloren haben. (178)

Und Wir haben wahrlich viele Ǧinn und Menschen erschaffen, deren Ende Ǧahannam sein wird! Sie haben Herzen, mit denen sie nicht begreifen, und sie haben Augen, mit denen sie nicht sehen, und sie haben Ohren, mit denen sie nicht hören; sie sind wie das Vieh; nein, sie irren noch eher (vom Weg) ab. Sie sind wahrlich unbedacht. (179)

Und Allāhs sind die Schönsten Namen; so ruft Ihn mit ihnen an. Und haltet euch von denen fern, die hinsichtlich Seiner Namen eine abwegige Haltung einnehmen. Ihnen wird das vergolten werden, was sie getan haben. (180)

Und unter denen, die Wir erschufen, gibt es eine Gemeinschaft, die mit der Wahrheit leitet und demgemäß Gerechtigkeit übt. (181)

Diejenigen aber, die Unsere Zeichen leugnen, werden Wir Schritt für Schritt erniedrigen, ohne dass sie begreifen, wie dies geschah. (182) Und Ich werde ihnen Aufschub gewähren; denn wahrlich, Meine Pläne sind stark angelegt. (183)

Haben sie denn nicht darüber nachgedacht, dass ihr Gefährte nicht besessen ist? Er ist nichts anderes als ein deutlicher Warner. (184) Haben sie denn nicht das Reich der Himmel und der Erde betrachtet und alle Dinge, die Allāh erschaffen hat, und (haben sie nicht bedacht) dass sich ihre Lebensfrist vielleicht schon dem Ende nähert? Woran sonst wollen sie wohl nach dieser Verkündigung glauben? (185) Für den, den Allāh irreführt, kann es keinen geben, der ihn rechtleitet; und Er lässt sie in ihrer Widerspenstigkeit blindlings umherirren. (186)

Sie befragen dich nach der Stunde, wann sie wohl eintreten werde. Sprich: "Das Wissen darum ist bei meinem Herrn. Keiner als Er kann sie (die Stunde) zu ihrer Zeit bekanntgeben. Schwer lastet sie in den Himmeln und auf der Erde. Sie soll über euch nur plötzlich hereinbrechen." Sie befragen dich, als ob du von ihr genaue Kenntnis besäßest. Sprich: "Das Wissen darum ist bei meinem Herrn; doch die meisten Menschen wissen es nicht." (187)

Sprich: "Ich habe nicht die Macht, mir selbst zu nützen oder zu schaden, es sei denn, Allāh will es. Und hätte ich Kenntnis von dem Verborgenen, wahrlich, ich hätte mir die Fülle des Guten zu sichern vermocht, und Übles hätte mich nicht berührt. Ich bin ja nur ein Warner und ein Bringer froher Botschaft für die Leute, die gläubig sind." (188)

Er ist es, Der euch aus einem einzigen Menschen erschuf; und aus ihm machte Er seine Gattin, damit er bei ihr ruhe. Als er ihr dann beigewohnt hatte, war sie mit einer leichten Last schwanger und ging mit ihr umher. Und wenn sie schwer wird, dann beten beide zu Allāh, ihrem Herrn: "Wenn Du uns ein gutes (Kind) gibst, so werden wir wahrlich unter den Dankbaren sein." (189) Doch wenn Er ihnen dann ein gutes (Kind) gibt, so schreiben sie Seine ihnen gewährte Gabe Göttern zu. Aber Allāh ist über alles Erhaben, was sie (Ihm) zur Seite stellen. (190) Wollen sie denn jene Teilhaber (anbeten), die nichts erschaffen können und selbst (nur) Erschaffene sind? (191) Und sie vermögen ihnen keine Hilfe zu gewähren, noch können sie sich selber helfen. (192) Und wenn ihr sie zum rechten Weg ruft, dann folgen sie euch nicht. Es ist ganz gleich für euch, ob ihr sie ruft oder ob ihr schweigt. (193)

Jene, die ihr statt Allāh ruft, sind selbst erschaffene (Wesen) wie ihr. Ruft sie denn an und lasst sie euch Antwort geben, wenn ihr wahrhaftig seid. (194) Haben sie etwa Füße, um zu gehen, oder haben sie Hände, um zu greifen, oder haben sie Augen, um zu sehen, oder haben sie Ohren, um zu hören? Sprich: "Ruft eure Götter an; dann schmiedet Listen gegen mich und lasst mich nicht lange warten. (195) Wahrlich, mein Beschützer ist Allāh, Der das Buch herabgesandt hat. Und Er beschützt die Rechtschaffenen. (196) Die aber, die ihr statt Ihm anruft, vermögen euch nicht zu helfen, noch können sie sich selber helfen." (197) Und wenn ihr sie zum rechten Weg ruft, so hören sie (euch) nicht. Und du siehst sie nach dir schauen, doch sie sehen nicht. (198)

Übe Nachsicht, gebiete das Rechte und wende dich von den Unwissenden ab. (199) Und wenn du zu einer bösen Tat vom Satan aufgestachelt worden bist, dann nimm deine Zuflucht zu Allāh; wahrlich, Er ist Allhörend, Allwissend. (200)

Wahrlich, diejenigen, die dann gottesfürchtig sind, wenn eine Anwandlung Satans sie überkommt, und sich dann ermahnen lassen - siehe, gleich sehen sie (ihren klaren Weg) wieder. (201) Aber ihre (heidnischen) Brüder treiben sie dazu, im Irrtum fortzufahren, und dann lassen sie (darin) nicht nach. (202)

Wenn du ihnen kein Zeichen bringst, sagen sie: "Warum erfindest du es nicht?" Sprich: "Ich folge nur dem, was mir von meinem Herrn offenbart wurde. Dies sind sichtbare Beweise von eurem Herrn und eine Führung und Barmherzigkeit für gläubige Leute." (203)

Und wenn der Qur'ān verlesen wird, so hört zu und schweigt in Aufmerksamkeit, auf dass ihr Erbarmen finden mögt. (204)

Und gedenke deines Herrn in deinem Herzen in Demut und Furcht, und mit Worten - jedoch nicht zu laut - des Morgens und des Abends; und sei nicht einer der Unachtsamen. (205)

Wahrlich, diejenigen, die bei deinem Herrn sind, sind nicht zu hochmütig dazu, Ihm zu dienen; sie lobpreisen Ihn und werfen sich vor Ihm nieder. (206)

(8) Sura Al-Anfāl (Die Beute)

Offenbart zu Al-Madīna, 75 Āyāt

Im Namen Allāhs, des Allerbarmers, des Barmherzigen!

Sie fragen dich nach der Beute. Sprich: "Die Beute gehört Allāh und dem Gesandten. Darum fürchtet Allāh und ordnet die Dinge in Eintracht unter euch und gehorcht Allāh und Seinem Gesandten, wenn ihr Gläubige seid." (1)

Gläubig sind wahrlich diejenigen, deren Herzen erbeben, wenn Allāh genannt wird, und die in ihrem Glauben gestärkt sind, wenn ihnen Seine Verse verlesen werden, und die auf ihren Herrn vertrauen. (2) Das sind jene, die das Gebet verrichten und von dem spenden, was Wir ihnen gegeben haben. (3) Diese sind die wahren Gläubigen. Sie genießen (die hohe) Wertschätzung ihres Herrn sowie Vergebung und eine ehrenvolle Versorgung. (4)

Dies (genauso), wie dein Herr dich in gerechter Weise aus deinem Hause führte, während ein Teil der Gläubigen abgeneigt war. (5) Sie streiten mit dir über die Wahrheit, nachdem sie (ihnen) doch deutlich kund geworden ist, als ob sie in den Tod getrieben würden und (ihn) vor Augen hätten. (6)

Und damals verhieß Allāh euch von einer der beiden Scharen, sie solle euch zufallen, und ihr wünschtet, dass diejenige ohne Kampfkraft für euch bestimmt sei; Allāh aber will, dass die Wahrheit durch Seine Worte vollbracht werde und dass die Wurzel der Ungläubigen ausgerottet werde (7), damit Er die Wahrheit an den Tag bringe und den Trug zunichte mache, mag es den Sündern auch zuwider sein. (8)

Da ihr zu eurem Herrn um Hilfe schriet, und Er euch erhörte und versprach: "Ich will euch mit eintausend Engeln nacheinander beistehen." (9) Allāh sagte dies nur als frohe Botschaft, damit eure Herzen sich beruhigten. Jedoch die Hilfe kommt von Allāh allein; wahrlich, Allāh ist Erhaben, Allweise (10); denn Er ließ den Schlaf als eine Sicherheit von Ihm auf euch niedersinken; und Er sandte Wasser auf euch aus den Wolken nieder, um euch damit zu reinigen und Satans Befleckung von euch hinwegzunehmen, auf dass Er eure Herzen stärkte und (eure) Schritte festigte. (11)

Da gab dein Herr den Engeln ein: "Ich bin mit euch; so festigt denn die Gläubigen. In die Herzen der Ungläubigen werde Ich Schrecken werfen. Trefft (sie) oberhalb des Nackens und schlagt ihnen jeden Finger ab!" (12) Dies (war so), weil sie Allāh und Seinem Gesandten trotzten. Wer aber Allāh und Seinem Gesandten trotzt - wahrlich, Allāh ist streng im Strafen. (13) Dies sollt ihr kosten; und (wisst), dass für die Ungläubigen die Feuerspein bestimmt ist. (14)

O ihr, die ihr glaubt, wenn ihr auf die Ungläubigen stoßt, die im Heerzug vorrücken, so kehrt ihnen nicht den Rücken. (15) Und derjenige, der ihnen an solch einem Tage den Rücken kehrt, es sei denn, er schwenke zur Schlacht oder zum Anschluss an einen Trupp ab, der lädt wahrlich Allāhs Zorn auf sich, und seine Herberge soll *Ğahannam* sein; und schlimm ist das Ende! (16)

Nicht ihr habt sie erschlagen, sondern Allāh erschlug sie. Und nicht du hast geschossen, sondern Allāh gab den Schuss ab; und prüfen wollte Er die Gläubigen mit einer schönen Prüfung von Ihm. Wahrlich, Allāh ist Allhörend, Allwissend. (17) Dies - und (wisst), dass Allāh die List der Ungläubigen kraftlos machen will. (18)

Verlangt ihr eine Entscheidung, dann ist die Entscheidung schon zu euch gekommen. Und wenn ihr absteht, so ist es besser für euch; kehrt ihr jedoch (zur Feindseligkeit) zurück, werden auch Wir (zu ihr) zurückkehren, und eure Menge soll euch nichts nützen, so zahlreich sie auch sein mag; denn (wisst), dass Allāh mit den Gläubigen ist. (19)

O ihr, die ihr glaubt, gehorcht Allāh und Seinem Gesandten, und wendet euch nicht von ihm ab während ihr zuhört. (20) Und seid nicht wie jene, die sagen: "Wir hören", und doch nicht hören. (21) Wahrlich, als die schlimmsten Tiere gelten bei Allāh die tauben und stummen, die keinen

Verstand haben. (22) Und hätte Allāh etwas Gutes in ihnen erkannt, hätte Er sie gewiss hörend gemacht. Und wenn Er sie hörend macht, so werden sie sich in Widerwillen wegwenden. (23)

O ihr, die ihr glaubt, hört auf Allāh und den Gesandten, wenn er euch zu etwas aufruft, das euch Leben verleiht, und wisst, dass Allāh zwischen den Menschen und sein Herz tritt, und dass ihr vor Ihm versammelt werdet. (24) Und hütet euch vor einer Drangsal, die gewiss nicht bloß diejenigen unter euch treffen wird, die Unrecht getan haben. Und wisst, dass Allāh streng im Strafen ist. (25) Und denkt daran, wie wenige ihr wart, im Land als schwach galtet, in Furcht lebtet, die Leute könnten euch hinwegraffen: Er aber beschirmte euch und stärkte euch durch Seine Hilfe und versorgte euch mit guten Dingen, auf dass ihr dankbar sein mögt. (26) O ihr, die ihr glaubt, handelt nicht untreu gegenüber Allāh und dem Gesandten, noch seid wissentlich untreu in eurer Treuhandschaft. (27) Und wisst, dass euer Gut und eure Kinder nur eine Versuchung sind und dass bei Allāh großer Lohn ist. (28)

O ihr, die ihr glaubt, wenn ihr Allāh fürchtet, wird Er euch Entscheidungskraft gewähren und eure Übel von euch nehmen und euch vergeben; und Allāh ist voll großer Huld. (29) Und damals schmiedeten die Ungläubigen gegen dich Pläne, dich gefangen zu nehmen oder dich zu ermorden oder dich zu vertreiben. Sie schmiedeten Pläne, (aber) auch Allāh schmiedete Pläne, und Allāh ist der beste Planschmied. (30) Und wenn ihnen Unsere Verse verlesen werden, sagen sie: "Wir haben es gehört. Wollten wir es, könnten wir gewiss Derartiges äußern; denn das sind ja Fabeln der Früheren." (31)

Und da sagten sie: "O Allāh, wenn dies wirklich die Wahrheit von Dir ist, dann lass Steine vom Himmel auf uns niederregnen oder bringe eine schmerzliche Strafe auf uns herab." (32) Allāh aber wollte sie nicht bestrafen, solange du unter ihnen weiltest, noch wollte Allāh sie bestrafen, während sie um Vergebung baten. (33) Aber, warum sollte Allāh sie nicht bestrafen, wenn sie (die Gläubigen) von (dem Besuch) der heiligen Moschee abhalten, wo sie doch nicht deren Beschützer sind? Ihre Beschützer sind nur die Gottesfürchtigen, jedoch die meisten von ihnen wissen es nicht. (34) Und ihr Gebet vor dem Haus *(Al-Ka'ba)* ist nichts anderes als Pfeifen und Händeklatschen. "Kostet denn die Strafe dafür, dass ihr ungläubig wart." (35)

Die Ungläubigen geben wahrlich ihr Vermögen (dafür) aus, um von Allāhs Weg abzuhalten. Sie werden es ausgeben; dann aber werden sie darüber jammern, und dann werden sie besiegt werden. Und die Ungläubigen werden in *Ǧahannam* versammelt werden (36), auf dass Allāh die Bösen von den Guten scheide, und die Bösen einen zum anderen und sie alle zusammen auf einen Haufen versammele (und) sie dann in *Ǧahannam* werfe. Diese sind wahrlich die Verlierer. (37) Sprich zu denen, die ungläubig sind, dass ihnen das Vergangene verziehen wird, wenn sie (von ihrem Unglauben) absehen; kehren sie aber (zum Unglauben) zurück, dann wahrlich, ist das Beispiel der Früheren schon dagewesen. (38)

Und kämpft gegen sie, damit keine Verführung mehr stattfinden kann und (kämpft) bis sämtliche Verehrung auf Allāh allein gerichtet ist. Stehen sie jedoch (vom Unglauben) ab, dann, wahrlich, sieht Allāh sehr wohl, was sie tun. (39) Und wenn sie (euch) den Rücken kehren, dann wisst, dass Allāh euer Beschützer ist; welch bester Beschützer und welch bester Helfer ist Er! (40)

* Und wisst, was immer ihr erbeuten mögt, ein Fünftel davon gehört Allāh und dem Gesandten und der Verwandtschaft und den Waisen und den Bedürftigen und dem Sohn des Weges, wenn ihr an Allāh glaubt und an das, was Wir zu Unserem Diener niedersandten am Tage der Unterscheidung, dem Tage, an dem die beiden Heere zusammentrafen; und Allāh hat Macht über alle Dinge. (41) (Damals) als ihr auf dieser Seite (des Tales) wart und sie auf jener Seite und die Karawane tiefer war als ihr. Und hättet ihr etwas verabreden wollen, wäret ihr uneins über den Zeitpunkt gewesen. Doch (das Treffen fandstatt), damit Allāh die Sache herbeiführte, die geschehen sollte; und damit diejenigen, die (dabei) umkamen, auf Grund eines klaren Beweises umkämen, und diejenigen, die am Leben blieben, auf Grund eines klaren Beweises am Leben bleiben würden. Wahrlich, Allāh ist Allhörend, Allwissend. (42)

(Damals) als Allāh sie dir in deinem Traum in geringer Anzahl zeigte; und hätte Er sie dir in großer Anzahl gezeigt, wäret ihr sicherlich Versager und über die Sache uneins gewesen; Allāh aber bewahrte (euch davor); wahrlich, Er kennt wohl, was in den Herzen ist. (43) Zur Zeit eures Treffens geschah es, dass Er sie in euren Augen als zahlenmäßig gering erscheinen ließ und euch in ihren Augen als zahlenmäßig gering erscheinen ließ, auf dass Allāh die Sache herbeiführte, die geschehen sollte. Und zu Allāh werden alle Angelegenheiten zurückgebracht. (44)

O ihr, die ihr glaubt, wenn ihr auf eine Schar stoßt, so bleibt fest und denkt eifrig an Allāh, auf dass ihr erfolgreich sein mögt. (45) Und gehorcht Allāh und Seinem Gesandten und hadert nicht miteinander, damit ihr nicht versagt und euch die Kampfkraft nicht verlässt. Seid geduldig; wahrlich, Allāh ist mit den Geduldigen. (46) Und seid nicht wie jene, die prahlerisch und, um von den Leuten gesehen zu werden, aus ihren Wohnstätten auszogen, und die von Allāhs Weg abhalten. Und Allāh umfasst das, was sie tun. (47)

Und da ließ Satan ihnen ihre Werke als wohlgefällig erscheinen und sagte: "Keiner unter den Menschen soll heute etwas gegen euch ausrichten können, und ich bin eure Stütze." Als jedoch die beiden Heerscharen einander ansichtig wurden, da wandte er sich auf seinen Fersen um und sagte: "Ich habe nichts mit euch zu schaffen; ich sehe, was ihr nicht seht. Ich fürchte Allāh; und Allāh ist streng im Strafen." (48) Da sagten die Heuchler und diejenigen, in deren Herzen Krankheit war: "Ihr Glaube hat diese da hochmütig gemacht." Wer aber auf Allāh vertraut - siehe, Allāh ist Erhaben, Allweise. (49)

Könntest du nur sehen, wie die Engel die Seelen der Ungläubigen hinwegnehmen, während sie ihnen Gesicht und Rücken schlagen und (sprechen): "Kostet die Strafe des Verbrennens! (50) Dies (geschieht) um dessentwillen, was eure Hände (euch) vorausgeschickt haben; und (wisst), dass Allāh niemals ungerecht gegen die Diener ist." (51)

(Es wird ihnen) wie den Leuten Pharaos und denen (ergehen), die vor ihnen waren: Sie glaubten nicht an die Zeichen Allāhs; darum bestrafte Allāh sie für ihre Sünden. Wahrlich, Allāh ist Allmächtig und streng im Strafen. (52) Dies (ist so), weil Allāh niemals eine Gnade ändern würde, die Er einem Volk gewährt hat, es sei denn, dass es seine eigene Einstellung änderte, und weil Allāh Allhörend, Allwissend ist. (53) (Es wird ihnen) wie den Leuten Pharaos und denen (ergehen), die vor ihnen waren: Sie hielten die Zeichen ihres Herrn für eine Lüge, darum ließen Wir sie zugrunde gehen um ihrer Sünden willen, und Wir ertränkten die Leute Pharaos; sie alle waren Frevler. (54)

Wahrlich, schlimmer als das Vieh sind bei Allāh jene, die ungläubig sind und nicht glauben werden (55); es sind jene, mit denen du einen Bund geschlossen hast; dann brechen sie jedesmal ihren Bund, und sie fürchten (Allāh) nicht. (56) Darum, wenn du sie im Kriege anpackst, verscheuche mit ihnen diejenigen, die hinter ihnen sind, auf dass sie ermahnt seien. (57)

Und wenn du von einem Volk Verrat fürchtest, so verwirf (den) gegenseitigen (Vertrag). Wahrlich, Allāh liebt nicht die Verräter. (58) Lass die Ungläubigen nicht meinen, sie seien Uns entkommen. Wahrlich, sie können nicht siegen. (59) Und rüstet gegen sie auf, soviel ihr an Streitmacht und Schlachtrossen aufbieten könnt, damit ihr Allāhs Feind und euren Feind - und andere außer ihnen, die ihr nicht kennt - abschreckt; Allāh kennt sie (alle). Und was ihr auch für Allāhs Sache aufwendet, es wird euch voll zurückgezahlt werden, und es soll euch kein Unrecht geschehen. (60) Und wenn sie jedoch zum Frieden geneigt sind, so sei auch du ihm geneigt und vertraue auf Allāh. Wahrlich, Er ist der Allhörende, der Allwissende. (61) Wenn sie dich aber hintergehen wollen, dann lass es dir an Allāh genügen. Er hat dich mit Seiner Hilfe und mit den Gläubigen gestärkt. (62) Und Er hat zwischen ihren Herzen Freundschaft gestiftet. Hättest du auch alles aufgewandt, was auf Erden ist, du hättest doch nicht Freundschaft in ihre Herzen zu legen vermocht, Allāh aber hat Freundschaft in sie gelegt. Wahrlich, Er ist Erhaben, Allweise. (63)

O Prophet, Allāh soll dir vollauf genügen und denen, die dir folgen unter den Gläubigen. (64) O Prophet, feuere die Gläubigen zum Kampf an. Sind auch nur zwanzig unter euch, die Geduld haben, so sollen sie zweihundert überwältigen; und sind einhundert unter euch, so werden sie eintausend von denen überwältigen, die ungläubig sind, weil das ein Volk ist, das nicht begreift. (65) Jetzt aber hat Allāh euch eure Bürde erleichtert; denn Er weiß, dass ihr schwach seid. Wenn also unter euch einhundert sind, die Geduld haben, so sollen sie zweihundert überwältigen; und wenn eintausend unter euch sind, so sollen sie zweitausend mit der Erlaubnis Allāhs überwältigen. Und Allāh ist mit den Geduldigen. (66)

Einem Propheten geziemt es nicht, Gefangene zu (be-) halten, sofern er nicht heftig auf dieser Erde gekämpft hat. Ihr wollt die Güter dieser Welt, Allāh aber will (für euch) das Jenseits. Und Allāh ist Erhaben, Allweise. (67) Wäre nicht schon eine Bestimmung von Allāh dagewesen, so hätte euch gewiss eine schwere Strafe getroffen um dessentwillen, was ihr (euch) genommen hattet. (68) So esst von dem, was ihr erbeutet habt, soweit es erlaubt und gut ist, und fürchtet Allāh. Wahrlich, Allāh ist Allvergebend, Barmherzig. (69)

O Prophet, sprich zu den (Kriegs-) Gefangenen, die in euren Händen sind: "Erkennt Allāh Gutes in euren Herzen, dann wird Er euch (etwas) Besseres geben als das, was euch genommen wurde, und wird euch vergeben. Denn Allāh ist Allvergebend, Barmherzig." (70) Wenn sie aber Verrat an dir üben wollen, so haben sie schon zuvor an Allāh Verrat geübt. Er aber gab (dir) Macht über sie; und Allāh ist Allwissend, Allweise. (71)

Wahrlich, diejenigen, die geglaubt haben und ausgewandert sind und mit ihrem Gut und ihrem Blut für Allāhs Sache gekämpft haben, und jene, die (ihnen) Herberge und Hilfe gaben - diese sind einander Freund. Für den Schutz derjenigen aber, die glaubten, jedoch nicht ausgewandert sind, seid ihr keineswegs verantwortlich, sofern sie (nicht doch noch) auswandern. Suchen sie aber eure Hilfe für den Glauben, dann ist das Helfen eure Pflicht, (es sei denn, sie bitten euch) gegen ein Volk (um Hilfe), zwischen dem und euch ein Bündnis besteht. Und Allāh sieht euer Tun. (72)

Und die Ungläubigen - (auch) sie sind einander Beschützer. Wenn ihr das nicht tut, wird Verwirrung im Lande und gewaltiges Unheil entstehen. (73)

Und diejenigen, die geglaubt haben und ausgewandert sind und für Allāhs Sache gekämpft haben, und jene, die (ihnen) Herberge und Hilfe gaben - diese sind in der Tat wahre Gläubige. Ihnen wird Vergebung und eine ehrenvolle Versorgung zuteil sein. (74) Und diejenigen, welche hernach glauben und auswandern und (für Allāhs Sache) an eurer Seite kämpfen werden - sie gehören zu euch; doch die Blutsverwandten stehen im Buch Allāhs einander am allernächsten. Wahrlich, Allāh weiß wohl alle Dinge. (75)

(9) Sura At-Tauba (Die Reue)

Offenbart zu Al-Madīna, 129 Āyāt

(Dies ist) eine Lossprechung (von jeglicher Verpflichtung) seitens Allāhs und Seines Gesandten; (sie ist) an diejenigen Götzendiener (gerichtet), mit denen ihr ein Bündnis abgeschlossen habt. (1) So zieht denn vier Monate lang im Lande umher und wisst, dass ihr euch Allāhs nicht entziehen könnt und dass Allāh die Ungläubigen demütigen wird. (2)

Und (dies ist) eine Ankündigung von Allāh und Seinem Gesandten an die Menschen am Tage der großen Pilgerfahrt, dass Allāh der Götzendiener ledig ist und ebenso Sein Gesandter. Bereut ihr also, so wird das besser für euch sein; kehrt ihr euch jedoch ab, so wisst, dass ihr euch Allāh nicht entziehen könnt. Und verheiße denen schmerzliche Strafe, die ungläubig sind. (3) Davon sind diejenigen Götzendiener ausgenommen, mit denen ihr einen Vertrag eingegangen seid und die es euch an nichts haben fehlen lassen und die keine anderen gegen euch unterstützt haben. Diesen gegenüber haltet den Vertrag bis zum Ablauf der Frist ein. Wahrlich, Allāh liebt diejenigen, die (Ihn) fürchten. (4)

Und wenn die heiligen Monate abgelaufen sind, dann tötet die Götzendiener, wo immer ihr sie findet, und ergreift sie und belagert sie und lauert ihnen aus jedem Hinterhalt auf. Wenn sie aber bereuen und das Gebet verrichten und die *Zakāh* entrichten, dann gebt ihnen den Weg frei. Wahrlich, Allāh ist Allvergebend, Barmherzig (5); und wenn einer der Götzendiener bei dir Schutz sucht, dann gewähre ihm Schutz, bis er Allāhs Worte vernehmen kann; hierauf lasse ihn den Ort seiner Sicherheit erreichen. Dies (soll so sein), weil sie ein unwissendes Volk sind. (6)

Wie kann es einen Vertrag geben zwischen den Götzendienern und Allāh und Seinem Gesandten. Allein die ausgenommen, mit denen ihr bei der heiligen Moschee ein Bündnis eingingt. Solange diese euch die Treue halten, haltet ihnen die Treue. Wahrlich, Allāh liebt diejenigen, die (Ihn) fürchten. (7) Wie? Würden sie doch, wenn sie euch besiegten, weder Bindungen noch Verpflichtungen euch gegenüber einhalten! Sie würden euch mit dem Munde gefällig sein, indes ihre Herzen würden sich weigern; und die meisten von ihnen sind Frevler. (8) Sie verkaufen Allāhs Zeichen für einen geringen Preis und halten von Seinem Weg ab. Übel ist wahrlich, was sie tun. (9) Sie achten keine Bindung und keine Verpflichtung gegenüber einem Gläubigen; und sie sind die Übertreter. (10)

Bereuen sie aber und verrichten sie das Gebet und entrichten sie die *Zakāh*, so sind sie eure Brüder im Glauben. Und Wir machen die Zeichen klar für die wissenden Leute. (11) Wenn sie aber nach ihrem Vertrag ihre Eide brechen und euren Glauben angreifen, dann kämpft gegen die Anführer des Unglaubens - sie halten ja keine Eide, so dass sie (davon) ablassen. (12)

Wollt ihr nicht gegen Leute kämpfen, die ihre Eide gebrochen haben und die den Gesandten zu vertreiben planten - sie waren es ja, die euch zuerst angegriffen haben? Fürchtet ihr sie etwa? Allāhs Würde geziemt es eher, dass ihr Ihn fürchtet, wenn ihr Gläubige seid. (13) Bekämpft sie; so wird Allāh sie durch eure Hand bestrafen und demütigen und euch gegen sie helfen und den Herzen eines gläubigen Volkes Heilung bringen (14); und Er wird die Wut aus ihren Herzen bannen. Und Allāh kehrt Sich gnädig dem zu, dem Er will. Und Allāh ist Allwissend, Allweise. (15)

Meint ihr etwa, ihr würdet (in Ruhe) gelassen, wo Allāh doch noch nicht jene von euch gezeichnet hat, die (in Seiner Sache) kämpfen und sich keinen zum Vertrauten nehmen außer Allāh und Seinem Gesandten und den Gläubigen? Und Allāh weiß recht wohl, was ihr tut. (16)

Den Götzendienern steht es nicht zu, die Moscheen Allāhs zu erhalten, solange sie gegen sich selbst den Unglauben bezeugen. Sie sind es, deren Werke nichtig sein sollen, und sie müssen auf ewig im Feuer bleiben. (17) Wahrlich, der allein vermag die Moscheen Allāhs zu erhalten, der an Allāh und an den Jüngsten Tag glaubt und das Gebet verrichtet und die *Zakāh* entrichtet und keinen außer Allāh fürchtet: diese also mögen unter denen sein, welche den rechten Weg finden. (18)

Wollt ihr etwa die Tränkung der Pilger und die Erhaltung der heiligen Moschee (den Werken) dessen gleichsetzen, der an Allāh und an den Jüngsten Tag glaubt und auf Allāhs Weg kämpft? Vor Allāh sind sie nicht gleich. Und Allāh weist nicht den ungerechten Leuten den Weg. (19) Diejenigen, die glauben und auswandern und mit ihrem Gut und ihrem Blut für Allāhs Sache kämpfen, nehmen den höchsten Rang bei Allāh ein; und sie sind es, die gewinnen werden. (20) Ihr Herr verheißt ihnen Seine Barmherzigkeit und Sein Wohlgefallen und Gärten, in deren ewiger Wonne sie sein werden. (21) Dort werden sie auf ewig und immerdar verweilen. Wahrlich, bei Allāh ist ein riesiger Lohn. (22)

O ihr, die ihr glaubt, nehmt nicht eure Väter und eure Brüder zu Beschützern, wenn sie den Unglauben dem Glauben vorziehen. Und diejenigen von euch, die sie zu Beschützern nehmen - das sind die Ungerechten. (23) Sprich: "Wenn eure Väter und eure Söhne und eure Brüder und eure Frauen und eure Verwandten und das Vermögen, das ihr euch erworben habt, und der Handel, dessen Niedergang ihr fürchtet, und die Wohnstätten, die ihr liebt, euch lieber sind als Allāh und Sein Gesandter und das Kämpfen für Seine Sache, dann wartet, bis

Allāh mit Seiner Entscheidung kommt; und Allāh weist den Ungehorsamen nicht den Weg." (24)

Wahrlich, Allāh half euch schon an vielen Orten zum Sieg, und am Tage von Ḥunain, als eure große Zahl euch stolz machte - doch sie nutzte euch nichts, und die Erde wurde euch in ihrer Weite eng - da wandtet ihr euch zur Flucht. (25) Dann sandte Allāh Seinen Frieden auf Seinen Gesandten und auf die Gläubigen herab und sandte Heerscharen hernieder, die ihr nicht saht, und strafte jene, die ungläubig waren. Das ist der Lohn der Ungläubigen. (26) Doch hernach kehrt Sich Allāh gnädig dem zu, dem Er will; und Allāh ist Allvergebend, Barmherzig. (27)

O ihr, die ihr glaubt! Wahrlich, die Götzendiener sind unrein. Darum dürfen sie sich nach diesem ihrem Jahr der heiligen Moschee nicht nähern. Und falls ihr Armut befürchtet, so wird euch Allāh gewiss aus Seiner Fülle reich machen, wenn Er will. Wahrlich, Allāh ist Allwissend, Allweise. (28) Kämpft gegen diejenigen, die nicht an Allāh und an den Jüngsten Tag glauben, und die das nicht für verboten erklären, was Allāh und Sein Gesandter für verboten erklärt haben, und die nicht dem wahren Glauben folgen - von denen, die die Schrift erhalten haben, bis sie eigenhändig den Tribut in voller Unterwerfung entrichten. (29)

Und die Juden sagen, Esra sei Allāhs Sohn, und die Christen sagen, der Messias sei Allāhs Sohn. Das ist das Wort aus ihrem Mund. Sie ahmen die Rede derer nach, die vordem ungläubig waren. Allāhs Fluch über sie! Wie sind sie (doch) irregeleitet! (30) Sie haben sich ihre Schriftgelehrten und Mönche zu Herren genommen außer Allāh; und den Messias, den Sohn der Maria. Und doch war ihnen geboten worden, allein den Einzigen Gott anzubeten. Es ist kein Gott außer Ihm. Gepriesen sei Er über das, was sie (Ihm) zur Seite stellen! (31)

Sie wollten Allāhs Licht mit ihrem Munde auslöschen; jedoch Allāh will nichts anderes, als dass Sein Licht vollendet wird; mag es den Ungläubigen auch zuwider sein. (32) Er ist es, Der Seinen Gesandten mit der Führung und der wahren Religion geschickt hat, auf dass Er sie über alle (anderen) Religionen siegen lasse; mag es den Götzendienern auch zuwider sein. (33)

O ihr, die ihr glaubt, wahrlich, viele der Schriftgelehrten und Mönche verzehren das Gut der Menschen zu Unrecht und wenden sie von Allāhs Weg ab. Und jenen, die Gold und Silber horten und es nicht für Allāhs Weg verwenden - ihnen verheiße schmerzliche Strafe. (34) An dem Tage, da es (Gold und Silber) im Feuer der Ǧahannam glühend gemacht wird und ihre Stirnen und ihre Seiten und ihre Rücken damit gebrandmarkt werden, (wird ihnen gesagt): "Dies ist, was ihr für euch selbst gehortet habt; kostet nun, was ihr zu horten pflegtet." (35)

Wahrlich, die Zahl der Monate bei Allāh beträgt zwölf Monate; (so sind sie) im Buch Allāhs (festgelegt worden) seit dem Tage, da Er die Himmel und die Erde erschuf. Von diesen (Monaten) sind vier heilig. Das ist die beständige Religion. Darum versündigt euch nicht in diesen (Monaten). Und bekämpft die Götzendiener allesamt, wie sie euch allesamt bekämpfen; und wisst, dass Allāh mit denjenigen ist, die Ihn fürchten. (36) Das Verschieben (eines heiligen Monats) ist nur eine Steigerung des Unglaubens. Die Ungläubigen werden dadurch irregeführt. Sie erlauben es in einem Jahr und verbieten es in einem anderen Jahr, damit sie eine Übereinstimmung in der Anzahl (der Monate) erreichen, die Allāh heilig gemacht hat, und so erlauben sie das, was Allāh verwehrt hat. Das Böse ihrer Taten wird ihnen schön vor Augen geführt. Doch Allāh weist dem ungläubigen Volk nicht den Weg. (37)

O ihr, die ihr glaubt, was ist mit euch, dass ihr euch schwer zur Erde sinken lasst, wenn euch gesagt wird: "Zieht aus auf Allāhs Weg"; würdet ihr euch denn mit dem diesseitigen Leben statt mit jenem im Jenseits zufrieden geben? Doch der Genuss des irdischen Lebens ist gar gering, verglichen mit dem des Jenseits. (38) Wenn ihr nicht auszieht, wird Er euch mit schmerzlicher Strafe bestrafen und wird an eurer Stelle ein anderes Volk erwählen, und ihr werdet Ihm gewiss keinen Schaden zufügen. Und Allāh hat Macht über alle Dinge. (39)

Wenn ihr ihm nicht helft, so (wisst, dass) Allāh ihm damals half, als die Ungläubigen ihn vertrieben haben, wie sie da beide in der Höhle waren und er zu seinem Begleiter sagte: "Sei nicht traurig; denn Allāh ist mit uns." Da ließ Allāh Seinen Frieden auf ihn herab und stärkte ihn mit Heerscharen, die ihr nicht saht, und erniedrigte das Wort der Ungläubigen; und Allāhs Wort allein ist das höchste. Und Allāh ist Erhaben, Allweise. (40)

Zieht aus, leicht und schwer, und kämpft mit eurem Gut und mit eurem Blut für Allāhs Sache! Das ist besser für euch, wenn ihr es nur wüsstet! (41) Hätte es sich um einen nahen Gewinn und um eine kurze Reise gehandelt, wären sie dir gewiss gefolgt, doch die schwere Reise schien ihnen zu lang. Und doch werden sie bei Allāh schwören: "Hätten wir es vermocht, wären wir sicherlich mit euch ausgezogen." Sie fügen sich selbst Schaden zu; und Allāh weiß, dass sie Lügner sind. (42)

Allāh verzeiht dir! Warum erlaubtest du ihnen (zurückzubleiben), bis die, welche die Wahrheit sagten, dir bekannt wurden und du die Lügner erkanntest? (43) Diejenigen, die an Allāh und an den Jüngsten Tag glauben, bitten dich nicht um Erlaubnis, nicht mit ihrem Gut und ihrem Blut kämpfen zu müssen, und Allāh kennt diejenigen recht wohl, die (Ihn) fürchten. (44) Nur die werden dich um Erlaubnis bitten, (dem Kampf fernzubleiben) die nicht an Allāh und an den Jüngsten Tag glauben und deren Herzen voller Zweifel sind; und in ihrem Zweifel schwanken sie. (45) Wären sie aber zum Ausziehen entschlossen gewesen, hätten sie sich doch gewiss für ihn gerüstet; doch Allāh wollte ihr Ausrücken nicht. So hielt Er sie zurück, und es wurde gesagt: "Sitzt (daheim) bei den Sitzenden." (46) Wären sie mit euch ausgezogen, hätten sie nur eure Sorgen vermehrt und wären in eurer Mitte hin- und hergelaufen und hätten Zwietracht unter euch erregt. Und unter euch sind manche, die auf sie gehört hätten, aber Allāh kennt die Frevler wohl. (47)

Schon vorher trachteten sie nach Verwirrung und schmiedeten Pläne gegen dich, bis die Wahrheit kam und Allāhs Wille durchgesetzt wurde, obgleich es ihnen zuwider war. (48) Und unter ihnen ist so mancher, der sagt: "Erlaube mir (zurückzubleiben), und liefere mich nicht der Versuchung aus." Hört! Ihre Versuchung hat sie ja schon ereilt. Und wahrlich,

Ğahannam wird die Ungläubigen einschließen. (49) Geschieht dir etwas Gutes, so betrübt es sie; doch wenn dich ein Unheil trifft, sagen sie: "Wir hatten uns ja schon vorher abgesichert." Und sie wenden sich voller Freude ab. (50) Sprich: "Nichts kann uns treffen außer dem, was Allāh uns bestimmt hat. Er ist unser Beschützer. Und auf Allāh sollen die Gläubigen vertrauen." (51)

Sprich: "Ihr wartet darauf, dass uns nur eines der beiden guten Dinge ereilt, während wir, was euch betrifft, darauf warten, dass Allāh euch mit einer Strafe treffen wird, die entweder von Ihm Selbst oder durch unsere Hände (über euch kommen wird). Wartet denn ab, und wir werden mit euch abwarten." (52) Sprich: "Spendet willig oder unwillig, es wird doch nicht von euch angenommen. Denn wahrlich, ihr seid frevelhafte Leute." (53) Ihre Spenden werden nur deshalb nicht angenommen, weil sie nicht an Allāh und an Seinen Gesandten glauben und nur träge zum Gebet kommen und ihre Spenden nur widerwillig geben. (54) Wundere dich weder über ihr Gut noch über ihre Kinder. Allāh will sie damit nur im irdischen Leben bestrafen, und ihre Seelen sollen verscheiden, während sie (noch) ungläubig sind. (55)

Und sie schwören bei Allāh, dass sie wahrhaftig zu euch gehören; doch sie gehören nicht zu euch, sondern sie sind ängstliche Leute. (56) Könnten sie nur einen Zufluchtsort finden oder Höhlen oder ein Schlupfloch, würden sie gewiss in wilder Hast dorthin eilen. (57) Unter ihnen sind jene, die dir wegen der Almosen Vorwürfe machen. Erhalten sie welche, so sind sie zufrieden; erhalten sie aber keine, siehe, dann sind sie verdrossen. (58) Wären sie mit dem zufrieden gewesen, was Allāh und Sein Gesandter ihnen gegeben hatten, und hätten sie nur gesagt: "Wir lassen uns an Allāh genügen! Allāh wird uns aus Seiner Fülle geben und ebenso Sein Gesandter. Zu Allāh wollen wir uns als Bittende begeben!" (59)

Wahrlich, die Almosen sind nur für die Armen und Bedürftigen und für die mit der Verwaltung (der Almosen) Beauftragten und für die, deren Herzen gewonnen werden sollen, und für die (Befreiung von) Sklaven und für die Schuldner, und für die Sache Allāhs und für den Sohn des Weges; (dies ist) eine Vorschrift von Allāh. Und Allāh ist Allwissend, Allweise. (60)

Und unter ihnen sind jene, die den Propheten kränken und sagen: "Er hört (auf alles)." Sprich: "Er hört für euch nur auf das Gute: Er glaubt an Allāh und vertraut den Gläubigen und erweist denen unter euch Barmherzigkeit, die gläubig sind." Und denen, die den Gesandten Allāhs kränken, wird eine schmerzliche Strafe zuteil sein. (61) Sie schwören euch bei Allāh, um euch zufriedenzustellen; jedoch Allāhs und Seines Gesandten Würde geziemt es mehr, Ihm zu gefallen, wenn sie gläubig sind. (62) Wissen sie denn nicht, dass für den, der Allāh und Seinem Gesandten zuwiderhandelt, das Feuer der *Ğahannam* bestimmt ist? Darin wird er auf ewig bleiben; das ist die große Demütigung. (63)

Die Heuchler fürchten, es könnte gegen sie eine Sura herabgesandt werden, die ihnen ankündigt, was in ihren Herzen ist. Sprich: "Spottet nur! Allāh wird alles ans Licht bringen, wovor ihr euch fürchtet." (64) Und wenn du sie fragst, so werden sie gewiss sagen: "Wir plauderten nur und scherzten." Sprich: "Galt euer Spott etwa Allāh und Seinen Zeichen und Seinem Gesandten?" (65) Versucht euch nicht zu entschuldigen. Ihr seid ungläubig geworden, nachdem ihr geglaubt habt. Wenn Wir einem Teil von euch vergeben, so bestrafen (Wir) den anderen Teil deshalb, weil sie Sünder waren. (66) Die Heuchler und Heuchlerinnen gehören zueinander. Sie gebieten das Böse und verbieten das Gute; und ihre Hände bleiben geschlossen. Sie haben Allāh vergessen, und so hat Er sie vergessen. Wahrlich, die Heuchler sind wahre Frevler. (67) Allāh hat den Heuchlern und Heuchlerinnen und den Ungläubigen das Feuer der *Ğahannam* versprochen; darin werden sie auf ewig bleiben. Das wird genug für sie sein. Und Allāh hat sie verflucht, und ihnen wird eine dauernde Strafe zuteil sein (68), wie jenen, die vor euch waren. Sie waren mächtiger als ihr an Kraft und reicher an Gut und Kindern. Sie erfreuten sich ihres Loses; auch ihr habt euch eures Loses erfreut, gerade so wie jene vor euch sich ihres Loses erfreuten. Und ihr ergötztet euch an müßiger Rede, wie jene sich an müßiger Rede ergötzten. Ihre Werke sollen ihnen nichts fruchten, weder in dieser Welt noch im Jenseits. Und sie sind die Verlierer. (69) Hat sie nicht die Kunde von denen erreicht, die vor ihnen waren - vom Volk Noahs, von ʿĀd und Ṯamūd und vom Volk Abrahams und von den Bewohnern Madyans und von den (beiden) zusammengestürzten Städten? Ihre Gesandten kamen mit deutlichen Zeichen zu ihnen. Allāh wollte ihnen also kein Unrecht tun, doch sie taten sich selber Unrecht. (70)

Und die gläubigen Männer und die gläubigen Frauen sind einer des anderen Beschützer: Sie gebieten das Gute und verbieten das Böse und verrichten das Gebet und entrichten die *Zakāh* und gehorchen Allāh und Seinem Gesandten. Sie sind es, derer Allāh Sich erbarmen wird. Wahrlich, Allāh ist Erhaben, Allweise. (71) Allāh hat den gläubigen Männern und den gläubigen Frauen verheißen, immerdar in Gärten zu verweilen, die von Bächen durchflossen werden, und (Er hat ihnen) herrliche Wohnstätten in den Gärten von Eden (verheißen). Allāhs Wohlgefallen aber ist noch größer. Das ist der gewaltige Gewinn. (72) O Prophet, kämpfe gegen die Ungläubigen und die Heuchler. Und sei streng mit ihnen. Ihre Herberge ist *Ǧahannam*, und schlimm ist das Ende. (73)

Sie schwören bei Allāh, dass sie nichts gesagt hätten, doch sie führten unzweifelhaft lästerliche Rede, und sie fielen in den Unglauben zurück, nachdem sie den Islam angenommen hatten. Sie begehrten das, was sie nicht erreichen konnten. Und sie nährten nur darum Hass, weil Allāh und Sein Gesandter sie in Seiner Huld reich gemacht hatten. Wenn sie nun bereuen, so wird es besser für sie sein; wenden sie sich jedoch (vom Glauben) ab, so wird Allāh sie in dieser Welt und im Jenseits mit schmerzlicher Strafe bestrafen, und sie haben auf Erden weder Freund noch Helfer. (74)

Und unter ihnen sind so manche, die Allāh versprachen: "Wenn Er uns aus Seiner Fülle gibt, dann wollen wir bestimmt Almosen geben und rechtschaffen sein." (75) Doch als Er ihnen dann aus Seiner Fülle gab, geizten sie damit und wandten sich in Abneigung ab. (76) Zur Vergeltung pflanzte Er Heuchelei in ihre Herzen. (Sie währt) bis zu dem Tage, an dem sie Ihm begegnen werden, weil sie Allāh nicht gehalten haben, was sie Ihm versprochen hatten, und weil sie gelogen hatten. (77) Wussten sie denn nicht, dass Allāh ihre Geheimnisse und ihre vertraulichen Beratungen kennt, und dass Allāh der Kenner des Verborgenen ist? (78)

Diejenigen, die jene Gläubigen schelten, die freiwillig Almosen geben, wie auch jene, die nichts (zu geben) finden als ihre eigene Leistung, und sie deswegen verhöhnen, denen wird Allāh ihren Hohn vergelten, und ihnen wird eine schmerzliche Strafe zuteil sein. (79) Ob du für sie um Verzeihung bittest oder nicht um Verzeihung für sie bittest, oder ob du siebzigmal für sie um Verzeihung bittest, Allāh wird ihnen niemals verzeihen. Deshalb, weil sie nicht an Allāh und Seinen Gesandten glaubten. Und Allāh weist den frevelhaften Leuten nicht den Weg. (80)

Jene, die zurückgelassen worden waren, freuten sich ihres Daheimbleibens hinter dem (Rücken des) Gesandten Allāhs und waren nicht geneigt, mit ihrem Gut und mit ihrem Blut für Allāhs Sache zu kämpfen. Sie sagten: "Zieht doch nicht in der Hitze aus!" Sprich: "Das Feuer der Ğahannam ist von stärkerer Hitze." Wenn sie doch nur begreifen könnten! (81) Sie sollten wenig lachen und viel weinen über das, was sie sich erworben haben. (82) Und wenn Allāh dich zu einer Gruppe von ihnen heimkehren lässt und sie dich um Erlaubnis bitten, auszuziehen, dann sprich: "Nie sollt ihr mit mir ausziehen und nie einen Feind an meiner Seite bekämpfen. Es gefiel euch, das erste Mal daheim sitzen zu bleiben, so sitzt nun (wieder) bei denen, die zurückbleiben." (83) Und bete nie für einen von ihnen, der stirbt, noch stehe an seinem Grab; (denn) sie glaubten nicht an Allāh und an Seinen Gesandten, und sie starben als Frevler. (84) Wundere dich weder über ihr Gut noch über ihre Kinder. Allāh will sie damit nur in dieser Welt bestrafen, und ihre Seelen sollen verscheiden, während sie noch ungläubig sind. (85) Und wenn eine Sura herabgesandt wird (des Inhalts): "Glaubt an Allāh und kämpft an der Seite Seines Gesandten", dann bitten dich die Reichen unter ihnen um Erlaubnis und sagen: "Lass uns bei denen sein, die daheim bleiben." (86) Sie sind damit zufrieden, bei den Zurückbleibenden zu sein, und ihre Herzen sind versiegelt, so dass sie nichts begreifen. (87)

Jedoch der Gesandte und die Gläubigen mit ihm, die mit ihrem Gut und mit ihrem Blut kämpfen, sind es, denen Gutes zuteil werden soll; und sie sind es, die Erfolg haben werden. (88) Allāh hat Gärten für sie bereitet, durch welche Bäche fließen; darin sollen sie auf ewig verweilen. Das ist die große Glückseligkeit. (89) Und es kamen solche Wüstenaraber, die Ausreden gebrauchten, um (vom Kampf) ausgenommen zu werden; und jene blieben (daheim), die falsch gegen Allāh und Seinen Gesandten waren. Wahrlich, getroffen von einer schmerzlichen Strafe werden jene unter ihnen sein, die ungläubig sind. (90)

Kein Tadel trifft die Schwachen und die Kranken und diejenigen, die nichts zum Ausgeben finden, wenn sie nur gegen Allāh und Seinen Gesandten aufrichtig sind. Kein Vorwurf trifft jene, die Gutes tun - und Allāh ist Allverzeihend, Barmherzig. (91) Noch (trifft) jene (ein Tadel), die zu dir kamen, damit du ihnen die Möglichkeit zu reiten verschafftest, und (zu denen) du sagtest: "Ich kann nichts finden, womit ich euch beritten machen könnte." Da kehrten sie um, während ihre Augen vor Tränen überflossen aus Kummer darüber, dass sie nichts fanden, was sie hätten ausgeben können. (92)

* Ein Vorwurf trifft nur jene, die dich um Erlaubnis bitten, obwohl sie reich sind. Sie sind damit zufrieden, bei den Zurückbleibenden zu sein. Allāh hat ein Siegel auf ihre Herzen gelegt, so dass sie kein Wissen haben. (93) Sie werden euch Entschuldigungen vorbringen, wenn ihr zu ihnen zurückkehrt. Sprich: "Bringt keine Entschuldigungen vor; wir glauben euch doch nicht. Allāh hat uns schon über eure Angelegenheit belehrt. Allāh und Sein Gesandter werden auf euer Tun schauen; dann werdet ihr zum Kenner des Verborgenen und des Offenbaren zurückgebracht werden, und Er wird euch alles verkünden, was ihr zu tun pflegtet." (94) Sie werden euch bei Allāh beschwören, wenn ihr zu ihnen zurückkehrt, dass ihr sie sich selbst überlassen sollt. Überlasst sie also sich selbst. Sie sind eine Plage, und ihre Herberge ist *Ğahannam*, als Entgelt für das, was sie sich selbst erwarben. (95) Sie werden euch schwören, dass ihr mit ihnen wohl zufrieden sein könntet. Doch wäret ihr auch mit ihnen zufrieden, Allāh würde doch nicht mit einem Volk von Frevlern zufrieden sein. (96)

Die Wüstenaraber sind am härtesten in Unglauben und Heuchelei und sind eher dazu geneigt, die Schranken nicht anzuerkennen, die Allāh Seinem Gesandten offenbart hat. Und Allāh ist Allwissend, Allweise. (97) Und unter den Wüstenarabern sind so manche, die das, was sie spenden, als eine erzwungene Buße ansehen; und sie warten nur auf euer Missgeschick. Allein sie selbst wird ein unheilvolles Missgeschick treffen. Und Allāh ist Allhörend, Allwissend. (98) Doch unter den Wüstenarabern sind auch solche, die an Allāh und an den Jüngsten Tag glauben und die das, was sie spenden, als ein Mittel betrachten, sich Allāh zu nähern und die Segnungen des Propheten (zu empfangen). Wahrlich, für sie ist es ein Mittel der Annäherung. Allāh wird sie bald in Seine Barmherzigkeit einführen. Wahrlich, Allāh ist Allvergebend, Barmherzig. (99)

Die Allerersten, die ersten der Auswanderer und der Helfer und jene, die ihnen auf die beste Art gefolgt sind - mit ihnen ist Allāh wohl zufrieden und sie sind wohl zufrieden mit Ihm; und Er hat ihnen Gärten bereitet, durch welche Bäche fließen. Darin sollen sie verweilen auf ewig und immerdar. Das ist der gewaltige Gewinn. (100)

Und unter den Wüstenarabern, die in eurer Gegend wohnen, gibt es auch Heuchler, wie im Volk von *Al-Madīna*. Sie sind verstockt in ihrer Heuchelei. Du kennst sie nicht; Wir aber kennen sie. Wir werden sie zweimal bestrafen. Hierauf werden sie einer gewaltigen Strafe zugewiesen werden. (101) Und es gibt andere, die ihre Schuld bekennen. Sie vermischten eine gute Tat mit einer anderen, schlechten. Allāh möge Sich ihnen mit Erbarmen wieder zuwenden. Wahrlich, Allāh ist Allvergebend, Barmherzig. (102) Nimm Almosen von ihrem Vermögen, auf dass du sie dadurch reinigen und läutern mögest. Und bete für sie; denn dein Gebet verschafft ihnen Beruhigung. Und Allāh ist Allhörend, Allwissend. (103) Wissen sie denn nicht, dass es Allāh allein ist, Der von Seinen Dienern Reue annimmt und Almosen entgegennimmt, und dass Allāh der Allvergebende, der Barmherzige ist? (104) Und sprich: "Wirkt! Allāh wird euer

Wirken sehen, und (so auch) Sein Gesandter und die Gläubigen. Und ihr sollt zum Kenner des Verborgenen und des Offenbaren zurückgebracht werden; dann wird Er euch verkünden, was ihr zu tun pflegtet." (105) Und es gibt andere, die auf Allāhs Entscheidung warten müssen. Er mag sie bestrafen, oder Er mag Sich mit Erbarmen zu ihnen wenden; und Allāh ist Allwissend, Allweise. (106)

Und (es gibt) jene, die eine Moschee erbaut haben, um Unheil, Unglauben und Spaltung unter den Gläubigen zu stiften, und um einen Hinterhalt für den (zu schaffen), der zuvor gegen Allāh und Seinen Gesandten Krieg führte. Und sie werden sicherlich schwören: "Wir bezwecken nur Gutes." Doch Allāh ist Zeuge, dass sie bloß Lügner sind. (107) Stehe nie (zum Gebet) darin (in dieser Moschee). Eine Moschee, die vom allerersten Tag an auf Frömmigkeit gegründet wurde, ist wahrlich würdiger, um darin zu stehen. In ihr sind Männer, die sich gerne reinigen; und Allāh liebt diejenigen, die sich reinigen. (108) Ist nun dieser besser, der sein Gebäude aus Furcht vor Allāh und (um Sein) Wohlgefallen gegründet hat, oder jener, der sein Gebäude auf den Rand einer wankenden, unterspülten Sandbank gründete, die mit ihm in das Feuer der Ǧahannam gestürzt ist? Und Allāh weist nicht den frevelhaften Leuten den Weg. (109) Das Gebäude, das sie errichtet haben, wird nicht aufhören, Zweifel in ihren Herzen zu erregen, bis ihre Herzen in Stücke gerissen sind. Und Allāh ist Allwissend, Allweise. (110)

Allāh hat von den Gläubigen ihr Leben und ihr Gut für das Paradies erkauft: Sie kämpfen für Allāhs Sache, sie töten und werden getötet; eine Verheißung - bindend für Ihn - in der Thora und im Evangelium und im Qur'ān. Und wer hält seine Verheißung getreuer als Allāh? So freut euch eures Handels, den ihr mit Ihm abgeschlossen habt; denn dies ist wahrlich die große Glückseligkeit. (111) Denjenigen, die sich in Reue (zu Allāh) wenden, (Ihn) anbeten, (Ihn) lobpreisen, die (in Seiner Sache) umherziehen, die sich beugen und niederwerfen, die das Gute gebieten und das Böse verbieten und die Schranken Allāhs achten - verkünde (diesen) Gläubigen die frohe Botschaft. (112)

Es kommt dem Propheten und den Gläubigen nicht zu, für die Götzendiener um Verzeihung zu flehen, und wären es selbst ihre nächsten Verwandten, nachdem ihnen deutlich geworden ist, dass jene Bewohner der *Al-Ğaḥīm* sind. (113) Dass Abraham um Verzeihung bat für seinen Vater, war nur wegen eines Versprechens, das er ihm gegeben hatte; doch als ihm klar wurde, dass jener ein Feind Allāhs war, sagte er sich von ihm los. Abraham war doch gewiss zärtlichen Herzens und sanftmütig. (114)

Es ist nicht Allāh, Der ein Volk irregehen lässt, nachdem Er ihm den Weg gewiesen und ihm klar gemacht hat, wovor es sich zu hüten habe. Wahrlich, Allāh weiß über alle Dinge Bescheid. (115) Allāh ist es, Dem das Königreich der Himmel und der Erde gehört. Er macht lebendig und lässt sterben. Und ihr habt keinen Beschützer noch Helfer außer Allāh. (116)

Allāh hat Sich wahrlich gnadenvoll dem Propheten zugewandt und den Auswanderern und den Helfern, die ihm in der Stunde der Not gefolgt sind, nachdem die Herzen einiger von ihnen fast gewankt hätten. Er aber wandte Sich ihnen abermals mit Erbarmen zu. Wahrlich, Er ist zu ihnen Gütig, Barmherzig. (117) Und auch den Dreien (wandte Er Sich wieder gnädig zu), die zurückgeblieben waren, bis die Erde ihnen in ihrer Weite zu eng wurde und ihre Seelen ihnen zugeschnürt wurden, und sie wussten, dass es keine Zuflucht vor Allāh gibt, es sei denn (die Zuflucht) zu Ihm. Da kehrte Er Sich ihnen mit Erbarmen zu, auf dass sie sich bekehren würden. Wahrlich, Allāh ist der Gnädige, der Barmherzige. (118)

O ihr, die ihr glaubt, fürchtet Allāh und seid mit den Wahrhaftigen. (119) Es ziemt sich nicht für die Bewohner von *Al-Madīna*, noch für die sie umgebenden Wüstenaraber, hinter dem Gesandten Allāhs zurückzubleiben und ihr Leben dem seinigen vorzuziehen. Dies (ist so), weil weder Durst noch Mühsal noch Hunger sie auf Allāhs Weg erleiden, auch betreten sie keinen Weg, der die Ungläubigen erzürnt, noch fügen sie einem Feind Leid zu, ohne dass ihnen ein verdienstliches Werk angeschrieben würde. Wahrlich, Allāh lässt den Lohn derer, die gutes tun, nicht verloren gehen. (120) Und sie spenden keine Summe, sei sie groß oder klein, und sie durchziehen kein Tal, ohne dass es ihnen angeschrieben würde, auf dass Allāh ihnen den besten Lohn gebe für das, was sie getan haben. (121)

Die Gläubigen dürfen nicht alle auf einmal ausziehen. Warum rückt dann nicht aus jeder Gruppe nur eine Abteilung aus, auf dass sie (die Zurückbleibenden) in Glaubensfragen wohl bewandert würden? Und nach ihrer Rückkehr könnten sie (die Zurückbleibenden) ihre (ausgezogenen) Leute belehren, damit sie sich in achtnähmen. (122) O ihr, die ihr glaubt, kämpft gegen jene, die euch nahe sind unter den Ungläubigen, und lasst sie euch hart vorfinden; und wisst, dass Allāh mit den Gottesfürchtigen ist. (123)

Sooft eine Sura herabgesandt wird, gibt es welche unter ihnen, die sagen: "Wen von euch hat sie im Glauben bestärkt?" Die aber gläubig sind, stärkt sie in ihrem Glauben, und sie freuen sich darüber. (124) Jenen aber, in deren Herzen Krankheit ist, fügt sie zu ihrem Übel noch Übel hinzu, und sie sterben als Ungläubige. (125)

Sehen sie denn nicht, dass sie in jedem Jahr einmal oder zweimal geprüft werden? Dennoch bereuen sie nicht und lassen sich nicht ermahnen. (126) Und sooft eine Sura herabgesandt wird, schauen sie einander an (und sagen): "Sieht euch jemand?" Dann wenden sie sich ab. Allāh hat ihre Herzen abgewendet, weil sie Leute sind, die es nicht begreifen. (127)

Wahrlich, ein Gesandter aus eurer Mitte ist zu euch gekommen; es schmerzt ihn sehr, wenn ihr unter etwas leidet; er setzt sich eifrig für euer Wohl ein; gegen die Gläubigen ist er mitleidig und barmherzig. (128) Doch wenn sie sich abwenden, so sprich: "Allāh allein soll mir genügen. Es ist kein Gott außer Ihm. Auf Ihn vertraue ich, und Er ist der Herr des gewaltigen Throns." (129)

(10) Sura Yūnus (Jonas)

Offenbart zu Makka, 109 Āyāt

Im Namen Allāhs, des Allerbarmers, des Barmherzigen!
Alif Lām Rā. Dies sind die Verse des vollkommenen Buches (1)

Scheint es den Menschen so verwunderlich, dass Wir einem Manne aus ihrer Mitte eingegeben haben: "Warne die Menschen und verkünde die frohe Botschaft denjenigen, die da glauben, dass sie einen wirklichen Rang bei ihrem Herrn innehaben werden."? Die Ungläubigen sagen: "Wahrlich, das ist ein offenkundiger Zauberer." (2)

Wahrlich, euer Herr ist Allāh, Der die Himmel und die Erde in sechs Tagen erschuf und Sich alsdann (hoheitsvoll) über den Thron erhob: Er sorgt für alles. Es gibt keinen Fürsprecher, es sei denn mit Seiner Erlaubnis. Dies ist Allāh, euer Herr, so betet Ihn an. Wollt ihr euch denn nicht ermahnen lassen? (3) Zu Ihm werdet ihr alle heimkehren; (dies ist) die Verheißung Allāhs in Wahrheit. Er bringt die Schöpfung hervor; dann lässt Er sie wiederholen, auf dass Er jene, die glauben und gute Werke tun, nach Billigkeit belohne; denen aber, die ungläubig sind, wird ein Trunk siedenden Wassers zuteil werden und schmerzliche Strafe, weil sie ungläubig waren. (4)

Er ist es, Der die Sonne zur Helligkeit und den Mond zu einem Licht machte und ihm Stationen zuwies, damit ihr die Anzahl der Jahre und die Berechnung (der Zeit) beherrschen könnt. Allāh hat dies nicht anders als in gerechter (und sinnvoller) Übereinstimmung erschaffen. Er legt die Zeichen für die Leute dar, die Wissen besitzen. (5) Wahrlich, in dem Wechsel von Nacht und Tag und in allem, was Allāh in den Himmeln und auf der Erde erschaffen hat, sind Zeichen für gottesfürchtige Leute. (6)

Die aber, die nicht mit der Begegnung mit Uns rechnen und mit dem diesseitigen Leben zufrieden sind und sich darauf verlassen und Unsere Zeichen nicht beachten (7), diese sind es, deren Herberge das Feuer ist, um dessentwillen, was sie sich erworben haben. (8) Jene jedoch, die da glauben und gute Werke tun, wird ihr Herr um ihres Glaubens willen leiten. Bäche werden unter ihnen in den Gärten der Wonne fließen. (9) Ihr Ruf dort wird sein:

"Preis Dir, o Allāh!" Und ihr Gruß dort wird "Frieden!" sein. Und zuletzt werden sie rufen: "Alles Lob gebührt Allāh, dem Herrn der Welten." (10)

Und wenn Allāh den Menschen das Unheil so eilig zukommen ließe, wie sie es mit dem Guten eilig haben, so wäre ihre Lebensfrist schon zu Ende. Und so lassen Wir die, welche nicht mit der Begegnung mit Uns rechnen, in ihrer Widersetzlichkeit verblenden. (11) Und wenn den Menschen ein Schaden trifft, ruft er Uns an, ob er nun auf der Seite liegt oder sitzt oder steht; haben Wir aber den Schaden von ihm fortgenommen, dann geht er seines Weges, als hätte er Uns nie um (die Befreiung) vom Schaden, der ihn getroffen hat, angerufen. Also zeigt sich den Maßlosen das in schönem Licht, was sie begangen haben. (12)

Und Wir vernichteten die Geschlechter vor euch, als sie frevelten; denn zu ihnen kamen ihre Gesandten mit deutlichen Zeichen, sie aber wollten nicht glauben. Also vergelten Wir (dies) der verbrecherischen Schar. (13) Danach machten Wir euch zu ihren Nachfolgern auf der Erde, auf dass Wir schauten, wie ihr handeln würdet. (14)

Und wenn ihnen Unsere deutlichen Verse verlesen werden, sagen jene, die nicht mit der Begegnung mit Uns rechnen: "Bring einen Qur'ān, der anders ist als dieser oder ändere ihn." Sprich: "Es steht mir nicht zu, ihn aus eigenem Antrieb zu ändern. Ich folge nur dem, was mir offenbart wurde. Ich fürchte, falls ich meinem Herrn ungehorsam bin, die Strafe eines gewaltigen Tages." (15) Sprich: "Hätte Allāh es gewollt, so hätte ich ihn euch nicht verlesen, noch hätte Er ihn euch kundgetan. Ich habe doch wahrlich ein Menschenalter unter euch gelebt, bevor (der Qur'ān da war). Wollt ihr denn nicht begreifen?" (16) Wer ist wohl ungerechter als jener, der eine Lüge gegen Allāh erdichtet oder Seine Zeichen für Lügen erklärt? Wahrlich, die Verbrecher haben keinen Erfolg. (17)

Sie verehren statt Allāh das, was ihnen weder schaden noch nützen kann; und sie sagen: "Das sind unsere Fürsprecher bei Allāh." Sprich: "Wollt ihr Allāh von etwas Nachricht geben, was Ihm in den Himmeln oder auf der Erde unbekannt ist?"

Gepriesen sei Er, und Hocherhaben ist Er über das, was sie (Ihm) zur Seite stellen. (18)

Die Menschen waren einst nur eine einzige Gemeinde, dann aber wurden sie uneins; und wäre nicht ein Wort von deinem Herrn vorausgegangen, wäre zwischen ihnen bereits über das, worüber sie uneins waren, entschieden worden. (19)

Und sie sagen: "Warum ist nicht ein Zeichen zu ihm von seinem Herrn herabgesandt worden?" Sprich: "Das Verborgene gehört Allāh allein. Darum wartet ab; seht, ich warte auch mit euch ab." (20) Und wenn Wir die Menschen Barmherzigkeit erleben lassen, nachdem Unheil sie getroffen hat, siehe, dann beginnen sie wieder, gegen Unsere Zeichen Pläne zu schmieden. Sprich: "Allāh schmiedet die Pläne schneller." Unsere Boten schreiben wahrlich alles nieder, was ihr an Plänen schmiedet. (21)

Er ist es, Der euch zu Lande und zur See Wege bereitet, bis dass, wenn ihr an Bord der Schiffe seid und diese mit ihnen (den Passagieren) bei gutem Wind dahinsegeln und sich darüber freuen, ein Sturm sie plötzlich erfasst und die Wogen von allen Seiten über sie zusammenschlagen. Und sie meinen schon, sie seien rings umschlossen - da rufen sie Allāh in lauterem Glauben an: "Wenn Du uns aus diesem (Sturm) errettest, so werden wir sicherlich unter den Dankbaren sein." (22) Doch wenn Er sie dann errettet hat, siehe, schon beginnen sie wieder, ohne Berechtigung auf Erden Gewalt zu verüben. O ihr Menschen, eure Gewalttat richtet sich nur gegen euch selbst. (Genießt) die Gaben des diesseitigen Lebens. Zu Uns sollt ihr dann heimkehren; dann werden Wir euch verkünden, was ihr getan habt. (23)

Das Gleichnis des irdischen Lebens ist nur wie das Wasser, das Wir aus den Wolken herabsenden; damit vermischen sich dann die Gewächse der Erde, wovon Mensch und Vieh sich nähren, bis zu ihr - wenn die Erde ihren Prunk angelegt und sich schön geschmückt hat und ihre Bewohner glauben, sie hätten Macht über sie - Unser Befehl in der Nacht oder am Tage kommt und Wir sie zu einem niedergemähten Acker machen, als wäre sie nicht am Tage zuvor gediehen. Also machen Wir die Zeichen für die Leute klar, die nachdenken. (24)

Und Allāh lädt ein zum Haus des Friedens und leitet, wen Er will, zum geraden Weg. (25) Denen, die Gutes tun, soll das Beste zuteil sein und noch mehr. Weder Betrübnis noch Schmach soll ihre Gesichter bedecken. Sie sind die Bewohner des Paradieses; darin werden sie auf ewig verweilen. (26) Für diejenigen aber, die böse Taten begangen haben, ist eine Strafe in gleichem Ausmaße (wie dem der bösen Taten) bereitet. Schmach wird sie bedecken; keinen Schutz werden sie vor Allāh haben, (und es soll so sein) als ob ihre Gesichter mit Fetzen einer finsteren Nacht bedeckt wären. Sie sind die Bewohner des Feuers; darin werden sie auf ewig bleiben. (27) Und (gedenke) des Tages, da Wir sie versammeln werden allzumal; dann werden Wir zu denen, die Götzen anbeteten, sprechen: "An euren Platz, ihr und eure Teilhaber!" Dann scheiden Wir sie voneinander, und ihre Teilhaber werden sagen: "Nicht uns habt ihr angebetet. (28) Allāh genügt als Zeuge gegen uns und euch. Wir haben wahrhaftig nichts von eurer Anbetung gewusst." (29) Dort erfährt jede Seele, was sie (an Taten) vorausgeschickt hat. Und sie werden zu Allāh, ihrem wahren Herrn, zurückgebracht, und das, was sie zu erdichten pflegten, wird ihnen entschwunden sein. (30)

Sprich: "Wer versorgt euch vom Himmel her und aus der Erde? Oder wer ist es, der Gewalt über die Ohren und die Augen hat? Und wer bringt das Lebendige aus dem Toten hervor und das Tote aus dem Lebendigen? Und wer sorgt für alle Dinge?" Sie werden sagen: "Allāh". So sprich: "Wollt ihr Ihn denn nicht fürchten?" (31) Das ist Allāh, euer wahrer Herr. Was sollte also nach der Wahrheit (übrig) bleiben als der Irrtum? Wie lasst ihr euch abwenden? (32) Und so hat sich das Wort deines Herrn gegen die Empörer bewahrheitet, (nämlich) dass sie nicht glauben. (33)

Sprich: "Ist unter euren Teilhabern etwa einer, der eine Schöpfung hervorbringt und sie dann wiederholen lässt?" Sprich: "Allāh ist es, Der die Schöpfung hervorbringt und sie wiederholen lässt. Wohin also lasst ihr euch abwenden?" (34) Sprich: "Ist unter euren Teilhabern etwa einer, der zur Wahrheit leitet?" Sprich: "Allāh ist es, Der zur Wahrheit leitet. Ist nun Der, Der zur Wahrheit leitet, nicht der Gefolgschaft würdiger als der, der den Weg nicht zu finden vermag, es sei denn, er wird selbst rechtgeleitet? Was fehlt euch also? Wie urteilt ihr nur?" (35) Und die meisten von ihnen folgen bloß einer Vermutung; doch eine Vermutung nützt nichts gegenüber der Wahrheit. Siehe, Allāh weiß recht wohl, was sie tun. (36)

Und dieser Qur'ān hätte nicht ersonnen werden können, außer durch Allāh. Vielmehr ist er eine Bestätigung dessen, was ihm vorausging, und eine ausführliche Erklärung der Schrift - darüber herrscht kein Zweifel - vom Herrn der Welten. (37) Oder wollen sie etwa sagen: "Er hat ihn erdichtet"? Sprich: "Bringt denn eine Sura gleicher Art hervor und ruft, wen ihr nur könnt, außer Allāh, wenn ihr wahrhaftig seid." (38) Nein; aber sie haben das geleugnet, was sie an Wissen nicht umfassen konnten, und ebenso wenig zugänglich war ihnen seine Deutung. Ebenso leugneten auch jene, die vor ihnen waren. Doch siehe, wie das Ende der Ungerechten war! (39) Unter ihnen sind solche, die daran glauben, und andere, die nicht daran glauben, und dein Herr kennt jene wohl, die Verderben stiften. (40) Und wenn sie dich der Lüge bezichtigen, so sprich: "Für mich ist mein Werk und für euch ist euer Werk. Ihr seid nicht verantwortlich für das, was ich tue, und ich bin nicht verantwortlich für das, was ihr tut." (41) Und unter ihnen sind solche, die dir zuhören. Aber kannst du die Tauben hörend machen, obwohl sie nicht begreifen? (42) Und unter ihnen sind solche, die auf dich schauen. Aber kannst du den Blinden den Weg weisen, obwohl sie nicht sehen? (43)

Wahrlich, Allāh fügt den Menschen kein Unrecht zu; die Menschen aber begehen Unrecht gegen sich selbst. (44) Und an dem Tage, an dem Er sie (vor Sich) versammelt, (kommt es ihnen so vor) als hätten sie nur eine Stunde an einem Tage (auf Erden) verweilt. Sie werden einander erkennen. Verloren wahrlich haben jene, die die Begegnung mit Allāh leugneten und nicht rechtgeleitet waren. (45) Und ob Wir dir einige Dinge zeigen, die Wir ihnen angedroht haben, oder (ob Wir) dich sterben lassen: zu Uns werden sie dann heimkehren; hernach ist Allāh Zeuge all dessen, was sie tun. (46) Und für jede Nation ist ein Gesandter (bestimmt). Wenn also ihr Gesandter kommt, so wird zwischen ihnen in Gerechtigkeit entschieden, und ihnen wird (dabei) kein Unrecht getan. (47)

Und sie sagen: "Wann wird dieses Versprechen (verwirklicht werden), wenn ihr wahrhaftig seid?" (48) Sprich: "Ich vermag mir selbst weder zu schaden noch zu nutzen, es sei denn, Allāh will es. Jeder Gemeinschaft ist eine Frist bestimmt; und wenn ihre Frist um ist, so können sie nicht (hinter ihr) eine Stunde zurückbleiben, noch können sie ihr vorausgehen." (49) Sprich: "Was meint ihr? Wenn Seine Strafe über euch kommt, bei Nacht oder bei Tage, wie werden die Verbrecher sich ihr entziehen? (50) Wollt ihr erst dann an sie glauben, wenn sie eintrifft? Wie? Jetzt? Und doch wolltet ihr sie beschleunigen!" (51) Dann wird zu den Ungerechten gesagt werden: "Kostet nun die Strafe der Ewigkeit. Erhaltet ihr denn etwas anderes als das, wofür ihr vorgesorgt habt?" (52)

Und sie fragen dich: "Ist das die Wahrheit?" Sprich: "Ja, bei meinem Herrn! Es ist ganz gewiss die Wahrheit; und ihr könnt es nicht verhindern." (53)

Und wenn eine jede Seele, die Unrecht begangen hat, alles besäße, was auf Erden ist, würde sie versuchen, sich damit (von der Strafe) loszukaufen. Und sie werden Reue empfinden, wenn sie sehen, wie die Strafe (über sie) kommt. Und es wird zwischen ihnen in Gerechtigkeit entschieden werden, und sie sollen kein Unrecht erleiden. (54) Wisst, Allāhs ist, was in den Himmeln und was auf Erden ist. Wisst, Allāhs Verheißung ist wahr! Doch die meisten von ihnen wissen es nicht. (55) Er macht lebendig und lässt sterben, und zu Ihm kehrt ihr zurück. (56)

O ihr Menschen! Nunmehr ist von eurem Herrn eine Ermahnung zu euch gekommen und eine Heilung für das, was euch in eurer Brust bewegt, und eine Führung und Barmherzigkeit für die Gläubigen. (57) Sprich: "Über die Gnade Allāhs und über Seine Barmherzigkeit - darüber sollen sie sich nun freuen. Das ist besser als das, was sie anhäufen." (58)

Sprich: "Habt ihr das betrachtet, was Allāh euch an Nahrung herabgesandt hat, woraus ihr aber (etwas) Verbotenes und Erlaubtes gemacht habt?" Sprich: "Hat Allāh euch (das) gestattet oder erdichtet ihr Lügen gegen Allāh?" (59) Was meinen wohl jene, die Lügen gegen Allāh erdichten, vom Tage der Auferstehung? Wahrlich, Allāh ist Gnadenvoll gegen die Menschen, jedoch die meisten von ihnen sind nicht dankbar. (60)

Du unternimmst nichts, und du verliest von diesem (Buch) keinen Teil des Qur'ān, und ihr begeht keine Tat, ohne dass Wir eure Zeugen sind, wenn ihr damit vollauf beschäftigt seid. Und auch nicht das Gewicht eines Stäubchens auf Erden oder im Himmel ist vor deinem Herrn verborgen. Und es gibt nichts, weder etwas Kleineres als dies noch etwas Größeres, das nicht in einem Buch voller Klarheit stünde. (61)

Wisst, dass über Allāhs Schützlinge keine Furcht kommen wird, noch sollen sie traurig sein. (62) Diejenigen, die da glauben und rechtschaffen sind (63): Für sie ist die frohe Botschaft im diesseitigen Leben sowie im Jenseits (bestimmt). Unabänderlich sind Allāhs Worte - das ist wahrlich der gewaltige Gewinn. (64)

Und sei nicht betrübt über ihre Rede. Alle Erhabenheit gebührt Allāh allein. Er ist der Allhörende, der Allwissende. (65)

Wisst, dass Allāhs ist, wer immer in den Himmeln und wer immer auf der Erde ist. Und diejenigen, die da andere außer Allāh anrufen, folgen nicht (diesen) Teilhabern; sie folgen nur einem Wahn, und sie vermuten nur. (66) Er ist es, Der die Nacht für euch gemacht hat, auf dass ihr in ihr ruht, und den Tag voll von Licht. Wahrlich, hierin liegen Zeichen für die Leute, die hören können. (67) Sie sagen: "Allāh hat Sich einen Sohn genommen." Gepriesen sei Er! Er ist der Sich-Selbst-Genügende. Sein ist, was in den Himmeln und was auf der Erde ist. Ihr habt keinen Beweis hierfür. Wollt ihr von Allāh etwas behaupten, was ihr nicht wisst? (68) Sprich: "Jene, die eine Lüge gegen Allāh erdichten, werden keinen Erfolg haben." (69) Eine Weile Genuss in dieser Welt - dann werden sie zu Uns heimkehren. Dann werden Wir sie die strenge Strafe dafür kosten lassen, dass sie ungläubig waren. (70)

Und verlies ihnen die Geschichte von Noah, als er zu seinem Volk sagte: "O mein Volk, wenn mein Rang und meine Ermahnung durch die Zeichen Allāhs für euch unerträglich sind, so setze ich mein Vertrauen in Allāh; so beschließt nur eure Angelegenheiten und versammelt eure Teilhaber, und belasst euer Planen nicht im Verborgenen, sondern handelt gegen mich, und gebt mir keine Wartezeit. (71) Kehrt ihr (mir) aber den Rücken, so habe ich von euch keinen Lohn verlangt. Mein Lohn ist allein bei Allāh, und mir wurde befohlen, zu den Gottergebenen zu gehören." (72) Doch sie bezichtigten ihn der Lüge; darum retteten Wir ihn und die, die bei ihm im Schiff waren. Und Wir machten sie zu den Nachfolgern (der Menschen), während Wir jene ertrinken ließen, die Unsere Zeichen für Lügen hielten. Schau also, wie das Ende derer war, die gewarnt worden waren! (73)

Dann schickten Wir nach ihm Gesandte, jeden zu seinem Volk, und sie brachten ihnen klare Beweise. Allein sie wollten unmöglich an das glauben, was sie zuvor verleugnet hatten. So versiegeln Wir die Herzen der Übertreter. (74)

Dann schickten Wir nach ihnen Moses und Aaron mit Unseren Zeichen zu Pharao und seinen Vornehmen; sie aber waren hochmütig. Und sie waren ein verbrecherisches Volk. (75) Als nun die Wahrheit von Uns zu ihnen kam, da sagten sie: "Das ist gewiss ein offenkundiger Zauber." (76) Moses sagte: "Sagt ihr (solches) von der Wahrheit, nachdem sie zu euch gekommen ist? Ist das Zauberei? Und die Zauberer haben niemals Erfolg." (77) Sie sagten: "Bist du zu uns gekommen, um uns von dem abzulenken, was wir bei unseren Vätern vorfanden, und wollt ihr beide die Oberhand im Lande haben? Wir aber wollen euch nicht glauben." (78) Da sagte Pharao: "Bringt mir einen jeden kundigen Zauberer herbei." (79) Als nun die Zauberer kamen, sagte Moses zu ihnen: "Werft, was ihr zu werfen habt." (80) Als sie dann geworfen hatten, sagte Moses: "Was ihr gebracht habt, ist Zauberei. Allāh wird es sicher zunichte machen. Denn wahrlich, Allāh lässt das Werk der Verderbensstifter nicht gedeihen. (81) Und Allāh stärkt die Wahrheit durch Seine Worte, auch wenn es die Verbrecher verwünschen." (82) Und niemand bekannte sich zu Moses, bis auf einige junge Menschen aus seinem Volk - voller Furcht vor Pharao und seinen Vornehmen, er (Pharao) würde sie verfolgen. Und in der Tat war Pharao ein Tyrann im Land, und wahrlich, er war einer der Maßlosen. (83) Und Moses sagte: "O mein Volk, habt ihr an Allāh geglaubt, so vertraut nun auf Ihn, wenn ihr euch (Ihm) wirklich ergeben habt." (84) Sie sagten: "Auf Allāh vertrauen wir. Unser Herr, mache uns nicht zu einer Versuchung für das Volk der Ungerechten. (85) Und errette uns durch Deine Barmherzigkeit vor dem Volk der Ungläubigen." (86) Und Wir gaben Moses und seinem Bruder ein: "Nehmt in Ägypten einige Häuser für euer Volk und macht sie zur Begegnungsstätte und verrichtet das Gebet." Und (weiter): "Verkünde den Gläubigen die frohe Botschaft!" (87) Und Moses sagte: "Unser Herr, Du gabst die Pracht sowie die Reichtümer im diesseitigen Leben dem Pharao und seinen Vornehmen, unser Herr, damit sie von Deinem Weg abhalten. Unser Herr, zerstöre ihre Reichtümer und treffe ihre Herzen, so dass sie nicht glauben, ehe sie die schmerzliche Strafe erleben." (88) Er sprach: "Euer Gebet ist erhört. Seid ihr beide denn aufrichtig und folgt nicht dem Weg derer, die unwissend sind." (89) Und Wir führten die Kinder Israels durch das Meer; und Pharao mit seinen Heerscharen verfolgte sie widerrechtlich und feindlich, bis er nahe daran war, zu ertrinken, (und) sagte: "Ich glaube, dass kein Gott da ist außer Dem, an Den die Kinder Israels glauben, und ich gehöre nun zu den Gottergebenen." (90) Wie? Jetzt? Wo du bisher ungehorsam und einer derer warst, die Unheil stifteten? (91) Nun wollen Wir dich heute dem Leibe nach erretten, auf dass du ein Beweis für diejenigen seiest, die nach dir kommen. Und es gibt sicher viele Menschen, die Unseren Zeichen keine Beachtung schenken. (92) Wahrlich, Wir bereiteten den Kindern Israels ein wahrhaftig sicheres Dasein und versorgten sie mit guten Dingen; und sie waren nicht eher uneins, als bis das Wissen zu ihnen kam. Wahrlich, am Tage der Auferstehung wird dein Herr zwischen ihnen darüber entscheiden, worüber sie uneins waren. (93)

Und falls du im Zweifel über das bist, was Wir zu dir niedersandten, so frage diejenigen, die vor dir die Schrift gelesen haben. Wahrlich, die Wahrheit ist von deinem Herrn zu dir gekommen; sei also nicht einer der Zweifler. (94) Und gehöre auch nicht zu jenen, die Allāhs Zeichen für Lügen halten, da du sonst einer der Verlierenden sein wirst. (95)

Wahrlich, diejenigen, gegen die das Wort deines Herrn ergangen ist, werden nicht gläubig sein (96); auch wenn zu ihnen irgendein Zeichen käme, bis sie die schmerzliche Strafe sehen. (97) Gab es denn kein Volk außer dem Volk Jonas', das so glauben konnte, dass ihnen ihr Glaube (etwas) genützt hätte? Als sie glaubten, da nahmen Wir die Strafe der Schande in diesem Leben von ihnen fort und versorgten sie auf eine (beschränkte) Zeit. (98)

Und hätte dein Herr es gewollt, so hätten alle, die insgesamt auf der Erde sind, geglaubt. Willst du also die Menschen dazu zwingen, Gläubige zu werden? (99) Und niemand kann glauben außer mit Allāhs Erlaubnis. Und Er lässt (Seinen) Zorn auf jene herab, die ihre Vernunft (dazu) nicht gebrauchen wollen. (100)

Sprich: "Schaut doch, was in den Himmeln und auf der Erde ist." Aber den Leuten, die nicht glauben, helfen die Zeichen und die Warnungen nichts. (101) Was erwarten sie denn anderes als die Tage jener, die vor ihnen dahingegangen sind? Sprich: "Wartet denn, (und) ich warte mit euch." (102) Dann werden Wir Unsere Gesandten und jene, die da glauben, erretten. Also obliegt es Uns, die Gläubigen zu retten. (103)

Sprich: "O ihr Menschen, wenn ihr über meine Religion im Zweifel seid, dann (wisst), ich verehre nicht die, welche ihr statt Allāh verehrt, sondern ich verehre Allāh allein, Der euch abberufen wird; und mir wurde befohlen, einer der Gläubigen zu sein." (104) Und (mir wurde befohlen): "Richte dein Antlitz auf die einzig wahre Religion, und sei nicht einer der Götzendiener. (105) Und rufe nicht statt Allāh (etwas) anderes an, das dir weder nützt noch schadet. Tätest du es, dann wärest du gewiss unter den Ungerechten." (106) Und wenn dich Allāh mit einem Übel treffen will, so gibt es keinen, der es hinwegnehmen kann, außer Ihm; und wenn Er dir etwas Gutes erweisen will, so gibt es keinen, der Seine Gnade verhindern kann. Er lässt sie unter Seinen Dienern zukommen, wem Er will, und Er ist der Allverzeihende, der Barmherzige. (107)

Sprich: "O ihr Menschen, nun ist die Wahrheit von eurem Herrn zu euch gekommen. Wer nun dem rechten Weg folgt, der folge ihm allein zum Heil seiner eigenen Seele; und wer in die

Irre geht, der geht nur zu seinem eigenen Schaden irre. Und ich bin nicht euer Hüter." (108)

Und folge dem, was dir offenbart wurde, und sei geduldig, bis Allāh richtet; denn Er ist der beste Richter. (109)

(11) Sura Hūd

Offenbart zu Makka, 123 Āyāt

Im Namen Allāhs, des Allerbarmers, des Barmherzigen!
Alif Lām Rā. (Dies ist) ein Buch, dessen Verse vervollkommnet und dann im Einzelnen erklärt worden sind - von einem Allweisen, Allkundigen. (1) (Es lehrt euch) dass ihr keinen außer Allāh anbeten sollt. Ich bin euch von Ihm (als) ein Warner und ein Bringer froher Botschaft (gesandt worden). (2) (Und ich bin zu euch gesandt worden, auf) dass ihr Vergebung von eurem Herrn erfleht und euch dann reumütig zu Ihm bekehrt. Er wird euch dann bis zum Ende einer festgesetzten Frist gut versorgen. Und Seine Huld wird Er einem jeden gewähren, der sie verdient. Kehrt ihr euch jedoch (von Ihm) ab; wahrlich, dann fürchte ich für euch die Strafe eines großen Tages. (3) Zu Allāh werdet ihr heimkehren; und Er hat Macht über alle Dinge. (4)

Gewiss nun, sie verschließen ihre Brust, um sich vor Ihm zu verstecken. Doch siehe, wenn sie sich auch mit ihren Gewändern bedecken, weiß Er, was sie verbergen und was sie offenbaren. Wahrlich, Er weiß wohl, was in den Herzen gehegt wird. (5)

* Und es gibt kein Geschöpf auf der Erde, dessen Versorgung nicht Allāh obläge. Und Er kennt seinen Aufenthaltsort und seinen Ruheplatz. Alles ist in einer deutlichen Schrift (verzeichnet). (6) Und Er ist es, Der die Himmel und die Erde in sechs Tagen erschuf - und Sein Reich war auf dem Wasser, damit Er prüfe, wer von euch die beste Tat begehe. Und wenn du sprichst: "Ihr werdet wahrlich nach dem Tode auferweckt werden", dann werden die Ungläubigen gewiss sagen: "Das ist nichts als offenkundige Zauberei." (7)

Und wenn Wir aber ihre Bestrafung bis zu einem berechneten Zeitpunkt aufschöben, würden sie sicherlich sagen: "Was hält sie zurück?" Nun wahrlich, an dem Tage, an dem sie zu ihnen kommen wird, da wird keiner (sie) von ihnen abwenden können; und das, was sie zu verspotten pflegten, wird sie rings umschließen. (8) Und wenn Wir dem Menschen Unsere Gnade zu kosten geben und sie ihm daraufhin fortnehmen, ist er verzweifelt und undankbar. (9) Und wenn Wir ihm nach einer Drangsal, die ihn getroffen hat, eine Gabe bescheren, sagt er sicherlich: "Das Übel ist von mir gewichen." Siehe, er ist frohlockend und prahlend. (10) Ausgenommen (von der Strafe) sind diejenigen, die geduldig sind und gute Werke tun. Ihnen wird Vergebung und ein großer Lohn zuteil sein. (11)

Vielleicht wirst du nun einen Teil von dem aufgeben, was dir offenbart wurde; und deine Brust wird davon so bedrückt sein, dass sie sagen: "Warum ist nicht ein Schatz zu ihm niedergesandt worden oder ein Engel mit ihm gekommen?" Du aber bist nur ein Warner, und Allāh ist der Hüter aller Dinge. (12) Oder werden sie sagen: "Er hat es erdichtet."? Sprich: "So bringt doch zehn ebenbürtig erdichtete Suren hervor und ruft an, wen ihr vermögt außer Allāh, wenn ihr wahrhaftig seid!" (13) Und wenn sie darauf nicht reagieren, dann wisst, es ist mit Allāhs Wissen offenbart worden; und es ist kein Gott außer Ihm. Wollt ihr euch nun ergeben? (14)

Diejenigen, die das irdische Leben und seine Pracht begehren, wollen Wir für ihre irdischen Werke voll belohnen, und sie sollen (auf Erden) kein Unrecht erleiden. (15) Diese sind es, die im Jenseits nichts als das Feuer erhalten sollen, und das, was sie hienieden gewirkt haben, wird nichtig sein, und eitel (wird) all das (sein), was sie zu tun pflegten. (16) Kann denn der, der einen deutlichen Beweis von seinem Herrn besitzt, während ein Zeuge von Ihm ihn (den Qurʾān) vorträgt, und vordem das Buch Moses' als Führung und Barmherzigkeit vorausging, (ein Betrüger sein)? Diese werden an ihn glauben, und wer von den Gruppen (der Schriftbesitzer) nicht an ihn glaubt - das Feuer soll sein verheißener Ort sein. Sei daher darüber nicht im Zweifel. Dies ist die Wahrheit von deinem Herrn; jedoch die meisten Menschen glauben es nicht. (17) Und wer ist ungerechter als der, der eine Lüge gegen Allāh erdichtet? Diese werden ihrem Herrn vorgeführt werden, und die Zeugen werden sagen: "Das sind die, die gegen ihren Herrn logen." Wahrlich, der Fluch Allāhs lastet auf den Frevlern (18), die vom Weg Allāhs abhalten und ihn zu krümmen suchen. Und diese sind es, die nicht an das Jenseits glauben (19); sie vermögen nimmermehr im Lande zu siegen, noch haben sie irgendeinen Beschützer vor Allāh. Verdoppelt soll ihnen die Strafe werden! Sie konnten weder hören, noch konnten sie sehen. (20) Diese sind es, die ihrer selbst verlustig gegangen sind, und was sie ersonnen haben, soll ihnen nichts nützen. (21) Ohne Zweifel werden sie im Jenseits die Verlierer sein. (22)

Diejenigen aber, die glauben und gute Werke tun und sich vor ihrem Herrn demütigen, sind die Bewohner des Paradieses; darin sollen sie auf ewig verweilen. (23) Der Fall der beiden Parteien ist wie der (Fall) des Blinden und des Tauben und des Sehenden und des Hörenden. Sind nun beide wohl in der gleichen Lage? Wollt ihr denn nicht daran denken? (24)

Wir entsandten ja Noah zu seinem Volk, (und er sagte): "Wahrlich, ich bin für euch ein deutlicher Warner (25), dass ihr keinem anderen außer Allāh dient. Ich fürchte für euch die Strafe eines schmerzlichen Tages." (26) Die Vornehmen seines Volkes, die nicht glaubten, sagten: "Wir sehen in dir nur einen Menschen unseresgleichen, und wir sehen, dass dir keine als jene gefolgt sind, die aller äußeren Erscheinung nach die Niedrigsten unter uns sind, noch sehen wir in euch irgendeinen Vorzug vor uns; nein, wir erachten euch für Lügner." (27) Er sagte: "O mein Volk, (ihr) seht nicht ein, dass ich einen klaren Beweis von meinem Herrn habe; und Er hat mir Seine Barmherzigkeit gewährt, die euch aber verborgen geblieben ist. Sollen wir sie euch da aufzwingen, wo sie euch zuwider ist? (28) O mein Volk, ich verlange von euch keinen Lohn dafür. Mein Lohn ist allein bei Allāh. Und ich werde gewiss nicht jene, die glauben, verstoßen. Sie werden ihrem Herrn begegnen. Allein, ich erachte euch für ein Volk, das unwissend ist. (29) O mein Volk, wer würde mir gegen Allāh helfen, wenn ich sie verstieße? Wollt ihr (das) denn nicht einsehen? (30) Und ich sage nicht zu euch: "Ich besitze die Schätze Allāhs", noch kenne ich das Verborgene, noch erkläre ich: "Ich bin ein Engel". Noch sage ich von denen, die eure Augen verachten: "Allāh wird ihnen niemals (etwas) Gutes gewähren. Allāh kennt am besten, was in ihrem Inneren vorgeht; wahrlich, ich gehörte sonst zu denen, die ungerecht sind." (31) Sie sagten: "O Noah, du hast schon (genug) mit uns gehadert und gar lange mit uns gehadert; so bring du uns denn her, was du uns androhst, wenn du zu den Wahrhaftigen gehörst." (32) Er sagte: "Allāh allein wird es euch bringen, wenn Er will, und ihr vermögt es nicht zu verhindern. (33) Und mein Rat, den ich euch geben will, wird euch nichts nützen, wenn Allāh euch abirren lassen will. Er ist euer Herr; und zu Ihm werdet ihr zurückgebracht werden." (34)

Ob sie sagen werden: "Er hat es ersonnen."? Sprich: "Wenn ich es ersonnen habe, so sei dies meine Sünde; und ich bin nicht verantwortlich für das, was ihr an Sünden begeht." (35)

Und es wurde Noah offenbart: "Keiner von deinem Volk wird (dir) glauben, außer jenen, die (dir) bereits geglaubt haben: sei darum nicht traurig über ihr Tun. (36) Und baue das Schiff unter Unserer Aufsicht und nach Unserer Anweisung, und lege bei Mir keine Fürsprache für diejenigen ein, die gefrevelt haben; denn diese werden ertrinken." (37) Und er baute also das Schiff; sooft die Vornehmen seines Volkes an ihm vorübergingen, verspotteten sie ihn. Er sagte: "Verspottet ihr uns, so werden auch wir euch verspotten, gerade so, wie ihr spottet. (38) Ihr werdet dann erfahren, wer es ist, über den eine Strafe kommen wird, die ihn mit Schande bedeckt, und wen eine immerwährende Strafe treffen wird." (39) Alsdann erging Unser Befehl und die Fluten (der Erde) brachen hervor. Da sprachen Wir: "Bringe in das Schiff je zwei von allen (Arten) hinein, Pärchen, und deine Familie mit Ausnahme derer, gegen die das Wort bereits ergangen ist, und die Gläubigen." Und keiner glaubte ihm, außer einer kleinen Schar. (40) Und er sagte: "Steigt hinein! Im Namen Allāhs erfolgt die Ausfahrt und die Landung. Mein Herr ist wahrlich Allverzeihend, Barmherzig." (41) Und es (das Schiff) fuhr mit ihnen über Wogen gleich Bergen einher, und Noah rief zu seinem Sohn, der sich abseits hielt: "O mein Sohn, steig mit uns ein und bleibe nicht bei den Ungläubigen!" (42) Er sagte: "Ich will mich sogleich auf einen Berg begeben, der mich vor dem Wasser retten wird." Er sagte: "Es gibt heute keinen Retter vor Allāhs Befehl - (Rettung) gibt es nur für jene, derer Er Sich erbarmt." Und die Woge brach zwischen den beiden herein, (und) so war er unter denen, die ertranken. (43) Und es wurde befohlen: "O Erde, verschlinge dein Wasser, o Himmel, höre auf (zu regnen)!" Und das Wasser begann zu sinken, und die Angelegenheit war entschieden. Und das Schiff kam auf dem Ğūdyy zur Rast. Und es wurde befohlen: "Fort mit dem Volk der Frevler!" (44) Und Noah rief zu seinem Herrn und sagte: "Mein Herr, mein Sohn gehört doch zu meiner Familie, und Dein Versprechen ist doch wahr, und Du bist der beste Richter. (45) Er sprach: "O Noah, er gehört nicht zu deiner Familie; siehe, dies ist kein rechtschaffenes Benehmen. So frage Mich nicht nach dem, von dem du keine Kenntnis hast. Ich ermahne dich, damit du nicht einer der Toren wirst." (46) Er sagte: "Mein Herr, ich nehme meine Zuflucht zu Dir davor, dass ich Dich nach dem frage, wovon ich keine Kenntnis habe. Und wenn Du mir nicht verzeihst und Dich meiner nicht erbarmst, so werde ich unter den Verlierenden sein." (47) Es wurde befohlen: "O Noah, geh an Land, (und sei) mit Unserem Frieden begleitet! Und Segnungen (seien) über dir und über den Geschlechtern, die bei dir sind! Und es werden andere Geschlechter kommen, denen Wir Versorgung gewähren; dann aber wird Unsere schmerzliche Strafe sie treffen." (48)

Das ist einer der Berichte von den verborgenen Dingen, die Wir dir offenbaren. Zuvor kanntest du sie nicht, weder du noch dein Volk. So harre denn aus; denn der Ausgang entscheidet zugunsten der Gottesfürchtigen. (49)

Und zu den 'Ād (entsandten Wir) ihren Bruder Hūd. Er sagte: "O mein Volk, dient Allāh. Ihr habt keinen anderen Gott außer Ihm. Ihr seid nichts anderes als Lügner. (50) O mein Volk, ich verlange von euch keinen Lohn dafür; seht, mein Lohn ist einzig bei Dem, Der mich erschuf. Wollt ihr es denn nicht begreifen? (51) O mein Volk, erfleht Vergebung von eurem Herrn, dann bekehrt euch reumütig zu Ihm; Er wird (den Segen) in reichlicher Weise vom Himmel über euch schicken und wird euch Kraft zu eurer Kraft hinzugeben. So wendet euch nicht als Schuldige ab." (52) Sie sagten: "O Hūd, du hast uns kein deutliches Zeichen gebracht, und wir wollen unsere Götter nicht auf dein Wort hin verlassen, noch wollen wir dir glauben. (53) Wir können nur sagen, dass einige unserer Götter dich mit einem Übel heimgesucht haben." Er sagte: "Ich rufe Allāh zum Zeugen an, und bezeugt auch ihr, dass ich nicht an dem teilhabe, was ihr (Ihm) zur Seite stellt (54) außer Ihm; so schmiedet denn Pläne gegen mich, ihr alle, und gewährt mir keine Frist. (55) Ich aber vertraue auf Allāh, meinen Herrn und euren Herrn. Kein Geschöpf bewegt sich (auf Erden), das Er nicht in Seine Richtung steuert. Seht, mein Herr ist auf dem geraden Weg. (56) Wenn ihr euch nun (von Ihm) abkehrt, so habe ich euch schon überbracht, womit ich zu euch entsandt wurde; und mein Herr wird ein anderes Volk an eure Stelle setzen. Und ihr könnt Ihm keineswegs schaden. Wahrlich, mein Herr ist Hüter über alle Dinge." (57)

Und als Unser Befehl kam, da erretteten Wir Hūd und diejenigen, die mit ihm gläubig waren, durch Unsere Barmherzigkeit. Und Wir erretteten sie vor schwerer Strafe. (58) Und diese waren die ʿĀd, die die Zeichen ihres Herrn leugneten und Seinen Gesandten nicht gehorchten und der Aufforderung eines jeden abschweifenden Tyrannen folgten. (59) Ein Fluch verfolgte sie auf dieser Welt und (wird sie) am Tag der Auferstehung (verfolgen). Siehe, die ʿĀd haben sich gegen ihren Herrn undankbar erwiesen. Siehe, verstoßen sind die ʿĀd, das Volk Hūds. (60)

Und zu den Tamūd (entsandten Wir) ihren Bruder Ṣāliḥ; er sagte: "O mein Volk, dient Allāh; ihr habt keinen anderen Gott außer Ihm. Er hat euch aus der Erde hervorgebracht und ließ euch darauf ansiedeln. So erfleht Seine Vergebung, dann bekehrt euch zu Ihm. Wahrlich, mein Herr ist nahe (und) erhört die Gebete." (61) Sie sagten: "O Ṣāliḥ, du warst zuvor unter uns der Mittelpunkt der Hoffnung. Willst du uns verwehren, das anzubeten, was unsere Väter anbeteten? Und wir befinden uns wahrhaftig in beunruhigendem Zweifel über das, wozu du uns aufforderst." (62) Er sagte: "O mein Volk, was meint ihr, wenn ich einen klaren Beweis von meinem Herrn habe - und Er hat mir Seine Barmherzigkeit erwiesen, wer wird mir dann gegen Allāh helfen, wenn ich Ihm ungehorsam bin? Ihr würdet mein

Verderben nur fördern. (63) O mein Volk, dies ist die Kamelstute
Allāhs als ein Zeichen für euch; so lasst sie auf Allāhs Erde
weiden und fügt ihr kein Leid zu, damit euch nicht baldige Strafe
erfasse." (64) Doch sie zerschnitten ihr die Sehnen; da sagte er:
"Ergötzt euch in euren Häusern (noch) drei Tage. Das ist ein
Urteil, das nicht zu verleugnen ist." (65) Als Unser Befehl eintraf,
da erretteten Wir Ṣāliḥ und diejenigen, die mit ihm gläubig
waren, durch Unsere Barmherzigkeit, (Wir erretteten sie) vor der
Schmach jenes Tages. Wahrlich, dein Herr ist der Allmächtige,
der Erhabene. (66) Da kam über diejenigen, die frevelten, der
Schrei; und da lagen sie in ihren Häusern leblos hingestreckt (67),
als hätten sie nie darin gewohnt. Siehe, die Ṯamūd zeigten sich
undankbar gegen ihren Herrn; siehe, verstoßen sind die Ṯamūd.
(68)

Und es kamen Unsere Gesandten mit froher Botschaft zu
Abraham. Sie sprachen: "Friede!" Er sagte: "Friede!" und es
dauerte nicht lange, bis er ein gebratenes Kalb herbeibrachte. (69)
Als er aber sah, dass ihre Hände sich nicht danach ausstreckten,
fand er sie befremdend und empfand Furcht vor ihnen. Sie
sprachen: "Fürchte dich nicht; denn wir sind zum Volk Lots
entsandt worden." (70) Und seine Frau stand dabei und lachte,
worauf Wir ihr die frohe Botschaft von (ihrem künftigen Sohn)
Isaak und von (dessen künftigem Sohn) Jakob nach Isaak
verkündeten. (71) Sie sagte: "Ach, wehe mir! Soll ich ein Kind
gebären, wo ich doch eine alte Frau bin und dieser mein Mann
ein Greis ist? Das wäre wahrlich eine wunderbare Sache." (72) Da
sprachen jene: "Wunderst du dich über den Beschluss Allāhs?
Allāhs Gnade und Seine Segnungen sind über euch, o Leute
des Hauses. Wahrlich, Er ist Preiswürdig, Ruhmvoll." (73) Als
die Furcht von Abraham abließ und die frohe Botschaft zu ihm
kam, da begann er, mit Uns über das Volk Lots zu streiten. (74)
Wahrlich, Abraham war milde, mitleidend und bußfertig. (75) "O
Abraham, lass von diesem (Streit) ab. Siehe, schon ist der Befehl
deines Herrn ergangen, und über sie bricht ganz gewiss die
unabwendbare Strafe herein." (76)

Und als Unsere Gesandten zu Lot kamen, geriet er ihretwegen
in Bedrängnis, wurde ratlos und entsetzt und sagte: "Das ist ein

schwerer Tag." (77) Und sein Volk kam eilends zu ihm gelaufen; und schon zuvor hatten sie Schlechtigkeiten verübt. Er sagte: "O mein Volk, dies hier sind meine Töchter; sie sind reiner für euch (als meine Gäste). So fürchtet Allāh und bringt keine Schande hinsichtlich meiner Gäste über mich. Ist denn kein redlicher Mann unter euch?" (78) Sie sagten: "Du weißt recht wohl, dass wir keine Absicht hinsichtlich deiner Töchter hegen, und du weißt wohl, was wir wollen." (79) Er sagte: "Hätte ich doch Macht über euch, oder könnte ich Zuflucht bei einer starken Stütze finden!" (80) Sie sprachen: "O Lot, wir sind Gesandte deines Herrn. Sie sollen dich nimmermehr erreichen. So mache dich mit den Deinen in einer Phase der Nacht auf; und niemand von euch wende sich um, außer deiner Frau. Gewiss, was jene dort treffen wird, das wird auch sie treffen. Siehe, am Morgen ist ihr Termin. Ist nicht der Morgen nahe?" (81)

Als nun Unser Befehl eintraf, da kehrten Wir in dieser (Stadt) das Oberste zuunterst und ließen auch brennende Steine niedergehen, die wie Regentropfen aufeinander folgten. (82) Und (dies war für sie) bei deinem Herrn aufgezeichnet. Und das gleiche liegt auch den Ungerechten nicht fern. (83)

Und zu den Madyan (entsandten Wir) ihren Bruder Šuʿaib. Er sagte: "O mein Volk, dient Allāh. Ihr habt keinen anderen Gott außer Ihm. Und verkürzt nicht Maß und Gewicht. Ich sehe euch im Wohlsein, aber ich fürchte für euch die Strafe eines völlig vernichtenden Tages. (84) O mein Volk, gebt volles Maß und Gewicht nach Richtigkeit und betrügt die Menschen nicht um ihr Eigentum und treibt im Land nicht euer Unwesen, indem ihr Unheil anrichtet. (85) Das, was Allāh (bei euch) ließ, ist besser für euch, wenn ihr Gläubige seid. Und ich bin nicht euer Wächter." (86) Sie sagten: "O Šuʿaib, heißt dein Gebet, dass wir das verlassen sollen, was unsere Väter anbeteten, oder dass wir aufhören sollen, mit unserem Vermögen zu tun, was uns gefällt? Du bist doch wahrlich der Milde und der Mündige!" (87) Er sagte: "O mein Volk, seht ihr nicht ein, dass ich einen deutlichen Beweis von meinem Herrn habe und (dass) Er mich von Sich aus schön versorgt? Und ich will gegen euch nicht so handeln, wie ich es euch zu unterlassen bitte. Ich will nur Besserung, soweit ich (es erreichen) kann. Und es gibt für mich kein Gelingen außer durch Allāh. Auf Ihn vertraue ich und an Ihn wende ich mich. (88) O mein Volk, möge die Feindseligkeit gegen mich euch nicht dazu führen, dass euch das gleiche wie das trifft, was das Volk Noahs oder das Volk Hūds oder das Volk Ṣāliḥs getroffen hat; und das (Schicksal) des Volkes Lots ist euch nicht fern. (89) Und bittet euren Herrn um Vergebung, (und) dann bekehrt euch zu Ihm. Wahrlich, mein Herr ist Barmherzig, Liebevoll." (90) Sie sagten: "O Šuʿaib, wir verstehen nicht viel von dem, was du sprichst, und wir sehen nur, dass du unter uns schwach bist. Und wäre nicht dein Stamm, würden wir dich steinigen. Und du wirst kein Mitleid in uns wecken." (91) Er sagte: "O mein Volk, ist mein Stamm bei euch geehrter als Allāh? Und ihr nehmt Ihn nicht ernst. Doch wahrlich, mein Herr umfasst alles, was ihr tut. (92) O mein Volk, handelt eurem Standpunkt gemäß, auch ich handle (meinem Standpunkt gemäß). Bald werdet ihr erfahren, auf wen eine Strafe niederfallen wird, die ihn schändet, und wer ein Lügner ist. Und passt nur auf; seht, ich passe mit euch auf." (93) Und als Unser Befehl eintraf, da erretteten Wir Šuʿaib und diejenigen, die mit ihm gläubig waren, durch Unsere Barmherzigkeit; und der Schrei erfasste die, welche gefrevelt hatten, so dass sie leblos in ihren Häusern lagen (94), so als hätten sie nie darin gewohnt. Wahrlich, Madyan wurde gerade so verstoßen wie (das Volk) Ṯamūd verstoßen worden war. (95)

Wahrlich, Wir entsandten Moses mit Unseren Zeichen und offenbarem Beweis (96) zu Pharao und seinen Vornehmen; jedoch sie folgten Pharaos Befehl, und Pharaos Befehl war keineswegs klug. (97) Am Tage der Auferstehung soll er seinem Volk vorangehen und sie in das Feuer hinabführen. Und schlimm ist das Ziel, wohin sie gelangen. (98) Und ein Fluch verfolgt sie hienieden und (wird sie) am Tage der Auferstehung (verfolgen). Schlimm ist die Gabe, die (ihnen) gegeben wird. (99)

Das ist die Kunde von den Städten, die Wir dir erzählen. Manche von ihnen stehen noch aufrecht da, und (manche) sind zerstört worden. (100) Nicht Wir taten ihnen Unrecht, sondern sie taten sich selber Unrecht an; und ihre Götter, die sie statt Allāh anriefen, nützten ihnen überhaupt nichts, als der Befehl deines

Herrn eintraf; sie stürzten sie nur noch mehr ins Verderben. (101) Und so ist der Griff deines Herrn, wenn Er die Städte erfasst, weil sie freveln. Wahrlich, Sein Griff ist schmerzhaft, streng. (102)

Darin liegt gewiss ein Zeichen für den, der die Strafe des Jenseits fürchtet. Das ist ein Tag, an dem die Menschen versammelt werden, und das ist ein Tag, den jeder erleben wird. (103) Und Wir verschieben ihn nur bis zu einem berechneten Termin. (104) Wenn jener (Tag) kommt, dann wird keine Seele sprechen, es sei denn mit Seiner Erlaubnis; unter ihnen gibt es dann welche, die unselig und welche, die selig sind. (105) Was nun diejenigen angeht, die unselig sind, so werden sie ins Feuer gelangen, worin sie seufzen und schluchzen werden. (106) Darin werden sie auf ewig bleiben, solange die Himmel und die Erde dauern, es sei denn, dein Herr will es anders. Wahrlich, dein Herr tut, was Er will. (107) Was aber diejenigen angeht, die glücklich sind, so werden sie im Paradies sein, und sie werden darin auf ewig verweilen, solange die Himmel und die Erde dauern, es sei denn, dein Herr will es anders - eine Gabe, die nicht unterbrochen wird. (108) Sei darum nicht im Zweifel darüber, was diese Leute verehren; sie verehren nur, was ihre Väter zuvor verehrten, und Wir wollen ihnen wahrlich ihren vollen Anteil unverkürzt gewähren. (109)

Und wahrlich, Wir haben Moses die Schrift gegeben, doch dann entstand Uneinigkeit über sie; und wäre nicht schon zuvor ein Wort von deinem Herrn ergangen, wäre bereits zwischen ihnen entschieden worden; und sie befinden sich darüber immer noch in bedenklichem Zweifel. (110) Und allen wird dein Herr sicher ihre Taten vergelten. Er ist gut über das unterrichtet, was sie tun. (111) Handle du darum aufrichtig, wie dir befohlen worden ist - und (die sollen aufrichtig handeln) die sich mit dir bekehrt haben. Und seid nicht aufsässig; wahrlich, Er ist dessen ansichtig, was ihr tut. (112) Und neigt euch nicht zu den Ungerechten, damit euch das Feuer nicht erfasse. Und ihr werdet keine Beschützer außer Allāh haben, noch wird euch geholfen werden. (113) Und verrichte das Gebet an den beiden Tagesenden und in den ersten Stunden der Nacht. Wahrlich, die guten Taten tilgen die bösen. Das ist eine Ermahnung für die

Nachdenklichen. (114) Und sei geduldig; denn wahrlich, Allāh lässt den Lohn der Rechtschaffenen nicht verlorengehen. (115)

Wären nur unter den Geschlechtern vor euch Leute von Verstand gewesen, die der Verderbtheit auf Erden hätten entgegensteuern können - ausgenommen die wenigen, die Wir aus ihrer Zahl erretteten! Doch die Frevler folgten dem, was ihnen Genuss und Behagen versprach, und sie übertraten (die Gebote). (116) Und dein Herr ist nicht Der, Der die Städte zu Unrecht zerstören würde, wenn ihre Bewohner rechtschaffen wären. (117) Und hätte dein Herr es gewollt, so hätte Er die Menschen alle zu einer einzigen Gemeinde gemacht; doch sie wollten nicht davon ablassen, uneins zu sein. (118) Ausgenommen davon sind jene, derer dein Herr Sich erbarmt hat, und dazu hat Er sie erschaffen. Und das Wort deines Herrn ist in Erfüllung gegangen: "Wahrlich, Ich werde Ğahannam mit den Ğinn und den Menschen insgesamt füllen." (119)

Und Wir berichten dir von den Geschichten der Gesandten, um dein Herz zu festigen. Und hierin ist die Wahrheit zu dir gekommen und eine Ermahnung und eine Erinnerung für die Gläubigen. (120) Und sprich zu denen, die nicht glauben: "Handelt eurem Standpunkt gemäß, auch wir handeln (unserem Standpunkt gemäß). (121) Und wartet nur, auch wir warten." (122) Und Allāhs ist das Verborgene in den Himmeln und auf der Erde, zu Ihm werden alle Angelegenheiten zurückgebracht werden. So bete Ihn an und vertraue auf Ihn; und dein Herr ist nicht achtlos eures Tuns. (123)

(12) Sura Yūsuf (Josef)

Offenbart zu Makka, 111 Āyāt

Im Namen Allāhs, des Allerbarmers, des Barmherzigen!
Alif Lām Rā. Das sind die Verse der deutlichen Schrift. (1) Wir haben sie als Qur'ān auf Arabisch offenbart, auf dass ihr (sie) begreifen mögt. (2)

Wir erzählen dir die schönste der Geschichten, indem Wir dir diesen Qur'ān offenbaren, obwohl du zuvor unter denen warst, die keine Kenntnis besaßen. (3) Damals sagte Yūsuf zu seinem Vater: "O mein Vater, ich sah elf Sterne und die Sonne und den Mond, (und) ich sah sie vor mir niederfallen." (4) Er sagte: "Du, mein Söhnchen, erzähle deinen Traum nicht deinen Brüdern, sie werden sonst eine List gegen dich ersinnen; denn Satan ist dem Menschen ein offenkundiger Feind. (5) Und so wird dein Herr dich erwählen und dich die Deutung der Träume lehren und Seine Huld an dir und an dem Geschlecht Jakobs vollenden, so wie Er sie zuvor an zweien deiner Vorväter vollendete, an Abraham und Isaak. Wahrlich, dein Herr ist Allwissend, Allweise." (6)

Gewiss, in (der Geschichte von) Yūsuf und seinen Brüdern liegen Zeichen für die Ratsuchenden. (7) Damals sagten sie: "Wahrlich, Yūsuf und sein Bruder sind unserem Vater lieber als wir, obwohl wir mehrere sind. Unser Vater befindet sich gewiss in einem offenkundigen Irrtum. (8) Tötet Yūsuf oder vertreibt ihn in ein fernes Land; frei (für euch) wird damit das Antlitz eures Vaters, und ihr werdet danach gute Leute sein." (9) Es sagte einer von ihnen: "Tötet Yūsuf nicht; wenn ihr aber vorhabt, etwas zu unternehmen, dann werft ihn in die Tiefe eines Brunnens; möge jemand von den Reisenden ihn herausziehen." (10) Sie sagten: "O unser Vater, warum vertraust du uns Yūsuf nicht an, obwohl wir es wahrhaftig gut mit ihm meinen? (11) Schicke ihn morgen mit uns, damit er sich vergnüge und spiele, und wir wollen gut auf ihn aufpassen." (12) Er sagte: "Es macht mich traurig, wenn ihr ihn mit fortnehmt, und ich fürchte, der Wolf könnte ihn fressen, wenn ihr nicht auf ihn achtgebt." (13) Sie sagten: "Wenn ihn der Wolf frisst, obgleich wir zu mehreren sind, dann werden wir wahrlich die Verlierenden sein." (14) Und als sie ihn also mit sich fortnahmen und beschlossen, ihn in die Tiefe des Brunnens zu werfen, gaben Wir ihm ein: "Du wirst ihnen diese ihre Tat dereinst sicherlich verkünden, ohne dass sie es merken." (15)

Und am Abend kamen sie weinend zu ihrem Vater. (16) Sie sagten: "O unser Vater, wir liefen miteinander um die Wette und ließen Yūsuf bei unseren Sachen zurück, und da hat ihn der Wolf gefressen; du wirst uns doch nicht glauben, auch wenn wir die Wahrheit sprechen." (17) Und sie hatten falsches Blut auf sein

Hemd gebracht. Er sagte: "Nein, ihr habt das geplant. Doch schön geduldig sein. Und Allāh sei um Hilfe wider das gebeten, was ihr beschreibt." (18)

Und dann kam eine Karawane, und sie schickte ihren Wasserschöpfer voraus. Er ließ seinen Eimer herab; und er sagte: "O Glücksbotschaft! Hier ist ein Jüngling!" Und sie verbargen ihn wie eine Ware, und Allāh wusste wohl, was sie taten. (19) Und sie verkauften ihn zu einem schäbigen Preis für einige *Dirhams*; denn (an ihm) hatten sie kein Interesse. (20)

Und derjenige (Mann) aus Ägypten, der ihn gekauft hatte, sagte zu seiner Frau: "Nimm ihn freundlich auf. Vielleicht kann er uns einmal nützlich werden, oder wir nehmen ihn als Sohn an." Und so gaben Wir Yūsuf Macht im Land, und Wir lehrten ihn (auch) die Deutung der Träume. Und Allāh setzt das durch, was Er beschließt. Die meisten Menschen aber wissen es nicht. (21) Und als er zum Mann heranwuchs, verliehen Wir ihm Weisheit und Wissen. Und so belohnen Wir diejenigen, die Gutes tun. (22)

Und sie (die Frau), in deren Haus er war, versuchte ihn zu verführen gegen seinen Willen; und sie verriegelte die Türen und sagte: "Nun komm zu mir!" Er sagte: "Ich suche Zuflucht zu Allāh. Er ist mein Herr. Er hat meinen Aufenthalt ehrenvoll gemacht. Wahrlich, die Frevler erlangen keinen Erfolg." (23) Und sie begehrte ihn, und (auch) er hätte sie begehrt, wenn er nicht ein deutliches Zeichen von seinem Herrn gesehen hätte. Das geschah, um Schlechtigkeit und Unsittlichkeit von ihm abzuwenden. Wahrlich, er war einer Unserer auserwählten Diener. (24) Und sie eilten beide zur Tür, und sie zerriss sein Hemd von hinten, und sie trafen an der Tür auf ihren Mann. Sie sagte: "Was soll der Lohn desjenigen sein, der gegen deine Familie etwas Böses plante, wenn nicht das Gefängnis oder sonst irgendeine schmerzliche Strafe?" (25) Er (Yūsuf) sagte: "Sie war es, die mich gegen meinen Willen zu verführen suchte." Und ein Zeuge aus ihrer Familie bezeugte es: "Wenn sein Hemd vorne zerrissen ist, dann hat sie die Wahrheit gesprochen und er ist ein Lügner. (26) Wenn sein Hemd jedoch hinten zerrissen ist, so hat sie gelogen, und er ist der, der die Wahrheit sagte." (27) Als er nun sah, dass sein Hemd hinten zerrissen war, da sagte er: "Wahrlich, das ist eine List von euch (Weibern); eure List ist wahrlich groß. (28) O Yūsuf, wende dich ab von dieser Sache, und du, (o Frau), bitte um Vergebung für deine Sünde. Denn gewiss, du gehörst zu den Schuldigen." (29)

Und einige Frauen in der Stadt sagten: "Die Frau des Al-ʿAzīz verlangt von ihrem Burschen die Hingabe gegen seinen Willen; sie ist ganz verliebt in ihn. Wahrlich, wir sehen sie in einem offenbaren Irrtum." (30)

Als sie von ihren Ränken hörte, da sandte sie ihnen (Einladungen) und bereitete ein Gastmahl für sie und gab einer jeden von ihnen ein Messer und sagte (zu Yūsuf): "Komm heraus zu ihnen!" Als sie ihn sahen, bestaunten sie ihn und schnitten sich (dabei) in die Hände und sagten: "Allāh bewahre! Das ist kein Mensch, das ist nichts als ein edler Engel." (31) Sie sagte: "Und dieser ist es, um dessentwillen ihr mich getadelt habt. Ich habe allerdings versucht, ihn gegen seinen Willen zu verführen, doch er bewährte sich. Wenn er nun nicht tut, was ich ihm befehle, so soll er unweigerlich ins Gefängnis geworfen werden und einer der Gedemütigten sein." (32) Er sagte: "O mein Herr, mir ist das Gefängnis lieber als das, wozu sie mich auffordern; und wenn Du ihre List nicht von mir abwendest, so könnte ich mich ihnen zuneigen und einer der Unwissenden sein." (33) Da erhörte ihn sein Herr und wendete ihre List von ihm ab. Wahrlich, Er ist der Allhörende, der Allwissende. (34) Hierauf, nachdem sie die Zeichen (seiner Unschuld) gesehen hatten, schien es ihnen angebracht (zu sein), ihn eine Zeitlang einzukerkern. (35)

Und mit ihm kamen zwei junge Männer ins Gefängnis. Der eine von ihnen sagte: "Ich sah mich Wein auspressen." Und der andere sagte: "Ich sah mich auf meinem Kopf Brot tragen, von dem die Vögel fraßen. Verkünde uns die Deutung hiervon; denn wir sehen, dass du einer der Rechtschaffenen bist." (36) Er sagte: "Jedes Essen, mit dem ihr versorgt werdet, wird euch nicht eher gebracht werden, bevor ich euch hiervon berichtet habe, und zwar noch, ehe es zu euch kommt. Dies (geschieht) auf Grund dessen, was mich mein Herr gelehrt hat. Ich habe die Religion jener Leute verlassen, die nicht an Allāh glauben und

Leugner des Jenseits sind. (37) Und ich folge der Religion meiner Väter Abraham und Isaak und Jakob. Uns geziemt es nicht, Allāh irgendetwas zur Seite zu stellen. Dies ist etwas von Allāhs Huld gegen uns und gegen die Menschheit, jedoch die meisten Menschen sind undankbar. (38) O meine beiden Kerkergenossen, sind Herren in größerer Anzahl besser oder (ist) Allāh (besser), der Eine, der Allmächtige? (39) Statt Ihm verehrt ihr nichts anderes als Namen, die ihr selbst genannt habt, ihr und eure Väter; Allāh hat dazu keine Ermächtigung herabgesandt. Die Entscheidung liegt einzig bei Allāh. Er hat geboten, Ihn allein zu verehren. Das ist der richtige Glaube, jedoch die meisten Menschen wissen es nicht. (40) O meine beiden Kerkergenossen, was den einen von euch anbelangt, so wird er seinem Herrn Wein ausschenken; und was den anderen anbelangt, so wird er gekreuzigt werden, so dass die Vögel von seinem Kopfe fressen. Die Sache, worüber ihr Auskunft verlangtet, ist beschlossen." (41) Und er sagte zu dem von den beiden, von dem er glaubte, er würde (vom Tod) gerettet werden: "Erwähne mich bei deinem Herrn." Doch Satan ließ ihn vergessen, es bei seinem Herrn zu erwähnen, (und) so blieb er noch einige Jahre im Gefängnis. (42)

Und der König sagte: "Ich sehe sieben fette Kühe, und sie werden von sieben mageren gefressen; und ich sehe sieben grüne Ähren und (sieben) andere dürre. O ihr Vornehmen, erklärt mir die Bedeutung meines Traums, wenn ihr einen Traum auszulegen versteht." (43) Sie sagten: "Ein Wirrnis von Träumen! Und nicht wir sind jene, die das Deuten der Träume beherrschen." (44) Und derjenige von den beiden, der gerettet worden war und sich nach geraumer Zeit (wieder an Yūsuf) erinnerte, sagte: "Ich will euch die Deutung davon wissen lassen, darum schickt mich (zu Yūsuf)." (45) "Yūsuf, o du Wahrhaftiger, erkläre uns die Bedeutung von sieben fetten Kühen, die von sieben mageren gefressen werden, und (die Bedeutung) von sieben grünen Ähren und (sieben) anderen dürren, auf dass ich zurückkehre zu den Leuten, damit sie es erfahren." (46) Er sagte: "Ihr werdet ununterbrochen sieben Jahre lang säen und hart arbeiten; und was ihr erntet, belasst auf den Ähren, bis auf das wenige, was ihr esst. (47) Danach werden dann sieben schwere Jahre kommen, die alles aufzehren, was ihr an Vorrat für sie aufgespeichert habt, bis auf das wenige, was ihr bewahren mögt. (48) Danach wird ein Jahr kommen, in welchem die Menschen Erleichterung finden und in welchem sie (Früchte) pressen." (49) Und der König sagte: "Bringt ihn zu mir!" Doch als der Bote zu ihm kam, sagte er: "Kehre zurück zu deinem Herrn und frage ihn, wie es um die Frauen steht, die sich in die Hände geschnitten haben; denn mein Herr kennt ihre List recht wohl." (50) Er sagte (zu den Frauen): "Wie stand es um euch, als ihr eure Verführungskünste an Yūsuf gegen seinen Willen ausprobiertet?" Sie sagten: "Allāh bewahre! Wir haben nichts Böses über ihn erfahren!" Da sagte die Frau des Al-'Azīz: "Nun ist die Wahrheit ans Licht gekommen. Ich versuchte, ihn gegen seinen Willen zu verführen, und er gehört sicherlich zu den Wahrhaftigen." (51) (Yūsuf sagte): "Dies (kommt ans Licht), damit er (Al-'Azīz) erfährt, dass ich in (seiner) Abwesenheit gegen ihn nicht treulos war, und damit Allāh die List der Treulosen nicht gelingen lässt. (52) * Und ich behaupte nicht, dass ich unschuldig bin; denn das (Menschen-)Wesen gebietet oft Böses; davon sind jene ausgenommen, derer mein Herr Sich erbarmt. Wahrlich, mein Herr ist Allverzeihend, Barmherzig." (53) Und der König sagte: "Bringt ihn zu mir, ich will ihn für mich vorbehalten." Als er mit ihm geredet hatte, sagte er: "Du bist von heute an bei uns in Sicherheit und genießt unser Vertrauen." (54) Er sagte: "Setze mich über die Schatzkammern des Landes ein; denn ich bin ein wohlerfahrener Hüter." (55) Und so verliehen Wir Yūsuf Macht im Lande; er weilte darin, wo immer es ihm gefiel. Wir gewähren Unsere Gnade, wem Wir wollen, und Wir lassen den Lohn der Rechtschaffenen nicht verlorengehen. (56) Der Lohn des Jenseits aber ist besser für jene, die glauben und (Allāh) fürchten. (57)

Und es kamen die Brüder Yūsufs und traten zu ihm ein; er erkannte sie, sie aber erkannten ihn nicht. (58) Und als er sie mit ihrem Bedarf ausgerüstet hatte, da sagte er: "Bringt mir einen Bruder von eures Vaters Seite. Seht ihr nicht, dass ich volles Maß gebe und dass ich der beste Gastgeber bin? (59) Doch wenn ihr ihn mir nicht bringt, dann sollt ihr kein Maß mehr von mir erhalten, noch sollt ihr mir nahe kommen." (60) Sie sagten: "Wir wollen versuchen, ihn von seinem Vater zu trennen; und das tun wir bestimmt." (61) Und er sagte zu seinen Dienern: "Steckt ihre Ware in ihre Satteltaschen, so dass sie sie erkennen können, wenn sie zu ihren Angehörigen zurückgekehrt sind; vielleicht kommen sie wieder." (62)

Als sie zu ihrem Vater zurückgekehrt waren, sagten sie: "O unser Vater, ein (weiteres) Maß ist uns verweigert worden; so schicke unseren Bruder mit uns, so dass wir das Maß erhalten; und wir wollen ihn hüten." (63) Er sagte: "Ich kann ihn euch nicht anders anvertrauen, als ich euch zuvor seinen Bruder anvertraut habe. Doch Allāh ist der beste Beschützer, und Er ist der Barmherzigste aller Barmherzigen." (64) Und als sie ihr Gepäck öffneten, da fanden sie, dass ihnen ihre Ware wiedergegeben worden war. Sie sagten: "O unser Vater, was können wir (uns) mehr wünschen? Diese unsere Ware ist uns zurückgegeben worden. Wir werden den Vorrat für unsere Familie heimbringen und unseren Bruder behüten, und überdies werden wir das Maß einer Kamellast haben. Das ist ein leicht erhältliches Maß." (65) Er sagte: "Ich werde ihn nicht mit euch schicken, ehe ihr mir nicht ein festes Versprechen im Namen Allāhs gebt, dass ihr ihn mir sicher wiederbringt, es sei denn, dass euch selbst die Rückkehr abgeschnitten wird." Als sie ihm ihr festes Versprechen gegeben hatten, sagte er: "Allāh wacht über das, was wir sagen." (66) Und er sagte: "O meine Söhne, zieht nicht durch ein einziges Tor ein, sondern zieht durch verschiedene Tore ein; ich kann euch nichts gegen Allāh nützen. Die Entscheidung ruht bei Allāh allein. Auf Ihn vertraue ich, und auf Ihn sollen die Vertrauenden vertrauen." (67)

Dass sie auf die Art eingezogen waren, wie ihr Vater es ihnen geboten hatte, konnte nichts gegen Allāh nützen; nur wurde auf diese Weise das Verlangen in Jakobs Seele befriedigt; und er besaß gewiss großes Wissen, weil Wir ihn gelehrt hatten, allein die meisten Menschen wissen es nicht. (68) Und als sie vor Yūsuf traten, nahm er seinen Bruder zu sich. Er sagte: "Ich bin dein Bruder; so sei nicht traurig über das, was sie getan haben." (69) Als er sie dann mit ihrem Bedarf ausgerüstet hatte, steckte er den Trinkbecher (des Königs) in die Satteltaschen seines Bruders. Dann gab ein Ausrufer bekannt: "O ihr Kamelführer, ihr seid wahrhaftig Diebe." (70) Sie sagten, indem sie sich zu ihnen wandten: "Was vermisst ihr?" (71) Jene sagten: "Wir vermissen den Maßbecher des Königs, und wer ihn wiederbringt, soll eine Kamellast erhalten, ich bürge dafür." (72) Sie sagten: "Bei Allāh, ihr wisst doch, dass wir nicht gekommen sind, um Unheil im Land zu stiften, und wir sind keine Diebe." (73) Sie sagten: "Was soll dann die Strafe dafür sein, wenn ihr Lügner seid?" (74) Sie sagten: "Die Strafe dafür sei: Der, in dessen Satteltaschen er (der Becher) gefunden wird, soll selbst das Entgelt dafür sein. So belohnen wir die Übeltäter." (75) Da begann er ihre Säcke vor dem Sack seines Bruders (zu durchsuchen); dann zog er ihn aus dem Sack seines Bruders hervor. So richteten Wir es für Yūsuf ein; er hätte seinen Bruder nach dem Gesetz des Königs nicht aufhalten können, es sei denn, Allāh hätte es so gewollt. Wir erhöhen um Rangstufen, wen Wir wollen; und über jedem, der Wissen hat, ist der Eine, Der noch mehr weiß. (76) Sie sagten: "Hat er gestohlen, so hat zuvor schon sein Bruder Diebstahl begangen." Jedoch Yūsuf hielt es in seinem Herzen geheim und offenbarte es ihnen nicht. Er sagte: "Ihr (scheint) in der Tat übler (als das) zu sein; und Allāh weiß am besten, was ihr behauptet." (77) Sie sagten: "O Al-ʿAzīz, er hat einen greisen Vater, so nimm einen von uns statt seiner an; denn wir sehen, du gehörst zu denen, die Gutes tun." (78) Er sagte: "Allāh behüte, dass wir einen anderen nehmen sollten als den, bei dem wir unsere Sachen gefunden haben; wir wären sonst wahrlich ungerecht." (79) Als sie die Hoffnung, ihn umzustimmen, aufgegeben hatten, gingen sie zu vertraulicher Beratung abseits. Es sagte ihr Ältester: "Wisst ihr nicht, dass euer Vater von euch ein festes Versprechen im Namen Allāhs entgegengenommen hat und dass ihr zuvor in eurer Pflicht gegen Yūsuf gefehlt habt? Ich will darum das Land nicht eher verlassen, bis mein Vater es mir erlaubt oder Allāh für mich entscheidet; und Er ist der beste Richter. (80) Kehrt ihr zu eurem Vater zurück und sprecht: »O unser Vater, dein Sohn hat gestohlen; und wir haben nur ausgesagt, was wir wussten, und wir konnten keine Wächter des Verborgenen sein. (81) Frage nur in der Stadt nach, in der wir waren, und in der Karawane, mit der wir kamen; gewiss, wir sagen die Wahrheit.«" (82) Er sagte: "Nein, ihr habt euch etwas vorgemacht. Doch schön geduldig sein. Vielleicht wird Allāh sie mir alle wiederbringen; denn Er ist der Allwissende, der Allweise." (83) Und er wandte sich von ihnen ab und sagte: "O mein Kummer um Yūsuf!" Und seine Augen wurden vor Traurigkeit trüb, (doch) dann beherrschte er sich. (84) Sie sagten: "Bei Allāh, du hörst nicht auf, von Yūsuf zu sprechen, bis du dich ganz verzehrt hast oder zu denen gehörst, die zugrunde gehen." (85) Er sagte: "Ich beklage nur meinen Kummer und meinen Gram vor Allāh, und ich weiß von Allāh, was ihr nicht wisst. (86) O meine Söhne, zieht aus und forscht nach Yūsuf und seinem Bruder und zweifelt nicht an Allāhs Erbarmen; denn an Allāhs Erbarmen zweifelt nur das ungläubige Volk." (87)

Als sie dann vor ihn (Yūsuf) traten, da sagten sie: "O Al-ʿAzīz, die Not hat uns und unsere Familie geschlagen, und wir haben Ware von geringem Wert mitgebracht; so gib uns das volle Maß und sei wohltätig gegen uns. Wahrlich, Allāh belohnt die Wohltätigen." (88) Er sagte: "Wisst ihr, was ihr Yūsuf und seinem Bruder antatet, weil ihr töricht wart?" (89) Sie sagten: "Bist du etwa gar Yūsuf?" Er sagte: "Ich bin Yūsuf, und dies ist mein Bruder. Allāh ist wahrlich uns gegenüber gnädig gewesen. Wahrlich, wer rechtschaffen und geduldig ist - nimmermehr lässt Allāh den Lohn derer, die Gutes tun, verlorengehen." (90) Sie sagten: "Bei Allāh, Allāh hat dich wahrhaftig vor uns bevorzugt, und wir sind wahrlich schuldig gewesen." (91) Er sagte: "Kein Tadel treffe euch heute. Möge Allāh euch vergeben! Denn Er ist der Barmherzigste aller Barmherzigen. (92) Nehmt dieses mein Hemd und legt es auf das Gesicht meines Vaters; dann kann er (wieder) sehen. Und bringt eure Familien allesamt zu mir." (93)

Als die Karawane aufgebrochen war, sagte ihr Vater: "Wahrlich, ich spüre den Geruch Yūsufs, auch wenn ihr mich für schwachsinnig haltet." (94) Sie sagten: "Bei Allāh, du befindest dich gewiss in deinem alten Irrtum." (95) Als dann der Freudenbote kam, da legte er es (das Hemd) auf sein Gesicht, und da wurde er wieder sehend. Er sagte: "Habe ich euch nicht gesagt: Ich weiß von Allāh, was ihr nicht wisst?" (96) Sie sagten: "O unser Vater, bitte für uns um Vergebung unserer Sünden; denn wir sind wahrhaftig schuldig gewesen." (97) Er sagte: "Ich will Vergebung für euch von meinem Herrn erbitten. Wahrlich, Er ist der Allvergebende, der Barmherzige." (98)

Als sie dann vor Yūsuf traten, nahm er seine Eltern bei sich auf und sagte: "Zieht in Ägypten in Sicherheit ein, wie Allāh es will." (99) Und er hob seine Eltern auf den Thron, und sie warfen sich vor ihm nieder. Und er sagte: "O mein Vater, dies ist die Deutung meines Traumes von damals. Mein Herr hat ihn wahrgemacht. Und Er hat mich gütig behandelt, als Er mich aus dem Kerker führte und euch aus der Wüste herbrachte, nachdem Satan zwischen mir und meinen Brüdern Zwietracht gestiftet hatte. Wahrlich, mein Herr ist Gütig, zu wem Er will; denn Er ist der Allwissende, der Allweise. (100) O mein Herr, Du hast mir nun die Herrschaft verliehen und mich die Deutung der Träume gelehrt. O Schöpfer der Himmel und der Erde, Du bist mein Beschützer in dieser Welt und im Jenseits. Lass mich als (Dir) ergeben sterben und vereine mich mit den Rechtschaffenen." (101)

Dies ist die Kunde von dem Verborgenen, das Wir dir offenbaren. Du warst nicht bei ihnen, als sie sich über ihren Plan einigten, indem sie Ränke schmiedeten. (102) Und die meisten Menschen werden nicht glauben, magst du es auch noch so eifrig wünschen. (103) Und du verlangst von ihnen keinen Lohn dafür. Vielmehr ist es eine Ermahnung für alle Welten. (104)

Und wie viele Zeichen sind in den Himmeln und auf Erden, an denen sie vorbeigehen, indem sie sich von ihnen abwenden! (105) Und die meisten von ihnen glauben nicht an Allāh, ohne (Ihm) Götter zur Seite zu stellen. (106)

Sind sie denn sicher davor, dass nicht eine überwältigende Strafe von Allāh über sie kommt, oder dass nicht plötzlich die Stunde über sie kommt, während sie nichtsahnend sind? (107) Sprich: "Das ist mein Weg: Ich rufe zu Allāh - ich und diejenigen, die mir folgen, sind uns darüber im Klaren. Und gepriesen sei Allāh; und ich gehöre nicht zu den Götzendienern." (108)

Auch vor dir entsandten Wir lediglich nur Männer, denen Wir die Offenbarung gaben, aus dem Volk der Städte. Sind sie denn nicht im Lande umhergezogen, so dass sie schauen konnten, wie das Ende derer war, die vor ihnen lebten? Und gewiss, die Wohnstatt des Jenseits ist besser für die Gottesfürchtigen. Wollt ihr es denn nicht begreifen? (109) (Und erst dann) als die Gesandten die Hoffnung aufgaben und dachten, sie würden als Lügner hingestellt werden, kam Unsere Hilfe zu ihnen; da wurden jene errettet, die Wir wollten. Und Unsere Strafe kann nicht von dem sündigen Volk abgewendet werden. (110)

Wahrlich, in ihren Geschichten ist eine Lehre für die Verständigen. Es ist keine erdichtete Rede, sondern eine Bestätigung dessen, was ihm vorausging, und eine deutliche Darlegung aller Dinge und eine Führung und eine Barmherzigkeit für ein gläubiges Volk. (111)

(13) Sura Ar-Ra'd (Der Donner)

Offenbart zu Al-Madīna, 43 Āyāt

Im Namen Allāhs, des Allerbarmers, des Barmherzigen!

Alif Lām Mīm Rā'. Das sind die Verse des Buches. Und was dir von deinem Herrn herabgesandt wurde, ist die Wahrheit. Jedoch die meisten Menschen glauben nicht. (1) Allāh ist es, Der die Himmel, die ihr sehen könnt, ohne Stützpfeiler emporgehoben hat. Dann erhob Er Sich (hoheitsvoll) über den Thron. Und Er machte die Sonne und den Mond dienstbar; jedes (Gestirn) läuft seine Bahn in einer vorgezeichneten Frist. Er bestimmt alle Dinge. Er macht die Zeichen deutlich, auf dass ihr an die Begegnung mit eurem Herrn fest glauben mögt. (2) Und Er ist es, Der die Erde ausdehnte und feststehende Berge und Flüsse in ihr gründete. Und Er erschuf auf ihr Früchte aller Art, ein Paar von jeder (Art). Er lässt die Nacht den Tag bedecken. Wahrlich, hierin liegen Zeichen für ein nachdenkendes Volk. (3) Und auf der Erde liegen dicht beieinander Landstriche und Gärten von Weinstöcken, Kornfeldern und Dattelpalmen, die auf Doppel- und auf Einzelstämmen aus einer Wurzel wachsen; sie werden mit demselben Wasser getränkt; dennoch lassen Wir die einen von ihnen die anderen an Frucht übertreffen. Hierin liegen wahrlich Zeichen für ein verständiges Volk. (4)

Wenn du dich wunderst, so ist ihre Rede wunderlich: "Wie? Wenn wir zu Staub geworden sind, dann sollen wir in einer Neuschöpfung sein?" Diese sind es, die ihrem Herrn den Glauben versagen, und diese sind es, die Fesseln um ihren Hals haben werden; und sie werden die Bewohner des Feuers sein, darin werden sie auf ewig bleiben. (5) Sie werden dich eher die Strafe als die Wohltat beschleunigen heißen, obwohl vor ihnen beispielgebende Bestrafungen erfolgt sind. Wahrlich, dein Herr ist immer bereit, den Menschen zu vergeben, trotz ihrer Missetaten, und siehe, dein Herr ist streng im Strafen. (6) Und diejenigen, die nicht glauben, sagen: "Warum wurde kein Zeichen von seinem Herrn zu ihm herabgesandt?" Du bist nur ein Warner. Und für jedes Volk wird ein Führer (eingesetzt). (7)

Allāh weiß, was jedes weibliche Wesen trägt, und wann der Mutterschoß abnimmt und wann er zunimmt. Und bei Ihm geschehen alle Dinge nach Maß. (8) (Er ist) der Kenner des Verborgenen und des Offenbaren, der Große, der Hocherhabene (9)

Diejenigen, die unter euch das Wort verbergen und die es offen aussprechen, sind (vor Ihm) gleich; so wie die, die sich in der Nacht verbergen und die am Tag offen hervortreten. (10) Er (der Gesandte) hat Beschützer vor und hinter sich; sie behüten ihn auf Allāhs Geheiß. Gewiss, Allāh ändert die Lage eines Volkes nicht, ehe sie (die Leute) nicht selbst das ändern, was in ihren Herzen ist. Und wenn Allāh einem Volk etwas Übles zufügen will, so gibt es dagegen keine Abwehr, und sie haben keinen Helfer außer Ihm. (11)

Er ist es, Der euch den Blitz in Furcht und Hoffnung sehen lässt; und Er lässt die schweren Wolken aufsteigen. (12) Und der Donner lobpreist Seine Herrlichkeit; und (genauso lobpreisen) Ihn die Engel in Ehrfurcht. Und Er sendet die Blitzschläge und trifft damit, wen Er will; doch streiten sie über Allāh, während Er streng in der Vergeltung ist. (13)

Ihm gebührt der aufrichtige Anruf; und jene, die sie statt Ihm anrufen, kommen ihnen mit nichts entgegen; (sie sind) wie jener, der seine beiden Hände nach Wasser ausstreckt, damit es seinen Mund erreiche und ihn doch nicht erreicht. Und das Bitten der Ungläubigen ist völlig verfehlt. (14) Wer immer in den Himmeln und auf der Erde ist, wirft sich vor Allāh in Anbetung nieder, willig oder widerwillig, und (ebenfalls tun dies) ihre Schatten am Morgen und am Abend. (15)

Sprich: "Wer ist der Herr der Himmel und der Erde?" Sprich: "Allāh." Sprich: "Habt ihr euch Helfer außer Ihm genommen, die sich selbst weder nützen noch schaden können?" Sprich: "Können der Blinde und der Sehende gleich sein? Oder kann die Finsternis dem Licht gleich sein? Oder stellen sie Allāh Teilhaber zur Seite, die eine Schöpfung wie die Seine erschaffen haben, so dass (beide) Schöpfungen ihnen gleichartig erscheinen?" Sprich: "Allāh ist der Schöpfer aller Dinge, und Er ist der Einzige, der Allmächtige." (16) Er sendet Wasser vom Himmel herab, so dass die Täler nach ihrem Maß durchströmt werden, und die Flut trägt Schaum auf der Oberfläche. Und ein ähnlicher Schaum ist in dem, was sie im Feuer aus Verlangen nach Schmuck und Gerät erhitzen. So verdeutlicht Allāh Wahrheit und Falschheit. Der Schaum aber, der vergeht wie die Blasen; das aber, was den Menschen nützt, bleibt auf der Erde zurück. Und so prägt Allāh die Gleichnisse. (17)

Für diejenigen, die auf ihren Herrn hören, ist das Gute vorgesehen; diejenigen aber, die nicht auf Ihn hören - hätten sie auch alles, was auf Erden ist, und noch einmal soviel dazu, würden sich gerne damit loskaufen. Diese sind es, die eine schlimme Abrechnung haben werden, und ihre Herberge ist *Ǧahannam*. Welch ein elender Ruheplatz! (18)

Ist denn der, der weiß, dass das die Wahrheit ist, was zu dir von deinem Herrn herabgesandt wurde, einem Blinden gleich? Nur diejenigen, die Verstand haben, lassen sich mahnen. (19) Es sind jene, die ihr Versprechen Allāh gegenüber einhalten und den Bund (mit Ihm) nicht brechen (20); und es sind jene, welche verbinden, was Allāh zu verbinden geboten hat, und die ihren Herrn fürchten und sich auf einen schlechten Ausgang der Abrechnung gefasst machen (21); und es sind jene, die im Verlangen nach dem Wohlgefallen ihres Herrn geduldig bleiben und das Gebet verrichten und von dem, was Wir ihnen gegeben haben, geheim und offen spenden und das Böse durch das Gute abwehren - diese sind es, denen der Lohn der Wohnstatt zuteil wird (22): die Gärten von Eden. Dort werden sie eingehen und die von ihren Eltern und ihren Frauen und ihren Nachkommen, die rechtschaffen sind. Und die Engel werden zu ihnen durch jegliches Tor treten. (23) "Friede sei auf euch, da ihr geduldig wart; seht, wie herrlich der Lohn der Wohnstatt ist!" (24)

Diejenigen aber, die den Bund Allāhs brechen, nachdem (sie) ihn geschlossen haben, und zerreißen, was Allāh zu verbinden geboten hat, und Unheil auf Erden stiften - auf ihnen lastet der Fluch, und sie haben eine schlimme Wohnstatt. (25)

Allāh erweitert und beschränkt die Mittel zum Unterhalt wem Er will. Sie freuen sich des irdischen Lebens, doch das diesseitige Leben ist im Vergleich mit dem jenseitigen nur ein Nießbrauch. (26)

Und jene, die ungläubig sind, sagen: "Warum ist ihm von seinem Herrn kein Zeichen herabgesandt worden?" Sprich: "Allāh lässt zugrunde gehen, wen Er will, und leitet die zu Sich, welche sich bekehren. (27) Es sind jene, die glauben und deren Herzen Trost finden im Gedenken an Allāh. Wahrlich, im Gedenken Allāhs werden die Herzen ruhig. (28)

Denen, die da glauben und gute Werke tun, wird Glück und eine treffliche Heimstatt zuteil sein." (29)

Und so haben Wir dich zu einem Volk gesandt, vor dem bereits andere Völker dahingegangen sind, auf dass du ihnen verkünden mögest, was Wir dir offenbarten; und doch glauben sie nicht an den Allerbarmer. Sprich: "Er ist mein Herr; kein Gott ist da außer Ihm. Auf Ihn vertraue ich und zu Ihm werde ich heimkehren." (30)

Und gäbe es auch einen Qurʾān, durch den Berge versetzt oder die Erde gespalten oder durch den zu den Toten gesprochen werden könnte, (würden sie doch nicht an ihn glauben). Nein! Die Sache ruht völlig bei Allāh. Haben denn die Gläubigen nicht den Versuch, (daran zu zweifeln) aufgegeben, dass, wenn Allāh gewollt hätte, Er sicher der ganzen Menschheit hätte den Weg weisen können? Und die Heimsuchung wird nicht aufhören, die Ungläubigen um dessentwillen zu treffen, was sie gewirkt haben, oder sich nahe bei ihren Wohnstätten niederzulassen, bis Allāhs Verheißung sich erfüllt. Wahrlich, Allāh verfehlt den Termin nicht. (31)

Und gewiss sind schon vor dir Gesandte verspottet worden, doch Ich gewährte denen eine Frist, die ungläubig waren. Dann erfasste Ich sie, und wie war Meine Strafe! (32)

Ist denn Der, Der über alles, was sie begehen, wacht, (den angeblichen Göttern gleich)? Dennoch stellen sie Allāh Götter zur Seite. Sprich: "Nennt sie!" Wollt ihr Ihm etwas verkünden, was Er auf Erden nicht kennt? Oder ist es nur leere Rede? Aber nein! Denen, die ungläubig sind, zeigen sich ihre Ränke im schönsten Licht, und sie sind dadurch vom (rechten) Weg abgehalten worden. Und derjenige, den Allāh zum Irrenden erklärt, soll keinen finden, der ihn rechtleitet. (33) Für sie ist eine Strafe im Diesseits bestimmt; und die Strafe des Jenseits ist gewiss (noch) härter, und sie werden keinen Beschützer vor Allāh haben. (34)

(Dies ist) die Beschreibung des Paradieses, das den Gottesfürchtigen versprochen worden ist: Bäche durchfließen es; seine Früchte wie sein Schatten sind immerwährend. Das ist der Lohn derer, die gottesfürchtig sind; und der Lohn der Ungläubigen ist das Feuer. (35)

Und die, denen Wir die Schrift gegeben haben, freuen sich über das, was zu dir herabgesandt wurde. Und unter den Gruppen sind einige, die einen Teil davon leugnen. Sprich: "Mir wurde befohlen, Allāh zu dienen, und nicht, Ihm Götter zur Seite zu stellen. Zu Ihm rufe ich und zu Ihm werde ich heimkehren." (36)

Und so haben Wir ihn (den Qur'ān) herabgesandt als eine Entscheidung in arabischer Sprache. Und wenn du ihren persönlichen Neigungen folgst, obwohl zu dir das Wissen gekommen ist, so sollst du keinen Beschützer oder Retter vor Allāh haben. (37)

Wahrlich, schon vor dir entsandten Wir Gesandte und gaben ihnen Frauen und Kinder. Und es ist für einen Gesandten nicht möglich, ein Zeichen zu bringen, es sei denn auf Allāhs Geheiß. Alles geschieht zu einem vorbestimmten Termin. (38)

Allāh löscht aus und lässt bestehen, was Er will, und bei Ihm ist die Urschrift des Buches. (39)

Und ob Wir dich einen Teil von dem sehen lassen, was Wir ihnen androhen, oder ob Wir dich sterben lassen - dir obliegt nur die Verkündigung und Uns die Abrechnung. (40) Sehen sie denn nicht, dass Wir vom Land Besitz ergreifen und es von allen Seiten in seiner Größe schmälern? Und Allāh richtet; da ist keiner, der Seine Entscheidung widerrufen kann. Und Er ist schnell im Abrechnen. (41)

Diejenigen, die vor ihnen waren, haben auch Pläne geschmiedet, doch alles Planen ist Allāhs Sache. Er weiß, was ein jeder begeht; und die Ungläubigen werden erfahren, wem die endgültige Wohnstatt zuteil wird. (42) Und die Ungläubigen sagen: "Du bist nicht entsandt worden." Sprich: "Allāh genügt als Zeuge gegen mich und euch und auch gegen diejenigen, die die Kenntnis der Schrift haben." (43)

(14) Sura Ibrāhīm (Abraham)

Offenbart zu Makka, 52 Āyāt

Im Namen Allāhs, des Allerbarmers, des Barmherzigen!

∗ *Alif Lām Rā.* (Dies ist) ein Buch, das Wir zu dir herabgesandt haben, auf dass du die Menschen mit der Erlaubnis ihres Herrn aus den Finsternissen zum Licht führen mögest, auf den Weg des Erhabenen, des Preiswürdigen. (1) Allāhs ist, was in den Himmeln und was auf der Erde ist. Und wehe den Ungläubigen wegen der schrecklichen Strafe! (2) Es sind jene, die das Leben des Diesseits dem des Jenseits vorziehen und von Allāhs Weg abhalten und ihn zu krümmen trachten. Sie sind es, die im großen Irrtum weit gegangen sind. (3)

Und Wir schickten keinen Gesandten, es sei denn mit der Sprache seines Volkes, auf dass er sie aufkläre. Dann erklärt

Allāh zum Irrenden, wen Er will, und leitet recht, wen Er will. Und Er ist der Erhabene, der Allweise. (4)

Und wahrlich, Wir entsandten Moses mit Unseren Zeichen (und sprachen): "Führe dein Volk aus den Finsternissen zum Licht und erinnere es an die Tage Allāhs!" Wahrlich, darin liegen Zeichen für jeden Geduldigen, Dankbaren. (5) Und damals sagte Moses zu seinem Volk: "Denkt an die Gnade Allāhs an euch, als Er euch vor den Leuten Pharaos errettete, die euch mit schlimmer Qual bedrückten, eure Söhne abschlachteten und eure Frauen am Leben ließen; und darin lag eine gewaltige Prüfung von eurem Herrn für euch." (6) Und da kündigte euer Herr an: "Wenn ihr dankbar seid, so will Ich euch wahrlich mehr geben; seid ihr aber undankbar, dann ist Meine Strafe wahrlich streng." (7) Und Moses sagte: "Wenn ihr ungläubig seid, ihr und wer sonst noch alles auf Erden ist - wahrlich, Allāh ist auf keinen angewiesen, Preiswürdig." (8)

Kam zu euch (denn) nicht die Kunde von jenen, die vor euch waren - von dem Volk Noahs, den 'Āds und Ṯamūds - und von denen, die nach ihnen (kamen)? Niemand kennt sie außer Allāh. Ihre Gesandten kamen mit deutlichen Zeichen zu ihnen, jedoch sie hielten ihnen die Hände vor den Mund und sagten: "Wir glauben nicht an das, womit ihr gesandt worden seid, und wir befinden uns wahrlich in bedenklichem Zweifel über das, wozu ihr uns auffordert." (9) Ihre Gesandten sagten: "Existiert etwa ein Zweifel über Allāh, den Schöpfer der Himmel und der Erde? Er ruft euch, damit Er euch eure Sünden vergebe und euch Aufschub bis zu einer bestimmten Frist gewähre." Sie sagten: "Ihr seid nur Menschen wie wir; ihr wollt uns von dem abhalten, was unsere Väter zu verehren pflegten. So bringt uns einen deutlichen Beweis." (10) Ihre Gesandten sagten zu ihnen: "Wir sind nur Menschen wie ihr, jedoch Allāh erweist Gnade wem von Seinen Dienern Er will. Und wir besitzen keine Macht dazu, euch einen Beweis zu bringen, es sei denn mit Allāhs Erlaubnis. Und auf Allāh sollen die Gläubigen vertrauen. (11) Und warum sollten wir nicht auf Allāh vertrauen, wo Er uns doch unsere Wege gewiesen hat? Und wir wollen gewiss mit Geduld alles ertragen, was ihr uns an Leid zufügt; auf Allāh mögen denn diejenigen vertrauen, die sich auf (Allāh) verlassen wollen." (12) Und jene, die ungläubig waren, sagten zu ihren Gesandten: "Wahrlich, wir werden euch sicherlich aus unserem Land vertreiben, wenn ihr nicht zu unserer Religion zurückkehrt." Da gab ihr Herr ihnen ein: "Wir werden gewiss jene zugrunde gehen lassen, die Frevler sind (13), und Wir werden euch wahrlich nach ihnen das Land bewohnen lassen. Das gilt für den, der das Auftreten vor Mir fürchtet, und auch das fürchtet, was Meine Drohung angeht." (14)

Und sie erflehten den Sieg, und jeder hartnäckige Tyrann schlug fehl (15); und hinter ihm rückt *Ğahannam* her, und er wird von Eiter getränkt werden (16); er wird ihn hinunterschlucken und kaum daran Genuss finden. Und der Tod wird von allen Seiten zu ihm kommen, doch er wird nicht sterben. Und vor ihm liegt noch eine strenge Strafe. (17)

Die Lage derer, die nicht an ihren Herrn glauben, ist die: Ihre Werke sind gleich Asche, auf die der Wind an einem stürmischen Tag heftig bläst. Sie sollen keine Macht haben über das, was sie erworben haben. Das ist wahrlich die weitgegangene Irreführung. (18)

Siehst du denn nicht, dass Allāh die Himmel und die Erde in Wirklichkeit erschaffen hat? Wenn Er will, so kann Er euch hinwegnehmen und eine neue Schöpfung hervorbringen. (19) Und das ist für Allāh keineswegs schwer. (20)

Und sie werden allesamt vor Allāh hintreten; dann werden die Schwachen zu den Hochmütigen sagen: "Gewiss, wir waren eure Gefolgsleute; könnt ihr uns also nicht etwas von der Strafe Allāhs abnehmen?" Sie werden sagen: "Hätte Allāh uns den Weg gewiesen, wir hätten euch sicherlich den Weg gewiesen. Es ist gleich für uns, ob wir Ungeduld zeigen oder geduldig bleiben: es gibt für uns kein Entrinnen." (21)

Und wenn die Sache entschieden worden ist, dann wird Satan sagen: "Allāh hat euch ein wahres Versprechen gegeben, ich aber versprach euch etwas und hielt es nicht. Und ich hatte keine Macht über euch, außer euch zu rufen; und ihr gehorchtet mir. So tadelt nicht mich, sondern tadelt euch selber. Ich kann euch nicht retten, noch könnt ihr mich retten. Ich habe es schon von mir gewiesen, dass ihr mich (Allāh) zur Seite stelltet." Den

Missetätern wird wahrlich eine schmerzliche Strafe zuteil sein. (22)

Und diejenigen, die da glauben und gute Werke tun, werden in Gärten eingeführt werden, durch die Bäche fließen, um mit der Erlaubnis ihres Herrn ewig darin zu wohnen. Ihr Gruß dort wird lauten: "Friede!" (23)

Siehst du nicht, wie Allāh das Gleichnis eines guten Wortes prägt? (Es ist) wie ein guter Baum, dessen Wurzeln fest sind und dessen Zweige bis zum Himmel (ragen). (24) Er bringt seine Frucht zu jeder Zeit mit der Erlaubnis seines Herrn hervor. Und Allāh prägt Gleichnisse für die Menschen, auf dass sie nachdenken mögen. (25) Und das Gleichnis eines schlechten Wortes aber ist wie ein schlechter Baum, der aus der Erde entwurzelt ist und keinen Halt im Boden hat. (26) Allāh stärkt die Gläubigen mit dem fest gegründeten Wort, in diesem Leben wie im künftigen; und Allāh lässt die Frevler irregehen; und Allāh tut, was Er will. (27)

Siehst du nicht jene, die Allāhs Gnade mit der Undankbarkeit vertauschten und ihr Volk in die Stätte des Verderbens brachten? (28) Es ist Ǧahannam. Darin werden sie brennen, und das ist eine schlimme Unterkunft. (29) Und sie haben Allāh Nebenbuhler zur Seite gesetzt, damit (die Menschen) von Seinem Weg abirren. Sprich: "Vergnügt euch eine Weile, dann aber endet eure Reise im Feuer." (30)

Sprich zu Meinen Dienern, die gläubig sind, sie sollen das Gebet verrichten und von dem, was Wir ihnen gegeben haben, geheim und offen spenden mögen, bevor ein Tag kommt, an dem es weder Handel noch Freundschaft geben wird. (31)

Allāh ist es, der die Himmel und die Erde erschuf und Wasser aus den Wolken niederregnen ließ und damit Früchte zu eurem Unterhalt hervorbrachte; und Er hat euch die Schiffe dienstbar gemacht, damit sie auf dem Meer auf Seinen Befehl fahren, und Er hat euch die Flüsse dienstbar gemacht. (32) Und Er machte euch die Sonne und den Mond dienstbar, die voller Eifer sind. Und dienstbar machte Er euch die Nacht und den Tag. (33) Und Er gab euch alles, was ihr von Ihm begehrtet; und wenn ihr Allāhs

Wohltaten aufzählen wolltet, würdet ihr sie nicht vollständig erfassen können. Siehe, der Mensch ist wahrlich frevelhaft, undankbar. (34)

Und damals sagte Abraham: "Mein Herr, mache diese Stadt zu einer Stätte des Friedens und bewahre mich und meine Kinder davor, die Götzen anzubeten (35); mein Herr, sie haben viele Menschen irregeleitet. Wer mir nun folgt, der gehört sicher zu mir; und wer mir nicht gehorcht - siehe, Du bist Allverzeihend, Barmherzig. (36) Unser Herr, ich habe einen Teil meiner Nachkommenschaft in einem unfruchtbaren Tal nahe bei Deinem heiligen Haus angesiedelt, o unser Herr, auf dass sie das Gebet verrichten mögen. So mache ihnen die Herzen der Menschen zugeneigt und versorge sie mit Früchten, damit sie dankbar sein mögen. (37) Unser Herr, Du weißt, was wir verbergen und was wir kundtun. Und vor Allāh ist nichts verborgen, ob auf Erden oder im Himmel. (38) Alles Lob gebührt Allāh, Der mir, ungeachtet des Alters, Ismael und Isaak geschenkt hat. Wahrlich, mein Herr ist der Erhörer des Gebets. (39) Mein Herr, hilf mir, dass ich und meine Kinder das Gebet verrichten. Unser Herr! Und nimm mein Bittgebet an. (40) Unser Herr, vergib mir und meinen Eltern und den Gläubigen an dem Tage, an dem die Abrechnung stattfinden wird." (41)

Und denke nicht, dass Allāh nicht beachtet, was die Frevler tun. Er gewährt ihnen nur einen Aufschub bis zum Tage, an dem die Augen starr blicken werden. (42) Angstvoll eilen sie vorwärts, mit hochgereckten Köpfen, (und) ihr Blick kehrt (vor lauter Starren) nicht zu ihnen zurück, und ihre Herzen sind leer. (43)

Und warne die Menschen vor dem Tag, an dem die Strafe über sie kommen wird. Dann werden die Frevler sagen: "Unser Herr, gib uns für eine kurze Frist Aufschub. Wir wollen Deinem Ruf Gehör schenken und den Gesandten Folge leisten." - "Habt ihr nicht zuvor geschworen, der Untergang werde euch nicht treffen? (44) Und ihr wohnt in den Wohnungen derer, die gegen sich selbst frevelten, und es ist euch deutlich gemacht worden, wie Wir mit ihnen verfuhren; und Wir haben euch klare Beweise geliefert." (45)

Und sie haben bereits ihre Ränke geschmiedet, aber ihre Ränke sind bei Allāh, und wären ihre Ränke (auch) derart, dass durch sie Berge versetzt werden sollten. (46) Denke nicht, dass Allāh Sein Versprechen Seinen Gesandten gegenüber nicht halten werde; gewiss, Allāh ist Erhaben, (ist Der,) Der Seine Vergeltung fühlen lässt (47) an dem Tage, da die Erde in eine andere Erde verwandelt werden wird, und auch die Himmel (verwandelt werden); und sie werden (alle) vor Allāh treten, den Einzigen, den Allgewaltigen. (48) Und an jenem Tage wirst du die Sünder in Ketten gefesselt sehen. (49) Ihre Hemden werden aus Teer sein, und das Feuer wird ihre Gesichter bedecken (50); auf dass Allāh jedem vergelte, was er begangen hat. Wahrlich, Allāh ist schnell im Abrechnen. (51)

Dies ist eine Verkündigung an die Menschen, auf dass sie sich dadurch warnen lassen und auf dass sie wissen mögen, dass nur Er der Einzige Gott ist, und auf dass diejenigen, die Verstand haben, sich mahnen lassen. (52)

(15) Sura Al-Ḥiǧr

Offenbart zu Makka, 99 Āyāt

Im Namen Allāhs, des Allerbarmers, des Barmherzigen!

Alif Lām Rā. Dies sind die Verse des Buches und des deutlichen Qur'ān. (1)

Es mag wohl sein, dass die Ungläubigen wünschen, sie wären Muslime gewesen. (2) Lasse sie essen und genießen und von Hoffnung abgelenkt werden; bald werden sie es erfahren. (3)

Und Wir haben nie eine Stadt zerstört, ohne dass ihr eine wohlbekannte Frist bemessen gewesen wäre. (4) Kein Volk kann seine Frist überschreiten; noch können sie dahinter zurückbleiben. (5)

Und sie sagten: "O du, zu dem die Ermahnung herabgesandt wurde, du bist wahrlich ein Verrückter. (6) Warum bringst du nicht Engel zu uns, wenn du einer der Wahrhaftigen bist?" (7)

Wahrlich, Wir senden keine Engel hinab, außer aus triftigem Grunde, und dann wird ihnen kein Aufschub gewährt. (8)

Wahrlich, Wir Selbst haben diese Ermahnung herabgesandt, und sicherlich werden Wir ihr Hüter sein. (9)

Und wahrlich, Wir entsandten schon vor dir (Gesandte) zu den Parteien der Früheren. (10) Und nie kam ein Gesandter zu ihnen, über den sie nicht gespottet hätten. (11) So lassen Wir diese (Spottlust) in die Herzen der Sünder einziehen. (12) Sie glauben nicht daran, obwohl sich das Beispiel der Früheren ereignet hat. (13)

Und selbst wenn Wir ihnen ein Tor des Himmels öffneten und sie begännen dadurch hinaufzusteigen (14), sie würden gewiss sagen: "Nur unsere Blicke sind benommen; wahrlich, man hat uns nur etwas vorgegaukelt." (15)

Wahrlich, Wir haben Türme in den Himmel gesetzt und ihn für diejenigen, die ihn anschauen, ausgeschmückt. (16) Und Wir haben ihn vor jedem verfluchten Satan bewahrt (17); außer vor jenem, der heimlich lauscht, (und den) dann eine wirkungsvolle Flamme verfolgt. (18)

Und die Erde haben Wir ausgedehnt und darauf feste Berge gesetzt, und Wir ließen alles auf ihr wachsen, was ausgewogen ist. (19) Und Wir schufen darauf Mittel zu eurem Unterhalt und dem derer, die ihr nicht versorgt. (20)

Und es gibt nichts, von dem Wir keine Schätze hätten; aber Wir senden es nur in bestimmtem Maß hinab. (21)

Und Wir senden die fruchtbar machenden Winde (hinab). Dann senden Wir Wasser aus den Wolken nieder, dann geben Wir es euch zu trinken; und ihr hättet es nicht aufspeichern können. (22) Und wahrlich, Wir Selbst machen lebendig und lassen sterben; und Wir allein sind die Erben. (23) Und Wir kennen wohl jene unter euch, die voranschreiten, und Wir kennen wohl jene, die zurückbleiben. (24) Und wahrlich, es ist dein Herr, Der sie versammeln wird. Siehe, Er ist Allweise, Allwissend. (25)

Und wahrlich, Wir haben den Menschen aus Lehm, aus geformter Tonmasse erschaffen. (26) Und die *Ǧinn* erschufen Wir zuvor aus dem Feuer der sengenden Glut. (27)

Und damals sprach dein Herr zu den Engeln: "Ich bin im Begriff, den Menschen aus Lehm, aus geformter Tonmasse, zu erschaffen. (28) Wenn Ich ihn nun vollkommen geformt und ihm Meinen Geist eingehaucht habe, dann werft euch vor ihm nieder." (29)

Da warfen sich die Engel allesamt nieder (30), außer *Iblīs*; er weigerte sich, unter den Sich-Niederwerfenden zu sein. (31) Er sprach: "O *Iblīs*, was ist mit dir, dass du nicht unter den Sich-Niederwerfenden sein wolltest?" (32) Er sprach: "Nimmermehr werde ich mich vor einem Menschen niederwerfen, den Du aus Lehm, aus geformter Tonmasse erschaffen hast." (33) Er sprach: "Hinaus denn von hier; denn wahrlich, du bist verflucht. (34) Der Fluch soll auf dir lasten bis zum Tage des Gerichts." (35) Er sprach: "Mein Herr, so gewähre mir einen Aufschub bis zum Tage, an dem sie auferweckt werden." (36) Er sprach: "Du bist unter denen, die Aufschub erlangen (37) bis zur vorbestimmten Zeit." (38) Er sprach: "Mein Herr, da Du mich hast abirren lassen, so will ich ihnen wahrlich (das Böse) auf Erden ausschmücken, und wahrlich, ich will sie allesamt irreführen (39), außer Deinen erwählten Dienern unter ihnen." (40) Er sprach: "Dies ist ein gerader Weg, den Ich (dir) gewähre. (41) Wahrlich, du sollst keine Macht über Meine Diener haben, bis auf jene der Verführten, die dir folgen." (42) Und wahrlich, *Ǧahannam* ist ihnen allen der verheißene Ort. (43) Sieben Tore hat sie, und jedem Tor ist ein Teil von ihnen zugewiesen. (44)

Wahrlich, die Gottesfürchtigen werden sich in Gärten und an Quellen befinden. (45) "Tretet hinein in Frieden und Sicherheit!" (46) Und Wir wollen hinwegnehmen, was an Groll in ihren Herzen sein mag; brüderlich (sollen sie) auf Ruhesitzen einander gegenüber sitzen. (47) Müdigkeit wird sie darin nicht berühren, noch sollen sie jemals von dort vertrieben werden. (48)

Verkünde Meinen Dienern, dass Ich wahrlich der Allverzeihende, der Barmherzige bin (49), und dass Meine Strafe die schmerzliche Strafe ist. (50)

Und verkünde ihnen von den Gästen Abrahams (51), als sie bei ihm eintraten und sprachen: "Friede!", und er sagte: "Wir haben Angst vor euch." (52) Sie sprachen: "Fürchte dich nicht, wir bringen dir frohe Kunde von einem hochbegabten Knaben." (53) Er sagte: "Bringt ihr mir die frohe Kunde ungeachtet dessen, dass ich vom Alter getroffen bin? Welche frohe Kunde bringt ihr denn?" (54) Sie sprachen: "Wir haben dir die frohe Kunde wahrheitsgemäß überbracht; sei darum nicht einer derjenigen, die die Hoffnung aufgeben." (55) Er sagte: "Und wer außer den Verirrten zweifelt an der Barmherzigkeit seines Herrn?" (56) Er sagte: "Was ist euer Auftrag, ihr Boten?" (57) Sie sprachen: "Wir sind zu einem schuldigen Volk entsandt worden (58), ausgenommen die Anhänger Lots, die wir alle erretten sollen (59), bis auf seine Frau. Wir bestimmten, dass sie unter denen sein wird, die zurückbleiben." (60)

Als die Boten zu den Anhängern Lots kamen (61), da sagte er: "Wahrlich, ihr seid (uns) unbekannte Leute." (62) Sie sprachen: "Nein, aber wir sind mit dem zu dir gekommen, woran sie zweifelten. (63) Und wir sind mit der Gerechtigkeit zu dir gekommen, und gewiss, wir sind wahrhaftig. (64) So mache dich mit den Deinen in einer nächtlichen Stunde fort und ziehe hinter ihnen her. Und keiner von euch soll sich umwenden, sondern geht, wohin euch befohlen werden wird." (65) Und Wir verkündeten ihm in dieser Angelegenheit, dass die Wurzel jener (Leute) am Morgen ausgerottet werden sollte. (66)

Und das Volk der Stadt kam voller Freude. (67) Er sagte: "Das sind meine Gäste, so tut mir keine Schande an. (68) Und fürchtet Allāh und stürzt mich nicht in Schmach." (69) Sie sagten: "Haben wir dir nicht verboten, Leute (aufzunehmen)?" (70) Er sagte: "Hier sind meine Töchter, wenn ihr etwas zu unternehmen beabsichtigt." (71)

Wahrhaftig! Sie waren in ihrem Rausch verblendet, so dass sie umherirrten. (72) Da erfasste der Schrei sie bei Sonnenaufgang. (73) Und Wir kehrten das Oberste zuunterst, und Wir ließen auf sie brennende Steine niederregnen. (74) Wahrlich, hierin liegen Zeichen für die Einsichtigen. (75) Und wahrlich, diese (Städte) lagen an einem (immer noch) vorhandenen Weg. (76) Wahrlich, hierin ist ein Zeichen für die Gläubigen. (77)

Und wahrlich, die Leute des Waldes waren gewiss Frevler. (78) Und Wir rächten Uns an ihnen. Und beide liegen als eine erkennbare Mahnung da. (79)

Auch das Volk von *Al-Ḥiǧr* hielt die Gesandten für Lügner. (80) Und Wir gaben (ihnen) Unsere Zeichen, sie aber wandten sich von ihnen ab. (81) Und sie pflegten sich Wohnungen zur Sicherheit in die Berge einzuhauen. (82) Jedoch die Strafe erfasste sie am Morgen. (83) Und alles, was sie sich erworben hatten, nützte ihnen nichts. (84)

Wir erschufen die Himmel und die Erde und das, was zwischen beiden ist, nicht anders als in gerechter (und sinnvoller) Übereinstimmung; und die Stunde kommt gewiss. Darum übe Vergebung in schöner Weise. (85) Wahrlich, dein Herr - Er ist der Schöpfer, der Allwissende. (86)

Und Wir gaben dir wahrlich die sieben zu wiederholenden Verse und den großartigen Qur'ān. (87)

Und lass deine Augen nicht auf das abschweifen, was Wir manchen von ihnen zu kurzer Nutznießung verliehen haben, und sei auch nicht traurig ihretwegen; und senke deinen Flügel auf die Gläubigen. (88) Und sprich: "Ich bin gewiss der deutliche Warner." (89)

(Vor einer Strafe) wie Wir sie auf jene herabsandten, die sich abgespalten haben (90) und den Qur'ān für lauter Lügen erklärten. (91)

Darum, bei deinem Herrn, werden Wir sie sicherlich alle zur Rechenschaft ziehen (92) um dessentwillen, was sie zu tun pflegten. (93)

So tue kund, was dir befohlen wurde, und wende dich von den Götzendienern ab. (94) Wir werden dir sicherlich gegen die Spötter genügen (95), die einen anderen Gott neben Allāh setzen, doch bald werden sie es wissen. (96)

Und wahrlich, Wir wissen, dass deine Brust beklommen wird wegen dem, was sie reden. (97) Aber lobpreise deinen Herrn und sei unter den Sich-Niederwerfenden. (98) Und diene deinem Herrn, bis die Gewissheit (durch den Tod) zu dir kommt. (99)

(16) Sura An-Naḥl (Die Biene)

Offenbart zu Makka, 128 Āyāt

Im Namen Allāhs, des Allerbarmers, des Barmherzigen!

Der Befehl Allāhs kommt, so sucht ihn nicht zu beschleunigen. Gepriesen ist Er und Erhaben über all das, was sie anbeten. (1) Er sendet die Engel auf Seinen Befehl mit der Offenbarung zu dem von Seinen Dienern hernieder, zu dem Er will: "Warnt (die Menschen) dass kein Gott da ist außer Mir. Mich allein sollt ihr fürchten." (2) Er hat die Himmel und die Erde in gerechter Weise erschaffen. Erhaben ist Er über all das, was sie anbeten. (3) Er hat den Menschen aus einem Samentropfen erschaffen, doch seht, nun ist er ein offenkundiger Gegner. (4) Und das Vieh hat Er erschaffen, ihr habt an ihm Wärme und Nutzen; und davon esst ihr. (5) Und es ist schön für euch, wenn ihr (es) abends eintreibt und morgens austreibt (6); und sie tragen eure Lasten in ein Land, das ihr nicht erreichen könntet, es sei denn mit großer Mühsal. Wahrlich, euer Herr ist Gütig, Barmherzig. (7) Und (erschaffen hat Er) Pferde, Maultiere und Esel zum Reiten und zum Schmuck. Und Er erschafft, was ihr nicht wisst. (8)

Allāh weist den Weg. Es gibt solche, die (vom Weg) abweichen. Und hätte Er es gewollt, hätte Er euch allesamt den Weg gewiesen. (9) Er ist es, Der Wasser aus den Wolken herniedersendet; davon habt ihr zu trinken, und davon wachsen die Gebüsche, an denen ihr (euer Vieh) weiden lasst. (10) Damit lässt Er für euch Korn sprießen und den Ölbaum und die Dattelpalme und die Trauben und Früchte aller Art. Wahrlich, darin liegt ein Zeichen für nachdenkende Leute. (11) Und Er hat für euch die Nacht und den Tag dienstbar gemacht und die Sonne und den Mond; und die Sterne sind auf Seinen Befehl hin dienstbar. Wahrlich, darin liegen Zeichen für die Leute, die Verstand haben. (12) Und was Er auf der Erde für euch erschaffen hat, ist mannigfach an Farben. Wahrlich, darin liegt ein Zeichen für Leute, die sich mahnen lassen. (13) Und Er ist es, Der (euch) das Meer dienstbar gemacht hat, auf dass ihr zartes Fleisch daraus esst und Schmuck daraus gewinnt, um ihn euch anzulegen. Und du siehst, wie die Schiffe es durchfahren, auf dass ihr Seine Huld sucht und auf dass ihr dankbar sein mögt. (14) Und Er hat feste Berge auf der Erde gegründet, damit sie nicht mit euch wanke, und Flüsse und Wege, damit ihr recht gehen mögt (15); und (Er hat) Wegzeichen (erschaffen); und durch die Gestirne finden sie die Richtung. (16)

Ist nun wohl Der, Der erschafft, dem gleich, der nicht erschafft? Wollt ihr euch nicht ermahnen lassen? (17) Und wenn ihr Allāhs Wohltaten aufzählen wolltet, würdet ihr sie nicht restlos erfassen können. Wahrlich, Allāh ist Allverzeihend, Barmherzig. (18)

Und Allāh weiß, was ihr verbergt und was ihr kundtut. (19) Und jene, die sie statt Allāh anrufen, schaffen nichts - sind sie doch selbst erschaffen. (20) Tot sind sie, nicht lebendig; und sie wissen nicht, wann sie erweckt werden. (21) Euer Gott ist der Einzige Gott. Und die, die nicht ans Jenseits glauben - ihre Herzen sind (der Wahrheit) fremd, und sie sind hochmütig. (22)

Unzweifelhaft kennt Allāh, was sie verbergen und was sie kundtun. Wahrlich, Er liebt die Hochmütigen nicht. (23) Und wenn sie gefragt werden: "Was (haltet ihr) von dem, was euer Herr niedergesandt hat?" sagen sie: " (Das sind) Fabeln der Früheren." (24) (Dies ist so), damit sie am Tage der Auferstehung ihre Lasten vollständig tragen und einen Teil der Lasten derer, die sie ohne Wissen irreführen. Wahrlich, schlimm ist das, was sie tragen. (25)

Diejenigen, die vor ihnen waren, planten auch Ränke, doch Allāh rüttelte ihren Bau an den Grundmauern, so dass das Dach von oben her auf sie stürzte; und die Strafe kam über sie, ohne dass sie ahnten, woher. (26) Dann wird Er sie am Tage der Auferstehung zuschanden machen und sprechen: "Wo sind nun Meine Teilhaber, um deretwillen ihr strittet?" Die mit Erkenntnis Begabten werden sagen: "An diesem Tage wird Schande und Unheil den Ungläubigen (zuteil sein)." (27) Diejenigen, die von den Engeln abberufen werden - da sie gegen sich selber gefrevelt haben - und nun unterwürfig geworden sind, (sagen): "Wir pflegten ja, nichts Böses zu tun." Nein, wahrlich, Allāh weiß wohl, was ihr zu tun pflegtet. (28) So tretet durch die Tore der Ǧahannam ein, um darin zu wohnen. Schlimm ist wahrlich die Wohnstatt der Hochmütigen. (29)

Und (wenn) zu den Gottesfürchtigen gesprochen wird: "Was (haltet ihr) von dem, was euer Herr herabgesandt hat?" sagen sie: "Etwas Gutes!" Für die, welche Gutes tun, ist Gutes in dieser Welt, und die Wohnstatt des Jenseits ist noch besser. Herrlich wahrlich ist die Wohnstatt der Gottesfürchtigen. (30) Die Gärten von Eden, die sie betreten werden: Bäche durchfließen sie. Darin werden sie haben, was sie begehren. Und so belohnt Allāh die Gottesfürchtigen. (31) (Zu ihnen), die von den Engeln friedlich abberufen werden, sprechen die Engel: "Friede sei auf euch! Tretet ein in das Paradies für das, was ihr zu tun pflegtet." (32)

Worauf warten sie denn, wenn nicht darauf, dass die Engel zu ihnen kommen oder dass der Befehl deines Herrn eintrifft? So taten schon jene, die vor ihnen waren. Allāh war nicht ungerecht gegen sie, jedoch sie waren ungerecht gegen sich selber. (33) So ereilten sie die bösen Folgen ihres Tuns, und das, was sie zu verhöhnen pflegten, umschloss sie von allen Seiten. (34) Und die Götzendiener sagen: "Hätte Allāh es so gewollt, so hätten wir nichts außer Ihm angebetet, weder wir noch unsere Väter, noch hätten wir etwas ohne Seinen (Befehl) verboten." Genauso taten schon jene vor ihnen. Jedoch, sind die Gesandten für irgendetwas außer für die deutliche Verkündigung verantwortlich? (35)

Und in jedem Volk erweckten Wir einen Gesandten (der da predigte): "Dient Allāh und meidet die Götzen." Dann waren unter ihnen einige, die Allāh leitete, und es waren unter ihnen einige, die das Schicksal des Irrtums erlitten. So reist auf der Erde umher und seht, wie das Ende der Leugner war! (36)

Wenn du für sie den rechten Weg begehrst, dann (wisse, dass) Allāh nicht jenen den Weg weist, die (andere) irreführen; noch gibt es für sie Helfer. (37)

Und sie schwören bei Allāh ihre festen Eide, Allāh werde jene nicht auferwecken, die sterben. Aber nein! Ihn bindet ein Versprechen, das Ihm obliegt - jedoch die meisten Menschen wissen es nicht. (38) Er wird ihnen das klar machen, worüber sie uneins waren, damit jene, die ungläubig sind, wissen, dass sie Lügner sind. (39)

Unser Wort, das Wir für eine Sache sprechen, wenn Wir sie wollen, ist nur: "Sei!" und sie ist. (40)

Und denjenigen, die um Allāhs willen ausgewandert sind, nachdem sie unterdrückt worden waren, werden Wir sicherlich eine schöne Wohnstatt in der Welt geben; und wahrlich, der Lohn des Jenseits ist (noch) größer, wenn sie es nur wüssten (41); (es sind) diejenigen, die geduldig geblieben sind und auf ihren Herrn vertrauen. (42)

Und vor dir entsandten Wir (auch) nur Männer, denen Wir die Offenbarung gegeben haben; so fragt die, welche die Ermahnung besitzen, wenn ihr (etwas) nicht wisst. (43) (Wir entsandten sie) mit den deutlichen Zeichen und mit den Büchern; und zu dir haben Wir die Ermahnung herabgesandt, auf dass du den Menschen erklärest, was ihnen herabgesandt wurde, und auf dass sie nachdenken mögen. (44)

Sind denn jene, die Böses planen, sicher davor, dass Allāh sie nicht in die Erde versinken lässt, oder dass die Strafe nicht über sie kommen wird, wenn sie es nicht ahnen? (45) Oder (sind jene sicher davor) dass Er sie nicht in ihrem „Hin" und „Her" ergreift, so dass sie nicht imstande sein werden, dies zu vereiteln? (46) Oder (sind jene sicher davor) dass Er sie nicht durch vorgewarnte Vernichtung erfasst? Euer Herr ist wahrlich Gütig, Barmherzig. (47)

Haben sie denn nicht all die Dinge gesehen, die Allāh erschuf, und deren Schatten sich nach rechts und nach links wenden, und sich vor Allāh niederwerfen, während sie gedemütigt werden? (48) Und was an Geschöpfen in den Himmeln und auf Erden ist, wirft sich vor Allāh in Anbetung nieder; genauso die Engel, und sie betragen sich nicht hochmütig. (49) Sie fürchten ihren Herrn über sich und tun, was ihnen befohlen wird. (50)

Und Allāh hat gesprochen: "Nehmt euch nicht zwei Götter. Er ist der Einzige Gott. So fürchtet Mich allein." (51) Und Sein ist, was in den Himmeln und auf Erden ist, und Ihm gebührt die immerwährende Furcht. Wollt ihr also einen anderen fürchten außer Allāh? (52)

Was ihr Gutes habt - es ist von Allāh. Wenn euch jedoch ein Schaden trifft, dann fleht ihr Ihn um Hilfe an. (53) Doch wenn Er dann den Schaden von euch wegnimmt, so (beginnt) ein Teil von euch, seinem Herrn Götter zur Seite zu stellen (54) und das zu verleugnen, was Wir ihnen beschert haben. Wohlan, vergnügt euch nur eine Weile; bald aber werdet ihr es wissen. (55)

Und für die, von denen sie nichts wissen, setzen sie einen Teil von dem beiseite, was Wir ihnen beschert haben. Bei Allāh, ihr werdet sicherlich zur Rechenschaft gezogen werden für all das, was ihr erdichtet. (56) Und sie dichten Allāh Töchter an. Gepriesen sei Er! Und sich selbst behalten sie vor, was sie begehren. (57) Und wenn einem von ihnen die Nachricht von (der Geburt) einer Tochter überbracht wird, so verfinstert sich sein Gesicht, und er unterdrückt den inneren Schmerz. (58) Er verbirgt sich vor den Leuten aufgrund der schlimmen Nachricht, die er erhalten hat: Soll er sie behalten trotz der Schande, oder (soll er sie) in der Erde verscharren? Wahrlich, übel ist, wie sie urteilen! (59)

Auf diejenigen, die nicht an das Jenseits glauben, trifft das Gleichnis des Bösen zu. Auf Allāh aber trifft das allerhöchste Gleichnis zu, und Er ist der Erhabene, der Allweise. (60) Und wenn Allāh die Menschen für ihr Freveln bestrafen wollte, würde Er nicht ein einziges Lebewesen darauf (auf der Erde) bestehen lassen; doch Er gewährt ihnen Aufschub bis zu einer bestimmten Frist; und wenn ihre Frist um ist, dann können sie auch nicht eine Stunde dahinter zurückbleiben, noch können sie (ihr) vorauseilen. (61) Und sie schreiben Allāh zu, was ihnen (selbst) missliebig ist, und ihre Zungen äußern die Lüge, dass sie das Beste erhalten würden. Zweifellos wird ihnen das Feuer zuteil werden, und (darin) sollen sie unbeachtet bleiben. (62)

Bei Allāh, Wir schickten wahrlich schon Gesandte zu den Völkern vor dir, doch Satan ließ ihnen ihre Werke wohlgefällig erscheinen. So ist er heute ihr Schutzherr, und ihnen wird eine schmerzliche Strafe zuteil sein. (63) Und Wir haben dir das Buch nur deshalb herabgesandt, auf dass du ihnen das erklärest, worüber sie uneinig sind, und (Wir haben es) als Führung und Barmherzigkeit für die Leute, die glauben (herabgesandt). (64)

Und Allāh hat Wasser vom Himmel herabkommen lassen und damit die Erde nach ihrem Tod belebt. Wahrlich, darin liegt ein Zeichen für Leute, die hören können. (65) Wahrlich, auch am Vieh habt ihr eine Lehre. Wir geben euch von dem zu trinken, was in ihren Leibern (ist): Zwischen Kot und Blut (ist) in der Mitte Milch, die denen lauter (und) angenehm ist, die sie trinken. (66) Und von den Früchten der Dattelpalmen und den Beeren macht ihr euch Rauschtrank und gute Speise. Wahrlich, darin liegt ein Zeichen für Leute, die Verstand haben. (67)

Und dein Herr hat der Biene eingegeben: "Baue dir Häuser in den Bergen und in den Bäumen und in dem, was sie (die Menschen) errichten. (68) Dann iss von allen Früchten und folge den Wegen deines Herrn, (die Er dir) leicht gemacht hat." Aus ihren Leibern kommt ein Trank, mannigfach an Farbe. Darin liegt ein Heilmittel für die Menschen. Wahrlich, hierin ist ein Zeichen für Leute, die nachdenken. (69)

Und Allāh hat euch erschaffen, dann lässt Er euch sterben; und es gibt manche unter euch, die ins hinfällige Greisenalter getrieben werden, so dass sie nichts wissen, nachdem (sie) doch Wissen (besessen haben). Wahrlich, Allāh ist Allwissend, Allmächtig. (70) Und Allāh hat einige von euch vor den anderen mit Gaben begünstigt. Und doch wollen die Begünstigten nichts von ihren Gaben denen zurückgeben, die sie von Rechts wegen besitzen, so dass sie gleich (beteiligt) wären. Wollen sie denn Allāhs Huld verleugnen? (71) Und Allāh gab euch Gattinnen aus euch selbst, und aus euren Gattinnen machte Er euch Söhne und Enkelkinder, und Er hat euch mit Gutem versorgt. Wollen sie da an Nichtiges glauben und Allāhs Huld verleugnen? (72) Dennoch verehren sie statt Allāh solche, die nicht die Macht haben, ihnen irgendwelche Gaben von den Himmeln oder der Erde zu gewähren, noch können sie je solche Macht erlangen. (73)

So sollt ihr Allāh keine Gleichnisse prägen. Gewiss, Allāh weiß, und ihr wisst nicht. (74) Allāh gibt (euch) das Gleichnis (von zwei Männern) an die Hand: von einem Sklaven, einem Leibeigenen, der über nichts Gewalt hat, und von einem (Freien), den Wir Selbst reichlich versorgt haben, und der davon geheim und offen spendet. Sind diese gleich? Preis sei Allāh! Doch die meisten von ihnen wissen es nicht. (75) Und Allāh gibt (euch) ein (anderes) Gleichnis von zwei Männern an die Hand: der eine von ihnen ist stumm, er hat über nichts Gewalt und ist für seinen Dienstherrn eine Last; wo er ihn auch hinschicken mag - er bringt nichts Gutes (zurück). Kann er dem gleich sein, der Gerechtigkeit gebietet und der selbst auf dem geraden Weg ist? (76)

Und Allāh gehört das Ungesehene der Himmel und der Erde; und was die Stunde anbelangt, so ist sie nur einen Augenblick (entfernt), nein, sie ist noch näher. Gewiss, Allāh hat Macht über alle Dinge. (77) Und Allāh hat euch aus dem Schoß eurer Mütter hervorgebracht, ohne dass ihr etwas wusstet, und Er gab euch Ohren und Augen und Herzen, auf dass ihr danken mögt. (78)

Sehen sie nicht die Vögel, die im Luftraum des Himmels in Dienstbarkeit gehalten sind? Keiner hält sie aufrecht außer Allāh. Wahrlich, darin liegen Zeichen für die Leute, die glauben. (79) Und Allāh hat euch eure Häuser zu einem Ruheplatz gemacht, und Er hat euch aus den Häuten des Viehs Zelte gemacht, die ihr leicht zur Zeit eurer Reise und zur Zeit eures Aufenthalts handhaben könnt; und ihre Wolle und ihr Pelz und ihr Haar (gab Er euch) zu Gebrauchsgegenständen und zur Nutznießung für eine (bestimmte) Zeit. (80) Und Allāh hat euch aus dem, was Er erschaffen hat, schattenspendende Dinge gemacht, und in den Bergen hat Er euch Schutzwinkel gemacht, und Er hat euch Gewänder gemacht, die euch vor Hitze schützen, und Panzerhemden, die euch im Kampf schützen. So vollendet Er Seine Gnade an euch, auf dass ihr (Ihm) ergeben sein mögt. (81)

Doch wenn sie sich abkehren, dann bist du für nichts verantwortlich außer für die klare Verkündigung. (82) Sie kennen Allāhs Gnade, und sie leugnen sie doch; und die meisten von ihnen sind ungläubig. (83)

Und am Tage, da Wir aus jeglichem Volk einen Zeugen erwecken werden, wird denen, die nicht glauben, nichts gestattet werden, noch wird ihre Entschuldigung angenommen werden. (84) Und wenn jene, die Unrecht begangen haben, die Strafe erst erleben, dann wird sie ihnen nicht leicht gemacht, noch werden sie Aufschub erlangen. (85)

Und wenn die, welche Götter anbeten, ihre Götter sehen werden, so werden sie sagen: "Unser Herr, das sind unsere Götter, die wir statt Deiner anriefen." Darauf werden sie ihnen

die Beschuldigung zurückgeben: "Wahrlich, ihr seid Lügner."
(86) Und an jenem Tage werden sie Allāh (ihre) Unterwerfung
anbieten, und alles, was sie zu erdichten pflegten, wird sie
im Stich lassen. (87) Die ungläubig sind und von Allāhs Weg
abhalten - zu (deren) Strafe werden Wir noch eine Strafe
hinzufügen, weil sie Unheil anrichteten. (88)

Und am Tage, da Wir in jeglichem Volk einen Zeugen aus
ihren eigenen Reihen gegen sie selbst erwecken werden, wollen
Wir dich als Zeugen bringen gegen diese. Und Wir haben dir
das Buch zur Erklärung aller Dinge herniedergesandt, und
als Führung und Barmherzigkeit und frohe Botschaft für die
Gottergebenen. (89)

Wahrlich, Allāh gebietet, gerecht (zu handeln), uneigennützig
Gutes zu tun und freigebig gegenüber den Verwandten zu
sein; und Er verbietet, was schändlich und abscheulich und
gewalttätig ist. Er ermahnt euch; vielleicht werdet ihr die
Ermahnung annehmen. (90)

Und haltet den Bund mit Allāh ein, wenn ihr einen Bund
geschlossen habt; und brecht die Eide nicht nach ihrer
Bekräftigung, wo ihr doch Allāh zum Bürgen für euch gemacht
habt. Wahrlich, Allāh weiß, was ihr tut. (91) Und seid nicht wie
jene (Frau), die ihre Strickarbeiten auflöste, nachdem sie diese
angefertigt hatte. Ihr macht eure Eide zu einem Mittel, euch
gegenseitig zu betrügen, (aus Furcht) ein Volk könnte sonst
mächtiger werden als ein anderes. Allāh stellt euch damit nur auf
die Probe, und am Tage der Auferstehung wird Er euch das klar
machen, worüber ihr uneinig wart. (92)

Und hätte Allāh es gewollt, hätte Er euch sicherlich zu einer
einzigen Gemeinde gemacht; jedoch Er lässt irregehen, wen Er
will, und leitet recht, wen Er will, und ihr werdet gewiss zur
Rechenschaft gezogen werden für das, was ihr getan habt. (93)

Und macht eure Eide nicht zu einem Mittel, euch gegenseitig
zu betrügen; sonst wird euer Fuß ausgleiten, nachdem er fest
aufgetreten ist, und ihr werdet dafür vom Übel kosten, dass ihr
von Allāhs Weg abgehalten habt, und euch wird eine strenge
Strafe zuteil sein. (94) Und verschachert Allāhs Bund nicht zu

einem armseligen Preis. Wahrlich, was bei Allāh ist, ist besser für euch, wenn ihr es nur wüsstet. (95)

Was bei euch ist, vergeht, und was bei Allāh ist, bleibt. Und Wir werden gewiss denen, die standhaft sind, ihren Lohn nach der besten ihrer Taten bemessen. (96) Dem, der recht handelt - ob Mann oder Frau - und gläubig ist, werden Wir gewiss ein gutes Leben gewähren; und Wir werden gewiss solchen (Leuten) ihren Lohn nach der besten ihrer Taten bemessen. (97)

Und wenn du den Qur'ān liest, so suche bei Allāh Zuflucht vor Satan, dem Verfluchten. (98) Wahrlich, er hat keine Macht über die, welche da glauben und auf ihren Herrn vertrauen. (99)

Siehe, seine Macht erstreckt sich nur auf jene, die bei ihm Beistand suchen und die (Allāh) Götter zur Seite stellen. (100) Und wenn Wir einen Vers an Stelle eines anderen bringen - und Allāh weiß am besten, was Er offenbart, sagen sie: "Du bist nur ein Erdichter." Doch nein! Die meisten von ihnen haben kein Wissen. (101) Sprich: "Der Geist der Heiligkeit hat ihn (den Qur'ān) von deinem Herrn in Wahrheit herabgebracht, auf dass Er die festige, die da glauben, und (er hat den Qur'ān) zu einer Führung und einer frohen Botschaft für die Gottergebenen (herabgebracht)." (102)

Und Wir wissen wahrlich, dass sie sagen, wer ihn lehrt, sei nur ein Mensch. Die Sprache dessen jedoch, auf den sie hinweisen, ist eine fremde, während dies hier eine deutliche arabische Sprache ist. (103)

Denen, die nun nicht an die Zeichen Allāhs glauben, wird Allāh nicht den Weg weisen, und ihnen wird eine schmerzliche Strafe zuteil sein. (104) Wahrlich, es sind ja nur jene, die nicht an die Zeichen Allāhs glauben, die da Falsches erdichten; und sie allein sind die Lügner. (105) Wer Allāh verleugnet, nachdem er geglaubt hat - den allein ausgenommen, der (dazu) gezwungen wird, während sein Herz im Glauben Frieden findet; auf jenen aber, die ihre Brust dem Unglauben öffnen, lastet Allāhs Zorn; und ihnen wird eine strenge Strafe zuteil sein. (106) Dies (ist so), weil sie das Leben des Diesseits dem des Jenseits vorgezogen haben, und weil Allāh das Volk der Ungläubigen nicht leitet. (107) Sie sind es, auf deren Herzen und Ohren und Augen Allāh ein

Siegel gesetzt hat. Und sie sind die Achtlosen. (108) Zweifellos sind sie es, die im Jenseits die Verlierenden sein werden. (109) Alsdann wird dein Herr denen gegenüber, die auswanderten, nachdem sie verfolgt worden waren, und dann kämpften und geduldig blieben - siehe, (ihnen gegenüber) wird dein Herr hernach gewiss Allverzeihend, Barmherzig sein. (110) An dem Tage, da jede Seele kommen wird, um sich selbst zu rechtfertigen, und da jeder Seele voll vergolten wird, was sie getan hat, sollen sie kein Unrecht erleiden. (111)

Und Allāh gibt das Gleichnis von einer Stadt: Sie genoss Sicherheit und Frieden und wurde reichlich aus allen Orten versorgt; doch sie leugnete die Wohltaten Allāhs. Darum ließ Allāh sie eine umfassende Not des Hungers und der Furcht kosten für das, was sie (ihre Bewohner) zu tun pflegten. (112) Und wahrlich, zu ihnen war ein Gesandter aus ihrer Mitte gekommen, sie aber verleugneten ihn; da ereilte sie die Strafe, weil sie Frevler waren. (113)

Darum esst nun von den erlaubten guten Dingen, womit Allāh euch versorgt hat; und seid dankbar für Allāhs Huld, wenn Er es ist, Dem ihr dient. (114)

Verwehrt hat Er euch nur das von selbst Verendete und Blut und Schweinefleisch und das, worüber ein anderer Name als Allāhs angerufen worden ist. Wer aber genötigt wird, (davon zu essen) ohne die Gebote übertreten zu wollen und ohne das Maß zu überschreiten, wahrlich, Allāh ist dann Allverzeihend, Barmherzig. (115)

Und sagt nicht aufgrund der Falschheit eurer Zungen: "Das ist erlaubt, und das ist verboten", so dass ihr eine Lüge gegen Allāh erdichtet. Wahrlich, diejenigen, die eine Lüge gegen Allāh erdichten, haben keinen Erfolg. (116) Wenig Genuss (haben sie), (dann) aber wird ihnen eine schmerzliche Strafe zuteil sein. (117) Und denen, die Juden sind, haben Wir all das verboten, was Wir dir bereits zuvor mitgeteilt haben. Und nicht Wir taten ihnen Unrecht, sondern sie taten sich selber Unrecht. (118)

Alsdann wird dein Herr gegen die, die in Unwissenheit Böses tun und es danach bereuen und sich bessern, wahrlich, (ihnen gegenüber) wird dein Herr hernach Allverzeihend, Barmherzig sein. (119)

Wahrlich, Abraham war ein Vorbild: (er war) gehorsam gegenüber Allāh, lauter im Glauben, und er gehörte nicht zu den Götzendienern (120); er war dankbar für Seine Wohltaten; Er (Allāh) erwählte ihn und leitete ihn auf den geraden Weg. (121) Und Wir gewährten ihm Gutes in dieser Welt, und im Jenseits wird er sicherlich unter den Rechtschaffenen sein. (122) Alsdann haben Wir dir offenbart: "Folge dem Weg Abrahams, des Lauteren im Glauben, der nicht zu den Götzendienern gehörte." (123)

Der Sabbat wurde denen auferlegt, die über ihn uneins waren; und dein Herr wird gewiss am Tage der Auferstehung zwischen ihnen über das richten, worüber sie uneins waren. (124)

Rufe zum Weg deines Herrn mit Weisheit und schöner Ermahnung auf, und streite mit ihnen auf die beste Art. Wahrlich, dein Herr weiß am besten, wer von Seinem Weg abgeirrt ist; und Er kennt jene am besten, die rechtgeleitet sind. (125) Und wenn ihr bestraft, dann bestraft in dem Maße, wie euch Unrecht zugefügt wurde; wollt ihr es aber geduldig ertragen, dann ist das wahrlich das Beste für die Geduldigen (126); und harre in Geduld aus; deine Geduld aber kommt nur von Allāh. Und sei weder traurig über sie, noch beunruhigt wegen ihrer Ränke. (127) Wahrlich, Allāh ist mit denen, die gottesfürchtig sind und Gutes tun. (128)

(17) Sura Al-Isrā' (Die Nachtreise)

Offenbart zu Makka, 111 Āyāt

Im Namen Allāhs, des Allerbarmers, des Barmherzigen!

∗ Gepriesen sei Der, Der bei Nacht Seinen Diener von der heiligen Moschee zu der fernen Moschee, deren Umgebung Wir gesegnet haben, hinführte, auf dass Wir ihm einige Unserer Zeichen zeigten. Wahrlich, Er ist der Allhörende, der Allsehende. (1)

Und Wir gaben Moses die Schrift und machten sie zu einer Führung für die Kinder Israels (und sprachen): "Nehmt keinen zum Beschützer außer Mir (2), o ihr Nachkommen derer, die Wir mit Noah trugen! Er war wahrlich ein dankbarer Diener." (3) Und Wir hatten den Kindern Israels in der Schrift dargelegt: "Seht, ihr werdet gewiss zweimal im Land Unheil anrichten, und ihr werdet gewiss sehr überheblich sein." (4) Als nun die Zeit für die erste der beiden Verheißungen eintraf, sandten Wir gegen euch Diener von Uns, die mit gewaltiger Kriegsmacht begabt waren; und sie drangen in das Wohngebiet ein, und so wurde die Verheißung erfüllt. (5) Dann gaben Wir euch wiederum die Macht über sie und stärkten euch mit Reichtum und Kindern und vermehrten eure Zahl. (6) Wenn ihr Gutes tut, so tut ihr Gutes für eure eigenen Seelen; und wenn ihr Böses tut, so ist es gegen sie. Als nun die Zeit für die zweite Verheißung eintraf, (entsandten Wir Diener), damit sie eure Gesichter demütigten und die Moschee beträten, wie sie diese das erste Mal betreten hatten, und sie zerstörten alles, was sie erobert hatten, völlig bis auf den Grund. (7)

Es ist möglich, dass euer Herr Sich eurer erbarmt; doch wenn ihr zurückkehrt, so wollen (auch) Wir zurückkehren; und Wir haben *Ǧahannam* zu einem Gefängnis für die Ungläubigen gemacht. (8)

Wahrlich, dieser Qur'ān leitet zum wirklich Richtigen und bringt den Gläubigen, die gute Taten verrichten, die frohe Botschaft, auf dass ihnen großer Lohn zuteil werde. (9) Und Wir haben denen, die nicht an das Jenseits glauben, eine schmerzliche Strafe bereitet. (10)

Und der Mensch bittet um das Schlimme, wie er um das Gute bittet; und der Mensch ist voreilig. (11)

Und Wir machten die Nacht und den Tag zu zwei Zeichen, indem Wir das Zeichen der Nacht gelöscht haben, und das Zeichen des Tages haben Wir sichtbar gemacht, damit ihr nach der Fülle eures Herrn trachtet und die Zählung der Jahre und die Rechenkunst kennt. Und jegliches Ding haben Wir durch eine deutliche Erklärung klar gemacht. (12)

Und einem jeden Menschen haben Wir seine Taten an den Nacken geheftet; und am Tage der Auferstehung werden Wir ihm ein Buch herausbringen, das ihm geöffnet vorgelegt wird. (13) "Lies dein Buch. Heute genügt deine eigene Seele, um die Abrechnung gegen dich vorzunehmen." (14)

Wer den rechten Weg befolgt, der befolgt ihn nur zu seinem eigenen Heil; und wer irregeht, der geht allein zu seinem eignen Schaden irre. Und keine lasttragende Seele soll die Last einer anderen tragen. Und Wir bestrafen nie, ohne zuvor einen Gesandten geschickt zu haben. (15) Und wenn Wir eine Stadt zu zerstören beabsichtigen, lassen Wir Unseren Befehl an ihre Wohlhabenden ergehen; wenn sie in ihr freveln, so wird der Richtspruch gegen sie fällig, und Wir zerstören sie bis auf den Grund. (16)

Und wie viele Geschlechter haben Wir nach Noah vernichtet! Und dein Herr kennt und sieht die Sünden Seiner Diener zur Genüge. (17) Wenn einer das Irdische begehrt, bereiten Wir ihm schnell das, was Wir wollen - dem, der Uns beliebt; danach haben Wir Ğahannam für ihn bestimmt, in der er brennt, verdammt und verstoßen. (18) Und wenn aber einer das Jenseits begehrt und es beharrlich erstrebt und gläubig ist - dessen Eifer wird mit Dank belohnt. (19) Ihnen allen, diesen und jenen, gewähren Wir die Gabe deines Herrn. Und die Gabe deines Herrn ist keinesfalls beschränkt. (20) Schau, wie Wir die einen von ihnen über die anderen erhöht haben; und wahrhaftig, das Jenseits soll noch mehr Ränge und Auszeichnungen enthalten. (21)

Setze neben Allāh keinen anderen Gott, auf dass du nicht mit Schimpf bedeckt und verlassen dasitzt. (22) Und dein Herr hat befohlen: "Verehrt keinen außer Ihm, und (erweist) den Eltern Güte. Wenn ein Elternteil oder beide bei dir ein hohes Alter erreichen, so sage dann nicht »Pfui!« zu ihnen und fahre sie nicht an, sondern sprich zu ihnen in ehrerbietiger Weise. (23) Und senke für sie in Barmherzigkeit den Flügel der Demut und sprich: »Mein Herr, erbarme Dich ihrer (ebenso mitleidig), wie sie mich als Kleines aufgezogen haben.«" (24) Euer Herr weiß am besten, was in euren Seelen ist: Wenn ihr rechtgesinnt seid, dann ist Er gewiss Verzeihend gegenüber den Sich-Bekehrenden. (25) Und gib dem Verwandten, was ihm gebührt, und ebenso dem Armen und dem Sohn des Weges, aber sei (dabei) nicht ausgesprochen verschwenderisch. (26) Denn die Verschwender sind Brüder der Satane, und Satan war undankbar gegen seinen Herrn. (27) Und wenn du dich von ihnen abwendest - im Trachten nach der Barmherzigkeit deines Herrn, auf die du hoffst, so sprich zu ihnen angenehme Worte. (28)

Und lass deine Hand nicht an deinen Hals gefesselt sein, aber strecke sie auch nicht zu weit geöffnet aus, damit du nicht getadelt (und) zerschlagen niedersitzen musst. (29) Wahrlich, dein Herr erweitert und beschränkt (dem), dem Er will, die Mittel zum Unterhalt; denn Er kennt und sieht Seine Diener wohl. (30) Und tötet eure Kinder nicht aus Furcht vor Armut; Wir sorgen für sie und für euch. Wahrlich, sie zu töten ist ein großes Vergehen. (31) Und kommt der Unzucht nicht nahe. Wahrlich, sie ist eine Schändlichkeit und ein übler Weg. (32) Und tötet nicht das Leben, das Allāh unverletzlich gemacht hat, es sei denn zu Recht. Und wer da ungerechterweise getötet wird - dessen Erben haben Wir gewiss Ermächtigung (zur Vergeltung) gegeben; doch soll er im Töten nicht maßlos sein; denn er findet (Unsere) Hilfe. (33) Und tastet nicht das Gut der Waise an, es sei denn zu (ihrem) Besten, bis sie die Reife erreicht hat. Und haltet die Verpflichtung ein; denn über die Verpflichtung muss Rechenschaft abgelegt werden. (34) Und gebt volles Maß, wenn ihr messt, und wägt mit richtiger Waage; das ist durchaus vorteilhaft und letzten Endes das Beste. (35) Und verfolge nicht das, wovon du keine Kenntnis hast. Wahrlich, das Ohr und das Auge und das Herz - sie alle sollen zur Rechenschaft gezogen werden. (36) Und wandle nicht ausgelassen (in Übermut) auf der Erde; denn du kannst weder die Erde durchbohren, noch kannst du die Berge an Höhe erreichen. (37) Das Üble all dessen ist hassenswert vor deinem Herrn. (38)

Dies ist ein Teil von der Weisheit, die dir dein Herr offenbart hat. Und setze neben Allāh keinen anderen Gott, auf dass du nicht in Ǧahannam geworfen werdest, verdammt und verstoßen. (39) Hat euer Herr euch denn mit Söhnen bevorzugt und für Sich Selbst Töchter von den Engeln genommen? Wahrlich, ihr sprecht da ein großes Wort. (40) Und wahrlich, Wir haben in diesem

Qur᾽ān (manches) auf verschiedene Art dargelegt, damit sie ermahnt seien, doch es mehrt nur ihren Widerwillen. (41) Sprich: "Gäbe es neben Ihm noch andere Götter, wie sie behaupten, dann hätten sie gewiss versucht, einen Weg zum Herrn des Throns einzuschlagen." (42) Gepriesen sei Er und in großer Weise Erhaben über all das, was sie behaupten. (43)

Die sieben Himmel und die Erde und alle darin lobpreisen Ihn; und es gibt nichts, was Seine Herrlichkeit nicht preist; ihr aber versteht deren Lobpreisung nicht. Wahrlich, Er ist Nachsichtig, Allverzeihend. (44)

Und wenn du den Qur᾽ān verliest, legen Wir zwischen dir und jenen, die nicht an das Jenseits glauben, eine unsichtbare Scheidewand. (45) Und Wir legen Hüllen auf ihre Herzen, so dass sie ihn nicht verstehen, und in ihre Ohren Taubheit. Und wenn du im Qur᾽ān deinen Herrn nennst, Ihn allein, so wenden sie ihren Rücken in Widerwillen ab. (46)

Wir wissen am besten, worauf sie horchen, wenn sie dir zuhören, und wenn sie sich insgeheim bereden, während die Frevler sagen: "Ihr folgt nur einem Manne, der einem Zauber zum Opfer gefallen ist." (47) Schau, wie sie von dir Gleichnisse prägen und damit so sehr in die Irre gegangen sind, dass sie nicht in der Lage sind, den Weg zu finden. (48)

Und sie sagen: "Wenn wir zu Gebeinen und Staub geworden sind, sollen wir dann wirklich zu einer neuen Schöpfung auferweckt werden?" (49) Sprich: "Ob ihr Steine oder Eisen (50) oder sonst eine Schöpfung von der Art seid, die nach eurem Sinn am schwersten wiegt." Dann werden sie sagen: "Wer soll uns ins Leben zurückrufen?" Sprich: "Er, Der euch das erste Mal erschuf." Dann werden sie ihre Köpfe vor dir schütteln und sagen: "Wann geschieht es?" Sprich: "Vielleicht geschieht es gar bald. (51) An dem Tage, an dem Er euch ruft, da werdet ihr Ihm lobpreisend entgegenkommen und meinen, ihr hättet nur kurz (auf Erden) verweilt." (52)

Und sprich zu Meinen Dienern, sie möchten nur das Beste reden; denn Satan stiftet zwischen ihnen Zwietracht. Wahrlich, Satan ist dem Menschen ein offenkundiger Feind. (53)

Euer Herr kennt euch am besten. Wenn Er will, so wird Er Sich eurer erbarmen, oder wenn Er will, so wird Er euch bestrafen. Und Wir haben dich nicht als ihren Wächter entsandt. (54)

Und dein Herr kennt jene am besten, die in den Himmeln und auf der Erde sind. Und wahrlich, Wir erhöhten einige der Propheten über die anderen, und David gaben Wir ein Buch. (55)

Sprich: "Ruft doch die an, die ihr neben Ihm wähnt; sie haben keine Macht, weder das Unheil von euch zu nehmen noch es abzuwenden." (56) Jene, die sie anrufen, suchen selbst die Nähe ihres Herrn - (und wetteifern untereinander) wer von ihnen (Ihm) am nächsten sei - und hoffen auf Sein Erbarmen und fürchten Seine Strafe. Wahrlich, die Strafe deines Herrn ist zu fürchten. (57)

Es gibt keine Stadt, die Wir nicht vor dem Tage der Auferstehung vernichten oder der (Wir) keine strenge Strafe auferlegen werden. Das ist in dem Buch niedergeschrieben. (58)

Und nichts könnte Uns hindern, Zeichen zu senden, obwohl die Früheren sie verworfen hatten. Und Wir gaben den Ṭamūd die Kamelstute als ein sichtbares Zeichen, doch sie frevelten an ihr. Und Wir senden Zeichen, nur um Furcht einzuflößen. (59)

Und Wir sprachen da zu dir: "Dein Herr umfasst die Menschen." Und Wir haben die (Himmels-) Besichtigung, die Wir dir ermöglicht haben, nur als eine Prüfung für die Menschen gemacht und ebenso den verfluchten Baum im Qur'ān. Und Wir warnen sie, jedoch es bestärkt sie nur noch in ihrer großen Ruchlosigkeit. (60)

Und als Wir zu den Engeln sprachen: "Werft euch vor Adam nieder!" da warfen sie sich nieder, außer Iblīs. Er sagte: "Soll ich mich vor einem niederwerfen, den Du aus Ton erschaffen hast?" (61) Er sagte (weiter): "Was denkst Du? Dieser ist es, den Du höher geehrt hast als mich! Willst Du mir eine Frist bis zum Tage der Auferstehung geben, so will ich gewiss Gewalt über seine Nachkommen - bis auf einige wenige - erlangen." (62) Er sprach: "Fort mit dir! Und wer von ihnen dir folgt - wahrlich, Ğahannam soll deren aller Lohn sein, ein ausgiebiger Lohn. (63) Und betöre nun mit deiner Stimme von ihnen, wen du vermagst, und treibe dein Ross und dein Fußvolk gegen sie und habe an ihren

Vermögen und Kindern teil und mache ihnen Versprechungen." Und Satan verspricht ihnen nur Trug. (64) "Über Meine Diener aber wirst du gewiss keine Macht haben." Und dein Herr genügt als Beschützer. (65)

Euer Herr ist es, Der die Schiffe auf dem Meer für euch treibt, auf dass ihr nach Seiner Gnade trachten mögt. Wahrlich, Er ist gegen euch Barmherzig. (66)

Und wenn euch auf dem Meer ein Unheil trifft: entschwunden sind euch (dann auf einmal) jene (Götzen), die ihr (zuvor) an Seiner Statt angerufen habt. Hat Er euch aber ans Land gerettet, dann kehrt ihr euch (wieder von Ihm) ab; denn der Mensch ist undankbar. (67)

Fühlt ihr euch denn sicher davor, dass Er euch nicht auf dem Festland versinken lässt, oder dass Er einen heftigen Sandsturm gegen euch schickt, (so dass) ihr dann keinen Beschützer für euch findet? (68) Oder fühlt ihr euch sicher davor, dass Er euch nicht noch ein zweites Mal dorthin zurückschickt und einen Sturmwind gegen euch entsendet und euch für euren Unglauben ertrinken lässt? In (diesem Augenblick) werdet ihr keinen finden, der Uns deswegen belangen würde. (69)

Und wahrlich, Wir haben die Kinder Adams geehrt und sie über Land und Meer getragen und sie mit guten Dingen versorgt und sie ausgezeichnet - eine Auszeichnung vor jenen vielen, die Wir erschaffen haben. (70)

An jenem Tage, da werden Wir ein jedes Volk mit seinem Führer vorladen. Diejenigen, die dann ihr Buch in ihrer Rechten empfangen werden, werden ihr Buch verlesen und nicht das geringste Unrecht erleiden. (71) Wer aber blind ist in dieser (Welt), der wird auch im Jenseits blind sein und noch weiter vom Weg abirren. (72)

Und sie hätten dich beinahe in schwere Bedrängnis um dessentwillen gebracht, was Wir dir offenbarten, damit du etwas anderes über Uns erdichten mögest; und dann hätten sie dich gewiss zu ihrem Freund erklärt. (73) Hätten Wir dich nicht gefestigt, dann hättest du dich ihnen ein wenig zugeneigt. (74) Doch dann hätten Wir dich das Doppelte im Leben kosten lassen und das Doppelte im Tode; und du hättest keinen Helfer Uns gegenüber gefunden. (75)

Und sie hätten dich fast aus dem Lande verscheucht, um dich daraus zu vertreiben; dann aber wären sie nach dir nur eine kurze Zeitspanne (dort) geblieben. (76) In dieser Weise verfuhren (Wir) mit Unseren Gesandten, die Wir vor dir schickten; und du wirst keine Änderung in Unserem Verfahren finden. (77)

Verrichte dein Gebet vom Neigen der Sonne an bis zum Dunkel der Nacht, und (lies) den Qur'ān bei Tagesanbruch. Wahrlich, (besonders bei der Lesung) des Qur'ān bei Tagesanbruch (sind die Engel) zugegen. (78) Und unterbrich deswegen (für die Lesung) in der Nacht deinen Schlaf - (vollbringe) diese (Leistung) freiwillig. Es mag sein, dass dich dein Herr (dafür) zu einem löblichen Rang erweckt. (79) Und sprich: "O mein Herr, lass meinen Eingang einen guten Eingang sein und lass meinen Ausgang einen guten Ausgang sein. Und gewähre mir Deine hilfreiche Kraft." (80) Und sprich: "Gekommen ist die Wahrheit und dahingeschwunden ist die Falschheit; wahrlich, das Falsche verschwindet bestimmt." (81)

Und Wir senden vom Qur'ān das hinab, was eine Heilung und Barmherzigkeit für die Gläubigen ist; den Ungerechten aber mehrt es nur den Schaden. (82)

Und wenn Wir dem Menschen Gnade erweisen, wendet er sich ab und geht beiseite; wenn ihn aber ein Übel trifft, gibt er sich der Verzweiflung hin. (83) Sprich: "Ein jeder handelt gemäß seiner eigenen Art, und euer Herr weiß am besten, wer den rechten Weg geht." (84)

Und sie befragen dich über die Seele. Sprich: "Die Seele ist eine Angelegenheit meines Herrn; und euch ist vom Wissen nur wenig gegeben." (85)

Und wenn Wir es wollten, könnten Wir gewiss das wieder fortnehmen, was Wir dir offenbart haben; du fändest dann für dich in dieser Sache keinen Beschützer Uns gegenüber (86), außer der Barmherzigkeit deines Herrn. Wahrlich, Seine Gnade gegen dich ist groß. (87)

Sprich: "Wenn sich auch die Menschen und die Ğinn vereinigten, um etwas Gleiches wie diesen Qur'ān hervorzubringen, brächten sie doch nichts Gleiches hervor, selbst wenn sie einander beistünden." (88)

Und wahrlich, Wir haben für die Menschen in diesem Qur'ān allerlei abgewandelte Beispiele angeführt; aber die meisten Menschen wollen nichts anderes als ungläubig zu sein. (89) Und sie sagen: "Wir werden dir nimmermehr glauben, bis du uns einen Quell aus der Erde hervorsprudeln lässt (90); oder (bis) du einen Garten mit Dattelpalmen und Trauben hast und mittendrin Bäche in reichlicher Weise hervorsprudeln lässt (91); oder (bis) du den Himmel über uns in Stücken einstürzen lässt, wie du es behauptest, oder (bis du) Allāh und die Engel vor unser Angesicht bringst (92); oder (bis) du ein prunkvolles Haus besitzt oder zum Himmel aufsteigst; und wir werden nicht eher an deinen Aufstieg glauben, bis du uns ein Buch hinabsendest, das wir lesen können." Sprich: "Preis sei meinem Herrn! Bin ich denn etwas anderes als ein Mensch, ein Gesandter?" (93)

Und nichts hat die Menschen abgehalten zu glauben, als die Rechtleitung zu ihnen kam; doch sie sagten nur: "Hat Allāh einen Menschen als Gesandten geschickt?" (94)

Sprich: "Wären auf Erden friedlich und in Ruhe wandelnde Engel gewesen, hätten Wir ihnen gewiss einen Engel vom Himmel als Gesandten geschickt." (95) Sprich: "Allāh genügt als Zeuge gegen mich und euch; wahrlich, Er weiß und sieht alles von Seinen Dienern." (96)

Und der, den Allāh leitet, ist der Rechtgeleitete; diejenigen aber, die Er zu Irrenden erklärt - für diese wirst du keine Helfer finden außer Ihm. Und Wir werden sie am Tage der Auferstehung versammeln, (und sie werden) auf ihren Angesichtern (liegen), blind, stumm und taub. Ihre Herberge wird Ğahannam sein; jedesmal, wenn es (das Feuer) nachlässt, werden Wir die Flamme noch stärker anfachen. (97) Das ist ihr Lohn, weil sie Unsere Zeichen verwarfen und sagten: "Wie? Wenn wir zu Gebein und Staub geworden sind, sollen wir wirklich zu einer neuen Schöpfung auferweckt werden?" (98)

Haben sie nicht gesehen, dass Allāh, Der die Himmel und die Erde erschuf, imstande ist, ihresgleichen zu erschaffen? Und Er hat eine Frist für sie bestimmt, über die kein Zweifel herrscht. Allein die Frevler verwerfen alles, nur nicht den Unglauben. (99)

Sprich: "Besäßet ihr die Schätze der Barmherzigkeit meines Herrn, wahrlich, ihr würdet (sie) aus Furcht vor dem Ausgeben (für) euch zurückbehalten; denn der Mensch ist geizig." (100)

Und wahrlich, Wir hatten Moses neun offenbare Zeichen gegeben. Frage nur die Kinder Israels. Als er zu ihnen kam, sagte Pharao zu ihm: "Ich halte dich, o Moses, zweifellos für ein Opfer des Zaubers." (101) Er sagte: "Du weißt recht wohl, dass kein anderer als der Herr der Himmel und der Erde diese (Zeichen) als Zeugnisse herabgesandt hat; und ich halte dich, o Pharao, zweifellos für ein Opfer des Unheils." (102) Da beschloss er, sie aus dem Lande zu vertreiben; doch Wir ertränkten ihn und diejenigen, die mit ihm waren, allesamt. (103) Und Wir sprachen nach ihm zu den Kindern Israels: "Wohnt in dem Lande; und wenn die Zeit des Jenseits kommt, dann werden Wir euch als eine gesammelte Schar herbeibringen." (104)

Und mit der Wahrheit haben Wir (den Qur'ān) herabgesandt, und mit der Wahrheit kam er hernieder. Und dich entsandten Wir nur als Überbringer froher Botschaft und Warner. (105) Und Wir haben den Qur'ān in Abschnitten offenbart, damit du ihn den Menschen im Verweilen vortragen kannst, und Wir sandten ihn nach und nach hinab. (106)

Sprich: "Ob ihr an ihn glaubt oder nicht glaubt, wahrlich, jene, denen zuvor das Wissen gegeben wurde, fallen, wenn er ihnen verlesen wird, anbetend auf ihr Angesicht nieder (107) und sagen: »Gepriesen sei unser Herr! Siehe, die Verheißung unseres Herrn ist wahrlich in Erfüllung gegangen.« (108) Und weinend fallen sie anbetend auf ihr Angesicht nieder, und ihre Demut nimmt zu." (109)

Sprich: "Ruft Allāh an oder ruft den Allerbarmer an - bei welchem (Namen) ihr (Ihn auch) immer anruft, Ihm stehen die Schönsten Namen zu." Und sprich dein Gebet nicht zu laut, und flüstere es auch nicht zu leise, sondern suche einen Mittelweg. (110)

Und sprich: "Alles Lob gebührt Allāh, Der Sich keinen Sohn genommen hat und niemanden in der Herrschaft neben Sich noch sonst einen Gehilfen aus Ohnmacht hat." Und rühme Seine Größe in gebührender Weise. (111)

(18) Sura Al-Kahf (Die Höhle)

Offenbart zu Makka, 110 Āyāt

Im Namen Allāhs, des Allerbarmers, des Barmherzigen!

Alles Lob gebührt Allāh, Der zu Seinem Diener das Buch herabsandte und nichts Krummes darein legte. (1) (Es ist) frei von Widersprüchen, damit es Seine strenge Strafe androhe und den Gläubigen, die gute Werke tun, die frohe Botschaft bringe, auf dass ihnen ein schöner Lohn zuteil werde (2), worin (im Paradies) sie auf ewig weilen werden (3), (und) damit es jene warne, die da sagen: "Allāh hat Sich einen Sohn genommen." (4) Sie haben keinerlei Kenntnis davon, noch hatten dies ihre Väter. Ungeheuerlich ist das Wort, das aus ihrem Munde kommt. Sie sprechen nichts als Lüge. (5)

So wirst du dich vielleicht noch aus Kummer über sie zu Tode grämen, wenn sie dieser Rede (den Qur'ān) keinen Glauben schenken. (6)

Wahrlich, Wir machten alles, was auf der Erde ist, zu einem Schmuck für sie, auf dass Wir sie prüften, wer unter ihnen der Beste im Wirken sei. (7) Und gewiss, Wir werden alles, was auf ihr ist, in dürren Wüstenstaub verwandeln. (8)

Meinst du wohl, die Gefährten in der Höhle und *Ar-Raqīm* seien (die einzigen) Wunder unter Unseren Zeichen? (9) (Damals) als die jungen Männer in der Höhle Zuflucht nahmen, sprachen sie: "Unser Herr, gewähre uns Deine Barmherzigkeit und bereite uns einen Weg für unsere Sache." (10) Sodann versiegelten Wir in der Höhle ihre Ohren für eine Anzahl von Jahren. (11) Dann erweckten Wir sie, damit Wir erführen, welche von den beiden Parteien die Zeit ihres Verweilens am besten berechnet habe. (12)

Wir wollen dir ihre Geschichte wahrheitsgemäß berichten: Sie waren junge Männer, die an ihren Herrn glaubten, und Wir ließen ihnen zunehmend Rechtleitung zukommen. (13) Und Wir stärkten ihre Herzen, als sie aufstanden und sagten: "Unser Herr ist der Herr der Himmel und der Erde. Nie werden wir einen (anderen) Gott außer Ihm anrufen; sonst würden wir ja etwas Unsinniges aussprechen. (14) Dieses unser Volk hat Götter statt Seiner angenommen. Warum bringen sie dann keinen klaren Beweis dafür? Und wer verübt einen größeren Frevel, als der, der eine Lüge gegen Allāh erdichtet? (15) Und wenn ihr euch von ihnen und von dem, was sie statt Allāh anbeten, zurückzieht, so sucht Zuflucht in der Höhle; euer Herr wird Seine Barmherzigkeit über euch breiten und euch einen tröstlichen Ausweg aus eurer Lage weisen." (16)

Und hättest du sehen können, wie die Sonne, als sie aufging, sich von ihrer Höhle nach rechts wegneigte, und als sie unterging, sich von ihnen nach links abwandte; und (wie) sie dort (mitten) in einem Hohlraum waren. Das gehört zu den Zeichen Allāhs. Wen Allāh leitet, der ist rechtgeleitet; doch wen Er irregehen lässt, für den wirst du keinen Helfer finden, der ihn führt. (17)

Du könntest sie für wach halten, aber sie schlafen; und Wir ließen sie sich auf die rechte Seite und auf die linke Seite drehen, während ihr Hund seine Vorderpfoten auf die Schwelle ausstreckte. Hättest du sie so erblickt, hättest du gewiss vor ihnen die Flucht ergriffen, und es hätte dir vor ihnen gegraut. (18)

Und so erweckten Wir sie, damit sie einander befragen konnten. Ein Sprecher von ihnen sprach: "Wie lange habt ihr verweilt?" Sie sagten: "Wir verweilten einen Tag oder den Teil eines Tages." (Andere) sagten: "Euer Herr kennt am besten die (Zeit), die ihr verbracht habt. Nun entsendet einen von euch mit dieser eurer Silbermünze zur Stadt; und er soll schauen, wer von ihren (Bewohnern) die reinste Speise hat, und soll euch davon einen Vorrat bringen. Er muss aber freundlich sein und soll ja nichts über euch verlauten lassen (19); denn wenn sie (etwas) von euch erfahren würden, würden sie euch steinigen oder euch zu ihrem Glauben zurückbringen, und ihr würdet dann nimmermehr erfolgreich sein." (20)

Und so ließen Wir sie (die Leute) sie finden, damit sie erkennen mögen, dass Allāhs Verheißung wahr ist und dass über die Stunde kein Zweifel herrscht. Und da stritten sie (die Leute) untereinander über sie und sagten: "Errichtet über ihnen einen Bau." Ihr Herr kennt sie am besten. Jene, deren Ansicht siegte, sagten: "Wir wollen unbedingt eine Gebetsstätte über ihnen errichten." (21)

(Manche) werden sagen: "(Sie waren) drei; ihr vierter war ihr Hund", und (andere) werden sagen: "(Sie waren) zu fünft; ihr sechster war ihr Hund", indem sie in Unkenntnis herumraten, und (andere) sagen: "(Es waren) sieben; ihr achter war ihr Hund." Sprich: "Mein Herr kennt ihre Zahl am besten. Niemand weiß sie, bis auf einige wenige." So streite nicht über sie, es sei denn, (du hättest) einen klaren Beweis, und suche keine Kunde über sie bei irgendeinem von ihnen (zu erlangen). (22) Und sprich nie von einer Sache: "Ich werde es morgen tun" (23), es sei denn (du fügst hinzu): "So Allāh will". Und gedenke deines Herrn, wenn du dies vergessen hast, und sprich: "Ich hoffe, mein Herr wird mich noch näher als diesmal zum rechten Weg führen." (24)

Und sie blieben dreihundert Jahre lang in ihrer Höhle, und neun wurden hinzugefügt. (25) Sprich: "Allāh weiß am besten, wie lange sie verweilten." Ihm gehört das Verborgene der Himmel und der Erde. Wie allsehend ist Er! Und wie allhörend! Sie haben keinen Helfer außer Ihm, und Er teilt Seine Befehlsgewalt mit keinem. (26)

Und verlies, was dir von dem Buch deines Herrn offenbart wurde. Da ist keiner, der Seine Worte verändern könnte, und du wirst außer bei Ihm keine Zuflucht finden. (27)

Und gedulde dich zusammen mit denjenigen, die ihren Herrn morgens und abends anrufen - im Trachten nach Seinem Wohlgefallen; und wende deine Blicke nicht von ihnen ab, indem du nach dem Schmuck des irdischen Lebens trachtest; und gehorche nicht dem, dessen Herz Wir achtlos für die Erinnerung an Uns machten, (und gehorche nicht dem) der seinen Gelüsten folgt und kein Maß und Ziel kennt. (28)

Und sprich: "Es ist die Wahrheit von eurem Herrn". Darum lass den gläubig sein, der will, und den ungläubig sein, der will. Siehe, Wir haben für die Frevler ein Feuer bereitet, das sie wie eine Zeltdecke umschließen wird. Und wenn sie um Hilfe schreien, so wird ihnen mit Wasser gleich geschmolzenem Metall, das die Gesichter verbrennt, geholfen werden. Wie schrecklich ist der Trank, und wie schlimm ist die Raststätte! (29)

Wahrlich, die da glauben und gute Werke tun - wahrlich, Wir lassen den Lohn derjenigen, die gute Werke tun, nicht verloren gehen. (30) Sie sind es, denen die Gärten von Eden, durch welche Bäche fließen, zuteil werden. Darin werden sie mit Armspangen aus Gold geschmückt und in grüne Gewänder aus feiner Seide und Brokat gekleidet sein, und darin lehnen (sie sich) auf erhöhten Sitzen. Wie herrlich ist der Lohn und wie schön ist die Raststätte! (31)

Und stelle ihnen das Gleichnis von zwei Männern vor: für den einen von ihnen schufen Wir zwei Rebgärten und umgaben sie mit Dattelpalmen, und dazwischen legten Wir Kornfelder an. (32) Beide brachten ihre Früchte hervor und versagten in nichts. Und in ihrer Mitte ließen Wir einen Bach hervorsprudeln. (33) Und (der Garten) trug für ihn Früchte. Er sagte in herausforderndem Ton zu seinem Gefährten: "Ich bin reicher als du an Vermögen und mächtiger an Gefolgschaft." (34)

Und er betrat seinen Garten, während er sündig gegen sich selbst war. Er sagte: "Ich kann mir nicht vorstellen, dass dieser je zugrunde gehen wird (35), noch glaube ich, dass die Stunde heraufkommen wird. Selbst wenn ich zu meinem Herrn zurückgebracht werde, so werde ich ganz gewiss einen besseren Aufenthalt als diesen finden." (36) Sein Gefährte sagte zu ihm, indem er sich mit ihm auseinandersetzte: "Glaubst du denn nicht an Ihn, Der dich aus Erde erschaffen hat, dann aus einem Samentropfen, (und) dich dann zu einem vollkommenen Mann bildete? (37) Was jedoch mich betrifft - Allāh ist mein Herr, und nie will ich meinem Herrn etwas anders zur Seite stellen. (38) Warum hast du nicht damals, als du deinen Garten betratest, gesagt: »Was Allāh will, (das geschieht); es gibt keine Macht außer bei Allāh.«? Wenn du mich auch geringer als dich selbst an Vermögen und Nachkommenschaft siehst (39), so wird mein Herr mir vielleicht (etwas) Besseres als deinen Garten geben und wird auf ihn ein Strafgericht vom Himmel niedersenden, so dass er zu ödem Boden wird. (40) Oder sein Wasser versiegt so tief im Boden, dass du nimmer imstande sein wirst, es herauszuholen." (41)

Da wurde seine Frucht verwüstet, und er begann die Hände zu ringen wegen alldem, was er für den (Garten), dessen Bau zerfallen dalag, ausgegeben hatte. Er sagte: "Hätte ich doch meinem Herrn niemanden zur Seite gestellt!" (42) Und er hatte keine Schar, die ihm gegen Allāh zu helfen vermochte, und er konnte sich selbst nicht wehren. (43) Insofern gibt es Schutz nur bei Allāh, dem Wahren. Er ist der Beste im Belohnen und der Beste, was den Ausgang (der Dinge) anbelangt. (44) Und präge ihnen das Gleichnis vom irdischen Leben: Es ist wie das Wasser, das Wir vom Himmel hernieder senden, mit dem die Pflanzen der Erde sich sättigen, und welche dann dürre Spreu werden, die der Wind verweht. Und Allāh hat Macht über alle Dinge. (45)

Vermögen und Kinder sind Schmuck des irdischen Lebens. Die bleibenden guten Werke aber sind lohnender bei deinem Herrn und hoffnungsvoller. (46)

Und am Tage, da Wir die Berge vergehen lassen werden, wirst du die Erde kahl sehen, und Wir werden sie (die Völker der Erde) versammeln und werden keinen von ihnen zurücklassen. (47) Und sie werden in Reihen vor deinen Herrn geführt: "Nun seid ihr zu Uns gekommen, so wie Wir euch erstmals erschufen. Ihr aber dachtet, Wir würden euch nie einen Termin der Erfüllung setzen." (48) Und das Buch wird (ihnen) vorgelegt, und du wirst die Schuldigen in Ängsten wegen dem sehen, was darin ist; und sie werden sagen: "O wehe uns! Was für ein Buch ist das! Es lässt nichts aus, ob klein oder groß, sondern hält alles aufgezeichnet." Und sie werden all das, was sie getan haben, gegenwärtig finden; und dein Herr tut keinem Unrecht. (49)

Und da sprachen Wir zu den Engeln: "Werft euch vor Adam nieder!" - und sie warfen sich nieder, außer *Iblīs*. Er war einer der *Ǧinn*, so war er ungehorsam gegen den Befehl seines Herrn.

Wollt ihr nun ihn und seine Nachkommenschaft statt Meiner zu Beschützern nehmen, wo sie doch eure Feinde sind? Schlimm ist dieser Tausch für die Frevler. (50)

Ich nahm sie nicht zu Zeugen, weder bei der Erschaffung der Himmel und der Erde noch bei ihrer eigenen Erschaffung; und Ich nehme die Verführer nie zum Beistand. (51) Und am Tage, da wird Er sprechen: "Ruft diejenigen herbei, von denen ihr vorgabt, sie seien Meine Teilhaber." Dann werden sie diese rufen, doch sie werden ihnen nicht antworten; und Wir werden einen Abgrund zwischen ihnen auftun. (52) Und die Schuldigen werden das Feuer sehen und ahnen, dass sie hineinstürzen werden; und sie werden kein Entrinnen daraus finden. (53)

Wahrlich, Wir haben in diesem Qur'ān den Menschen allerlei Gleichnisse erläutert, doch von allen Geschöpfen ist der Mensch am streitsüchtigsten. (54) Und nichts hinderte die Menschen daran zu glauben, als die Rechtleitung zu ihnen kam, und ihren Herrn um Verzeihung zu bitten, (es sei) denn, (sie warteten) bis das Beispiel (des Schicksals) der Früheren über sie käme oder (ihnen) die Strafe offen vor Augen gehalten würde. (55)

Und Wir schickten die Gesandten ja nur als Bringer froher Botschaft und als Warner. Die aber, die ungläubig sind, streiten in Falschheit, um dadurch die Wahrheit zu widerlegen. Und sie verspotten Meine Zeichen und das, womit sie gewarnt werden. (56) Und wer ist ungerechter als der, der an die Zeichen seines Herrn gemahnt wurde, sich aber von ihnen abwandte und vergaß, was seine Hände vorausgeschickt hatten? Wahrlich, Wir haben Schleier über ihre Herzen gelegt, so dass sie es nicht begreifen, und Taubheit in ihre Ohren. Und selbst wenn du sie zum rechten Weg rufst, werden sie nie den rechten Weg einschlagen. (57)

Und dein Herr ist der Vergebungsreiche, voll der Barmherzigkeit. Wollte Er sie zur Rechenschaft ziehen für das, was sie begehen, dann würde Er gewiss ihre Bestrafung beschleunigen. Allein sie haben eine festgesetzte Frist, vor der sie keine Zuflucht finden werden. (58) Und diese Städte: Wir zerstörten sie, als sie Frevel begingen. Und Wir setzten eine Frist für ihre Zerstörung. (59)

Und Moses sagte zu seinem jungen Diener: "Ich will nicht eher rasten, als bis ich den Zusammenfluss der beiden Meere erreicht habe, und sollte ich jahrhundertelang wandern." (60) Doch als sie den Zusammenfluss der beiden (Meere) erreicht hatten, da vergaßen sie ihren Fisch; und dieser nahm seinen Weg und schwamm ins Meer hinaus. (61) Und als sie weitergegangen waren, sagte er zu seinem jungen Diener: "Bring uns unsere Speise. Wir haben wahrlich auf dieser unserer Reise große Anstrengungen auf uns genommen." (62) Er sagte: "Hast du nicht gesehen, dass sich der Fisch da auf wundersame Weise ins Meer begab, als wir auf dem Felsen rasteten und ich ihn vergaß - und kein (anderer) als Satan ließ mich vergessen, ihn zu erwähnen?" (63) Er sagte: "Das ist es, was wir wollten." Da kehrten sie beide um und schritten auf ihren Spuren zurück. (64) Dann fanden sie einen Unserer Diener, dem Wir Unsere Barmherzigkeit verliehen und den Wir Unser Wissen gelehrt hatten. (65) Moses sagte zu ihm: "Darf ich dir folgen, auf dass du mich über das rechte Handeln belehrest, wie du gelehrt worden bist?" (66) Er sagte: "Du vermagst nimmer bei mir in Geduld auszuharren. (67) Und wie könntest du bei Dingen geduldig sein, von denen dir keine Kunde gegeben worden ist?" (68) Er sagte: "Du wirst mich, so Allāh will, geduldig finden, und ich werde gegen keinen deiner Befehle ungehorsam sein." (69) Er sagte: "Nun gut. Wenn du mir folgen willst, so frage mich nach nichts, bis ich es dir von selbst erkläre." (70)

So machten sich beide auf den Weg, bis sie in ein Schiff stiegen, in das er ein Loch schlug. Er (Moses) sagte: "Schlugst du ein Loch hinein, um seine Mannschaft zu ertränken? Wahrlich, du hast etwas Schreckliches begangen!" (71) Er sagte: "Habe ich nicht gesagt, du würdest es nimmer fertigbringen, bei mir in Geduld auszuharren?" (72) Er (Moses) sagte: "Stelle mich nicht meines Vergessens wegen zur Rede, und sei deswegen nicht streng mit mir." (73) So zogen sie weiter, bis sie einen Jüngling trafen, den er erschlug. Er (Moses) sagte: "Hast du einen unschuldigen Menschen erschlagen, ohne dass (er) einen anderen (erschlagen hätte)? Wahrlich, du hast etwas Abscheuliches getan!" (74) *
Er sagte: "Habe ich dir nicht gesagt, du würdest es nimmer

fertigbringen, bei mir in Geduld auszuharren?" (75) Er (Moses) sagte: "Wenn ich dich nochmal nach etwas frage, so begleite mich nicht weiter; von mir aus wärst du dann entschuldigt." (76) So zogen sie weiter, bis sie bei den Bewohnern einer Stadt ankamen und von ihnen Gastfreundschaft erbaten; diese aber weigerten sich, sie zu bewirten. Nun fanden sie dort eine Mauer, die einzustürzen drohte, und er richtete sie auf. Er (Moses) sagte: "Wenn du es gewollt hättest, hättest du einen Arbeitslohn dafür erhalten können." (77) Er sagte: "Dies führt zur Trennung zwischen mir und dir. Doch will ich dir die Bedeutung von dem sagen, was du nicht in Geduld zu ertragen vermochtest. (78) Was das Schiff anbelangt, so gehörte es armen Leuten, die auf dem Meer arbeiteten, und ich wollte es beschädigen; denn hinter ihnen war ein König, der jedes Schiff beschlagnahmte. (79) Und was den Jüngling anbelangt, so waren seine Eltern Gläubige, und wir fürchteten, er könnte Schmach durch Widersetzlichkeit und Unglauben über sie bringen. (80) So wollten wir, dass ihr Herr ihnen zum Tausch (ein Kind) gebe, das redlicher als dieses und anhänglicher wäre. (81) Und was nun die Mauer anbelangt, so gehörte sie zwei Waisenknaben in der Stadt, und darunter lag ein Schatz für sie (verborgen), und ihr Vater war ein rechtschaffener Mann gewesen; so wünschte dein Herr, dass sie ihre Volljährigkeit erreichen und ihren Schatz heben mögen - als eine Barmherzigkeit deines Herrn; und ich tat es nicht aus eigenem Ermessen. Das ist die Bedeutung dessen, was du nicht in Geduld zu ertragen vermochtest." (82)

Und sie fragen dich nach *Du-l-Qarnain*. Sprich: "Ich will euch etwas darüber berichten." (83) Wir haben ihm Macht auf Erden und die Mittel zu allem gegeben. (84) So folgte er dem gegebenen Weg (85), bis er den Ort, an dem die Sonne untergeht, erreichte; er fand sie in einem Quell von schlammigem Wasser untergehen, und dort fand er ein Volk. Wir sprachen: "O *Du-l-Qarnain*, entweder strafe sie oder behandle sie mit Güte." (86) Er sagte: "Den, der da frevelt, werden wir sicherlich bestrafen; dann soll er zu seinem Herrn zurückgebracht werden, und Er wird ihn in gräßlicher Weise bestrafen. (87) Dem aber, der gläubig ist und Gutes tut, wird herrlicher Lohn zuteil werden; und wir werden zu ihm in angenehmer Weise über unsere Angelegenheiten sprechen." (88) Darauf folgte er dem gegebenen Weg (89), bis er den Ort, an dem die Sonne aufgeht, erreichte; er fand sie über einem Volk aufgehen, dem Wir keinen Schutz gegen sie gegeben hatten. (90) So war es; und Wir umfassten mit Wissen, wie es um ihn bestellt war. (91) Hierauf folgte er dem gegebenen Weg (92), bis er zwischen die beiden Wälle gelangte; er fand unterhalb von diesen ein Volk, das kaum eine Sprache verstehen konnte. (93) Sie sagten: "O Ḏu-l-Qarnain, Gog und Magog stiften Unheil im Lande; sollen wir dir nun Tribut zahlen unter der Bedingung, dass du zwischen uns und ihnen einen Wall errichtest?" (94) Er sagte: "Die Macht, die mein Herr mir gegeben hat, ist besser. So helft mir denn mit all eurer Kraft, damit ich zwischen euch und ihnen einen Damm errichten kann. (95) Bringt mir Eisenstücke." Als er die Kluft zwischen den beiden Bollwerken ausgefüllt hatte, sagte er: "Blast!" Als er es (das Eisen) feurig gemacht hatte, sagte er: "Bringt mir geschmolzenes Kupfer, ich will es darüber gießen!" (96) So vermochten sie es nicht, sie (die Dämme) zu erklimmen, noch konnten sie diese durchbrechen. (97) Er sagte: "Das ist die Gnade meines Herrn; doch wenn die Verheißung meines Herrn in Erfüllung geht, wird Er sie zu Schutt zerfallen lassen; und die Verheißung meines Herrn ist wahr." (98)

An jenem Tage werden Wir die einen von ihnen wie Wogen gegen die anderen anstürmen lassen, und es wird in den Ṣur gestoßen. Dann werden Wir sie allesamt (vor Uns) versammeln. (99) Und den Ungläubigen stellen Wir an jenem Tage Ǧahannam in deutlicher Weise vor Augen (100); ihnen, deren Augen vor Meiner Mahnung verhüllt waren und die nicht einmal hören konnten. (101)

Meinen die Ungläubigen etwa, sie könnten Meine Diener an Meiner Statt zu Beschützern nehmen? Wahrlich, Wir haben den Ungläubigen Ǧahannam als Hort bereitet. (102)

Sprich: "Sollen Wir euch die nennen, die bezüglich ihrer Werke die größten Verlierer sind? (103) Das sind die, deren Eifer im irdischen Leben in die Irre ging, während sie meinen, sie täten gar etwas Gutes." (104) Das sind jene, die die Zeichen ihres Herrn und die Begegnung mit Ihm leugnen. Darum sind ihre Werke nichtig, und am Tage der Auferstehung werden Wir ihnen kein Gewicht beimessen. (105) Dies ist ihr Lohn - Ǧahannam, weil sie ungläubig waren und mit Meinen Zeichen und mit Meinen Gesandten Spott trieben. (106)

Wahrlich, jene, die da glauben und gute Werke tun - ihnen wird das Paradies von *Al-Firdaus* ein Hort sein (107), in dem sie auf ewig verweilen werden; von dort werden sie nicht weggehen wollen. (108)

Sprich: "Wäre das Meer Tinte für die Worte meines Herrn, wahrlich, das Meer würde versiegen, ehe die Worte meines Herrn zu Ende gingen, auch wenn wir noch ein gleiches als Nachschub brächten." (109)

Sprich: "Ich bin nur ein Mensch wie ihr, doch mir ist offenbart worden, dass euer Gott ein Einziger Gott ist. Möge denn derjenige, der auf die Begegnung mit seinem Herrn hofft, gute Werke tun und keinen anderen einbeziehen in den Dienst an seinem Herrn." (110)

(19) Sura Maryam (Maria)

Offenbart zu Makka, 98 Āyāt

Im Namen Allāhs, des Allerbarmers, des Barmherzigen!

Kāf Hā Yā 'Aīn Ṣād. (1) Erwähnt wird (hier) die Barmherzigkeit deines Herrn gegenüber Seinem Diener Zacharias. (2) Als er seinen Herrn mit leisem Ruf anrief (3), sagte er: "Mein Herr, mein Gebein ist nun schwach geworden, und die Haare meines Hauptes schimmern grau, doch niemals, mein Herr, bin ich mit meiner Bitte an Dich unglücklich gewesen. (4) Nun aber fürchte ich meine Verwandten, die mich überleben werden, und meine Frau ist unfruchtbar. Gewähre Du mir darum einen Nachfolger (5), auf dass er mein Erbe sei und der Erbe des Hauses Jakobs. Und mache ihn, mein Herr, (Dir) wohlgefällig." (6)

"O Zacharias, Wir geben dir die frohe Botschaft von einem Sohn, dessen Name Yaḥyā sein soll. Wir haben noch keinen dieses Namens erschaffen." (7) Er sagte: "Mein Herr, wie soll mir ein Sohn (geboren) werden, wo doch meine Frau unfruchtbar ist und ich schon das fortgeschrittene Alter erreicht habe?" (8) Er sprach: "So ist es; dein Herr aber spricht: »Es ist Mir ein leichtes, und Ich habe dich zuvor erschaffen, als du ein Nichts warst.«" (9) Er sagte: "Mein Herr, gib mir ein Zeichen." Er sprach: "Dein Zeichen sei, dass du - obgleich gesund - drei (Tage und) Nächte lang nicht zu den Menschen reden sollst." (10) So trat er aus dem Tempel heraus vor sein Volk und gab ihm zu verstehen, dass es (Allāh) am Morgen und am Abend preisen soll. (11)

"O Yaḥyā, halte das Buch kraftvoll fest." Und wir verliehen ihm Weisheit im Knabenalter (12) und ein liebevolles Gemüt von Uns und Reinheit. Und er war fromm (13) und ehrerbietig gegenüber seinen Eltern. Und er war nicht hochfahrend, trotzig. (14) Und Friede war auf ihm an dem Tage, als er geboren wurde, und an dem Tage, als er starb, und (Friede wird auf ihm sein) an dem Tage, wenn er wieder zum Leben erweckt wird. (15)

Und erwähne im Buch Maria. Als sie sich von ihrer Familie nach einem östlichen Ort zurückzog (16) und sich vor ihr abschirmte, da sandten Wir Unseren Geist (Engel Gabriel) zu ihr, und er erschien ihr in der Gestalt eines vollkommenen Menschen (17); und sie sagte: "Ich nehme meine Zuflucht vor dir zum Allerbarmer, (lass ab von mir) wenn du Gottesfurcht hast." (18) Er sprach: "Ich bin der Bote deines Herrn. (Er hat mich zu dir geschickt) auf dass ich dir einen reinen Sohn beschere." (19) Sie sagte: "Wie soll mir ein Sohn (beschert) werden, wo mich doch kein Mann (je) berührt hat und ich auch keine Hure bin?" (20) Er sprach: "So ist es; dein Herr aber spricht: »Es ist Mir ein leichtes, und Wir machen ihn zu einem Zeichen für die Menschen und zu Unserer Barmherzigkeit, und dies ist eine beschlossene Sache.«" (21)

Und so empfing sie ihn und zog sich mit ihm an einen entlegenen Ort zurück. (22) Und die Wehen der Geburt trieben sie zum Stamm einer Dattelpalme. Sie sagte: "O wäre ich doch zuvor gestorben und wäre ganz und gar vergessen!" (23) Da rief er ihr von unten her zu: "Sei nicht traurig. Dein Herr hat dir ein Bächlein fließen lassen (24); und schüttele den Stamm der Palme in deine Richtung, und sie wird frische reife Datteln auf dich fallen lassen. (25) So iss und trink und sei frohen Mutes. Und wenn du einen Menschen siehst, dann sprich: »Ich habe dem Allerbarmer zu fasten gelobt, darum will ich heute mit keinem Menschen reden.«" (26)

Dann brachte sie ihn auf dem Arm zu den Ihren. Sie sagten: "O Maria, du hast etwas Unerhörtes getan. (27) O Schwester Aarons, dein Vater war kein Bösewicht, und deine Mutter war keine Hure." (28) Da zeigte sie auf ihn. Sie sagten: "Wie sollen wir zu einem reden, der noch ein Kind in der Wiege ist?" (29) Er (Jesus) sagte: "Ich bin ein Diener Allāhs; Er hat mir das Buch gegeben und mich zu einem Propheten gemacht. (30) Und Er gab mir Seinen Segen, wo ich auch sein möge, und Er befahl mir Gebet und *Zakāh*, solange ich lebe (31); und ehrerbietig gegenüber meiner Mutter (zu sein); Er hat mich nicht gewalttätig und unselig gemacht. (32) Und Friede war über mir an dem Tage, als ich geboren wurde, und (Friede wird über mir sein) an dem Tage, wenn ich sterben werde, und an dem Tage, wenn ich wieder zum Leben erweckt werde." (33) Dies ist Jesus, Sohn der Maria - (dies ist) eine Aussage der Wahrheit, über die sie uneins sind. (34) Es geziemt Allāh nicht, Sich einen Sohn zu nehmen. Gepriesen sei Er! Wenn Er etwas beschließt, so spricht Er nur: "Sei!" und es ist. (35) "Wahrlich, Allāh ist mein Herr und euer Herr. So dient Ihm! Das ist ein gerader Weg." (36)

Doch die Parteien wurden uneinig untereinander; wehe darum denen, die ungläubig sind; sie werden einen großen Tag erleben. (37) Wie gut wird ihr Hören und Sehen an dem Tage sein, wo sie zu Uns kommen werden! Heute aber befinden sich die Frevler in offenbarem Irrtum. (38)

Und warne sie vor dem Tag der Verbitterung, wenn alles entschieden werden wird, während sie (jetzt) noch in Sorglosigkeit leben und immer noch nicht glauben. (39) Wir sind es, Die die Erde, und alle, die auf ihr sind, erben werden, und zu Uns werden sie zurückgebracht. (40)

Und erwähne in diesem Buch Abraham. Er war ein Wahrhaftiger, ein Prophet (41), als er zu seinem Vater sagte: "O mein Vater, warum verehrst du das, was weder hört noch sieht noch dir (irgend) etwas nützen kann? (42) O mein Vater, zu mir ist Wissen gekommen, das nicht zu dir kam; so folge mir, ich will dich auf den ebenen Weg leiten. (43) O mein Vater, diene nicht Satan; denn Satan empört sich gegen den Allerbarmer. (44) O mein Vater, siehe, ich fürchte, es könnte dich die Strafe des Allerbarmers treffen, und dann wirst du ein Freund Satans werden." (45) Er sagte: "Wendest du dich von meinen Göttern ab, o Abraham? Wenn du (damit) nicht aufhörst, so werde ich dich wahrlich steinigen. Verlaß mich für lange Zeit." (46) Er (Abraham) sagte: "Friede sei auf dir! Ich will bei meinem Herrn um Vergebung für dich bitten; denn Er ist gnädig gegen mich. (47) Und ich werde mich von euch und von dem, was ihr statt Allāh anruft, fernhalten; und ich will zu meinem Herrn beten; ich werde durch das Gebet zu meinem Herrn bestimmt nicht unglücklich sein." (48) Als er sich nun von ihnen und von dem, was sie statt Allāh verehrten, getrennt hatte, da bescherten Wir ihm Isaak und Jakob und machten beide zu Propheten. (49) Und Wir verliehen ihnen Unsere Barmherzigkeit; und Wir gaben ihnen einen guten Ruf und hohes Ansehen. (50)

Und erwähne in diesem Buch Moses. Er war wahrlich ein Erwählter; und er war ein Gesandter, ein Prophet. (51) Wir riefen ihn von der rechten Seite des Berges und ließen ihn zu einer vertraulichen Unterredung näher treten. (52) Und Wir machten ihm in Unserer Barmherzigkeit seinen Bruder Aaron zum Propheten. (53)

Und erwähne in diesem Buch Ismael. Er blieb wahrlich seinem Versprechen treu und war ein Gesandter, ein Prophet (54); und er pflegte seinen Angehörigen Gebet und *Zakāh* ans Herz zu legen und war seinem Herrn wohlgefällig. (55)

Und erwähne in diesem Buch Idrīs. Er war ein Wahrhaftiger, ein Prophet. (56) Wir erhoben ihn zu hohem Rang (57);

sie waren jene unter den Propheten, denen Allāh Gnade erwiesen hat aus der Nachkommenschaft Adams und aus denen, die Wir mit Noah dahintrugen, und aus der Nachkommenschaft Abrahams und Israels und aus denen, die Wir rechtgeleitet und erwählt hatten. Wenn ihnen die Verse des Allerbarmers verlesen wurden, fielen sie anbetend und weinend nieder. (58)

Dann aber kamen nach ihnen Nachfahren, die das Gebet vernachlässigten und ihren Leidenschaften folgten. So gehen sie nun sicher dem Untergang entgegen (59); außer denen, die bereuen und glauben und rechtschaffen handeln. Diese werden ins Paradies eingehen, und sie werden kein Unrecht erleiden (60) (in den) Gärten von Eden, die der Allerbarmer Seinen Dienern im Verborgenen verhieß. Wahrlich, Seine Verheißung wird in Erfüllung gehen. (61) Sie hören dort kein leeres Gerede, sondern (genießen) nur Frieden; und sie werden dort ihren Unterhalt morgens und abends empfangen. (62) Dies ist das Paradies, das Wir jenen Unserer Diener zum Erbe geben, die gottesfürchtig sind. (63)

"Wir (Engel) kommen nur auf den Befehl deines Herrn hernieder. Sein ist alles, was vor uns und· was hinter uns und was dazwischen ist; und dein Herr ist nicht vergesslich. (64) (Er ist der) Herr der Himmel und der Erde und all dessen, was zwischen beiden ist. So diene Ihm, und sei beharrlich in Seinem Dienst. Kennst du etwa einen, der Ihm gleich wäre?" (65)

Und der Mensch sagt: "Wie? Wenn ich tot bin, soll ich dann wirklich (wieder) zum Leben auferstehen?" (66) Bedenkt der Mensch denn nicht, dass Wir ihn zuvor erschufen, als er ein Nichts war? (67) Und, bei deinem Herrn, Wir werden sie ganz gewiss versammeln und auch die Satane; dann werden Wir sie auf den Knien rund um *Ğahannam* bringen. (68) Alsdann werden Wir aus jeder Partei diejenigen herausgreifen, die am trotzigsten in der Empörung gegen den Allerbarmer waren. (69) Und Wir kennen die am besten, die es am meisten verdienen, darein zu gehen. (70)

Und keiner ist unter euch, der nicht daran vorbeikommen wird - das ist eine von deinem Herrn beschlossene Fügung. (71) Dann werden Wir die Gottesfürchtigen erretten, die Frevler aber werden Wir darin auf den Knien belassen. (72)

Und als ihnen Unsere deutlichen Zeichen verlesen wurden, sagten die Ungläubigen zu den Gläubigen: "Welche der beiden Gruppen ist besser gestellt und gibt eine eindrucksvollere Versammlung ab?" (73) Und wieviele Geschlechter vor ihnen haben Wir schon vernichtet, (die) ansehnlicher an Vermögen und äußerer Erscheinung (waren)! (74) Sprich: "Diejenigen, die sich im Irrtum befinden, erhalten langes Gewähren vom Allerbarmer, bis sie das sehen, was ihnen angedroht wurde - ob es nun die Strafe ist oder die Stunde, und dann erkennen, wer in der schlechteren Lage und schwächer an Streitmacht ist. (75)

Und Allāh bestärkt die, die rechtgeleitet sind, in Seiner Führung. Und die bleibenden guten Werke sind lohnender bei deinem Herrn und fruchtbarer." (76)

Hast du wohl den gesehen, der Unsere Zeichen leugnet und sagt: "Ganz gewiss werde ich Vermögen und Kinder erhalten."? (77) Hatte er denn Zugang zum Verborgenen oder hat er vom Allerbarmer ein Versprechen entgegengenommen? (78) Nein; Wir werden aufschreiben, was er sagt, und Wir werden für ihn die Strafe verlängern. (79) Und Wir werden all das von ihm erben, wovon er redet, und er wird allein zu Uns kommen. (80)

Und sie haben sich Götter statt Allāh genommen, auf dass sie ihnen zur Ehre gereichen. (81) Nein; sie werden einst ihre Verehrung leugnen und derer Widersacher sein. (82) Siehst du nicht, dass Wir die Satane auf die Ungläubigen losgelassen haben, um sie aufzureizen? (83) Darum gehe nicht eilig gegen sie vor; Wir zählen ihre (Taten) genau ab. (84)

Am Tage, da Wir die Gottesfürchtigen als eine Abordnung vor dem Allerbarmer versammeln (85), werden Wir die Schuldigen wie eine Herde zu *Ǧahannam* treiben. (86) Sie werden kein Anrecht auf Fürsprache haben - mit Ausnahme dessen, der vom Allerbarmer ein Versprechen empfangen hat. (87)

Und sie sagen: "Der Allerbarmer hat Sich einen Sohn genommen." (88) Wahrhaftig, ihr habt da etwas Ungeheuerliches begangen! (89) Beinahe werden die Himmel zerreißen und die Erde auseinanderbersten und beinahe werden die Berge in Trümmern zusammenstürzen (90), weil sie dem Allerbarmer einen Sohn zugeschrieben haben. (91) Und es geziemt dem Allerbarmer nicht, Sich einen Sohn zu nehmen. (92) Da ist keiner in den Himmeln noch auf der Erde, der dem Allerbarmer anders denn als Diener sich nahen dürfte. (93) Wahrlich, Er hat sie gründlich erfasst und Er hat alle genau gezählt. (94) Und jeder von ihnen wird am Tage der Auferstehung allein zu Ihm kommen. (95)

Diejenigen, die da glauben und gute Werke tun - ihnen wird der Allerbarmer Liebe zukommen lassen. (96)

Darum haben Wir ihn (den Qurʾān) (dir) in deiner Sprache leicht (verständlich) gemacht, damit du durch ihn den Gottesfürchtigen die frohe Botschaft verkünden und die Streitsüchtigen warnen mögest. (97)

Und wieviele Geschlechter haben Wir vor ihnen vernichtet! Kannst du auch nur einen von ihnen spüren oder auch nur einen Laut von ihnen hören? (98)

(20) Sura Ṭā Hā

Offenbart zu Makka, 135 Āyāt

Im Namen Allāhs, des Allerbarmers, des Barmherzigen!

Ṭā Hā. (1) Wir haben den Qurʾān nicht auf dich herabgesandt, um dich unglücklich zu machen (2), sondern als eine Ermahnung für den, der (Allāh) fürchtet. (3) (Dies ist) eine Offenbarung von Ihm, Der die Erde und die hohen Himmel erschuf. (4)

(Er ist) der Allerbarmer, der Sich (hoheitsvoll) über den Thron erhob. (5) Sein ist, was in den Himmeln und was auf Erden ist und was zwischen beiden und was unter dem Erdreich liegt. (6) Und ob du nun das Wort laut aussprichst (oder nicht), wahrlich, Er kennt das Geheime und das, was noch verborgener ist. (7) Allāh - es ist kein Gott außer Ihm. Ihm kommen die Schönsten Namen zu. (8)

Ist dir Moses' Geschichte nicht zu Ohren gekommen? (9) Als er ein Feuer sah, sagte er zu seinen Angehörigen: "Bleibt (hier), ich habe ein Feuer wahrgenommen; vielleicht kann ich euch ein Stück Glut davon bringen oder den rechten Weg am Feuer finden. (10) Und wie er näher herankam, wurde er angerufen: "O Moses! (11) Ich bin es, dein Herr. So zieh deine Schuhe aus; denn du bist im heiligen Tal *Wādi Ṭuwā*. (12) Und Ich habe dich erwählt; so höre denn auf das, was offenbart wird. (13) Wahrlich, Ich bin Allāh. Es ist kein Gott außer Mir; darum diene Mir und verrichte das Gebet zu Meinem Gedenken. (14) Wahrlich, die Stunde kommt bestimmt. Ich halte sie fest verborgen, auf dass

jede Seele nach ihrem Bemühen belohnt werde. (15) Darum lass
dich nicht von dem, der hieran nicht glaubt und seinen Gelüsten
folgt, davon abhalten, damit du nicht untergehest. (16) Und was
ist das in deiner Rechten, o Moses?" (17) Er sagte: "Das ist mein
Stock; ich stütze mich darauf und schlage damit Laub für meine
Schafe ab, und ich habe für ihn noch andere Verwendungen."
(18) Er sprach: "Wirf ihn hin, o Moses!" (19) Da warf er ihn hin,
und siehe, er wurde zu einer Schlange, die umhereilte. (20) Er
sprach: "Ergreife ihn und fürchte dich nicht. Wir werden ihn in
seinen früheren Zustand zurückbringen. (21) Und stecke deine
Hand dicht unter deinen Arm: sie wird weiß hervorkommen,
ohne ein Übel - (dies ist) noch ein weiteres Zeichen (22), auf
dass Wir dir etwas von Unseren größten Zeichen zeigen. (23)
Gehe zu Pharao; denn er ist aufsässig geworden." (24) Er sagte:
"Mein Herr, gib mir die Bereitschaft (dazu) (25) und erleichtere
mir meine Aufgabe (26) und löse den Knoten meiner Zunge (27),
damit sie meine Rede verstehen mögen. (28) Und gib mir einen
Beistand aus meiner Familie mit (29), Aaron, meinen Bruder (30),
mit dem ich meine Kraft steigere (31); und lass ihn an meiner
Aufgabe teilhaben (32), auf dass wir Dich oft preisen mögen (33)
und Deiner oft gedenken (34); denn Du kennst uns am besten."
(35) Er sprach: "Dein Wunsch ist dir gewährt, o Moses! (36)

Und sicher haben Wir dir (auch schon) ein andermal Gnade
erwiesen (37), als Wir deiner Mutter jene Weisung eingaben
(38): »Lege ihn in einen Kasten und wirf ihn in den Fluss, dann
wird der Fluss ihn ans Ufer spülen, so dass ein Feind von Mir
und ihm ihn aufnehmen wird«. Und Ich habe auf dich Liebe
von Mir gelegt; damit du unter Meinem Auge aufgezogen
wurdest. (39) Damals ging deine Schwester hin und sagte:
»Soll ich euch jemanden empfehlen, der ihn betreuen könnte?«
So gaben Wir dich deiner Mutter wieder, auf dass ihr Auge
von Freude erfüllt würde und sie sich nicht grämte. Und du
erschlugst einen Menschen, Wir aber erretteten dich aus der
Trübsal. Dann prüften Wir dich auf mannigfache Art. Und du
verweiltest jahrelang unter dem Volk von Madyan. Hierauf
kamst du hierher, o Moses, gemäß einer bestimmten Fügung.
(40) Und Ich habe dich für Mich ausgewählt. (41) Geht denn mit

Meinen Zeichen hin, du und dein Bruder, und lasst nicht (darin) nach, Meiner zu gedenken. (42) Geht beide zu Pharao; denn er ist aufsässig geworden. (43) Jedoch sprecht zu ihm in sanfter Sprache; vielleicht lässt er sich mahnen oder fürchtet sich." (44) Beide sagten: "Unser Herr, wir fürchten, er könnte sich an uns vergreifen oder das Ausmaß seiner Gewalt übersteigen." (45) Er sprach: "Fürchtet euch nicht; denn Ich bin mit euch beiden. Ich höre und sehe. (46) So geht denn beide zu ihm hin und sprecht: »Wir sind zwei Gesandte deines Herrn; so lass die Kinder Israels mit uns ziehen; und bestrafe sie nicht. Wir haben dir in Wahrheit ein Zeichen von deinem Herrn gebracht und Friede sei auf dem, der der Rechtleitung folgt! (47) Es ist uns offenbart worden, dass die Strafe über den kommen wird, der (den Glauben) verwirft und sich (von ihm) abwendet«." (48) (Pharao) sagte: "Wer ist euer beider Herr, o Moses?" (49) Er sagte: "Unser Herr ist Der, Der jedem Ding seine Schöpfungsart gab, alsdann es zu einem bestimmten Dasein leitete." (50) Er (Pharao) sagte: "Und wie steht es dann um die früheren Geschlechter?" (51) Er sagte: "Das Wissen um sie steht bei meinem Herrn in einem Buch. Weder irrt mein Herr, noch vergisst Er." (52)

(Er ist es) Der die Erde für euch zu einem Lager gemacht hat und Wege über sie für euch hinlaufen lässt und Regen vom Himmel hernieder sendet. Und damit bringen Wir Paare von Pflanzenarten hervor. (53) Esst denn und weidet euer Vieh. Wahrlich, hierin liegen Zeichen für Leute von Verstand. (54) Aus ihr (der Erde) haben Wir euch erschaffen, und in sie werden Wir euch zurückkehren lassen, und aus ihr bringen Wir euch abermals hervor. (55) Und wir ließen ihn (Pharao) Unsere Zeichen allesamt schauen; doch er verwarf (sie) und weigerte sich (zu glauben). (56) Er sagte: "Bist du zu uns gekommen, o Moses, um uns durch deinen Zauber aus unserem Lande zu vertreiben? (57) Aber wir werden dir sicher einen Zauber gleich diesem bringen; so setze einen Termin an einem neutralen Ort für uns fest, den wir nicht verfehlen werden - weder wir noch du." (58) Er (Moses) sagte: "Euer Termin sei auf den Tag des Festes (gelegt), und veranlasse, dass sich die Leute bereits am Vormittag versammeln." (59) Da wandte sich Pharao ab und plante eine List, und dann kam er. (60) Moses sagte zu ihnen: "Wehe euch, ersinnt keine Lüge gegen Allāh, damit Er euch nicht durch eine Strafe vernichte. Wer eine Lüge ersinnt, der wird eine Enttäuschung erleben." (61) Dann stritten sie sich über ihre Sache und berieten (sich) insgeheim. (62) Sie sagten: "Diese beiden sind sicher Zauberer, die euch durch ihren Zauber aus eurem Land vertreiben und eure vortreffliche Lebensweise beseitigen wollen. (63) So zeigt, was ihr an Macht habt und kommt dann wohlgereiht nach vorn. Und wer heute die Oberhand gewinnt, der wird Erfolg haben." (64) Sie sagten: "O Moses, entweder wirfst du (den Stock zuerst), oder wir werden die Ersten beim Werfen sein." (65) Er sagte: "Nein; werft ihr nur!" Da siehe, ihre Stricke und ihre Stöcke erschienen ihm durch ihre Zauberei, als ob sie umhereilten. (66) Und Moses verspürte Furcht in seinem Innern. (67) Wir sprachen: "Fürchte dich nicht; denn du wirst die Oberhand gewinnen. (68) Und wirf nur, was in deiner Rechten ist; es wird das verschlingen, was sie gemacht haben; denn das, was sie gemacht haben, ist nur die List eines Zauberers. Und ein Zauberer soll keinen Erfolg haben, woher er auch kommen mag." (69)

Da warfen die Zauberer sich nieder. Sie sagten: "Wir glauben an den Herrn Aarons und Moses'." (70) Er (Pharao) sagte: "Glaubt ihr an ihn, bevor ich es euch erlaube? Er muss wohl euer Meister sein, der euch die Zauberei lehrte. Wahrhaftig, ich will euch darum die Hände und Füße wechselweise abhauen (lassen), und wahrhaftig, ich will euch an den Stämmen der Palmen kreuzigen (lassen); dann werdet ihr bestimmt erfahren, wer von uns strenger und nachhaltiger im Strafen ist." (71) Sie sagten: "Wir wollen dir in keiner Weise den Vorzug geben vor den deutlichen Zeichen, die zu uns gekommen sind, noch (vor Dem) Der uns erschaffen hat. Gebiete, was du gebieten magst: du kannst ja doch nur über dieses irdische Leben gebieten. (72) Wir glauben an unseren Herrn, auf dass Er uns unsere Sünden und die Zauberei, zu der du uns genötigt hast, vergebe. Allāh ist der Beste und der Beständigste." (73)

Wahrlich, für den, der im Zustand der Sündhaftigkeit zu seinem Herrn kommt, ist *Ǧahannam* (bestimmt); darin soll er weder sterben noch leben. (74) Denen aber, die als Gläubige zu Ihm kommen (und) gute Taten vollbracht haben, sollen die höchsten Rangstufen zuteil werden (75): die Gärten von Eden, durch die Bäche fließen; darin werden sie auf ewig verweilen. Und das ist der Lohn derer, die sich rein halten. (76)

Und wahrlich, Wir offenbarten Moses: "Führe Meine Diener bei Nacht hinweg und schlage ihnen eine trockene Straße durch das Meer. Du brauchst nicht zu fürchten, eingeholt zu werden, noch brauchst du dir sonst (irgendwelche) Sorgen zu machen." (77) Darauf verfolgte sie Pharao mit seinen Heerscharen, und es kam (etwas) aus dem Meer über sie, was sie überwältigte. (78) Und Pharao führte sein Volk in die Irre und führte (es) nicht den rechten Weg. (79) "O ihr Kinder Israels, Wir erretteten euch von eurem Feinde, und Wir schlossen einen Bund an der rechten Seite des Berges mit euch und sandten Manna und Wachteln auf euch herab. (80) Esst nun von den guten Dingen, die Wir euch gegeben haben, doch überschreitet dabei nicht das Maß, damit Mein Zorn nicht auf euch niederfahre; denn der, auf den Mein Zorn niederfährt, geht unter. (81) Und doch gewähre Ich dem Verzeihung, der bereut und glaubt und das Gute tut und dann der Führung folgt. (82) Und was hat dich so eilig von deinem Volk weggetrieben, o Moses?" (83) Er sagte: "Sie folgen meiner Spur, und ich bin zu Dir geeilt, mein Herr, damit Du (mit mir) wohlzufrieden bist." (84) Er sprach: "Siehe, Wir haben dein Volk in deiner Abwesenheit geprüft, und der *Sāmiryy* hat sie verführt." (85) Da kehrte Moses zornig und voller Bedauern zu seinem Volk zurück. Er sagte: "O mein Volk, hat euer Herr euch nicht eine schöne Verheißung gegeben? Erschien euch etwa die anberaumte Zeit zu lang, oder wolltet ihr, dass der Zorn eures Herrn auf euch niederfahre, als ihr euer Versprechen mir gegenüber bracht?" (86) Sie sagten: "Nicht aus freien Stücken haben wir das Versprechen dir gegenüber gebrochen: allein, wir waren beladen mit der Last der Schmucksachen des Volkes; wir warfen sie hin, und das gleiche tat auch der *Sāmiryy*." (87) Dann brachte er ihnen ein leibhaftiges Kalb, das blökte, hervor. Und sie sagten: "Das ist euer Gott und der Gott Moses'; er hat (ihn) vergessen." (88)

Konnten sie denn nicht sehen, dass es ihnen keine Antwort gab und keine Macht hatte, ihnen weder zu schaden noch zu nützen? (89)

Und doch hatte Aaron zuvor zu ihnen gesagt: "O mein Volk, dadurch seid ihr nur geprüft worden. Wahrlich, euer Herr ist der Allerbarmer; darum folgt mir und gehorcht meinem Befehl." (90) Sie sagten: "Wir werden keineswegs aufhören, es anzubeten, bis Moses zu uns zurückkehrt." (91) Er (Moses) sagte: "O Aaron, was hinderte dich, als du sie irregehen sahst (92), mir zu folgen? Bist du denn meinem Befehl ungehorsam gewesen?" (93) Er sagte: "O Sohn meiner Mutter, greife nicht nach meinem Bart, noch nach meinem Kopf. Ich fürchtete, du könntest sagen: »Du hast die Kinder Israels gespalten und mein Wort nicht beachtet.«" (94) Er sagte: "Und was hast du zu sagen, o *Sāmiryy*?" (95) Er sagte: "Ich bemerkte, was sie nicht wahrnehmen konnten. Da fasste ich eine Handvoll Erde von der Spur des Gesandten und warf sie (in das geschmolzene Gold) hinein. So habe ich es mir selber eingeredet." (96) Er (Moses) sagte: "Geh denn hin! Du sollst dein ganzes Leben lang sagen müssen: »Berührt (mich) nicht«; und dann ist da ein Zeitpunkt für dich, dem du nicht entgehen wirst. So schaue nun auf deinen „Gott", dessen ergebener Anbeter du geworden bist. Wir werden ihn ganz gewiss verbrennen und ihn darauf ins Meer streuen." (97)

Wahrlich, euer Gott ist Allāh, außer Dem kein Gott da ist. Er umfasst alle Dinge mit Wissen. (98)

So also erzählen Wir dir über manche Geschehnisse, die sich früher zugetragen haben. Und Wir haben dir Unsere Ermahnung erteilt. (99) Wer sich abkehrt, der wird wahrlich am Tage der Auferstehung eine Last tragen. (100) (Darin in der Hölle) werden sie auf ewig verweilen; und schwer wird ihnen die Bürde am Tage der Auferstehung sein (101), an dem Tage, da in den *Ṣūr* gestossen wird. Und an jenem Tage werden Wir die Schuldigen blaufarbig (gekennzeichnet) versammeln (102); sie werden einander heimlich zuflüstern: "Ihr weiltet nur zehn (Tage auf Erden)." (103) Wir wissen am besten, was sie sagen. Dann wird der Vernünftigste von ihnen sagen: "Nur einen Tag verweiltet ihr." (104)

Und sie werden dich nach den Bergen fragen. Sprich: "Mein Herr wird sie vollständig sprengen. (105) Und Er wird sie als kahle Ebene zurücklassen (106), worin du weder Krümmungen noch Unebenheiten sehen wirst." (107) An jenem Tage werden sie dem Rufer folgen, der kein Abweichen erlaubt; alle Stimmen werden vor dem Allerbarmer gesenkt sein, und du wirst nichts als Flüstern hören. (108) An jenem Tage wird keinem die Fürsprache etwas nützen - außer jenem, dem der Allerbarmer (dazu) die Erlaubnis gibt und dessen Wort Ihm wohlgefällig ist. (109) Er kennt alles, was vor ihnen ist und was hinter ihnen ist; sie aber können es nicht mit Wissen umfassen. (110)

Und die Gesichter werden sich demütig vor dem Ewiglebenden, dem Einzigerhaltenden, neigen. Und hoffnungslos wahrlich ist jener, der (die Last des) Frevels trägt. (111) Und der aber, der gute Werke tut und dabei gläubig ist, wird weder Ungerechtigkeit noch Unterdrückung (zu) fürchten (haben). (112)

Und so haben Wir (die Schrift) als arabischen Qurʾān hinabgesandt, und Wir haben darin gewisse Warnungen klar gemacht, auf dass sie gottesfürchtig sein mögen oder (wünschen mögen) dass er ihnen Ermahnung bringe. (113)

Hocherhaben ist Allāh, der wahre König! Und überhaste dich nicht mit dem Qurʾān, ehe seine Offenbarung dir nicht vollständig zuteil geworden ist, sondern sprich: "O mein Herr, mehre mein Wissen." (114)

Und wahrlich, Wir schlossen zuvor einen Bund mit Adam, aber er vergaß (ihn); Wir fanden in ihm kein Ausharrungsvermögen. (115) Und als Wir da zu den Engeln sprachen: "Werft euch vor Adam nieder!", da warfen sie sich nieder, außer Iblīs. Er weigerte sich. (116) Sodann sprachen Wir: "O Adam, dieser ist dir und deiner Frau ein Feind; (achtet darauf) dass er euch nicht beide aus dem Garten treibt! Sonst würdest du unglücklich sein. (117) Es ist für dich gesorgt, dass du darin weder Hunger fühlen noch nackt sein sollst. (118) Und du sollst darin nicht dürsten noch der Sonnenhitze ausgesetzt sein." (119) Jedoch Satan flüsterte ihm Böses ein; er sagte: "O Adam, soll ich dich zum Baume der Ewigkeit führen und zu einem Königreich, das nimmer vergeht?" (120) Da aßen sie beide davon, so dass ihnen ihre

Blöße ersichtlich wurde, und sie begannen, Blätter des Gartens über sich zusammenzustecken. Und Adam befolgte das Gebot seines Herrn nicht und ging irre. (121) Hierauf erwählte ihn sein Herr und wandte Sich ihm mit Erbarmen und Rechtleitung zu. (122) Er sprach: "Geht von hier allesamt hinunter, der eine von euch soll des anderen Feind sein! Und wenn Meine Führung zu euch kommt, dann wird der, der Meiner Führung folgt, nicht zugrunde gehen, noch wird er Unglück erleiden. (123) Und dem, der sich jedoch von Meiner Ermahnung abkehrt, wird ein Leben in Drangsal beschieden sein, und am Tage der Auferstehung werden Wir ihn blind vor Uns führen." (124) Er wird sagen: "Mein Herr, warum hast Du mich blind (vor Dich) geführt, obwohl ich (zuvor) sehen konnte?" (125) Er wird sprechen: "Es sind ja Unsere Zeichen zu dir gekommen, und du hast sie missachtet - also wirst heute nun du missachtet sein!" (126)

Und somit belohnen Wir auch den, der maßlos ist und nicht an die Zeichen seines Herrn glaubt; und die Strafe des Jenseits ist wahrlich strenger und nachhaltiger. (127) Leuchtet es ihnen (denn) nicht ein, wie viele Geschlechter vor ihnen Wir schon vernichteten, in deren Wohnstätten sie (jetzt) umherwandern? Darin liegen Zeichen für die Leute, die Verstand haben. (128)

Und wäre nicht zuvor ein Wort von deinem Herrn ergangen, so wäre es (das Strafgericht) fällig; (genauso ist es) mit der festgesetzten Frist. (129) Ertrage denn geduldig, was sie sagen, und lobpreise deinen Herrn vor dem Aufgang und vor dem Untergang der Sonne, und verherrliche (Ihn) in den Nachtstunden und an den Tagesenden, aufdass du wahre Glückseligkeit finden mögest. (130) Und richte deinen Blick nicht auf das, was Wir einigen von ihnen zu (kurzem) Genuss gewährten - den Glanz des irdischen Lebens, um sie dadurch zu prüfen. Denn die Versorgung deines Herrn ist besser und bleibender. (131) Und fordere die Deinen zum Gebet auf und sei (selbst) darin ausdauernd. Wir verlangen keinen Unterhalt von dir; Wir Selbst sorgen für dich. Und der Ausgang ist durch Gottesfurcht vorgegeben. (132)

Und sie sagen: "Warum bringt er uns kein Zeichen von seinem Herrn?" Ist zu ihnen denn nicht ein klarer Beweis für das gekommen, was in den früheren Schriften steht? (133) Und hätten Wir sie vordem durch eine Strafe vernichtet, dann hätten sie gewiss gesagt: "Unser Herr, warum schicktest Du uns keinen Gesandten, (der uns hätte helfen können) Deine Gebote zu befolgen, ehe wir gedemütigt und beschämt wurden?" (134)

Sprich: "Ein jeder wartet; so wartet auch ihr, und ihr werdet erfahren, wer die Befolger des ebenen Weges sind und wer rechtgeleitet ist." (135)

(21) Sura Al-Ambiyā' (Die Propheten)

Offenbart zu Makka, 112 Āyāt

Im Namen Allāhs, des Allerbarmers, des Barmherzigen!

∗ Den Menschen ist die Zeit ihrer Abrechnung nahe gerückt; und doch wenden sie sich in Achtlosigkeit ab. (1) Keine neue Ermahnung von ihrem Herrn kommt zu ihnen, die sie nicht leichtfertig anhörten. (2) Ihre Herzen belustigen sich anderweitig. Und sie besprechen sich insgeheim - sie, die da freveln - (dann sagen sie): "Ist dieser etwa ein anderer Mensch als ihr? Wollt ihr euch denn gegen (bessere) Einsicht auf Zauberei einlassen?" (3) Er sagte: "Mein Herr weiß, was im Himmel und auf Erden gesprochen wird, und Er ist der Allhörende, der Allwissende." (4) "Nein", sagen sie, "(das sind) nur wirre Träume; nein, er hat ihn erdichtet; nein, er ist (nur) ein Dichter. Möge er uns doch ein Zeichen in der Art bringen, wie die früheren entsandt wurden." (5)

Nie hatte vor ihnen irgendeine Stadt je geglaubt, die Wir vernichteten. Würden sie denn glauben? (6) Und Wir entsandten auch vor dir lediglich Männer, denen Wir die Offenbarung zuteil werden ließen - fragt nur diejenigen, die von der Ermahnung wissen, wenn ihr (davon) nichts wisst. (7) Und Wir machten ihnen keinen Leib, dass sie keiner Speise bedurft hätten, noch dass sie ewig lebten. (8) Dann erfüllten Wir ihnen das Versprechen; und Wir erretteten sie und die, die Wir wollten; die Übertreter aber vertilgten Wir. (9)

Wahrlich, Wir haben euch ein Buch herabgesandt, worin eure Ehre liegt; wollt ihr es denn nicht begreifen? (10) Und so manche Stadt, voll der Ungerechtigkeit, haben Wir schon niedergebrochen und nach ihr ein anderes Volk erweckt! (11) Und da sie Unsere Strafe spürten, siehe, da begannen sie davor zu fliehen. (12) "Flieht nicht, sondern kehrt zu dem Behagen, das ihr genießen durftet, und zu euren Wohnstätten zurück, damit ihr befragt werden könnt." (13) Sie sagten: "O wehe uns, wir waren wahrlich Frevler!" (14) Und dieser ihr Ruf hörte nicht eher auf, als bis Wir sie niedermähten und in Asche verwandelten. (15)

Und Wir erschufen Himmel und Erde und das, was zwischen beiden ist, nicht zum Spiel. (16) Hätten Wir Uns einen Zeitvertreib schaffen wollen, so hätten Wir dies von Uns aus vorgenommen, wenn Wir das überhaupt hätten tun wollen. (17) Vielmehr werfen Wir die Wahrheit gegen die Lüge, und diese wird dadurch lebensunfähig gemacht. Und wehe euch im Hinblick darauf, was ihr (Ihm) zuschreibt! (18) Und Sein ist, wer in den Himmeln und auf der Erde ist. Und die bei Ihm sind, sind weder zu stolz, Ihm zu dienen, noch werden sie dessen müde sein. (19) Sie verherrlichen (Ihn) bei Nacht und Tag; (und) sie lassen (darin) nicht nach. (20)

Oder haben sie sich Götter von der Erde genommen, die lebendig machen? (21) Gäbe es in (Himmel und Erde) Götter außer Allāh, dann wären wahrlich beide dem Unheil verfallen. Gepriesen sei denn Allāh, der Herr des Thrones, Hocherhaben über das, was sie beschreiben. (22) Er wird nicht befragt nach dem, was Er tut; sie aber werden befragt (nach dem, was sie tun). (23) Haben sie sich Götter außer Ihm genommen? Sprich: "Bringt euren Beweis herbei. Dieser (Qur'ān) ist eine Ermahnung für jene, die mit mir sind, und eine Ermahnung für die, die vor mir waren." Doch die meisten von ihnen kennen die Wahrheit nicht, und so wenden sie sich (von ihr) ab. (24)

Und Wir schickten keinen Gesandten vor dir, dem Wir nicht offenbart haben: "Es ist kein Gott außer Mir, darum dient nur Mir." (25)

Und sie sagen: "Der Allerbarmer hat Sich einen Sohn genommen." Gepriesen sei Er! Nein, vielmehr sie sind (nur) geehrte Diener (26); sie kommen Ihm beim Sprechen nicht zuvor, und sie handeln nur nach Seinem Befehl. (27) Er weiß, was vor ihnen und was hinter ihnen ist, und sie legen keine Fürsprache ein außer für den, an dem Er Wohlgefallen hat, und sie zagen aus Furcht vor Ihm. (28) Und dem, der von ihnen sagen wollte: "Ich bin ein Gott neben Ihm", würden Wir es mit Ǧahannam vergelten. Und ebenso vergelten Wir es den Frevlern. (29)

Haben die Ungläubigen nicht gesehen, dass die Himmel und die Erde eine Einheit waren, die Wir dann zerteilten? Und Wir machten aus dem Wasser alles Lebendige. Wollen sie denn nicht glauben? (30) Und feste Berge haben Wir in der Erde gegründet, auf dass sie nicht mit ihnen wanke; und Wir haben auf ihr gangbare Pässe angelegt, damit sie sich zurechtfinden. (31) Und Wir machten den Himmel zu einem wohlgeschützten Dach; dennoch kehren sie sich von seinem Zeichen ab. (32) Und Er ist es, Der die Nacht und den Tag erschuf und die Sonne und den Mond. Sie schweben, ein jedes (Gestirn) auf seiner Laufbahn. (33) Wir gewährten keinem Menschenwesen vor dir das ewige Leben. Als ob sie es wären, die ewig leben könnten, wenn du gestorben wärst! (34) Jede Seele wird den Tod kosten; und Wir stellen euch mit Bösem und mit Gutem auf die Probe; und zu Uns werdet ihr zurückgebracht. (35)

Und wenn die Ungläubigen dich sehen, so treiben sie nur Spott mit dir: "Ist das der, der eure Götter (in abfälliger Weise) erwähnt?" während sie es doch selbst sind, die die Erwähnung des Allerbarmers verleugnen. (36)

Der Mensch ist ein Geschöpf der Eilfertigkeit. Ich werde euch Meine Zeichen zeigen, aber fordert nicht von Mir, dass Ich Mich übereile. (37) Und sie sagen: "Wann wird diese Verheißung (in Erfüllung gehen), wenn ihr wahrhaftig seid?" (38) Wenn die Ungläubigen nur die Zeit wüssten, wo sie nicht imstande sein werden, das Feuer von ihren Gesichtern oder ihren Rücken fernzuhalten! Und keine Hilfe wird ihnen zuteil sein. (39) Nein, es wird unversehens über sie kommen, so dass sie in Verwirrung gestürzt werden; und sie werden es nicht abwehren können, noch werden sie Aufschub erlangen. (40)

Und es sind wahrlich schon vor dir Gesandte verspottet worden, dann aber traf jene, die Spott trieben, das, worüber sie spotteten. (41) Sprich: "Wer beschützt euch bei Nacht und bei Tag vor dem Allerbarmer?" Und doch kehren sie sich von der Ermahnung ihres Herrn ab. (42) Oder haben sie etwa Götter, die sie vor Uns beschützen können? Sie vermögen sich nicht selbst zu helfen, noch kann ihnen gegen Uns geholfen werden. (43) Nein, Wir ließen diese und ihre Väter leben, bis das Leben ihnen lang wurde. Sehen sie denn nicht, dass Wir über das Land kommen und es an seinen Enden schmälern? Können sie denn siegen? (44)

Sprich: "Ich warne euch nur mit der Offenbarung." Jedoch die Tauben hören den Ruf nicht, wenn sie gewarnt werden. (45)

Und wenn sie ein Hauch von der Strafe deines Herrn berührt, dann werden sie sicher sagen: "O wehe uns, wir waren wahrlich Frevler!" (46) Und Wir werden Waagen der Gerechtigkeit für den Tag der Auferstehung aufstellen, so dass keine Seele in irgendeiner Weise Unrecht erleiden wird. Und wäre es das Gewicht eines Senfkorns, Wir würden es hervorbringen. Und Wir genügen als Rechner. (47)

Und wahrlich, Wir gaben Moses und Aaron die Unterscheidung und ein Licht und eine Ermahnung für die Gottesfürchtigen (48), die ihren Herrn im Verborgenen fürchten und sich vor der Stunde sorgen. (49)

Und dieser (Qurʾān) ist eine segensreiche Ermahnung, die Wir herabgesandt haben. Wollt ihr sie nun verwerfen? (50)

Und vordem gaben Wir Abraham seine Rechtschaffenheit und Wir kannten ihn wohl. (51) Als er zu seinem Vater und seinem Volk sagte: "Was sind das für Bildwerke, denen ihr so ergeben seid?" (52) sagten sie: "Wir fanden, dass unsere Väter stets diese verehrten." (53) Er sagte: "Wahrlich, ihr selbst wie auch eure Väter seid im deutlichen Irrtum gewesen." (54) Sie sagten: "Bringst du uns die Wahrheit, oder gehörst du zu denen, die einen Scherz (mit uns) treiben?" (55) Er sagte: "Nein, euer Herr ist der Herr der Himmel und der Erde, Der sie erschuf; und ich bin einer, der dies bezeugt. (56) Und, bei Allāh, ich will gewiss gegen eure Götzen verfahren, nachdem ihr kehrtgemacht habt und weggegangen seid." (57) Alsdann schlug er sie in Stücke - mit Ausnahme des größten von ihnen, damit sie sich an ihn wenden könnten. (58) Sie sagten: "Wer hat unseren Göttern dies angetan? Er muss wahrlich ein Frevler sein." (59) Sie sagten: "Wir hörten einen jungen Mann von ihnen reden; Abraham heißt er." (60) Sie sagten: "So bringt ihn vor die Augen der Menschen, damit sie das bezeugen." (61) Sie sagten: "Bist du es gewesen, der unseren Göttern dies angetan hat, o Abraham?" (62) Er sagte: "Nein, dieser da, der größte von ihnen, hat es getan. Fragt sie doch, wenn sie reden können." (63) Da wandten sie sich einander zu und sagten: "Wir selber sind wahrhaftig im Unrecht." (64) Dann wurden sie rückfällig: "Du weißt recht wohl, dass diese nicht reden können." (65) Er sagte: "Verehrt ihr denn statt Allāh das, was euch weder den geringsten Nutzen bringen noch euch schaden kann? (66) Pfui über euch und über das, was ihr statt Allāh anbetet! Wollt ihr es denn nicht begreifen?" (67) Sie sagten: "Verbrennt ihn und helft euren Göttern, wenn ihr etwas tun wollt." (68) (Jedoch) Wir sprachen: "O Feuer, sei kühl und ein Frieden für Abraham!" (69) Und sie strebten, ihm Böses zu tun, allein Wir machten sie zu den größten Verlierern. (70)

Und Wir retteten ihn und Lot in das Land, das Wir für die Welten gesegnet hatten. (71) Und Wir schenkten ihm Isaak und dazu Jakob, und Wir machten jeden von ihnen rechtschaffen. (72) Und Wir machten sie zu Vorbildern, die auf unser Geheiß (die Menschen) rechtleiteten, und Wir gaben ihnen ein, Gutes zu tun, das Gebet zu verrichten und die *Zakāh* zu entrichten. Und sie verehrten Uns allein. (73)

Und Lot gaben Wir Weisheit und Wissen. Und Wir retteten ihn aus der Stadt, die Schändlichkeiten beging. Sie waren wahrlich ein ruchloses Volk und Frevler. (74) Und Wir ließen ihn in Unsere Barmherzigkeit eingehen; denn er war einer der Rechtschaffenen (75)

wie auch Noah, als er (Uns) vordem rief. Wir erhörten ihn und retteten ihn und seine Angehörigen aus großer Drangsal. (76) Und Wir halfen ihm gegen das Volk, das Unsere Zeichen verwarf. Sie waren wahrlich ein ruchloses Volk; so ertränkten Wir sie alle. (77)

Und (gedenke) Davids und Salomons, als sie über den Acker richteten, worin sich die Schafe bestimmter Leute zur Nachtzeit verliefen und weideten; und Wir waren Zeugen ihres Urteilspruches. (78) Wir gaben Salomo volle Einsicht in die Sache, und jedem (von ihnen) gaben Wir Weisheit und Wissen. Und Wir machten die Berge und die Vögel dienstbar, (auf dass sie) mit David zusammen (Allāhs) Lobpreisung zu verkünden, und Wir konnten das tun. (79) Und Wir lehrten ihn das Verfertigen eurer Panzerhemden, auf dass sie euch in eurem Kampf schützen mögen. Wollt ihr denn nicht dankbar sein? (80)

Und Salomo (machten Wir) den Wind (dienstbar), der in seinem Auftrag in das Land wehte, das Wir gesegnet hatten. Und Wir besitzen Kenntnis von allen Dingen (81) und von den Satanen, die für ihn tauchten und dazu noch andere Werke verrichteten; und Wir Selbst beaufsichtigten sie. (82)

Und (gedenke) Hiobs, als er zu seinem Herrn rief: "Unheil hat mich geschlagen, und Du bist der Barmherzigste aller Barmherzigen." (83) Da erhörten Wir ihn und nahmen sein Unheil hinweg, und Wir gaben ihm seine Familie (wieder) und noch einmal so viele dazu - aus Unserer Barmherzigkeit und als Ermahnung für die (Uns) Verehrenden. (84)

Und Ismael und Idrīs und Ḏu-l-Kifl; sie alle zählten zu den Standhaften. (85) Und Wir ließen sie in Unsere Barmherzigkeit eingehen; denn sie gehörten zu den Rechtschaffenen. (86)

Und (gedenke) Ḏu-n-Nūns, als er im Zorn wegging und meinte, dass Wir ihn nicht in Bedrängnis bringen würden. Doch dann rief er in der dichten Finsternis: "Es ist kein Gott außer Dir. Gepriesen bist Du! Ich bin wahrlich einer der Ungerechten gewesen." (87) Da erhörten Wir ihn und retteten ihn aus seiner Bedrängnis; und genauso retten Wir die Gläubigen. (88)

Und gedenke Zacharias', als er zu seinem Herrn rief: "Mein Herr, lass mich nicht einsam bleiben; und Du bist der Beste der Erben." (89) Da erhörten Wir ihn und schenkten ihm Yaḥyā und heilten seine Frau. Sie pflegten miteinander in guten Taten zu wetteifern, und sie riefen Uns in Hoffnung und in Furcht an und waren demütig vor Uns. (90)

Und der, die ihre Keuschheit wahrte, hauchten Wir von Unserem Geist ein und machten sie und ihren Sohn zu einem Zeichen für die Welten. (91)

Diese eure Gemeinschaft ist eine einheitliche Gemeinschaft; und Ich bin euer Herr, darum dient (nur) Mir. (92) Sie (die Menschen) aber sind untereinander zerstritten; sie alle werden zu Uns zurückkehren. (93) Das Bemühen dessen, der also gute Werke tut und gläubig ist, wird nicht unbelohnt bleiben. Wir werden es gewiss verzeichnen. (94)

Und für eine Stadt, die Wir zerstört haben, ist es unwiderruflich festgelegt, nicht zurückzukehren (95), bis (zum Zeitpunkt), wenn Gog und Magog freigelassen werden, und sie von allen Höhen herbeieilen. (96) Und die wahre Verheißung naht; siehe dann werden die Augen derer, die ungläubig waren, starr blicken: "O wehe uns, wir haben in der Tat nicht daran gedacht; ja, wir waren Frevler!" (97)

Wahrlich, ihr und das, was ihr statt Allāh anbetet, seid Brennstoff der *Ğahannam*. Dahin werdet ihr kommen müssen. (98) Wären diese Götter gewesen, wären sie nicht dahin gekommen; doch sie müssen alle auf ewig darin bleiben. (99) Darin werden sie stöhnen; und darin werden sie nichts (anderes) hören können. (100) Diejenigen aber, an welche (Unsere Verheißung) eines herrlichen Lohns schon vordem ergangen ist, werden von ihr (der Hölle) weit entfernt sein (101); sie werden nicht den leisesten Laut von ihr hören, während sie auf ewig in dem verweilen, was ihre Seelen begehren. (102) Der größte Schrecken wird sie nicht betrüben, und die Engel werden ihnen entgegenkommen: "Das ist euer Tag, der euch verheißen wurde." (103) An dem Tage, da werden Wir den Himmel zusammenrollen, wie die Schriftrollen zusammengerollt werden. (So) wie Wir die erste Schöpfung begonnen haben, werden Wir sie wiederholen - bindend für Uns ist die Verheißung; wahrlich, Wir werden (sie) erfüllen. (104)

Und Wir haben bereits nach der Ermahnung in den *Zabūr* geschrieben, dass das Land von Meinen rechtschaffenen Dienern beerbt wird. (105)

Hierin liegt wahrlich eine Botschaft für ein Volk, das (Allāh) dient. (106) Und Wir entsandten dich nur aus Barmherzigkeit für alle Welten. (107)

Sprich: "Mir wird lediglich offenbart, dass euer Gott nur ein Einziger Gott ist! Wollt ihr euch denn nicht ergeben?" (108) Doch wenn sie (dir) den Rücken kehren, so sprich: "Ich habe euch die Kunde in gerechter Weise entboten, und ich weiß nicht, ob nahe oder fern ist, was euch verheißen wird. (109) Wahrlich, Er kennt, was in eurer Rede offenkundig ist, und Er weiß, was ihr verheimlicht. (110) Und ich weiß nicht, ob es vielleicht nur eine Prüfung für euch oder ein Nießbrauch auf bestimmte Zeit ist." (111)

Er sprach: "Mein Herr, richte in Wahrheit." Und "Unser Herr ist der Allerbarmer, Dessen Hilfe gegen das, was ihr behauptet, anzuflehen ist." (112)

(22) Sura Al-Ḥaǧǧ (Die Pilgerfahrt)

Offenbart zu Al-Madīna, 78 Āyāt

Im Namen Allāhs, des Allerbarmers, des Barmherzigen!

O ihr Menschen, fürchtet euren Herrn; denn das Beben der Stunde ist wahrlich etwas Gewaltiges. (1) An dem Tage, da ihr es seht, wird jede Stillende ihren Säugling vergessen und jede Schwangere ihre Bürde abwerfen; und du wirst die Menschen trunken sehen, obwohl sie nicht trunken sind; aber die Strafe Allāhs ist gewaltig. (2) Und unter den Menschen ist manch einer, der ohne Wissen über Allāh streitet und jedem in der Empörung hartnäckigen Satan folgt (3), über den beschlossen ist, dass, wer ihn zum Beschützer nimmt, von ihm irregeleitet und zur Strafe des Höllenbrands geführt wird. (4)

O ihr Menschen, wenn ihr über die Auferstehung im Zweifel seid, so (bedenkt) dass Wir euch aus Erde erschaffen haben, dann aus einem Samentropfen, dann aus einem Blutklumpen, dann aus einem Klumpen Fleisch, teils geformt und teils ungeformt, auf dass Wir es euch deutlich machen. Und Wir lassen bis zu einem bestimmten Zeitpunkt in den Mütterschossen ruhen, was Wir wollen; dann bringen Wir euch als Kinder hervor; dann (lassen Wir euch groß werden) auf dass ihr eure Vollkraft erreicht. Und mancher von euch wird abberufen, und mancher von euch wird zu einem hinfälligen Greisenalter geführt, so dass er, nachdem er gewusst hatte, nichts mehr weiß. Und du siehst die Erde leblos, doch wenn Wir Wasser über sie niedersenden, dann regt sie sich und schwillt und lässt alle Arten von entzückenden Paaren hervorsprießen. (5) Dies (ist so), weil Allāh die Wahrheit ist und weil Er es ist, Der die Toten lebendig macht, und weil Er die Macht über alles hat (6); und weil die Stunde kommt - darüber herrscht kein Zweifel - und weil Allāh alle erwecken wird, die in den Gräbern ruhen. (7)

Und unter den Menschen ist manch einer, der ohne Wissen oder Führung oder ein erleuchtendes Buch über Allāh streitet. (8) Dem, der sich hochmütig von Allāhs Weg abwendet, ist Schande im Diesseits bestimmt; und am Tage der Auferstehung werden Wir ihn die Strafe des Verbrennens kosten lassen. (9) "Dies ist für das, was deine Hände vorausgeschickt haben: denn Allāh ist nicht ungerecht gegen Seine Diener." (10) Und unter den Menschen ist manch einer, der Allāh nur am Rande dient. Wenn ihn Gutes trifft, so ist er damit zufrieden; trifft ihn aber eine Prüfung, dann kehrt er zu seinem (früheren) Weg zurück. Er verliert diese Welt so gut wie die künftige. Das ist der deutliche Verlust. (11) Er ruft statt Allāh das an, was ihm weder zu schaden noch zu nutzen vermag. Dies ist der weitgegangene Irrtum. (12) Er ruft den an, dessen Schaden näher ist als sein Nutzen. Übel ist wahrlich der Beschützer und übel ist wahrlich der Gefährte. (13)

Wahrlich, Allāh wird jene, die glauben und gute Werke tun, in Gärten führen, durch die Bäche fließen; siehe, Allāh tut, was Er will. (14)

Wer da meint, dass Allāh ihm (dem Propheten) niemals im Diesseits und im Jenseits helfen werde, der soll doch mit Hilfe eines Seils zum Himmel emporsteigen und es abschneiden. Dann soll er sehen, ob seine List das hinwegnehmen wird, was (ihn) erzürnt. (15) Und so haben Wir ihn (den Qur'ān) als deutliches Zeichen herabgesandt, und gewiss, Allāh weist dem den Weg, dem Er will. (16)

Siehe, zwischen denen, die gläubig sind, und den Juden und den Sabäern und den Christen und den Zoroastriern und den Götzendienern wird Allāh wahrlich am Tage der Auferstehung richten; denn Allāh ist der Zeuge aller Dinge. (17)

Hast du nicht gesehen, dass sich vor Allāh anbetend niederwirft, wer in den Himmeln und auf Erden ist - ebenso die Sonne und der Mond und die Sterne und die Berge und die Bäume und die Tiere und viele Menschen? Für viele aber ist die Strafe fällig geworden. Und wer von Allāh erniedrigt wird, dem kann keiner Ehre geben. Wahrlich, Allāh tut, was Er will. (18)

Diese beiden sind zwei Streitende, die über ihren Herrn hadern. Für die, die nun ungläubig sind, werden Kleider aus Feuer zurechtgeschnitten werden; siedendes Wasser wird über ihre Köpfe gegossen werden (19), wodurch das, was in ihren Bäuchen ist, und ihre Haut schmelzen wird. (20) Und ihnen sind eiserne Keulen bestimmt. (21) Sooft sie aus Bedrängnis daraus zu entrinnen streben, sollen sie wieder dahin zurückgetrieben werden; und (es heißt): "Kostet die Strafe des Verbrennens." (22)

Doch Allāh wird jene, die gläubig sind und gute Werke tun, in Gärten führen, durch welche Bäche fließen. Sie sollen darin mit Armspangen von Gold und Perlen geschmückt sein, und ihre Gewänder darin sollen aus Seide sein. (23) Und sie werden zu lauterster Rede rechtgeleitet werden, und sie werden zum Weg des Preiswürdigen rechtgeführt werden. (24) Diejenigen aber, die ungläubig sind und vom Weg Allāhs abhalten und von der heiligen Moschee, die Wir zum Wohl aller Menschen bestimmt haben - gleichviel, ob sie dort angesiedelt oder Wüstenbewohner sind, und diejenigen, die hier durch Ruchlosigkeit irgendeinen krummen Weg suchen: Wir werden sie schmerzliche Strafe kosten lassen. (25)

Und als Wir für Abraham die Stätte des Hauses bestimmten (sprachen Wir): "Setze Mir nichts zur Seite und halte Mein Haus rein für die (es) ‧Umkreisenden, Betenden und Sich-Niederwerfenden. (26)

Und rufe die Menschen zur Pilgerfahrt auf. Sie werden zu Fuß und auf jedem mageren Kamel aus allen fernen Gegenden zu dir kommen (27), auf dass sie allerlei Vorteile wahrnehmen und während einer bestimmten Anzahl von Tagen des Namens Allāhs für das gedenken mögen, was Er ihnen an Vieh gegeben hat. Darum esst davon und speist den Notleidenden, den Bedürftigen. (28) Dann sollen sie ihre persönliche Reinigung vollziehen und ihre Gelübde erfüllen und um das Altehrwürdige Haus wandeln." (29)

Somit wird es für den, der die Gebote Allāhs ehrt, gut vor seinem Herrn sein. Erlaubt ist euch alles Vieh mit Ausnahme dessen, was euch angesagt worden ist. Meidet darum den Greuel der Götzen und meidet das Wort der Lüge. (30) Seid lauter gegen Allāh, ohne dass ihr Ihm etwas zur Seite stellt. Und wer Allāh etwas zur Seite stellt, ist (so), als fiele er vom Himmel und die Vögel erhaschten ihn oder der Wind verwehte ihn an einen fernen Ort. (31) Somit rührt das wahrlich von der Gottesfürchtigkeit der Herzen her, wenn einer die Gebote Allāhs ehrt. (32) Die (Opfertiere) bringen euch Nutzen für eine bestimmte Frist, dann aber ist ihr (Opfer-) Platz bei dem Altehrwürdigen Haus. (33)

Und jedem Volk gaben Wir eine Anleitung zur Opferung, auf dass sie des Namens Allāhs für das gedenken mögen, was Er ihnen an Vieh gegeben hat. So ist euer Gott ein Einziger Gott; darum ergebt euch Ihm. Und die frohe Botschaft gib den Demütigen (34), deren Herzen mit Furcht erfüllt sind, wenn Allāh erwähnt wird, und die geduldig ertragen, was sie trifft, und die das Gebet verrichten und von dem spenden, was Wir ihnen gegeben haben. (35)

Und für den Opferbrauch Allāhs haben Wir für euch die großen Kamele bestimmt. An ihnen habt ihr viel Gutes. So sprecht den Namen Allāhs über sie aus, wenn sie gereiht dastehen. Und wenn ihre Seiten (auf dem Boden) liegen, so esst davon und speist den Genügsamen und den Bittenden. So haben Wir sie euch dienstbar gemacht, auf dass ihr dankbar sein mögt. (36) Ihr Fleisch erreicht Allāh nicht, noch tut es ihr Blut, sondern eure Ehrfurcht ist es, die Ihn erreicht. In der Weise hat Er sie euch dienstbar gemacht, auf dass ihr Allāh für Seine Rechtleitung preist. Und gib denen frohe Botschaft, die Gutes tun. (37)

Wahrlich, Allāh verteidigt jene, die gläubig sind. Gewiss, Allāh liebt keinen Treulosen, Undankbaren. (38)

Die Erlaubnis, (sich zu verteidigen) ist denen gegeben, die bekämpft werden, weil ihnen Unrecht geschah - und Allāh hat wahrlich die Macht, ihnen zu helfen - (39) jenen, die schuldlos aus ihren Häusern vertrieben wurden, nur weil sie sagten: "Unser Herr ist Allāh." Und wenn Allāh nicht die einen Menschen durch die anderen zurückgehalten hätte, so wären gewiss Klausen, Kirchen, Synagogen und Moscheen, in denen der Name Allāhs desöfteren genannt wird, niedergerissen worden. Und Allāh wird gewiss dem zum Sieg verhelfen, der für Seinen Sieg eintritt. Allāh ist wahrlich Allmächtig, Erhaben. (40) Jenen, die, wenn Wir ihnen auf Erden die Oberhand gegeben haben, das Gebet verrichten und die *Zakāh* entrichten und Gutes gebieten und Böses verbieten, (steht Allāh bei). Und Allāh bestimmt den Ausgang aller Dinge. (41)

Wenn sie dich der Lüge bezichtigen, so waren schon vor ihnen das Volk Noahs und die ʿĀd und die Ṯamūd Verleugner (42) sowie auch das Volk Abrahams und das Volk Lots (43) und die Bewohner von Madyan. Auch Moses wurde der Lüge bezichtigt. Ich gewährte alsdann den Ungläubigen Aufschub; dann aber erfasste Ich sie, und wie (furchtbar) war Meine Strafe! (44) Und so manche Stadt haben Wir zerstört, weil sie voll des Frevels war, dass sie nunmehr in Trümmern steht, und so manch verlassenen Brunnen und manch hochragenden Palast (haben Wir zerstört)! (45)

Sind sie denn nicht im Lande umhergereist, und haben sie nicht Herzen, um zu begreifen, oder Ohren, um zu hören? Denn wahrlich, es sind ja nicht die Augen, die blind sind, sondern blind sind die Herzen in der Brust. (46) Und sie fordern dich auf, die Strafe zu beschleunigen, doch Allāh wird nie Sein Versprechen brechen. Wahrlich, ein Tag bei deinem Herrn ist gleich tausend Jahre nach eurer Zeitrechnung. (47) Und manch einer Stadt gewährte Ich Aufschub, obgleich sie voll des Frevels war. Zuletzt aber erfasste Ich sie, und zu Mir ist die Heimkehr. (48) Sprich: "O ihr Menschen, ich bin euch nur ein deutlicher Warner." (49) Für diejenigen, die glauben und gute Werke tun, ist Vergebung und eine ehrenvolle Versorgung bereit. (50) Diejenigen aber, die gegen

Unsere Zeichen eifern und (sie) zu besiegen versuchen - diese sind die Bewohner der *Al-Ǧaḥīm*. (51)

Und Wir schickten vor dir keinen Gesandten oder Propheten, dem, wenn er etwas wünschte, Satan seinen Wunsch nicht (zu) beeinflussen (trachtete). Doch Allāh macht zunichte, was Satan einstreut. Dann setzt Allāh Seine Zeichen fest. Und Allāh ist Allwissend, Allweise. (52) (Er lässt dies zu) damit Er das, was Satan einstreut, zur Prüfung für die machen kann, in deren Herzen Krankheit ist und deren Herzen verhärtet sind; wahrlich, die Frevler befinden sich in äußerster Auflehnung. (53) Und (Er lässt dies zu) damit diejenigen, denen das Wissen gegeben wurde, erkennen, dass es die Wahrheit von deinem Herrn ist, aufdass sie daran glauben und ihre Herzen sich Ihm friedvoll unterwerfen mögen. Und siehe, Allāh leitet jene, die gläubig sind, auf den geraden Weg. (54)

Und die Ungläubigen werden nicht (eher) aufhören, daran Zweifel zu hegen, bis die Stunde unerwartet über sie hereinbricht oder die Strafe eines unheilvollen Tages über sie kommt. (55) Das Königreich wird an jenem Tage Allāh gehören. Er wird zwischen ihnen richten. Also werden jene, die gläubig sind und gute Werke tun, in den Gärten der Wonne sein. (56) Für diejenigen aber, die ungläubig sind und Unsere Zeichen verwerfen, ist eine Strafe (vorgesehen), die schmachvoll ist. (57)

Und denjenigen, die um Allāhs willen auswandern und dann erschlagen werden oder sterben, wird Allāh eine stattliche Versorgung bereiten. Wahrlich, Allāh - Er ist der beste Versorger. (58) Er wird sie gewiss in einen Ort eingehen lassen, mit dem sie wohl zufrieden sind. Und Allāh ist wahrlich Allwissend, Nachsichtig. (59)

Das (soll so sein). Und dem, der Vergeltung in dem Maße übt, in dem ihm Unrecht zugefügt worden ist, und dann (wiederum) Unrecht erleidet, dem wird Allāh sicherlich zum Sieg verhelfen. Wahrlich, Allāh ist Allvergebend, Allverzeihend. (60) Dies (geschieht) deshalb, weil Allāh die Nacht in den Tag und den Tag in die Nacht übergehen lässt und weil Allāh Allhörend, Allsehend ist. (61)

Dies ist (so), weil Allāh die Wahrheit ist, und (weil) das, was sie an Seiner Statt anrufen, die Lüge ist und weil Allāh der Erhabene ist, der Große. (62) Hast du denn nicht gesehen, dass Allāh Wasser vom Himmel herabsendet und (dass) die Erde grün wird? Allāh ist wahrlich Gütig, Allkundig. (63) Sein ist, was in den Himmeln und was auf der Erde ist, und Allāh ist es, Der wahrlich auf keinen angewiesen ist, der Preiswürdige. (64) Hast du denn nicht gesehen, dass Allāh euch dienstbar gemacht hat, was auf Erden ist, und (dass) die Schiffe durcheilen das Meer auf Sein Geheiß? Und Er hält den Himmel zurück, damit er nicht auf die Erde fällt, es sei denn, mit Seiner Erlaubnis. Wahrlich, Allāh ist Gütig und Barmherzig gegen die Menschen. (65) Und Er ist es, Der euch das Leben gab, und dann wird Er euch sterben lassen, und dann wird Er euch (wieder) lebendig machen. Wahrlich, der Mensch ist höchst undankbar. (66)

Einem jeden Volk haben Wir Andachtsriten gegeben, damit sie sie befolgen; so sollen sie daher nicht mit dir über diese Sache streiten; sondern rufe (sie) auf zu deinem Herrn. Wahrlich, du folgst der rechten Führung. (67) Wenn sie jedoch mit dir hierüber streiten, so sprich: "Allāh weiß am besten, was ihr tut. (68) Allāh wird zwischen euch am Tage der Auferstehung über das richten, worüber ihr uneinig wart." (69)

Weißt du nicht, dass Allāh das kennt, was im Himmel und was auf der Erde ist? Wahrlich, das steht in einem Buch, das ist für Allāh ein leichtes. (70) Und sie verehren statt Allāh das, wofür Er keine Ermächtigung herabgesandt hat und wovon sie keine Kenntnis haben. Und für die Ungerechten gibt es keinen Helfer. (71) Und wenn Unsere Verse ihnen verlesen werden, dann kannst du auf dem Antlitz derer, die ungläubig sind, Ablehnung wahrnehmen. Sie möchten am liebsten über die herfallen, die ihnen Unsere Verse verlesen. Sprich: "Soll ich euch von etwas Schlimmerem als diesem Kunde geben? Dem Feuer! Allāh hat es denen verheißen, die ungläubig sind. Und das ist eine üble Bestimmung!" (72)

O ihr Menschen, ein Gleichnis ist geprägt, so hört darauf: Gewiss, jene, die ihr an Allāhs Statt anruft, werden in keiner Weise vermögen, eine Fliege zu erschaffen, auch dann nicht, wenn sie sich dazu zusammentäten. Und wenn die Fliege ihnen etwas raubte, könnten sie es ihr nicht entreißen. Schwach ist der Suchende wie der Gesuchte. (73) Sie bewerteten Allāh nicht nach Seinem wahren Wert. Gewiss, Allāh ist Stark, Erhaben. (74) Allāh erwählt aus den Engeln Boten und (ebenfalls) aus den Menschen. Siehe, Allāh ist Allhörend, Allsehend. (75) Er weiß, was vor ihnen ist und was hinter ihnen ist; und zu Allāh sollen alle Angelegenheiten zurückgebracht werden. (76)

O ihr, die ihr glaubt, verneigt euch und werft euch in Anbetung nieder und verehrt euren Herrn und tut das Gute, auf dass ihr Erfolg haben mögt. (77) Und eifert in Allāhs Sache, wie dafür geeifert werden soll. Er hat euch erwählt und hat euch nichts auferlegt, was euch in der Religion bedrücken könnte, der Religion eures Vaters Abraham. Er (Allāh) ist es, Der euch vordem schon Muslime nannte und (nun) in diesem (Buch), damit der Gesandte Zeuge über euch sei und damit ihr Zeugen über die Menschen sein mögt. Also verrichtet das Gebet und entrichtet die *Zakāh* und haltet an Allāh fest. Er ist euer Beschützer, ein vortrefflicher Beschützer und ein vortrefflicher Helfer! (78)

(23) Sura Al-Mu'minūn (Die Gläubigen)

Offenbart zu Makka, 118 Āyāt

Im Namen Allāhs, des Allerbarmers, des Barmherzigen!
Wahrlich, erfolgreich sind die Gläubigen (1), die in ihren Gebeten voller Demut sind (2), und die sich von allem leeren Gerede fernhalten (3), und die die *Zakāh* entrichten (4) und ihre Schamteile bewahren (5); außer gegenüber ihren Gattinnen oder denen, die sie von Rechts wegen besitzen; denn dann sind sie nicht zu tadeln. (6) Diejenigen aber, die darüber hinaus etwas begehren, sind Übertreter. (7) Und diejenigen, die das ihnen anvertraute Gut und ihre Verpflichtung hüten (8), und die ihre Gebete einhalten (9) - dies sind die Erben (10), die *Al-Firdaus* erben werden. Auf ewig werden sie darin verweilen. (11)

Und wahrlich, Wir erschufen den Menschen aus einer Substanz aus Lehm. (12) Alsdann setzten Wir ihn als Samentropfen an eine sichere Ruhestätte. (13) Dann bildeten Wir den Tropfen zu einem Blutklumpen; dann bildeten Wir den Blutklumpen zu einem Fleischklumpen; dann bildeten Wir aus dem Fleischklumpen Knochen; dann bekleideten Wir die Knochen mit Fleisch; dann entwickelten Wir es zu einer anderen Schöpfung. So sei denn Allāh gepriesen, der beste Schöpfer. (14) Dann, danach, werdet ihr mit Gewissheit sterben. (15) Dann werdet ihr am Tage der Auferstehung erweckt werden. (16)

Und Wir haben wahrlich über euch sieben Himmelssphären erschaffen, und nie sind Wir gegen die Schöpfung unachtsam gewesen. (17)

Und Wir sandten Wasser vom Himmel in bestimmtem Maß nieder, und Wir ließen es in der Erde ruhen; und Wir vermögen es wieder hinwegzunehmen. (18) Dann haben Wir damit für euch Gärten mit Dattelpalmen und Beeren hervorgebracht; an ihnen habt ihr reichlich Früchte, und von ihnen esst ihr. (19) Und (Wir haben) einen Baum (hervorgebracht), der aus dem Berg Sinai emporwächst; er gibt Öl und Würze für die Essenden. (20)

Und betrachtet das Vieh als Lehre für euch. Wir geben euch von dem zu trinken, was in ihren Leibern ist, und ihr habt von ihnen vielerlei Nutzen, und von ihnen esst ihr. (21) Und auf ihnen wie auch in Schiffen werdet ihr getragen. (22)

Und Wir sandten wahrlich Noah zu seinem Volk, und er sagte: "O mein Volk, dient Allāh. Ihr habt keinen anderen Gott außer Ihm. Wollt ihr also nicht gottesfürchtig sein?" (23) Aber die Vornehmen seines Volks, die ungläubig waren, sagten: "Er ist nur ein Mensch wie ihr; er möchte sich bloß über euch erheben. Hätte Allāh gewollt, hätte Er doch gewiss Engel hinabsenden können. Wir haben nie von solchem unter unseren Vorvätern gehört. (24) Er ist nichts anderes als ein Mann, der unter Besessenheit leidet; wartet darum eine Weile mit ihm." (25) Er sagte: "Mein Herr, hilf mir; denn sie haben mich der Lüge bezichtigt." (26) So offenbarten Wir ihm: "Baue das Schiff unter Unserer Aufsicht und gemäß Unserer Eingebung. Und wenn Unser Befehl ergeht und die Oberfläche der Erde (Wasser) hervorwallen lässt, dann nimm ein Paar von jeglicher Gattung an Bord sowie deine

Angehörigen mit Ausnahme derer, gegen die das Wort bereits ergangen ist. Und sprich Mich nicht deretwegen an, die gefrevelt haben; denn sie werden ertränkt. (27) Und wenn du dich auf dem Schiff eingerichtet hast - du und die, die bei dir sind, dann sprich: »Alles Lob gebührt Allāh, Der uns vor dem ruchlosen Volk errettet hat!« (28) Und sprich: »Mein Herr, gewähre mir eine gesegnete Unterkunft; denn Du bist der Beste, Der für die Unterkunft sorgt.«" (29) Wahrlich, hierin liegen Zeichen, und Wir haben sie nur auf die Probe gestellt. (30)

Dann ließen Wir nach ihnen andere Generationen entstehen. (31) Alsdann sandten Wir ihnen einen Gesandten aus ihrer Mitte, (der sagte): "Dient Allāh; ihr habt doch keinen anderen Gott als Ihn. Wollt ihr also nicht gottesfürchtig sein?" (32) Und die Vornehmen seines Volks, die ungläubig waren und die Begegnung im Jenseits leugneten und denen Wir den Wohlstand des irdischen Lebens beschert hatten, sagten: "Das ist nur ein Mensch wie ihr. Er isst von dem, was ihr esst, und trinkt von dem, was ihr trinkt. (33) Und wenn ihr einem Menschen euresgleichen gehorcht, dann werdet ihr gewiss Verlierende sein. (34) Verheißt er euch etwa, dass ihr, wenn ihr tot und Staub und Gebeine geworden seid, wieder auferstehen werdet? (35) Weit, weit hergeholt ist das, was euch da verheißen wird! (36) Es gibt kein anderes Leben als unser Leben auf der Erde; wir sterben und wir leben, doch wir werden nicht wieder erweckt werden. (37) Er ist nur ein Mensch, der eine Lüge gegen Allāh erdichtet hat; und wir wollen ihm nicht glauben." (38) Er sagte: "Mein Herr, hilf mir; denn sie haben mich der Lüge bezichtigt." (39) Er sprach: "In kurzer Zeit werden sie sicher reumütig werden." (40) Da erfasste sie der Schrei mit Gerechtigkeit, und Wir machten sie zu Spreu. Verflucht sei denn das Volk, das Frevel begeht! (41) Dann ließen Wir nach ihnen andere Geschlechter entstehen. (42) Kein Volk kann seine festgesetzte Frist beschleunigen, noch kann es sie hinauszögern. (43) Dann entsandten Wir Unsere Gesandten, einen nach dem anderen. Sooft ein Gesandter zu seinem Volk kam, bezichtigten sie ihn der Lüge. So ließen Wir sie einander folgen und machten ihr (Schicksal) zu (viel erzählten) Geschichten. Verflucht sei denn das Volk, das nicht glaubt! (44)

Alsdann sandten Wir Moses und seinen Bruder Aaron mit Unseren Zeichen und einer klaren Vollmacht (45) zu Pharao und seinen Vornehmen; doch sie wandten sich verächtlich ab; denn sie waren ein hochmütiges Volk. (46) Sie sagten: "Sollen wir an zwei uns gleichen Menschen glauben, wo ihr Volk uns doch dienstbar ist?" (47) So bezichtigten sie beide der Lüge, und sie gehörten zu denen, die vernichtet wurden. (48) Und wahrlich, Wir gaben Moses das Buch, auf dass sie dem rechten Weg folgen mögen. (49) Und Wir machten den Sohn der Maria und seine Mutter zu einem Zeichen und gewährten ihnen Zuflucht zu einem Hügel mit einer grünen Fläche und einem fließenden Quell. (50) O ihr Gesandten, esst von den reinen Dingen und tut Gutes. Wahrlich, Ich weiß recht wohl, was ihr tut. (51)

Und diese eure Gemeinschaft ist eine einheitliche Gemeinschaft, und Ich bin euer Herr. So fürchtet Mich. (52) Aber sie (die Menschen) wurden untereinander uneinig und spalteten sich in Parteien, und jede Partei freute sich über das, was sie selbst hatte. (53) Darum überlass sie eine Zeitlang ihrer Unwissenheit. (54) Meinen sie denn, indem Wir sie reichlich mit Glücksgütern und Söhnen versorgen (55), würden Wir Uns beeilen, ihnen Gutes zu tun? Nein, sie nehmen es nicht wahr. (56)

Wahrlich, jene, die aus Furcht vor ihrem Herrn Sorge tragen (57), und jene, die an die Zeichen ihres Herrn glauben (58), und jene, die ihrem Herrn nichts zur Seite stellen (59), und jene, die da spenden, was zu spenden ist, und jene, deren Herzen beben, weil sie zu ihrem Herrn zurückkehren werden (60), sie sind es, die sich bei guten Werken beeilen und ihnen darin voraus sind. (61) Und Wir fordern von keiner Seele etwas über das hinaus, was sie zu leisten vermag. Und Wir haben ein Buch, das die Wahrheit spricht; und es soll ihnen kein Unrecht geschehen. (62) Nein, ihre Herzen beachten dieses (Buch) ganz und gar nicht, und außerdem gibt es da Tätigkeiten von ihnen, die sie fortführen (63) - siehe, bis dass sie, wenn Wir die Wohlhabenden unter ihnen mit Strafe erfassen, (verzweifelt) um Hilfe rufen. (64) "Schreit heute nicht um Hilfe; denn ihr werdet bei Uns keine Hilfe finden. (65) Meine Verse wurden euch doch verlesen, ihr aber pflegtet auf euren Fersen umzukehren (66); hochmütig erwähntet ihr ihn (den Qurʾān) und nachts habt ihr ihn gemieden." (67) Haben sie denn das Wort nicht bedacht, oder ist zu ihnen das gekommen, was nicht zu ihren Vorvätern kam? (68) Oder kennen sie ihren Gesandten nicht, so dass sie ihn verleugnen? (69) Oder sagen sie: "Er ist ein Besessener."? Nein, er hat ihnen die Wahrheit gebracht, und die meisten von ihnen hassen die Wahrheit. (70) Und wenn die Wahrheit sich nach ihren Begierden gerichtet hätte; wahrlich, die Himmel und die Erde und wer darin ist, wären in Unordnung gestürzt worden. Nein, Wir haben ihnen ihre Mahnung gebracht, doch von ihrer eigenen Mahnung kehren sie sich ab. (71) Oder forderst du etwa von ihnen einen Lohn? Doch der Lohn deines Herrn ist besser; und Er ist der beste Versorger. (72)

Und gewiss, du rufst sie zu einem geraden Weg auf. (73) Und jene, die nicht an das Jenseits glauben, weichen wahrlich von dem Weg ab. (74) Und hätten Wir Uns ihrer erbarmt und sie von ihrer Drangsal befreit, würden sie dennoch in ihrer Widerspenstigkeit verharren und verblendet in die Irre gehen. (75) Und wahrlich, Wir haben sie mit Strafe erfasst, doch sie haben sich ihrem Herrn weder unterworfen, noch haben sie sich gedemütigt (76) - bis dass Wir ihnen ein Tor zu strenger Strafe öffnen. Siehe, da werden sie hierüber in Verzweiflung stürzen. (77)

Und Er ist es, Der euch Ohren, Augen und Herzen erschaffen hat. Wie wenig dankbar seid ihr! (78) Und Er ist es, Der euch auf der Erde vermehrt hat, und vor Ihm werdet ihr versammelt werden. (79) Und Er ist es, Der leben und sterben lässt, und in Seinen Händen ruht der Wechsel von Nacht und Tag. Wollt ihr es denn nicht begreifen? (80)

Doch nein, sie sprachen aber, wie schon die Früheren sprachen. (81) Sie sagten: "Wie? Wenn wir gestorben und zu Staub und Gebein geworden sind, sollen wir dann wirklich auferweckt werden? (82) Dies ist uns verheißen worden, uns und zuvor unseren Vätern. Das ist ja nichts als Fabeln der Früheren." (83) Sprich: "Wessen ist die Erde, und (wessen) wer auf ihr ist, wenn ihr es wisst?" (84) Sie werden sagen: "Allāh." Sprich: "Wollt ihr denn nicht nachdenken?" (85) Sprich: "Wer ist der Herr der sieben Himmel und der Herr des Gewaltigen Throns?" (86) Sie werden sagen: "(Sie sind) Allāhs." Sprich: "Wollt ihr denn nicht gottesfürchtig sein?" (87) Sprich: "Wer ist es, in Dessen Hand die Herrschaft über alle Dinge ist, und Der Schutz gewährt, aber vor Dem es keinen Schutz gibt, wenn ihr es wisst?" (88) Sie werden sagen: "(All dies ist) Allāhs." Sprich: "Wieso also seid ihr verblendet?" (89) Doch Wir haben ihnen die Wahrheit gebracht, und wahrlich, sie leugnen (sie). (90)

Allāh hat Sich keinen Sohn genommen, noch ist irgendein Gott neben Ihm: sonst würde jeder Gott mit sich fortgenommen haben, was er erschaffen hätte, und die einen von ihnen hätten sich sicher gegen die anderen erhoben. Gepriesen sei Allāh (und Erhaben) über all das, was sie beschreiben! (91) (Er ist) der Kenner des Verborgenen und des Offenbaren! Erhaben ist Er darum über das, was sie Ihm beigesellen. (92)

Sprich: "Mein Herr, wenn Du mich schauen lassen willst, was ihnen angedroht wird (93), mein Herr, so setze mich nicht zu dem Volk der Frevler." (94) Und Wir haben wahrlich die Macht, dich schauen zu lassen, was Wir ihnen androhen. (95)

Wehre das Böse mit dem ab, was das Beste ist. Wir wissen recht wohl, was für Dinge sie behaupten. (96) Und sprich: "Mein Herr, ich nehme meine Zuflucht zu Dir vor den Einflüsterungen der Satane. (97) Und ich nehme meine Zuflucht zu Dir, mein Herr, damit sie sich mir nicht nähern." (98)

Wenn dann der Tod an einen von ihnen herantritt, sagt er: "Mein Herr, bringe mich zurück (99), auf dass ich Gutes tue von dem, was ich unterlassen habe." Keineswegs, es ist nur ein Wort, das er ausspricht. Und hinter ihnen steht eine Schranke bis zum Tage, an dem sie auferweckt werden. (100) Wenn dann der Stoß in den Ṣūr erfolgt ist, gibt es zwischen ihnen an jenem Tage keine Verwandtschaftsbande (mehr), und sie werden einander nicht befragen. (101)

Dann werden die, deren Waagschalen schwer sind, die Erfolgreichen sein. (102) Jene aber, deren Waagschalen leicht sind, werden die sein, die ihrer selbst verlustig gegangen sind; in Ǧahannam werden sie auf ewig bleiben. (103) Das Feuer wird ihre Gesichter verbrennen, und sie werden darin missgebildet sein. (104)

"Wurden euch Meine Verse nicht verlesen, und habt ihr sie nicht (immerwieder) als Lüge verworfen?" (105) Sie werden sagen: "Unser Herr, unsere Unseligkeit überkam uns, und wir waren ein irrendes Volk. (106) Unser Herr, führe uns aus ihr (der Hölle) heraus. Wenn wir (zum Ungehorsam) zurückkehren, dann werden wir wahrlich Frevler sein." (107) Er wird sprechen: "Hinab mit euch darein, und redet nicht mit Mir. (108) Wahrlich, es gab eine Anzahl unter Meinen Dienern, die zu sagen pflegten: »Unser Herr, wir glauben; vergib uns darum und erbarme Dich unser; denn Du bist der beste Erbarmer.« (109) Ihr aber habt sie mit Spott behandelt, so sehr, dass sie euch Meine Ermahnung vergessen ließen, während ihr sie auslachtet. (110) Ich habe sie heute belohnt; denn sie waren geduldig. Wahrlich, sie sind es, die den Sieg erreicht haben." (111) Er spricht: "Wie viele Jahre verweiltet ihr auf Erden?" (112) Sie sagen: "Wir verweilten einen Tag oder den Teil eines Tages; doch frage diejenigen, die rechnen können." (113) Er spricht: "Ihr verweiltet nur kurze Zeit, wenn ihr es nur wüsstet! (114) Glaubtet ihr denn, Wir hätten euch in Sinnlosigkeit erschaffen, und ihr würdet nicht zu Uns zurückgebracht?" (115)

Und Hocherhaben ist Allāh, der Wahre König. Es ist kein Gott außer Ihm, dem Herrn des Würdigen Throns. (116)

Und wer neben Allāh einen anderen Gott anruft, für den er keinen Beweis hat, der wird seinem Herrn Rechenschaft abzulegen haben. Wahrlich, die Ungläubigen haben keinen Erfolg. (117) Und sprich: "Mein Herr, vergib (uns) und habe Erbarmen (mit uns); denn Du bist der beste Erbarmer." (118)

(24) Sura An-Nūr (Das Licht)

Offenbart zu Al-Madīna, 64 Āyāt

Im Namen Allāhs, des Allerbarmers, des Barmherzigen!

(Dies ist) eine Sura, die Wir hinabsandten und die Wir zum Gesetz erhoben, und worin Wir deutliche Zeichen offenbarten, auf das ihr ermahnt sein mögt. (1)

Peitscht die Unzüchtige und den Unzüchtigen gegebenenfalls jeweils mit hundert Peitschenhieben aus; und lasst euch angesichts dieser Vorschrift Allāhs nicht von Mitleid mit den beiden ergreifen, wenn ihr an Allāh und an den Jüngsten Tag glaubt. Und eine Anzahl der Gläubigen soll ihrer Pein beiwohnen. (2) Ein Unzüchtiger darf nur eine Unzüchtige oder eine Götzendienerin heiraten, und eine Unzüchtige darf nur einen Unzüchtigen oder einen Götzendiener heiraten; den Gläubigen aber ist das verwehrt. (3)

Und denjenigen, die ehrbaren Frauen (Unkeuschheit) vorwerfen, jedoch nicht vier Zeugen (dafür) beibringen, verabreicht achtzig Peitschenhiebe. Und lasst ihre Zeugenaussage niemals mehr gelten; denn sie sind es, die Frevler sind (4); außer jenen, die es hernach bereuen und sich bessern; denn wahrlich, Allāh ist Allvergebend, Barmherzig. (5)

Und (was) jene (betrifft), die ihren Gattinnen (Ehebruch) vorwerfen und keine Zeugen (dafür) außer sich selber haben - von solchen Leuten soll die Aussage des Mannes allein (genügen), wenn er viermal bei Allāh schwört, dass er die Wahrheit rede (6); und (sein) fünfter (Eid) soll sein, dass der Fluch Allāhs auf ihm lasten möge, falls er ein Lügner sei. (7) Von ihr aber soll die Strafe abgewendet werden, wenn sie viermal den Schwur bei Allāh leistet, dass er ein Lügner sei. (8) Und (ihr) fünfter (Eid) soll sein, dass Allāhs Zorn auf ihr lasten möge, falls er die Wahrheit rede. (9) Wäre nicht Allāhs Huld und Seine Barmherzigkeit über euch und wäre Allāh nicht Vielvergebend, Allweise, (wäret ihr verloren gewesen). (10)

Diejenigen, welche die große Lüge vorbrachten, bilden eine Gruppe von euch. Glaubt nicht, dies sei übel für euch; im Gegenteil, es gereicht euch zum Guten. Jedem von ihnen soll die Sünde, die er begangen hat, (vergolten werden); und der von ihnen, der den Hauptanteil daran verschuldete, soll eine schwere Strafe erleiden. (11) Warum dachten die gläubigen Männer und die gläubigen Frauen, als ihr es hörtet, nichts Gutes von ihren eigenen Leuten und sagten: "Das ist eine offenkundige Lüge."? (12) Warum brachten sie dafür nicht vier Zeugen bei? Da sie keine Zeugen beigebracht haben, sind sie es also, die vor

Allāh die Lügner sind. (13) Wäre nicht Allāhs Huld und Seine Barmherzigkeit im Diesseits und im Jenseits über euch, hätte euch für das, worauf ihr euch einließt, eine schwere Strafe getroffen. (14) Als ihr es mit euren Zungen übernahmt und ihr mit eurem Mund das ausspracht, wovon ihr keine Kenntnis hattet, da hieltet ihr es für eine geringe Sache, während es vor Allāh eine große war. (15) Und warum sagtet ihr nicht, als ihr es hörtet: "Es kommt uns nicht zu, darüber zu reden. Gepriesen bist Du! Dies ist eine arge Verleumdung."? (16) Allāh ermahnt euch, nie wieder dergleichen zu begehen, wenn ihr Gläubige seid. (17) Und Allāh erklärt euch die Gebote; denn Allāh ist Allwissend, Allweise. (18) Wahrlich, jenen, die wünschen, dass sich Unzucht unter den Gläubigen verbreite, wird im Diesseits und im Jenseits eine schmerzliche Strafe zuteil sein. Und Allāh weiß, und ihr wisst nicht. (19) Und wäre nicht Allāhs Huld und Seine Barmherzigkeit über euch, und wäre Allāh nicht Gütig, Erbarmend, (wäret ihr zugrunde gegangen). (20)

O ihr, die ihr glaubt, folgt nicht den Schritten Satans. Und wer den Schritten Satans folgt, der gebietet gewiss Schändliches und Unrechtes. Und wäre nicht über euch Allāhs Huld und Seine Barmherzigkeit, nicht einer von euch wäre rein geworden; doch Allāh macht rein, wen Er will. Und Allāh ist Allhörend, Allwissend. (21) Und die unter euch, die Reichtum im Überfluss besitzen, sollen nicht schwören, den Anverwandten und den Bedürftigen und den auf Allāhs Weg Ausgewanderten nichts zu geben. Sie sollen (vielmehr) vergeben und verzeihen. Wünscht ihr nicht, dass Allāh euch vergebe? Und Allāh ist Allvergebend, Barmherzig. (22)

Diejenigen, welche den ehrbaren, unbedachten, gläubigen Frauen (Unkeuschheit) vorwerfen, sind im Diesseits und im Jenseits verflucht. Ihnen wird eine schwere Strafe zuteil sein (23) an dem Tage, wo ihre Zungen und ihre Hände und ihre Füße gegen sie das bezeugen werden, was sie getan haben. (24) An dem Tage wird Allāh ihnen (alles) nach Gebühr heimzahlen, und sie werden erfahren, dass Allāh allein die lautere Wahrheit ist. (25)

Schlechte Frauen sind für schlechte Männer, und schlechte Männer sind für schlechte Frauen. Und gute Frauen sind für gute Männer, und gute Männer sind für gute Frauen; sie sind frei von all dem, was sie (die Verleumder) sagen. Auf sie wartet Vergebung und eine ehrenvolle Versorgung. (26) O ihr, die ihr glaubt, betretet keine anderen Wohnungen als die euren, bevor ihr nicht um Erlaubnis gebeten und ihre Bewohner gegrüßt habt. Das ist besser für euch, wenn ihr euch ermahnen lasst. (27) Und wenn ihr niemanden darin findet, so tretet nicht eher ein, als bis euch die Erlaubnis (dazu) gegeben wird. Und wenn zu euch gesprochen wird: "Kehrt um", dann kehrt um; das ist reiner für euch. Und Allāh weiß wohl, was ihr tut. (28) Es ist für euch keine Sünde, wenn ihr in unbewohnte Häuser eintretet, die euch von Nutzen sind. Und Allāh weiß, was ihr kundtut und was ihr verbergt. (29)

Sprich zu den gläubigen Männern, dass sie ihre Blicke zu Boden senken und ihre Keuschheit wahren sollen. Das ist reiner für sie. Wahrlich, Allāh ist dessen, was sie tun, recht wohl kundig. (30) Und sprich zu den gläubigen Frauen, dass sie ihre Blicke zu Boden senken und ihre Keuschheit wahren und ihren Schmuck nicht zur Schau tragen sollen - bis auf das, was davon sichtbar sein darf, und dass sie ihre Tücher um ihre Kleidungsausschnitte schlagen und ihren Schmuck vor niemand (anderem) enthüllen sollen als vor ihren Gatten oder Vätern oder den Vätern ihrer Gatten oder ihren Söhnen oder den Söhnen ihrer Gatten oder ihren Brüdern oder den Söhnen ihrer Brüder oder Söhnen ihrer Schwestern oder ihren Frauen oder denen, die sie von Rechts wegen besitzen, oder solchen von ihren männlichen Dienern, die keinen Geschlechtstrieb mehr haben, und den Kindern, die der Blöße der Frauen keine Beachtung schenken. Und sie sollen ihre Füße nicht so (auf den Boden) stampfen, dass bekannt wird, was sie von ihrem Schmuck verbergen. Und wendet euch allesamt reumütig Allāh zu, o ihr Gläubigen, auf dass ihr erfolgreich sein mögt. (31)

Und verheiratet diejenigen von euch, die ledig sind, und die guten unter euren Sklaven, männliche wie weibliche. Wenn sie arm sind, so wird Allāh sie aus Seiner Fülle reich machen;

denn Allāh ist Allumfassend, Allwissend. (32) Und diejenigen, die keine (Gelegenheit) zur Ehe finden, sollen sich keusch halten, bis Allāh sie aus Seiner Fülle reich macht. Und jene, die ihr von Rechts wegen besitzt - wenn welche von ihnen eine Freilassungsurkunde begehren, (so) stellt sie ihnen aus, falls ihr von ihnen Gutes wisst; und gebt ihnen von Allāhs Reichtum, den Er euch gegeben hat. Und zwingt eure Sklavinnen nicht zur Prostitution, wenn sie ein ehrbares Leben führen wollen, nur um die Güter des irdischen Lebens zu erlangen. Werden sie aber (zur Prostitution) gezwungen, dann wird Allāh gewiss nach ihrem erzwungenen Tun Allvergebend und Barmherzig (zu ihnen) sein. (33) Und wahrlich, Wir haben euch deutliche Zeichen niedergesandt und das Beispiel derer, die vor euch dahingingen, und eine Ermahnung für die Gottesfürchtigen. (34)

Allāh ist das Licht der Himmel und der Erde. Sein Licht ist gleich einer Nische, in der sich eine Lampe befindet: Die Lampe ist in einem Glas; das Glas gleich einem funkelnden Stern. Angezündet (wird die Lampe) von einem gesegneten Ölbaum, der weder östlich noch westlich ist, dessen Öl beinahe leuchten würde, auch wenn das Feuer es nicht berührte. Licht über Licht. Allāh leitet zu Seinem Licht, wen Er will. Und Allāh prägt Gleichnisse für die Menschen, und Allāh kennt alle Dinge. (35) (Es ist) in Häusern, für die Allāh die Erlaubnis erteilte, sie sollen errichtet werden und Sein Name soll darin verkündet werden. Darin preisen (sie) Ihn am Morgen und am Abend (36) - Männer, die weder Ware noch Handel vom Gedenken an Allāh abhält und der Verrichtung des Gebets und dem Entrichten der *Zakāh*; sie fürchten einen Tag, an dem sich Herzen und Augen verdrehen werden. (37) Damit Allāh sie belohne für die besten ihrer Taten und ihnen reichlich gebe aus Seiner Fülle. Und Allāh versorgt ja, wen Er will, ohne zu rechnen. (38)

Die aber ungläubig sind - ihre Taten sind wie eine Luftspiegelung in einer Ebene: Der Dürstende hält sie für Wasser, bis er, wenn er hinzutritt, sie als Nichts vorfindet. Doch nahebei findet er Allāh, Der ihm seine Abrechnung vollzieht; und Allāh ist schnell im Abrechnen. (39) Oder (die Ungläubigen sind) wie Finsternisse in einem tiefen Meer: Eine Woge bedeckt es, über ihr ist (noch) eine Woge, darüber ist eine Wolke; Finsternisse, eine über der anderen. Wenn er seine Hand ausstreckt, kann er sie kaum sehen; und wem Allāh kein Licht gibt - für den ist kein Licht. (40)

Hast du nicht gesehen, dass Allāh es ist, Den alle lobpreisen, die in den Himmeln und auf Erden sind, und sogar die Vögel im Schwebeflug? Jedes (Geschöpf) kennt seine eigene (Weise von) Gebet und Lobpreisung. Und Allāh weiß wohl, was sie tun. (41) Und Allāhs ist das Königreich der Himmel und der Erde, und zu Allāh ist die Heimkehr. (42) Hast du nicht gesehen, dass Allāh die Wolken einhertreibt, sie dann zusammenfügt, sie dann aufeinander schichtet, so dass du den Regen aus ihrer Mitte hervorströmen siehst? Und Er sendet vom Himmel Berge (von Wolken) nieder, in denen Hagel ist, und Er trifft damit, wen Er will, und wendet ihn ab, von wem Er will. Der Glanz Seines Blitzes nimmt fast das Augenlicht. (43) Allāh lässt die Nacht und den Tag wechseln. Hierin liegt wahrlich eine Lehre für solche, die sehen können. (44)

Und Allāh hat jedes Lebewesen aus Wasser erschaffen. Unter ihnen sind manche, die auf ihren Bäuchen kriechen, und unter ihnen sind manche, die auf zwei Beinen gehen, und unter ihnen sind manche, die sich auf vieren fortbewegen. Allāh schafft, was Er will. Wahrlich, Allāh hat Macht über alle Dinge. (45) Wahrlich, Wir haben deutliche Zeichen herabgesandt. Und Allāh leitet, wen Er will, auf den geraden Weg. (46)

Und sie sagen: "Wir glauben an Allāh und an den Gesandten, und wir gehorchen." Hierauf aber wenden sich einige von ihnen ab. Und dies sind keine Gläubigen. (47) Und wenn sie zu Allāh und Seinem Gesandten gerufen werden, damit er zwischen ihnen richte, siehe, dann wendet sich eine Gruppe von ihnen ab. (48) Doch wenn das Recht auf ihrer Seite ist, dann kommen sie zu ihm in aller Unterwürfigkeit gelaufen. (49) Ist Krankheit in ihren Herzen? Oder zweifeln sie, oder fürchten sie, dass Allāh und Sein Gesandter ungerecht gegen sie sein würden? Nein, sie sind es selbst, die Unrecht begehen. (50)

Doch die Rede der Gläubigen, wenn sie zu Allāh und Seinem Gesandten gerufen werden, damit Er zwischen ihnen richten möge, ist nichts anderes als: "Wir hören und wir gehorchen." Und sie sind es, die Erfolg haben werden. (51) Und wer Allāh und Seinem Gesandten gehorcht und Allāh fürchtet und sich vor Ihm in achtnimmt: solche sind es, die Gewinner sind. (52)

Und sie schwören bei Allāh ihre festen Eide, sie würden, wenn du es ihnen beföhlest, gewiss ausziehen. Sprich: "Schwört nicht! Euer Gehorsam ist (uns) bekannt!" Wahrlich, Allāh ist dessen wohl kundig, was ihr tut. (53) Sprich: "Gehorcht Allāh und gehorcht dem Gesandten." Doch wenn ihr euch (von ihm) abkehrt, dann ist er nur für das verantwortlich, was ihm auferlegt wurde, und ihr seid nur für das verantwortlich, was euch auferlegt wurde. Und wenn ihr ihm gehorcht, so werdet ihr dem rechten Weg folgen. Und dem Gesandten obliegt nur die deutliche Verkündigung. (54)

Verheißen hat Allāh denen, die von euch glauben und gute Werke tun, dass Er sie gewiss zu Nachfolgern auf der Erde machen wird, wie Er jene, die vor ihnen waren, zu Nachfolgern machte; und dass Er gewiss für sie ihre Religion befestigen wird, die Er für sie auserwählt hat; und dass Er gewiss ihren (Stand) nach ihrer Furcht in Frieden und Sicherheit verwandeln wird, auf dass sie Mich verehren (und) Mir nichts zur Seite stellen. Wer aber hernach undankbar ist, wird ein Frevler sein. (55) Und verrichtet das Gebet und entrichtet die *Zakāh* und gehorcht dem Gesandten, auf dass ihr Barmherzigkeit empfangen mögt. (56)

Denke nicht, die, die da ungläubig sind, könnten (Ihm) auf Erden entrinnen; ihre Herberge ist das Feuer; und das ist wahrlich ein schlimmes Ende! (57)

O ihr, die ihr glaubt, es sollen (sogar) die, die ihr von Rechts wegen besitzt, und die unter euch, die noch nicht die Reife erlangt haben, euch zu drei Zeiten um Einlass bitten: vor dem Morgengebet, und dann, wenn ihr eure Kleider wegen der Mittagshitze ablegt, und nach dem Nachtgebet - (denn dies sind) für euch drei Zeiten des Entblößtseins. Danach ist es für euch und für sie keine Sünde, wenn die einen von euch sich um die anderen kümmern. So macht euch Allāh die Zeichen klar, und Allāh ist Allwissend, Allweise. (58) Und wenn die Kinder unter euch den Zustand der Pubertät erreicht haben, dann sollen sie um Einlass bitten, gerade so wie die, die vor ihnen um Einlass gebeten haben. So macht euch Allāh Seine Zeichen klar; denn Allāh ist Allwissend, Allweise. (59) (Was nun) die älteren Frauen (betrifft), die nicht mehr auf Heirat hoffen können, so trifft sie kein Vorwurf, wenn sie ihre Tücher ablegen, ohne ihre Zierde zur Schau zu stellen. Aber wenn sie sich dessen enthalten, ist das besser für sie. Und Allāh ist Allhörend, Allwissend. (60)

Kein Vorwurf trifft den Blinden, noch trifft ein Vorwurf den Gehbehinderten, kein Vorwurf trifft den Kranken oder euch selbst, wenn ihr in euren eigenen Häusern esst oder den Häusern eurer Väter oder den Häusern eurer Mütter oder den Häusern eurer Brüder oder den Häusern eurer Schwestern oder den Häusern eurer Vatersbrüder oder den Häusern eurer Vatersschwestern oder den Häusern eurer Mutterbrüder oder den Häusern eurer Mutterschwestern oder in einem (Haus), dessen Schlüssel in eurer Obhut sind, oder (in dem Haus) eures Freundes. Es ist keine Sünde für euch, ob ihr nun zusammen oder getrennt esst. Doch wenn ihr in Häuser eintretet, so begrüßt einander mit einem gesegneten, lauteren Gruß von Allāh. So macht euch Allāh die Gebote klar, auf dass ihr (sie) begreifen mögt. (61)

Nur diejenigen sind Gläubige, die an Allāh und an Seinen Gesandten glauben, und diejenigen, die, wenn sie in einer für alle wichtige Angelegenheit bei ihm sind, nicht eher fortgehen, als sie ihn um Erlaubnis (dazu) gebeten haben. Die, die dich um Erlaubnis bitten, sind diejenigen, die (wirklich) an Allāh und Seinen Gesandten glauben. Wenn sie dich also um Erlaubnis für irgendeine eigene Angelegenheit bitten, so erteile dem von ihnen die Erlaubnis, dem du willst, und bitte Allāh für sie um Verzeihung. Wahrlich, Allāh ist Allverzeihend, Barmherzig. (62)

Erachtet nicht den Ruf des Gesandten unter euch als dem Ruf des einen oder anderen von euch gleichrangig. Allāh kennt diejenigen unter euch, die sich hinwegstehlen, indem sie sich verstecken. So mögen sich die, die sich seinem Befehl widersetzen, (davor) hüten, dass sie nicht Drangsal befalle oder eine schmerzliche Strafe treffe. (63)

Ist es nicht so, dass Allāhs ist, was in den Himmeln und auf der Erde ist? Er kennt euren Zustand wohl. Und an dem Tage, wo sie zu Ihm zurückgebracht werden, da wird Er ihnen verkünden, was sie getan haben! Und Allāh weiß alle Dinge wohl. (64)

(25) Sura Al-Furqān (Die Unterscheidung)

Offenbart zu Makka, 77 Āyāt

Im Namen Allāhs, des Allerbarmers, des Barmherzigen!

Voller Segen ist Er, Der die Unterscheidung zu Seinem Diener herabgesandt hat, auf dass er ein Warner für die Welten sei. (1) Er (ist es), Dessen das Königreich der Himmel und der Erde ist, Der Sich keinen Sohn genommen hat und Der keinen Partner im Königreich hat und Der jegliches Ding erschaffen und ihm das rechte Maß gegeben hat. (2)

Und doch haben sie sich Götter außer Ihm genommen, die nichts erschaffen haben, sondern selbst erschaffen worden sind, die weder für sich selber Macht über Schaden und Nutzen noch Macht über Tod und Leben und Auferweckung haben. (3)

Und jene, die ungläubig sind, sagen: "Dies ist ja nichts als eine Lüge, die er erdichtet hat; und andere Leute haben ihm dabei geholfen." Wahrlich, sie haben da Ungerechtigkeiten und Lügen vorgebracht. (4) Und sie sagen: "(Das sind) Fabeln der Früheren: er hat sie aufschreiben lassen, und sie werden ihm am Morgen und am Abend diktiert." (5)

Sprich: "Er, Der das Verborgene von Himmel und Erde kennt, hat ihn herabgesandt. Er ist wahrlich Allverzeihend, Barmherzig." (6) Und sie sagen: "Was ist mit diesem Gesandten, dass er Speise isst und auf den Märkten umhergeht? Warum ist kein Engel zu ihm herabgesandt worden, um als Warner bei ihm zu sein? (7) Oder (warum ist) ihm kein Schatz herabgeworfen oder kein Garten gegeben worden, wovon er essen könnte?" Und die Ungerechten sagen: "Ihr folgt nur einem Mann, der einem Zauber zum Opfer gefallen ist." (8)

Schau, wie sie dir Gleichnisse prägen! Sie sind irregegangen und können keinen Ausweg finden. (9)

Voller Segen ist Er, Der, wenn Er will, dir Besseres als all dies gewähren wird - Gärten, durch die Bäche fließen - und dir (auch) Paläste geben wird. (10) Nein, sie leugnen die Stunde; und denen, welche die Stunde leugnen, haben Wir einen Höllenbrand bereitet. (11) Wenn er sie aus der Ferne wahrnimmt, werden sie hören, wie er grollt und laut aufheult. (12) Und wenn sie zusammengekettet in den engen Raum (des Feuers) geworfen werden, dann werden sie dort die Vernichtung wünschen. (13) "Wünscht heute nicht nur einmal die Vernichtung, sondern wünscht die Vernichtung mehrere Male!" (14) Sprich: "Ist dies nun besser oder das Paradies der Ewigkeit, das den Gerechten verheißen wurde? Es wird ihre Belohnung und Bestimmung sein." (15) Darin werden sie haben, was immer sie begehren, (und sie werden) auf ewig (darin) verweilen. Dies ist eine Verheißung, die bindend für deinen Herrn ist. (16)

Und an dem Tage, da Er sie und jene, die sie an Allāhs Statt verehren, versammeln wird, da wird Er fragen: "Wart ihr es, die Meine Diener irregeführt habt, oder sind sie (von) selbst von dem Weg abgeirrt?" (17)

Sie werden sagen: "Gepriesen bist Du! Es geziemte uns nicht, andere Beschützer als Dich anzunehmen; Du aber beschertest ihnen und ihren Vätern die guten Dinge (dieses Lebens), bis sie die Ermahnung vergaßen und ein verlorenes Volk wurden." (18) Nun haben sie euch für das, was ihr sagtet, der Lüge bezichtigt, und ihr könnt weder (die Strafe) abwenden noch (euch) helfen. Und den, der von euch Unrecht tut, werden Wir eine große Strafe kosten lassen. (19)

Auch vor dir schickten Wir keine Gesandten, ohne dass sie Speise aßen oder auf den Märkten umhergingen. Und Wir machen die einen unter euch zur Prüfung für die anderen. Wollt ihr also geduldig sein? Und dein Herr ist Allsehend. (20) * Und diejenigen, die nicht mit Unserer Begegnung rechnen, sagen: "Warum werden keine Engel zu uns herniedergesandt? Oder (warum) sollten wir (nicht) unseren Herrn schauen?" Wahrlich, sie denken zu hoch von sich und haben die Schranken arg überschritten. (21)

Am Tage, wenn sie die Engel sehen: Keine frohe Botschaft (sei) für die Schuldigen an diesem Tage! Und sie (die Engel) werden (zu ihnen) sagen: "Das ist euch verwehrt, verboten!" (22) Und Wir werden Uns den Werken zuwenden, die sie gewirkt haben, und werden sie wie verwehte Stäubchen zunichte machen. (23)

Die Bewohner des Paradieses werden an jenem Tage die bessere Wohnstatt und den würdigeren Ruheplatz haben. (24)

Und an dem Tage wird sich der Himmel mitsamt den Wolken spalten und die Engel werden ununterbrochen herabgesandt. (25) Das Königreich, das wahrhaftige - an jenem Tage wird es des Allerbarmers sein; und ein Tag soll es sein, (der) schwer für die Ungläubigen (ist). (26) Am Tage, da der Ungerechte sich in die Hände beißen wird, wird er sagen: "O wäre ich doch den Weg mit dem Gesandten gegangen! (27) O wehe mir! Hätte ich doch nimmermehr den Soundso zum Freund genommen! (28) Wahrlich, er führte mich irre, hinweg von der Ermahnung, nachdem sie zu mir gekommen war." Und Satan lässt den Menschen im Stich. (29) Und der Gesandte sagte: "O mein Herr, mein Volk hat wirklich diesen Qur'ān von sich gewiesen." (30) Und so gaben Wir jedem Propheten einen Feind aus den Reihen der Sünder; doch dein Herr genügt als Führer und als Helfer. (31)

Und jene, die ungläubig sind, sagen: "Warum ist ihm der Qur'ān nicht in einem Zuge herabgesandt worden?" Dies (geschieht), weil Wir dein Herz dadurch stärken wollen, und Wir haben seine Anordnung recht gut gemacht. (32)

Und sie kommen mit keinem Gleichnis zu dir, ohne dass Wir die Wahrheit und die schönste Erklärung brächten. (33) Diejenigen, die auf ihren Gesichtern in *Ǧahannam* versammelt werden - sie werden in der schlimmsten Lage und vom Weg am weitesten abgeirrt sein. (34)

Und wahrlich, Wir gaben Moses die Schrift, und zugleich haben Wir (ihm) seinen Bruder Aaron als Helfer zur Seite gestellt. (35) Dann sprachen Wir: "Geht beide zum Volk, das Unsere Zeichen verworfen hat!" Dann zerstörten Wir sie alle vollständig. (36) Und das Volk Noahs: Als sie die Gesandten verleugneten, ertränkten Wir sie und machten sie zu einem Zeichen für die Menschen. Und Wir haben für die Ungerechten eine schmerzliche Strafe bereitet. (37) Und so auch (für) die ʿĀd, die Ṯamūd und die Leute vom Brunnen und (für) so viele der Geschlechter zwischen ihnen. (38) Ihnen allen prägten Wir Gleichnisse; und sie alle zerstörten Wir vollständig. (39) Und wahrlich, sie kamen vorüber an der Stadt, auf die ein Unheilsregen niederging. Haben sie sie denn nicht gesehen? Nein, sie rechnen nicht mit der Auferstehung. (40)

Und wenn sie dich sehen, treiben sie nur Spott mit dir: "Ist das der, den Allāh als Gesandten erweckt hat? (41) Wahrlich, er hätte uns beinahe irregeführt, hinweg von unseren Göttern, hätten wir nicht geduldig an ihnen festgehalten." Und sie werden erfahren, wenn sie die Strafe sehen, wer weiter vom Weg abgeirrt ist. (42)

Hast du den gesehen, der seine persönliche Neigung zu seinem Gott macht? Könntest du wohl sein Wächter sein? (43) Meinst du etwa, dass die meisten von ihnen hörten oder verständen? Sie sind nur wie das Vieh - nein, sie sind noch weiter vom Weg abgeirrt. (44)

Hast du nicht gesehen, wie dein Herr den Schatten verlängert? Und hätte Er gewollt, hätte Er ihn stillstehen lassen. Dann machten Wir die Sonne zu seinem Wegweiser. (45) Dann ziehen Wir ihn sachte zu Uns. (46) Und Er ist es, Der euch die Nacht zu einer Verhüllung und den Schlaf zur Ruhe und den Tag zur Regsamkeit gemacht hat. (47) Und Er ist es, Der die Winde als Freudenboten Seiner Barmherzigkeit herabsendet; und Wir senden reines Wasser aus den Wolken nieder (48), auf dass Wir damit ein totes Land lebendig machen und auf dass Wir damit Unserer Schöpfung zu trinken geben - dem Vieh und den Menschen in großer Zahl. (49)

Und Wir haben es (das Wasser) unter ihnen verteilt, auf dass sie darüber nachdenken mögen. Die meisten Menschen jedoch lehnen alles ab, nur nicht den Unglauben. (50) Hätten Wir es gewollt, hätten Wir gewiss in jeder Stadt einen Warner erwecken können. (51) So gehorche nicht den Ungläubigen, sondern eifere mit ihm (dem Qur'ān) in großem Eifer gegen sie. (52)

Und Er ist es, Der den beiden Gewässern freien Lauf gelassen hat zu fließen - das eine (ist) wohlschmeckend, süß, und das andere salzig, bitter; und zwischen ihnen hat Er eine Scheidewand und eine sichere Schranke gemacht (53), und Er ist es, Der den Menschen aus Wasser erschaffen hat und ihm Blutsverwandtschaft und Schwägerschaft gab; und Allmächtig ist dein Herr. (54)

Dennoch verehren sie statt Allāh das, was ihnen weder nützen noch schaden kann. Der Ungläubige ist ein Helfer gegen seinen Herrn. (55)

Und Wir haben dich nur als Bringer froher Botschaft und als Warner gesandt. (56) Sprich: "Ich verlange von euch keinen Lohn dafür, nur (das eine:) dass jeder, der will, den Weg zu seinem Herrn einschlage." (57) Und vertraue auf den Ewiglebenden, Der nicht stirbt, und preise Seine Lobenswürdigkeit. Es genügt, dass Er gegenüber den Sünden Seiner Diener Wohlwissend ist. (58) Er, Der die Himmel und die Erde und das, was zwischen beiden ist, in sechs Tagen erschuf, erhob Sich alsdann (hoheitsvoll) über den Thron. Der Allerbarmer: Befrage über Ihn einen, der Kenntnis (von Ihm) hat. (59)

Und wenn zu ihnen gesprochen wird: "Fallt vor dem Allerbarmer in Anbetung nieder!", sagen sie: "Und was ist der Allerbarmer? Sollen wir vor irgendetwas in Anbetung niederfallen, nur weil du es uns befiehlst?" Und es verstärkt nur ihren Widerwillen. (60)

Voller Segen ist Er, Der Burgen im Himmel gemacht und eine Leuchte und einen scheinenden Mond darein gestellt hat. (61) Und Er ist es, Der die Nacht und den Tag, die einander folgen, gemacht hat für einen, der (daran) denken oder (dafür) dankbar sein möge. (62)

Und die Diener des Allerbarmers sind diejenigen, die sanftmütig auf der Erde schreiten; und wenn die Unwissenden sie anreden, sprechen sie friedlich (zu ihnen) (63); sie sind jene, die die Nacht damit verbringen, sich niederzuwerfen und zu beten. (64) Und sie sind es, die sagen: "Unser Herr, wende von uns die Strafe der Ğahannam ab; denn wahrlich, ihre Pein ist eine bedrückende Qual. (65) Sie ist wahrlich schlimm als Ruhestatt und als Aufenthalt." (66) Und diejenigen, die, wenn sie spenden, weder verschwenderisch noch geizig sind; dazwischen gibt es einen Mittelweg. (67) Und die, welche keinen anderen Gott außer Allāh anrufen und niemanden töten, dessen Leben Allāh unverletzlich gemacht hat - es sei denn, (sie töten) dem Recht nach, und keine Unzucht begehen: und wer das aber tut, der soll dafür zu büßen haben. (68) Verdoppelt soll ihm die Strafe am Tage der Auferstehung werden, und er soll darin auf ewig in Schmach bleiben (69), außer denen, die bereuen und glauben und gute Werke tun; denn deren böse Taten wird Allāh in gute umwandeln; und Allāh ist ja Allverzeihend, Barmherzig. (70) Und der, der bereut und Gutes tut, der wendet sich in wahrhafter Reue Allāh zu. (71) Und diejenigen, die nichts Falsches bezeugen, und die, wenn sie unterwegs leeres Gerede hören, mit Würde (daran) vorbeigehen. (72) Und diejenigen, die, wenn sie mit den Zeichen ihres Herrn ermahnt werden, deswegen nicht wie taub und blind darauf stürzen. (73) Und diejenigen, welche sagen: "Unser Herr, gewähre uns an unseren Frauen und Kindern Augentrost und mache uns zu einem Vorbild für die Gottesfürchtigen." (74) Diese werden mit der höchsten Stätte (im Paradies) belohnt, weil sie geduldig waren; und Gruß und Frieden werden sie dort empfangen. (75) Ewig darin verweilend: herrlich ist es als Ruhestatt und als Aufenthalt. (76)

Sprich: "Was kümmert Sich mein Herr um euch, wenn ihr nicht (zu Ihm) betet? Ihr habt (Ihn) ja geleugnet, und das wird (euch) nun anhaften." (77)

(26) Sura Aš-Šuʿarāʾ (Die Dichter)

Offenbart zu Makka, 227 Āyāt

Im Namen Allāhs, des Allerbarmers, des Barmherzigen!
Ṭā Sīn Mīm. (1) Das sind die Verse des deutlichen Buches. (2) Vielleicht grämst du dich noch zu Tode darüber, dass sie nicht glauben. (3) Wenn Wir wollen können Wir ihnen ein Zeichen vom Himmel niedersenden, so dass ihre Nacken sich demütig davor beugen. (4) Aber nie kommt zu ihnen eine neue Ermahnung vom

Allerbarmer, ohne dass sie sich davon abkehren. (5) Sie haben tatsächlich (die Ermahnung) verworfen; bald aber wird von dem Kunde zu ihnen kommen, was sie verspotteten. (6) Haben sie nicht die Erde betrachtet - wieviel Wir auf ihr von jeglicher herrlichen Gattung wachsen ließen? (7) Darin liegt wahrlich ein Zeichen; jedoch die meisten von ihnen glauben es nicht. (8) Und dein Herr: Er ist wahrlich der Allmächtige, der Barmherzige. (9)

Und da rief dein Herr Moses an: "Geh zum Volk der Ungerechten (10), dem Volk Pharaos. Wollen sie denn nicht gottesfürchtig sein?" (11) Er sagte: "Mein Herr, ich fürchte, sie werden mich für einen Lügner halten (12), und meine Brust wird beklemmt, und meine Zunge versagt den Redefluss. Schicke darum (auch) zu Aaron. (13) Auch haben sie eine Schuldklage gegen mich erhoben, deshalb fürchte ich, dass sie mich umbringen." (14) Er sprach: "Keineswegs! Geht nur beide mit Unseren Zeichen hin. Wir sind mit euch; Wir werden mit euch zuhören. (15) Geht denn zu Pharao und sagt: »Wir beide sind die Boten des Herrn der Welten. (16) Lass die Kinder Israels mit uns ziehen.«" (17) Er (Pharao) sagte: "Haben wir dich nicht als Kind bei uns aufgezogen? Und du hast viele Jahre deines Lebens bei uns verbracht. (18) Und du begingst jene deine Tat, die du begangen hast, und du warst undankbar." (19) Er (Moses) sagte: "Ich tat es damals, als ich auf dem Irrweg war. (20) Dann floh ich von euch, weil ich euch fürchtete; doch (nun) hat mir mein Herr Weisheit geschenkt und mich zu einem Gesandten gemacht. (21) Und die Gnade, die du mir vorhältst, ist die, dass du die Kinder Israels geknechtet hast." (22) Pharao sagte: "Und was ist der Herr der Welten?" (23) Er (Moses) sagte: "Er ist der Herr der Himmel und der Erde und dessen, was zwischen den beiden ist, wenn ihr nur Gewissheit wolltet." (24) Er (Pharao) sagte zu denen, die um ihn waren: "Hört ihr nicht?" (25) Er (Moses) sagte: "Er ist euer Herr und der Herr eurer Vorväter." (26) Er (Pharao) sagte: "Dieser euer Gesandter, der zu euch entsandt wurde, ist wahrlich ein Besessener." (27) Er (Moses) sagte: "Er ist der Herr des Ostens und des Westens und dessen, was zwischen den beiden ist, wenn ihr es nur begreifen würdet." (28) Er (Pharao) sagte: "Wenn du einen anderen Gott als mich annimmst, so werde ich dich ganz

gewiss zum Gefängnisinsassen machen." (29) Er (Moses) sagte:
"Wie? Selbst wenn ich dir etwas bringe, das offenkundig ist?" (30)
Er (Pharao) sagte: "So bringe es, wenn du die Wahrheit redest!"
(31) Da warf (Moses) seinen Stock hin, und siehe, er wurde eine
Schlange, ganz deutlich. (32) Und er zog seine Hand hervor, und
siehe, sie erschien den Zuschauern weiß. (33) Er (Pharao) sagte
zu den Vornehmen um ihn: "Das ist wahrlich ein erfahrener
Zauberer. (34) Er will euch durch seine Zauberei aus eurem
Lande vertreiben. Was ratet ihr nun?" (35) Sie sagten: "Halte ihn
und seinen Bruder hin und sende Ausrufer in die Städte (36),
die dir alle erfahrenen Zauberer bringen sollen." (37) So wurden
die Zauberer zur anberaumten Zeit an einem bestimmten Tage
versammelt. (38) Und es wurde zu den Menschen gesprochen:
"Seid ihr alle da (39), so dass wir den Zauberern folgen können,
wenn sie die Sieger sind?" (40) Als die Zauberer kamen, da sagten
sie zu Pharao: "Wird es auch eine Belohnung für uns geben,
wenn wir die Sieger sind?" (41) Er sagte: "Ja, und dann werdet ihr
zu unseren Nächsten gehören." (42) Moses sagte zu ihnen: "Werft
hin, was ihr zu werfen habt." (43) Da warfen sie ihre Stricke und
ihre Stöcke hin und sagten: "Bei Pharaos Macht, wir sind es, die
sicher siegen werden." (44) Dann warf Moses seinen Stock hin,
und siehe, er verschlang (all) das, was sie vorgetäuscht hatten.
(45) Da warfen sich die Zauberer anbetend nieder. (46) Sie sagten:
"Wir glauben an den Herrn der Welten (47), den Herrn Moses'
und Aarons." (48) Er (Pharao) sagte: "Glaubt ihr an ihn, bevor ich
es euch erlaube? Er ist sicher euer Meister, der euch die Zauberei
gelehrt hat. Aber bald sollt ihr es erfahren. Wahrhaftig, ich werde
euch die Hände und Füße wechselweise abhauen (lassen), und
wahrhaftig, ich will euch alle kreuzigen (lassen)." (49) Sie sagten:
"Darin liegt kein Schaden; denn wir werden zu unserem Herrn
zurückkehren. (50) Wir hoffen sehr, unser Herr werde uns unsere
Sünden vergeben, da wir die ersten der Gläubigen sind." (51)

Und Wir offenbarten Moses: "Führe Meine Diener nachts
hinweg; denn ihr werdet verfolgt werden." (52) Und Pharao
sandte (Boten) in die Städte, um zu einer Versammlung
aufzurufen (53): "Diese sind nur ein kleiner Haufen (54); dennoch
haben sie uns erzürnt (55), und wir sind eine wachsame Menge."

(56) So vertrieben Wir sie aus Gärten und von Quellen (57) und aus Schätzen und ehrenvollen Wohnsitzen. (58) So (geschah es); und Wir gaben sie den Kindern Israels zum Erbe. (59) Und sie verfolgten sie bei Sonnenaufgang. (60) Als die beiden Scharen einander ansichtig wurden, sagten die Gefährten Moses': "Wir werden sicher eingeholt." (61) Er sagte: "Keineswegs! Mein Herr ist mit mir. Er wird mich richtig führen." (62) Darauf offenbarten Wir Moses: "Schlage das Meer mit deinem Stock." Und es teilte sich, und jeder Teil erhob sich wie ein gewaltiger Berg. (63) Und Wir ließen alsdann die anderen nahe herankommen. (64) Und Wir erretteten Moses und alle, die mit ihm waren. (65) Dann ertränkten Wir die anderen. (66) Hierin ist wahrlich ein Zeichen; doch die meisten von ihnen glauben es nicht. (67)

Und wahrlich, dein Herr ist der Allmächtige, der Barmherzige. (68)

Und verlies ihnen die Geschichte Abrahams (69), als er zu seinem Vater und seinem Volk sagte: "Was betet ihr an?" (70) Sie sagten: "Wir beten Götzen an, und wir sind ihnen anhaltend zugetan." (71) Er sagte: "Hören sie euch, wenn ihr (sie) anruft? (72) Oder nützen sie oder schaden sie euch?" (73) Sie sagten: "Nein, aber wir fanden unsere Väter das gleiche tun." (74) Er sagte: "Seht ihr denn nicht, was ihr da angebetet habt (75), ihr und eure Vorväter? (76) Sie sind mir feindlich (gesonnen); nicht aber der Herr der Welten (77), Der mich erschaffen hat; und Er ist es, Der mich richtig führt (78) und Der mir Speise und Trank gibt. (79) Und wenn ich krank bin, ist Er es, Der mich heilt (80), und (Er ist es) Der mich sterben lassen wird und mich dann wieder zum Leben zurückbringt (81), und von Dem ich hoffe, dass Er mir meine Fehler am Tage des Gerichts vergeben werde. (82) Mein Herr, schenke mir Weisheit und füge mich zu den Rechtschaffenen (83); und verleih mir einen guten Ruf bei den künftigen Geschlechtern. (84) Und mache mich zu einem der Erben des Paradieses der Wonne (85); und vergib meinem Vater; denn er war einer der Irrenden (86); und tue mir an dem Tage, da (die Menschen) auferweckt werden, keine Schande an (87), an dem Tage, da weder Vermögen noch Söhne (etwas) nützen (88), sondern nur der (gerettet werden wird), der mit reinem Herzen zu Allāh kommt." (89)

Und das Paradies wird den Gottesfürchtigen nahegebracht werden. (90) Und die *Al-Ğaḥīm* wird denen vor Augen gehalten, die abgeirrt sind (91), und es wird zu ihnen gesprochen: "Wo ist nun das, was ihr anzubeten pflegtet (92) statt Allāh? Können sie euch helfen oder sich selber helfen?" (93) Dann werden sie kopfüber (in die Hölle) hineingestürzt werden, sie und diejenigen, die abgeirrt sind (94), und *Iblīs'* Scharen allesamt. (95) Sie sagen, indem sie miteinander darüber streiten: (96) "Bei Allāh, wir waren in einem offenkundigen Irrtum (97), als wir euch dem Herrn der Welten gleichsetzten. (98) Und es waren nur die Schuldigen, die uns irreführten (99), und nun haben wir weder Fürsprecher (100) noch einen treuen Freund. (101) Wenn es doch für uns eine Rückkehr gäbe, (dann) wären wir unter den Gläubigen!" (102) Hierin ist wahrlich ein Zeichen, jedoch die meisten von ihnen glauben es nicht. (103) Und wahrlich, dein Herr - Er ist der Allmächtige, der Barmherzige. (104)

Das Volk Noahs bezichtigte die Gesandten der Lüge (105), als ihr Bruder Noah zu ihnen sagte: "Wollt ihr nicht gottesfürchtig sein? (106) In Wahrheit, ich bin euch ein vertrauenswürdiger Gesandter. (107) So fürchtet Allāh und gehorcht mir. (108) Und ich verlange von euch keinen Lohn dafür; mein Lohn ist allein beim Herrn der Welten. (109) So fürchtet Allāh und gehorcht mir." (110) Sie sagten: "Sollen wir dir glauben, wo es (doch nur) die Niedrigsten sind, die dir folgen?" (111) Er sagte: "Und welche Kenntnis habe ich von dem, was sie getan haben? (112) Ihre Rechenschaft ist einzig die Sache meines Herrn, wenn ihr euch dessen nur bewusst wäret! (113) Und ich werde die Gläubigen gewiss nicht hinauswerfen. (114) Ich bin nichts (anderes) als ein aufklärender Warner." (115) Sie sagten: "Wenn du (davon) nicht abläßt, o Noah, so wirst du sicherlich gesteinigt werden." (116) Er sagte: "Mein Herr, mein Volk hat mich für einen Lügner gehalten. (117) Darum richte entscheidend zwischen mir und ihnen; und rette mich und die Gläubigen, die mit mir sind." (118) So erretteten Wir ihn und jene, die mit ihm in dem beladenen Schiff waren. (119) Dann ertränkten Wir hernach jene, die zurückblieben. (120) Wahrlich, hierin ist ein Zeichen, jedoch die meisten von ihnen glauben es nicht. (121) Und wahrlich, dein Herr - Er ist der Erhabene, der Barmherzige. (122)

Die ʿĀd bezichtigten die Gesandten der Lüge (123), als ihr Bruder Hūd zu ihnen sagte: "Wollt ihr nicht gottesfürchtig sein? (124) In Wahrheit, ich bin euch ein vertrauenswürdiger Gesandter (125), darum fürchtet Allāh und gehorcht mir. (126) Und ich verlange von euch keinen Lohn dafür; mein Lohn ist allein beim Herrn der Welten. (127) Errichtet ihr Bauwerke auf jeder Anhöhe, um euch zu vergnügen? (128) Und errichtet ihr Burgen, als solltet ihr lange leben? (129) Und wenn ihr zupackt, so benehmt ihr euch gewalttätig. (130) So fürchtet Allāh und gehorcht mir. (131) Fürchtet Den, Der euch mit dem versorgt hat, was ihr kennt. (132) Er hat euch mit Vieh und Söhnen versorgt (133) und Gärten und Quellen. (134) Wahrlich, ich fürchte für euch die Strafe eines gewaltigen Tages." (135) Sie sagten: "Es ist uns gleich, ob du (uns) predigst oder ob du (uns) nicht predigst. (136) Dies ist nichts als ein Brauch der Früheren (137), und wir werden nicht bestraft werden." (138) So hielten sie ihn für einen Lügner, und Wir vernichteten sie. Hierin ist wahrlich ein Zeichen, jedoch die meisten von ihnen glauben es nicht. (139) Und wahrlich, dein Herr - Er ist der Erhabene, der Barmherzige. (140)

Die Ṯamūd bezichtigten die Gesandten der Lüge (141), als ihr Bruder Ṣāliḥ zu ihnen sagte: "Wollt ihr nicht gottesfürchtig sein? (142) In Wahrheit, ich bin euch ein vertrauenswürdiger Gesandter. (143) So fürchtet Allāh und gehorcht mir. (144) Und ich verlange von euch keinen Lohn dafür; mein Lohn ist allein beim Herrn der Welten. (145) Werdet ihr etwa sicher zurückbleiben unter den Dingen, die hier sind (146), unter Gärten und Quellen (147) und Kornfeldern und Dattelpalmen mit Blütendolden, die fast brechen? (148) Und aus den Bergen hauet ihr euch Wohnungen geschickt aus. (149) So fürchtet Allāh und gehorcht mir. (150) Und gehorcht nicht dem Befehl derer, die nicht Maß halten (151), die Verderben auf Erden stiften und keine guten Werke verrichten." (152) Sie sagten: "Du bist nur einer, der dem Zauber zum Opfer gefallen ist. (153) Du bist nichts (anderes) als ein Mensch wie wir.

So bringe ein Zeichen, wenn du zu den Wahrhaftigen gehörst." (154) Er sagte: "Hier ist eine Kamelstute; sie hat (ihre) Trinkzeit, und ihr habt (eure) Trinkzeit an einem bestimmten Tag. (155) Berührt sie nicht mit Bösem, damit euch nicht die Strafe eines gewaltigen Tages ereile." (156) Sie aber schnitten ihr die Sehnen durch; und danach wurden sie reumütig. (157) Da ereilte sie die Strafe. Hierin ist wahrlich ein Zeichen, jedoch die meisten von ihnen glauben es nicht. (158) Und wahrlich, dein Herr - Er ist der Erhabene, der Barmherzige. (159)

Das Volk Lots bezichtigte die Gesandten der Lüge (160), als ihr Bruder Lot zu ihnen sagte: "Wollt ihr nicht gottesfürchtig sein? (161) In Wahrheit, ich bin euch ein vertrauenswürdiger Gesandter. (162) So fürchtet Allāh und gehorcht mir. (163) Und ich verlange von euch keinen Lohn dafür; mein Lohn ist allein beim Herrn der Welten. (164) Vergeht ihr euch unter allen Geschöpfen an Männern (165) und lasst eure Frauen (beiseite), die euer Herr für euch erschaffen hat? Nein, ihr seid ein Volk, das die Schranken überschreitet." (166) Sie sagten: "Wenn du (davon) nicht ablässt, o Lot, so wirst du gewiss einer der Verbannten sein." (167) Er sagte: "Ich verabscheue euer Treiben. (168) Mein Herr, rette mich und die Meinen vor dem, was sie tun." (169) So erretteten Wir ihn und die Seinen allesamt (170), bis auf eine alte Frau, die unter denen war, die zurückblieben. (171) Dann vernichteten Wir die anderen. (172) Und Wir ließen einen Regen auf sie niedergehen; und schlimm war der Regen für die Gewarnten. (173) Hierin liegt wahrlich ein Zeichen, jedoch die meisten von ihnen glauben es nicht. (174) Wahrlich, dein Herr - Er ist der Erhabene, der Barmherzige. (175)

Das Volk vom Wald bezichtigte die Gesandten der Lüge (176), als Šuʿaib zu ihnen sagte: "Wollt ihr nicht gottesfürchtig sein? (177) In Wahrheit, ich bin euch ein vertrauenswürdiger Gesandter. (178) So fürchtet Allāh und gehorcht mir. (179) Und ich verlange von euch keinen Lohn dafür; mein Lohn ist allein beim Herrn der Welten. (180) Gebt volles Maß und gehört nicht zu denen, die weniger geben (181); und wiegt mit richtiger Waage. (182) Und vermindert den Menschen nicht ihr Gut und handelt nicht verderbend im Lande, indem ihr Unheil anrichtet.

(183) Und fürchtet Den, Der euch und die früheren Geschlechter erschuf." (184) Sie sagten: "Du bist nur einer, der dem Zauber zum Opfer gefallen ist. (185) Und du bist nichts (anderes) als ein Mensch wie wir, und wir halten dich für einen Lügner. (186) So lass Brocken vom Himmel auf uns niederfallen, wenn du zu den Wahrhaftigen gehörst." (187) Er sagte: "Mein Herr weiß am besten, was ihr tut." (188) Und sie erklärten ihn für einen Lügner. So ereilte sie die Strafe am Tage der schattenspendenden Wolke. Das war wahrlich die Strafe eines gewaltigen Tages. (189) Hierin ist wahrlich ein Zeichen, jedoch die meisten von ihnen glauben es nicht. (190) Wahrlich, dein Herr - Er ist der Erhabene, der Barmherzige. (191) Und wahrlich, dies ist eine Offenbarung vom Herrn der Welten (192), die vom vertrauenswürdigen Geist (Gabriel) herabgebracht worden ist (193), auf dein Herz, auf dass du einer der Warner sein mögst (194), in arabischer Sprache, die deutlich ist. (195) Und ganz gewiss steht dies in den Schriften der Früheren. (196) Gilt es ihnen denn nicht als Zeichen, dass die Kundigen unter den Kindern Israels ihn kennen? (197) Und hätten Wir ihn zu einem Nichtaraber herabgesandt (198), und hätte er ihn ihnen vorgelesen, würden sie (doch) nie an ihn geglaubt haben. (199) So haben Wir ihn in die Herzen der Sünder einziehen lassen. (200) Sie werden nicht an ihn glauben, bis sie die schmerzliche Strafe erleben. (201) Doch sie wird unversehens über sie kommen, ohne dass sie es merken. (202) Dann werden sie sagen: "Wird uns eine Frist gewährt?" (203)

Ist es denn Unsere Strafe, die sie beschleunigen wollen? (204) Siehst du nicht, wie Wir sie jahrelang genießen lassen? (205) Dann aber kommt das zu ihnen, was ihnen angedroht wurde. (206) Nichts nützt ihnen dann all das, was sie genießen durften. (207)

Und nie zerstörten Wir eine Stadt, ohne dass sie Warner gehabt hätte (208), zur Ermahnung; und nie sind Wir ungerecht. (209)

Und die Satane haben ihn (den Qurʾān) nicht herabgebracht (210), noch schickt es sich für sie, noch vermögen sie es (211); denn sie sind vom Lauschen ferngehalten. (212)

Rufe daher außer Allāh keinen anderen Gott an, damit du nicht zu denen gehörst, die bestraft werden. (213) Und warne deine nächsten Verwandten (214) und senke deinen Flügel über die Gläubigen, die dir folgen. (215) Sind sie dir dann aber ungehorsam, so sprich: "Ich bin schuldlos an dem, was ihr tut." (216) Und vertraue auf den Erhabenen, den Barmherzigen (217), Der dich sieht, wenn du (im Gebet) dastehst (218), und (Der) deine Bewegungen inmitten derer, die sich (vor Ihm) niederwerfen, (sieht) (219); denn Er ist der Allhörende, der Allwissende. (220)

"Soll ich euch verkünden, auf wen die Satane herniederfahren? (221) Sie fahren auf jeden gewohnheitsmäßigen Lügner und Sünder hernieder (222); sie horchen, und die meisten von ihnen sind Lügner." (223)

Und die Dichter - es sind die Irrenden, die ihnen folgen. (224) Hast du nicht gesehen, wie sie verwirrt in jedem Tal umherwandeln (225), und wie sie reden, was sie nicht tun? (226) Außer denen, die glauben und gute Werke verrichten und Allāhs desöfteren gedenken und die sich widersetzen, nachdem ihnen Unrecht widerfuhr. Und die Ungerechten werden bald erfahren, zu welchem Ort sie zurückkehren werden. (227)

(27) Sura An-Naml (Die Ameisen)

Offenbart zu Makka, 93 Āyāt

Im Namen Allāhs, des Allerbarmers, des Barmherzigen!

Ṭā Sīn. Dies sind die Verse des Qur'ān - eines deutlichen Buches. (1) (Es ist) eine Führung und frohe Botschaft für die, die glauben (2), das Gebet verrichten und die *Zakāh* entrichten und fest mit dem Jenseits rechnen. (3)

Denjenigen aber, die nicht an das Jenseits glauben, haben Wir ihre Werke schön erscheinen lassen; so wandern sie nur in Verwirrung (umher). (4) Das sind die, derer eine schlimme Strafe harrt, und sie allein sind es, die im Jenseits die größten Verlierer sind. (5) Und wahrlich, du empfängst den Qur'ān von einem Allweisen, Allwissenden. (6)

(Gedenke der Zeit) als Moses zu seinen Angehörigen sagte: "Ich habe ein Feuer wahrgenommen. Ich will euch von dort Kunde bringen, oder ich will euch eine brennende Glut herbeischaffen, auf dass ihr euch wärmen mögt." (7) Und als er zu ihm kam, wurde gerufen: "Gesegnet soll der sein, der im Feuerbereich ist und der, der sich in seiner Nähe befindet; und gepriesen sei Allāh, der Herr der Welten!" (8) "O Moses, Ich bin Allāh, der Erhabene, der Allweise. (9) Und wirf deinen Stock hin." Doch als er ihn sich regen sah, als wäre er eine Riesenschlange, da wandte er sich zur Flucht und schaute nicht zurück. "O Moses, fürchte dich nicht. Wahrlich, bei Mir fürchten sich nicht die Gesandten. (10) Ausgenommen ist derjenige, der Unrecht tut, alsdann Gutes an Stelle des Bösen setzt, dann, wahrlich, bin Ich Allverzeihend, Barmherzig. (11) Und steck deine Hand unter deinen Arm; sie wird ohne ein Übel weiß hervorkommen - (dies ist eines) der neun Zeichen für Pharao und sein Volk; denn sie sind ein frevelhaftes Volk." (12)

Doch als Unsere sichtbaren Zeichen zu ihnen kamen, sagten sie: "Das ist offenkundige Zauberei." (13) Und sie verwarfen sie in Ungerechtigkeit und Hochmut, während ihre Seelen doch von ihnen überzeugt waren. Siehe nun, wie das Ende derer war, die Unheil anrichteten! (14)

Und wahrlich, Wir gaben David und Salomo Wissen, und beide sagten: "Alles Lob gebührt Allāh, Der uns erhöht hat über viele Seiner gläubigen Diener." (15) Und Salomo wurde Davids Erbe, und er sagte: "O ihr Menschen, die Sprache der Vögel ist uns gelehrt worden; und alles wurde uns beschert. Das ist wahrlich die offenbare Huld." (16) Und dort vor Salomo wurden dessen Heerscharen der *Ǧinn* und Menschen und Vögel versammelt, und sie standen in Reih und Glied geordnet (17), bis dann, als sie zum Tale der Ameisen kamen, eine Ameise (darunter) sagte: "O ihr Ameisen, geht in eure Wohnungen hinein, damit euch Salomo und seine Heerscharen nicht zertreten, ohne dass sie es merken." (18) Da lächelte er heiter über ihre Worte und sagte: "Mein Herr, gib mir ein, dankbar für die Gnade zu sein, die Du mir und meinen Eltern gewährt hast, und (gib mir ein) Gutes zu tun, das Dir wohlgefällig sei, und nimm mich in Deiner Barmherzigkeit unter Deine rechtschaffenen Diener auf." (19)

Und er musterte die Vögel und sagte: "Wie kommt es, dass ich den Wiedehopf nicht sehe? Ist er abwesend? (20) Ich werde ihn gewiss mit strenger Strafe bestrafen, oder ich werde ihn töten, es sei denn, er bringt mir einen triftigen Grund vor." (21) Und dieser blieb nicht lange fern, dann sprach er: "Ich habe eine Erfahrung gemacht, die du nicht gemacht hast; und ich bin aus Saba' mit sicherer Nachricht zu dir gekommen. (22) Dort fand ich eine Frau, die über sie herrscht, und ihr ist alles beschert worden, und sie besitzt einen großartigen Thron. (23) Ich fand sie und ihr Volk die Sonne statt Allāh anbeten; und Satan hat ihnen ihre Werke ausgeschmückt und hat sie vom Weg (Allāhs) abgehalten, so dass sie dem Weg nicht folgen. (24) Wollen sie sich nicht vor Allāh niederwerfen, Der ans Licht bringt, was in den Himmeln und auf Erden verborgen ist, und Der weiß, was ihr verhehlt und was ihr offenbart! (25) Allāh! Es ist kein Gott außer Ihm, dem Herrn des Gewaltigen Throns." (26) Er (Salomo) sagte: "Wir werden sehen, ob du die Wahrheit gesprochen hast oder ob du zu den Lügnern gehörst. (27) Geh mit diesem Brief von mir und wirf ihn vor sie hin, sodann zieh dich von ihnen zurück und schau, was sie erwidern." (28) Sie (die Königin) sagte: "Ihr Vornehmen, ein ehrenvoller Brief ist mir überbracht worden. (29) Er ist von Salomo, und er lautet: »Im Namen Allāhs, des Allerbarmers, des Barmherzigen! (30) Seid nicht überheblich gegen mich, sondern kommt zu mir in Ergebenheit.«" (31) Sie sagte: "O ihr Vornehmen, ratet mir in dieser Sache. Ich entscheide keine Angelegenheit, solange ihr nicht zugegen seid." (32) Sie sagten: "Wir besitzen Kraft und eine starke Kriegsmacht, aber dir obliegt der Befehl; sieh nun zu, was du befehlen willst." (33) Sie sagte: "Wahrlich, wenn Könige in ein Land eindringen, verwüsten sie es und machen die höchsten seiner Bewohner zu den niedrigsten. So verfahren sie. (34) Ich aber will ihnen ein Geschenk schicken und will abwarten, was die Boten (für eine Antwort) zurückbringen." (35)

Als (der Überbringer) zu Salomo kam, sagte (dieser): "Schüttet ihr Reichtümer über mich aus? Jedoch was Allāh mir gegeben hat, ist besser als das, was Er euch gegeben hat. Nein, ihr seid es, die sich an dieser Gabe erfreuen. (36) Kehre zu ihnen zurück; denn wir werden ganz gewiss mit Heerscharen zu ihnen kommen, gegen die sie keine Macht haben werden, und wir werden sie von dort in Schmach forttreiben, und sie werden sich gedemütigt fühlen." (37) Er sagte: "O ihr Vornehmen, wer von euch bringt mir ihren Thron, bevor sie in Ergebenheit zu mir kommen?" (38) Da sprach ein kraftvoller (Riese) von den Ǧinn: "Ich will ihn dir bringen, ehe du dich von deinem Platz erhebst; wahrlich, ich habe die Stärke dazu und bin vertrauenswürdig." (39) Da sprach einer, der Kenntnis von der Schrift besaß: "Ich bringe ihn dir innerhalb eines Augenzwinkerns von dir." Und da er ihn vor sich stehen sah, sagte er: "Dies geschieht durch die Gnade meines Herrn, um mich zu prüfen, ob ich dankbar oder undankbar bin. Und wer dankbar ist, der ist dankbar zum Heil seiner eigenen Seele; wer aber undankbar ist - siehe, mein Herr ist auf keinen angewiesen, Großzügig." (40) Er sagte: "Macht ihren Thron für sie unkenntlich; wir wollen sehen, ob sie dem rechten Weg folgt oder ob sie zu denen gehört, die nicht dem rechten Weg folgen." (41) Als sie kam, da wurde gesprochen: "Ist dein Thron wie dieser?" Sie sagte: "Es ist, als wäre er ein und derselbe." "Und uns wurde das Wissen, schon vor ihr, verliehen; und wir hatten uns bereits (Allāh) ergeben." (42) Und es hielt sie von dem ab, was sie statt Allāh zu verehren pflegte; denn sie gehörte zu einem ungläubigen Volk. (43) Es wurde zu ihr gesprochen: "Tritt ein in den Palast." Und da sie ihn sah, hielt sie ihn für einen Wasserspiegel und entblößte ihre Beine. Er (Salomo) sagte: "Es ist ein Palast, getäfelt und gepflastert mit geglättetem Glas." Sie sagte: "Mein Herr, ich habe wahrlich gegen meine eigene Seele gesündigt; und ich ergebe mich - mit Salomo - Allāh, dem Herrn der Welten." (44)

Und wahrlich, Wir entsandten zu den Ṯamūd ihren Bruder Ṣāliḥ (der sagte): "Verehrt Allāh!" Doch siehe, sie spalteten sich in zwei Parteien, die miteinander stritten. (45) Er sagte: "O mein Volk, weshalb wollt ihr lieber das Böse beschleunigt sehen als das Gute? Warum bittet ihr Allāh nicht um Vergebung, damit euch Barmherzigkeit zuteil werde?" (46) Sie sagten: "Wir ahnen Böses von dir und von denen, die mit dir sind." Er sagte: "Euer Unheil ist bereits bei Allāh. Nein, ihr seid ein Volk, das geprüft wird." (47) Und es waren in der Stadt neun Führer, die Unheil im Lande stifteten, und sie wollten nicht für Ordnung sorgen. (48)

Sie sagten: "Schwört einander bei Allāh, dass wir ihn (Ṣāliḥ) und seine Angehörigen gewiss bei Nacht überfallen und dann zu seinen Hinterlassenen sagen wollen: »Wir waren keine Zeugen vom Untergang seiner Familie, und wir reden bestimmt die Wahrheit.«" (49) Sie schmiedeten einen Plan, (und) auch Wir schmiedeten einen Plan, aber sie gewahrten es nicht. (50) Sieh nun wie der Ausgang ihres Planes war; denn Wir vernichteten sie und all ihr Volk ganz und gar. (51) Und dort sind ihre Häuser, verfallen ihres Frevelns wegen. Hierin ist wahrlich ein Zeichen für Leute, die es wissen. (52) Und Wir erretteten jene, die glaubten und gottesfürchtig waren. (53)

Und (gedenke) Lots, als er zu seinem Volk sagte: "Wollt ihr Schändlichkeiten begehen, wo ihr doch einsichtig seid? (54) Wollt ihr euch wirklich in (eurer) Sinnenlust mit Männern statt mit Frauen abgeben? Nein, ihr seid ein unwissendes Volk." (55) * Doch die Antwort seines Volkes war nichts anderes als: "Treibt Lots Familie aus eurer Stadt hinaus; denn sie sind Leute, die rein sein möchten." (56) Also erretteten Wir ihn und die Seinen bis auf seine Frau; sie ließen Wir bei jenen, die zurückblieben. (57) Und Wir ließen einen Regen auf sie niedergehen; und schlimm war der Regen für die Gewarnten. (58)

Sprich: "Aller Preis gebührt Allāh, und Frieden sei über jenen von Seinen Dienern, die Er auserwählt hat. Ist Allāh besser oder das, was sie anbeten?" (59) Wer hat denn Himmel und Erde erschaffen und euch vom Himmel Wasser herabkommen lassen? Damit haben Wir herrliche Gärten wachsen lassen, deren Bäume ihr nicht wachsen lassen könntet. Existiert wohl ein Gott neben Allāh? Aber nein, sie sind Leute, die (Ihm andere Wesen) gleichsetzen? Nein, sie sind ein Volk, das Götter neben Allāh stellt. (60) Wer hat denn die Erde zu einer Ruhestatt gemacht und Flüsse durch ihre Mitte geführt und feste Berge auf ihr gegründet und eine Schranke zwischen die beiden Meere gesetzt? Existiert wohl ein Gott neben Allāh? Nein, die meisten von ihnen wissen es nicht. (61) Wer antwortet denn dem Bedrängten, wenn er Ihn anruft, und nimmt das Übel hinweg und macht euch zu Nachfolgern auf Erden? Existiert wohl ein Gott neben Allāh? Geringfügig ist das, was ihr (davon) bedenkt. (62) Wer leitet euch

in den Finsternissen über Land und Meer, und wer sendet die
Winde als Freudenboten Seiner Barmherzigkeit voraus? Existiert
wohl ein Gott neben Allāh? Hocherhaben ist Allāh über das,
was sie (Ihm) beigesellen. (63) Wer ruft denn zum Beginn die
Schöpfung hervor und wiederholt sie hierauf, und wer versorgt
euch vom Himmel und von der Erde? Existiert wohl ein Gott
neben Allāh? Sprich: "Bringt euren Beweis herbei, wenn ihr
wahrhaftig seid." (64) Sprich: "Niemand in den Himmeln und
auf Erden kennt das Verborgene außer Allāh, und sie wissen
nicht, wann sie wiederauferweckt werden." (65) Nein, ihr Wissen
über das Jenseits hat gänzlich versagt; nein, sie befinden sich im
Zweifel darüber; nein, sie sind ihm gegenüber blind. (66)

Und jene, die ungläubig sind, sagen: "Wie? Wenn wir und
unsere Väter zu Staub geworden sind, sollen wir dann wirklich
wieder hervorgebracht werden? (67) Verheißen wurde uns
dies zuvor - uns und unseren Vätern; dies sind ja nur Fabeln
der Früheren." (68) Sprich: "Reist auf der Erde umher und
seht, wie der Ausgang der Sündigen war!" (69) Sei ihretwegen
nicht traurig, noch sei deswegen bedrängt, was sie an Ränken
schmieden. (70) Und sie sagen: "Wann wird diese Verheißung
(erfüllt werden), wenn ihr die Wahrheit redet?" (71) Sprich:
"Vielleicht ist ein Teil von dem, was ihr zu beschleunigen
trachtet, schon nahe herangekommen." (72) Und wahrlich, dein
Herr ist Huldreich gegen die Menschen, doch die meisten von
ihnen sind nicht dankbar. (73) Und dein Herr kennt wohl, was
ihre Herzen verhehlen und was sie kundtun. (74) Und (es gibt)
nichts Verborgenes im Himmel oder auf Erden, das nicht in
einem deutlichen Buch stünde. (75)

Wahrlich, dieser Qurʾān erklärt den Kindern Israels das meiste
von dem, worüber sie uneins sind. (76) Und er ist wahrlich
eine Führung und eine Barmherzigkeit für die Gläubigen. (77)
Wahrlich, dein Herr wird zwischen ihnen durch Seinen Spruch
entscheiden, und Er ist der Allmächtige, der Allwissende.
(78) Vertraue also auf Allāh; denn du verfährst nach der
offenkundigen Wahrheit. (79) Du kannst die Toten weder hörend
machen, noch kannst du bewirken, dass die Tauben den Anruf
hören, wenn sie (dir) den Rücken kehren (80), noch kannst du

die Blinden aus ihrem Irrtum leiten. Du kannst nur diejenigen hörend machen, die an Unsere Zeichen glauben und die sich (Uns) ergeben. (81)

Und wenn der Befehl gegen sie ergeht, dann werden Wir für sie ein Tier aus der Erde hervorbringen, das zu ihnen spricht, dass die Menschen nicht an Unsere Zeichen glaubten. (82)

Und (mahne sie an) den Tag, wo Wir aus jedem Volk eine Schar derer versammeln werden, die Unsere Zeichen für Lüge erklärten; und sie sollen in Reih und Glied gehalten werden (83), bis Er sprechen wird, wenn sie kommen: "Habt ihr Meine Zeichen für Lüge erklärt, obwohl ihr keine Kenntnis über sie hattet? Oder was war es, was ihr tatet?" (84) Und der Befehl wird ihres Frevels wegen gegen sie ergehen, und sie werden nicht reden. (85) Haben sie denn nicht gesehen, dass Wir die Nacht erschaffen haben, damit sie darin ruhen mögen, und den Tag, (damit sie) sehen (mögen)? Hierin sind wahrlich Zeichen für Leute, die glauben. (86)

Und an dem Tage, wenn in den Ṣūr gestoßen wird, hat jeder mit dem Schrecken zu kämpfen, der in den Himmeln und der auf Erden ist, ausgenommen der, den Allāh will. Und alle sollen demütig zu Ihm kommen. (87) Und die Berge, die du für fest hältst, wirst du wie Wolken dahingehen sehen: Das (ist das) Werk Allāhs, Der alles vollendet hat. Wahrlich, Er weiß wohl, was ihr tut. (88) Dem, der Gutes vollbringt, wird Besseres als das zuteil sein, und sie werden vor dem Schrecken an jenem Tag sicher sein. (89) Und die Gesichter derjenigen, die Schlechtes vollbringen, sollen ins Feuer gestürzt werden: "Seid ihr für das belohnt worden, was ihr getan habt?" (90)

"Wahrlich, mir ist nur befohlen worden, dem Herrn dieser Stadt zu dienen, die Er geheiligt hat, und Sein sind alle Dinge; und mir ist befohlen worden, einer der Gottergebenen zu sein (91) und den Qurʾān zu verlesen." Wer also dem rechten Weg folgt, der folgt ihm nur zu seinem eigenen Besten; (wenn) einer irregeht, so sprich: "Ich bin nur einer der Warner." (92) Und sprich: "Aller Preis gebührt Allāh; Er wird euch Seine Zeichen zeigen, und ihr werdet sie erkennen." Und dein Herr ist dessen nicht unachtsam, was ihr tut. (93)

(28) Sura Al-Qaṣaṣ (Die Geschichte)

Offenbart zu Makka, 88 Āyāt

Im Namen Allāhs, des Allerbarmers, des Barmherzigen!
Ṭā Sīn Mīm. (1) Das sind die Verse des deutlichen Buches. (2)
Wir verlesen dir wahrheitsgemäß einen Teil der Geschichte von Moses und Pharao, für Leute, die glauben. (3) Wahrlich, Pharao betrug sich hochmütig im Land und spaltete dessen Bewohner in Parteien. Eine Gruppe von ihnen pflegte er zu unterdrücken, indem er ihre Söhne abschlachtete und ihre Frauen am Leben ließ. Wahrlich, er war einer der Unheilstifter! (4) Und Wir wollten denen, die im Lande als schwach erachtet wurden, Huld erweisen und sie zu Führern machen und zu Erben einsetzen (5) und ihnen die Oberhand im Lande geben und Pharao und Hāmān und ihren Heerscharen durch sie (die Schwachen) das zeigen, was sie befürchteten. (6) Und Wir gaben der Mutter von Moses ein: "Säuge ihn; und wenn du für ihn fürchtest, so wirf ihn in den Fluss und fürchte dich nicht und betrübe dich nicht; denn Wir werden ihn dir wiedergeben und ihn zu einem Gesandten machen." (7) Und die Angehörigen Pharaos lasen ihn auf, so dass er ihnen zum Feind wurde und Kummer verursachte; denn Pharao und Hāmān und ihre Heerscharen waren Missetäter. (8) Und die Frau des Pharao sagte: "(Er ist) mir und dir eine Augenweide! Tötet ihn nicht. Vielleicht erweist er sich als nützlich für uns, oder wir nehmen ihn als Sohn an." Und sie waren ahnungslos. (9) Und das Herz von Moses' Mutter war (von jeder Hoffnung) entleert. Fast hätte sie ihr Geheimnis preisgegeben, wenn Wir nicht ihr Herz gestärkt hätten, damit sie am Glauben festhielte. (10) Sie sagte zu seiner Schwester: "Spüre ihm nach." So beobachtete sie ihn von weitem; und jene ahnten nichts. (11) Und vordem hatten Wir ihm die Ammen verwehrt. Da sagte sie (seine Schwester): "Soll ich euch eine Familie nennen, wo man ihn für euch aufziehen und ihm wohlgesinnt sein würde?" (12) Dann gaben Wir ihn seiner Mutter zurück, damit ihr Auge mit Freude erfüllt würde und damit sie sich nicht grämte und damit sie wissen sollte, dass Allāhs Verheißung wahr ist. Jedoch die meisten von ihnen wissen es nicht. (13)

Und als er seine Vollkraft erreicht hatte und reif geworden war, verliehen Wir ihm Weisheit und Wissen; so belohnen Wir jene, die Gutes tun. (14) Und er betrat die Stadt um eine Zeit, da ihre Bewohner in einem Zustand der Unachtsamkeit waren; und er fand da zwei Männer, die miteinander kämpften. Der eine war von seiner eigenen Partei und der andere von seinen Feinden. Jener, der von seiner Partei war, rief ihn zu Hilfe gegen den, der von seinen Feinden war. So schlug Moses ihn zurück; doch es führte zu seinem Tod. Er sagte: "Das ist ein Werk Satans; er ist ein Feind, ein offenbarer Verführer." (15) Er sagte: "Mein Herr, ich habe mir selbst Unrecht getan, so vergib mir." So verzieh Er ihm; denn Er ist der Allverzeihende, der Barmherzige. (16) Er sagte: "Mein Herr, da Du mir gnädig gewesen bist, will ich niemals ein Helfer der Sünder sein." (17) Dann wurde er in der Stadt furchtsam und auf der Hut; und siehe, jener, der ihn zuvor um Hilfe gerufen hatte, schrie nach ihm um Beistand. Da sagte Moses zu ihm: "Du bist offensichtlich auf dem falschen Weg." (18) Und als er sich (dann doch) entschloss, Hand an den Mann zu legen, der ihrer beider Feind war, sagte dieser: "O Moses, willst du mich töten, so wie du gestern einen Menschen getötet hast? Du versuchst nur, ein Tyrann im Land zu werden, und du willst kein Friedensstifter sein." (19) Da kam ein Mann vom äußersten Ende der Stadt angelaufen. Er sagte: "O Moses, die Vornehmen beraten sich gegen dich, um dich zu töten. Darum mache dich fort; denn ich rate dir gut." (20) Da zog er furchtsam aus ihr hinaus und spähte umher. Er sagte: "Mein Herr, rette mich vor dem ungerechten Volk." (21)

Und als er sich in Richtung Madyan begab, sagte er: "Ich hoffe, mein Herr wird mich auf den rechten Weg leiten." (22) Als er zum Wasser von Madyan kam, fand er dort eine Schar von Leuten, die (ihr Vieh) tränkten. Und neben ihnen fand er zwei Frauen, die (ihr Vieh) zurückhielten. Er sagte: "Was ist mit euch?" Sie sagten: "Wir können (unser Vieh) nicht eher tränken, als bis die Hirten (ihre Herden) fortgetrieben haben, und unser Vater ist ein hochbetagter Greis." (23) Da tränkte er (ihre Herde) für sie. Dann zog er sich in den Schatten zurück und sagte: "Mein Herr, ich bedarf des Guten, was immer es (auch) sei, das Du auf mich herab senden magst." (24) Und eine der beiden (Frauen) kam zu ihm gelaufen voller Scham. Sie sagte: "Siehe, mein Vater lädt dich ein, damit er dich dafür belohnen kann, dass du unser Vieh getränkt hast." Als er nun zu ihm kam und ihm seine Geschichte erzählte, sagte er: "Fürchte dich nicht; du bist dem ungerechten Volk entronnen." (25) Da sagte eine der beiden (Frauen): "O mein Vater, stell ihn in deinen Dienst ein; denn der beste Mann, den du einstellen kannst, ist wahrlich der, der stark und ehrlich ist." (26) Er sagte: "Ich will dir eine von diesen meinen zwei Töchtern zur Frau geben unter der Bedingung, dass du dich mir auf acht Jahre zum Dienst verpflichtest. Willst du dann zehn (Jahre) vollmachen, so steht es bei dir. Ich möchte aber nicht hart zu dir sein; du wirst in mir, so Allāh will, einen rechtschaffenen (Mann) finden. (27) Er sagte: "Das sei zwischen mir und dir (abgemacht). Welche der beiden Fristen ich auch erfülle - es soll mich kein Vorwurf treffen; und Allāh ist Zeuge dessen, was wir sagen." (28) Als Moses nun die Frist erfüllt hatte und mit seinen Angehörigen reiste, gewahrte er an der Seite des Berges ein Feuer. Er sagte zu seinen Angehörigen: "Bleibt hier, ich habe ein Feuer wahrgenommen; vielleicht kann ich euch eine Nachricht von dort bringen oder eine Feuersglut, so dass ihr euch wärmen könnt." (29) Und als er zu ihm kam, da wurde er von der rechten Seite des Tales am gesegneten Ort aus dem Baum angerufen: "O Moses, wahrlich, Ich bin Allāh, der Herr der Welten. (30) Und wirf deinen Stock hin." Als er ihn sich regen sah, als wäre er eine Riesenschlange, da wandte er sich zur Flucht und schaute nicht zurück. "O Moses, tritt vor und fürchte dich nicht; denn du gehörst zu jenen, die in Sicherheit sind. (31) Steck deine Hand in deinen Hemdschlitz; sie wird ohne Übel weiß hervorkommen; und zieh deinen Arm an dich, um die Ängstlichkeit von dir zu jagen. Das sollen zwei Beweise von deinem Herrn für Pharao und seine Vornehmen sein; denn sie sind ein frevelndes Volk." (32) Er sagte: "Mein Herr, ich habe einen von ihnen erschlagen, und ich fürchte, sie werden mich töten. (33) Und mein Bruder Aaron - er ist beredter als ich mit seiner Zunge; sende ihn darum als Helfer mit mir, auf dass er mich bestätige; denn ich fürchte, sie werden mich der Falschheit bezichtigen." (34) Er sprach: "Wir wollen dich mit deinem Bruder stärken, und Wir wollen euch beiden Macht geben, so dass sie euch nicht erreichen werden - durch Unsere Zeichen. Ihr beide und die, welche euch folgen, werden die Sieger sein." (35)

Als dann Moses zu ihnen mit Unseren deutlichen Zeichen kam, da sagten sie: "Das ist nichts als ein Zaubertrug, und wir haben von unseren Vorvätern nie dergleichen gehört." (36) Und Moses sagte: "Mein Herr weiß am besten, wer es ist, der Seine Führung gebracht hat, und wem der glückselige Lohn der Wohnstatt zuteil werden wird. Wahrlich, die Frevler haben nie Erfolg." (37) Und Pharao sagte: "O ihr Vornehmen, ich kenne keinen anderen Gott für euch außer mir; so brenne mir, o Hāmān, (Ziegel aus) Ton und mache mir einen Turm, damit ich den Gott Moses' erblicken kann, obgleich ich ihn gewiss für einen Lügner erachte." (38) Und er und seine Heerscharen verhielten sich ohne Recht hochmütig im Lande. Und sie meinten, nie zu Uns zurückgebracht zu werden. (39) So erfassten Wir ihn und seine Heerscharen und setzten sie mitten im Meer aus. Schau darum, wie der Ausgang der Missetäter war! (40) Und Wir machten sie zu Führern, welche (Menschen) zum Feuer luden; und am Tage der Auferstehung werden sie keinen Beistand finden. (41) Und Wir ließen ihnen in dieser Welt einen Fluch folgen; und am Tage der Auferstehung werden sie unter den Verabscheuten sein. (42)

Und wahrlich, Wir gaben Moses die Schrift, nachdem Wir die früheren Geschlechter vernichtet hatten, als ein Mittel zur Ermahnung für die Menschen und als Führung und Barmherzigkeit, auf dass sie (Meiner Macht) eingedenk sein mögen. (43) Und du warst weder auf der westlichen Seite, als Wir Moses den Auftrag gaben, noch warst du unter den Augenzeugen. (44) Jedoch Wir ließen (nach Moses) Geschlechter entstehen, und das Leben wurde ihnen lang! Und du verweiltest nicht unter dem Volk von Madyan, um ihnen Unsere Zeichen vorzutragen; Wir aber schickten (ihnen) Gesandte. (45) Und du warst nicht auf der Seite des Berges als Wir (Moses) anriefen. Vielmehr (haben Wir dich) als eine Barmherzigkeit deines Herrn (entsandt), damit du ein Volk warnen mögest, zu dem vor dir kein Warner gekommen war, auf dass sie ermahnt seien. (46)

Und wäre es (nur deshalb), dass sie nicht sagen können, wenn ein Unglück sie um dessentwillen treffen sollte, was ihre Hände vorausgeschickt haben: "Unser Herr, warum hast Du uns keine Gesandten geschickt, dass wir Deine Zeichen hätten befolgen können und dann unter den Gläubigen gewesen wären?" (47) Doch als nun die Wahrheit von Uns zu ihnen kam, da sagten sie: "Warum ist ihm nicht das gleiche gegeben worden wie das, was Moses gegeben wurde?" Haben sie denn nicht das geleugnet, was Moses zuvor gegeben wurde? Sie hatten gesagt: "(Dies sind) zwei Zauberwerke, die einander stützen." Und sie sagten: "Wir leugnen beide." (48) Sprich: "So bringt ein Buch von Allāh herbei, das eine bessere Führung als diese beiden (Bücher) hat, damit ich ihm folge, wenn ihr wahrhaftig seid." (49)

Doch wenn sie dir nicht Folge leisten, dann wisse, dass sie nur ihren eigenen Neigungen folgen. Und wer ist irrender als der, der ohne Führung Allāhs seinen eigenen Neigungen folgt? Wahrlich, Allāh leitet das ungerechte Volk nicht. (50) Und wahrlich, Wir haben ihnen das Wort immer wieder übermittelt, auf dass sie ermahnt seien. (51)

Diejenigen, denen Wir die Schrift zuvor gegeben haben, glauben an ihn (den Qur'ān). (52) Und wenn er ihnen verlesen wird, dann sagen sie: "Wir glauben daran. Wahrlich, es ist die Wahrheit von unserem Herrn; wir hatten uns (Ihm) schon vordem ergeben." (53) Diese werden ihren Lohn zweimal erhalten, weil sie geduldig waren und das Böse durch das Gute abwehrten und von dem spendeten, was Wir ihnen gegeben hatten. (54) Und wenn sie leeres Gerede hören, so wenden sie sich davon ab und sagen: "Für uns (seien) unsere Taten und für euch (seien) eure Taten. Friede sei auf euch! Wir suchen keine Unwissenden." (55)

Wahrlich, du kannst dem den Weg nicht weisen, den du liebst; Allāh aber weist dem den Weg, dem Er will; und Er kennt jene am besten, die die Führung annehmen. (56) Und sie sagen: "Wenn wir deiner Führung folgten, so würden wir von unserem Land weggerissen werden." Haben Wir denn kein sicheres Schutzgebiet errichtet, zu dem die Früchte aller Art gebracht werden als Versorgung von Uns? Jedoch die meisten von ihnen wissen es nicht. (57)

Und so manche Stadt haben Wir vernichtet, die sich ihrer Fülle des Unterhalts rühmte! Und dort stehen ihre Wohnstätten, die nach ihnen nicht bewohnt worden sind - mit Ausnahme einiger weniger. Und Wir wurden die Erben. (58)

Und dein Herr würde nie die Städte zerstören, ohne zuvor in ihrer Mitte einen Gesandten erweckt zu haben, der ihnen Unsere Verse verliest; noch zerstörten Wir die Städte, ohne dass ihre Bewohner (zuvor) gefrevelt hätten. (59) Und was euch auch an Dingen gegeben wurde - es ist nur eine zeitweilige Nutznießung des irdischen Lebens und sein Schmuck; und das aber, was bei Allāh ist, ist besser und bleibender. Wollt ihr denn nicht begreifen? (60) Ist denn der, dem Wir eine schöne Verheißung gaben, die er erfüllt sehen wird, gleich jenem, den Wir mit den guten Dingen des irdischen Lebens versorgt haben? Doch dann, am Tage der Auferstehung, wird er unter den Vorgeführten sein. (61)

An jenem Tage wird Er sie rufen und sprechen: "Wo sind nun Meine Partner, die ihr wähntet?" (62) Diejenigen, über die das Urteil gefällt wird, sagen: "Unser Herr, dies sind jene, die wir irreführten. Wir führten sie irre, wie wir selbst irregingen. Wir sprechen uns vor Dir (von ihnen) los. Nicht wir waren es, die sie anbeteten." (63) Und es wird gesprochen: "Ruft eure Götter an." Und sie werden sie anrufen, doch jene werden ihnen nicht antworten. Und sie werden die Strafe erleben. Wären sie doch dem rechten Weg gefolgt! (64) Und an jenem Tage wird Er sie rufen und sprechen: "Welche Antwort gabt ihr den Gesandten?" (65) Dann werden ihnen an jenem Tage alle Ausreden dunkel werden, und sie werden einander nicht befragen können. (66) Was aber denjenigen, der bereut und glaubt und das Rechte wirkt, angeht, so ist es wohl möglich, dass er unter den Erfolgreichen sein wird. (67)

Und dein Herr erschafft, was Er will, und erwählt, was Ihm gefällt. Nicht ihnen steht die Wahl zu. Gepriesen sei Allāh und Hocherhaben über das, was sie anbeten! (68) Und dein Herr weiß, was ihre Herzen verbergen und was sie kundgeben. (69) Und Er ist Allāh; es ist kein Gott außer Ihm. Ihm gebührt aller Preis am Anfang und am Ende. Sein ist die Herrschaft, und zu Ihm werdet ihr zurückgebracht. (70)

Sprich: "Was haltet ihr davon, wenn Allāh die Nacht über euch bis zum Tage der Auferstehung dauern ließe? Welcher Gott außer Allāh könnte euch ein Licht bringen? Wollt ihr denn nicht hören?" (71) Sprich: "Was haltet ihr davon, wenn Allāh den Tag über euch bis zum Tage der Auferstehung dauern ließe? Welcher Gott außer Allāh könnte euch eine Nacht zur Ruhe bringen? Wollt ihr es denn nicht einsehen?" (72) Und in Seiner Barmherzigkeit erschuf Er für euch die Nacht und den Tag, auf dass ihr darin ruhen mögt und auf dass ihr nach Seiner Huld trachtet und dankbar sein mögt. (73)

Und an jenem Tage wird Er sie rufen und sprechen: "Wo sind nun Meine Partner, die ihr wähntet?" (74) Und Wir werden aus jedem Volk einen Zeugen holen und sprechen: "Bringt euren Beweis herbei." Dann werden sie erkennen, dass die Wahrheit Allāh gehört. Und das, was sie zu erdichten pflegten, wird für sie verloren sein. (75)

Wahrlich, Korah gehörte zum Volk Moses', und doch unterdrückte er es. Und wir gaben ihm soviel Schätze, dass ihre Schlüssel sicher eine Bürde für eine Schar von Starken gewesen wären. Da sagte sein Volk zu ihm: "Freue dich nicht; denn Allāh liebt diejenigen nicht, die frohlocken. (76) Sondern suche in dem, was Allāh dir gegeben hat, die Wohnstatt des Jenseits; und vergiss deinen Teil an der Welt nicht; und tue Gutes, wie Allāh dir Gutes getan hat; und begehre kein Unheil auf Erden; denn Allāh liebt die Unheilstifter nicht." (77) Er sagte: "Es (die Schätze) wurde mir nur um des Wissens willen, das ich besitze, gegeben." Wusste er denn nicht, dass Allāh vor ihm schon Geschlechter vernichtet hatte, die noch gewaltigere Macht und größeren Reichtum als er besaßen? Und die Schuldigen werden nicht nach ihren Sünden befragt. (78) So ging er denn in seinem Schmuck hinaus zu seinem Volk. Jene nun, die nach dem Leben in dieser Welt begierig waren, sagten: "O wenn wir doch das gleiche besäßen wie das, was Korah gegeben wurde! Er hat wahrlich großes Glück." (79) Die aber, denen Wissen zuteil geworden war, sagten: "Wehe euch, Allāhs Lohn ist besser für den, der glaubt und gute Werke tut; und keiner wird ihn erlangen außer den Geduldigen." (80) Dann ließen Wir ihn von der Erde verschlingen, und (auch) sein Haus; und er hatte keine Schar, die ihm gegen Allāh helfen konnte, noch konnte er sich (selbst) retten. (81) Und jene, die sich noch tags zuvor an seine Stelle gewünscht hatten, sagten: "Sieh nur! Es ist wahrlich Allāh, Der denen von Seinen Dienern die Mittel zum Unterhalt erweitert und beschränkt, denen Er will. Wäre uns Allāh nicht Gnädig gewesen, hätte Er uns (von der Erde) verschlingen lassen. Sieh nur! Die Ungläubigen haben nie Erfolg." (82)

Jene Wohnstatt im Jenseits! Wir geben sie denen, die weder Selbsterhöhung auf Erden noch irgendein (anderes) Verderbnis begehren. Und der Ausgang ist für die Gottesfürchtigen. (83) Wer Gutes vollbringt, soll Besseres als das erhalten; wer jedoch eine böse Tat vollbringt - jenen, die böse Werke tun, sollen nur gemäß dem vergolten werden, was sie getan haben. (84)

Wahrlich, Er, Der den Qur'ān bindend für dich gemacht hat - Er wird dich zur Stätte der Wiederkehr zurückbringen. Sprich: "Mein Herr weiß am besten, wer es ist, der auf dem rechten Weg ist, und wer sich in einem offenbaren Irrtum befindet." (85) Und du hattest selbst keine Hoffnung, dass dir das Buch offenbart würde; allein es ist eine Barmherzigkeit deines Herrn; darum sei nicht ein Beistand für die Ungläubigen. (86) Und lass dich von niemandem von den Zeichen Allāhs abwenden, nachdem sie zu dir niedergesandt worden sind; und rufe (die Menschen) zu deinem Herrn und sei nicht einer der Götzendiener. (87) Und rufe neben Allāh keinen anderen Gott an. Es ist kein Gott außer Ihm. Alle Dinge sind vergänglich, bis auf Sein Angesicht. Sein ist die Herrschaft und zu Ihm werdet ihr zurückgebracht werden. (88)

(29) Sura Al-ʿAnkabūt (Die Spinne)

Offenbart zu Makka, 69 Āyāt

Im Namen Allāhs, des Allerbarmers, des Barmherzigen!

Alif Lām Mīm. (1) Meinen die Menschen, sie würden in Ruhe gelassen werden, wenn sie bloß sagten: "Wir glauben", und meinen sie, sie würden nicht auf die Probe gestellt? (2) Und Wir stellten doch die auf die Probe, die vor ihnen waren. Also wird Allāh gewiss die erkennen, die wahrhaftig sind, und gewiss wird Er die Lügner erkennen. (3) Oder glauben diejenigen, die böse Taten begehen, dass sie Uns entrinnen könnten? Übel ist es, wie sie urteilen. (4)

Wer mit Allāhs Begegnung rechnet, (der soll wissen, dass) Allāhs angesetzte Frist sicher abläuft. Und Er ist der Allhörende, der Allwissende. (5) Und wer da eifert, eifert nur für seine eigene Seele; denn Allāh ist auf niemanden von allen Welten angewiesen. (6) Und jene, die glauben und gute Werke tun - wahrlich, Wir werden ihre Übel von ihnen nehmen und ihnen den besten Lohn für ihre Taten geben. (7)

Und Wir haben dem Menschen anbefohlen, seinen Eltern Gutes zu tun. Doch wenn sie dich zwingen wollen, Mir das zur Seite zu stellen, wovon du keine Kenntnis hast, so gehorche ihnen nicht. Zu Mir werdet ihr heimkehren, (und) dann will Ich euch verkünden, was ihr getan habt. (8) Und jene, die glauben und gute Werke tun - wahrlich, Wir werden sie bei den Rechtschaffenen einführen. (9)

Und unter den Menschen ist manch einer, der sagt: "Wir glauben an Allāh!" Doch wenn er für Allāhs Sache Ungemach erleiden muss, so betrachtet er die Anfeindung von Menschen als der Strafe Allāhs gleich. Kommt aber Hilfe von deinem Herrn, dann sagt er gewiss: "Wahrlich, wir waren mit euch." Ist es nicht Allāh, Der am besten weiß, was in den Herzen aller Geschöpfe ist? (10) Und Allāh wird sicherlich die bezeichnen, die glauben, und Er wird sicherlich die Heuchler bezeichnen. (11)

Und die Ungläubigen sagen zu denen, die glauben: "Wenn ihr unserem Weg folgt, so wollen wir eure Sünden tragen." Sie können doch nichts von ihren Sünden tragen. Sie sind gewiss

Lügner. (12) Aber sie sollen wahrlich ihre eigenen Lasten tragen und (noch) Lasten zu ihren Lasten dazu. Und sie werden gewiss am Tage der Auferstehung über das befragt werden, was sie erdichtet haben. (13) Und wahrlich, Wir sandten Noah zu seinem Volk, und er weilte unter ihnen eintausend Jahre weniger fünfzig Jahre. Da ereilte sie die Sintflut, weil sie Missetäter waren. (14) Aber Wir erretteten ihn und die Schiffsinsassen; und Wir machten sie zu einem Zeichen für alle Völker. (15)

Und Abraham sagte zu seinem Volk: "Dient Allāh und fürchtet Ihn. Das ist besser für euch, wenn ihr es wüsstet. (16) Ihr dient nur Götzen statt Allāh, und ihr ersinnt eine Lüge. Jene, denen ihr statt Allāh dient, vermögen euch nicht zu versorgen. Sucht darum bei Allāh die Versorgung und dient Ihm und seid Ihm dankbar. Zu Ihm werdet ihr zurückgebracht werden. (17) Und wenn ihr es für Lüge erklärt, so haben Völker vor euch es für Lüge gehalten. Und dem Gesandten obliegt nur die deutliche Verkündigung." (18)

Sehen sie denn nicht, wie Allāh die Schöpfung hervorbringt und sie dann wiederholt? Das ist wahrlich ein leichtes für Allāh. (19) Sprich: "Zieht auf Erden umher und schaut, wie Er das erste Mal die Schöpfung hervorbrachte. Sodann ruft Allāh die zweite Schöpfung hervor." Wahrlich, Allāh hat Macht über alle Dinge. (20) Er bestraft, wen Er will, und erweist Barmherzigkeit, wem Er will; und zu Ihm werdet ihr zurückkehren. (21) Und ihr könnt (Allāhs Pläne) nicht vereiteln, weder auf Erden noch im Himmel, noch habt ihr einen Beschützer oder Helfer außer Allāh. (22) Und diejenigen, die nicht an die Zeichen Allāhs und an die Begegnung mit Ihm glauben - sie sind es, die an Meiner Barmherzigkeit zweifeln. Und ihnen wird eine schmerzliche Strafe zuteil sein. (23)

Die Antwort seines Volkes waren nur die Worte: "Erschlagt ihn (Abraham) oder verbrennt ihn." Doch Allāh errettete ihn aus dem Feuer. Hierin liegen wahrlich Zeichen für Leute, die glauben. (24) Und er sagte: "Ihr habt euch nur Götzen statt Allāh genommen, um die Beziehung zueinander im irdischen Leben zu pflegen. Dann aber, am Tage der Auferstehung, werdet ihr einander verleugnen und verfluchen. Und eure Herberge wird das Feuer sein; und ihr werdet keine Helfer finden." (25) Da glaubte Lot ihm; und (Abraham) sagte: "Ich werde zu meinem Herrn auswandern; Er ist der Allmächtige, der Allweise." (26) Und Wir schenkten ihm Isaak und Jakob und gaben seinen Nachkommen das Prophetentum und die Schrift; und Wir gaben ihm seinen Lohn im Diesseits; und im Jenseits wird er gewiss unter den Rechtschaffenen sein. (27)

Und da sagte Lot zu seinem Volk: "Ihr begeht eine Schändlichkeit, die keiner von allen Menschen je vor euch begangen hat. (28) Vergeht ihr euch tatsächlich an Männern und macht die Wege unsicher? Und bei euren Versammlungen begeht ihr Abscheuliches!" Jedoch die Antwort seines Volkes waren nur die Worte: "Bringe Allāhs Strafe über uns, wenn du die Wahrheit redest." (29) Er sagte: "Hilf mir, mein Herr, gegen das Volk, das frevelt." (30)

Und als Unsere Boten Abraham die frohe Botschaft brachten, sprachen sie: "Wir kommen, um die Bewohner dieser Stadt zu vernichten; denn ihre Bewohner sind Missetäter." (31) Er sagte: "Doch Lot ist dort." Sie sprachen: "Wir wissen recht wohl, wer dort ist. Gewiss, wir werden ihn und die Seinen erretten, bis auf seine Frau, die zu denen gehört, die zurückbleiben sollen." (32)

Und als Unsere Boten zu Lot kamen, war er ihretwegen besorgt und fühlte sich außerstande, ihnen zu helfen. Sie sprachen: "Fürchte dich nicht und sei nicht traurig, wir wollen sicher dich und die Deinen retten, bis auf deine Frau, die zu denen gehört, die zurückbleiben sollen. (33) Wir werden über die Bewohner dieser Stadt eine Strafe vom Himmel niedergehen lassen, weil sie gefrevelt haben." (34) Und Wir haben davon ein klares Zeichen für die Leute zurückgelassen, die Verstand haben. (35)

Und zu Madyan (entsandten Wir) ihren Bruder Šu'aib, der sagte: "O mein Volk, dient Allāh und fürchtet den Jüngsten Tag und tobt nicht aus auf Erden, indem ihr Unheil stiftet." (36) Jedoch sie erklärten ihn für einen Lügner. Da erfasste sie ein heftiges Beben, und sie lagen (tot) in ihren Wohnungen auf dem Boden. (37) Und (Wir vernichteten) die 'Ād und die Ṯamūd; und dies ist aus ihren Wohnstätten für euch klar ersichtlich. Und Satan ließ ihnen ihre Werke wohlgefällig erscheinen und hielt sie von dem Weg ab, obwohl sie einsichtig waren. (38) Und (Wir vernichteten) Korah und Pharao und Hāmān. Und Moses kam wahrlich mit deutlichen Beweisen zu ihnen, doch sie betrugen sich hochmütig auf Erden; (Uns) aber konnten sie nicht entrinnen. (39) So erfassten Wir einen jeden in seiner Sünde; es waren unter ihnen welche, gegen die Wir einen Sandsturm schickten, und welche, die der Schrei ereilte, und welche, unter denen Wir die Erde versinken ließen, und welche, die Wir ertränkten. Und nicht Allāh wollte ihnen Unrecht tun, sondern sie taten sich selbst Unrecht. (40)

Das Gleichnis derer, die sich Helfer außer Allāh nehmen, ist wie das Gleichnis von der Spinne, die sich ein Haus macht; und das gebrechlichste der Häuser ist gewiss das Haus der Spinne - wenn sie es nur begreifen würden! (41) Wahrlich, Allāh kennt all das, was sie an Seiner Statt anrufen; und Er ist der Allmächtige, der Allweise. (42) Und dies sind Gleichnisse, die Wir den Menschen prägen; doch es verstehen sie nur jene, die Wissen haben. (43) Allāh erschuf die Himmel und die Erde in makelloser Weise. Hierin liegt wahrlich ein Zeichen für die Gläubigen. (44)

Verlies, was dir von dem Buch offenbart wurde, und verrichte das Gebet. Wahrlich, das Gebet hält von schändlichen und abscheulichen Dingen ab; und Allāhs zu gedenken, ist gewiss das Höchste. Und Allāh weiß, was ihr begeht. (45)

* Und streitet nicht mit dem Volk der Schrift; es sei denn auf die beste Art und Weise. Ausgenommen davon sind jene, die ungerecht sind. Und sprecht: "Wir glauben an das, was zu uns herabgesandt wurde und was zu euch herabgesandt wurde; und unser Gott und euer Gott ist Einer; und Ihm sind wir ergeben." (46)

Und somit haben Wir dir das Buch herniedergesandt, und so glauben diejenigen daran, denen Wir das Buch gegeben haben; und unter diesen sind einige, die daran glauben. Es sind aber nur die Ungläubigen, die Unsere Zeichen leugnen. (47) Und nie zuvor hast du in einem Buch gelesen, noch konntest du eines mit deiner Rechten schreiben; sonst hätten die Verleugner daran gezweifelt. (48) Nein, es sind klare Zeichen in den Herzen derer, denen das

Wissen gegeben wurde. Es gibt keinen, der Unsere Zeichen leugnet außer den Ungerechten. (49)

Und sie sagten: "Warum wurden keine Zeichen zu ihm von seinem Herrn herabgesandt?" Sprich: "Die Zeichen sind allein bei Allāh, und ich bin nur ein deutlicher Warner." (50) Genügt es ihnen denn nicht, dass Wir dir das Buch herniedergesandt haben, das ihnen verlesen wird? Wahrlich, hierin ist eine Barmherzigkeit und Ermahnung für ein Volk, das glaubt. (51) Sprich: "Allāh genügt als Zeuge gegen mich und euch. Er weiß, was in den Himmeln und was auf Erden ist. Und diejenigen, die das Falsche annehmen und Allāh ablehnen - das sind die Verlierenden." (52) Und sie verlangen von dir, dass du die Strafe beschleunigen sollst. Wäre nicht eine Frist festgesetzt worden, hätte die Strafe sie schon ereilt; und sie wird gewiss unerwartet über sie kommen, ohne dass sie es merken. (53) Sie verlangen von dir, dass du die Strafe beschleunigen sollst; doch wahrlich, Ǧahannam wird die Ungläubigen einschließen. (54) An dem Tage, da die Strafe sie von oben und von ihren Füßen her überwältigen wird, wird Er sprechen: "Kostet nun die (Früchte) eurer Taten." (55) O Meine Diener, die ihr glaubt, Meine Erde ist weit. Darum verehrt nur Mich. (56) Jede Seele wird den Tod kosten; zu Uns werdet ihr dann zurückgebracht. (57)

Und jene, die glauben und gute Werke tun, beherbergen Wir in den oberen Gemächern des Paradieses, durch das Bäche fließen. Darin verweilen sie auf immerdar. Herrlich ist der Lohn derjenigen, die wohltätig sind (58), die da standhaft sind und auf ihren Herrn vertrauen. (59)

Und wie viele Tiere gibt es, die nicht ihre eigene Versorgung tragen. Allāh versorgt sie und euch. Und Er ist der Allhörende, der Allwissende. (60)

Und wenn du sie fragst: "Wer hat die Himmel und die Erde erschaffen und euch die Sonne und den Mond dienstbar gemacht?" - dann werden sie gewiss sagen: "Allāh." Wieso lassen sie sich dann (von Allāh) abwenden? (61) Allāh erweitert und beschränkt die Mittel zum Unterhalt dem von Seinen Dienern, den Er will. Wahrlich, Allāh besitzt die volle Kenntnis von allen Dingen. (62) Und wenn du sie fragst: "Wer sendet Wasser vom

Himmel nieder und belebt damit die Erde nach ihrem Tod?" - dann werden sie gewiss sagen: "Allāh." Sprich: "Aller Preis gebührt Allāh." Jedoch die meisten von ihnen begreifen es nicht. (63)

Dieses irdische Leben ist nichts als ein Zeitvertreib und ein Spiel; die Wohnstatt des Jenseits aber - das ist das eigentliche Leben, wenn sie es nur wüssten! (64)

Und wenn sie ein Schiff besteigen, dann rufen sie Allāh an - aus reinem Glauben heraus. Bringt Er sie dann aber heil ans Land, siehe, dann stellen sie (Ihm) Götter zur Seite (65) und leugnen somit das, was Wir ihnen beschert haben, und ergötzen sich. Bald aber werden sie es erfahren! (66)

Haben sie denn nicht gesehen, dass Wir ein Schutzgebiet sicher gemacht haben, während die (anderen) Menschen in ihrer Umgebung hinweg gerissen werden? Wollen sie da noch an (etwas) Falsches glauben und die Huld Allāhs leugnen? (67) Und wer ist ungerechter als jener, der eine Lüge gegen Allāh erdichtet oder die Wahrheit verwirft, wenn sie zu ihm kommt? Gibt es denn für die Ungläubigen keine Wohnstatt in *Ǧahannam*? (68)

Und diejenigen, die in Unserer Sache wetteifern - Wir werden sie gewiss auf Unseren Wegen leiten. Wahrlich, Allāh ist mit denen, die Gutes tun. (69)

(30) Sura Ar-Rūm (Die Byzantiner)

Offenbart zu Makka, 60 Āyāt

Im Namen Allāhs, des Allerbarmers, des Barmherzigen!
Alif Lām Mīm. (1) Besiegt sind die Byzantiner (2) in dem nahen gelegenen Land, doch sie werden nach ihrer Niederlage siegen (3) in wenigen Jahren - Allāhs ist die Herrschaft vorher und nachher, und an jenem Tage werden sich die Gläubigen freuen (4) über Allāhs Hilfe. Er hilft, wem Er will; und Er ist der Allmächtige, der Barmherzige. (5)

(Das ist) die Verheißung Allāhs - Allāh bricht Seine Verheißung nicht; allein die meisten Menschen wissen es nicht. (6) Sie kennen nur die Außenseite des diesseitigen Lebens; das Jenseits

299

aber beachten sie nicht. (7) Haben sie sich denn über sich selbst keine Gedanken gemacht? Allāh hat die Himmel und die Erde und das, was zwischen beiden ist, nur in gerechter Weise und für eine bestimmte Frist erschaffen. Doch wahrlich, viele der Menschen glauben nicht an die Begegnung mit ihrem Herrn. (8) Sind sie denn nicht im Lande umhergezogen, so dass sie schauen konnten, wie das Ende derer war, die vor ihnen lebten? Jene waren noch mächtiger als sie, und sie bebauten das Land und bevölkerten es mehr, als diese es bevölkert haben. Und ihre Gesandten kamen mit den Beweisen zu ihnen. Und nicht Allāh wollte ihnen Unrecht antun, sondern sie selbst fügten sich Unrecht zu. (9) Böses war dann das Ende derer, die Böses begingen, weil sie die Zeichen Allāhs verwarfen und über sie zu spotten pflegten. (10) Allāh bringt die Schöpfung hervor; sodann lässt Er sie wiederholen; dann werdet ihr zu Ihm zurückgebracht. (11) Und an dem Tage, da die Stunde herankommt, werden die Schuldigen von Verzweiflung überwältigt sein. (12) Denn keiner von ihren Partnern wird ihr Fürsprecher sein; und sie werden ihre Partner verleugnen. (13) Und an dem Tage, da die Stunde herankommt, an jenem Tage werden sie voneinander getrennt sein. (14) Was nun die betrifft, die glaubten und gute Werke taten, so werden sie in einem Garten Glück finden. (15) Jene aber, die ungläubig waren und Unsere Zeichen und die Begegnung (mit Uns) im Jenseits leugneten, werden zur Bestrafung vorgeführt. (16)

Preis sei denn Allāh, wenn ihr den Abend und wenn ihr den Morgen verbringt (17); denn Ihm gebührt alles Lob in den Himmeln und auf Erden und am Abend und zu eurer Mittagsruhe. (18) Er lässt das Lebendige aus dem Toten und das Tote aus dem Lebendigen hervorgehen; und Er belebt die Erde nach ihrem Tod, und in gleicher Weise sollt ihr wieder hervorgebracht werden. (19)

Und unter Seinen Zeichen ist dies, dass Er euch aus Erde erschuf; alsdann, seht, seid ihr Menschen geworden, die sich vermehren. (20) Und unter Seinen Zeichen ist dies, dass Er Gattinnen für euch aus euch selber erschuf, auf dass ihr Frieden bei ihnen finden mögt; und Er hat Zuneigung und Barmherzigkeit zwischen euch gesetzt. Hierin liegen wahrlich Zeichen für ein Volk, das nachdenkt. (21) Und unter Seinen Zeichen sind die Schöpfung der Himmel und der Erde und die Verschiedenheit eurer Sprachen und Farben. Hierin sind wahrlich Zeichen für die Wissenden. (22) Und zu Seinen Zeichen zählt euer Schlafen bei Nacht und euer Trachten nach Seiner Gnadenfülle bei Tage. Hierin sind wahrlich Zeichen für ein Volk, das hört. (23) Und zu Seinen Zeichen gehört dies, dass Er euch den Blitz zu Furcht und Hoffnung zeigt und Wasser vom Himmel herniedersendet und damit die Erde nach ihrem Tod belebt. Hierin sind wahrlich Zeichen für ein Volk, das begreift. (24) Und unter Seinen Zeichen ist dies, dass Himmel und Erde auf Sein Geheiß hin fest stehen. Alsdann, wenn Er euch mit einem Ruf aus der Erde ruft, seht, dann werdet ihr (daraus) hervorgehen. (25)

Und Sein ist, wer in den Himmeln und auf der Erde ist. Alle sind Ihm gehorsam. (26) Und Er ist es, Der die Schöpfung hervorbringt, dann wiederholt Er sie, und dies fällt Ihm noch leichter. Und Er Selbst stellt das schönste Gleichnis in den Himmeln und auf Erden dar; und Er ist der Allmächtige, der Allweise. (27) Er prägt euch ein Gleichnis aus eurer eigenen Lage. Habt ihr unter denen, die ihr von Rechts wegen (als Sklaven) besitzt, Teilhaber an dem, was Wir euch beschert haben? Seid ihr (ihnen) darin also gleichgestellt und fürchtet ihr sie etwa, wie ihr einander fürchtet? So machen Wir die Zeichen klar für ein Volk, das begreift. (28) Doch die Ungerechten folgen ohne Wissen ihren persönlichen Neigungen. Und wer kann den leiten, den Allâh zum Irrenden erklärt? Für solche wird es keine Helfer geben. (29)

So richte dein Antlitz in aufrichtiger Weise auf den Glauben; (dies entspricht) der natürlichen Veranlagung, mit der Allâh die Menschen erschaffen hat. Es gibt keine Veränderung an Allâhs Schöpfung. Das ist der beständige Glaube. Allein die meisten Menschen wissen es nicht. (30) Wendet euch zu Ihm und fürchtet Ihn und verrichtet das Gebet und seid nicht unter den Götzendienern. (31) Unter denen, die ihren Glauben gespalten haben und zu Parteien geworden sind - jede Partei freut sich über das, was sie selbst hat. (32)

Und wenn die Menschen ein Schaden trifft, dann rufen sie ihren Herrn an und wenden sich reumütig zu Ihm; hernach aber, wenn Er sie dann von Seiner Barmherzigkeit kosten lässt, siehe, dann stellen einige von ihnen ihrem Herrn Götter zur Seite (33) und verleugnen somit das, was Wir ihnen gegeben haben. Ergötzt euch denn (eine Weile), bald jedoch werdet ihr es wissen. (34) Haben Wir ihnen etwa eine Ermächtigung niedergesandt, die für das spräche, was sie Ihm zur Seite stellen? (35)

Und wenn Wir die Menschen Barmherzigkeit kosten lassen, freuen sie sich darüber; doch wenn sie ein Übel um dessentwillen trifft, was ihre eigenen Hände vorausgeschickt haben, siehe, dann verzweifeln sie. (36) Haben sie denn nicht gesehen, dass Allāh dem, dem Er will, die Mittel zum Unterhalt erweitert und beschränkt? Hierin sind wahrlich Zeichen für Leute, die glauben. (37) So gib dem Verwandten, was ihm zusteht, wie auch dem Bedürftigen und dem Sohn des Weges. Das ist das Beste für die, die nach Allāhs Antlitz verlangen, und sie sind die Erfolgreichen. (38)

Und was immer ihr auf Zinsen verleiht, damit es sich mit dem Gut der Menschen vermehre, es vermehrt sich nicht vor Allāh; doch was ihr an *Zakāh* entrichtet, indem ihr nach Allāhs Antlitz verlangt - sie sind es, die vielfache Mehrung empfangen werden. (39) Allāh ist es, Der euch erschaffen hat, und dann hat Er euch versorgt; dann wird Er euch sterben lassen, und dann wird Er euch wieder lebendig machen. Ist etwa unter euren Göttern einer, der davon etwas vollbringen könnte? Gepriesen sei Er und Hocherhaben über das, was sie anbeten! (40)

Unheil ist auf dem Festland und auf dem Meer sichtbar geworden um dessentwillen, was die Hände der Menschen gewirkt haben, auf dass Er sie die (Früchte) so mancher ihrer Handlungen kosten lasse, damit sie sich besännen. (41) Sprich: "Wandert auf Erden umher und seht, wie das Ende derer zuvor war! Die meisten von ihnen waren Götzendiener." (42)

Richte also dein Antlitz auf den beständigen Glauben, bevor der Tag kommt, an dem es gegen Allāh keine Wehr gibt. An jenem Tage werden sie auseinander brechen. (43) Wenn jemand ungläubig ist, so lastet auf ihm sein Unglaube! Und der, der

Rechtes tut, bereitet es für sich selbst vor (44), auf dass Er aus Seiner Gnadenfülle diejenigen belohnen möge, die glauben und das Rechte tun. Wahrlich, Er liebt die Ungläubigen nicht. (45)

Und zu Seinen Zeichen gehört dies, dass Er die Winde mit frohen Botschaften entsendet, auf dass Er euch von Seiner Barmherzigkeit kosten lasse, und dass die Schiffe auf Sein Geheiß hin fahren, und auf dass ihr nach Seiner Huld trachtet und auf dass ihr dankbar sein mögt. (46)

Und wahrlich, Wir schickten schon Gesandte vor dir zu ihren eigenen Leuten. Sie brachten ihnen klare Beweise. Dann bestraften Wir die Schuldigen; und es oblag Uns, den Gläubigen zu helfen. (47)

Allāh ist es, Der die Winde entsendet, so dass sie Wolken zusammentreiben. Dann breitet Er sie am Himmel aus, wie Er will, und häuft sie Schicht auf Schicht auf; und du siehst den Regen aus ihrer Mitte hervorbrechen. Und wenn Er ihn auf die von Seinen Dienern, die Er will, fallen lässt, siehe, dann ahnen sie Gutes (48), obwohl sie zuvor, ehe er auf sie nieder gesandt wurde, hoffnungslos waren. (49) So schau auf die Spuren von Allāhs Barmherzigkeit, wie Er die Erde nach ihrem Tode belebt. Wahrlich, Derselbe wird auch die Toten erwecken; denn Er hat Macht über alle Dinge. (50) Und wenn Wir einen (heißen) Wind entsendeten und sie sie (die Ernte) vergilbt sähen, so würden sie gewiss danach undankbar sein. (51) Weder kannst du die Toten hörend machen, noch kannst du die Tauben den Ruf hören lassen, wenn sie (Allāh) den Rücken kehren (52), noch wirst du die Blinden aus ihrem Irrweg leiten können. Nur diejenigen wirst du hörend machen, die an Unsere Zeichen glauben und sich (Uns) ergeben. (53)

Allāh ist es, Der euch in Schwäche erschaffen hat, und nach der Schwäche gab Er (euch) Stärke. Dann wiederum, nach der Stärke, gab Er (euch) Schwäche und graues Haar. Er schafft, was Er will. Und Er ist der Allwissende, der Allmächtige. (54) Und an dem Tage, wo die Stunde herankommt, werden die Schuldigen schwören, dass sie nicht länger als eine Stunde (auf Erden) weilten - so sehr sind sie an (Selbst-)Täuschung gewöhnt. (55) Doch die, denen Kenntnis und Glauben verliehen wurden, sagen: "Ihr habt wahrlich gemäß dem Buch Allāhs bis zum Tage der Auferstehung geweilt. Und das ist der Tag der Auferstehung, allein ihr wolltet es nicht wissen." (56) So werden denn an jenem Tage den Ungerechten ihre Ausreden nichts fruchten, noch werden sie Gunst finden. (57)

Und wahrlich, Wir haben den Menschen in diesem Qur'ān allerlei Gleichnisse geprägt; aber wenn du ihnen ein Zeichen bringst, dann werden jene, die ungläubig sind, sicher sagen: "Ihr bringt nur Unsinn vor." (58) Und so versiegelt Allāh die Herzen derer, die unwissend sind. (59)

So sei geduldig. Wahrlich, das Versprechen Allāhs ist wahr. Und lass dich nicht von jenen ins Wanken bringen, die keine Gewissheit haben. (60)

(31) Sura Luqmān

Offenbart zu Makka, 34 Āyāt

Im Namen Allāhs, des Allerbarmers, des Barmherzigen!
Alif Lām Mīm. (1) Dies sind die Verse der vollkommenen Schrift (2), eine Führung und eine Barmherzigkeit für jene, die Gutes tun (3), die das Gebet verrichten und die *Zakāh* entrichten und fest ans Jenseits glauben. (4) Sie sind es, die der Führung ihres Herrn folgen, und sie sind es, die erfolgreich sind. (5)

Und unter den Menschen gibt es solche, die leeres Gerede vorziehen, um (Menschen) ohne Wissen von Allāhs Weg hinweg in die Irre zu führen, und um damit Spott zu treiben. Solchen (Menschen) harrt eine schmähliche Strafe. (6) Und wenn ihm Unsere Verse verlesen werden, so kehrt er sich überheblich (von ihnen) ab, als hätte er sie nicht gehört, als wären seine Ohren schwerhörig. So verkünde ihm schmerzliche Strafe. (7)

Wahrlich, denen, die da glauben und gute Werke tun, werden Gärten der Wonne zuteil sein. (8) Darin werden sie auf ewig weilen. (Dies ist) eine Verheißung Allāhs in Wahrheit! Und Er ist der Allmächtige, der Allweise. (9) Er hat den Himmel ohne Stützen erschaffen, wie ihr seht, und Er hat in der Erde feste Berge gegründet, damit sie nicht ins Schwanken gerät, und hat allerlei Getier über sie verstreut. Und Wir senden Wasser vom Himmel nieder und lassen jede herrliche Gattung auf ihr sprießen. (10) Dies ist Allāhs Schöpfung. Zeigt mir nun, was andere außer Ihm erschaffen haben. Nein, die Ungerechten befinden sich in einem offenkundigen Irrtum. (11)

Und wahrlich, Wir verliehen Luqmān Weisheit, auf dass er Allāh dankbar sein möge: denn wer da dankbar ist, der ist dankbar zum Besten seiner eigenen Seele. Ist aber einer undankbar, dann ist Allāh wahrlich auf keinen angewiesen, Preiswürdig. (12)

Und da sagte Luqmān zu seinem Sohn, indem er ihn ermahnte: "O mein Sohn, setze Allāh keine Götter zur Seite; denn Götzendienst ist wahrlich ein gewaltiges Unrecht." (13) Und Wir haben dem Menschen im Hinblick auf seine Eltern anbefohlen - seine Mutter trug ihn in Schwäche über Schwäche, und seine Entwöhnung erfordert zwei Jahre: "Sei Mir und deinen Eltern dankbar. Zu Mir ist die Heimkehr. (14) Doch wenn sie dich auffordern, Mir das zur Seite zu setzen, wovon du keine Kenntnis hast, dann gehorche ihnen nicht. In weltlichen Dingen aber verkehre mit ihnen auf gütige Weise. Doch folge dem Weg dessen, der sich zu Mir wendet. Dann werdet ihr zu Mir zurückkehren, und Ich werde euch das verkünden, was ihr getan habt." (15) "O mein Sohn, hätte es auch nur das Gewicht eines Senfkorns und wäre es in einem Felsen oder oder in den Himmeln oder in der Erde, Allāh würde es gewiss hervorbringen. Wahrlich, Allāh ist Gnädig, Kundig. (16) O mein Sohn, verrichte das Gebet und gebiete Gutes und verbiete Böses und ertrage geduldig, was dich auch treffen mag. Das ist wahrlich eine Stärke in allen Dingen. (17) Und weise den Menschen nicht verächtlich deine Wange und schreite nicht ausgelassen (in Übermut) auf Erden; denn Allāh liebt keine eingebildeten Prahler. (18) Und schreite gemessenen Schrittes und dämpfe deine Stimme; denn wahrlich, die widerwärtigste der Stimmen ist die Stimme des Esels." (19)

Habt ihr denn nicht gesehen, dass Allāh euch alles dienstbar gemacht hat, was in den Himmeln und was auf der Erde ist, und (dass Er) Seine Wohltaten reichlich über euch ergossen hat - in sichtbarer und unsichtbarer Weise? Und doch gibt es unter den Menschen so manchen, der ohne Kenntnis und ohne Führung und ohne ein erleuchtendes Buch (zu besitzen) über Allāh streitet. (20) Und wenn zu ihnen gesagt wird: "Folgt dem, was Allāh herniedergesandt hat!", dann sagen sie: "Nein, wir wollen dem folgen, wobei wir unsere Väter vorfanden." Wie? Selbst dann, wenn Satan sie zu der Strafe des brennenden Feuers lädt? (21)

Und der aber, der sein Antlitz auf Allāh richtet und Gutes tut, hat wahrlich die festeste Handhabe ergriffen. Und bei Allāh ruht das Ende aller Dinge. (22) Und wenn jemand ungläubig ist, so lass dich nicht durch seinen Unglauben bekümmern. Zu Uns werden sie heimkehren, dann werden Wir ihnen verkünden, was sie getan haben; denn Allāh weiß recht wohl, was in den Herzen ist. (23) Wir lassen sie eine kleine Weile sich ergötzen, dann aber werden Wir sie strenger Strafe zutreiben. (24)

Und wenn du sie fragst: "Wer erschuf die Himmel und die Erde?" - dann werden sie gewiss sagen: "Allāh." Sprich: "Alles Lob gebührt Allāh." Jedoch die meisten von ihnen wissen es nicht. (25) Allāhs ist, was in den Himmeln und auf Erden ist. Wahrlich, Allāh ist Der, Der auf keinen angewiesen ist, der Preiswürdige. (26)

Und wenn alle Bäume, die auf der Erde sind, Schreibrohre wären und das Meer (Tinte), und sieben Meere würden sie mit Nachschub versorgen, selbst dann könnten Allāhs Worte nicht erschöpft werden. Wahrlich, Allāh ist Allmächtig, Allweise. (27) Eure Erschaffung und eure Auferstehung sind (für Ihn so leicht wie die) eines einzigen Wesens. Wahrlich, Allāh ist Allhörend, Allsehend. (28)

Hast du denn nicht gesehen, dass Allāh die Nacht in den Tag und den Tag in die Nacht übergehen lässt, und dass Er (euch) die Sonne und den Mond dienstbar gemacht hat, jedes (Gestirn) läuft auf seiner Bahn bis zu einer festgesetzten Frist, und dass Allāh wohl dessen kundig ist, was ihr tut? (29) Dies (ist so), weil Allāh allein die Wahrheit ist - und was sie sonst außer Ihm anrufen, ist das Falsche - und weil Allāh der Hocherhabene, der Große ist. (30)

Hast du denn nicht gesehen, dass die Schiffe durch Allāhs Gnade auf dem Meer fahren, auf dass Er euch Seine Zeichen zeige? Hierin sind wahrlich Zeichen für jeden Standhaften, Dankbaren. (31)

Und wenn Wogen sie gleich Hüllen bedecken, dann rufen sie Allāh in lauterem Glauben an; doch rettet Er sie dann ans Land, so sind es (nur) einige von ihnen, die einen gemäßigten Standpunkt vertreten. Und niemand leugnet Unsere Zeichen, außer allen Treulosen, Undankbaren. (32) O ihr Menschen, fürchtet euren Herrn und fürchtet den Tag, an dem kein Vater etwas für seinen Sohn tun kann und kein Sprössling im Geringsten etwas für seinen Vater tun kann. Wahrlich, Allāhs Verheißung ist wahr. Darum soll das Leben dieser Welt euch nicht betören, noch sollt ihr euch über Allāh mit (eurem) Denken selbst täuschen. (33)

Wahrlich, bei Allāh allein ist die Kenntnis der Stunde. Er sendet den Regen nieder, und Er weiß, was in den Mutterschößen ist. Und niemand weiß, was er sich morgen zufügen wird, und niemand weiß, in welchem Lande er sterben wird. Wahrlich, Allāh ist Allwissend, Allkundig. (34)

(32) Sura As-Saǧda (Die Niederwerfung)

Offenbart zu Makka, 30 Āyāt

Im Namen Allāhs, des Allerbarmers, des Barmherzigen!

Alif Lām Mīm. (1) Die Offenbarung des Buches, an dem es keinen Zweifel gibt, stammt vom Herrn der Welten. (2) Oder sagen sie: "Er hat es erdichtet."? Nein, es ist die Wahrheit von deinem Herrn, auf dass du ein Volk warnst, zu dem vor dir kein Warner gekommen ist, damit sie dem rechten Weg folgen mögen. (3)

Allāh ist es, Der die Himmel und die Erde und alles, was zwischen beiden ist, in sechs Tagen erschuf; dann erhob Er Sich (hoheitsvoll) über den Thron. Ihr habt außer Ihm weder einen wahren Freund noch einen Fürsprecher. Wollt ihr euch denn nicht ermahnen lassen? (4) Er verwaltet die Angelegenheiten von Himmel und Erde, (und) dann werden sie wieder zu Ihm emporsteigen in einem Tage, dessen Länge nach eurer Zeitrechnung tausend Jahre beträgt. (5) Er ist der Kenner des Verborgenen und des Sichtbaren, der Allmächtige, der Barmherzige (6), Der alles gut gemacht hat, was Er erschuf. Und Er begann die Schöpfung des Menschen aus Ton. (7) Hierauf machte Er seine Nachkommenschaft aus einer unbedeutend erscheinenden Flüssigkeit. (8) Dann formte Er ihn und hauchte ihm von Seinem Geist ein. Und Er hat euch Gehör und Augenlicht und Herzen gegeben. Doch euer Dank ist recht gering. (9)

Und sie sagen: "Wie? Wenn wir in der Erde verschwunden sind, dann sollen wir in einer neuen Schöpfung sein?" Nein, sie sind hinsichtlich der Begegnung mit ihrem Herrn ungläubig. (10) Sprich: "Der Engel des Todes, der über euch eingesetzt wurde, wird euch abberufen; dann werdet ihr zu eurem Herrn zurückgebracht." (11)

Könntest du nur sehen, wie die Schuldigen ihre Köpfe vor ihrem Herrn hängen lassen werden: "Unser Herr, nun haben wir gesehen und gehört, so sende uns zurück, auf dass wir Gutes tun mögen; denn nun haben wir Gewissheit." (12) Und hätten Wir gewollt, hätten Wir jedem seinen Weg gezeigt; jedoch Mein Wort soll geschehen: "Füllen will Ich Ǧahannam mit den Ǧinn und mit den Menschen allzumal." (13) So kostet (die Strafe); denn ihr vergaßt das Eintreffen dieses eures Tages. (Auch) Wir haben euch vergessen. Kostet denn die Strafe der Ewigkeit um dessentwillen, was ihr getan habt. (14)

Nur jene glauben an Unsere Zeichen, die sich, wenn sie an sie gemahnt werden, niederwerfen und das Lob ihres Herrn preisen; und sie sind nicht hochmütig. (15) Ihre Seiten halten sich fern von (ihren) Betten; sie rufen ihren Herrn in Furcht und Hoffnung an und spenden von dem, was Wir ihnen gegeben haben. (16) Doch niemand weiß, welche Augenweide für sie als Lohn für ihre Taten verborgen ist. (17)

Ist wohl jener, der gläubig ist, dem gleich, der frevelt? Sie sind nicht gleich. (18) Jene aber, die glauben und gute Werke tun, werden Gärten der Geborgenheit haben als einen Wohnsitz für das, was sie getan haben. (19) Jene aber, die ungehorsam sind

- ihre Herberge wird das Feuer sein. Sooft sie (auch) daraus entfliehen wollen, sie werden wieder dahin zurückgetrieben, und es wird zu ihnen gesprochen: "Kostet nun die Strafe des Feuers, die ihr zu leugnen pflegtet!" (20) Und wahrlich, Wir werden sie vor der größeren Strafe von der diesseitigen Strafe kosten lassen, damit sie sich vielleicht doch noch bekehren. (21)

Und wer ist ungerechter als jener, der an die Zeichen seines Herrn gemahnt wird und sich dann doch von ihnen abwendet? Wahrlich, Wir werden Uns an den Sündern rächen. (22)

Und wahrlich, Wir gaben Moses das Buch - zweifle deshalb nicht daran, dass auch du es bekommst, und Wir machten es zu einer Führung für die Kinder Israels. (23) Und Wir erweckten Führer aus ihrer Mitte, die (das Volk) nach Unserem Gebot leiteten, weil sie geduldig waren und fest an Unsere Zeichen glaubten. (24) Wahrlich, dein Herr ist es, Der zwischen ihnen am Tage der Auferstehung über das richten wird, worüber sie uneinig waren. (25) Ist ihnen nicht klar, wie viele Geschlechter Wir schon vor ihnen vernichtet haben, in deren Wohnstätten sie nun wandeln? Hierin liegen wahrlich Zeichen. Wollen sie also nicht hören? (26) Haben sie denn nicht gesehen, dass Wir das Wasser auf das dürre Land treiben und dadurch Gewächs hervorbringen, an dem ihr Vieh und auch sie selber sich laben? Wollen sie also nicht sehen? (27) Und sie sagen: "Wann wird dieser Sieg kommen, wenn ihr die Wahrheit redet?" (28) Sprich: "Am Tage des Sieges wird den Ungläubigen ihr Glaube nichts nutzen, noch werden sie Aufschub erlangen." (29) So wende dich denn von ihnen ab und warte; auch sie warten. (30)

(33) Sura Al-Aḥzāb (Die Verbündeten)

Offenbart zu Al-Madīna, 73 Āyāt

Im Namen Allāhs, des Allerbarmers, des Barmherzigen!

O Prophet, fürchte Allāh und gehorche nicht den Ungläubigen und den Heuchlern. Wahrlich, Allāh ist Allwissend, Allweise. (1) Und folge dem, was dir von deinem Herrn offenbart wird.

Wahrlich, Allāh ist wohl all dessen kundig, was ihr tut. (2) Und vertraue auf Allāh; denn Allāh genügt als Beschützer. (3)

Allāh hat keinem Manne zwei Herzen in seinem Inneren gegeben, noch hat Er jene unter euren Frauen, von denen ihr euch scheidet mit der Formel, sie seien euch verwehrt wie der Rücken eurer Mütter, zu euren (wirklichen) Müttern gemacht, noch hat Er eure angenommenen Söhne zu euren (wirklichen) Söhnen gemacht. Das ist (nur) Gerede aus euren Mündern; Allāh aber spricht die Wahrheit, und Er zeigt (euch) den Weg. (4) Nennt sie (die angenommenen Söhne) nach ihren Vätern. Das ist gerechter vor Allāh. Wenn ihr jedoch ihre Väter nicht kennt, so sind sie eure Brüder im Glauben und eure Schützlinge. Und wenn ihr versehentlich darin gefehlt habt, so ist das keine Sünde von euch, sondern (Sünde ist) nur das, was eure Herzen vorsätzlich tun. Und Allāh ist wahrlich Allverzeihend, Barmherzig. (5) Der Prophet steht den Gläubigen näher als sie sich selber, und seine Frauen sind ihre Mütter. Und Blutsverwandte sind einander näher als die (übrigen) Gläubigen und die Ausgewanderten - gemäß dem Buch Allāhs, es sei denn, dass ihr euren Schützlingen Güte erweist. Das ist in dem Buch niedergeschrieben. (6)

Und dann gingen Wir mit den Propheten den Bund ein und mit dir und mit Noah und Abraham und Moses und mit Jesus, dem Sohn der Maria. Und Wir gingen mit ihnen einen gewaltigen Bund ein (7), auf dass Er die Wahrhaftigen nach ihrer Wahrhaftigkeit befrage. Und für die Ungläubigen hat Er eine schmerzliche Strafe bereitet. (8)

O ihr, die ihr glaubt! Gedenkt der Gnade Allāhs gegen euch, als Heerscharen gegen euch heranrückten; und Wir sandten gegen sie einen Wind und Heerscharen, die ihr nicht gesehen hattet. Und Allāh sieht, was ihr tut. (9) Als sie von oben und von unten her über euch kamen, und als die Augen rollten und die Herzen in die Kehle stiegen und ihr verschiedene Gedanken über Allāh hegtet (10): damals wurden die Gläubigen geprüft, und sie wurden in heftigem Maße erschüttert. (11) Und da sagten die Heuchler und die, in deren Herzen Krankheit war: "Allāh und Sein Gesandter haben uns nur Trug verheißen." (12) Und alsdann sagte eine Gruppe von ihnen: "O ihr Leute von *Yaṯrib*, ihr könnt (ihnen) nicht standhalten, darum kehrt zurück." Und ein Teil von ihnen bat den Propheten um Erlaubnis und sagte: "Unsere Wohnungen sind schutzlos." Und sie waren nicht schutzlos. Sie wollten eben nur fliehen. (13) Und wenn der Zutritt gegen sie von allen Seiten her erzwungen würde, und wenn sie dann aufgefordert würden, (vom Islam) abzufallen, wären sie darauf eingegangen und hätten dabei wenig gezögert. (14) Und sie hatten doch in Wahrheit zuvor mit Allāh den Bund geschlossen, dass sie nicht den Rücken zur Flucht wenden würden. Und über den Bund mit Allāh muss Rechenschaft abgelegt werden. (15) Sprich: "Die Flucht wird euch nimmermehr nützen, wenn ihr dem Tod oder der Niedermetzelung entflieht; denn (am kurzen Überleben) werdet ihr nur wenig Freude haben." (16) Sprich: "Wer ist es, der euch vor Allāh schützen kann, wenn Er vorhat, über euch ein Übel zu verhängen, oder wenn Er vorhat, euch Barmherzigkeit zu erweisen? Und sie werden für sich außer Allāh weder Beschützer noch Helfer finden. (17)

Allāh kennt wohl diejenigen unter euch, die (die Menschen vom Weg) abhalten, und diejenigen, die zu ihren Brüdern sagen: "Kommt her zu uns!" Und sie lassen sich nur selten in Kriege ein (18) (und sind) euch gegenüber geizig. Naht aber Gefahr, dann siehst du sie nach dir ausschauen - mit rollenden Augen wie einer, der aus Todesfurcht in Ohnmacht fällt. Doch wenn dann die Angst vorbei ist, dann treffen sie euch mit scharfen Zungen in ihrer Gier nach Gut. Diese haben nicht geglaubt; darum hat Allāh ihre Werke zunichte gemacht. Und das ist für Allāh ein leichtes. (19) Sie meinen, dass die Verbündeten noch nicht abgezogen seien; und wenn die Verbündeten kommen sollten, so würden sie lieber bei den nomadischen Arabern in der Wüste sein und dort Nachrichten über euch erfragen. Und wenn sie bei euch wären, so würden sie nur wenig kämpfen. (20)

Wahrlich, ihr habt an dem Gesandten Allāhs ein schönes Vorbild für jeden, der auf Allāh und den Letzten Tag hofft und Allāhs häufig gedenkt. (21)

Und als die Gläubigen die Verbündeten sahen, da sagten sie: "Das ist es, was Allāh und Sein Gesandter uns verheißen haben; und Allāh und Sein Gesandter sprachen die Wahrheit." Und es verstärkte nur ihren Glauben und ihre Ergebung. (22) Unter den Gläubigen sind Leute, die dem Bündnis, das sie mit Allāh geschlossen hatten, die Treue hielten. Es sind welche unter ihnen, die ihr Gelübde erfüllt haben, und welche, die noch warten, und sie haben nichts verändert, nicht im Geringsten. (23) Allāh belohne die Wahrhaftigen für ihre Wahrhaftigkeit und bestrafe die Heuchler, wenn Er will, oder wende Sich ihnen in Barmherzigkeit zu. Wahrlich, Allāh ist Allverzeihend, Barmherzig. (24) Und Allāh schlug die Ungläubigen in ihrem Grimm zurück; sie erlangten keinen Vorteil. Und Allāh ersparte den Gläubigen den Kampf. Und Allāh ist Allmächtig, Erhaben. (25) Und Er brachte die aus dem Volk der Schrift, die ihnen halfen, von ihren Burgen herunter und warf Schrecken in ihre Herzen. Einen Teil tötetet ihr, und einen Teil nahmt ihr gefangen. (26) Und Er ließ euch ihr Land erben und ihre Häuser und ihr Vermögen und ein Land, in das ihr nie den Fuß gesetzt hattet. Und Allāh hat Macht über alle Dinge. (27)

O Prophet! Sprich zu deinen Frauen: "Wenn ihr das Leben in dieser Welt und seinen Schmuck begehrt, so kommt, ich will euch eine Gabe reichen und euch dann auf schöne Art entlassen. (28) Doch wenn ihr Allāh und Seinen Gesandten und die Wohnstatt des Jenseits begehrt, dann wahrlich, hat Allāh für die unter euch, die Gutes tun, einen herrlichen Lohn bereitet." (29)

O Frauen des Propheten! Wenn eine von euch eine offenkundige Schändlichkeit begeht, so wird ihr die Strafe verdoppelt. Und das ist für Allāh ein leichtes. (30) * Doch welche von euch Allāh und Seinem Gesandten gehorsam ist und Gutes tut - ihr werden Wir ihren Lohn zweimal geben; und Wir haben für sie eine ehrenvolle Versorgung bereitet. (31) O Frauen des Propheten, ihr seid nicht wie andere Frauen! Wenn ihr gottesfürchtig sein wollt, dann seid nicht unterwürfig im Reden, damit nicht der, in dessen Herzen Krankheit ist, Erwartungen hege, sondern redet in geziemenden Worten. (32) Und bleibt in euren Häusern und prunkt nicht wie in den Zeiten der Al-Ǧāhiliyya und verrichtet das Gebet und entrichtet die Zakāh und gehorcht Allāh und Seinem Gesandten. Allāh will nur jegliches Übel von euch verschwinden lassen, ihr Leute des Hauses, und euch stets in vollkommener Weise rein halten. (33) Und gedenkt der Verse Allāhs und der Weisheit, die in euren Häusern verlesen werden; denn Allāh ist Gütig, Allkundig. (34)

Wahrlich, die muslimischen Männer und die muslimischen Frauen, die gläubigen Männer und die gläubigen Frauen, die gehorsamen Männer und die gehorsamen Frauen, die wahrhaftigen Männer und die wahrhaftigen Frauen, die geduldigen Männer und die geduldigen Frauen, die demütigen Männer und die demütigen Frauen, die Männer, die Almosen geben, und die Frauen, die Almosen geben, die Männer, die fasten, und die Frauen, die fasten, die Männer, die ihre Keuschheit wahren, und die Frauen, die ihre Keuschheit wahren, die Männer, die Allāhs häufig gedenken, und die Frauen, die (Allāhs häufig) gedenken - Allāh hat ihnen (allen) Vergebung und großen Lohn bereitet. (35) Und es ziemt sich nicht für einen gläubigen Mann oder eine gläubige Frau, dass sie - wenn Allāh und Sein Gesandter eine Angelegenheit beschlossen haben - eine andere Wahl in ihrer Angelegenheit treffen. Und der, der Allāh und Seinem Gesandten nicht gehorcht, geht wahrlich in offenkundiger Weise irre. (36)

Und da sagtest du zu dem, dem Allāh Gnade erwiesen hatte und dem du Gnade erwiesen hattest: "Behalte deine Frau für dich und fürchte Allāh." Und du verbargst das, was du in dir hegtest, das, was Allāh ans Licht bringen wollte, und du fürchtetest die Menschen, während Allāh es ist, Den du in Wirklichkeit fürchten sollst. Dann aber, als Zaid seine eheliche Beziehung mit ihr beendet hatte, verbanden Wir sie ehelich mit dir, damit die Gläubigen in Bezug auf die Frauen ihrer angenommenen Söhne nicht in Verlegenheit gebracht würden, wenn diese ihre ehelichen Beziehungen mit ihnen beendet haben. Und Allāhs Befehl muss vollzogen werden. (37)

Es bringt den Propheten in keine Verlegenheit, was Allāh für ihn angeordnet hat. Das war Allāhs Vorgehen gegen jene, die vordem dahingingen, und Allāhs Befehl ist ein unabänderlicher Beschluss (38) - jene, die Allāhs Botschaften ausrichteten und Ihn fürchteten und niemanden außer Allāh fürchteten. Und Allāh genügt für die Abrechnung. (39) Muḥammad ist nicht der Vater eines eurer Männer, sondern der Gesandte Allāhs und der letzte aller Propheten, und Allāh besitzt die volle Kenntnis aller Dinge. (40)

O ihr, die ihr glaubt! Gedenkt Allāhs in häufigem Gedenken (41) und lobpreist Ihn morgens und abends. (42) Er ist es, Der euch segnet, und Seine Engel bitten (darum) für euch, dass Er euch aus den Finsternissen zum Licht führe. Und Er ist Barmherzig gegen die Gläubigen. (43) Ihr Gruß an dem Tage, da sie Ihm begegnen, wird sein: "Frieden!" Und Er hat für sie einen ehrenvollen Lohn bereitet. (44)

O Prophet, Wir haben dich als einen Zeugen, als Bringer froher Botschaft und als Warner entsandt (45) und mit Seiner Erlaubnis als einen Ausrufer zu Allāh und als eine lichtspendende Leuchte. (46) Und verkünde den Gläubigen die frohe Botschaft, dass ihnen von Allāh große Huld zuteil werde. (47) Und gehorche nicht den Ungläubigen und den Heuchlern und beachte ihr Ungemach nicht, und vertraue auf Allāh; denn Allāh genügt als Beschützer. (48)

O ihr, die ihr glaubt! Wenn ihr gläubige Frauen heiratet und euch dann von ihnen scheiden lasst, ehe ihr sie berührt habt, so besteht für euch ihnen gegenüber keine Wartefrist, die sie einhalten müssten. Darum beschenkt sie und entlasst sie auf geziemende Weise. (49) O Prophet, Wir erlaubten dir deine Gattinnen, denen du ihre Brautgabe gegeben hast, und jene, die du von Rechts wegen aus (der Zahl) derer besitzt, die Allāh dir als Kriegsbeute gegeben hat, und die Töchter deines Vaterbruders und die Töchter deiner Vaterschwestern und die Töchter deines Mutterbruders und die Töchter deiner Mutterschwestern, die mit dir ausgewandert sind, und jedwede gläubige Frau, die sich dem Propheten schenkt, vorausgesetzt, dass der Prophet sie zu heiraten wünscht; (dies gilt) nur für dich und nicht für die Gläubigen. Wir haben bereits bekannt gegeben, was Wir ihnen bezüglich ihrer Frauen und jener, die sie von Rechts wegen besitzen, verordnet haben, so dass sich (daraus) keine Verlegenheit für dich ergibt. Und Allāh ist Allverzeihend, Barmherzig. (50) Du darfst die von ihnen entlassen, die du (zu entlassen) wünschst, und du darfst die behalten, die du (zu behalten) wünschst; und wenn du eine, die du entlassen hast, wieder aufnehmen willst, dann trifft dich kein Vorwurf. Das ist dazu angetan, dass ihre Blicke Zufriedenheit ausstrahlen und sie sich nicht grämen und sie alle zufrieden sein mögen mit dem, was du ihnen zu geben hast. Und Allāh weiß, was in euren Herzen ist; denn Allāh ist Allwissend, Nachsichtig. (51) Es ist dir nicht erlaubt, künftig (andere) Frauen (zu heiraten), noch sie gegen (andere) Frauen einzutauschen, auch wenn ihre Schönheit dir gefällt; (davon sind) nur die ausgenommen, die du von Rechts wegen besitzt. Und Allāh wacht über alle Dinge. (52)

O ihr, die ihr glaubt! Betretet nicht die Häuser des Propheten, es sei denn, dass euch zu einer Mahlzeit (dazu) Erlaubnis gegeben wurde. Und wartet nicht (erst) auf deren Zubereitung, sondern tretet (zur rechten Zeit) ein, wann immer ihr eingeladen seid. Und wenn ihr gespeist habt, dann geht auseinander und lasst euch nicht aus Geselligkeit in eine weitere Unterhaltung verwickeln. Das verursacht dem Propheten Ungelegenheit, und er ist scheu vor euch, jedoch Allāh ist nicht scheu vor der Wahrheit. Und wenn ihr sie (seine Frauen) um irgendetwas zu bitten habt, so bittet sie hinter einem Vorhang. Das ist reiner für eure Herzen und ihre Herzen. Und es geziemt euch nicht, den Gesandten Allāhs zu belästigen, noch (geziemt es euch) seine Frauen jemals nach ihm zu heiraten. Wahrlich, das würde vor Allāh eine Ungeheuerlichkeit sein. (53) Ob ihr eine Sache offenkundig tut oder sie verbergt, wahrlich, Allāh kennt alle Dinge. (54) Es ist kein Vergehen von ihnen, (sich) ihren Vätern (zu zeigen) oder ihren Söhnen oder ihren Brüdern oder den Söhnen ihrer Brüder oder den Söhnen ihrer Schwestern oder ihren Frauen oder denen, die sie von Rechts wegen besitzen. Und fürchtet Allāh; wahrlich, Allāh ist Zeuge aller Dinge. (55)

Wahrlich, Allāh sendet Segnungen auf den Propheten, und Seine Engel bitten darum für ihn. O ihr, die ihr glaubt, bittet (auch) ihr für ihn und wünscht ihm Frieden in aller Ehrerbietung. (56) Wahrlich, diejenigen, die Allāh und Seinen Gesandten Ungemach zufügen - Allāh hat sie in dieser Welt und im Jenseits verflucht und hat ihnen eine schmähliche Strafe bereitet. (57) Und diejenigen, die gläubigen Männern und gläubigen Frauen ungerechterweise Ungemach zufügen, laden gewiss (die Schuld) der Verleumdung und eine offenkundige Sünde auf sich. (58)

O Prophet! Sprich zu deinen Frauen und deinen Töchtern und zu den Frauen der Gläubigen, sie sollen ihre Übergewänder reichlich über sich ziehen. So ist es am ehesten gewährleistet, dass sie (dann) erkannt und nicht belästigt werden. Und Allāh ist Allverzeihend, Barmherzig. (59) Wenn die Heuchler und diejenigen, in deren Herzen Krankheit ist, und die, welche Gerüchte in der Stadt verbreiten, nicht (von ihrem Tun) ablassen, dann werden Wir dich sicher gegen sie anspornen, dann werden sie nur noch für kurze Zeit in ihr deine Nachbarn sein. (60) Verflucht seien sie! Wo immer sie gefunden werden, sollen sie ergriffen und rücksichtslos hingerichtet werden. (61) So geschah der Wille Allāhs im Falle derer, die vordem hingingen; und du wirst in Allāhs Willen nie einen Wandel finden. (62)

Die Menschen befragen dich über die Stunde. Sprich: "Das Wissen um sie ist allein bei Allāh", und wie kannst du (das) wissen? Vielleicht ist die Stunde nahe. (63) Wahrlich, Allāh hat die Ungläubigen verflucht und hat für sie ein flammendes Feuer bereitet (64), worin sie auf ewig bleiben. Sie werden weder Beschützer noch Helfer finden. (65) An dem Tage, da ihre Gesichter im Feuer gewendet werden, da werden sie sagen: "Wehe uns! Wenn wir doch Allāh gehorcht hätten; und hätten wir (doch auch) dem Gesandten gehorcht!" (66) Und sie werden sagen: "Unser Herr, wir gehorchten unseren Häuptern und unseren Großen, und sie führten uns irre (und) vom Weg ab. (67) Unser Herr, gib ihnen die zweifache Strafe und verfluche sie mit einem gewaltigen Fluch." (68)

O ihr, die ihr glaubt! Seid nicht wie jene, die Moses kränkten; Allāh jedoch bewies seine Unschuld in der Sache, die sie (gegen ihn) vorbrachten. Und er war ehrenwert vor Allāh. (69) O ihr, die ihr glaubt! Fürchtet Allāh und sprecht aufrichtige Worte (70), auf dass Er eure Taten segensreich fördere und euch eure Sünden vergebe. Und wer Allāh und Seinem Gesandten gehorcht, der hat gewiss einen gewaltigen Gewinn erlangt. (71)

Wahrlich, Wir boten das Treuhänderamt den Himmeln und der Erde und den Bergen an; doch sie weigerten sich, es zu tragen, und schreckten davor zurück. Aber der Mensch nahm es auf sich. Wahrlich, er ist sehr ungerecht, unwissend. (72) Allāh wird Heuchler und Heuchlerinnen sowie Götzendiener und Götzendienerinnen bestrafen; und Allāh kehrt Sich in Barmherzigkeit gläubigen Männern und gläubigen Frauen zu; denn Allāh ist Allverzeihend, Barmherzig. (73)

(34) Sura Saba'

Offenbart zu Makka, 54 Āyāt

Im Namen Allāhs, des Allerbarmers, des Barmherzigen!

Alles Lob gebührt Allāh, Dessen ist, was in den Himmeln und was auf Erden ist, und Sein ist alles Lob im Jenseits; und Er ist der Allweise, der Allkundige. (1) Er weiß, was in die Erde eingeht und was aus ihr hervorkommt, und was vom Himmel herniedersteigt und was zu ihm aufsteigt; und Er ist der Barmherzige, der Allverzeihende. (2)

Und es sagen diejenigen, die ungläubig sind: "Wir werden die Stunde nicht erleben." Sprich: "Ja doch, bei meinem Herrn, dem Kenner des Verborgenen, sie wird gewiss über euch kommen! Nicht einmal das Gewicht eines Stäubchens in den Himmeln oder auf Erden ist vor Ihm verborgen; noch gibt es etwas Kleineres oder Größeres als dieses, das nicht in einem deutlichen Buch stünde. (3) Er belohnt gewiss diejenigen, die glauben und gute Werke tun. Solche sind es, die Vergebung und eine ehrenvolle Versorgung erhalten werden." (4) Und jene aber, die versuchen, Unsere Zeichen zu entkräften - sie sind es, denen eine Strafe schmerzlicher Pein zuteil wird. (5)

Und die, denen das Wissen gegeben wurde, sehen, dass das, was dir von deinem Herrn offenbart worden ist, die Wahrheit ist und zum Weg des Allmächtigen, des Preiswürdigen leitet. (6)

Und jene, die ungläubig sind, sagen: "Sollen wir euch einen Mann zeigen, der euch berichtet, ihr würdet, wenn ihr ganz in Stücke zerfallen seid, dann wieder als neue Schöpfung auferstehen? (7) Hat er eine Lüge gegen Allāh ersonnen oder ist er ein vom Wahn Besessener?" Nein, (nicht er) sondern jene, die nicht an das Jenseits glauben, befinden sich in der Pein und im weit gegangenen Irrtum. (8) Haben sie denn nicht gesehen, was vom Himmel und von der Erde vor ihnen und was hinter ihnen ist? Wenn Wir wollten, könnten Wir sie in der Erde versinken lassen oder auf sie Brocken vom Himmel fallen lassen. Hierin liegt wahrlich ein Zeichen für jeden Diener, der sich bekehrt. (9)

Und wahrlich, Wir verliehen David Unsere Huld: "O ihr Berge, lobpreist mit ihm (Allāh), und auch ihr Vögel (lobpreist Ihn)!" Und schmiegsam machten Wir ihm das Eisen. (10) (Und Wir sprachen:) "Verfertige lange Panzerhemden und füge die Maschen des Kettenwerks fein ineinander. Und verrichtet gute Taten; denn Ich sehe alles, was ihr tut." (11) Und Salomo (machten Wir) den Wind (dienstbar); sein Herweg dauerte einen Monat, und sein Hinweg dauerte einen Monat. Und Wir verflüssigten ihm eine Metallquelle. Und von den Ǧinn gab es welche, die unter ihm auf Geheiß seines Herrn arbeiteten. Und sollte einer von ihnen sich von Unserem Befehl abwenden, so würden Wir ihn die Strafe des flammenden Feuers kosten lassen. (12) Sie machten für ihn, was er begehrte: Paläste und Bildwerke, Becken wie Teiche und feststehende Kochbottiche: "Wirkt ihr vom Hause Davids in Dankbarkeit." Und nur wenige von Meinen Dienern sind dankbar. (13) Und als Wir über ihn den Tod verhängt hatten, da zeigte ihnen nichts seinen Tod an außer einem Tier aus der Erde, das seinen Stock zerfraß; so gewahrten die Ǧinn deutlich, wie er fiel, so dass sie, hätten sie das Verborgene gekannt, nicht so lange in schmählicher Pein hätten bleiben müssen. (14)

Es gab wahrlich ein Zeichen für Saba' in ihrem Heimatland: zwei Gärten zur Rechten und zur Linken: "Esst von den Gaben eures Herrn und seid Ihm dankbar. (Euer ist) eine Stadt, die gut ist, und ein Herr, Der Allverzeihend ist!" (15) Jedoch sie kehrten sich ab; da sandten Wir eine reißende Flut gegen sie. Und Wir gaben ihnen an Stelle ihrer Gärten zwei Gärten mit bitterer Frucht und Tamarisken und wenigen Lotosbäumen. (16) Solches gaben Wir ihnen zum Lohn für ihre Undankbarkeit; und so belohnen Wir keinen (anderen) als die Undankbaren. (17) Und Wir setzten zwischen sie und die Städte, die Wir gesegnet hatten, (andere) hochragende Städte, und Wir erleichterten das Reisen zwischen ihnen: "Reist zwischen ihnen bei Tag und Nacht in Sicherheit umher." (18) Jedoch sie sagten: "Unser Herr, vergrößere die Entfernung zwischen unseren Reisezielen." Und sie sündigten gegen sich selber; so machten Wir sie zu (abschreckenden) Geschichten (für die Nachfahren), und Wir ließen sie in Stücke zerfallen. Hierin sind wahrlich Zeichen für jeden Geduldigen, Dankbaren. (19) Und *Iblīs* bewies wahrlich die Richtigkeit seiner Meinung von ihnen; und sie folgten ihm mit Ausnahme einer Schar von Gläubigen. (20) Und er hatte keine Macht über sie; allein Wir wollten denjenigen, der ans Jenseits glaubte, vor dem auszeichnen, der Zweifel darüber hegte. Und dein Herr wacht über alle Dinge. (21)

Sprich: "Ruft doch jene an, die ihr vermutet neben Allāh. Sie haben nicht einmal über das Gewicht eines Stäubchens in den Himmeln oder auf Erden Macht, noch haben sie einen Anteil an beiden, noch hat Er einen Helfer unter ihnen." (22)

Auch nützt bei Ihm keine Fürsprache, außer für den, bei dem Er es erlaubt, so dass, wenn der Schrecken aus ihren Seelen gewichen ist und sie sagen: "Was hat euer Herr gesprochen?" sie sagen werden: "Die Wahrheit." Und Er ist der Erhabene, der Große. (23) Sprich: "Wer gibt euch Nahrung von den Himmeln und der Erde?" Sprich: "Allāh. Entweder wir sind oder ihr seid auf dem rechten Weg oder in offenkundigem Irrtum." (24) Sprich: "Ihr sollt nicht nach unseren Sünden befragt werden, noch werden wir nach dem, was ihr tut, befragt werden." (25) Sprich: "Unser Herr wird uns alle zusammenbringen, dann wird Er zwischen uns in Gerechtigkeit richten; und Er ist der beste Richter, der Allwissende." (26) Sprich: "Zeigt mir jene, die ihr Ihm als Götter zur Seite gesetzt habt! Nichts! Er aber ist Allāh, der Allmächtige, der Allweise." (27)

Und Wir haben dich nur als Bringer froher Botschaft und Warner für alle Menschen entsandt; jedoch die meisten Menschen wissen es nicht. (28)

Und sie sagen: "Wann wird dieses Versprechen erfüllt, wenn ihr wahrhaftig seid?" (29) Sprich: "Euch ist die Frist eines Tages festgesetzt, hinter der ihr weder eine Stunde zurückbleiben noch ihr vorausgehen könnt." (30) Und jene, die ungläubig sind, sagen: "Wir wollen keineswegs an diesen Qur'ān glauben, noch an das, was vor ihm gewesen ist." Und könntest du nur sehen, wie sich die Ungerechten wechselseitig die Schuld zuweisen, wenn sie vor ihren Herrn gestellt werden! Diejenigen, die unterdrückt waren, werden dann zu denen, die hochmütig waren, sagen: "Wäret ihr nicht gewesen, wären wir ganz gewiss Gläubige geworden." (31) Jene, die hochmütig waren, werden zu denen, die unterdrückt waren, sagen: "Waren wir es etwa, die euch vom rechten Weg abhielten, nachdem er (der Qur'ān) zu euch gekommen war? Nein, ihr selbst wart die Schuldigen." (32) Und jene, die unterdrückt waren, werden zu denen, die hochmütig waren, sagen: "Nein, aber es war (euer) Ränkeschmieden bei Nacht und Tag, als ihr uns befahlt, nicht an Allāh zu glauben und Ihm Götter zur Seite zu setzen." Und in ihrem Innern werden sie von Reue erfüllt sein, wenn sie die Strafe sehen; und Wir werden Fesseln um die Nacken derer legen, die ungläubig waren. Sie werden nur für das entlohnt werden, was sie getan haben. (33) Und Wir entsandten zu keiner Stadt einen Warner, ohne dass die, die darin ein Leben in Wohlstand führten, gesprochen hätten: "Gewiss, wir leugnen das, womit ihr gesandt worden seid." (34) Und sie sagten: "Wir haben mehr Güter und Kinder (als ihr); und wir werden nicht bestraft werden!" (35) Sprich: "Wahrlich, mein Herr erweitert und beschränkt demjenigen die Mittel zum Unterhalt, dem Er will; jedoch die meisten Menschen wissen es nicht." (36) Und es ist weder euer Gut, noch sind es eure Kinder, die euch Uns nahe bringen werden; die aber, die glauben und gute Werke tun, sie sollen den zweifachen Lohn für das, was sie getan haben, erhalten. Und in den Obergemächern (des Paradieses) werden sie sicher wohnen. (37) Doch jene, die versuchen, Unsere Zeichen zu entkräften - sie sind es, die der Strafe zugeführt werden. (38)

Sprich: "Wahrlich, mein Herr erweitert und beschränkt demjenigen von Seinen Dienern die Mittel zum Unterhalt, dem Er will. Und was immer ihr spendet, Er wird es ersetzen; und Er ist der beste Versorger." (39)

Und am Tage, wo Er sie alle versammeln (und) dann zu den Engeln sprechen wird: "Sind diese es, die euch dienten?" (40) werden sie sagen: "Preis (sei) Dir! Dich haben Wir zum Beschützer, nicht sie. Nein, sie dienten den *Ǧinn*; an sie haben die meisten von ihnen geglaubt." (41) "So sollt ihr heute einander weder nützen noch schaden können." Und zu denen, die frevelten, werden Wir sprechen: "Kostet die Strafe des Feuers, das ihr zu leugnen pflegtet." (42)

Und wenn ihnen Unsere deutlichen Verse verlesen werden, sagen sie: "Dieser ist nichts weiter als ein Mann, der euch von dem abwenden möchte, was eure Väter verehrten." Und sie sagen: "Dieser (Qur'ān) ist nichts (anderes) als eine erdichtete Lüge." Und diejenigen, die ungläubig sind, sagen von der Wahrheit, wenn sie zu ihnen kommt: "Das ist nichts als eine offenkundige Zauberei." (43) Und Wir gaben ihnen keine Bücher, die sie (hätten) studieren (können), noch sandten Wir ihnen einen Warner vor dir. (44) Jene, die vor ihnen waren, leugneten ebenfalls - und diese haben nicht den zehnten Teil von dem erreicht, was Wir jenen gegeben hatten, und sie bezichtigten Meine Gesandten der Lüge. Doch wie war (die Folge davon) dass sie Mich verleugneten! (45)

Sprich: "Ich mahne euch nur an eines: dass ihr euch ernsthaft mit Allāhs Sache - zu zweit oder einzeln - befasst und dann nachdenken sollt. Es ist in eurem Gefährten (dem Propheten) keine Besessenheit; er ist für euch nur ein Warner vor einer bevorstehenden strengen Strafe." (46) Sprich: "Ich habe von euch keinen Lohn verlangt; denn dieser (Lohn) kommt euch zugute. Mein Lohn ist allein bei Allāh; und Er ist der Zeuge aller Dinge. (47) Sprich: "Wahrlich, mein Herr, der Kenner des Verborgenen, schleudert (euch) die Wahrheit entgegen." (48) Sprich: "Die Wahrheit ist gekommen, und das Falsche kann weder etwas erschaffen noch etwas zurückbringen." (49) Sprich: "Wenn ich irre, so irre nur ich selbst; und wenn ich rechtgeleitet bin, so geschieht es durch das, was mein Herr mir offenbart hat. Wahrlich, Er ist der Allhörende, der Nahe." (50)

Könntest du nur sehen, wenn sie mit Furcht geschlagen sein werden! Dann wird es (für sie) kein Entrinnen geben; denn sie werden aus nächster Nähe erfasst werden. (51) Und sie werden sagen: "(Nun) glauben wir daran." Allein, wie kann das Erlangen (des Glaubens) ihnen an einem (so) fernen Orte möglich sein (52), wenn sie zuvor nicht daran geglaubt haben? Und sie äußern Mutmaßungen von einem fernen Ort aus. (53) Und ein Abgrund ist zwischen ihnen und ihren Begierden aufgerissen worden, wie es ihresgleichen schon zuvor widerfuhr. Auch sie befanden sich in beunruhigendem Zweifel. (54)

(35) Sura Fāṭir (Der Schöpfer)

Offenbart zu Makka, 45 Āyāt

Im Namen Allāhs, des Allerbarmers, des Barmherzigen!

Alles Lob gebührt Allāh, dem Schöpfer der Himmel und der Erde, Der die Engel, mit je zwei, drei und vier Flügeln, zu Boten gemacht hat. Er fügt der Schöpfung hinzu, was Ihm gefällt; Allāh hat wahrlich Macht über alle Dinge. (1)

Was Allāh den Menschen an Barmherzigkeit gewährt, das kann keiner zurückhalten; und was Er zurückhält, das kann nach Ihm keiner freigeben; und Er ist der Allmächtige, der Allweise. (2)

O ihr Menschen, gedenkt der Gnade Allāhs gegen euch. Gibt es einen Schöpfer außer Allāh, Der euch vom Himmel und von der Erde her versorgt? Es ist kein Gott außer Ihm. Wie könnt ihr euch da (von Ihm) abwenden? (3) Und wenn sie dich der Lüge bezichtigen: schon die Gesandten vor dir sind der Lüge bezichtigt worden; und zu Allāh werden die Angelegenheiten zurückgebracht. (4)

O ihr Menschen, wahrlich, die Verheißung Allāhs ist wahr, darum lasst euch nicht vom diesseitigen Leben betören, und lasst euch nicht vom Betörer über Allāh betören. (5) Wahrlich, Satan ist euer Feind; so haltet ihn für einen Feind. Er ruft seine Anhänger nur herbei, damit sie zu Bewohnern des flammenden Feuers werden. (6)

Denjenigen, die ungläubig sind, wird eine strenge Strafe zuteil sein. Denen aber, die glauben und gute Werke tun, wird Vergebung und großer Lohn zuteil sein. (7) Ist etwa der, dem das Böse seines Tuns verschönt wird, so dass er es als gut ansieht, (rechtgeleitet)? Gewiss, Allāh lässt in die Irre gehen, wen Er will, und leitet recht, wen Er will. Lass darum deine Seele nicht in Seufzern über sie hinschwinden. Wahrlich, Allāh weiß, was sie tun. (8)

Und Allāh ist es, Der die Winde sendet, die das Gewölk hochtreiben. Dann treiben Wir es über eine tote Stadt und beleben damit die Erde nach ihrem Tode. Ebenso wird es bei der Auferstehung der (Toten) sein. (9)

Wer da Erhabenheit begehrt, (der wisse), dass alle Erhabenheit Allāh gehört. Zu Ihm steigt das gute Wort empor, und rechtschaffenes Werk wird es hochtreiben lassen. Und diejenigen, die Böses planen - für sie ist eine strenge Strafe (bestimmt); und ihr Planen wird unwirksam sein. (10)

Und Allāh hat euch aus Erde erschaffen, dann aus einem Samentropfen, dann machte Er euch zu Paaren. Und kein weibliches Wesen wird schwanger oder entbindet ohne Sein Wissen. Und keinem, der ein langes Leben hat, wird sein Leben verlängert, noch wird sein Leben irgendwie verringert, ohne dass es in einem Buch stünde. Das ist ein leichtes für Allāh. (11) Und die beiden Gewässer sind nicht gleich: dieses (ist) wohlschmeckend, süß und angenehm zu trinken, und das andere (ist) salzig, bitter. Und aus den beiden esst ihr zartes Fleisch und holt Schmucksachen, die ihr tragt. Und du siehst die Schiffe darauf fahren, auf dass ihr nach Seiner Huld trachtet und vielleicht doch dankbar sein mögt. (12)

Er lässt die Nacht in den Tag und den Tag in die Nacht übergehen. Und Er hat (euch) die Sonne und den Mond dienstbar gemacht; ein jedes (Gestirn) umläuft seine Bahn auf eine bestimmte Zeit. Dies ist Allāh, euer Herr; Sein ist das Reich, und jenen, die ihr statt Ihm anruft, gehört nicht einmal Macht über das Häutchen eines Dattelkerns. (13) Wenn ihr sie bittet, hören sie eure Bitte nicht; und wenn sie diese auch hören würden, so würden sie euch nichts in Erfüllung bringen. Und am Tage der

Auferstehung werden sie leugnen, dass ihr (sie) zu Göttern nahmt. Und niemand kann dich so unterrichten wie der Eine, Der Kundig ist. (14)

O ihr Menschen, ihr seid arm und auf Allāh angewiesen, Allāh aber ist auf keinen angewiesen und ist des Lobes Würdig. (15) Wenn Er will, kann Er euch hinwegnehmen und eine neue Schöpfung hervorbringen. (16) Und das ist für Allāh nicht schwer. (17) Und keine lasttragende (Seele) soll die Last einer anderen tragen; und wenn eine schwer beladene um ihrer Last willen ruft, soll nichts davon getragen werden, und handelte es sich auch um einen Verwandten. Du kannst die allein warnen, die ihren Herrn im geheimen fürchten und das Gebet verrichten. Und wer sich reinigt, der reinigt sich nur zu seinem eigenen Vorteil; und zu Allāh ist die Heimkehr. (18)

Und wahrlich, der Blinde ist dem Sehenden nicht gleich (19), noch ist es die Finsternis dem Lichte (20), noch ist es der Schatten der Sonnenhitze (21), noch sind die Lebenden den Toten gleich. Wahrlich, Allāh macht hörend, wen Er will; und du kannst diejenigen nicht hörend machen, die in den Gräbern sind. (22) Wahrlich, du bist nur ein Warner. (23)

Wahrlich, Wir haben dich mit der Wahrheit als Bringer froher Botschaft und als Warner entsandt; und es gibt kein Volk, in dem es nicht einmal schon Warner gegeben hätte. (24) Und wenn sie dich der Lüge bezichtigen, so haben auch jene schon, die vor ihnen waren, (die Propheten) der Lüge bezichtigt. Ihre Gesandten kamen mit klaren Beweisen und mit den Büchern und mit der erleuchtenden Schrift zu ihnen. (25) Dann erfasste Ich jene, die ungläubig waren, und wie war es dann mit der Verleugnung! (26)

Hast du nicht gesehen, dass Allāh Wasser vom Himmel herniedersendet? Dann bringen Wir damit Früchte mit mannigfachen Farben hervor; und in den Bergen sind weiße und rote, verschiedenfarbige und rabenschwarze Schichten. (27) Und bei Mensch und Tier und Vieh (gibt es) auch verschiedene Farben. Wahrlich, nur die Wissenden unter Seinen Dienern fürchten Allāh. Wahrlich, Allāh ist Erhaben, Allverzeihend. (28)

Wahrlich, diejenigen, die Allāhs Buch verlesen und das Gebet verrichten und von dem, was Wir ihnen gegeben haben, insgeheim und offenkundig spenden, rechnen mit einem Handel, der nicht vergeblich sein wird. (29) Damit gibt Er ihnen ihren vollen Lohn und noch mehr aus Seiner Huld hinzu; Er ist wahrlich Allverzeihend, Dankbar. (30)

Und das, was Wir dir in dem Buch offenbart haben, ist die Wahrheit, die das bestätigt, was ihm vorausging. Gewiss, Allāh kennt und durchschaut Seine Diener recht wohl. (31) Vordem gaben Wir das Buch jenen von Unseren Dienern zum Erbe, die Wir erwählten. Und unter ihnen sind einige, die gegen sich selbst freveln, und unter ihnen sind einige, die den gemäßigten Standpunkt einnehmen, und unter ihnen sind einige, die nach den guten Dingen mit Allāhs Erlaubnis wetteifern. Das ist die große Huld. (32) Gärten von Eden! Sie werden sie betreten. Geschmückt werden sie darin sein mit Armspangen aus Gold und Perlen, und ihre Kleidung darin wird aus Seide sein. (33) Und sie werden sagen: "Alles Lob gebührt Allāh, Der die Traurigkeit von uns genommen hat. Unser Herr ist wahrlich Allverzeihend, Dankbar (34), Der uns in Seiner Huld in der Wohnstatt der Ewigkeit ansässig machte. Keine Mühsal berührt uns darin, noch berührt uns darin Müdigkeit." (35) Und für diejenigen, die ungläubig sind, ist das Feuer der *Ǧahannam*. Der Tod wird nicht über sie verhängt, so dass sie sterben könnten, noch wird ihnen etwas von ihrer Strafe erleichtert. So vergelten Wir es jedem Undankbaren. (36) Und sie werden darin schreien: "Unser Herr, bringe uns (aus der Hölle) heraus; wir wollen rechtschaffene Werke tun, anders als wir (zuvor) zu tun pflegten." "Gaben Wir euch nicht ein genügend langes Leben, so dass ein jeder, der sich besinnen wollte, sich darin hätte besinnen können? Und (überdies) kam der Warner zu euch. So kostet nun (die Strafe); denn Frevler haben keinen Helfer." (37)

Wahrlich, Allāh kennt das Verborgene der Himmel und der Erde. Wahrlich, Er kennt alles, was in den Herzen ist. (38) Er ist es, Der euch zu Statthaltern auf Erden gemacht hat. Wer aber ungläubig ist - auf ihm (laste) sein Unglaube! Und den Ungläubigen kann ihr Unglaube nur den Widerwillen ihres Herrn mehren, und ihr Unglaube kann den Ungläubigen nur den Verlust vergrößern. (39)

Sprich: "Habt ihr die Götter gesehen, die ihr statt Allāh anruft? Zeigt mir, was sie von der Erde erschufen. Oder haben sie einen Anteil (im Reich) der Himmel?" Oder haben Wir ihnen ein Buch gegeben, woraus sie einen Beweis hätten (entnehmen können)? Nein, die Ungerechten verheißen einander nur Trug. (40)

Wahrlich, Allāh hält die Himmel und die Erde, damit sie nicht weichen. Und würden sie weichen, so gäbe es keinen außer Ihm, der sie halten könnte. Wahrlich, Er ist Nachsichtig, Allverzeihend. (41)

Und sie schworen bei Allāh ihre festen Eide: wenn ein Warner zu ihnen käme, würden sie der Führung besser folgen als eines der anderen Völker. Doch als dann in der Tat ein Warner zu ihnen kam, so bestärkte sie das nur in ihrer Abneigung. (42) (Sie sind) in Hochmut auf Erden und böse im Planen. Doch der böse Plan fängt nur seine Urheber ein. Erwarten sie denn etwas anderes als das Vorgehen gegenüber den Früheren? Aber in Allāhs Vorgehen wirst du nie eine Änderung finden; und in Allāhs Verfahrensweise wirst du nie einen Wechsel finden. (43)

Sind sie denn nicht im Lande umhergezogen, so dass sie schauen konnten, wie das Ende derer war, die vor ihnen lebten? Und jene hatten mehr Kraft als sie selber. Und nichts in den Himmeln oder auf Erden vermag, sich Allāh zu entziehen; denn Er ist Allwissend, Allmächtig. (44)

Und wollte Allāh die Menschen für alles bestrafen, was sie tun, würde Er nicht ein Lebewesen auf der (Erd-)oberfläche übrig lassen; doch Er gewährt ihnen Aufschub bis zu einer bestimmten Frist; und wenn ihre Frist um ist, dann durchschaut Allāh Seine Diener. (45)

(36) Sura Yā Sīn

Offenbart zu Makka, 83 Āyāt

Im Namen Allāhs, des Allerbarmers, des Barmherzigen!
Yā Sīn. (1) Beim vollkommenen Qur'ān (2), du bist wahrlich einer der Gesandten (3), der auf einem geraden Weg ist. (4)

(Dies ist) eine Offenbarung des Erhabenen, des Barmherzigen (5), auf dass du Leute warnst, deren Väter nicht gewarnt worden sind, und die daher achtlos sind. (6) Bereits hat sich das Wort gegen die meisten von ihnen als wahr erwiesen; denn sie glauben nicht. (7)

Um ihren Hals haben Wir Fesseln gelegt, die bis an das Kinn reichen, so dass ihr Haupt hoch gezwängt ist. (8) Und Wir haben vor ihnen einen Wall errichtet und ebenso hinter ihnen einen Wall (errichtet), und Wir haben sie verhüllt, so dass sie nicht sehen können. (9) Und ihnen ist es gleich, ob du sie warnst oder ob du sie nicht warnst; sie werden nicht glauben. (10) Du vermagst nur den zu warnen, der die Ermahnung befolgt und den Allerbarmer im Verborgenen fürchtet. Gib ihm darum die frohe Botschaft von Vergebung und einem ehrenvollen Lohn. (11)

Wahrlich, Wir sind es, Die die Toten beleben, und Wir schreiben das auf, was sie begehen, zugleich mit dem, was sie zurücklassen; und alle Dinge haben Wir in einem deutlichen Buch verzeichnet. (12)

Und präge ihnen das Gleichnis von den Leuten der Stadt, als die Abgesandten zu ihr kamen. (13) Als Wir zwei zu ihnen schickten und sie von ihnen für Lügner gehalten wurden, da stärkten Wir (sie) durch einen dritten, und sie sagten: "Wir sind zu euch entsandt worden." (14) Jene sagten: "Ihr seid nur Menschen wie wir; und der Allerbarmer hat nichts herabgesandt. Ihr sprecht nichts als Lügen." (15) Sie sagten: "Unser Herr weiß, dass wir wahrlich Abgesandte zu euch sind. (16) Und uns obliegt nur die klare Verkündigung." (17) Sie sagten: "Wir ahnen Böses von euch. Wenn ihr (davon) nicht ablasst, so werden wir euch gewiss steinigen, und euch wird sicher unsere schmerzliche Strafe treffen." (18) Sie sagten: "Euer Unheil liegt bei euch selbst. Liegt es daran, dass ihr ermahnt werdet? Nein, ihr seid Leute, die das Maß überschreiten." (19)

Und es kam vom entferntesten Teil der Stadt ein Mann angelaufen. Er sagte: "O meine Leute, folgt den Gesandten! (20) Folgt denen, die keinen Lohn von euch fordern und die rechtgeleitet sind. (21) Und warum sollte ich nicht Dem dienen, Der mich erschaffen hat und zu Dem ihr zurückgebracht werdet? (22) Soll ich etwa andere außer Ihm zu Göttern nehmen? Wenn der Allerbarmer mir ein Leid zufügen will, so wird ihre Fürsprache mir nichts nützen, noch können sie mich retten. (23) Dann befände ich mich wahrlich in einem offenkundigen Irrtum. (24) Ich glaube an euren Herrn; darum hört mich an." (25) Da wurde (zu ihm) gesprochen: "Geh in das Paradies ein." Er sagte: "O wenn doch meine Leute wüssten (26), wie mein Herr mir vergeben und mich zu einem der Geehrten gemacht hat!" (27) ∗ Und nach ihm sandten Wir gegen seine Leute kein Heer vom Himmel herab, noch pflegten Wir (eins) zu senden. (28) Es war nur ein einziger Schrei, und siehe, sie lagen reglos da. (29)

Wehe den Menschen! Kein Gesandter kommt zu ihnen, den sie nicht verspotteten. (30) Haben sie nicht gesehen, wie viele Geschlechter Wir schon vor ihnen vernichtet haben (und) dass sie nicht zu ihnen zurückkehren. (31) Jedoch sie alle, allesamt versammelt, werden sicher vor Uns gebracht werden. (32)

Und ein Zeichen ist ihnen die tote Erde. Wir beleben sie und bringen aus ihr Korn hervor, von dem sie essen. (33) Und Wir haben auf ihr Gärten mit Dattelpalmen und Beeren angelegt, und Wir ließen Quellen aus ihr entspringen (34), damit sie von ihren Früchten essen; und ihre Hände schufen sie nicht. Wollen sie da nicht dankbar sein? (35)

Preis (sei) Ihm, Der die Arten alle paarweise erschaffen hat von dem, was die Erde sprießen lässt, und von ihnen selber und von dem, was sie nicht kennen. (36)

Und ein Zeichen ist ihnen die Nacht. Wir entziehen ihr das Tageslicht, und siehe, sie sind in Finsternis. (37) Und die Sonne eilt dem ihr gesetzten Ziel zu. Das ist die Anordnung des Erhabenen, des Allwissenden. (38) Und für den Mond haben Wir Stationen bestimmt, bis er wie der alte Dattelrispenstiel wiederkehrt. (39) Weder hat die Sonne den Mond einzuholen, noch eilt die Nacht dem Tage voraus; und alle schweben auf einer Umlaufbahn. (40)

Und ein Zeichen ist es ihnen, dass Wir ihre Nachkommenschaft in dem beladenen Schiff trugen. (41) Und Wir schufen ihnen etwas von gleicher Art, worauf sie fahren. (42) Und wenn Wir wollten, so könnten Wir sie ertrinken lassen; dann würden sie weder Helfer haben, noch könnten sie gerettet werden (43) außer durch Unsere Barmherzigkeit und zu einem Nießbrauch auf gewisse Zeit. (44)

Und wenn zu ihnen gesprochen wird: "Hütet euch vor dem, was vor euch ist und was hinter euch ist, auf dass ihr Erbarmen finden möget", (so beachten sie die Warnung nicht). (45) Und es kommt kein Zeichen von den Zeichen ihres Herrn zu ihnen, ohne dass sie sich davon abwenden. (46) Und wenn zu ihnen gesprochen wird: "Spendet von dem, was Allāh euch gegeben hat", sagen die Ungläubigen zu den Gläubigen: "Sollen wir einen speisen, den Allāh hätte speisen können, wenn Er es gewollt hätte? Ihr befindet euch da zweifellos in einem offenkundigen Irrtum." (47) Und sie sagen: "Wann wird diese Verheißung (in Erfüllung gehen), wenn ihr die Wahrheit sagt?" (48) Sie warten nur auf einen einzigen Schrei, der sie erfassen wird, während sie noch streiten. (49) Und sie werden weder imstande sein, ein Vermächtnis zu treffen, noch werden sie zu ihren Angehörigen zurückkehren. (50)

Und in den Ṣūr wird gestoßen, und siehe, sie eilen aus ihren Gräbern zu ihrem Herrn hervor. (51) Sie werden sagen: "O wehe uns! Wer hat uns von unserer Liegestelle erweckt? Das ist es, was der Allerbarmer (uns) verheißen hatte, und die Gesandten sagten doch die Wahrheit." (52) Es wird nur ein einziger Schrei sein, und siehe, sie werden alle vor Uns gebracht werden. (53) Nun, heute wird keine Seele im Geringsten ein Unrecht erleiden; und ihr sollt nur für das entlohnt werden, was ihr zu tun pflegtet. (54)

Wahrlich, die Bewohner des Paradieses sind heute beschäftigt und erfreuen sich am Genuss. (55) Sie und ihre Gattinnen liegen im Schatten auf Ruhebetten gestützt. (56) Früchte werden sie darin haben, und sie werden bekommen, was immer sie (auch) begehren. (57) "Frieden!" - (dies ist) eine Botschaft von einem Sich Erbarmenden Herrn. (58)

Und (es wird gesprochen): "Sondert euch heute ab, o ihr Schuldigen. (59) Habe Ich euch, ihr Kinder Adams, nicht geboten, nicht Satan zu dienen - denn er ist euer offenkundiger Feind (60), sondern Mir allein zu dienen? Das ist der gerade Weg. (61) Und doch hat er eine große Menge von euch irregeführt. Hattet ihr denn keinen Verstand? (62) Das ist *Ǧahannam*, die euch angedroht wurde (63); brennt heute in ihr dafür, dass ihr ungläubig wart." (64)

Heute versiegeln Wir ihre Münder, jedoch ihre Hände werden zu Uns sprechen, und ihre Füße werden all das bezeugen, was sie erworben haben. (65) Und hätten Wir gewollt, hätten Wir ihr Augenlicht auslöschen können; dann würden sie versuchen, möglichst schnell auf den Weg zu kommen. Aber wie hätten sie etwas sehen können? (66) Und hätten Wir gewollt, hätten Wir sie verwandeln können, wo sie waren; dann wären sie nicht imstande gewesen, vorwärts oder rückwärts zu gehen. (67) Und den, dem Wir ein langes Leben geben, setzen wir körperlichem Verfall aus. Wollen sie es denn nicht begreifen? (68)

Und Wir haben ihn nicht die Dichtung gelehrt, noch ziemte sie sich für ihn. Dies ist nichts als eine Ermahnung und ein deutlicher Qur'ān (69), auf dass er jeden warne, der am Leben ist und auf dass das Wort gegen die Ungläubigen in Erfüllung gehe. (70)

Haben sie nicht gesehen, dass Wir von den Dingen, die Unsere Hände gemacht haben, für sie das Vieh erschufen, dessen Besitzer sie geworden sind? (71) Und Wir haben es ihnen dienstbar gemacht, so dass manche von ihnen zum Reiten dienen und manche Nahrung geben. (72) Und sie haben an ihnen noch (anderen) Nutzen und (auch) Trank. Wollen sie also nicht dankbar sein? (73)

Und sie haben sich statt Allāh Götter genommen, damit ihnen geholfen würde. (74) Sie vermögen ihnen nicht zu helfen; vielmehr sind sie selbst als eine Heerschar für sie im Einsatz (75); so lass dich daher von ihrer Rede nicht betrüben. Wir wissen, was sie verbergen und was sie offenkundig tun. (76)

Weiß der Mensch denn nicht, dass Wir ihn aus einem Samentropfen erschufen? Und siehe da, er ist ein offenkundiger Widersacher! (77) Und er prägt Uns Gleichnisse und vergisst seine eigene Erschaffung. Er sagt: "Wer kann die Gebeine beleben, wenn sie morsch geworden sind?" (78) Sprich: "Er,

Der sie das erstemal erschuf - Er wird sie beleben; denn Er kennt jegliche Schöpfung. (79) Er, Der für euch Feuer aus den grünen Bäumen hervorbringt; und siehe, davon habt ihr dann Brennmaterial. (80)Ist Er, Der die Himmel und die Erde erschuf, nicht imstande, ihresgleichen zu erschaffen?" Doch, und Er ist der Erschaffer, der Allwissende. (81) Wenn Er twas will, spricht Er zu ihm nur: "Sei!" - und es ist. (82) Also gepriesen sei Der, in Dessen Hand die Herrschaft über alle Dinge ruht und zu Dem ihr zurückgebracht werdet! (83)

(37) Sura Aṣ-Ṣāffāt (Die Sich-Reihenden)

Offenbart zu Makka, 182 Āyāt

Im Namen Allāhs, des Allerbarmers, des Barmherzigen!
Bei den Sich-Reihenden in Reihen (1) und denen, die grob zurechtweisen (2) und denen, die Ermahnung verlesen! (3)

Wahrlich, euer Gott ist Einzig (4), Herr der Himmel und der Erde und all dessen, was zwischen beiden ist, und der Herr aller Orte der Aufgänge (von Sonne, Mond und Sternen). (5) Wir haben den untersten Himmel mit einem Schmuck ausgeschmückt: den Sternen (6), die einen Schutz vor jedem aufrührerischen Satan bilden. (7) Sie können nichts bei den höheren Bewohnern erlauschen, und sie werden von allen Seiten beworfen (8) als Ausgestoßene; und für sie ist eine dauernde Strafe (vorgesehen) (9) - mit Ausnahme dessen, der etwas aufschnappt, doch ihn verfolgt ein durchbohrender Schweifstern. (10) Frage sie darum, ob sie schwerer zu erschaffen sind oder die, die Wir erschaffen haben? Denn Wir haben sie aus formbarem Lehm erschaffen. (11) Nein, du staunst, und sie spotten. (12) Und wenn sie ermahnt werden, so beachten sie es nicht. (13) Und wenn sie ein Zeichen sehen, so verdrehen sie es zu Spott (14), und sie sagen: "Das ist nichts als offenkundige Zauberei. (15) Wie? Wenn wir tot sind und zu Staub und Gebeinen geworden sind, dann sollen wir wieder auferweckt werden? (16) Oder etwa unsere Vorväter?" (17) Sprich: "Ja; und dabei werdet ihr gedemütigt." (18) Es wird nur ein einziger Schrei sein, und siehe, schon schauen sie zu.

(19) Und sie werden sagen: "O wehe uns! Das ist der Tag des Gerichts." (20) "Das ist der Tag der Entscheidung, den ihr für gelogen hieltet." (21) "Versammelt jene, die frevelten, und ihre (Gleichgesinnungs-) Paare und das, was sie verehrt haben (22) statt Allāh, und führt sie zum Weg der Al-Ǧaḥīm. (23) Und haltet sie an; denn sie sollen befragt werden." (24) "Was ist euch, dass ihr einander nicht helft?" (25) Nein, heute ergeben sie sich. (26) Und sie wenden sich einander zu und fragen sich gegenseitig. (27) Sie werden sagen: "Wahrlich, ihr pflegtet von rechts zu uns zu kommen." (28) Jene werden antworten: "Nein, ihr wart keine Gläubigen. (29) Und wir hatten keine Macht über euch; ihr aber wart ein gewalttätiges Volk. (30) Nun hat sich das Wort unseres Herrn gegen uns erfüllt. Wir werden gewiss (die Strafe) kosten müssen. (31) Und wir verführten euch, weil wir selbst Irrende waren." (32) An jenem Tage werden sie alle Teilhaber an der Strafe sein. (33) So verfahren Wir mit den Schuldigen (34); denn als zu ihnen gesprochen wurde: "Es ist kein Gott außer Allāh", da verhielten sie sich hochmütig (35) und sagten: "Sollen wir unsere Götter wegen eines besessenen Dichters aufgeben?" (36) Nein, er hat die Wahrheit gebracht und die Gesandten bestätigt. (37) Ihr werdet sicher die peinvolle Strafe kosten. (38) Und ihr werdet nur für das, was ihr selbst gewirkt habt, belohnt werden. (39) Ausgenommen (davon sind) die erwählten Diener Allāhs. (40) Diese sollen eine zuvor bekannte Versorgung erhalten (41): Früchte; und sie sollen geehrt werden (42) in den Gärten der Wonne (43), auf Ruhebetten einander gegenüber (sitzend) (44), während ein unerschöpflicher Becher unter ihnen die Runde macht. (45) (Er ist) weiß und wohlschmeckend für die Trinkenden. (46) Er wird keinen Rausch erzeugen, noch werden sie davon müde werden. (47) Und bei ihnen werden (Keusche) sein, die züchtig aus großen Augen blicken (48), als ob sie verborgene Perlen wären. (49) Und einige von ihnen werden sich an die anderen wenden, um sich gegenseitig zu befragen. (50) Einer ihrer Sprecher wird sagen: "Ich hatte einen Gefährten (51), der zu fragen pflegte: »Hältst du tatsächlich (die Auferstehung) für wahr? (52) Wenn wir tot sind und zu Staub und Gebeinen geworden sind, dann sollen uns (unsere Taten) wirklich vergolten

werden?«" (53) Er wird fragen: "Wollt ihr (ihn) schauen?" (54) Dann wird er schauen und ihn inmitten der *Al-Ğaḥīm* sehen. (55) Er wird sagen: "Bei Allāh, beinahe hättest du mich ins Verderben gestürzt. (56) Und wäre nicht die Gnade meines Herrn gewesen, hätte ich sicher zu denen gehört, die (zum Feuer) gebracht werden. (57) Ist es nicht so, dass wir nicht sterben werden (58), außer bei unserem ersten Tod? Und wir sollen nicht bestraft werden. (59) Wahrlich, das ist der gewaltige Gewinn. (60) Für solches wie dies denn mögen die Wirkenden wirken." (61) Ist dies als Bewirtung besser oder der Baum des *Zaqqūm*? (62) Denn Wir haben ihn zu einer Versuchung für die Missetäter gemacht. (63) Er ist ein Baum, der aus dem Grunde der *Al-Ğaḥīm* emporwächst. (64) Seine Früchte scheinen wie Köpfe der Satane zu sein. (65) Sie sollen davon essen und (ihre) Bäuche damit füllen. (66) Darauf sollen sie eine Mischung von siedendem Wasser (zum Trank) erhalten. (67) Danach sollen sie zur *Al-Ğaḥīm* zurückkehren. (68) Sie fanden ihre Väter als Irrende vor (69), und so traten sie eilends in ihre Fußstapfen. (70)

Und die meisten der Vorfahren waren vor ihnen irregegangen. (71) Und wahrlich, Wir hatten ihnen Warner gesandt. (72) Also, siehe nun, wie da der Ausgang derer war, die gewarnt worden waren (73) mit Ausnahme der erwählten Diener Allāhs! (74)

Und wahrlich, Noah rief Uns an, und Wir sind es, die am besten erhören! (75) Und Wir erretteten ihn und die Seinen aus der großen Bedrängnis. (76) Und Wir machten seine Nachkommenschaft zu den einzig Überlebenden. (77) Und Wir bewahrten seinen Namen unter den künftigen Geschlechtern. (78) Friede sei auf Noah in allen Welten! (79) So belohnen Wir jene, die Gutes wirken. (80) Er gehörte zu Unseren gläubigen Dienern. (81) Dann ließen Wir die anderen ertrinken. (82)

Und wahrlich, von seiner Art war Abraham (83), als er zu seinem Herrn mit heilem Herzen kam (84) (und) als er zu seinem Vater und zu seinem Volk sagte: "Was verehrt ihr da? (85) Ist es eine Lüge - Götter außer Allāh, was ihr begehrt? (86) Was denkt ihr denn vom Herrn der Welten?" (87) Dann warf er einen Blick zu den Sternen (88) und sagte: "Mir ist übel." (89) Da kehrten sie ihm den Rücken (und) gingen fort. (90) Nun wandte er sich heimlich an ihre Götter und sagte: "Wollt ihr nicht essen? (91) Was ist euch, dass ihr nicht redet?" (92) Dann ging er auf sie los und begann, sie mit der Rechten zu schlagen. (93) Da kamen sie zu ihm geeilt. (94) Er sagte: "Verehrt ihr das, was ihr gemeißelt habt (95), obwohl Allāh euch und das, was ihr gemacht habt, erschaffen hat?" (96) Sie sagten: "Baut einen Bau für ihn und werft ihn in die Al-Ǧaḥīm!" (97) Sie wollten Ränke gegen ihn schmieden, allein Wir machten sie zu den Niedrigsten. (98) Und er sagte: "Seht, ich gehe zu meinem Herrn, Der mich recht leiten wird. (99) Mein Herr, gewähre mir einen rechtschaffenen (Sohn)." (100) Dann gaben Wir ihm die frohe Botschaft von einem sanftmütigen Sohn. (101) Als er nun so weit (herangewachsen) war, um mit ihm zu arbeiten, sagte er: "O mein Sohn, ich sehe im Traum, dass ich dich schlachte. Nun schau, was meinst du dazu?" Er sagte: "O mein Vater, tu, wie dir befohlen wird; du sollst mich - so Allāh will - unter den Geduldigen finden." (102) Als sie sich beide (Allāhs Willen) ergeben hatten und er ihn mit der Stirn auf den Boden hingelegt hatte (103), da riefen Wir ihm zu: "O Abraham (104), du hast bereits das Traumgesicht erfüllt." So belohnen Wir die, die Gutes tun. (105) Wahrlich, das ist offenkundig eine schwere Prüfung. (106) Und Wir lösten ihn durch ein großes Schlachttier aus. (107) Und Wir bewahrten seinen Namen unter den künftigen Geschlechtern. (108) Friede sei auf Abraham! (109) So belohnen Wir die, die Gutes tun. (110) Er gehörte zu Unseren gläubigen Dienern. (111) Und Wir gaben ihm die frohe Botschaft von Isaak, einem Propheten, der zu den Rechtschaffenen gehörte. (112) Und Wir segneten ihn und Isaak. Und unter ihren Nachkommen sind (manche), die Gutes tun, und (andere), die offenkundig gegen sich selbst freveln. (113)

Und wahrlich, Wir hatten Uns (auch) gegenüber Moses und Aaron Gnädig erwiesen. (114) Und Wir erretteten sie beide und ihr Volk aus der großen Bedrängnis. (115) Und Wir halfen ihnen; so waren sie es, die siegten. (116) Und Wir gaben ihnen die deutliche Schrift. (117) Und Wir führten sie auf den geraden Weg. (118) Und Wir bewahrten ihren Namen unter den künftigen Geschlechtern. (119) Friede sei auf Moses und Aaron! (120) So belohnen Wir die, die Gutes tun. (121) Sie gehörten beide zu Unseren gläubigen Dienern. (122)

Und wahrlich, Elias war auch einer der Gesandten. (123) Da sagte er zu seinem Volk: "Wollt ihr nicht gottesfürchtig sein? (124) Wollt ihr Baʿl (euren Götzen) anrufen und den besten Schöpfer verlassen (125), Allāh, euren Herrn und den Herrn eurer Vorväter?" (126) Jedoch sie hielten ihn für einen Lügner, und sie werden bestimmt (zum Gericht) gebracht werden (127), ausgenommen die erwählten Diener Allāhs. (128) Und Wir bewahrten seinen Namen unter den künftigen Geschlechtern. (129) Friede sei auf Il-Yāsīn! (130) So belohnen Wir die, die Gutes tun. (131) Er gehörte zu Unseren gläubigen Dienern. (132)

Und wahrlich, (auch) Lot war einer der Gesandten. (133) Da erretteten Wir ihn und alle die Seinen (134), ausgenommen eine alte Frau, die mit den (anderen) zurückblieb. (135) Hierauf zerstörten Wir die anderen. (136) Und wahrlich, ihr geht an ihnen am Morgen vorüber (137) und auch am Abend. Wollt ihr es da nicht begreifen? (138)

Und sicher war Jonas einer der Gesandten. (139) Da floh er zum beladenen Schiff (140) und loste und verlor dabei. (141) Und der große Fisch verschlang ihn, während er (Jonas, sich selbst) tadelte. (142) Wenn er nicht zu jenen gehört hätte, die (Allāh) preisen (143), wäre er gewiss in dessen Bauch bis zum Tage der Auferstehung geblieben. (144) Dann warfen Wir ihn ins Freie, und er war krank. (145) Und Wir ließen eine Kürbispflanze über ihm wachsen. (146) Und Wir entsandten ihn zu hunderttausend oder mehr (Menschen). (147) Und sie wurden gläubig; so gewährten Wir ihnen für eine Zeitlang Versorgung. (148)

Nun frage sie, ob dein Herr Töchter hat, während sie Söhne haben. (149) Oder haben Wir etwa die Engel weiblich erschaffen, während sie zugegen waren? (150) Es ist bloß ihre eigene Lüge, wenn sie sagen (151): "Allāh hat gezeugt"; und sie sind wahrlich Lügner. (152) Hat Er Töchter den Söhnen vorgezogen? (153) Was verwirrt euch? Wie urteilt ihr nur? (154) Wollt ihr euch denn nicht besinnen? (155) Oder habt ihr einen klaren Beweis? (156) Sodann bringt euer Buch herbei, wenn ihr wahrhaftig seid. (157) Und sie unterstellten Ihm eine Blutsverwandtschaft mit den *Ǧinn*;

während die Ǧinn doch recht wohl wissen, dass sie (vor Ihn zum Gericht) gebracht werden sollen. (158) Gepriesen sei Allāh hoch über all das, was sie beschreiben. (159) Ausgenommen (davon sind) die erwählten Diener Allāhs. (160) Wahrlich, ihr und das, was ihr verehrt (161), ihr vermögt nicht (einen) gegen Ihn zu verführen (162), mit Ausnahme dessen, der in der Al-Ǧaḥīm brennen wird. (163) "Und da ist keiner unter uns (Engeln), der nicht seinen (ihm) zugewiesenen Platz hätte. (164) Und wahrlich, wir sind die Sich-Reihenden. (165) Und wahrlich, wir sind es, die (Allāh) preisen." (166) Und sie pflegten doch zu sagen (167): "Hätten wir nur eine Mahnung von seiten der Früheren (erhalten) (168), so wären wir sicher Allāhs erwählte Diener gewesen." (169) Dennoch glauben sie nicht an ihn (den Qurʾān), allein sie werden es bald erfahren. (170)

Wahrlich, Unser Wort ist schon an Unsere gesandten Diener ergangen (171); sie sind wahrlich die, denen geholfen wird. (172) Und Unsere Heerschar wird sicher siegreich sein. (173) Darum wende dich von ihnen für eine Zeitlang ab (174) und beobachte sie; denn sie werden bald sehen. (175) Ist es etwa Unsere Strafe, die sie beschleunigen möchten? (176) Doch wenn sie über ihr Gebiet herabkommt, dann wird der Morgen für die Gewarnten übel sein. (177) So wende dich von ihnen für eine Zeitlang ab (178) und beobachte (sie); denn sie werden bald sehen. (179) Gepriesen sei dein Herr, der Herr der Erhabenheit, Hoch über dem, was sie beschreiben. (180) Und Friede sei auf den Gesandten! (181) Und alles Lob gebührt Allāh, dem Herrn der Welten. (182)

(38) Sura Ṣād

Offenbart zu Makka, 88 Āyāt

Im Namen Allāhs, des Allerbarmers, des Barmherzigen!

Ṣād. Beim Qurʾān mit der Ermahnung! (1) Diejenigen aber, die ungläubig sind, verharren in falschem Stolz und Feindseligkeit. (2)

Wie oft ließen Wir so manches Geschlecht schon vor ihnen zugrunde gehen! Sie schrien, als keine Zeit mehr zum Entrinnen war. (3) Und sie wundern sich, dass ein Warner aus ihrer Mitte zu ihnen gekommen ist; und die Ungläubigen sagen: "Das ist ein Zauberer, ein Lügner. (4) Macht er die Götter zu einem einzigen Gott? Dies ist wahrlich ein merkwürdiges Ding." (5) Und die Vornehmen unter ihnen liefen davon (und sagten): "Geht und haltet an euren Göttern fest. Das ist es, was man beabsichtigt. (6) Wir haben hiervon nie etwas in der früheren Religion gehört. Dies ist nichts als eine Dichtung. (7) Ist die Ermahnung unter uns nur zu ihm allein gekommen?" Nein, sie hegen Zweifel über Meine Ermahnung. Nein, sie haben Meine Strafe nicht gekostet. (8) Besitzen sie etwa die Schätze der Barmherzigkeit deines Herrn, des Allmächtigen, des Gabenverleihers? (9) Oder gehört ihnen das Königreich der Himmel und der Erde und dessen, was zwischen beiden ist? Mögen sie nur weiter Mittel und Wege (gegen Mich) ersinnen. (10) Eine Heerschar der Verbündeten wird in die Flucht geschlagen werden. (11)

Vor ihnen haben schon geleugnet: das Volk Noahs und die ʿĀd und Pharao mit den bodenfesten Bauten. (12), und die Ṯamūd und das Volk Lots und die Bewohner des Waldes - diese waren die Verbündeten. (13) Ein jeder hatte die Gesandten der Lüge bezichtigt, darum war Meine Strafe fällig gewesen. (14) Und diese erwarteten nichts als einen einzigen Schrei, für den es keinen Aufschub gibt. (15) Und sie sagen: "Unser Herr, beschleunige unseren Anteil (der Strafe) vor dem Tage der Abrechnung." (16)

Ertrage in Geduld, was sie reden, und gedenke Unseres Dieners David, des Kraftvollen. Er war gehorsam. (17) Wahrlich, Wir machten (ihm) die Berge dienstbar, um mit ihm am Abend und beim Sonnenaufgang (Allāh) zu lobpreisen. (18) Und die Vögel in Scharen - sie alle waren ihm gehorsam. (19) Und Wir festigten sein Königreich und gaben ihm Weisheit und ein unwiderrufliches Urteilsvermögen. (20) Ist die Geschichte von den Streitenden auch zu dir gelangt? Wie sie über die Mauer (seines) Gebetsgemachs kletterten (21) (und) wie sie bei David eindrangen und er sich vor ihnen fürchtete? Sie sagten: "Fürchte dich nicht. (Wir sind) zwei Streitende, von denen einer sich gegen den anderen vergangen hat; richte darum in Gerechtigkeit zwischen uns und handle nicht ungerecht und leite uns auf den ebenen Weg. (22) Dieser ist mein Bruder; er hat neunundneunzig Mutterschafe, und ich habe ein einziges Mutterschaf. Dennoch sagt er: »Übergib es mir«, und hat mich in der Rede überwunden." (23) Er (David) sagte: "Wahrlich, er hat ein Unrecht an dir verübt, als er dein Mutterschaf zu seinen eigenen Mutterschafen hinzuverlangte. Und gewiss, viele Teilhaber vergehen sich gegeneinander; nur die (sind davon) ausgenommen, die glauben und gute Werke tun; und das sind wenige." Und David merkte, dass Wir ihn auf die Probe gestellt hatten; also bat er seinen Herrn um Verzeihung und fiel betend nieder und bekehrte sich. (24) Darum vergaben Wir ihm dies; und wahrlich, er hatte nahen Zutritt zu Uns und eine herrliche Einkehr (bei Uns). (25)

"O David, Wir haben dich zu einem Nachfolger auf Erden gemacht; richte darum zwischen den Menschen in Gerechtigkeit, und folge nicht (deinen) persönlichen Neigungen, damit sie dich nicht vom Weg Allāhs abirren lassen." Wahrlich, jenen, die von Allāhs Weg abirren, wird eine strenge Strafe zuteil sein, weil sie den Tag der Abrechnung vergaßen. (26) Und Wir haben den Himmel und die Erde und das, was zwischen beiden ist, nicht sinnlos erschaffen. Das ist die Ansicht derer, die ungläubig sind. Wehe denn den Ungläubigen wegen des Feuers! (27) Oder sollen Wir etwa diejenigen, die glauben und gute Werke tun, gleich denen behandeln, die Verderben auf Erden stiften? Oder sollen Wir die Gottesfürchtigen wie die Unverschämten behandeln? (28)

Es ist ein Buch voll des Segens, das Wir zu dir herabgesandt haben, auf dass sie über seine Verse nachdenken, und auf dass diejenigen ermahnt werden mögen, die verständig sind. (29) Und Wir bescherten David Salomo. (Er war) ein vortrefflicher Diener; stets wandte er sich (zu Allāh). (30) Als vor ihn zur Abendstunde schnelltrabende Rennpferde aus edelster Zucht gebracht wurden (31), sagte er: "Ich habe die guten Dinge dieser Welt sehr lieb und habe dabei versäumt, meines Herrn zu gedenken" - bis sie (die Sonne) hinter dem Horizont verborgen war. (32)

"Bringt sie zu mir zurück." Dann begann er über (ihre) Beine und Hälse zu streichen. (33) Und wahrlich, Wir stellten Salomo auf die Probe, und Wir setzten einen Leib auf seinen Thron. Dann

bekehrte er sich. (34) Er sagte: "O mein Herr, vergib mir und
gewähre mir ein Königreich, wie es keinem nach mir geziemt;
wahrlich, Du bist der Gabenverleiher." (35) Darauf machten Wir
ihm den Wind dienstbar, auf dass er auf sein Geheiß hin sanft
wehte, wohin er wollte. (36) Und (Wir machten ihm) die Satane,
all die Erbauer und Taucher (37) wie auch andere, die in Fesseln
aneinander gekettet waren, (dienstbar). (38) "Dies ist Unsere
Gabe, so erweise dich als Wohltäter oder sei zurückhaltend
(im Geben), ohne abzurechnen." (39) Und sicher hatte er nahen
Zutritt zu Uns und eine herrliche Einkehr (bei Uns). (40)

Und gedenke Unseres Dieners Hiob, als er seinen Herrn
anrief: "Satan hat mich berührt mit Mühsal und Pein." (41)
"Stampfe mit deinem Fuß auf. Hier ist kühles Wasser zum
Waschen und zum Trinken." (42) Und Wir schenkten ihm seine
Angehörigen (wieder) und noch einmal so viele dazu von Uns
als Barmherzigkeit und als Ermahnung für die Verständigen.
(43) Und (Wir sprachen): "Nimm ein Bündel in deine Hand
und schlage damit und werde nicht eidbrüchig." Wahrlich, Wir
fanden ihn geduldig. (Er war) ein vortrefflicher Diener; stets
wandte er sich (Allāh) zu. (44)

Und gedenke Unserer Diener Abraham, Isaak und Jakob
- Männer von Kraft und Einsicht. (45) Wir erwählten sie zu
einem besonderen Zweck - zur Erinnerung an die Wohnstatt
(des Jenseits). (46) Und wahrlich, vor Uns gehören sie zu den
Auserwählten, den Besten. (47)

Und gedenke Ismaels, Elisas und Ḏu-l-Kifls; sie alle gehören zu
den Besten. (48) Dies ist eine Ermahnung; den Rechtschaffenen
wird gewiss eine herrliche Stätte der Rückkehr zuteil sein (49):
die Gärten von Eden, deren Tore für sie geöffnet sind. (50) Dort
werden sie zurückgelehnt ruhen; dort werden sie Früchte in
Mengen und reichlich Trank haben. (51) Und bei ihnen werden
(Keusche) sein, die züchtig blicken, Gefährtinnen gleichen
Alters. (52) Dies ist, was euch für den Tag der Abrechnung
verheißen wurde. (53) Wahrlich, das ist Unsere Versorgung;
nie wird sie sich erschöpfen. (54) Dies ist (für die Gläubigen).
Doch für die Widerspenstigen ist eine üble Stätte der Rückkehr
(bestimmt): (55) Ǧahannam; sie werden darin schmoren - welch

schlimmes Lager! (56) Dies ist (für die Ungläubigen). Mögen sie es denn kosten: siedendes Wasser und eine Trankmischung aus Blut und Eiter (57) und anderes gleicher Art und in Vielfalt. (58)

"Hier ist eine Schar, die mit euch zusammen hineingestürzt wird." Kein Willkomm (sei) ihnen! Sie sollen im Feuer brennen. (59) Sie werden sagen: "Nein, ihr seid es. Kein Willkomm (sei) euch denn! Ihr seid es, die uns dies bereitet haben. Und welch schlimmer Ort ist das!" (60) Sie werden sagen: "Unser Herr, wer immer uns dies bereitete - füge ihm die doppelte Strafe im Feuer hinzu." (61) Und sie werden sagen: "Was ist mit uns geschehen, dass wir nicht die Leute sehen, die wir zu den Bösen zu zählen pflegten? (62) Sollte es sein, dass wir sie (zu Unrecht) zum Gespött gemacht haben, oder haben unsere Augen sie verfehlt?" (63) Wahrlich, das ist in der Tat ein Redestreit der Bewohner des Feuers untereinander. (64)

Sprich: "Ich bin nur ein Warner; und es ist kein Gott außer Allāh, Dem Einzigen, Dem Allbezwingenden (65), Dem Herrn der Himmel und der Erde und dessen was zwischen beiden ist, Dem Erhabenen, Dem Allverzeihenden." (66) Sprich: "Es ist eine große Kunde. (67) Ihr wendet euch jedoch davon ab. (68) Ich hatte keine Kunde von den höheren Bewohnern, da sie untereinander stritten. (69) Nur dies wurde mir offenbart, dass ich lediglich ein deutlicher Warner bin." (70)

Da sprach dein Herr zu den Engeln: "Es ist Mein Wille, einen Menschen aus Ton zu erschaffen. (71) Und wenn Ich ihn gebildet und Meinen Geist in ihn eingehaucht habe, dann fallt vor ihm nieder." (72) Da warfen sich alle Engel nieder (73) bis auf Iblīs. Er wandte sich hochmütig ab und war ungläubig. (74)

Er sprach: "O Iblīs, was hindert dich daran, dich vor etwas niederzuwerfen, das Ich mit Meinen beiden Händen erschaffen habe? Bist du hochmütig oder gehörst du zu den Überheblichen?" (75) Er sagte: "Ich bin besser als er. Du erschufst mich aus Feuer, und ihn hast Du aus Ton erschaffen." (76) Er sprach: "So geh hinaus von hier; denn du bist ein Verfluchter. (77) Und Mein Fluch soll auf dir bis zum Tage des Gerichts lasten." (78) Er sagte: "O mein Herr, gewähre mir eine Frist bis zum Tage, an dem sie auferweckt werden." (79) Er sprach: "Also, wird dir die Frist gewährt (80), bis zum Tage einer vorbestimmten Zeit." (81) Er sagte: "Bei Deiner Erhabenheit, ich will sie sicher alle in die Irre führen. (82) Ausgenommen (davon sind) Deine erwählten Diener unter ihnen." (83) Er sprach: "Dann ist dies die Wahrheit, und Ich rede die Wahrheit (84), dass Ich wahrlich Ğahannam mit dir und denen, die dir folgen, insgesamt füllen werde." (85)

Sprich: "Ich verlange von euch keinen Lohn dafür, noch bin ich einer derer, die sich (etwas) anmaßen. (86)

Dieser (Qur'ān) ist nichts als eine Ermahnung für die Welten. (87) Und ihr werdet sicher seine Kunde nach einer Zeit kennen." (88)

(39) Sura Az-Zumar (Die Scharen)

Offenbart zu Makka, 75 Āyāt

Im Namen Allāhs, des Allerbarmers, des Barmherzigen!

Die Offenbarung des Buches stammt von Allāh, dem Erhabenen, dem Allweisen. (1) Wahrlich, Wir haben dir das Buch mit der Wahrheit herabgesandt; so diene denn Allāh in lauterem Gehorsam Ihm gegenüber. (2)

Wahrlich, Allāh (allein) gebührt lauterer Gehorsam. Und diejenigen, die sich andere zu Beschützern nehmen statt Ihn (sagen): "Wir dienen ihnen nur, damit sie uns Allāh nahebringen." Wahrlich, Allāh wird zwischen ihnen über das, worüber sie uneins sind, richten. Wahrlich, Allāh weist nicht dem den Weg, der ein Lügner, ein Undankbarer ist. (3) Hätte Allāh Sich einen Sohn nehmen wollen, hätte Er wählen können, was Ihm beliebte, von dem, was Er erschaffen hat. Preis (sei) Ihm! Er ist Allāh, der Einzige, der Allbezwingende. (4) Er erschuf die Himmel und die Erde in gerechter Weise. Er lässt die Nacht über den Tag und den Tag über die Nacht rollen; und Er hat (euch) die Sonne und den Mond dienstbar gemacht; ein jedes (Gestirn) läuft für eine bestimmte Frist. Wahrlich, Er allein ist der Erhabene, der Allverzeihende. (5) Er erschuf euch aus einem einzigen Wesen, dann machte Er aus diesem seine Gattin, und an Vieh hat Er euch acht in Paaren herabkommen lassen. Er erschafft euch in den Schößen eurer Mütter, Schöpfung nach Schöpfung, in drei Finsternissen. Das ist Allāh, euer Herr. Sein ist das Reich. Es ist kein Gott außer Ihm. Wie lasst ihr euch da (von Ihm) abwenden? (6)

Wenn ihr undankbar seid, so ist Allāh auf keinen von euch angewiesen. Und Er findet nicht Wohlgefallen am Unglauben Seiner Diener; doch wenn ihr aber dankbar seid, so gefällt Ihm das an euch. Und keine lasttragende (Seele) soll die Last einer anderen tragen. Danach werdet ihr zu eurem Herrn heimkehren; und Er wird euch verkünden, was ihr zu tun pflegtet. Wahrlich, Er weiß wohl, was in den Herzen ist. (7) Und wenn den Menschen ein Unheil trifft, so ruft er seinen Herrn an und wendet sich Ihm bußfertig zu. Dann aber, wenn Er ihm eine Gnade von Sich aus gewährt hat, vergisst er, um was er Ihn zuvor zu bitten pflegte, und setzt Allāh Partner zur Seite, um andere (Menschen) von Seinem Weg in die Irre abzuführen. Sprich: "Vergnüge dich mit deinem Unglauben für eine kurze Zeit; denn du gehörst zu den Bewohnern des Feuers." (8) Ist etwa jener, der zu Allāh in den Nachtstunden - sich niederwerfend und stehend - betet, der sich vor dem Jenseits fürchtet und auf die Barmherzigkeit seines Herrn hofft (einem Ungehorsamen gleich)? Sprich: "Sind solche, die wissen, denen gleich, die nicht wissen?" Allein nur diejenigen lassen sich warnen, die verständig sind. (9)

Sprich: "O Meine Diener, die ihr gläubig seid, fürchtet euren Herrn. Für diejenigen, die in dieser Welt Gutes tun, ist Gutes (bestimmt). Und Allāhs Erde ist weit. Wahrlich, den Geduldigen wird ihr Lohn (von Allāh) ohne zu rechnen gewährt werden." (10) Sprich: "Mir wurde befohlen, Allāh zu dienen, in lauterem Glauben Ihm gegenüber. (11) Und mir wurde befohlen, der erste der Gottergebenen zu sein." (12) Sprich: "Wahrlich, ich fürchte die Strafe eines gewaltigen Tages, wenn ich meinem Herrn ungehorsam wäre." (13) Sprich: "Allāh ist es, Dem ich in meinem lauteren Glauben Ihm gegenüber diene. (14) Verehrt statt Ihm nur, was ihr wollt." Sprich: "Wahrlich, die Verlierenden werden jene sein, die sich selbst und die Ihren am Tage der Auferstehung verlieren." Wahrlich, das ist ein offenkundiger Verlust. (15) Sie werden über sich Schichten von Feuer haben und unter sich (ebenso viele) Schichten. Das ist es, wovor Allāh Seine Diener warnt. "O Meine Diener, darum fürchtet Mich." (16)

Und diejenigen aber, die es vermeiden, die Götzen anzubeten, und sich zu Allāh wenden - für sie ist die frohe Botschaft (bestimmt). Gib denn die frohe Botschaft Meinen Dienern (17); es sind jene, die auf das Wort hören und dem besten von ihm folgen. Sie sind es, denen Allāh den Weg gewiesen hat, und sie sind es, die Verstand besitzen. (18) Ist denn der, gegen den das Strafurteil fällig geworden ist (in der Lage, sich zu retten)? Kannst du etwa den retten, der im Feuer ist? (19)

Für die jedoch, die ihren Herrn fürchten, sind Hochgemächer über Hochgemächer erbaut, unter denen Bäche fließen. (Dies ist) eine Verheißung Allāhs - Allāh bricht Sein Versprechen nicht. (20)

Hast Du nicht gesehen, dass Allāh Wasser vom Himmel niedersendet und es als Quelladern in die Erde eindringen lässt und dadurch Gewächs hervorbringt, das mannigfaltig an Farben ist? Dann wird es reif, und du siehst es gelb werden; dann lässt Er es in Stücke zerbrechen. Hierin liegt wahrlich eine Mahnung für Leute von Verstand. (21) Ist denn der, dem Allāh die Brust für den Islam geweitet hat, so dass er ein Licht von seinem Herrn empfängt (einem Ungläubigen gleich)? Wehe darum denjenigen, deren Herzen vor dem Gedenken Allāhs verhärtet sind! Sie sind es, die sich in einem offenkundigen Irrtum befinden. (22)

Allāh hat die schönste Botschaft, ein Buch, herabgesandt, eine sich gleichartig wiederholende Schrift, vor der denen, die ihren Herrn fürchten, die Haut erschauert; dann erweicht sich ihre Haut und ihr Herz zum Gedenken Allāhs. Das ist die Führung Allāhs; Er leitet damit recht, wen Er will. Und der, den Allāh zum Irrenden erklärt, wird keinen Führer haben. (23)

Ist denn der, der mit seinem Angesicht vor der schrecklichen Strafe am Tage der Auferstehung Schutz sucht, (dem gleich, der hochmütig ist)? Und zu den Ungerechten wird gesprochen werden: "Kostet nun, was ihr verdientet." (24)

Es leugneten jene, die vor ihnen waren; da kam die Strafe über sie, als sie es nicht ahnten. (25) Und Allāh ließ sie im irdischen Leben Schande kosten; doch die Strafe im Jenseits wird gewiss größer sein, wenn sie es nur wüssten! (26)

Und wahrlich, Wir haben den Menschen in diesem Qur'ān allerlei Gleichnisse geprägt, auf dass sie sich ermahnen lassen. (27) (Wir haben ihn) als einen arabischen Qur'ān (herabgesandt), an dem nichts ist, was (vom geraden Weg) abweichen würde, auf dass sie gottesfürchtig sein mögen. (28)

Allāh prägt ein Gleichnis von einem Mann, der mehreren Herren gehört, die unter sich im Zwiespalt sind, und (von) einem Mann, der einem einzigen Herrn gehört. Sind sie beide einander gleich? Alles Lob gebührt Allāh. Jedoch die meisten von ihnen wissen es nicht. (29)

Wahrlich, du wirst sterben und auch sie werden sterben (30); dann, am Tage der Auferstehung, werdet ihr wahrlich vor eurem Herrn miteinander streiten. (31) * Wer begeht also ein größeres Unrecht als einer, der Lügen gegen Allāh vorbringt, oder einer, der die Wahrheit verwirft, wenn sie zu ihm kommt? Ist nicht in *Ğahannam* eine Herberge für die Ungläubigen? (32)

Und der, der die Wahrheit bringt, und (der, der) sie annimmt - das sind die Gottesfürchtigen. (33) Sie werden alles, was sie wünschen, bei ihrem Herrn haben. Das ist der Lohn derer, die Gutes tun (34); auf dass Allāh von ihnen das Schlimmste hinwegnehme von dem, was sie getan haben, und ihnen ihren Lohn gebe gemäß dem Besten, das sie zu tun pflegten. (35)

Genügt Allāh Seinem Diener nicht? Und doch möchten sie dich mit jenen außer Ihm in Furcht versetzen. Und für einen, den Allāh zum Irrenden erklärt, gibt es keinen Führer. (36) Und für einen, den Allāh rechtleitet, gibt es keinen, der ihn irreführen könnte. Ist Allāh nicht Erhaben und Mächtig, um Vergeltung zu nehmen? (37)

Und wenn du sie fragst: "Wer erschuf die Himmel und die Erde?", so werden sie sicher sagen: "Allāh." Sprich: "Seht ihr denn, was ihr außer Allāh anruft? Wenn Allāh mir Schaden zufügen will, können sie (dann) den Schaden entfernen? Oder wenn Er mir Barmherzigkeit erweisen will, können sie (dann) Seine Barmherzigkeit verhindern?" Sprich: "Allāh genügt mir. Auf Ihn vertrauen die Vertrauenden." (38) Sprich: "O mein Volk, handelt eurem Standpunkt gemäß, (auch) ich werde (entsprechend) handeln; (bald aber) werdet ihr erfahren (39), über wen eine Strafe kommt, die ihn schänden wird, und auf wen eine ewige Strafe niederfährt." (40)

Wahrlich, Wir haben dir das Buch mit der Wahrheit für die Menschen herabgesandt. Wer dann rechtgeleitet ist, der ist es zu seinem eigenen Besten; und wer irregeht, der geht dann irre zu seinem (eigenen) Schaden. Und du bist nicht ihr Sachwalter. (41)

Allāh nimmt die Seelen (der Menschen) zur Zeit ihres Sterbens (zu Sich) und (auch die Seelen) derer, die nicht gestorben sind, wenn sie schlafen. Dann hält Er die zurück, über die Er den Tod verhängt hat, und schickt die anderen (wieder) bis zu einer bestimmten Frist (ins Leben zurück). Hierin sind sicher Zeichen für Leute, die nachdenken. (42)

Oder haben sie etwa statt Allāh Fürsprecher genommen? Sprich: "Selbst wenn sie keine Macht über irgendetwas besitzen und keinen Verstand?" (43) Sprich: "Alle Fürsprache gehört Allāh. Sein ist das Königreich der Himmel und der Erde. Und zu Ihm werdet ihr zurückgebracht." (44)

Und wenn Allāh als Einziger genannt wird, dann krampfen sich die Herzen derer, die nicht an das Jenseits glauben, in Widerwillen zusammen; werden aber die genannt, die statt Ihm (verehrt werden), siehe, dann beginnen sie zu frohlocken. (45) Sprich: "O Allāh! Schöpfer der Himmel und der Erde! Kenner des Verborgenen und des Offenbaren! Du allein wirst zwischen Deinen Dienern richten über das, worüber sie uneins waren." (46)

Besäßen diejenigen, die gefrevelt haben, auch alles, was auf Erden ist, und noch einmal soviel dazu, würden sie sich gewiss damit von der schlimmen Strafe am Tage der Auferstehung loskaufen wollen; aber es wird ihnen von Allāh das erscheinen, mit dem sie nimmermehr gerechnet haben. (47) Und das Böse dessen, was sie gewirkt haben, wird ihnen deutlich werden, und es wird sie das umschließen, worüber sie zu spotten pflegten. (48)

Wenn nun den Menschen ein Schaden trifft, so ruft er Uns an. Dann aber, wenn Wir ihm Unsere Gnade zuteil werden lassen, sagt er: "Dies wurde mir nur auf Grund (meines) Wissens gegeben." Nein, es ist bloß eine Prüfung; jedoch die meisten von ihnen wissen es nicht. (49) Die vor ihnen waren, sprachen auch schon so, doch all das, was sie erworben hatten, nutzte ihnen nichts. (50) Und das Böse dessen, was sie gewirkt hatten, erfasste sie. Und diejenigen unter ihnen, die Unrecht getan haben, wird (auch) das Böse dessen, was sie gewirkt haben, erfassen; und sie können sich diesem nicht entziehen. (51)

Wissen sie nicht, dass Allāh dem die Mittel zum Unterhalt erweitert und beschränkt, dem Er will? Wahrlich, hierin liegen Zeichen für Leute, die glauben. (52)

Sprich: "O Meine Diener, die ihr euch gegen eure eigenen Seelen vergangen habt, verzweifelt nicht an Allāhs Barmherzigkeit; denn Allāh vergibt alle Sünden; Er ist der Allverzeihende, der Barmherzige. (53)

Und kehrt euch zu eurem Herrn, und ergebt euch Ihm, bevor die Strafe über euch kommt; (denn) dann werdet ihr keine Hilfe finden. (54) Und folgt dem Besten, das zu euch von eurem Herrn herabgesandt wurde, bevor die Strafe unversehens über euch kommt, während ihr es nicht merkt (55), damit nicht etwa einer spreche: »O wehe mir um dessentwillen, was ich gegenüber Allāh versäumte! Denn wahrlich, ich gehörte zu den Spöttern« (56); oder damit nicht etwa einer spreche: »Hätte mich Allāh rechtgeleitet, so wäre auch ich unter den Gottesfürchtigen gewesen« (57); oder damit nicht einer spreche, wenn er die Strafe sieht: »Gäbe es für mich doch eine Wiederkehr, dann wollte ich unter denen sein, die Gutes tun.«" (58) "Nein; es kamen zu dir Meine Zeichen, aber du verwarfst sie, und du warst hochmütig und warst einer der Ungläubigen." (59)

Und am Tage der Auferstehung wirst du diejenigen, die über Allāh logen, mit geschwärzten Gesichtern sehen. Ist nicht in Ǧahannam ein Aufenthalt für die Hochmütigen? (60) Und Allāh wird diejenigen retten, die (Ihn) fürchteten, und ihnen Erfolg (verleihen). Weder wird sie das Übel berühren, noch werden sie trauern. (61)

Allāh ist der Schöpfer aller Dinge, und Er ist der Erhalter aller Dinge. (62) Sein sind die Schlüssel der Himmel und der Erde; und jene, die nicht an die Zeichen Allāhs glauben, sind die Verlierenden. (63)

Sprich: "Verlangt ihr von mir etwa, dass ich (etwas) anderes als Allāh anbete, ihr Toren?" (64)

(Dies) wo dir doch offenbart worden ist, wie schon denen vor dir: "Wenn du (Allāh) Nebengötter zur Seite stellst, so wird sich dein Werk sicher als eitel erweisen, und du wirst gewiss unter den Verlierenden sein." (65) Nein, diene denn Allāh und sei einer der Dankbaren. (66)

Und sie haben Allāh nicht richtig nach Seinem Wert eingeschätzt. Und am Tage der Auferstehung wird die ganze Erde in Seinem Griff sein, und die Himmel werden in Seiner Rechten zusammengerollt sein. Preis (sei) Ihm! Hocherhaben ist Er über das, was sie anbeten. (67)

Und in den Ṣūr wird gestoßen, und alle, die in den Himmeln sind, und alle, die auf Erden sind, werden tot niederstürzen; mit Ausnahme derjenigen, die Allāh (ausnehmen) will. Dann wird wiederum in den Ṣūr gestoßen, und siehe, da stehen sie auf und schauen zu. (68) Und die (Versammlungs-) Ebene wird erstrahlen im Lichte ihres Herrn, und das Buch wird vorgelegt, und die Propheten und die Zeugen werden herbeigebracht; und es wird zwischen ihnen in Gerechtigkeit gerichtet werden, und sie sollen kein Unrecht erleiden. (69) Und jedem von ihnen wird voll vergolten werden, was er getan hat; und Er weiß am besten, was sie tun. (70)

Und die Ungläubigen werden in Scharen zu Ǧahannam geführt werden, bis dass, wenn sie sie erreichen, sich ihre Pforten öffnen und ihre Wächter zu ihnen sprechen: "Sind nicht Gesandte aus eurer Mitte zu euch gekommen, um euch die Verse eures Herrn zu verlesen und euch vor dem Eintreffen dieses euren Tages zu warnen?" Sie werden sagen: "Ja!" Doch das Strafurteil ist in Gerechtigkeit gegen die Ungläubigen fällig geworden. (71) Es wird gesprochen werden: "Geht denn ein durch die Pforten der

Ğahannam und bleibt darin auf ewig! Und übel ist die Wohnstatt der Hochmütigen." (72)

Und jene, die ihren Herrn fürchteten, werden in Scharen in das Paradies geführt werden, bis dass, wenn sie es erreichen, seine Pforten sich öffnen und seine Wächter zu ihnen sprechen: "Friede sei auf euch! Seid glücklich und geht dort ein und weilt auf ewig darin." (73) Sie werden sagen: "Alles Lob gebührt Allāh, Der Seine Verheißung an uns erfüllt hat und uns die (Paradies-) Landschaft zum Erbe gegeben hat, so dass wir im Paradies wohnen können, wo immer es uns gefällt." Wie schön ist also der Lohn derer, die (dafür) vorgesorgt haben. (74)

Und du wirst die Engel auf allen Seiten den Thron umgeben sehen, wo sie das Lob ihres Herrn preisen. Und es wird zwischen ihnen in Gerechtigkeit entschieden werden. Und es wird gesprochen werden: "Alles Lob gebührt Allāh, dem Herrn der Welten." (75)

(40) Sura Ġāfir (Der Vergebende)

Offenbart zu Makka, 85 Āyāt

Im Namen Allāhs, des Allerbarmers, des Barmherzigen!
Ḥā Mīm. (1) Die Offenbarung des Buches stammt von Allāh, Dem Erhabenen, Dem Allwissenden (2), Dem die Sünde Vergebenden und die Reue Annehmenden, Dem Strengen in der Bestrafung, Dem Besitzer der Gnadenfülle. Es ist kein Gott außer Ihm. Zu Ihm ist die Heimkehr. (3)

Niemand streitet über die Zeichen Allāhs, außer denen, die ungläubig sind. Lass dich darum von ihrem Hin- und Herziehen im Lande nicht täuschen. (4) Vor ihnen leugneten das Volk Noahs und die Verbündeten nach ihnen. Und jedes Volk hat sich vorgenommen, seinen Gesandten zu ergreifen, und sie stritten mit Falschheit, um die Wahrheit damit zu widerlegen. Dann erfasste Ich sie, und wie war Meine Strafe! (5) Und somit wurde das Wort deines Herrn gegen die Ungläubigen fällig, dass sie die Bewohner des Feuers seien. (6)

Diejenigen, die den Thron tragen, und die, die ihn umringen, preisen das Lob ihres Herrn und glauben an Ihn und erbitten Vergebung für jene, die gläubig sind: "Unser Herr, Du umfasst alle Dinge mit Barmherzigkeit und Wissen. Vergib darum denen, die bereuen und Deinem Weg folgen, und bewahre sie vor der Strafe der *Al-Ġaḥīm*. (7) Unser Herr, und lass sie eintreten in das Paradies von Eden, das Du ihnen verheißen hast, wie auch jenen ihrer Väter und ihrer Frauen und ihrer Kinder, die rechtschaffen sind. Gewiss, Du bist der Erhabene, der Allweise. (8) Und bewahre sie vor dem Übel; denn, wen Du an jenem Tage vor Übel bewahrst - ihm hast Du wahrlich Barmherzigkeit erwiesen. Und das ist der gewaltige Gewinn." (9)

Wahrlich, den Ungläubigen wird zugerufen: "Allāhs Widerwille (gegen euch) ist größer als euer eigener Widerwille gegen euch selbst, als ihr zum Glauben aufgerufen wurdet und im Unglauben verharrtet." (10) Sie werden sagen: "Unser Herr, Du hast uns zweimal sterben lassen und uns zweimal lebendig gemacht, und wir bekennen unsere Sünden. Ist da nun ein Weg, um zu entkommen?" (11) "Dies ist so, weil ihr ungläubig bliebt, als Allāh allein angerufen wurde; doch als Ihm Götter zur Seite gesetzt wurden, da glaubtet ihr. Die Entscheidung liegt allein bei Allāh, dem Hohen, dem Großen." (12) Er ist es, Der euch Seine Zeichen zeigt und euch die Mittel zum Unterhalt vom Himmel hinabsendet; doch keiner außer dem lässt sich ermahnen, der sich bekehrt. (13) Ruft denn Allāh in lauterem Gehorsam Ihm gegenüber an, und sollte es auch den Ungläubigen zuwider sein. (14)

(Er ist) der Erhabene über alle Rangstufen, der Herr des Thrones! Nach Seinem Geheiß sendet Er das offenbarte Wort demjenigen Seiner Diener, dem Er will, auf dass er vor dem Tag der Begegnung warne (15), dem Tage, an dem sie ohne Versteck zu sehen sind und nichts von ihnen vor Allāh verborgen bleibt. Wessen ist das Königreich an diesem Tage? (Es ist) Allāhs, des Einzigen, des Allbezwingenden. (16) Heute wird jedem vergolten werden, was er verdient hat. Heute gibt es keine Ungerechtigkeit! Wahrlich, Allāh ist schnell im Abrechnen. (17) Und warne sie vor dem immer näher kommenden Tag, da die Herzen voll innerer

Trauer zur Kehle emporsteigen werden. Die Ungerechten werden weder einen vertrauten Freund noch einen Fürsprecher haben, auf den gehört werden könnte. (18)

Er kennt die Verräterei der Blicke und alles, was die Herzen verbergen. (19) Und Allāh richtet in Gerechtigkeit; diejenigen aber, die sie an Seiner Statt anrufen, können nicht richten. Wahrlich, Allāh ist der Allhörende, der Allsehende. (20)

Sind sie denn nicht im Lande umhergezogen, so dass sie schauen konnten, wie das Ende derer war, die vor ihnen lebten? Diese waren viel mächtiger als sie und hinterließen mehr Spuren im Land. Und doch erfasste sie Allāh um ihrer Sünden willen, und sie hatten keinen, der sie vor Allāh hätte schützen können. (21) Das geschah, weil ihre Gesandten zu ihnen mit deutlichen Zeichen kamen, sie aber nicht glaubten; darum erfasste sie Allāh. Wahrlich, Er ist Stark und streng im Strafen. (22)

Und wahrlich, Wir entsandten Moses mit Unseren Zeichen und mit einer klaren Machtbefugnis (23) zu Pharao und Hāmān und Korah; jedoch sie sagten: "(Er ist nichts anderes als) ein Zauberer, ein Betrüger." (24) Und als er zu ihnen mit der Wahrheit von Uns kam, da sagten sie: "Tötet die Söhne derer, die mit ihm glauben, und lasst ihre Frauen am Leben." Doch der Anschlag der Ungläubigen ist völlig fehlgegangen. (25) Und Pharao sagte: "Lasst mich, ich will Moses töten; und lasst ihn seinen Herrn anrufen. Ich fürchte, er könnte sonst euren Glauben ändern oder Unheil im Land stiften." (26) Und Moses sagte: "Ich nehme meine Zuflucht zu meinem Herrn und eurem Herrn vor jedem Überheblichen, der nicht an den Tag der Abrechnung glaubt." (27)

Und es sagte ein gläubiger Mann von den Leuten Pharaos, der seinen Glauben geheimhielt: "Wollt ihr einen Mann töten, weil er sagt: »Mein Herr ist Allāh«, obwohl er mit klaren Beweisen von eurem Herrn zu euch gekommen ist? Wenn er ein Lügner ist, so lastet seine Lüge auf ihm; ist er aber wahrhaftig, dann wird euch ein Teil von dem treffen, was er euch androht. Wahrlich, Allāh weist nicht dem den Weg, der maßlos (und) ein Lügner ist. (28) O meine Leute, euch gehört heute die Herrschaft; denn ihr habt die Oberhand im Land. Wer aber wird uns vor der Strafe

Allāhs schützen, wenn sie über uns kommt?" Pharao sagte: "Ich weise euch nur auf das hin, was ich selbst sehe, und ich leite euch nur auf den Weg der Rechtschaffenheit." (29) Da sagte jener, der gläubig war: "O mein Volk, ich fürchte für euch das gleiche, was den Verbündeten (widerfuhr) (30), das gleiche, was dem Volk Noahs und den 'Ād und den Ṯamūd und denen nach ihnen widerfuhr. Und Allāh will keine Ungerechtigkeit gegen die Menschen. (31) O mein Volk, ich fürchte für euch den Tag der gegenseitigen Hilferufe (32), den Tag, an dem ihr den Rücken zur Flucht wenden werdet. Keinen Beschirmer werdet ihr wider Allāh haben. Und der, den Allāh zum Irrenden erklärt, wird keinen Führer finden." (33)

Und Yūsuf kam ja vordem mit deutlichen Beweisen zu euch, jedoch ihr hörtet nicht auf, das zu bezweifeln, womit er zu euch kam, bis ihr dann, als er starb, sagtet: "Allāh wird nimmermehr einen Gesandten nach ihm erstehen lassen." Also erklärt Allāh jene zu Irrenden, die maßlos (und) Zweifler sind (34); solche, die über die Zeichen Allāhs streiten, ohne dass irgendeine Ermächtigung (dazu) zu ihnen gekommen wäre. Äußerst hassenswert ist das für Allāh und für jene, die gläubig sind. Also versiegelt Allāh das Herz eines jeden Überheblichen, Gewalttätigen. (35)

Und Pharao sagte: "O Hāmān, baue mir einen Turm, so dass ich die Zugänge erreiche (36), die Zugänge zu den Himmeln, damit ich ihn sehen kann, den Gott Moses', und ich halte ihn wahrlich für einen Lügner." Also erschien Pharao das Böse seines Tuns im schönsten Licht, und er wurde von dem Weg abgewendet; und der Plan Pharaos schlug fehl. (37)

Und jener, der gläubig war, sagte: "O mein Volk, folgt mir. Ich will euch zum Weg der Rechtschaffenheit leiten. (38) O mein Volk, das Leben auf dieser Erde ist wahrlich nur ein vergänglicher Genuss; und das Jenseits allein ist wahrlich die dauernde Heimstatt. (39) Wer Böses tut, dem soll nur mit Gleichem vergolten werden; wer aber Gutes tut - sei es Mann oder Frau und dabei gläubig ist, diese werden ins Paradies eintreten; darin werden sie mit Unterhalt versorgt werden, ohne dass darüber Rechnung geführt wird. (40) O mein Volk, was ist an mir, dass ich euch zum Heil aufrufe, während ihr mich zum Feuer ruft? (41) Ihr ruft mich auf, Allāh zu verleugnen und Ihm Götter zur Seite zu stellen, von denen ich keine Kenntnis habe. Ich aber rufe euch zu dem Erhabenen, dem Vergebungsreichen. (42) (Es besteht) kein Zweifel, dass das, wozu ihr mich ruft, keinen Anspruch in dieser Welt oder im Jenseits besitzt; und wir werden zu Allāh heimkehren, und die Übertreter werden Bewohner des Feuers sein. (43) Bald werdet ihr an das denken, was ich zu euch sage. Und ich lege meine Sache Allāh zur Entscheidung vor; denn Allāh durchschaut die Menschen." (44) So schützte ihn Allāh vor den Übeln dessen, was sie planten; und eine schlimme Strafe ereilte die Leute Pharaos (45): (das) Feuer - sie sind ihm morgens und abends ausgesetzt. Und am Tage, wenn die Stunde kommen wird (da wird gesprochen werden): "Lasst Pharaos Leute die strengste Strafe antreten." (46)

Wenn sie miteinander im Feuer streiten, werden die Schwachen zu den Hochmütigen sagen: "Wir waren ja eure Anhänger; werdet ihr uns deshalb nicht einen Teil des Feuers abnehmen?" (47) Jene, die hochmütig waren, werden sagen: "Wir sind alle darin. Allāh hat nun zwischen den Menschen gerichtet." (48)

Und die im Feuer werden zu den Wächtern der *Ğahannam* sagen: "Bittet euren Herrn, dass Er uns einen Tag von der Strafe erlasse." (49) Sie werden sprechen: "Kamen nicht eure Gesandten mit klaren Beweisen zu euch?" Jene werden sagen: "Doch." (Die Wächter) werden sprechen: "So fahret fort zu bitten." Doch das Bitten der Ungläubigen ist völlig umsonst. (50)

Wahrlich, helfen werden Wir Unseren Gesandten und denen, die gläubig sind, im diesseitigen Leben und an dem Tage, wo die Zeugen vortreten werden (51), am Tage, an dem den Frevlern ihre Ausrede nichts nützen wird; und sie werden zu Fluch und schlimmem Aufenthalt (verdammt) sein. (52)

Und Wir gaben wahrlich Moses die Führung und machten die Kinder Israels zu Erben der Schrift (53), einer Führung und Ermahnung für die Verständigen. (54)

So sei denn geduldig. Wahrlich, die Verheißung Allāhs ist wahr. Und suche Vergebung für deine Missetaten und lobpreise deinen Herrn am Abend und am Morgen. (55)

Wahrlich, diejenigen, die über die Zeichen Allāhs streiten, ohne dass irgendeine Ermächtigung (dazu) zu ihnen (gekommen wäre) - nichts ist in ihren Herzen als Großmannssucht, sie werden diese (Größe) nicht erreichen. So nimm Zuflucht zu Allāh. Wahrlich, Er ist der Allhörende, der Allsehende. (56) Wahrlich, die Schöpfung der Himmel und der Erde ist größer als die Schöpfung der Menschen; allein die meisten Menschen wissen es nicht. (57)

Und der Blinde und der Sehende sind nicht gleich; noch sind jene, die glauben und gute Werke tun, denen (gleich), die Böses tun. Wenig ist es, was ihr zu bedenken pflegt! (58)

Die Stunde kommt gewiss, darüber herrscht kein Zweifel; doch die meisten Menschen glauben es nicht. (59)

Und euer Herr sprach: "Bittet Mich; Ich will eure Bitte erhören. Die aber, die zu überheblich sind, um Mir zu dienen, werden unterwürfig in *Ğahannam* eintreten." (60)

Allāh ist es, Der für euch die Nacht gemacht hat, auf dass ihr darin ruht, und den helllichten Tag. Wahrlich, Allāh ist der Herr der Gnadenfülle gegenüber der Menschheit, jedoch die meisten Menschen danken (Ihm dafür) nicht. (61) Das ist Allāh, euer Herr, der Schöpfer aller Dinge. Es ist kein Gott außer Ihm. Wie lasst ihr euch (von Ihm) abwenden? (62) So lassen sich nur die abwenden, die Allāhs Zeichen leugnen. (63)

Allāh ist es, Der die Erde für euch als festen Grund und den Himmel als Bau erschaffen hat und Der euch Gestalt gegeben und eure Gestalten schön gemacht hat und euch mit guten Dingen versorgt hat. Das ist Allāh, euer Herr. Segensreich ist darum Allāh, der Herr der Welten. (64) Er ist der Ewiglebende. Es ist kein Gott außer Ihm. So ruft Ihn an, in lauterem Gehorsam Ihm gegenüber. Alles Lob gebührt Allāh, dem Herrn der Welten. (65)

Sprich: "Mir wurde verboten, denen zu dienen, die ihr statt Allāh anruft, nachdem zu mir deutliche Beweise von meinem

Herrn gekommen sind; und mir wurde befohlen, mich dem Herrn der Welten zu ergeben." (66)

Er ist es, Der euch aus Erde erschuf, dann aus einem Samentropfen, dann aus einem Blutklumpen, dann lässt Er euch als Kind (daraus) hervorgehen, dann (lässt Er euch wachsen) auf dass ihr eure Vollkraft erreichen mögt, dann (lässt Er) euch alt werden - wenngleich einige von euch vorher zum Sterben abberufen werden, und (Er lässt euch leben) damit ihr eine bestimmte Frist erreicht und damit ihr begreifen lernt. (67) Er ist es, Der ins Leben ruft und sterben lässt. Und wenn Er etwas bestimmt hat, so spricht Er zu ihm nur: "Sei!" und es ist. (68)

Hast du nicht jene gesehen, die über Allāhs Zeichen streiten? Wie lassen sie sich abwenden? (69) (Es sind) jene, die weder an das Buch noch an das glauben, womit Wir Unsere Gesandten geschickt haben. Bald aber werden sie es wissen (70), wenn die Eisenfesseln und Ketten um ihren Nacken (gelegt) sein werden. Sie werden gezerrt werden (71) in siedendes Wasser; dann werden sie ins Feuer gezogen werden. (72) Dann wird zu ihnen gesprochen: "Wo sind nun jene, die ihr anzubeten pflegtet (73) statt Allāh?" Sie werden sagen: "Sie sind von uns gewichen. Nein, wir riefen zuvor nichts an." So führt Allāh die Ungläubigen irre. (74) "Dies (geschieht), weil ihr auf Erden ohne Recht frohlocktet, und weil ihr ausgelassen wart. (75) Geht nun ein durch die Tore der Ġahannam, um auf ewig darin zu bleiben. Übel ist nun die Wohnstatt der Überheblichen." (76) So sei denn standhaft. Wahrlich, die Verheißung Allāhs ist wahr. Und ob Wir dir (die Erfüllung) von einigen der Dinge zeigen, die Wir ihnen angedroht haben, oder (ob) Wir dich (vorher) sterben lassen; zu Uns werden sie (jedenfalls) zurückgebracht. (77)

Und sicher entsandten Wir schon Gesandte vor dir; darunter sind manche, von denen Wir dir bereits berichtet haben, und es sind darunter manche, von denen Wir dir nicht berichtet haben; und kein Gesandter hätte ohne Allāhs Erlaubnis ein Zeichen bringen können. Doch wenn Allāhs Befehl ergeht, dann wird die Sache mit Recht entschieden, und dann fallen diejenigen dem

Verlust anheim, die versucht haben, (Allāhs Befehl) außer Kraft zu setzen. (78)

Allāh ist es, Der für euch das Vieh gemacht hat, damit ihr auf den einen reiten und von den anderen essen könnt. (79) Und ihr habt noch (anderen) Nutzen an ihnen - damit ihr durch sie jegliches Bedürfnis befriedigen könnt, das in euren Herzen sein mag. Und auf ihnen und auf Schiffen werdet ihr getragen. (80)

Und Er zeigt euch Seine Zeichen; welches der Zeichen Allāhs wollt ihr denn verleugnen? (81)

Sind sie denn nicht im Lande umhergezogen, so dass sie schauen konnten, wie das Ende derer war, die vor ihnen lebten? Sie waren zahlreicher als diese und viel mächtiger und hinterließen mehr Spuren auf Erden. Doch alles, was sie erwarben, nützte ihnen nichts. (82) Und als ihre Gesandten mit deutlichen Beweisen zu ihnen kamen, da frohlockten sie über das Wissen, das sie (selbst) besaßen. Und das, worüber sie zu spotten pflegten, umfing sie. (83) Und als sie Unsere Strafe sahen, sagten sie: "Wir glauben an Allāh als den Einigen, und wir verwerfen all das, was wir Ihm zur Seite zu stellen pflegten." (84) Aber ihr Glaube - als sie Unsere Strafe sahen - konnte ihnen nichts mehr nützen. Dies ist Allāhs Gebot, das stets gegenüber Seinen Dienern befolgt worden ist. Und so gingen die Ungläubigen zugrunde. (85)

(41) Sura Fuṣṣilat (Erklärt!)

Offenbart zu Makka, 54 Āyāt

Im Namen Allāhs, des Allerbarmers, des Barmherzigen!

Ḥā Mīm. (1) (Dies ist) eine Offenbarung von dem Allerbarmer, dem Barmherzigen (2), ein Buch, dessen Verse als Qur'ān in arabischer Sprache klar gemacht worden sind für Leute, die Wissen besitzen (3); als Bringer froher Botschaft und Warner. Doch die meisten von ihnen kehren sich (von ihm) ab, so dass sie (ihn) nicht hören. (4)

Und sie sagen: "Unsere Herzen sind vor dem verhüllt, wozu du uns anrufst, und unsere Ohren sind taub, und zwischen uns

und dir ist eine Scheidewand. So handle, auch wir handeln." (5)
Sprich: "Ich bin nur ein Mensch wie ihr. Mir wird offenbart, dass
euer Gott ein Einziger Gott ist; so seid aufrichtig Ihm gegenüber
und bittet Ihn um Vergebung." Und wehe den Götzendienern (6),
die nicht die *Zakāh* entrichten und die das Jenseits leugnen. (7)

Diejenigen, die aber glauben und gute Werke tun, werden
einen nimmer endenden Lohn erhalten. (8)

Sprich: "Leugnet ihr Den wirklich, Der die Erde in zwei Tagen
erschuf? Und dichtet ihr Ihm Nebenbuhler an?" Er allein ist der
Herr der Welten. (9)

Und Er gründete in ihr feste Berge, die sie überragen, und
segnete sie und ordnete auf ihr ihre Nahrung in richtigem
Verhältnis in vier Tagen - gleichmäßig für die Suchenden. (10)
Dann wandte Er Sich zum Himmel, welcher noch Nebel war,
und sprach zu ihm und zu der Erde: "Kommt ihr beide, willig
oder widerwillig." Sie sprachen: "Wir kommen willig." (11) So
vollendete Er sie als sieben Himmel in zwei Tagen, und jedem
Himmel wies Er seine Aufgabe zu. Und Wir schmückten den
untersten Himmel mit Leuchten, (welche auch) zum Schutz
(dienen). Das ist die Schöpfung des Erhabenen, des Allwissenden.
(12)

Doch wenn sie sich abkehren, so sprich: "Ich habe euch vor
einem Blitzschlag wie dem Blitzschlag der ʿĀd und Tamūd
gewarnt." (13) Als ihre Gesandten zu ihnen kamen von vorn
und von hinten (und sagten): "Dient keinem außer Allāh." Da
sagten sie: "Hätte unser Herr es gewollt, hätte Er zweifellos Engel
herabgesandt. So lehnen wir das ab, womit ihr gesandt worden
seid." (14) Was nun die ʿĀd anbelangt, so betrugen sie sich ohne
Recht hochmütig auf Erden und sagten: "Wer hat mehr Macht als
wir?" Konnten sie denn nicht sehen, dass Allāh, Der sie erschuf,
mächtiger ist als sie? Jedoch sie fuhren fort, Unsere Zeichen zu
leugnen. (15) Darum sandten Wir gegen sie einen eiskalten Wind
mehrere unheilvolle Tage hindurch, auf dass Wir sie die Strafe
der Schmach in diesem Leben kosten ließen. Und die Strafe des
Jenseits wird gewiss noch schmählicher sein, und es wird ihnen
nicht geholfen werden. (16) Und was die Tamūd anbelangt, so
wiesen Wir ihnen den Weg, sie aber zogen die Blindheit dem

rechten Weg vor; darum erfasste sie die blitzschlagartige Strafe der Erniedrigung um dessentwillen, was sie begangen hatten. (17) Und Wir erretteten jene, die glaubten und gottesfürchtig waren. (18)

Und an dem Tage, wo die Feinde Allāhs allesamt vor dem Feuer versammelt werden, da werden sie in Gruppen geteilt (19), bis dass, wenn sie es erreichen, ihre Ohren und ihre Augen und ihre Haut Zeugnis gegen sie von dem ablegen, was sie zu tun pflegten. (20) Und sie werden zu ihren Häuten sagen: "Warum zeugt ihr gegen uns?" Sie werden sprechen: "Allāh hat uns die Rede verliehen - Er, Der einem jeden Ding die Rede verleiht. Und Er ist es, Der euch erstmals erschuf, und zu Ihm seid ihr zurückgebracht worden. (21)

Und ihr pflegtet (eure Sünden) nicht so zu verbergen, dass eure Ohren und eure Augen und eure Haut nicht Zeugnis gegen euch ablegen könnten; vielmehr meintet ihr, Allāh wüsste nicht viel von dem, was ihr zu tun pflegtet. (22) Und das, was ihr von eurem Herrn meintet, hat euch ins Verderben geführt; so wurdet ihr die Verlierenden." (23) Selbst wenn sie es nun aushalten, so ist doch das Feuer ihre Wohnstatt; und wenn sie um Gnade bitten, so wird ihnen keine Gnade erwiesen. (24)

Und Wir hatten Gefährten für sie bestimmt, die ihnen das als wohlgefällig erscheinen ließen, was vor ihnen war und was hinter ihnen war; und (so) wurde der Spruch fällig gegen sie, zusammen mit den Scharen der Ğinn und der Menschen, die vor ihnen hingegangen waren. Gewiss, sie waren die Verlierer. (25) Und die Ungläubigen sagten: "Hört nicht auf diesen Qur'ān, sondern fügt von euren Worten (etwas hinzu), damit ihr die Oberhand behaltet." (26) Aber gewiss werden Wir den Ungläubigen eine strenge Strafe zu kosten geben, und gewiss werden Wir ihnen ihre schlimmsten Taten vergelten. (27) Das ist der Lohn der Feinde Allāhs: das Feuer. Darin wird ihnen die Wohnstatt der Ewigkeit zuteil sein - als Vergeltung dafür, dass sie Unseren Zeichen gegenüber undankbar waren. (28) Und die Ungläubigen werden sagen: "Unser Herr, zeige uns jene der Ğinn und der Menschen, die uns irreführten, damit wir sie mit unseren Füßen treten, so dass sie zu den Niedrigsten gehören."

(29) Wahrlich, diejenigen, die sagen: "Unser Herr ist Allāh", und die sich dann aufrichtig verhalten - zu ihnen steigen die Engel hernieder (und sprechen): "Fürchtet euch nicht und seid nicht traurig, und erfreut euch des Paradieses, das euch verheißen wurde. (30) Wir sind eure Beschützer im irdischen Leben und im Jenseits. In ihm werdet ihr alles haben, was ihr euch wünscht, und in ihm werdet ihr alles haben, wonach ihr verlangt (31); (dies ist) eine Bewirtung von einem Vergebenden, Barmherzigen." (32)

Und wer ist besser in der Rede als einer, der zu Allāh ruft und Gutes tut und sagt: "Ich bin einer der Gottergebenen."? (33)

Und nimmer sind das Gute und das Böse gleich. Wehre (das Böse) in bester Art ab, und siehe da, der, zwischen dem und dir Feindschaft herrschte, wird wie ein treuer Freund sein. (34) Aber dies wird nur denen gewährt, die geduldig sind; und dies wird nur denen gewährt, die großes Glück haben. (35)

Und wenn du von Seiten des Satans zu einer Untat aufgestachelt wirst, dann nimm deine Zuflucht zu Allāh. Wahrlich, Er ist der Allhörende, der Allwissende. (36)

Und zu Seinen Zeichen gehören die Nacht und der Tag und die Sonne und der Mond. Werft euch nicht vor der Sonne anbetend nieder, und auch nicht vor dem Mond, sondern werft euch anbetend vor Allāh nieder, Der sie erschuf, wenn Er es ist, Den ihr verehrt. (37) Wenn sie sich aber in Hochmut (von Ihm) abwenden, so preisen Ihn bei Nacht und Tag diejenigen, die bei deinem Herrn sind, und sie sind darin unermüdlich. (38)

Und unter Seinen Zeichen ist, dass du die Erde leblos siehst, doch wenn Wir Wasser auf sie niedersenden, dann regt sie sich und schwillt. Er, Der sie belebte, wird sicher auch die Toten lebendig machen; denn Er hat Macht über alle Dinge. (39)

Wahrlich, diejenigen, die Unsere Zeichen entstellen, sind Uns nicht verborgen. Ist etwa der, der ins Feuer geworfen wird, besser als jener, der am Tage der Auferstehung sicher hervorgeht? Tut, was ihr wollt; denn Er sieht alles, was ihr tut. (40)

Wahrlich, diejenigen, die nicht an die Ermahnung glaubten, als sie zu ihnen kam (werden bestraft). Und wahrlich, es ist ein ehrwürdiges Buch. (41) Falschheit kann nicht an es herankommen, weder von vorn noch von hinten. Es ist eine Offenbarung von einem Allweisen, des Lobes Würdigen. (42)

Nichts anderes wird dir gesagt, als was schon den Gesandten vor dir gesagt wurde. Deinem Herrn eignet wahrlich die Vergebung, (Ihm eignet) aber auch die schmerzliche Bestrafung. (43) Hätten Wir ihn als einen Qur'ān in einer fremden Sprache abgefasst, hätten sie gesagt: "Warum sind seine Verse nicht in einer fremden und in einer arabischen (Sprache) klar gemacht worden?" Sprich: "Er ist eine Führung und eine Heilung für die Gläubigen." Doch diejenigen, die nicht glauben - ihre Ohren sind taub, und er bleibt ihrem Blick entzogen; diese werden von einem weit entfernten Ort angerufen. (44)

Und wahrlich, Wir gaben Moses die Schrift, doch dann entstand Uneinigkeit über sie. Wäre nicht zuvor ein Wort von deinem Herrn ergangen, wäre gewiss zwischen ihnen entschieden worden; aber wahrhaftig, sie befinden sich in beunruhigendem Zweifel über ihn (den Qur'ān). (45)

Wenn jemand das Rechte tut, so tut er es für sich selbst; und wenn jemand Böses tut, so handelt er gegen sich selbst. Und dein Herr ist niemals ungerecht gegen die Menschen. (46)

* Auf Ihn allein ist das Wissen um die Stunde zurückzuführen. Keine Früchte kommen aus ihren Hüllen hervor, und kein weibliches Wesen empfängt oder gebärt, es sei denn mit Seinem Wissen. Und an dem Tage, wenn Er ihnen zurufen wird: "Wo sind Meine Partner?", da werden sie sagen: "Wir gestehen Dir, keiner von uns ist (ihr) Zeuge (gewesen)." (47) Und alles, was sie zuvor anzurufen pflegten, wird sie im Stich lassen, und sie werden einsehen, dass sie keine Zuflucht haben. (48)

Keine Müdigkeit trifft den Menschen, wenn er (etwas) Gutes erbitten will; doch wenn ihn ein Übel berührt, dann verzweifelt er (und) gibt alle Hoffnungen auf. (49) Und wenn Wir ihn Unsere Barmherzigkeit kosten lassen, nachdem ihn ein Leid getroffen hat, so sagt er sicher: "Das steht mir zu; und ich glaube nicht, dass die Stunde kommen wird. Und wenn ich zu meinem Herrn zurückgebracht werden sollte, dann würde ich gewiss das Beste bei Ihm finden." Aber Wir werden den Ungläubigen wahrlich alles ankündigen, was sie getan haben, und Wir werden sie sicherlich von einer harten Strafe kosten lassen. (50)

Und wenn Wir dem Menschen Gnade erweisen, dann kehrt er sich (von Uns) ab und geht seitwärts; doch wenn ihn ein Übel berührt, siehe, dann beginnt er, Bittgebete in großzügiger Weise zu sprechen. (51)

Sprich: "Besinnt euch: Wenn es von Allāh ist und ihr nicht daran glaubt - wer ist irrender als einer, der mit seiner Zwietracht weit gegangen ist?" (52)

Wir werden sie Unsere Zeichen überall auf Erden und an ihnen selbst sehen lassen, damit ihnen deutlich wird, dass es die Wahrheit ist. Genügt es denn nicht, dass dein Herr Zeuge aller Dinge ist? (53)

Doch sie hegen Zweifel an der Begegnung mit ihrem Herrn. Wahrlich, Er umfasst alle Dinge. (54)

(42) Sura Aš-Šūrā (Die Beratung)

Offenbart zu Makka, 53 Āyāt

Im Namen Allāhs, des Allerbarmers, des Barmherzigen!
Ḥā Mīm. (1) ʿAin Sīn Qāf. (2) So offenbart Allāh, der Erhabene, der Allweise, dir und denen, die vor dir waren. (3) Sein ist, was in den Himmeln und was auf Erden ist, und Er ist der Allerhöchste, der Allmächtige. (4)

Fast neigen sich die Himmel, um von oben her zu brechen, (so) auch (wenn) die Engel ihren Herrn mit Seiner Lobpreisung verherrlichen und Vergebung für die auf Erden erflehen. Siehe, Allāh ist wahrlich der Vergebende, der Barmherzige. (5) Und jene, die sich Beschützer außer Ihm nehmen - Allāh gibt auf sie Acht; und du bist nicht ihr Wächter. (6) Und so haben Wir dir den Qurʾān auf Arabisch offenbart, auf dass du die Mutter der Städte warnst und alle rings um sie, und (auf dass) du (sie) vor dem Tag der Versammlung warnst, über den kein Zweifel herrscht. Eine Gruppe wird im Paradies sein und eine Gruppe im flammenden Feuer. (7) Hätte Allāh gewollt, hätte Er sie zu einer einzigen Gemeinde gemacht; jedoch lässt Er in Seine Barmherzigkeit ein, wen Er will. Und die Ungerechten werden weder Beschützer noch Helfer haben. (8) Oder haben sie sich etwa Beschützer außer Ihm genommen? Doch Allāh allein ist der Beschützer; und Er macht die Toten lebendig; und Er hat Macht über alle Dinge. (9)

Und wenn ihr über etwas uneins seid, steht die Entscheidung darüber Allāh zu. Das ist Allāh, mein Herr; auf Ihn vertraue ich, und zu Ihm wende ich mich. (10)

Der Schöpfer der Himmel und der Erde - Er hat aus euch selbst Gattinnen für euch gemacht und Paare aus dem Vieh. Dadurch vermehrt Er euch. Es gibt nichts Seinesgleichen; und Er ist der Allhörende, der Allsehende. (11) Sein sind die Schlüssel der Himmel und der Erde. Er erweitert und beschränkt dem die Mittel zum Unterhalt, dem Er will. Wahrlich, Er ist der Allwissende aller Dinge. (12) Er verordnete für euch die Religion, die Er Noah anbefahl und die Wir dir offenbart haben und die Wir Abraham und Moses und Jesus anbefohlen haben. Nämlich (die), in der Einhaltung der Religion treu zu bleiben und euch deswegen nicht zu spalten. Hart ist für die Götzendiener das, wozu du sie aufrufst. Allāh erwählt dazu, wen Er will, und leitet dazu den, der sich bekehrt. (13) Und sie zerfielen erst dann in Spaltung, nachdem das Wissen zu ihnen gekommen war; denn unter ihnen (entstand) selbstsüchtiger Neid. Und wäre nicht bereits ein Wort von deinem Herrn über eine bestimmte Frist ergangen - wäre gewiss zwischen ihnen entschieden worden. Wahrlich, jene, denen nach ihnen das Buch zum Erbe gegeben wurde, befinden sich in bedenklichem Zweifel darüber. (14)

Zu diesem (Glauben) also rufe (sie) auf. Und bleibe aufrichtig, wie dir befohlen wurde, und folge ihren persönlichen Neigungen nicht, sondern sprich: "Ich glaube an das, was Allāh an Buch herabgesandt hat, und mir ist befohlen worden, gerecht zwischen euch zu richten. Allāh ist unser Herr und euer Herr. Für uns unsere Werke und für euch eure Werke! Kein Beweisgrund ist zwischen uns und euch. Allāh wird uns zusammenbringen, und zu Ihm ist die Heimkehr." (15)

Und diejenigen, die über Allāh streiten, nachdem Er anerkannt worden ist, deren Beweisführung vor ihrem Herrn ist nichtig; auf ihnen ist Zorn, und ihnen wird eine strenge Strafe zuteil sein. (16)

Allāh ist es, Der das Buch mit der Wahrheit und der Gerechtigkeit herabgesandt hat. Und wie kannst du es wissen: vielleicht steht die Stunde nahe bevor? (17) Diejenigen, die nicht an sie glauben, wünschen sie zu beschleunigen; die aber, die (an sie) glauben, haben Furcht vor ihr und wissen, dass es die Wahrheit ist. Wahrlich, diejenigen, die an der Stunde zweifeln, sind weit in die Irre (gegangen). (18)

Allāh ist Gütig gegen Seine Diener. Er versorgt, wen Er will. Und Er ist der Starke, der Erhabene. (19) Dem, der die Ernte des Jenseits begehrt, vermehren Wir seine Ernte; und dem, der die Ernte dieser Welt begehrt, geben Wir davon, doch am Jenseits wird er keinen Anteil haben. (20)

Oder haben sie etwa Partner, die ihnen eine Glaubenslehre vorgeschrieben haben, die Allāh nicht verordnet hat? Und wäre es nicht bis zum Urteilsspruch aufgeschoben worden, wäre zwischen ihnen schon gerichtet worden. Und gewiss, den Frevlern wird eine schmerzliche Strafe zuteil sein. (21) Du wirst die Frevler in Furcht sehen wegen dem, was sie begangen haben, und es wird sicherlich auf sie hereinbrechen. Jene aber, die glauben und gute Werke tun, werden in den Paradiesgärten sein. Sie sollen bei ihrem Herrn alles finden, was sie begehren. Das ist die große Huld. (22) Dies ist es, wovon Allāh Seinen Dienern, die glauben und gute Werke tun, die frohe Botschaft gibt. Sprich: "Ich verlange von euch keinen Lohn dafür, es sei denn die Liebe zu den Verwandten." Und dem, der eine gute Tat begeht, verschönern Wir sie noch. Wahrlich, Allāh ist Allverzeihend, Dankbar. (23)

Oder sagen sie etwa: "Er hat eine Lüge gegen Allāh ersonnen."? Wenn Allāh so wollte, könnte Er dein Herz versiegeln. Doch Allāh löscht die Falschheit aus und bewahrt die Wahrheit durch Seine Worte. Wahrlich, Er weiß recht wohl, was in den Herzen ist. (24) Und Er ist es, Der Reue von Seinen Dienern annimmt und Sünden vergibt und weiß, was ihr tut. (25) Und Er erhört diejenigen, die gläubig sind und gute Werke tun, und gibt ihnen noch mehr von Seiner Gnadenfülle; den Ungläubigen aber wird eine strenge Strafe zuteil sein. (26)

Und wenn Allāh die Mittel zum Unterhalt für Seine Diener erweitern würde, so würden sie übermütig auf Erden sein; doch Er sendet (Seine Gaben) in dem Maße hinab, wie Er es will; denn Er kennt und durchschaut Seine Diener recht wohl. (27) Und Er ist es, Der den Regen hinabsendet, nachdem sie verzweifelten, und Seine Barmherzigkeit ausbreitet. Und Er ist der Beschützer, der Preiswürdige. (28)

Und zu Seinen Zeichen gehört die Schöpfung der Himmel und der Erde und jeglicher Lebewesen, die Er beiden eingegeben hat. Und Er hat die Macht dazu, sie allesamt zu versammeln, wenn Er will. (29)

Und was euch an Unglück treffen mag, es erfolgt auf Grund dessen, was eure Hände gewirkt haben. Und Er vergibt vieles. (30) Und ihr könnt auf Erden nicht siegen, noch habt ihr einen Freund oder Helfer außer Allāh. (31)

Und zu Seinen Zeichen gehören die wie Berge auf dem Meer fahrenden Schiffe. (32) Wenn Er will, so kann Er den Wind stillhalten, so dass sie reglos auf seiner Oberfläche liegen - hierin sind wahrlich Zeichen für jeden Standhaften, Dankbaren (33); oder Er kann sie untergehen lassen um dessentwillen, was sie begangen haben - und Er vergibt vieles - (34), und damit jene, die über Allāhs Zeichen streiten, begreifen, dass sie keine Zuflucht haben. (35)

Was euch (auch) immer gegeben wird: es ist nur ein vorübergehender Genuss dieses irdischen Lebens, und das, was bei Allāh ist, ist besser und dauerhafter für jene, die glauben und auf ihren Herrn vertrauen (36), und (für jene, die) die schwersten Sünden und Schändlichkeiten meiden und, wenn sie zornig sind, vergeben (37), und (für jene) die auf ihren Herrn hören und das Gebet verrichten und deren Handlungsweise (eine Sache) gegenseitiger Beratung ist, und die von dem spenden, was Wir ihnen gegeben haben (38), und (für jene) die sich wehren, wenn ihnen Gewalt angetan wird. (39)

Die Vergeltung für eine Übeltat soll ein Übel gleichen Ausmaßes sein; dessen Lohn aber, der vergibt und Besserung bewirkt, ruht sicher bei Allāh. Wahrlich, Er liebt die Ungerechten nicht. (40)

Jedoch trifft kein Tadel jene, die sich wehren, nachdem ihnen Unrecht widerfahren ist. (41) Tadel trifft nur solche, die den Menschen Unrecht zufügen und auf Erden ohne Rechtfertigung freveln. Ihnen wird eine schmerzliche Strafe zuteil sein. (42) Und wahrlich, wer geduldig ist und vergibt - das ist gewiss eine Tugend der Entschlossenheit in allen Dingen. (43)

Und wen Allāh irreführt - für ihn gibt es außer Ihm keinen Beschützer. Und du wirst die Frevler sehen, wie sie, wenn sie die Strafe sehen, sagen: "Gibt es denn keinen Weg zur Rückkehr?" (44) Und du wirst sie ihr ausgesetzt sehen, gedemütigt, voller Schmach (und) mit verstohlenem Blick schauend. Diejenigen aber, die gläubig sind, werden sagen: "Wahrlich, die Verlierenden sind diejenigen, die am Tage der Auferstehung ihrer selbst und ihrer Angehörigen verlustig gegangen sind." Wahrlich, die Frevler sind langdauernder Pein (ausgesetzt). (45) Und sie haben keine Helfer, die ihnen gegen Allāh helfen (könnten). Und für einen, den Allāh zum Irrtum führt, gibt es keinen Ausweg. (46) Hört auf euren Herrn, bevor ein Tag kommt, den niemand gegen Allāh verwehren kann. An jenem Tag wird es für euch keine Zuflucht geben, noch gibt es für euch irgendeine Möglichkeit, (eure Sünden) zu leugnen. (47) Kehren sie sich (vom Glauben) ab, so haben Wir dich nicht als deren Wächter entsandt. Deine Pflicht ist nur die Verkündigung. Wenn Wir dem Menschen von Unserer Barmherzigkeit zu kosten geben, so freut er sich über sie. Doch wenn ein Unheil sie um dessentwillen trifft, was ihre Hände vorausgeschickt haben - siehe, dann ist der Mensch undankbar. (48)

Allāhs ist das Königreich der Himmel und der Erde. Er schafft, was Er will. Er beschert Mädchen, wem Er will, und Er beschert Knaben, wem Er will. (49) Oder Er gibt beide, Knaben und Mädchen, und Er macht unfruchtbar, wen Er will; Er ist Allwissend, Allmächtig. (50)

Und keinem Menschen steht es zu, dass Allāh zu ihm sprechen sollte, außer durch Eingebung oder hinter einem Vorhang oder, indem Er einen Boten schickt, um durch Sein Geheiß zu offenbaren, was Er will; Er ist Erhaben, Allweise. (51)

Und so haben Wir dir nach Unserem Gebot ein Wort offenbart. Weder wusstest du, was die Schrift noch was der Glaube ist. Doch Wir haben sie (die Offenbarung) zu einem Licht gemacht, mit dem Wir jenen von Unseren Dienern, denen Wir wollen, den Weg weisen. Wahrlich, du leitest (sie) auf den geraden Weg (52): den Weg Allāhs, Dem alles gehört, was in den Himmeln und was auf Erden ist. Wahrlich, zu Allāh kehren alle Dinge zurück. (53)

(43) Sura Az-Zuḥruf (Der Prunk)

Offenbart zu Makka, 89 Āyāt

Im Namen Allāhs, des Allerbarmers, des Barmherzigen!

Ḥā Mīm. (1) Bei dem deutlichen Buch! (2) Wahrlich, Wir haben ihn zu einem Qurʾān in arabischer Sprache gemacht, auf dass ihr (ihn) verstehen mögt. (3) Und wahrlich, er ist bei Uns in der Mutterschrift hochgehoben (und) voller Weisheit. (4) Sollen Wir da die Ermahnung von euch abwenden, weil ihr ein zügelloses Volk seid? (5) Wieviele Propheten entsandten Wir schon zu den früheren Völkern! (6) Und nie kam ein Prophet zu ihnen, den sie nicht verspottet hätten. (7) Darum vertilgten Wir die, die mächtiger als diese waren, und das (abschreckende) Beispiel der Früheren ist zuvor ergangen. (8)

Und wenn du sie fragst: "Wer erschuf die Himmel und die Erde?", werden sie sicher sagen: "Der Erhabene, der Allwissende hat sie erschaffen" (9), (Der) Der die Erde für euch zu einem Lager gemacht hat; und gemacht hat Er für euch Wege auf ihr, auf dass ihr dem rechten Weg folgen mögt. (10) Und (Er ist es) Der Wasser vom Himmel nach Maß herniedersendet, durch das Wir ein totes Land zum Leben erwecken - ebenso sollt auch ihr auferweckt werden. (11) Und (Er ist es) Der alle Arten paarweise erschaffen hat und für euch Schiffe gemacht hat und Tiere, auf denen ihr reitet (12), so dass ihr fest auf ihrem Rücken sitzt (und) dann, wenn ihr euch fest auf sie gesetzt habt, der Gnade eures Herrn eingedenk sein mögt und sprecht: "Preis (sei) Ihm, Der uns dies dienstbar gemacht hat, und wir wären hierzu nicht imstande gewesen. (13) Und zu unserem Herrn werden wir sicher zurückkehren." (14)

Und aus Seinen Dienern machen sie einen Teil Seiner Selbst. Wahrlich, der Mensch ist offenkundig undankbar. (15) Hat Er etwa Töchter von dem genommen, was Er erschaffen hat, und euch mit Söhnen ausgezeichnet? (16)

Und doch, wenn einem von ihnen Kunde von dem gegeben wird, was er dem Allerbarmer zuschreibt, dann wird sein Gesicht schwarz und er erstickt vor Gram. (17) (Kann) etwa eine, die im Glanz aufgezogen wird und im Wortstreit nicht beredt ist (die Tochter Allāhs sein)? (18)

Und sie machen die Engel, die Diener des Allerbarmers sind, zu weiblichen Wesen. Waren sie etwa Zeugen ihrer Erschaffung? Ihr Zeugnis wird niedergeschrieben, und sie werden befragt werden. (19) Und sie sagen: "Hätte der Allerbarmer es gewollt, hätten wir sie nicht verehrt." Sie haben keinerlei Kenntnis hiervon; sie mutmaßen nur. (20) Oder haben Wir ihnen etwa ein Buch vor diesem (Qurʾān) gegeben, an dem sie festhalten? (21) Nein, sie sagen: "Wir fanden unsere Väter auf einem Weg und wir lassen uns von ihren Fußstapfen leiten." (22)

Und ebenso sandten Wir keinen Warner vor dir in irgendeine Stadt, ohne dass die Reichen darin gesagt hätten: "Wir fanden unsere Väter auf einem Weg, und wir treten in ihre Fußstapfen." (23) (Ihr Warner) sagte: "Wie? Auch wenn ich euch eine bessere Führung bringe als die, welche ihr eure Väter befolgen saht?" Sie sagten: "Wir leugnen das, womit ihr gesandt worden seid." (24) Also vergalten Wir es ihnen. Siehe nun, wie das Ende der Leugner war! (25)

Und da sagte Abraham zu seinem Vater und seinem Volk: "Ich sage mich von dem los, was ihr anbetet (26) statt Dem, Der mich erschuf; denn Er wird mich recht leiten." (27) Und er machte es zu einem bleibenden Wort unter seiner Nachkommenschaft, auf dass sie darauf (zum Glauben) zurückfinden mögen. (28)

Nein, aber Ich ließ sie und ihre Väter in Fülle leben, bis die Wahrheit und ein deutlicher Gesandter zu ihnen kamen. (29) Doch als die Wahrheit zu ihnen kam, da sagten sie: "Das ist Zauberei, und wir glauben nicht daran." (30)

Und sie sagten: "Warum ist dieser Qurʾān nicht zu einem angesehenen Mann aus den beiden Städten herabgesandt worden?" (31) Sind sie es, die die Barmherzigkeit deines Herrn zu verteilen haben? Wir Selbst verteilen unter ihnen ihren Lebensunterhalt im irdischen Leben, und Wir erhöhen einige von ihnen über die anderen im Rang, auf dass die einen die anderen in den Dienst nehmen mögen. Und die Barmherzigkeit deines Herrn ist besser als das, was sie anhäufen. (32)

Und wenn nicht die Menschen zu einer einzigen Gemeinde (von Ungläubigen) würden, würden Wir denen, die an den Allerbarmer nicht glauben, Dächer aus Silber für ihre Häuser geben und (ebenso) Treppen, auf denen sie hinaufsteigen können (33), und Türen für ihre Häuser und Ruhebetten, um darauf zu liegen (34), und Prunk. Doch all das ist nichts (anderes) als eine Versorgung für dieses irdische Leben. Und das Jenseits bei deinem Herrn ist den Rechtschaffenen (vorbehalten). (35)

Und für den, der sich vom Gedenken an den Allerbarmer abwendet, bestimmen Wir einen Satan, der sein Begleiter sein wird. (36) Und wahrlich, sie (die Satane) wenden sie (die Ungläubigen) vom Weg ab, jedoch meinen sie, sie seien rechtgeleitet (37); bis zuletzt, wenn ein solcher zu Uns kommt, er (zu seinem Begleiter) sagt: "O läge doch zwischen mir und dir die Entfernung zwischen dem Osten und dem Westen!" Was für ein schlimmer Begleiter ist er doch! (38) Und euch soll an diesem Tage nichts nützen; denn ihr habt gefrevelt, so dass ihr die Strafe gemeinsam erleidet. (39)

Kannst du etwa die Tauben hörend machen oder die Blinden rechtleiten oder den, der sich in einem offenkundigen Irrtum befindet? (40)

Und sollten Wir dich fortnehmen, werden Wir Uns sicher an ihnen rächen. (41) Oder Wir werden dir zeigen, was Wir ihnen angedroht haben; denn Wir haben völlige Macht über sie. (42) Also halte denn an dem fest, was dir offenbart worden ist; denn

du bist auf dem geraden Weg. (43) Und es ist wahrlich eine
Ermahnung für dich und für dein Volk, und ihr werdet zur
Rechenschaft gezogen werden. (44)

Und frage jene Unserer Gesandten, die Wir vor dir entsandt
haben: "Machten Wir etwa außer dem Allerbarmer Götter, denen
man dienen soll?" (45)

Und wahrlich, Wir sandten Moses mit Unseren Zeichen
zu Pharao und seinen Vornehmen; da sagte er: "Ich bin ein
Gesandter vom Herrn der Welten." (46) Doch als er mit Unseren
Zeichen zu ihnen kam, siehe, da lachten sie darüber. (47) Und Wir
zeigten ihnen kein Zeichen, das nicht größer als das vorherige
gewesen wäre, und Wir erfassten sie mit der Strafe, auf dass sie
sich bekehren mögen. (48) Und sie sagten: "O du Zauberer, bete
für uns zu deinem Herrn, gemäß dem, was Er dir verheißen
hat; denn wir werden uns dann rechtleiten lassen." (49) Doch
als Wir die Strafe von ihnen nahmen, siehe, da brachen sie ihr
Wort. (50) Und Pharao ließ unter seinem Volk ausrufen: "O mein
Volk, gehören mir nicht das Königreich von Ägypten und diese
Ströme, die mir zu Füßen fließen? Könnt ihr denn nicht sehen?
(51) Oder bin ich nicht besser als dieser da, der verächtlich ist
und sich kaum verständlich ausdrücken kann? (52) Warum sind
ihm dann nicht Armbänder aus Gold angelegt worden oder
(warum sind dann nicht) Engel mit ihm im Geleit gekommen?"
(53) So verleitete er sein Volk zur Narrheit, und sie gehorchten
ihm. Sie waren wahrlich ein frevelhaftes Volk. (54) Nachdem
sie Uns erzürnt hatten, nahmen Wir Vergeltung an ihnen und
ertränkten sie allesamt. (55) Alsdann machten Wir sie zu etwas
Vergangenem und zu einem Beispiel für die Späteren. (56)

Und wann immer die Rede von dem Sohn der Maria ist, siehe,
dann bricht dein Volk darüber in Geschrei aus (57); und sie
sagen: "Sind unsere Götter besser oder er?" Sie erwähnen das
vor dir nur aus Widerspruchsgeist. Nein, sie sind wahrlich ein
streitsüchtiges Volk. (58) Er war nur ein Diener, dem Wir Gnade
erwiesen hatten, und Wir machten ihn zu einem Beispiel für die
Kinder Israels. (59) Und wenn Wir es wollten, könnten Wir aus
euren Reihen Engel hervorgehen lassen, (um euch) auf Erden
zu ersetzen. (60) Und wahrlich, er (Jesus) ist ein Vorzeichen der

Stunde. So bezweifelt sie nicht, sondern folgt Mir. Das ist ein gerader Weg. (61) Und lasst euch nicht von Satan abwenden. Gewiss, er ist euer offenkundiger Feind. (62) Und als Jesus mit klaren Beweisen kam, sagte er: "Wahrlich, ich bin mit der Weisheit zu euch gekommen, und um euch etwas von dem zu verdeutlichen, worüber ihr uneinig seid. So fürchtet Allāh und gehorcht mir. (63) Wahrlich, Allāh allein ist mein Herr und euer Herr. Darum dient Ihm. Das ist ein gerader Weg." (64) Doch die Parteien wurden dann untereinander uneinig; wehe dann denen, die freveln, vor der Strafe eines schmerzlichen Tages! (65) Sie warten nur darauf, dass die Stunde plötzlich über sie kommt, ohne dass sie es merken. (66) Die Freunde werden an jenem Tage einer des anderen Feind sein, außer den Gottesfürchtigen. (67)

"O Meine Diener, keine Furcht soll euch an diesem Tage bedrücken, noch sollt ihr traurig sein (68); ihr, die ihr an Unsere Zeichen glaubtet und (Uns) ergeben wart. (69) Tretet in das Paradies ein, ihr und eure Gattinnen, (und seid) glückselig!" (70) Schüsseln aus Gold und Becher werden unter ihnen kreisen, und darin wird alles sein, was die Herzen begehren und (woran) die Augen sich ergötzen - "Und ewig werdet ihr darin verweilen. (71) Und dies ist das Paradies, zu dessen Erben ihr berufen wurdet um dessentwillen, was ihr zu tun pflegtet. (72) Darin gibt es für euch Früchte in Mengen, von denen ihr essen könnt." (73)

Wahrlich, die Sünder werden ewig in der Strafe der *Ǧahannam* verharren (74); sie wird für sie nicht gemildert werden, und sie werden in ihr von Verzweiflung erfasst werden. (75) Nicht Wir taten ihnen Unrecht, sondern sie selbst taten (sich) Unrecht. (76) Und sie werden rufen: "O *Mālik*, lass deinen Herrn ein Ende mit uns machen!" Er wird sprechen: "Ihr müsst bleiben." (77) Wir brachten euch gewiss die Wahrheit, jedoch die meisten von euch verabscheuten die Wahrheit. (78)

Oder haben sie sich für einen Plan entschlossen? Nun, auch Wir haben Uns entschlossen. (79) Oder meinen sie etwa, dass Wir nicht hören, was sie geheimhalten und was sie besprechen? Doch, und Unsere Boten bei ihnen schreiben es auf. (80)

Sprich: "Hätte der Allerbarmer einen Sohn, so wäre ich der erste, der (ihn) angebetet hätte." (81) Gepriesen sei der Herr der Himmel und der Erde, der Herr des Thrones, Der frei ist von all dem, was sie behaupten. (82) So lass sie sich in eitler Rede ergehen und sich vergnügen, bis sie ihrem Tag begegnen, der ihnen angedroht wird. (83)

Und Er ist der Gott im Himmel und der Gott auf Erden, und Er ist der Allweise, der Allwissende. (84)

Segensreich ist Er, Dessen das Königreich der Himmel und der Erde ist und all das, was zwischen beiden ist; und bei Ihm ruht die Kenntnis der Stunde, und zu Ihm sollt ihr zurückgebracht werden. (85) Und diejenigen, die sie statt Seiner anbeten, haben kein Fürspracherecht, mit Ausnahme dessen, der die Wahrheit bezeugt, und sie wissen Bescheid. (86)

Und wenn du sie fragst: "Wer erschuf sie?" werden sie sicher sagen: "Allāh." Wie lassen sie sich da (von Ihm) abwenden? (87) Und seine Aussage (lautet): "O mein Herr! Dies ist ein Volk, das nicht glauben will." (88) Darum wende dich von ihnen ab und sprich: "Frieden!" Und bald werden sie es wissen. (89)

(44) Sura Ad-Duḥān (Der Rauch)

Offenbart zu Makka, 59 Āyāt

Im Namen Allāhs, des Allerbarmers, des Barmherzigen!
Ḥā Mīm. (1) Bei dem deutlichen Buch! (2) Wahrlich, Wir haben es in einer gesegneten Nacht herabgesandt - wahrlich, Wir haben damit gewarnt (3); in dieser (Nacht) wird jegliche weise Sache entschieden (4) auf Grund Unseres Befehls. Wahrlich, Wir haben (Gesandte) geschickt (5) als eine Barmherzigkeit von deinem Herrn; Er ist der Allhörende, der Allwissende (6), der Herr der Himmel und der Erde und all dessen, was zwischen beiden ist, wenn ihr nur Gewissheit (im Glauben) hättet. (7) Es ist kein Gott außer Ihm. Er macht lebendig und lässt sterben - (Er ist) euer Herr und der Herr eurer Vorväter. (8) Doch sie sind im Zweifel und betreiben ein Spiel. (9) Darum aber erwarte den Tag, an dem der Himmel einen sichtbaren Rauch hervorbringt (10), der die

Menschen einhüllen wird. Das wird eine schmerzliche Qual sein. (11) "Unser Herr, nimm die Pein von uns; wir wollen glauben." (12) Wie können sie lernen, wo doch ein aufklärender Gesandter zu ihnen gekommen ist? (13) Und sie haben sich von ihm abgewandt und gesagt: "(Er hat es) einstudiert, (er ist) besessen." (14) Wir werden die Strafe geringfügig hinwegnehmen, ihr aber werdet rückfällig werden (15) bis zum Tage, wo Wir (euch) den größten Schlag versetzen werden. Wahrlich, Wir werden Uns rächen. (16)

Und vor ihnen haben Wir schon das Volk Pharaos geprüft, und zu ihnen kam ein ehrenwerter Gesandter (17) (der sagte): "Übergebt mir die Diener Allāhs. Ich bin für euch ein vertrauenswürdiger Gesandter. (18) Und überhebt euch nicht gegen Allāh. Ich komme mit einem offenkundigen Beweis zu euch (19), und ich nehme meine Zuflucht zu meinem Herrn und eurem Herrn, damit ihr mich nicht steinigt. (20) Und wenn ihr mir nicht glaubt, so haltet euch von mir fern." (21) Dann rief er zu seinem Herrn: "Dies ist ein sündhaftes Volk." (22) (Allāh sprach:) "Führe Meine Diener in der Nacht fort; ihr werdet verfolgt werden. (23) Und verlasse das Meer, (wenn es) reglos ist. Sie sind ein Heer, das ertränkt wird." (24) Wie zahlreich waren die Gärten und die Quellen, die sie zurückließen! (25) Und die Kornfelder und die ehrenvollen Stätten! (26) Und (wie war) das Wohlleben, dessen sie sich erfreut hatten! (27) So geschah es, dass Wir all dies einem anderen Volk zum Erbe gaben. (28) Weder Himmel noch Erde weinten über sie, noch wurde ihnen eine Frist gewährt. (29)

Und wahrlich, Wir erretteten die Kinder Israels vor der schimpflichen Pein (30), vor Pharao; denn er war hochmütig, einer der Maßlosen. (31) Und wahrlich, Wir erwählten sie auf Grund (Unseres) Wissens vor den Völkern. (32) Und Wir gaben ihnen von den Zeichen, in welchen eine offenkundige Prüfung lag. (33)

Wahrlich, diese behaupten (34): "Es gibt nur unseren ersten Tod, und wir werden nicht wiedererweckt werden. (35) So bringt doch unsere Väter (zurück), wenn ihr die Wahrheit redet!" (36) Sind sie besser oder das Volk des Tubbaʿ und jene, die vor ihnen waren? Wir vertilgten sie; denn sie waren Verbrecher. (37)

Und Wir erschufen die Himmel und die Erde, und das, was zwischen beiden ist, nicht zum Zeitvertreib. (38) Wir erschufen sie nur in gerechter Weise, jedoch die meisten von ihnen wissen es nicht. (39)

Der Tag der Entscheidung ist wahrlich die festgesetzte Zeit für sie alle (40); jener Tag, an dem ein Schutzherr einem Schutzbefohlenen nichts nützen kann, und an dem ihnen nicht geholfen wird. (41) Diejenigen (sind davon) ausgenommen, derer Allāh Sich erbarmt; denn Er ist der Erhabene, der Barmherzige. (42)

Wahrlich, der Baum des *Zaqqūm* (43) ist die Speise des Sünders. (44) Wie geschmolzenes Kupfer wird er in (ihren) Bäuchen brodeln (45), wie das Brodeln kochenden Wassers. (46)

"Ergreift ihn und zerrt ihn in die Mitte der *Al-Ǧaḥīm*. (47) Dann gießt auf sein Haupt die Pein des siedenden Wassers. (48) Koste! Du (meintest) doch, der Erhabene, der Würdige zu sein. (49) Siehe, dies ist nun das, woran ihr zu zweifeln pflegtet." (50)

Wahrlich, die Gottesfürchtigen sind an einer Stätte der Sicherheit (51) in Gärten mit Quellen (52), gekleidet in Seide und Brokat sitzen (sie) einander gegenüber. (53) So (wird es sein). Und Wir werden sie mit *Ḥūris* vermählen. (54) Sie werden dort Früchte jeder Art verlangen (und) in Sicherheit (leben). (55) Den Tod werden sie dort nicht kosten, außer dem ersten Tod. Und Er wird sie vor der Strafe der *Al-Ǧaḥīm* bewahren (56), als eine Gnade von deinem Herrn. Das ist das höchste Glück. (57)

Wir haben ihn (den Qur'ān) in deiner Sprache leicht gemacht, damit sie sich ermahnen lassen. (58) So gib Acht; siehe, sie geben auch Acht. (59)

(45) Sura Al-Ǧāṯiya (Die Kniende)

Offenbart zu Makka, 37 Āyāt

Im Namen Allāhs, des Allerbarmers, des Barmherzigen!
Ḥā Mīm. (1) Die Offenbarung des Buches stammt von Allāh, dem Erhabenen, dem Allweisen. (2) Wahrlich, in den Himmeln und auf der Erde sind Zeichen für die Gläubigen. (3) Und in

eurer Erschaffung und all den Geschöpfen, die Er (über die Erde) verbreitet hat, sind Zeichen für Leute, die einen festen Glauben haben. (4) Und in dem Wechsel von Nacht und Tag und in dem, was Allāh vom Himmel an Versorgung niedersendet, wodurch Er die Erde nach ihrem Tod neu belebt, und in dem Wechsel der Winde sind Zeichen für Leute, die Verstand besitzen. (5) Dies sind die Verse Allāhs, die Wir dir in Wahrheit verlesen. An welche Verkündigung wollen sie denn nach Allāh und Seinen Versen (sonst) glauben? (6)

Wehe jedem sündigen Lügner (7), der Allāhs Verse hört, wenn sie ihm verlesen werden, und dann in Hochmut verharrt, als hätte er sie nicht gehört - darum verkünde ihm eine qualvolle Strafe! (8) Und (wehe) dem, der, wenn er etwas von Unseren Zeichen kennenlernt, Spott damit treibt! Für solche (Sünder) ist eine schmähliche Strafe (vorgesehen). (9) Hinter ihnen ist Ǧahannam; und das, was sie erworben haben, soll ihnen nichts nützen, auch nicht die Beschützer, die sie sich statt Allāh genommen haben. Und ihnen wird eine gewaltige Strafe zuteil sein. (10)

Dieser (Qur’ān) ist eine Rechtleitung. Und denjenigen, welche die Zeichen ihres Herrn leugnen, wird eine qualvolle Strafe zugemessen werden. (11)

Allāh ist es, Der euch das Meer dienstbar gemacht hat, auf dass die Schiffe darauf nach Seinem Geheiß fahren und aufdass ihr nach Seiner Gnadenfülle trachten und dankbar sein mögt. (12) Und Er hat das für euch dienstbar gemacht, was in den Himmeln und auf Erden ist; alles ist von Ihm. Hierin liegen wahrlich Zeichen für Leute, die nachdenken. (13)

Sprich zu denen, die glauben, sie mögen denen vergeben, die nicht mit den Tagen Allāhs rechnen, auf dass Er die Leute für das belohne, was sie verdienen. (14)

Wer Gutes tut, der tut es für seine eigene Seele, und wer Unrecht begeht, der begeht es gegen sich selbst. Alsdann werdet ihr zu eurem Herrn zurückgebracht werden. (15) Und wahrlich, Wir gaben den Kindern Israels die Schrift und die Herrschaft und das Prophetentum, und Wir versorgten sie mit guten

Dingen und bevorzugten sie vor den Völkern. (16) Und Wir gaben ihnen deutliche Weisungen in der Sache. Und sie wurden nicht eher uneins, als bis das Wissen zu ihnen gekommen war; denn zwischen ihnen (entstand) selbstsüchtiger Neid. Dein Herr wird gewiss zwischen ihnen am Tage der Auferstehung über das richten, worüber sie uneins waren. (17)

Alsdann brachten Wir dich auf einen klaren Weg in der Sache (des Glaubens); so befolge ihn, und folge nicht den persönlichen Neigungen derer, die nicht wissen. (18) Sie werden dir sicher nichts gegen Allāh nützen. Und was die Ungerechten anbelangt, so sind einige von ihnen die Beschützer anderer; Allāh aber ist der Beschützer der Gottesfürchtigen. (19)

Dies sind (die Mittel) zur Aufklärung für die Menschen und eine Führung und Barmherzigkeit für Leute, die einen festen Glauben haben. (20)

Meinen die, die Böses verüben, etwa, dass Wir sie wie diejenigen behandeln würden, die glauben und gute Werke tun, so dass ihr Leben und ihr Tod gleich sein würden? Schlimm ist es, wie sie urteilen! (21) Und Allāh hat die Himmel und die Erde in Wahrheit erschaffen, und daher wird jeder für das belohnt werden, was er verdient hat; und sie sollen kein Unrecht erleiden. (22)

Hast du den gesehen, der sich seine eigene Neigung zum Gott nimmt und den Allāh auf Grund (Seines) Wissens zum Irrenden erklärt und dem Er Ohren und Herz versiegelt und auf dessen Augen Er einen Schleier gelegt hat? Wer sollte ihn außer Allāh wohl richtig führen? Wollt ihr euch da nicht ermahnen lassen? (23)

Und sie sagen: "Es gibt nichts als dies unser irdisches Leben - wir sterben und wir leben - und nichts als die Zeit, die uns vernichtet." Jedoch sie besitzen darüber kein Wissen; sie vermuten es nur. (24)

Und wenn ihnen Unsere deutlichen Verse verlesen werden, so wenden sie lediglich ein: "Bringt unsere Väter (zurück), wenn ihr wahrhaftig seid." (25) Sprich: "Allāh gibt euch das Leben und lässt euch dann sterben; dann wird Er euch am Tage der Auferstehung (vor Sich) versammeln; darüber besteht kein Zweifel, jedoch die meisten Menschen wissen es nicht." (26)

Und Allāhs ist das Königreich der Himmel und der Erde; und an dem Tage, wenn die Stunde kommt - an jenem Tage werden die Lügner die Verlierer sein. (27) Und du wirst jede Nation auf Knien sehen. Jede Nation wird zu ihrem Buch gerufen werden: "Heute sollt ihr für das, was ihr getan habt, belohnt werden. (28) Das ist Unser Buch; es bezeugt die Wahrheit gegen euch. Wir ließen alles aufschreiben, was ihr getan habt." (29) Was nun diejenigen betrifft, die glaubten und gute Werke vollbrachten - ihr Herr wird sie in Seine Barmherzigkeit führen. Das ist der offenkundige Gewinn. (30) Doch zu jenen, die ungläubig waren, (wird gesprochen): "Sind euch Meine Verse nicht verlesen worden? Ihr aber wart hochmütig, und ihr wurdet ein sündiges Volk. (31) Und als gesprochen wurde: »Die Verheißung Allāhs ist wahr, und über die Stunde herrscht kein Zweifel«, da sagtet ihr: »Wir wissen nicht, was die Stunde ist; wir halten (sie) für einen Wahn, und wir sind (von ihr) nicht überzeugt.«" (32)

Und die bösen Folgen ihres Tuns sind ihnen deutlich geworden; und es umschließt sie das, worüber sie zu spotten pflegten. (33) Und es wird gesprochen: "Heute haben Wir euch vergessen, so wie ihr das Eintreffen dieses euren Tages vergaßt. Eure Herberge ist das Feuer, und ihr habt keine Helfer. (34) Dies (geschieht), weil ihr Allāhs Zeichen zum Gespött machtet und (weil) euch das irdische Leben betrog." Darum sollen sie an jenem Tage nicht von dort herausgebracht werden, noch wird es ihnen erlaubt sein, (ihr Unrecht) wiedergutzumachen. (35)

Alles Lob gebührt denn Allāh, dem Herrn der Himmel und dem Herrn der Erde, dem Herrn der Welten! (36) Sein ist die Erhabenheit in den Himmeln und auf der Erde; und Er ist der Erhabene, der Allweise. (37)

(46) Sura Al-Ahqāf (Die Sanddünen)

Offenbart zu Makka, 35 Āyāt

Im Namen Allāhs, des Allerbarmers, des Barmherzigen!

* Ḥā Mīm. (1) Die Offenbarung des Buches stammt von Allāh, dem Allmächtigen, dem Allweisen. (2) Wir haben die Himmel und die Erde und das, was zwischen beiden ist, nicht anders als in Wahrheit und für eine bestimmte Zeit erschaffen, diejenigen aber, die nicht daran glauben, wovor sie gewarnt wurden, wenden sich ab. (3)

Sprich: "Wisst ihr, was das ist, was ihr statt Allāh anruft? Zeigt mir, was sie von der Erde erschaffen haben. Oder haben sie einen Anteil an den Himmeln? Bringt mir ein Buch herbei, das vor diesem da war, oder eine Spur von Wissen, wenn ihr wahrhaftig seid." (4)

Und wer irrt mehr als jener, der statt Allāh solche anruft, die ihn bis zum Tage der Auferstehung nicht erhören werden und die von seinem Anruf ahnungslos sind? (5) Und wenn die Menschen (vor Mir) versammelt werden, werden sie ihre Feinde sein und ihre Anbetung verleugnen. (6)

Und wenn ihnen Unsere deutlichen Verse verlesen werden, sagen die Ungläubigen von der Wahrheit, wenn sie zu ihnen kommt: "Das ist offenkundige Zauberei." (7)

Oder sie sagen: "Er hat ihn (den Qur'ān) erdichtet." Sprich: "Wenn ich ihn erdichtet habe, könnt ihr mir nichts gegen Allāh nützen. Er weiß am besten, in was für Reden ihr euch ergeht. Er genügt als Zeuge gegen mich und euch. Und Er ist der Allvergebende, der Barmherzige." (8) Sprich: "Ich bin kein neuer Erfinder unter den Gesandten, und ich weiß nicht, was mit mir oder mit euch geschehen wird. Ich folge nur dem, was mir offenbart wird; und ich bin nur ein deutlicher Warner." (9) Sprich: "Sagt mir, wenn dies (der Qur'ān) nun aber von Allāh stammt, und ihr lehnt es ab, obwohl ein Zeuge von den Kindern Israels bezeugt hat, was ihm gleicht. Er hat geglaubt; ihr aber seid allzu hochmütig!" Wahrlich, Allāh weist dem ungerechten Volk nicht den Weg. (10)

Und die Ungläubigen sagen von den Gläubigen: "Wäre er (der Qurʾān) etwas Gutes, hätten sie ihn nicht vor uns erlangt." Und da sie sich nicht von ihm leiten lassen, sagen sie: "Dies ist eine alte Lüge." (11) Und vor ihm war schon das Buch von Moses eine Führung und Barmherzigkeit; und dies hier ist ein Buch der Bestätigung in arabischer Sprache, auf dass es diejenigen warne, die freveln, und denen eine frohe Botschaft (bringe), die Gutes tun. (12) Wahrlich, die da sagen: "Unser Herr ist Allāh" und danach aufrichtig bleiben - keine Furcht soll über sie kommen, noch sollen sie traurig sein (13); diese sind die Bewohner des Paradieses; darin sollen sie auf ewig verweilen, als Belohnung für das, was sie zu tun pflegten. (14)

Und Wir haben dem Menschen anbefohlen, gegen seine Eltern gütig zu sein. Seine Mutter trug ihn mit Schmerzen, und mit Schmerzen brachte sie ihn zur Welt. Und ihn zu tragen und ihn zu entwöhnen erfordert dreißig Monate, bis er dann, wenn er seine Vollkraft erlangt und vierzig Jahre erreicht hat, sagt: "Mein Herr, sporne mich an, dankbar zu sein für Deine Gnade, die Du mir und meinen Eltern erwiesen hast, und (sporne mich an) Rechtes zu wirken, das Dir wohlgefallen mag. Und lass mir meine Nachkommenschaft rechtschaffen sein. Siehe, ich wende mich zu Dir, und ich bin einer der Gottergebenen." (15) Das sind die, von denen Wir die guten Werke annehmen, die sie getan haben, und deren üble Werke Wir übergehen. (Sie gehören) zu den Bewohnern des Paradieses - in Erfüllung der wahrhaftigen Verheißung, die ihnen verheißen wurde. (16)

Und derjenige, der zu seinen Eltern sagt: "Pfui über euch! Verkündet ihr mir, dass ich auferstehen soll, obwohl schon vor mir Geschlechter dahingegangen sind?" und (der ihnen, wenn) sie beide Allāh zu Hilfe rufen (und zu ihm sagen): "Wehe dir, glaube! Denn die Verheißung Allāhs ist wahr", sagt: "Das sind nichts als Fabeln der Alten" (17), (der gehört zu) jenen, gegen welche der Spruch (der Strafe) fällig wurde, zusammen mit den Scharen, die vor ihnen hingingen von den *Ğinn* und den Menschen. Wahrlich, sie sind die Verlierer gewesen. (18)

Und für alle gibt es Rangstufen gemäß dem, was sie getan haben, auf dass Er ihnen ihre Taten voll heimzahle; und kein

Unrecht soll ihnen widerfahren. (19) Und an dem Tage, wenn die Ungläubigen dem Feuer ausgesetzt werden, (wird gesprochen): "Ihr habt eure guten Dinge in eurem diesseitigen Leben aufgezehrt, und ihr hattet Genuss daran. Heute nun sollt ihr mit der Strafe der Schmach belohnt werden, weil ihr ohne jegliches Recht auf Erden hochmütig wart und weil ihr (fortwährend) gefrevelt habt." (20)

Und gedenke des Bruders der 'Ād, als er sein Volk bei den Sanddünen warnte - und Warner sind schon vor ihm gewesen und nach ihm - (und sagte): "Dient Allāh allein; denn ich fürchte für euch die Strafe eines großen Tages." (21) Sie sagten: "Bist du zu uns gekommen, um uns von unseren Göttern abzuwenden? So bring uns das, was du uns androhst, wenn du einer der Wahrhaftigen bist." (22) Er sagte: "Das Wissen (darüber) ist einzig bei Allāh. Und ich richte euch nur das aus, womit ich entsandt wurde; jedoch ich sehe, ihr seid ein unwissendes Volk." (23) Dann aber, als sie sahen, wie es sich ihren Tälern gleich einer Wolke näherte, sagten sie: "Das ist eine Wolke, die uns Regen geben wird." "Nein, es ist vielmehr das, was ihr zu beschleunigen trachtet - ein Wind, der eine schmerzliche Strafe mitführt. (24) Er wird alles zerstören auf den Befehl seines Herrn." Und am Morgen sah man nur noch ihre Wohnungen; so üben Wir Vergeltung am schuldigen Volk. (25) Und Wir hatten ihnen Gewalt über das gegeben, worüber Wir euch keine gegeben haben; und Wir hatten ihnen Ohren und Augen und Herzen gegeben. Aber weder ihre Ohren noch ihre Augen noch ihre Herzen nützten ihnen im Geringsten (etwas), da sie die Zeichen Allāhs leugneten; und sie wurden von dem erfasst, worüber sie zu spotten pflegten. (26)

Und Wir haben bereits Städte rings um euch zerstört; und Wir haben die Zeichen abgewandelt, damit sie sich bekehren mögen. (27) Warum haben ihnen denn nicht jene geholfen, die sie sich statt Allāh zu Göttern genommen haben (und die sie Ihm) nahebringen wollten? Nein, sie entschwanden ihnen. Das war ihre Lüge und das, was sie zu erdichten pflegten. (28)

Und da wandten Wir dir eine Schar *Ğinn* zu, die den Qur'ān vernehmen konnten; und als sie bei ihm zugegen waren, sprachen sie: "Hört zu!" - und als er zu Ende war, kehrten sie zu ihrem Volk zurück (und) warnten (es). (29) Sie sprachen: "O unser Volk, wir haben ein Buch gehört, das nach Moses herabgesandt worden ist (und) welches das bestätigt, was schon vor ihm da gewesen ist; es leitet zur Wahrheit und zum geraden Weg. (30) O unser Volk, hört auf Allāhs Rufer und glaubt an Ihn. Er wird euch eure Sünden vergeben und euch vor qualvoller Strafe schützen. (31) Und der, der nicht auf Allāhs Rufer hört, kann (Ihm) nicht auf Erden entrinnen, noch kann er Beschützer außer Ihm haben. Solche befinden sich in einem offenkundigen Irrtum." (32)

Haben sie nicht gesehen, dass Allāh, Der die Himmel und die Erde erschuf und bei ihrer Erschaffung nicht müde wurde, auch vermag, die Toten lebendig zu machen? Wahrlich, Er hat Macht über alle Dinge. (33)

Und an dem Tage, an dem die Ungläubigen dem Feuer ausgesetzt werden, (heißt es): "Ist dies nicht die Wahrheit?" Sie werden sagen: "Doch, bei unserem Herrn." Er spricht dann: "So kostet nun die Strafe dafür, dass ihr ungläubig wart." (34) So gedulde dich denn, wie es die Gesandten taten, die geduldig waren, und übereaste dich nicht ihretwegen. An dem Tage, an dem sie das schauen, was ihnen angedroht wird, wird es ihnen vorkommen, als hätten sie nur eine Stunde eines Tages (im Grab) verweilt. (Dies ist) eine Ermahnung! So soll niemand anders als das frevelnde Volk vertilgt werden! (35)

(47) Sura Muḥammad

Offenbart zu Al-Madīna, 38 Āyāt

Im Namen Allāhs, des Allerbarmers, des Barmherzigen!
Die Werke derjenigen, die ungläubig sind und vom Weg Allāhs abhalten, macht Er zunichte. (1) Denjenigen aber, die gläubig sind und gute Werke tun und an das glauben, was auf Muḥammad herabgesandt worden ist - und es ist ja die Wahrheit von ihrem Herrn, denen tilgt Er ihre schlechten Taten und stellt ihre gute

Lage wieder her. (2) Dies (ist deshalb so), weil jene, die ungläubig sind, dem Trügerischen folgen, und weil diejenigen, die gläubig sind, der Wahrheit ihres Herrn folgen. So beschreibt Allāh den Menschen ihre Lage. (3)

Wenn ihr (im Kampf) auf die stoßt, die ungläubig sind, so haut (ihnen) auf den Nacken; und wenn ihr sie schließlich siegreich niedergekämpft habt, dann schnürt ihre Fesseln fest. (Lasst) dann hernach entweder Gnade walten oder (fordert) Lösegeld, bis der Krieg seine Lasten (von euch) wegnimmt. Das ist so. Und hätte Allāh es gewollt, hätte Er Selbst sie besiegen können, aber Er wollte die einen von euch durch die anderen prüfen. Und diejenigen, die auf Allāhs Weg gefallen sind - nie wird Er ihre Werke zunichte machen. (4) Er wird sie rechtleiten und ihren Stand verbessern (5) und sie ins Paradies führen, das Er ihnen zu erkennen gegeben hat. (6)

O ihr, die ihr glaubt, wenn ihr Allāhs (Sache) helft, so wird Er euch helfen und euren Füßen festen Halt geben. (7) Die aber ungläubig sind - nieder mit ihnen! Er lässt ihre Werke fehlgehen. (8) Dies (ist so), weil sie das hassen, was Allāh herabgesandt hat; so macht Er ihre Werke zunichte. (9) Sind sie denn nicht im Lande umhergezogen, so dass sie schauen konnten, wie das Ende derer war, die vor ihnen lebten? Allāh richtete sie zugrunde, und für die Ungläubigen ist das gleiche wie ihnen bestimmt. (10) Dies ist (so), weil Allāh der Beschützer derer ist, die glauben; die Ungläubigen aber haben keinen Beschützer. (11)

Allāh lässt diejenigen, die glauben und gute Werke tun, in Gärten eingehen, in denen Bäche fließen; die aber, die ungläubig sind, genießen und fressen wie das Vieh, und das Feuer wird ihre Wohnstatt sein. (12) Und so manche Stadt, mächtiger als deine Stadt, die dich vertrieb, haben Wir schon zerstört; und sie hatten keinen Helfer! (13)

Ist denn der, der sich auf einen klaren Beweis von seinem Herrn stützt, denen gleich, denen das Übel ihres Tuns schön dargestellt wurde und die ihren bösen Neigungen folgen? (14)

(So ist) die Lage des Paradieses, das den Gottesfürchtigen verheißen wurde: Darin sind Bäche von Wasser, das nicht faulig wird, und Bäche von Milch, deren Geschmack sich nicht ändert, und Bäche von berauschendem Getränk - ein Genuss für die Trinkenden - und Bäche von geläutertem Honig. Und darin werden sie Früchte aller Art bekommen und Vergebung von ihrem Herrn. Können sie wohl jenen gleich sein, die ewig im Feuer sind, und denen siedendes Wasser zu trinken gegeben wird, das ihre Därme zerreißt? (15) Unter ihnen sind einige, die auf dich hören, doch wenn sie von dir fortgehen, sagen sie jenen, denen das Wissen gegeben wurde: "Was hat er da soeben gesagt?" Das sind diejenigen, deren Herzen Allāh versiegelt hat und die ihren Neigungen folgen. (16) Denen aber, die rechtgeleitet sind, verstärkt Er die Führung und verleiht ihnen Gottesfürchtigkeit. (17) Sie warten nur auf die Stunde, dass sie plötzlich über sie komme. Die Zeichen dafür sind schon eingetroffen. Doch was wird ihnen ihr Erinnern nützen, wenn sie über sie gekommen ist? (18)

Wisse nun, dass kein Gott da ist außer Allāh, und bitte um Vergebung für deine Schuld und für die gläubigen Männer und die gläubigen Frauen. Und Allāh weiß, wo ihr verkehrt oder euch aufhaltet. (19)

Und die da glauben, sagen: "Warum wird keine Sura herabgesandt?" Doch wenn eine entscheidende Sura herabgesandt wird und darin von Kampf die Rede ist, dann siehst du die, in deren Herzen Krankheit ist, dich mit dem Blick eines (Menschen) anschauen, der im Sterben von Ohnmacht befallen wird; also wehe ihnen! (20) Gehorsam und geziemende Worte (ständen ihnen besser an). Und wenn die Sache beschlossen ist, dann wäre es für sie am besten, sie würden Allāh gegenüber aufrichtig sein. (21)

(Wollt) ihr denn, indem ihr euch (vom Glauben) abwendet, Verderben im Land anrichten und die Bande eurer Blutsverwandtschaft zerreißen? (22) Diese sind es, die von Allāh verflucht sind, so dass Er sie taub macht und ihre Augen erblinden lässt. (23)

Wollen sie also nicht über den Qur'ān nachdenken, oder ist es (so), dass ihre Herzen verschlossen sind? (24) Wahrlich, jene, die den Rücken kehren, nachdem ihnen die Rechtleitung sichtbar geworden ist - Satan hat es ihnen eingeredet und ihnen falsche

Hoffnungen gemacht. (25) Dies (geschah), weil sie zu denen, die das hassen, was Allāh herniedersandte, sagten: "Wir wollen euch in einigen Sachen folgen." Und Allāh kennt ihre Heimlichkeiten. (26)

Was aber, wenn (die) Engel sie abberufen und sie ins Gesicht und auf den Rücken schlagen? (27) Dies (geschieht), weil sie dem folgten, was Allāh erzürnte, und das hassten, was ihm wohlgefällig war. So macht Er ihre Werke zunichte. (28) Oder meinen etwa die, in deren Herzen Krankheit ist, Allāh würde ihren Groll nicht an den Tag bringen? (29)

Und wenn Wir es wollten, könnten Wir sie dir zeigen, so dass du sie an ihren Merkmalen erkennen würdest. Und du sollst sie gewiss am Klang der Rede erkennen. Und Allāh kennt euer Tun. (30)

Und Wir wollen euch sicherlich prüfen, bis Wir diejenigen von euch kennen, die kämpfen und standhaft sind. Und Wir wollen dann eure Verhaltensweise bekanntgeben. (31)

Wahrlich, jene, die ungläubig sind und die sich von Allāhs Weg abwenden und sich dem Gesandten widersetzen, nachdem ihnen der Weg sichtbar geworden ist - sie werden Allāh in nichts schaden; und Er wird ihre Werke zunichte machen. (32) O ihr, die ihr glaubt, gehorcht Allāh und gehorcht dem Gesandten und vereitelt nicht eure Werke! (33) Wahrlich, jene, die ungläubig sind und die sich von Allāhs Weg abwenden und dann als Ungläubige sterben - ihnen wird Allāh gewiss nicht vergeben. (34) So lasst (im Kampf) nicht nach und ruft nicht zum Waffenstillstand auf, wo ihr doch die Oberhand habt. Und Allāh ist mit euch, und Er wird euch eure Taten nicht schmälern. (35)

Wahrlich, das diesseitige Leben ist nur ein Spiel und Zeitvertreib, und wenn ihr gläubig und gottesfürchtig seid, so wird Er euch euren Lohn geben und wird nicht euer Gut von euch verlangen. (36) Sollte Er es von euch verlangen und drängen, würdet ihr geizig sein, und Er würde euren Groll an den Tag bringen. (37)

Seht, ihr seid diejenigen, die (dazu) berufen sind, auf Allāhs Weg zu spenden; doch unter euch sind manche, die geizig sind. Und wer geizig ist, der geizt nur gegen sich selber; und Allāh ist Der Reiche, und ihr seid die Armen. Und wenn ihr (Ihm) den Rücken kehrt, so wird Er ein anderes Volk an eure Stelle setzen; und es wird nicht so sein wie ihr. (38)

(48) Sura Al-Fath (Der Sieg)

Offenbart zu Al-Madīna, 29 Āyāt

Im Namen Allāhs, des Allerbarmers, des Barmherzigen!

Wahrlich, Wir haben dir einen offenkundigen Sieg beschieden (1), auf dass Allāh dir deine vergangene und künftige Schuld vergebe, und auf dass Er Seine Gnade an dir vollende und dich auf einen geraden Weg leite (2), und auf dass Allāh dir zu einem würdigen Sieg verhelfe. (3)

Er ist es, Der die Ruhe in die Herzen der Gläubigen niedersandte, damit sie ihrem Glauben Glauben hinzufügen - und Allāhs sind die Heerscharen der Himmel und der Erde, und Allāh ist Allwissend, Allweise (4), auf dass Er die gläubigen Männer und die gläubigen Frauen einführe in Gärten, durch die Bäche fließen, um ewig darin zu verweilen, und auf dass Er ihre Missetaten von ihnen nehme - und das ist vor Allāh ein großer Gewinn (5); und (auf dass Er) die Heuchler und Heuchlerinnen und die Götzendiener und Götzendienerinnen bestrafe, die üble Gedanken über Allāh hegen. Auf solche (Sünder) wird ein böses Unheil niederfallen; und Allāh ist zornig auf sie; und Er hat sie verflucht und *Ğahannam* für sie bereitet. Und das ist eine üble Bestimmung. (6) Und Allāhs sind die Heerscharen der Himmel und der Erde; und Allāh ist Erhaben, Allweise. (7)

Wahrlich, Wir haben dich als Zeugen und als Bringer froher Botschaft und als Warner gesandt (8), auf dass ihr an Allāh und Seinen Gesandten glaubt und ihm helfen und ihn ehren und Ihn (Allāh) morgens und abends preisen mögt. (9)

Wahrlich, diejenigen, die dir huldigen - sie huldigen in der Tat nur Allāh; die Hand Allāhs ist über ihren Händen. Und wer daher den Eid bricht, bricht ihn zu seinem eigenen Schaden; dem aber, der das hält, wozu er sich Allāh gegenüber verpflichtet hat, wird Er einen gewaltigen Lohn geben. (10) Diejenigen unter den Wüstenarabern, die zurückblieben, werden zu dir sagen: "Beschäftigt haben uns unsere Besitztümer und unsere Familien, darum bitte um Verzeihung für uns." Sie sagen mit ihren Zungen, was nicht in ihren Herzen ist. Sprich: "Wer vermag etwas für euch bei Allāh (auszurichten), wenn Er euch Schaden oder Nutzen zufügen will? Nein, Allāh ist dessen wohl kundig, was ihr tut. (11) Nein, ihr meintet, dass der Gesandte und die Gläubigen nimmermehr zu ihren Familien zurückkehren würden, und das wurde euren Herzen wohlgefällig gemacht, und ihr hegtet einen bösen Gedanken, und ihr wart ein verderbtes Volk." (12)

Und jene, die nicht an Allāh und Seinen Gesandten glauben - für die Ungläubigen haben Wir ein flammendes Feuer bereitet. (13)

Und Allāhs ist das Königreich der Himmel und der Erde. Er vergibt, wem Er will, und bestraft, wen Er will, und Allāh ist Allvergebend, Barmherzig. (14)

Diejenigen, die zurückblieben, werden sagen: "Wenn ihr nach Beute auszieht, die ihr zu nehmen beabsichtigt, so erlaubt uns, euch zu folgen." Sie wollen Allāhs Spruch ändern. Sprich: "Ihr sollt uns nicht folgen; so hat Allāh zuvor gesprochen." Dann werden sie sagen: "Nein, aber ihr beneidet uns." Das nicht, jedoch sie verstehen nur wenig. (15)

Sprich zu den Wüstenarabern, die zurückblieben: "Ihr sollt gegen ein Volk von starken Kriegern aufgerufen werden; ihr kämpft gegen sie, es sei denn, sie treten zum Islam über; und wenn ihr gehorcht, wird Allāh euch einen schönen Lohn geben; doch wenn ihr (Ihm) den Rücken kehrt, wie ihr ihn zuvor gekehrt habt, dann wird Er euch mit qualvoller Strafe bestrafen." (16) Kein Vorwurf trifft den Blinden, noch trifft ein Vorwurf den Gehbehinderten, noch trifft ein Vorwurf den Kranken. Und den, der Allāh und Seinem Gesandten gehorcht, wird Er in Gärten führen, durch die Bäche fließen; doch den, der (Ihm) den Rücken kehrt, wird Er mit schmerzlicher Strafe bestrafen. (17)

Allāh ist wohl zufrieden mit den Gläubigen, weil sie dir unter dem Baum Treue gelobten; und Er wusste, was in ihren

Herzen war, dann sandte Er Ruhe auf sie hinab und belohnte sie mit einem nahen Sieg (18) und mit viel Beute, die sie machen werden. Und Allāh ist Erhaben, Allweise. (19) Allāh hat euch viel Beute verheißen, die ihr machen werdet, und Er hat euch dies eilends aufgegeben und hat die Hände der Menschen von euch abgehalten, auf dass es ein Zeichen für die Gläubigen sei und auf dass Er euch auf einen geraden Weg leite. (20) Und einen anderen (Teil der Beute), den ihr noch nicht zu erlangen vermochtet, hat Allāh jedoch in Seiner Macht. Und Allāh hat Macht über alle Dinge. (21)

Und wenn die Ungläubigen euch bekämpft hätten, hätten sie (euch) gewiss den Rücken gekehrt; dann hätten sie weder Beschützer noch Helfer finden können. (22) Derart ist Allāhs Vorgehen, wie es zuvor gewesen ist; und nie wirst du in Allāhs Vorgehen einen Wandel finden. (23)

Und Er ist es, Der ihre Hände von euch abhielt und eure Hände von ihnen in dem Tal von Makka, nachdem Er euch den Sieg über sie gegeben hatte. Und Allāh sieht alles, was ihr tut. (24) Sie sind es, die ungläubig waren und euch von der heiligen Moschee fernhielten und die Opfertiere daran hinderten, ihren Bestimmungsort zu erreichen. Und wäre es nicht wegen der gläubigen Männer und der gläubigen Frauen gewesen, die ihr nicht kanntet und die ihr vielleicht unwissentlich niedergetreten hättet, so dass ihr euch an ihnen versündigt hättet, (hättet ihr kämpfen können). Damit Allāh in Seine Gnade führe, wen Er will. Wären sie getrennt gewesen, hätten Wir sicher jene unter ihnen, die ungläubig waren, mit schmerzlicher Strafe bestraft. (25)

Als die Ungläubigen in ihren Herzen Parteilichkeit hegten - die Parteilichkeit der Al-Ğāhiliyya, sandte Allāh auf Seinen Gesandten und auf die Gläubigen Seine Ruhe hinab und ließ sie an dem Wort der Gottesfurcht festhalten, und sie hatten wohl Anspruch auf dieses (Wort) und waren seiner würdig. Und Allāh weiß über alle Dinge Bescheid. (26)

Wahrlich, Allāh hat Seinem Gesandten das Traumgesicht zu Wirklichkeit gemacht. Ihr werdet gewiss - denn Allāh wollte (es so) - in Sicherheit in die heilige Moschee mit geschorenem Haupt oder kurzgeschnittenem Haar eintreten; ihr werdet keine Furcht haben. Und Er wusste, was ihr nicht wusstet, und Er hat (euch) außer diesem (Sieg) einen nahen Sieg bestimmt. (27)

Er ist es, Der Seinen Gesandten mit der Führung und der wahren Religion geschickt hat, auf dass Er sie über jede andere Religion siegen lasse. Und Allāh genügt als Zeuge. (28)

Muḥammad ist der Gesandte Allāhs. Und die, die mit ihm sind, sind hart gegen die Ungläubigen, doch barmherzig zueinander. Du siehst sie sich (im Gebet) beugen, niederwerfen (und) Allāhs Huld und Wohlgefallen erstreben. Ihre Merkmale befinden sich auf ihren Gesichtern: die Spuren der Niederwerfungen. Das ist ihre Beschreibung in der Thora. Und ihre Beschreibung im Evangelium lautet: (Sie sind) gleich dem ausgesäten Samenkorn, das seinen Schößling treibt, ihn dann stark werden lässt, dann wird er dick und steht fest auf seinem Halm, zur Freude derer, die die Saat ausgestreut haben - auf dass Er die Ungläubigen bei ihrem (Anblick) in Wut entbrennen lasse. Allāh hat denjenigen, die glauben und gute Werke tun, Vergebung und einen gewaltigen Lohn verheißen. (29)

(49) Sura Al-Ḥuǧurāt (Die Gemächer)

Offenbart zu Al-Madīna, 18 Āyāt

Im Namen Allāhs, des Allerbarmers, des Barmherzigen!

O ihr, die ihr glaubt, kommt nicht Allāh und Seinem Gesandten zuvor, und fürchtet Allāh. Wahrlich, Allāh ist Allhörend, Allwissend. (1)

O ihr, die ihr glaubt, erhebt nicht eure Stimmen über die Stimme des Propheten und redet nicht so laut zu ihm, wie ihr zueinander redet, so dass eure Werke nicht eitel werden, ohne dass ihr es merkt. (2) Wahrlich, diejenigen, die ihre Stimmen dämpfen in der Gegenwart des Gesandten Allāhs, sind es, deren Herzen Allāh zur Gottesfurcht geläutert hat. Für sie ist Vergebung und ein gewaltiger Lohn (bereitet). (3) Wahrlich, jene, die dich von außerhalb der Gemächer her rufen - die meisten von ihnen haben keinen Verstand. (4) Und wenn sie sich geduldeten, bis du zu ihnen herauskämest, so wäre es besser für sie gewesen. Doch Allāh ist Allvergebend, Barmherzig. (5) O ihr, die ihr glaubt, wenn ein Frevler euch eine Kunde bringt, so vergewissert euch (dessen), damit ihr nicht anderen Leuten in Unwissenheit ein Unrecht zufügt und hernach bereuen müsst, was ihr getan habt. (6) Und wisst, dass der Gesandte Allāhs unter euch ist. Würde er sich in so vielen Dingen nach euren Wünschen richten, würdet ihr sicher in Bedrängnis kommen; jedoch Allāh hat euch den Glauben lieb gemacht und sehr begehrenswert für eure Herzen; und Er hat euch Unglauben, Widersetzlichkeit und Ungehorsam verabscheuenswert gemacht. Das sind jene, die der rechten Bahn folgen (7) durch die Huld und die Gnade Allāhs. Und Allāh ist Allwissend, Allweise. (8)

Und wenn zwei Parteien der Gläubigen einander bekämpfen, dann stiftet Frieden zwischen ihnen; wenn jedoch eine von ihnen sich gegen die andere vergeht, so bekämpft diejenige, die im Unrecht ist, bis sie sich Allāhs Befehl fügt. Fügt sie sich, so stiftet in Gerechtigkeit Frieden zwischen ihnen und seid gerecht. Wahrlich, Allāh liebt die Gerechten. (9) Die Gläubigen sind ja Brüder. So stiftet Frieden zwischen euren Brüdern und fürchtet Allāh, auf dass euch Barmherzigkeit erwiesen werde. (10)

O ihr, die ihr glaubt! Lasst nicht eine Schar über die andere spotten, vielleicht ist diese besser als jene; noch (lasst) Frauen über (andere) Frauen (spotten), vielleicht sind diese besser als jene. Und verleumdet einander nicht und gebt einander keine Schimpfnamen. Schlimm ist die Bezeichnung der Sündhaftigkeit, nachdem man den Glauben (angenommen) hat, und jene, die nicht umkehren - das sind die Ungerechten. (11) O ihr, die ihr glaubt! Vermeidet häufigen Argwohn; denn mancher Argwohn ist Sünde. Und spioniert nicht und führt keine üble Nachrede übereinander. Würde wohl einer von euch gerne das Fleisch seines toten Bruders essen? Sicher würdet ihr es verabscheuen. So fürchtet Allāh. Wahrlich, Allāh ist Gnädig, Barmherzig. (12)

O ihr Menschen, Wir haben euch aus Mann und Frau erschaffen und euch zu Völkern und Stämmen gemacht, auf dass ihr einander erkennen mögt. Wahrlich, vor Allāh ist von euch der

Angesehenste welcher der Gottesfürchtigste ist. Wahrlich, Allāh ist Allwissend, Allkundig. (13)

Die Wüstenaraber sagen: "Wir glauben." Sprich: "Ihr glaubt nicht; sagt vielmehr: »Wir haben den Islam angenommen«, und der Glaube ist noch nicht in eure Herzen eingedrungen." Wenn ihr aber Allāh und Seinem Gesandten gehorcht, so wird Er euch nichts von euren Werken verringern. Wahrlich, Allāh ist Allvergebend, Barmherzig. (14)

Die Gläubigen sind nur jene, die an Allāh und Seinen Gesandten glauben und dann nicht (am Glauben) zweifeln und sich mit ihrem Vermögen und ihrem eigenen Leben für Allāhs Sache einsetzen. Das sind die Wahrhaftigen. (15)

Sprich: "Wollt ihr Allāh über eure Religion belehren, wo Allāh doch alles kennt, was in den Himmeln und was auf Erden ist, und Allāh alle Dinge weiß?" (16)

Sie halten es dir als eine Gnade vor, dass sie den Islam angenommen haben. Sprich: "Haltet mir eure Annahme des Islam nicht als eine Gnade vor. Vielmehr hält Allāh euch Seine Gnade vor, indem Er euch zum Glauben rechtgeleitet hat, wenn ihr wahrhaftig seid." (17)

Wahrlich, Allāh kennt das Verborgene der Himmel und der Erde; und Allāh sieht alles, was ihr tut. (18)

(50) Sura Qāf

Offenbart zu Makka, 45 Āyāt

Im Namen Allāhs, des Allerbarmers, des Barmherzigen!

Qāf. Beim ruhmvollen Qurʾān! (1) Aber sie staunen, dass zu ihnen ein Warner aus ihrer Mitte gekommen ist. Und die Ungläubigen sagen: "Das ist eine merkwürdige Sache. (2) Wie? Wenn wir tot sind und zu Staub geworden sind (dann sollen wir wieder auferweckt werden)? Das ist eine Wiederkehr, die weit abseits liegt." (3) Wir wissen wohl, was die Erde von ihnen wegnimmt, und bei Uns ist ein Buch, das alles aufzeichnet. (4) Nein, sie haben die Wahrheit, als sie zu ihnen kam, für eine

Lüge erklärt, und nun befinden sie sich in einem Zustand der Verwirrung. (5)

Haben sie nicht zum Himmel über ihnen emporgeschaut, wie Wir ihn erbaut und geschmückt haben und dass er keine Risse aufweist? (6) Und die Erde - Wir haben sie ausgebreitet und feste Berge darauf gesetzt; und Wir ließen auf ihr all die herrlichen Paare hervorsprießen (7) als Aufklärung und Ermahnung für jeden Diener, der sich bekehrt. (8)

Und vom Himmel senden Wir Wasser hernieder, das voll des Segens ist, und bringen damit Gärten und Korn zum Ernten hervor (9) und hochragende Palmen mit dicht stehenden Fruchtscheiden (10) als Versorgung für die Diener; und Wir beleben damit ein totes Land. So wird die Auferstehung sein. (11)

Schon vor ihnen leugneten das Volk Noahs und das Volk des Brunnens und die Ṯamūd (12) und die ʿĀd und Pharao und die Brüder des Lot (13) und die Waldbewohner und das Volk von Tubbaʿ. Alle diese haben die Gesandten der Lüge bezichtigt. Darum war Meine Drohung in Erfüllung gegangen. (14)

Sind Wir denn durch die erste Schöpfung ermüdet? Nein, aber sie sind sich nicht im Klaren über eine neue Schöpfung. (15) Und wahrlich, Wir erschufen den Menschen, und Wir wissen, was er in seinem Innern hegt; und Wir sind ihm näher als (seine) Halsschlagader. (16)

Wenn die zwei aufnehmenden (Engel etwas) niederschreiben, zur Rechten und zur Linken sitzend (17), spricht er kein Wort aus, ohne dass neben ihm ein Aufpasser wäre, der stets bereit (ist, es aufzuzeichnen) (18) - und es kam die Benommenheit des Todeskampfes in Gerechtigkeit: "Das ist es, dem du zu entrinnen suchtest." (19) Und es wird in den Ṣūr gestoßen: "Dies ist der Tag der Drohung." (20) Und jede Seele ist gekommen; mit ihr wird ein Treiber und ein Zeuge sein. (21) "Wahrlich, du warst dessen ahnungslos gewesen; nun haben Wir deine Augenbinde von dir genommen, so dass dein Blick heute scharf ist." (22) Und sein Gefährte spricht: "Hier (ist), was ich bereit habe." (23)

"Werft ihr beide in *Ǧahannam* einen jeden undankbaren Hartnäckigen (24), den Behinderer des Guten, den Übertreter, den Zweifler (25), der einen anderen Gott neben Allāh setzte. Werft denn ihr beide ihn in die schreckliche Pein!" (26) Sein Gefährte spricht: "O unser Herr, ich verführte ihn nicht zur Empörung, sondern er selbst ging zu weit in die Irre." (27) Er spricht: "Streitet nicht vor Mir, wo Ich euch doch die Warnung im Voraus gesandt hatte. (28) Das Wort wird bei Mir nicht abgeändert, und Ich bin in nichts ungerecht gegen die Diener." (29) An jenem Tage sprechen Wir zu Ǧahannam: "Bist du angefüllt?" und sie spricht: "Gibt es noch mehr?" (30) Und das Paradies wird den Gottesfürchtigen nahe gerückt, (und es ist) nicht länger fern. (31) "Das ist es, was jedem von euch verheißen wurde, der reumütig war und sich in Acht nahm (32); der den Allerbarmer im geheimen fürchtete und mit reuigem Herzen (zu Ihm) kam. (33) Geht darin (ins Paradies) ein in Frieden. Dies ist der Tag der Ewigkeit." (34) Sie haben darin, was immer sie begehren, und bei Uns ist noch weit mehr. (35)

Und wieviele Geschlechter haben Wir schon vor ihnen vernichtet, die schlagkräftiger waren als sie und im Lande umherzogen! Gab es da ein Entrinnen? (36) Hierin liegt wahrlich eine Ermahnung für den, der ein Herz hat oder zuhört und bei der Sache ist. (37)

Und wahrlich, Wir erschufen die Himmel und die Erde und das, was zwischen beiden ist, in sechs Tagen, und keine Ermüdung berührte Uns. (38)

So ertrage geduldig, was sie sagen, und lobpreise deinen Herrn vor dem Aufgang der Sonne und vor dem (Sonnen-) untergang (39); und lobpreise Ihn in einem Teil der Nacht und (jeweils) im Anschluss an die Niederwerfung. (40)

Und lausche am Tage, wenn der Rufer von einem nahen Ort (zum Jüngsten Gericht) rufen wird. (41) Der Tag, wenn sie in Wahrheit den Schrei hören werden - das wird dann der Tag der Auferstehung sein. (42)

Wahrlich, Wir allein machen lebendig und lassen sterben, und zu Uns ist die Heimkehr. (43) An dem Tage, wenn sich die Erde spalten und sie (die Toten) freigeben wird, worauf sie (aus ihr heraus) eilen, dann wird ein Versammeln vor sich gehen, (das) für Uns ganz leicht (ist). (44)

Wir wissen am besten, was sie sagen; und du hast keine Gewalt über sie. Ermahne darum durch den Qur'ān den, der Meine Drohung fürchtet. (45)

(51) SURA AD-DĀRIYĀT (DIE AUFWIRBELNDEN)

Offenbart zu Makka, 60 Āyāt

Im Namen Allāhs, des Allerbarmers, des Barmherzigen!
Bei den heftig aufwirbelnden (Winden) (1), dann den lasttragenden (Wolken) (2), dann den leicht dahinziehenden (Schiffen) (3), und den, den Befehl ausführenden (Engeln)! (4) Wahrlich, was euch angedroht wird, ist wahr. (5) Und das Gericht wird ganz sicher eintreffen. (6) Und bei dem Himmel mit seiner makellosen Bauweise! (7) Wahrlich, ihr seid in eine widerspruchsvolle Rede verwickelt. (8) Der allein wird von der (Wahrheit) abgewendet, der sich davon abbringen lässt. (9) Verflucht seien die, die Mutmaßungen anstellen (10), die in ihrer Verblendung achtlos sind. (11)

Sie fragen: "Wann wird der Tag des Gerichts sein?" (12) Es wird der Tag sein, an dem sie im Feuer gepeinigt werden. (13) "Kostet nun eure Pein. Das ist es, was ihr zu beschleunigen wünschtet." (14)

Wahrlich, die Gottesfürchtigen werden inmitten von Gärten und Quellen sein (15), (und das) empfangen, was ihr Herr ihnen gegeben hat, weil sie vordem Gutes zu tun pflegten. (16) Sie schliefen nur einen kleinen Teil der Nacht (17), und vor Tagesanbruch suchten sie stets Vergebung (18), und von ihrem Vermögen war ein Anteil für den Bittenden und den Unbemittelten bestimmt. (19)

Und auf Erden existieren Zeichen für jene, die fest im Glauben sind (20), und in euch selber. Wollt ihr es denn nicht sehen? (21) Und im Himmel ist eure Versorgung und das, was euch verheißen wird. (22) Darum, bei dem Herrn des Himmels und der Erde - dies ist gewiss wahr, eben wie (es wahr ist) dass ihr redet. (23)

Ist die Geschichte von Abrahams geehrten Gästen nicht zu dir gekommen? (24) Als sie bei ihm eintraten und sprachen: "Frieden!" sagte er: "Frieden, unbekannte Leute." (25) Und er ging unauffällig zu seinen Angehörigen und brachte ein gemästetes Kalb. (26) Und er setzte es ihnen vor. Er sagte: "Wollt ihr nicht essen?" (27) Es erfasste ihn Furcht vor ihnen. Sie sprachen: "Fürchte dich nicht." Dann gaben sie ihm die frohe Nachricht von einem klugen Knaben. (28) Da kam seine Frau in Aufregung heran, und sie schlug ihre Wange und sagte: "(Ich bin doch) eine unfruchtbare alte Frau!" (29) Sie sprachen: "Das ist so, aber dein Herr hat gesprochen. Wahrlich, Er ist der Allweise, der Allwissende." (30) * (Abraham) sagte: "Wohlan, was ist euer Auftrag, ihr Boten?" (31) Sie sprachen: "Wir sind zu einem schuldigen Volk entsandt worden (32), auf dass wir Steine von Ton auf sie niedersenden (33), die von deinem Herrn für diejenigen gekennzeichnet sind, die nicht Maß halten." (34) Und Wir ließen alle die Gläubigen, die dort waren, fortgehen. (35) Wir fanden dort nur ein Haus von den Gottergebenen. (36) Und Wir hinterließen in ihr (der Stadt) ein Zeichen für jene, die die qualvolle Strafe fürchten. (37)

Und (ein weiteres Zeichen war) in Moses, als Wir ihn zu Pharao mit offenkundiger Beweismacht sandten. (38) Da drehte dieser sich im Gefühl seiner Stärke um und sagte: "(Dies ist) ein Zauberer oder ein Wahnsinniger!" (39) So erfassten Wir ihn und seine Heerscharen und warfen sie ins Meer; und er ist zu tadeln. (40)

Und (ein Zeichen war) in den 'Ād, als Wir den verheerenden Wind gegen sie sandten (41); er ließ nichts von alledem, was er heimsuchte, zurück, ohne dass er alles gleichsam morsch gemacht hätte. (42)

Und (ein Zeichen war) in den Ṯamūd, als zu ihnen gesprochen wurde: "Genießt (das Leben) nur eine Weile." (43) Und sie trotzten dem Befehl ihres Herrn. So ereilte sie der Blitzschlag, als sie dahin schauten. (44) Und sie vermochten nicht (wieder) aufzustehen, noch fanden sie Hilfe. (45)

Und vordem (vertilgten Wir) das Volk Noahs; denn sie waren ein frevelhaftes Volk. (46)

Und den Himmel haben Wir mit (Unserer) Kraft erbaut; und siehe, wie Wir ihn reichlich geweitet haben. (47) Und die Erde haben Wir ausgebreitet, und wie schön breiten Wir aus! (48) Und von jeglichem Wesen haben Wir Paare erschaffen, auf dass ihr euch vielleicht doch besinnen mögt. (49)

"Flieht darum zu Allāh. Ich bin zu euch als deutlicher Warner von Ihm (gesandt worden). (50) Und setzt keinen anderen Gott neben Allāh. Ich bin zu euch als deutlicher Warner von Ihm (gesandt worden)." (51)

So kam auch zu denen vor ihnen kein Gesandter, ohne dass sie gesagt hätten: "(Dies ist) ein Zauberer oder ein Besessener!" (52) Haben sie es etwa einander ans Herz gelegt? Nein! Vielmehr sind sie aufsässige Leute. (53)

So kehre dich von ihnen ab; und dich soll kein Tadel treffen. (54) Doch fahre fort, (sie) zu ermahnen; denn die Ermahnung nützt den Gläubigen. (55)

Und Ich habe die *Ǧinn* und die Menschen nur darum erschaffen, damit sie Mir dienen. (56) Ich will keine Versorgung von ihnen, noch will Ich, dass sie Mir Speise geben. (57) Wahrlich, Allāh allein ist der Versorger, der Stärke und Festigkeit besitzt. (58)

Und für jene, die Unrecht tun, ist ein Anteil an Sündhaftigkeit (vorgesehen) wie der Anteil ihrer Gefährten; sie sollen Mich darum nicht bitten, (die Strafe) zu beschleunigen. (59) Wehe also denen, die ungläubig sind, ihres Tages wegen, der ihnen angedroht ist! (60)

(52) Sura Aṭ-Ṭūr (Der Berg)

Offenbart zu Makka, 49 Āyāt

Im Namen Allāhs, des Allerbarmers, des Barmherzigen!
Bei dem Berg (1) und bei dem Buch, das geschrieben ist (2) auf feinem, ausgebreitetem Pergament (3); und bei dem viel besuchten Haus (4); und bei der hochgehobenen Decke (5); und beim brennenden Meer! (6) Wahrlich, die Strafe deines Herrn trifft sicher ein. (7) Niemand kann sie abwehren (8) am Tage, an dem

der Himmel heftig schwankt (9) und die Berge sich von der Stelle bewegen. (10)

Wehe also an jenem Tage den Leugnern (11), die mit eitler Rede ein Spiel treiben! (12) Am Tage, wenn sie nach und nach in Ǧahannam gestoßen werden, (wird gesprochen) (13): "Das ist das Feuer, das ihr zu leugnen pflegtet. (14) Ist dies wohl ein Zauberwerk, oder seht ihr es etwa nicht? (15) Brennt darin; und ob ihr euch geduldig oder ungeduldig erweist, es wird für euch gleich sein. Ihr werdet nur für das entlohnt, was ihr getan habt." (16)

Wahrlich, die Gottesfürchtigen sind in Gärten in (einem Zustand) der Wonne (17); sie erfreuen sich der Gaben, die ihr Herr ihnen beschert hat, und ihr Herr wird sie vor der Pein der Al-Ǧaḥīm bewahren. (18) "Esst und trinkt und lasst es euch wohl bekommen für das, was ihr getan habt." (19) Gelehnt werden sie sein auf Ruhebetten in Reihen. Und Wir werden sie mit Ḥūris vermählen. (20)

Und diejenigen, die glauben und (diejenigen, die ihnen) folgen im Glauben von ihren Nachkommen - mit denen wollen Wir ihre Nachkommen vereinen. Und Wir werden ihnen ihre Werke nicht im Geringsten schmälern. Jedermann ist von dem abhängig, was er gewirkt hat. (21) Und Wir werden sie mit Früchten und Fleisch versorgen, wie sie es nur wünschen mögen. (22) Dort werden sie nach einem Becher greifen, durch den man weder zu sinnlosem Gerede noch zu Sündhaftigkeit verleitet wird (23); und sie werden von ihren Jünglingen bedient, als ob sie wohlverwahrte Perlen wären. (24) Und sie wenden sich fragend aneinander (25), (und) sie sagen: "Wahrlich, früher bei unseren Angehörigen waren wir ängstlich (26), doch Allāh ist uns Gnädig gewesen und hat uns vor der Pein des sengenden Windes bewahrt. (27) Wir pflegten vormals zu Ihm zu beten. Er ist der Gütige, der Barmherzige." (28) So ermahne darum; du bist auf Grund der Gnade deines Herrn weder ein Wahrsager noch ein Besessener. (29)

Oder sagen sie etwa: "(Er ist) ein Dichter; wir wollen das Unheil abwarten, das die Zeit über ihn bringen wird."? (30) Sprich: "Wartet nur! Ich bin mit euch bei den Wartenden." (31) Ist es ihr Verstand, der ihnen solches anbefiehlt, oder sind sie ein widerspenstiges Volk? (32) Oder sagen sie etwa: "Er hat ihn (den Qurʾān) aus der Luft gegriffen."? Nein, aber sie wollen es nicht glauben. (33) Lass sie denn eine Verkündigung gleicher Art herbeibringen, wenn sie die Wahrheit sagen! (34) Oder sind sie wohl durch nichts erschaffen worden, oder sind sie gar selbst die Schöpfer? (35) Oder schufen sie die Himmel und die Erde? Nein, aber sie haben keine Gewissheit. (36) Oder gehören ihnen die Schätze deines Herrn, oder sind sie die Herrschenden? (37) Oder haben sie eine Leiter, auf der sie lauschen können? Dann möge ihr Lauscher einen deutlichen Beweis beibringen. (38) Oder hat Er wohl die Töchter, und habt ihr die Söhne? (39) Oder verlangst du einen Lohn von ihnen, so dass sie mit einer Schuldenlast beladen sind? (40) Oder haben sie Kenntnis von dem Verborgenen, so dass sie (es) niederschreiben? (41) Oder beabsichtigen sie, eine List anzuwenden? Die Ungläubigen sind es, die überlistet werden. (42) Oder haben sie einen (anderen) Gott statt Allāh? Hocherhaben ist Allāh über all das, was sie (Ihm) beigesellen. (43)

Und sähen sie ein Stück vom Himmel niederfallen, würden sie sagen: "(Das ist nur) ein Haufen Wolken." (44) So lass sie allein, bis sie ihrem Tag begegnen, an dem sie vom Blitzschlag getroffen werden (45), dem Tag, an dem ihnen ihre List nicht im Geringsten nützt, noch wird ihnen geholfen werden. (46)

Und für jene, die freveln, ist wahrlich (noch) eine Strafe außer dieser (bestimmt). Jedoch die meisten von ihnen wissen es nicht. (47)

So sei denn geduldig mit dem Befehl deines Herrn; denn du stehst unter Unserer Aufsicht; und lobpreise deinen Herrn, wenn du aufstehst. (48) Und preise Ihn auch während eines Teils der Nacht und beim Weichen der Sterne. (49)

(53) Sura An-Naǧm (Der Stern)

Offenbart zu Makka, 62 Āyāt

Im Namen Allāhs, des Allerbarmers, des Barmherzigen!
Beim Stern, wenn er heruntersaust! (1) Euer Gefährte (Muḥammad) ist weder verwirrt, noch befindet er sich im

Unrecht (2), noch spricht er aus Begierde. (3) Vielmehr ist es eine Offenbarung, die (ihm) eingegeben wird. (4) Gelehrt hat ihn einer (Gabriel), der über starke Macht verfügt (5), dessen Macht sich auf alles erstreckt; darum stand er aufrecht da (6), als er am obersten Horizont war. (7) Hierauf näherte er sich; kam dann nach unten (8), bis er eine Entfernung von zwei Bogenlängen erreicht hatte oder noch näher. (9) Und er offenbarte Seinem Diener, was er offenbarte. (10) (Und) dessen Herz hielt es nicht für gelogen, was er sah. (11) Wollt ihr da mit ihm über das streiten, was er sah? (12) Und er sah ihn bei einer anderen Begegnung (13) beim Lotusbaum am äußersten Ende (14), an dem das Paradies der Geborgenheit liegt. (15) Dabei überflutete den Lotusbaum, was (ihn) überflutete. (16) Da wankte der Blick nicht, noch schweifte er ab. (17) Wahrlich, er hatte eines der größten Zeichen seines Herrn gesehen. (18)

Was haltet ihr nun von *Al-Lāt* und *Al-ʿUzzā* (19) und *Manāh*, der dritten der anderen? (20) Wie? Sollten euch die Knaben zustehen und Ihm die Mädchen? (21) Das wäre wahrhaftig eine unbillige Verteilung. (22) Wahrlich, es sind nur die Namen, die ihr euch ausgedacht habt - ihr und eure Väter, für die Allāh keinerlei Ermächtigung herabgesandt hat. Sie folgen einem bloßen Wahn und ihren persönlichen Neigungen, obwohl doch die Weisung ihres Herrn zu ihnen kam. (23)

Kann der Mensch denn haben, was er nur wünscht? (24) Aber Allāhs ist das Diesseits und das Jenseits. (25)

Und so mancher Engel ist in den Himmeln, dessen Fürsprache nichts nützen wird, es sei denn, nachdem Allāh dem die Erlaubnis (dazu) gegeben hat, dem Er will und der Ihm beliebt. (26) Solche, die nicht an das Jenseits glauben, benennen die Engel mit weiblichen Namen. (27) Jedoch sie besitzen kein Wissen hiervon. Sie gehen nur Vermutungen nach; und Vermutungen ersetzen nicht im Geringsten die Wahrheit. (28)

Darum wende dich von dem ab, der Unserer Ermahnung den Rücken kehrt und nichts als das Leben in dieser Welt begehrt. (29) Das ist die Summe ihres Wissens. Wahrlich, dein Herr kennt denjenigen recht wohl, der von Seinem Weg abirrt, und Er kennt auch jenen wohl, der den Weg befolgt. (30)

Und Allāhs ist, was in den Himmeln und was auf Erden ist, auf dass Er denen, die Böses tun, ihren Lohn für das gebe, was sie gewirkt haben; und auf dass Er die, die Gutes tun, mit dem Allerbesten belohne. (31) Jene, die die großen Sünden und Schändlichkeiten meiden, mit Ausnahme leichter Vergehen - wahrlich, dein Herr ist von weitumfassender Vergebung. Er kennt euch sehr wohl; als Er euch aus der Erde hervorbrachte, und als ihr Embryos in den Leibern eurer Mütter wart. Darum erklärt euch nicht selber als rein. Er kennt diejenigen am besten, die (Ihn) fürchten. (32)

Siehst du den, der sich abkehrt (33) und wenig gibt und geizt? (34) Hat er wohl die Kenntnis des Verborgenen, so dass er es sehen könnte? (35)

Oder ist ihm nicht erzählt worden, was in den Schriftblättern Moses' steht (36) und Abrahams, der (die Gebote) erfüllte? (37) (Geschrieben steht) dass keine lasttragende (Seele) die Last einer anderen tragen soll (38), und dass dem Menschen nichts anderes zuteil wird als das, wonach er strebt (39), und dass sein Streben bald sichtbar wird. (40) Dann wird er dafür mit reichlichem Lohn belohnt werden. (41) Und (es steht geschrieben) dass es bei deinem Herrn enden wird (42), und dass Er es ist, Der zum Lachen und Weinen bringt (43), und dass Er es ist, Der sterben lässt und lebendig macht (44), und dass Er die Paare (als) männliche und weibliche (Wesen) erschaffen hat (45) aus einem Samentropfen, der ausgestoßen wird (46), und dass Ihm die zweite Schöpfung obliegt (47), und dass Er allein reich und arm macht (48), und dass Er der Herr des Sirius ist (49), und dass Er die einstigen ʿĀd vernichtete (50) und die Ṯamūd, und keinen verschonte (51), und (dass Er) vordem das Volk Noahs (vernichtete) - wahrlich, sie waren höchst ungerecht und widerspenstig. (52)

Und Er ließ die verderbten Städte einstürzen (53), so dass sie bedeckte, was (sie) bedeckte. (54)

Welche Wohltaten deines Herrn willst du denn bestreiten? (55) Dies ist ein Warner wie die früheren Warner. (56) Die Stunde naht. (57) Keiner außer Allāh kann sie abwenden. (58)

Wundert ihr euch über diese Verkündigung? (59) Und ihr lacht; aber Weinen tut ihr nicht? (60) Und wollt ihr achtlos (hinsichtlich dieser Verkündigung) bleiben? (61)

So fallt denn vor Allāh anbetend nieder und dient (Ihm). (62)

(54) Sura Al-Qamar (Der Mond)

Offenbart zu Makka, 55 Āyāt

Im Namen Allāhs, des Allerbarmers, des Barmherzigen!

Die Stunde ist nahe gekommen, und der Mond hat sich gespalten. (1) Doch wenn sie ein Zeichen sehen, wenden sie sich ab und sagen: "(Dies ist) ein ewiges Zauberwerk." (2) Und sie leugnen und folgen ihren Gelüsten. Doch alles steht endgültig fest. (3)

Und zu ihnen kamen schon einige Geschichten, die abschreckende Warnungen enthalten (4) - vollendete Weisheit; allein selbst die Warnungen richteten (bei ihnen) nichts aus. (5) Darum wende dich von ihnen ab. Am Tage, an dem der Rufer (sie) zu schlimmem Geschehen rufen wird (6), werden sie mit niedergeschlagenen Blicken aus den Gräbern hervorkommen, als wären sie weithin zerstreute Heuschrecken (7), (und) sie werden dem Rufer entgegeneilen. Die Ungläubigen werden sagen: "Das ist ein schrecklicher Tag." (8)

Vor ihnen schon leugnete das Volk Noahs; ja, sie leugneten Unseren Diener und sagten: "(Er ist) ein Besessener." Und er war eingeschüchtert. (9) Da betete er zu seinem Herrn: "Ich bin unterlegen, so hilf Du (mir)." (10) So öffneten Wir denn die Tore des Himmels dem strömenden Wasser (11), und aus der Erde ließen Wir Quellen hervorsprudeln; so vereinigte sich das Wasser zu einem beschlossenen Zweck. (12) Und Wir trugen ihn auf einem Gefüge aus Planken und Nägeln. (13) Es trieb unter Unserer Aufsicht dahin, als Belohnung für denjenigen, der Undank geerntet hatte. (14) Und Wir machten es zu einem Zeichen. Gibt es also einen, der daraus eine Lehre zieht? (15) Wie war denn Meine Strafe und Meine Warnung? (16) Und wahrlich,

Wir haben den Qur'ān zur Ermahnung leicht gemacht. Gibt es also einen, der ermahnt sein mag? (17)

Die 'Ād verleugneten (die Warner). Und wie war dann Meine Strafe und Meine Warnung? (18) Wir sandten gegen sie an einem unheilvollen Tag einen eiskalten Sturmwind, (der) ununterbrochen wütete. (19) Er raffte die Menschen dahin, als wären sie Stämme schon entwurzelter Palmen. (20) Wie war also Meine Strafe und Meine Warnung? (21) Und wahrlich, Wir haben den Qur'ān zur Ermahnung leicht gemacht. Gibt es also einen, der ermahnt sein mag? (22)

Die Ṯamūd verleugneten die Warner (23), und sie sagten: "Wie? Einem Menschen aus unserer Mitte, einem einzelnen sollen wir folgen? Dann befänden wir uns wahrlich im Irrtum und in brennender Pein. (24) Ist die Ermahnung ihm (allein) von uns allen gegeben worden? Nein, er ist ein unverschämter Lügner." (25) "Morgen werden sie erfahren, wer der unverschämte Lügner ist! (26) Wir werden die Kamelstute als eine Prüfung für sie schicken. Darum beobachte sie und harre in Geduld aus. (27) Und verkünde ihnen, dass das Wasser zwischen ihnen geteilt sein soll; (also) soll jede Trinkzeit eingehalten werden." (28) Doch sie riefen ihren Gefährten, und er packte (sie) und schnitt (ihr) die Sehnen durch. (29) Wie war also Meine Strafe und Meine Warnung? (30) Wahrlich, Wir entsandten einen einzigen Schrei auf sie, und sie wurden wie dürre, zertretene Stoppeln. (31) Und wahrlich, Wir haben den Qur'ān zur Ermahnung leicht gemacht. Gibt es also einen, der ermahnt sein mag? (32)

Das Volk Lots verleugnete die Warner. (33) Da sandten Wir einen Steinregen über sie; ausgenommen (davon war) die Familie Lots, die Wir vor dem Morgengrauen erretteten (34) als eine Gnade von Uns. So belohnen Wir den, der dankbar ist. (35) Und er hatte sie in der Tat vor Unserer Strafe gewarnt, sie aber stritten mit ihm und stellten die Warnungen in Frage. (36) Und sie versuchten ihn zu überreden, ihnen seine Gäste auszuliefern. Daher blendeten Wir ihre Augen (und sprachen): "Kostet nun Meine Strafe und Meine Warnung." (37) Und in der Morgenfrühe ereilte sie eine dauernde Strafe. (38) "So kostet nun Meine Strafe und Meine Androhung." (39) Und wahrlich, Wir haben den

Qur'ān zur Ermahnung leicht gemacht. Gibt es also einen, der ermahnt sein mag? (40)

Und zum Volk Pharaos kamen (ebenfalls) die Warner. (41) Sie aber hielten all Unsere Zeichen für Lügen; darum erfassten Wir sie mit dem Griff eines Erhabenen, Allmächtigen. (42)

Sind die Ungläubigen unter euch etwa besser als jene? Oder habt ihr in den Schriften einen Freibrief? (43) Oder sagen sie etwa: "Wir sind allesamt eine siegreiche Schar."? (44) Die Scharen werden alle besiegt werden, und sie werden in die Flucht geschlagen. (45) Nein, die Stunde ist ihr Termin; und die Stunde ist noch unheilvoller und bitterer. (46) Wahrlich, die Schuldigen befinden sich im Irrtum und in brennender Pein. (47) Am Tage, wo sie auf ihren Gesichtern ins Feuer geschleift werden, (heißt es): "Fühlt die Berührung der *Saqar*." (48)

Wir haben jedoch ein jegliches Ding nach (rechtem) Maß erschaffen. (49) Und Unser Befehl gleicht einem einzigen Akt - (so schnell) wie ein (einziger) Augenblick. (50) Und Wir haben bereits Leute wie euch vernichtet. Doch gibt es (wenigstens) einen, der ermahnt sein mag? (51) Und alles, was sie getan haben, steht in den Büchern. (52) Und alles Kleine und Große ist niedergeschrieben. (53)

Wahrlich, die Gottesfürchtigen sind inmitten von Gärten an Bächen (54) in einem würdigen Wohnsitz in der Gegenwart eines Mächtigen Königs. (55)

(55) Sura Ar-Raḥmān (Der Allerbarmer)

Offenbart zu Al-Madīna, 78 Āyāt

Im Namen Allāhs, des Allerbarmers, des Barmherzigen!
Der Allerbarmer (1) hat den Qur'ān gelehrt. (2) Er hat den Menschen erschaffen. (3) Er hat ihm das deutliche Reden beigebracht. (4) Die Sonne und der Mond kreisen nach einer festgesetzten Berechnung. (5) Und die Sterne und Bäume fallen (vor Ihm) anbetend nieder. (6) Und den Himmel hat Er emporgehoben. Und Er hat das (richtige) Abwiegen zum Gebot gemacht (7), auf dass ihr euch in der Waage nicht vergeht (8);

so setzt das Gewicht in gerechter Weise und betrügt nicht beim Wiegen. (9) Und Er hat die Erde für die Geschöpfe bereitet (10); auf ihr sind Früchte und Palmen mit Fruchthüllen (11) und Korn auf Halmen und duftende Pflanzen. (12) Welche der Wohltaten eures Herrn wollt ihr beide da leugnen? (13) Er hat den Menschen aus Ton erschaffen, gleich einer Töpferware. (14) Und die Ǧinn erschuf Er aus rauchloser Feuerflamme. (15) Welche der Wohltaten eures Herrn wollt ihr beide da leugnen? (16) (Er ist) der Herr der beiden Aufgänge und der Herr der beiden Untergänge (von Mond und Sonne). (17) Welche der Wohltaten eures Herrn wollt ihr beide da leugnen? (18) Er hat den beiden Gewässern, die einander begegnen, freien Lauf gelassen. (19) Zwischen ihnen steht eine Scheidewand, so dass sie nicht ineinander übergreifen. (20) Welche der Wohltaten eures Herrn wollt ihr beide da leugnen? (21) Perlen kommen aus beiden hervor und Korallen. (22) Welche der Wohltaten eures Herrn wollt ihr beide da leugnen? (23) Und Sein sind die hochragenden Schiffe auf dem Meer, gleich Berge. (24) Welche der Wohltaten eures Herrn wollt ihr beide da leugnen? (25) Alles, was auf (Erden) ist, wird vergehen. (26) Aber das Angesicht deines Herrn bleibt bestehen - des Herrn der Erhabenheit und der Ehre. (27) Welche der Wohltaten eures Herrn wollt ihr beide da leugnen? (28) Ihn bitten alle, die in den Himmeln und auf Erden sind. Er ist tagtäglich in jeglichem Einsatz. (29) Welche der Wohltaten eures Herrn wollt ihr beide da leugnen? (30)

Bald aber werden Wir Uns um euch kümmern, ihr beiden Gewichtigen! (31) Welche der Wohltaten eures Herrn wollt ihr beide da leugnen? (32) O Wesen der Ǧinn und der Menschen! Wenn ihr imstande seid, die Grenzen der Himmel und der Erde zu durchdringen, dann dringt hindurch. Doch ihr werdet nicht imstande sein durchzudringen, es sei denn mit der Macht (eures Herrn). (33) Welche der Wohltaten eures Herrn wollt ihr beide da leugnen? (34) Entsandt werden soll gegen euch eine lodernde Flamme aus Feuer und Kupfer; dann werdet ihr beide euch nicht zu helfen wissen. (35) Welche der Wohltaten eures Herrn wollt ihr beide da leugnen? (36) Und wenn der Himmel sich spaltet und so geworden ist wie eine Rose, gleich rotem Leder. (37) Welche der

Wohltaten eures Herrn wollt ihr beide da leugnen? (38) An jenem Tage werden weder Menschen noch *Ǧinn* nach ihren Sünden befragt. (39) Welche der Wohltaten eures Herrn wollt ihr beide da leugnen? (40) Die Schuldigen werden an ihren Merkmalen erkannt werden, und sie werden an ihren Stirnlocken und Füßen erfasst werden. (41) Welche der Wohltaten eures Herrn wollt ihr beide da leugnen? (42) Das ist *Ǧahannam*, die die Schuldigen leugnen. (43) Zwischen ihr und siedend heißem Wasser werden sie die Runde machen. (44) Welche der Wohltaten eures Herrn wollt ihr beide da leugnen? (45)

Und dem aber, der sich vor der Gegenwart seines Herrn fürchtet, werden zwei Gärten zuteil sein. (46) Welche der Wohltaten eures Herrn wollt ihr beide da leugnen? (47) In beiden (Gärten) wachsen vielerlei Bäume. (48) Welche der Wohltaten eures Herrn wollt ihr beide da leugnen? (49) In beiden (Gärten) fließen zwei Quellen. (50) Welche der Wohltaten eures Herrn wollt ihr beide da leugnen? (51) Darin wird es von jeglicher Fruchtart zwei Arten geben. (52) Welche der Wohltaten eures Herrn wollt ihr beide da leugnen? (53) Sie ruhen auf Kissen, die mit Brokat gefüttert sind. Und die Früchte der beiden Gärten sind nahe zur Hand. (54) Welche der Wohltaten eures Herrn wollt ihr beide da leugnen? (55) Darin sind (keusche Mädchen) mit züchtigem Blick, die weder Menschen noch *Ǧinn* vor ihnen berührt haben. (56) Welche der Wohltaten eures Herrn wollt ihr beide da leugnen? (57) (Es scheint) als wären sie (die Mädchen) Rubine und Korallen. (58) Welche der Wohltaten eures Herrn wollt ihr beide da leugnen? (59) Kann der Lohn für Güte (etwas) anderes sein als Güte. (60) Welche der Wohltaten eures Herrn wollt ihr beide da leugnen? (61) Und neben diesen beiden gibt es noch zwei (andere) Gärten. (62) Welche der Wohltaten eures Herrn wollt ihr beide da leugnen? (63) (Es sind Gärten) mit dunkelgrünem Blattwerk. (64) Welche der Wohltaten eures Herrn wollt ihr beide da leugnen? (65) Darin fließen zwei Quellen, die reichlich Wasser spenden. (66) Welche der Wohltaten eures Herrn wollt ihr beide da leugnen? (67) In beiden (Gärten) sind Früchte und Dattelpalmen und Granatäpfel. (68) Welche der Wohltaten eures Herrn wollt ihr beide da leugnen? (69) Darin sind gute und schöne (Mädchen). (70) Welche der Wohltaten eures Herrn wollt ihr beide da leugnen? (71) (Es sind) Ḥūris, wohlbehütet in Zelten. (72) Welche der Wohltaten eures Herrn wollt ihr beide da leugnen? (73) Vor ihnen haben weder Menschen noch Ǧinn sie (die Mädchen) berührt. (74) Welche der Wohltaten eures Herrn wollt ihr beide da leugnen? (75) Sie ruhen auf grünen Kissen und schönen Teppichen. (76) Welche der Wohltaten eures Herrn wollt ihr beide da leugnen? (77)

Segensreich ist der Name deines Herrn, des Herrn der Erhabenheit und der Ehre. (78)

(56) SURA AL-WĀQIʿA (DAS EREIGNIS)

Offenbart zu Makka, 96 Āyāt

Im Namen Allāhs, des Allerbarmers, des Barmherzigen!

Wenn das Ereignis eintrifft (1), gibt es keinen, der sein Eintreffen verleugnen könnte. (2) Dann wird es (die einen) erniedrigen, (andere) wird es erhöhen. (3) Wenn die Erde heftig geschüttelt wird (4) und die Berge gänzlich zerbröckelt werden (5), dann sollen sie zu weithin zerstreutem Staub werden. (6) Und ihr sollt in drei Gattungen (gegliedert) werden (7): (In) die zur Rechten - was (wisst ihr) von denen, die zur Rechten sein werden? (8) Und (in) die zur Linken - was (wisst ihr) von denen, die zur Linken sein werden? (9) Und (in) die Vordersten - (sie) werden die Vordersten sein. (10) Das sind die, die Allāh nahe sein werden (11) in den Gärten der Wonne. (12) (Dies sind) eine große Schar der Früheren (13) und einige wenige der Späteren. (14) Auf Polstern, die mit Gold durchwoben sind (15), lehnen (sie) auf diesen einander gegenüber. (16) Bedient werden sie von Jünglingen, die nicht altern (17), mit Bechern und Krügen aus einer fließenden Quelle. (18) Keinen Kopfschmerz werden sie davon bekommen, noch wird ihnen das Bewusstsein schwinden. (19) Und Früchte, die sie sich wünschen (20), und Fleisch vom Geflügel, das sie begehren (21), und Ḥūris (22), wohlbehüteten Perlen gleich (23), (werden sie erhalten) als Belohnung für das, was sie zu tun pflegten. (24) Sie werden dort weder leeres

Gerede noch Anschuldigung der Sünde hören (25), nur das Wort: "Frieden, Frieden!" (26)

Und die zur Rechten - was (wisst ihr) von denen, die zur Rechten sein werden? (27) (Sie werden) unter dornlosen Lotusbäumen (sein) (28) und gebüschelten Bananen (29) und endlosem Schatten (30), bei fließendem Wasser (31) und vielen Früchten (32), die weder zu Ende gehen, noch für verboten erklärt werden (33), und auf erhöhten Ruhekissen. (34) Wir haben sie (die Ḥūris) in herrlicher Schöpfung gestaltet (35) und sie zu Jungfrauen gemacht (36), zu liebevollen Altersgenossinnen (37) derer zur Rechten. (38) (Dies sind) eine große Schar der Früheren (39) und eine große Schar der Späteren. (40)

Und die zur Linken - was (wisst ihr) von denen, die zur Linken sein werden? (41) (Sie werden) inmitten von glühenden Winden und siedendem Wasser (sein) (42) und im Schatten schwarzen Rauches (43), der weder kühl noch erfrischend ist. (44) Vor diesem (Schicksal) wurden sie in der Tat mit Wohlleben verwöhnt (45); und (sie) verharrten in großer Sünde. (46) Und sie pflegten zu sagen: "Wie? Wenn wir tot sind und zu Staub und Gebeinen geworden sind, dann sollen wir wirklich auferweckt werden? (47) Und unsere Vorväter auch?" (48) Sprich: "Wahrlich, die Früheren und die Späteren (49) werden alle zur gesetzten Frist eines bestimmten Tages versammelt werden. (50) Dann, o ihr Irregegangenen und Leugner (51), sollt ihr vom Baume Zaqqūm essen (52) und damit eure Bäuche füllen (53) und darauf von siedendem Wasser trinken. (54) Dann trinkt (ihr) wie die durstigen Kamele trinken." (55) Das wird ihre Bewirtung am Tage des Gerichts sein. (56) Wir haben euch erschaffen. Warum wollt ihr da nicht die Wahrheit zugeben. (57)

Habt ihr betrachtet, was euch an Sperma entfließt? (58) Erschafft ihr es oder sind Wir die Schöpfer? (59) Wir haben für euch den Tod verordnet, und Wir sind nicht unfähig dazu (60), an eurer Stelle andere wie euch hervorzubringen und euch in einen Zustand zu versetzen, den ihr nicht kennt. (61) Und ihr kennt doch gewiss die erste Schöpfung. Warum also wollt ihr euch nicht besinnen? (62)

Habt ihr betrachtet, was ihr aussät? (63) Seid ihr es, die es wachsen lassen, oder lassen Wir es wachsen? (64) Wollten Wir, könnten Wir es in brüchiges Zeug verwandeln; dann würdet ihr nicht aufhören, euch zu beklagen (65): "Wir sind zugrunde gerichtet! (66) Nein, wir sind beraubt." (67)

Habt ihr das Wasser betrachtet, das ihr trinkt? (68) Seid ihr es, die es aus den Wolken niedersenden, oder sind Wir es, die es niedersenden? (69) Wollten Wir, könnten Wir es bittersalzig machen. Warum also dankt ihr (Mir) nicht? (70)

Habt ihr das Feuer betrachtet, das ihr entzündet? (71) Seid ihr es, die den Baum dazu hervorbrachten, oder sind Wir dessen Urheber? (72)

Wir haben das (Feuer) zur Ermahnung (vor der Hölle) erschaffen und zum Nutzen für die Wanderer durch die Wildnisse. (73) Darum preise den Namen deines Allmächtigen Herrn. (74)

Ich schwöre bei den Stationen der Sterne - (75) und wahrlich, das ist ein großer Schwur, wenn ihr es nur wüsstet (76), dass dies wahrlich ein edler Qurʾān ist (77) in einer wohlaufbewahrten Urschrift. (78) Keiner kann sie berühren, außer den Reinen. (79) (Sie ist) eine Offenbarung vom Herrn der Welten. (80) Wollt ihr denn gegenüber dieser Verkündigung undankbar sein? (81) Und dass ihr (sie) leugnet, soll das euer Dank sein? (82)

Warum wohl, wenn (die Seele des Sterbenden) zur Kehle steigt (83) und ihr in jenem Augenblick zuschaut? (84) Und Wir sind ihm näher als ihr, nur dass ihr es nicht seht. (85) Warum wohl, wenn ihr nicht zur Rechenschaft gezogen werden sollt? (86) Zwingt ihr sie doch zurück (in den Leib), wenn ihr wahrhaftig seid? (87) Wenn er nun zu denen gehört, die (Allāh) nahe sind (88), dann (wird er) Glückseligkeit (genießen) und Düfte und Gärten der Wonne. (89) Und wenn er zu denen gehört, die zur Rechten sind (90), (wird ein) "Friede sei auf dir" von denen, die der Rechten angehören, (zugerufen). (91) Wenn er aber zu den Leugnern, Irregegangenen gehört (92), dann (wird ihm) eine Bewirtung mit siedendem Wasser zuteil (93) und Brennen in der *Al-Ǧaḥīm*. (94)

Wahrlich, dies ist die Wahrheit in aller Gewissheit. (95) Lobpreise darum den Namen deines Allmächtigen Herrn. (96)

(57) Sura Al-Ḥadīd (Das Eisen)

Offenbart zu Al-Madīna, 29 Āyāt

Im Namen Allāhs, des Allerbarmers, des Barmherzigen!

Es preist Allāh, was in den Himmeln und was auf der Erde ist, und Er ist der Erhabene, der Allweise. (1) Sein ist das Königreich der Himmel und der Erde. Er macht lebendig und lässt sterben, und Er hat Macht über alle Dinge. (2) Er ist der Erste und der Letzte, der Offenbare und der Verborgene, und Er ist der Kenner aller Dinge. (3) Er ist es, Der die Himmel und die Erde in sechs Tagen erschuf und Sich alsdann (hoheitsvoll) über den Thron erhob. Er weiß, was in die Erde eingeht und was aus ihr hervorkommt, was vom Himmel herniederkommt und was zu ihm aufsteigt. Und Er ist mit euch, wo immer ihr (auch) sein mögt. Und Allāh sieht alles, was ihr tut. (4) Sein ist das Königreich der Himmel und der Erde; und zu Allāh werden alle Dinge zurückgebracht. (5) Er lässt die Nacht in den Tag und den Tag in die Nacht eintreten; und Er ist der Kenner all dessen, was (ihr) in den Herzen hegt. (6)

Glaubt an Allāh und Seinen Gesandten und spendet von dem, zu dessen Erben Er euch gemacht hat. Und jenen von euch, die glauben und spenden, wird ein großer Lohn zuteil sein. (7) Was ist euch, dass ihr nicht an Allāh glaubt, obwohl der Gesandte euch aufruft, an euren Herrn zu glauben; und Er hat von euch bereits ein Versprechen abgenommen, wenn ihr Gläubige seid. (8)

Er ist es, Der deutliche Zeichen auf Seinen Diener hinabsendet, auf dass Er euch aus den Finsternissen ins Licht führe. Und wahrlich, Allāh ist gegen euch Gnädig, Barmherzig. (9)

Was ist euch, dass ihr nicht für Allāhs Sache spendet, obwohl die Erbschaft der Himmel und der Erde Allāh gehört? Es sind nicht gleich diejenigen unter euch, die spendeten und kämpften vor dem Sieg. Sie stehen höher im Rang als jene, die erst nachher spendeten und kämpften. Allen aber verhieß Allāh Gutes. Und Allāh ist dessen wohl kundig, was ihr tut. (10)

Wer ist es, der Allāh ein gutes Darlehen geben will? Er wird es ihm um ein Vielfaches mehren, und ihm wird ein würdiger Lohn zuteil sein. (11) Am Tage, da du die gläubigen Männer und die gläubigen Frauen sehen wirst, während (die Strahlen) ihres Lichts vor ihnen und zu ihrer Rechten hervorbrechen (wird es heißen): "Eine frohe Botschaft (sei) euch heute (beschieden)! In den Gärten, durch die Bäche fließen, werdet ihr ewig weilen. Das ist der gewaltige Gewinn." (12) Am Tage, wenn die Heuchler und die Heuchlerinnen zu den Gläubigen sagen werden: "Wartet auf uns! Wir wollen ein wenig von eurem Lichtstrahl bekommen", da wird (zu ihnen) gesprochen werden: "Kehrt zurück und sucht (dort) Licht." Dann wird zwischen ihnen eine Mauer mit einem Tor darin errichtet werden. Innerhalb davon befindet sich die Barmherzigkeit und außerhalb davon die Strafe. (13) Sie werden jenen (Gläubigen) zurufen: "Waren wir nicht mit euch?" Jene werden sagen: "Doch, aber ihr versuchtet euch selber und wartetet und zweifeltet, und es betörten euch die eitlen Wünsche, bis Allāhs Befehl kam. Und der Betörer hat euch über Allāh betört." (14) So soll heute kein Lösegeld angenommen werden – weder von euch noch von den Ungläubigen. Eure Herberge ist das Feuer; es ist euer Schutzspender. Und eine schlimme Bestimmung ist das! (15)

Ist nicht für die Gläubigen die Zeit gekommen, ihre Herzen zu demütigen vor der Ermahnung Allāhs und vor der Wahrheit, die herabkam, und nicht so zu werden wie jene, denen zuvor die Schrift gegeben wurde und denen es zu lange dauerte, so dass ihre Herzen verstockt und viele von ihnen zu Frevlern wurden? (16)

Wisst, dass Allāh die Erde nach ihrem Tode belebt. Wahrlich, Wir haben euch die Zeichen klar gemacht, auf dass ihr (sie) begreifen mögt. (17)

Wahrlich, die mildtätigen Männer und die mildtätigen Frauen und jene, die Allāh ein gutes Darlehen geben – es wird ihnen um ein Vielfaches gemehrt, und ihnen wird ein würdiger Lohn zuteil sein. (18) Und diejenigen, die an Allāh und Seine Gesandten glauben, sind die Wahrhaftigen und die Bezeugenden vor ihrem Herrn; sie werden ihren Lohn und ihr Licht empfangen. Diejenigen aber, die ungläubig sind und Unsere Zeichen leugnen, sind die Insassen der *Al-Ǧaḥīm*. (19)

Wisst, dass wahrlich das diesseitige Leben nur ein Spiel und ein Zeitvertreib ist und ein Prunk und Geprahle unter euch und ein Wettrennen um Vermehrung von Gut und Kindern. Es gleicht dem reichlichen Regen, dessen Pflanzenwuchs den Säern gefällt. Dann verdorrt er, und du siehst ihn vergilben; hierauf wird er brüchig. Und im Jenseits gibt es eine strenge Strafe, aber auch Vergebung von Allāh und Wohlgefallen. Und das diesseitige Leben ist nichts anderes als eine Nutznießung, durch die man sich betören lässt. (20)

Wetteifert denn miteinander um die Vergebung eures Herrn und um das Paradies, dessen Größe gleich der Größe des Himmels und der Erde ist. (Es ist für) jene bereitet, die an Allāh und Seine Gesandten glauben. Das ist Allāhs Huld; Er gewährt sie, wem Er will. Und Allāh verfügt über die große Huld. (21)

Es geschieht kein Unheil auf Erden oder an euch, das nicht in einem Buch (verzeichnet) wäre, bevor Wir es ins Dasein rufen - wahrlich, das ist für Allāh ein leichtes (22), auf dass ihr euch nicht darüber betrüben mögt, was euch entging, noch darüber frohlocken mögt, was Er euch gegeben hat. Und Allāh liebt keinen der eingebildeten Prahler (23), die geizig sind und die Menschen zum Geiz anhalten. Und wer da den Rücken wendet - siehe, Allāh ist dann gewiss Der, Der auf keinen angewiesen, des Lobes Würdig ist. (24)

Wahrlich, Wir schickten Unsere Gesandten mit klaren Beweisen und sandten mit ihnen das Buch und die Waagewerte herab, auf dass die Menschen Gerechtigkeit üben mögen. Und Wir schufen das Eisen, worin (Kraft zu) gewaltigem Krieg wie auch zu (vielerlei) Nutzen für die Menschheit ist, damit Allāh die bezeichne, die Ihm und Seinem Gesandten, wenngleich ungesehen, beistehen. Wahrlich, Allāh ist Allmächtig, Erhaben. (25)

Und Wir entsandten ja auch Noah und Abraham und verbreiteten unter ihren Nachkommen das Prophetentum und die Schrift. Einige von ihnen waren auf dem rechten Weg, doch viele von ihnen waren Frevler. (26) Dann ließen Wir Unsere Gesandten ihren Spuren folgen; und Wir ließen (ihnen) Jesus, den Sohn der Maria, folgen, und Wir gaben ihm das Evangelium. Und in die Herzen derer, die ihm folgten, legten Wir Güte und Barmherzigkeit. Doch das Mönchtum, das sie im Trachten nach Allāhs Wohlgefallen erfanden - das schrieben Wir ihnen nicht vor; und doch befolgten sie es nicht auf die richtige Art. Dennoch gaben Wir denen von ihnen, die gläubig waren, ihren Lohn, aber viele von ihnen waren Frevler. (27)

O ihr, die ihr glaubt, fürchtet Allāh und glaubt an Seinen Gesandten! Er wird euch einen doppelten Anteil von Seiner Barmherzigkeit geben und wird euch ein Licht bereiten, worin ihr wandeln werdet, und wird euch vergeben - und Allāh ist Allvergebend, Barmherzig (28), damit die Leute der Schrift nicht meinen, dass sie (die Muslime) nicht imstande seien, die Huld Allāhs zu erlangen, und (damit sie wissen), dass die Huld in Allāhs Hand ist, auf dass Er sie verleihe, wem Er will. Und Allāh verfügt über die große Huld. (29)

(58) Sura Al-Muǧādala (Der Streit)

Offenbart zu Al-Madīna, 22 Āyāt

Im Namen Allāhs, des Allerbarmers, des Barmherzigen!

* Allāh hat doch das Wort jener gehört, die mit dir wegen ihres Mannes stritt und sich vor Allāh beklagte. Und Allāh hat euer Gespräch gehört. Wahrlich, Allāh ist Allhörend, Allsehend. (1) Diejenigen von euch, die sich von ihren Frauen scheiden, indem sie sagen: "Du bist mir (verboten) wie der Rücken meiner Mutter", (irren; denn) ihre Mütter sind sie nicht; ihre Mütter sind einzig jene, die sie geboren haben; und sie äußern da nur Worte, die unziemlich und unwahr sind; doch wahrlich, Allāh ist Tilger der Sünden, Allvergebend. (2) Und jene nun, die ihre Frauen Mütter nennen und dann zurücknehmen möchten, was sie gesagt haben - (die Buße dafür) ist die Befreiung eines Sklaven, bevor sie einander berühren. Dies (wird euch gesagt), um euch zu ermahnen. Und Allāh ist dessen wohl kundig, was ihr tut. (3) Wer aber keine Möglichkeit (zur Freilassung eines Sklaven) findet, (soll) dann zwei Monate hintereinander fasten, bevor sie einander berühren. Und wer es nicht vermag, (soll) dann sechzig Arme speisen. Dies (soll so sein), damit ihr an Allāh und Seinen Gesandten glaubt. Das sind die Schranken Allāhs; und den Ungläubigen wird eine qualvolle Strafe zuteil sein. (4)

Wahrlich, diejenigen, die sich Allāh und Seinem Gesandten widersetzen, werden gewiss erniedrigt werden, eben wie die vor ihnen erniedrigt wurden; und wahrlich, Wir haben bereits deutliche Zeichen herniedergesandt. Und den Ungläubigen wird eine schmähliche Strafe zuteil sein. (5) Am Tage, an dem Allāh sie alle zusammen auferweckt, da wird Er ihnen verkünden, was sie getan haben. Allāh hat die Rechnung darüber geführt, während sie es vergaßen. Und Allāh ist der Zeuge aller Dinge. (6)

Siehst du denn nicht, dass Allāh alles weiß, was in den Himmeln ist, und alles, was auf Erden ist? Keine geheime Unterredung zwischen dreien gibt es, bei der Er nicht vierter wäre, noch eine zwischen fünfen, bei der Er nicht sechster wäre, noch zwischen weniger oder mehr als diesen, ohne dass Er mit ihnen wäre, wo immer sie sein mögen. Dann wird Er ihnen am Tage der Auferstehung verkünden, was sie getan haben. Wahrlich, Allāh ist über alle Dinge Allwissend. (7) Hast du nicht die gesehen, denen die geheime Verschwörung verboten worden ist und die doch zu dem zurückkehren, was ihnen verboten worden ist, und sich insgeheim zu Sünde und Übertretung und Ungehorsam gegen den Gesandten verschwören? Und wenn sie zu dir kommen, so begrüßen sie dich mit dem, womit dich Allāh nicht begrüßt hat; bei sich aber sagen sie: "Warum bestraft uns Allāh nicht für das, was wir (gegen Ihn) sagen?" Genügend für sie ist *Ǧahannam*, worin sie brennen werden; und übel ist die Bestimmung! (8)

O ihr, die ihr glaubt, wenn ihr heimlich miteinander redet, so redet nicht in Sünde und Feindseligkeit und Ungehorsam gegen den Gesandten, sondern redet miteinander in Rechtschaffenheit und Gottesfurcht, und fürchtet Allāh, vor Dem ihr versammelt werdet. (9) Die geheime Verschwörung rührt allein von Satan her, der die betrüben will, die gläubig sind; doch er kann ihnen nicht den geringsten Schaden zufügen, es sei denn mit Allāhs Erlaubnis. Und auf Allāh sollen die Gläubigen vertrauen. (10)

O ihr, die ihr glaubt, wenn in Versammlungen zu euch gesagt wird: "Macht Platz!" - dann macht Platz; Allāh wird ausgiebig Platz für euch machen. Und wenn gesagt wird: "Erhebt euch!" - dann erhebt euch; Allāh wird die unter euch, die gläubig sind, und die, denen Wissen gegeben wurde, um Rangstufen erhöhen. Und Allāh ist dessen wohl kundig, was ihr tut. (11)

O ihr, die ihr glaubt, wenn ihr euch mit dem Gesandten vertraulich beraten wollt, so schickt eurer vertraulichen Beratung Almosen (für die Armen) voraus. Das ist besser für euch und lauterer. Wenn ihr aber nicht (die Möglichkeit dazu) findet, dann ist Allāh wahrlich Allverzeihend, Barmherzig. (12)

Seid ihr wegen des Gebens von Almosen vor eurer vertraulichen Beratung besorgt? Nun denn, wenn ihr es nicht tut und Allāh euch in Seine Barmherzigkeit aufnimmt, dann verrichtet das Gebet und entrichtet die *Zakāh* und gehorcht Allāh und Seinem Gesandten. Und Allāh ist dessen wohl kundig, was ihr tut. (13)

Hast du nicht diejenigen gesehen, die sich ein Volk zu Beschützern nehmen, dem Allāh zürnt? Sie gehören weder zu euch noch zu ihnen, und sie beschwören eine Lüge, und sie sind sich dessen bewusst. (14) Allāh hat für sie eine strenge Strafe bereitet. Übel ist wahrlich das, was sie zu tun pflegen. (15) Sie haben ihre Eide lediglich zu ihrem Schutz vorgebracht, und sie wenden vom Weg Allāhs ab; ihnen wird darum eine erniedrigende Strafe zuteil sein. (16) Weder ihre Reichtümer noch ihre Kinder werden ihnen im Geringsten (etwas) gegen Allāh nützen. Sie sind die Bewohner des Feuers; darin müssen sie ewig bleiben. (17) Am Tage, wenn Allāh sie allesamt versammeln wird, da werden sie Ihm schwören, wie sie euch schwören, und sie werden meinen, sie fußten auf etwas. Wahrlich, sicherlich sind sie es, die zu den Lügnern gehören. (18) Satan hat sie völlig in die Macht bekommen und hat sie die Ermahnung Allāhs vergessen lassen. Sie sind Satans Partei. Wahrlich, Satans Partei ist die verlierende. (19) Wahrlich, jene, die sich Allāh und Seinem

Gesandten widersetzen, werden unter den Gedemütigten sein. (20) Allāh hat es vorgeschrieben: Sicherlich werde Ich siegen, Ich und Meine Gesandten. Wahrlich, Allāh ist Allmächtig, Erhaben. (21) Du wirst kein Volk finden, das an Allāh und an den Jüngsten Tag glaubt und dabei diejenigen liebt, die sich Allāh und Seinem Gesandten widersetzen, selbst wenn es ihre Väter wären oder ihre Söhne oder ihre Brüder oder ihre Verwandten. Das sind diejenigen, in deren Herzen Allāh den Glauben eingeschrieben hat und die Er mit einem Sieg von Ihm gestärkt hat. Er wird sie in Gärten führen, durch die Bäche fließen. Darin werden sie auf ewig weilen. Allāh ist wohl zufrieden mit ihnen, und sie sind wohl zufrieden mit Ihm. Sie sind Allāhs Partei. Wahrlich, Allāhs Partei ist die erfolgreiche. (22)

(59) Sura Al-Ḥašr (Die Versammlung)

Offenbart zu Al-Madīna, 24 Āyāt

Im Namen Allāhs, des Allerbarmers, des Barmherzigen!

Alles, was in den Himmeln, und alles, was auf Erden ist, preist Allāh; und Er ist der Erhabene, der Allweise. (1) Er ist es, Der diejenigen vom Volk der Schrift, die ungläubig waren, aus ihren Heimstätten zur ersten Versammlung austrieb. Ihr glaubtet nicht, dass sie hinausziehen würden, und sie dachten, dass ihre Burgen sie gegen Allāh schützen würden. Doch Allāh kam von (dort) über sie, woher sie es nicht erwarteten, und warf Schrecken in ihre Herzen, so dass sie ihre Häuser mit ihren eigenen Händen und den Händen der Gläubigen zerstörten. So zieht eine Lehre daraus, o die ihr Einsicht habt! (2) Und wäre es nicht gewesen, dass Allāh für sie die Verbannung angeordnet hätte, hätte Er sie sicher in (dieser) Welt bestraft; und im Jenseits wird ihnen die Strafe des Feuers zuteil sein. (3) Dies (geschieht), weil sie sich Allāh und Seinem Gesandten widersetzten; und wer sich Allāh widersetzt - wahrlich, dann ist Allāh streng im Strafen. (4) Was ihr an Palmen umgehauen habt oder auf Wurzeln stehen ließet - es geschah mit Allāhs Erlaubnis und (deswegen) damit Er die Übertreter in Schmach stürzen ließ. (5) Und was Allāh Seinem

Gesandten als Beute von ihnen gegeben hat - ihr brauchtet weder Pferde noch Kamele dazu aufzubieten; aber Allāh gibt Seinen Gesandten Gewalt über wen Er will; und Allāh hat Macht über alle Dinge. (6) Was Allāh Seinem Gesandten gegeben hat, das ist für Allāh und für den Gesandten und für die Verwandten und die Waisen und die Armen und den Sohn des Weges, damit es nicht nur bei den Reichen unter euch umläuft. Und was euch der Gesandte gibt, das nehmt an; und was er euch untersagt, dessen enthaltet euch. Und fürchtet Allāh; wahrlich, Allāh ist streng im Strafen. (7) (Dies ist) für die armen Auswanderer, die aus ihren Heimstätten und von ihren Besitztümern vertrieben wurden, während sie nach Allāhs Huld und Wohlgefallen trachteten und Allāh und Seinem Gesandten beistanden. Diese sind die Wahrhaftigen. (8) Und jene, die vor ihnen in der Behausung (des Islam) wohnten und im Glauben heimisch geworden sind, lieben jene, die bei ihnen Zuflucht suchten, und hegen in sich kein Verlangen nach dem, was ihnen gegeben wurde, sondern sehen (die Flüchtlinge gern) vor ihnen selbst bevorzugt, auch wenn sie selbst in Dürftigkeit leben. Und wer vor seiner eigenen Habsucht bewahrt ist - das sind die Erfolgreichen. (9) Und diejenigen, die nach ihnen kamen, sagen: "Unser Herr, vergib uns und unseren Brüdern, die uns im Glauben vorangingen, und lass in unsere Herzen keinen Groll gegen die Gläubigen. Unser Herr! Du bist wahrlich Gütig, Barmherzig." (10)

Hast du nicht die gesehen, die Heuchler sind? Sie sagen zu ihren Brüdern vom Volk der Schrift, die ungläubig sind: "Wenn ihr vertrieben werdet, so werden wir sicher mit euch ziehen, und wir werden nie jemandem gegen euch gehorchen; und wenn ihr angegriffen werdet, so werden wir euch sicher helfen." Doch Allāh ist Zeuge, dass sie gewiss Lügner sind. (11) Wenn sie vertrieben würden, würden sie nie mit ihnen ausziehen; und wenn sie angegriffen würden, würden sie ihnen niemals helfen. Und wenn sie ihnen schon helfen, so werden sie sicher den Rücken wenden (und fliehen); und dann sollen sie (selbst) keine Hilfe finden. (12) Wahrlich, sie hegen größere Furcht vor euch in ihren Herzen als vor Allāh. Dies (ist so), weil sie ein Volk sind, das nichts begreift. (13) Sie würden euch nicht bekämpfen - nicht einmal alle zusammen, außer in befestigten Städten oder hinter Mauern, (obgleich) ihr Kampfgeist untereinander groß ist. Du würdest denken, sie seien eine Einheit, aber ihre Herzen sind uneinig. Dies (ist so), weil sie ein Volk sind, das keinen Verstand hat (14), gleich jenen, die kurz vor ihnen die bösen Folgen ihrer Handlungsweise kosteten. Und für sie ist eine qualvolle Strafe (bereitet) (15), gleich dem Satan, wenn er zum Menschen spricht: "Sei ungläubig!" Ist er aber ungläubig, so spricht er: "Ich habe nichts mit dir zu schaffen; denn ich fürchte Allāh, den Herrn der Welten." (16) Und die Folge (davon) wird sein, dass beide im Feuer sein werden und darin auf ewig bleiben. Und das ist der Lohn der Ungerechten. (17)

O ihr, die ihr glaubt, fürchtet Allāh; und eine jede Seele schaue nach dem, was sie für morgen vorausschickt. Und fürchtet Allāh; wahrlich, Allāh ist dessen wohl kundig, was ihr tut. (18) Und seid nicht wie jene, die Allāh vergaßen und die Er darum ihre eigenen Seelen vergessen ließ. Das sind die Frevler. (19) Nicht gleich sind die Bewohner des Feuers und die Bewohner des Paradieses. Es sind die Bewohner des Paradieses, die erfolgreich sind. (20)

Hätten Wir diesen Qur'ān auf einen Berg herabgesandt, hättest du gesehen, wie er sich gedemütigt und aus Furcht vor Allāh gespalten hätte. Und solche Gleichnisse prägen Wir für die Menschen, auf dass sie nachdenken mögen. (21)

Er ist Allāh, außer Dem kein Gott da ist; Er ist der Kenner des Verborgenen und des Sichtbaren. Er ist der Allerbarmer, der Barmherzige. (22)

Er ist Allāh, außer Dem kein Gott da ist; Er ist der Herrscher, der Einzigheilige, der Friede, der Verleiher von Sicherheit, der Überwacher, der Allmächtige, der Unterwerfer, der Erhabene. Gepriesen sei Allāh über all das, was sie (Ihm) beigesellen. (23)

Er ist Allāh, der Schöpfer, der Bildner, der Gestalter. Ihm stehen „die Schönsten Namen" zu. Alles, was in den Himmeln und auf Erden ist, preist Ihn, und Er ist der Erhabene, der Allweise. (24)

(60) Sura Al-Mumtaḥana (Die Geprüfte)

Offenbart zu Al-Madīna, 13 Āyāt

Im Namen Allāhs, des Allerbarmers, des Barmherzigen!

O ihr, die ihr glaubt, nehmt euch nicht Meine Feinde und eure Feinde zu Beschützern, indem ihr ihnen Zuneigung gutmütig zeigt, wo sie doch die Wahrheit leugnen, die zu euch gekommen ist, und den Gesandten und euch selbst austreiben, weil ihr an Allāh, euren Herrn, glaubt. Wenn ihr zum Kampf für Meine Sache und im Trachten nach Meinem Wohlgefallen ausgezogen seid, gebt ihr ihnen insgeheim Zuneigung zu verstehen, während Ich doch am besten weiß, was ihr verbergt und was ihr kundtut. Und der, der von euch das tut, ist sicherlich vom geraden Weg abgeirrt. (1) Wenn sie die Oberhand über euch gewinnen, dann werden sie sich gegen euch als Feinde betragen und ihre Hände und Zungen zum Bösen gegen euch ausstrecken; und sie wünschen inständig, dass ihr ungläubig würdet. (2) Weder eure Blutsverwandtschaft noch eure Kinder werden euch nützen. Er wird zwischen euch am Tage der Auferstehung entscheiden. Und Allāh sieht alles, was ihr tut. (3)

Ihr habt bereits ein vortreffliches Beispiel an Abraham und denen mit ihm, als sie zu ihrem Volk sagten: "Wir haben nichts mit euch noch mit dem zu schaffen, was ihr statt Allāh anbetet. Wir verwerfen euch. Und zwischen uns und euch ist offenbar für immer Feindschaft und Hass entstanden, (solange) bis ihr an Allāh glaubt und an Ihn allein!" - abgesehen von Abrahams Wort zu seinem Vater: "Ich will gewiss für dich um Verzeihung bitten, obwohl ich nicht die Macht dazu habe, bei Allāh für dich etwas auszurichten." (Sie beteten:) "Unser Herr, in Dich setzen wir unser Vertrauen, und zu Dir kehren wir reumütig zurück, und zu Dir ist die letzte Einkehr. (4) Unser Herr, mache uns nicht zu einer Versuchung für die Ungläubigen und vergib uns, unser Herr; denn Du, und Du allein, bist der Erhabene, der Allweise." (5)

Wahrlich, ihr habt an ihnen ein vortreffliches Beispiel (und so) ein jeder, der auf Allāh hofft und den Jüngsten Tag fürchtet.

Und wer sich abwendet - wahrlich, Allāh ist es, Der auf keinen angewiesen ist, Der des Lobes Würdig ist. (6)

Vielleicht wird Allāh Zuneigung setzen zwischen euch und denen unter ihnen, mit denen ihr in Feindschaft lebt; denn Allāh ist Allmächtig und Allāh ist Allverzeihend, Barmherzig. (7)

Allāh verbietet euch nicht, gegen jene, die euch nicht des Glaubens wegen bekämpft haben und euch nicht aus euren Häusern vertrieben haben, gütig zu sein und redlich mit ihnen zu verfahren; wahrlich, Allāh liebt die Gerechten. (8) Doch Allāh verbietet euch, mit denen, die euch des Glaubens wegen bekämpft haben und euch aus euren Häusern vertrieben und (anderen) geholfen haben, euch zu vertreiben, Freundschaft zu schließen. Und wer mit ihnen Freundschaft schließt - das sind die Missetäter. (9)

O ihr, die ihr glaubt, wenn gläubige Frauen als Flüchtlinge zu euch kommen, so prüft sie. Allāh weiß am besten, wie ihr Glaube in Wirklichkeit ist. Wenn ihr sie dann gläubig findet, so schickt sie nicht zu den Ungläubigen zurück. Diese (Frauen) sind ihnen nicht erlaubt, noch sind sie (als Ehemänner) diesen (Frauen) erlaubt. Jedoch zahlt (ihren ungläubigen Ehemännern) das zurück, was sie (für sie) ausgegeben haben. Und es ist keine Sünde für euch, sie zu heiraten, wenn ihr ihnen ihre Brautgabe gegeben habt. Und haltet nicht am Ehebund mit den ungläubigen Frauen fest, sondern verlangt das zurück, was ihr (für sie) ausgegeben habt, und lasst (die Ungläubigen) das zurückverlangen, was sie (für sie) ausgegeben haben. Das ist Allāhs Gebot. Er richtet zwischen euch. Und Allāh ist Allwissend, Allweise. (10) Und wenn irgendeine von euren Frauen von euch zu den Ungläubigen fortgeht, dann gebt, wenn ihr (bei den Ungläubigen) Beute macht, jenen (Gläubigen), deren Frauen fortgegangen sind, das gleiche von dem, was sie (für ihre Frauen) ausgegeben haben. Und fürchtet Allāh, an Den ihr glaubt. (11)

O Prophet! Wenn gläubige Frauen zu dir kommen und dir den Treueeid leisten, dass sie Allāh nichts zur Seite stellen, und dass sie weder stehlen noch Unzucht begehen, noch ihre Kinder töten, noch Untreue begehen zwischen ihren Händen und Beinen, die sie selbst ersonnen haben, noch dir ungehorsam sein werden in dem, was rechtens ist, dann nimm ihren Treueeid an und bitte Allāh um Vergebung für sie. Wahrlich, Allāh ist Allvergebend, Barmherzig. (12)

O ihr, die ihr glaubt, schließt keine Freundschaft mit einem Volk, dem Allāh zürnt; denn sie haben die Hoffnung auf das Jenseits gerade so aufgegeben, wie die Ungläubigen die Hoffnung auf die Wiederbelebung derer aufgegeben haben, die in den Gräbern liegen. (13)

(61) Sura Aṣ-Ṣaff (Die Einreihung)

Offenbart zu Al-Madīna, 14 Āyāt

Im Namen Allāhs, des Allerbarmers, des Barmherzigen!

Es preist Allāh, was in den Himmeln und was auf der Erde ist; und Er ist der Erhabene, der Allweise. (1) O ihr, die ihr glaubt, warum sagt ihr, was ihr nicht tut? (2) Höchst hassenswert ist es vor Allāh, dass ihr sagt, was ihr nicht tut. (3) Wahrlich, Allāh liebt diejenigen, die für Seine Sache kämpfen, (in eine Schlachtordnung) gereiht, als wären sie ein festgefügtes Mauerwerk. (4)

Und da sagte Moses zu seinem Volk: "O mein Volk, warum kränkt ihr mich, wo ihr doch wisst, dass ich Allāhs Gesandter bei euch bin?" Als sie dann (vom Glauben) abschweiften, da ließ Allāh ihre Herzen abschweifen. Und Allāh leitet kein frevelhaftes Volk. (5)

Und da sagte Jesus, der Sohn der Maria: "O ihr Kinder Israels, ich bin Allāhs Gesandter bei euch, der Bestätiger dessen, was von der Thora vor mir gewesen ist, und Bringer der frohen Botschaft eines Gesandten, der nach mir kommen wird. Sein Name wird Aḥmad sein." Und als er zu ihnen mit den Beweisen kam, sagten sie: "Das ist ein offenkundiger Zauber." (6) Und wer ist ungerechter als der, der gegen Allāh eine Lüge erdichtet und selbst zum Islam aufgefordert wird? Und Allāh leitet kein ungerechtes Volk. (7) Sie wollen Allāhs Licht mit ihren Mündern auslöschen, doch Allāh wird Sein Licht vollenden, auch wenn die Ungläubigen es verwünschen. (8) Er ist es, Der Seinen Gesandten mit der Führung und der wahren Religion geschickt hat, auf dass Er sie über alle Religionen siegen lasse, auch wenn die Götzendiener es verwünschen. (9)

O ihr, die ihr glaubt, soll Ich euch (den Weg) zu einem Handel weisen, der euch vor qualvoller Strafe retten wird? (10) Ihr sollt an Allāh und an Seinen Gesandten glauben und euch für Allāhs Sache mit eurem Gut und eurem Blut eifrig einsetzen. Das ist besser für euch, wenn ihr es nur wüsstet. (11) Er wird euch eure Sünden vergeben und euch in Gärten führen, durch die Bäche fließen, und in gute Wohnungen in den Gärten von Eden. Das ist die große Glückseligkeit. (12) Und noch etwas anderes, das ihr liebt, (wird euch zuteil sein): Hilfe von Allāh und naher Sieg. So verkünde den Gläubigen die frohe Botschaft. (13) O ihr, die ihr glaubt, seid Allāhs Helfer wie Jesus, der Sohn der Maria, (als er) zu den Jüngern sagte: "Wer sind meine Helfer für Allāh?" Die Jünger sagten: "Wir sind Allāhs Helfer." So glaubte ein Teil der Kinder Israels, während ein Teil ungläubig blieb. Da verliehen Wir denen, die glaubten, Stärke gegen ihren Feind, und sie wurden siegreich. (14)

(62) Sura Al-Ǧumuʿa (Der Freitag)

Offenbart zu Al-Madīna, 11 Āyāt

Im Namen Allāhs, des Allerbarmers, des Barmherzigen!

Was in den Himmeln und was auf der Erde ist, preist Allāh, Den Herrscher, Den Einzig Heiligen, Den Erhabenen, Den Allweisen. (1) Er ist es, Der unter den Analphabeten einen Gesandten aus ihrer Mitte erweckt hat, um ihnen Seine Verse zu verlesen und sie zu reinigen und sie die Schrift und die Weisheit zu lehren, obwohl sie sich zuvor in einem offenkundigen Irrtum befanden (2), und anderen von ihnen, die sie noch nicht eingeholt haben. Und Er ist der Erhabene, der Allweise. (3) Das ist Allāhs Huld; Er gewährt sie, wem Er will; und Allāh ist der Herr der großen Huld. (4)

Das Gleichnis derer, denen die Thora auferlegt wurde, und die ihr dann nicht nachlebten, ist wie das Gleichnis eines

Esels, der Bücher trägt. Übel steht es um die Leute, die Allāhs Zeichen leugnen. Und Allāh rechtleitet kein ungerechtes Volk. (5) Sprich: "O ihr, die ihr Juden seid, wenn ihr meint, ihr seid die Schutzbefohlenen Allāhs unter Ausschluss der anderen Menschen, dann wünscht euch den Tod, wenn ihr wahrhaftig seid." (6) Doch sie werden sich ihn niemals wünschen um dessentwillen, was ihre Hände ihnen vorausgeschickt haben. Und Allāh kennt die Ungerechten recht wohl. (7) Sprich: "Der Tod, vor dem ihr flieht, wird euch sicher ereilen. Dann werdet ihr zu Dem zurückgebracht werden, Der es kennt, das Verborgene und das Sichtbare; und Er wird euch verkünden, was ihr zu tun pflegtet." (8)

O ihr, die ihr glaubt, wenn zum Freitagsgebet gerufen wird, dann eilt zum Gedenken Allāhs und stellt den Geschäftsbetrieb ein. Das ist besser für euch, wenn ihr es nur wüsstet. (9) Und wenn das Gebet beendet ist, dann zerstreut euch im Land und trachtet nach Allāhs Gnadenfülle und gedenkt Allāhs häufig, auf dass ihr Erfolg haben mögt. (10)

Doch wenn sie eine Handelsware oder ein Spiel sehen, dann brechen sie sogleich dazu auf und lassen dich (im Gebet) stehen. Sprich: "Was bei Allāh ist, das ist besser als Spiel und Handelsware, und Allāh ist der beste Versorger." (11)

(63) Sura Al-Munāfiqūn (Die Heuchler)

Offenbart zu Al-Madīna, 11 Āyāt

Im Namen Allāhs, des Allerbarmers, des Barmherzigen!

Wenn die Heuchler zu dir kommen, sagen sie: "Wir bezeugen, dass du in Wahrheit der Gesandte Allāhs bist." Und Allāh weiß, dass du wahrhaftig Sein Gesandter bist. Doch Allāh bezeugt, dass die Heuchler Lügner sind. (1) Sie haben ihre Eide lediglich zu ihrem Schutz vorgebracht; so wenden sie vom Weg Allāhs ab. Schlimm ist wahrlich das, was sie zu tun pflegen. (2) Dies (ist so), weil sie glaubten und hernach ungläubig wurden. So ist ein Siegel auf ihre Herzen gesetzt worden, so dass sie nicht begreifen (können). (3) Und wenn du sie siehst, so gefallen dir ihre Gestalten; und wenn sie sprechen, horchst du auf ihre Rede. Sie sind, als wären sie aufgerichtete Holzklötze. Sie glauben, jeder Schrei sei gegen sie (gerichtet). Sie sind der Feind, darum nimm dich vor ihnen in acht. Allāhs Fluch über sie! Wie werden sie abgewendet? (4)

Und wenn zu ihnen gesprochen wird: "Kommt her, der Gesandte Allāhs will für euch um Verzeihung bitten!", dann wenden sie ihre Köpfe zur Seite, und du siehst, wie sie sich in Hochmut abkehren. (5) Es ist ihnen gleich, ob du für sie um Verzeihung bittest oder nicht für sie um Verzeihung bittest. Allāh wird ihnen nie verzeihen; wahrlich, Allāh leitet kein frevelhaftes Volk recht. (6) Sie sind es, die sagen: "Spendet nicht für die, die mit dem Gesandten Allāhs sind, bis sie (ihn) verlassen", während doch die Schätze der Himmel und der Erde Allāhs sind; allein die Heuchler verstehen nichts. (7) Sie sagen: "Wenn wir nach *Al-Madīna* zurückkehren, dann wird der Würdigste sicher den Geringsten aus ihr vertreiben", obwohl die Würdigkeit nur Allāh und Seinem Gesandten und den Gläubigen zusteht; aber die Heuchler wissen es nicht. (8)

O ihr, die ihr glaubt, lasst euch durch euer Vermögen und eure Kinder nicht vom Gedenken an Allāh abhalten. Und wer das tut - das sind die Verlierenden. (9) Und spendet von dem, was Wir euch gegeben haben, bevor einen von euch der Tod ereilt und er sagt: "Mein Herr! Wenn Du mir nur Aufschub für eine kurze Frist gewähren würdest, dann würde ich Almosen geben und einer der Rechtschaffenen sein." (10)

Und nie wird Allāh jemandem Aufschub gewähren, wenn seine Frist um ist; und Allāh ist dessen wohl kundig, was ihr tut. (11)

(64) Sura At-Taġābun (Der verlorene Gewinn)

Offenbart zu Al-Madīna, 18 Āyāt

Im Namen Allāhs, des Allerbarmers, des Barmherzigen!

Es preist Allāh, was in den Himmeln und auf der Erde ist; Sein ist das Königreich und Sein ist das Lob, und Er hat Macht über alle Dinge. (1) Er ist es, Der euch erschaffen hat, aber einige von euch sind ungläubig und einige von euch sind gläubig; und Allāh durchschaut das, was ihr tut. (2) Er erschuf die Himmel und die Erde in gerechter Weise, und Er gestaltete euch und machte eure Gestalt schön, und zu Ihm ist die Heimkehr. (3) Er weiß, was in den Himmeln und auf Erden ist, und Er weiß, was ihr geheimhaltet und was ihr offenkundig tut; und Allāh kennt alles, was in den Herzen ist. (4)

Ist nicht die Geschichte von denen, die zuvor ungläubig waren, zu euch gekommen? So kosteten sie die bösen Folgen ihres Betragens, und ihnen wird eine qualvolle Strafe zuteil sein. (5) Dies (soll so sein), weil ihre Gesandten mit klaren Beweisen zu ihnen kamen, sie aber sagten: "Sollen Menschen uns rechtleiten?" Also glaubten sie nicht und wandten sich ab, doch Allāh hat dies nicht nötig; und Allāh ist auf keinen angewiesen, des Lobes Würdig. (6) Diejenigen, die da ungläubig sind, behaupten, sie würden nicht auferweckt werden. Sprich: "Doch, bei meinem Herrn, ihr werdet gewiss auferweckt werden; dann wird euch gewiss verkündet, was ihr getan habt. Und das ist für Allāh ein leichtes." (7) Darum glaubt an Allāh und Seinen Gesandten und an das Licht, das Wir herniedergesandt haben. Und Allāh ist dessen wohl kundig, was ihr tut. (8) Der Zeitpunkt, wo Er euch am Tage der Versammlung versammeln wird - das wird der Tag des verlorenen Gewinns sein. Und wer an Allāh glaubt und das Rechte tut - Er wird seine Übel von ihm nehmen und wird ihn in Gärten führen, durch die Bäche fließen, worin (sie) auf ewig verweilen. Das ist das große Glück. (9) Diejenigen aber, die ungläubig sind und Unsere Zeichen leugnen, sollen die Bewohner des Feuers sein. Darin bleiben sie auf ewig; und das ist eine schlimme Bestimmung! (10) Kein Unglück trifft ein, es sei denn mit Allāhs Erlaubnis. Und wer an Allāh glaubt, dem leitet

Er sein Herz. Und Allāh weiß alle Dinge. (11) Und gehorcht Allāh und gehorcht dem Gesandten. Doch wenn ihr euch (von ihm) abkehrt, dann obliegt Unserem Gesandten nur die Pflicht zur deutlichen Verkündigung. (12)

Allāh! Es ist kein Gott außer Ihm; und auf Allāh sollen die Gläubigen vertrauen. (13) O ihr, die ihr glaubt, wahrlich, unter euren Frauen und Kindern sind welche, die euch feindlich gesonnen sind; so hütet euch vor ihnen. Und wenn ihr verzeiht und Nachsicht übt und vergebt, dann ist Allāh Allvergebend, Barmherzig. (14) Eure Reichtümer und eure Kinder sind wahrlich eine Versuchung; doch bei Allāh ist großer Lohn. (15) So fürchtet Allāh, soviel ihr nur könnt, und hört und gehorcht und spendet; es wird für euch selbst besser sein. Und wer vor seiner eigenen Habsucht bewahrt ist - das sind die Erfolgreichen. (16) Wenn ihr Allāh ein gutes Darlehen gebt, so wird Er es euch um ein Vielfaches vermehren und wird euch vergeben; und Allāh ist Dankbar, Nachsichtig (17), der Kenner des Verborgenen und des Sichtbaren, der Erhabene, der Allweise. (18)

(65) Sura Aṭ-Ṭalāq (Die Scheidung)

Offenbart zu Al-Madīna, 12 Āyāt

Im Namen Allāhs, des Allerbarmers, des Barmherzigen!

O du Prophet, wenn ihr euch von den Frauen scheidet, so scheidet euch von ihnen zu ihrer festgesetzten Zeit und berechnet die Zeit und fürchtet Allāh, euren Herrn. Treibt sie nicht aus ihren Häusern, noch lasst sie hinausgehen, es sei denn, sie hätten eine offenkundige Schändlichkeit begangen. Und dies sind Allāhs Gebote; und wer Allāhs Gebote übertritt, der hat sich selber Unrecht getan. Du weißt nicht, ob Allāh danach etwas (Unvermutetes) geschehen lassen würde. (1) Wenn sie aber ihren Termin erreicht haben, dann haltet sie in Güte zurück oder trennt euch in Güte von ihnen; und nehmt als Zeugen Leute von Billigkeit unter euch, und legt Zeugnis vor Allāh ab. Dies ist eine Ermahnung für diejenigen, die an Allāh und an den Jüngsten Tag glauben; und dem, der Allāh fürchtet, verschafft Er einen

Ausweg (2) und versorgt ihn in der Art und Weise, mit der er nicht rechnet. Und wer auf Allāh vertraut - für den ist Er sein Genüge. Wahrlich, Allāh setzt durch, was Er will; siehe Allāh hat für alles eine Bestimmung gemacht. (3) Wenn ihr Zweifel hegt (über) jene eurer Frauen, die keine Menstruation mehr erhoffen, (dann wisst, dass) ihre Frist drei Monate beträgt, und (das gleiche gilt für) diejenigen, die noch keine Menstruation gehabt haben. Und für die Schwangeren soll die Frist solange dauern, bis sie zur Welt bringen, was sie getragen haben. Und dem, der Allāh fürchtet, wird Er Erleichterung in seinen Angelegenheiten verschaffen. (4) Das ist Allāhs Befehl, den Er euch herabgesandt hat. Und wer Allāh fürchtet - Er wird seine Übel von ihm nehmen und ihm einen würdigen Lohn geben. (5) Lasst sie wohnen, wo ihr wohnt, gemäß euren Mitteln; und tut ihnen nichts zuleide in der Absicht, es ihnen schwer zu machen. Und wenn sie schwanger sind, so bestreitet ihren Unterhalt, bis sie zur Welt bringen, was sie getragen haben. Und wenn sie (das Kind) für euch stillen, (dann) gebt ihnen ihren Lohn und geht gütig miteinander um; wenn ihr aber Schwierigkeiten miteinander habt, dann soll eine andere (das Kind) für den (Vater) stillen. (6) Jeder soll aus seiner Fülle ausgeben, wenn er die Fülle hat; und der, dessen Mittel beschränkt sind, soll gemäß dem ausgeben, was ihm Allāh gegeben hat. Allāh fordert von keiner Seele etwas über das hinaus, was Er ihr gegeben hat. Allāh wird nach einer Bedrängnis Erleichterung schaffen. (7)

Und so manche Stadt widersetzte sich dem Befehl ihres Herrn und Seiner Gesandten, und Wir zogen sie streng zur Rechenschaft und bestraften sie mit gräßlicher Strafe! (8) So kostete sie die bösen Folgen ihres Betragens, und am Ende ihres Betragens stand ein Verlust. (9) Allāh hat für sie eine strenge Strafe bereitet; so fürchtet Allāh, o ihr Leute von Verstand, die ihr glaubt. Allāh hat euch wahrlich eine Ermahnung herniedergesandt (10), einen Gesandten, der euch die deutlichen Verse Allāhs verliest, auf dass er jene, die glauben und gute Werke tun, aus den Finsternissen ans Licht führe. Und den, der an Allāh glaubt und recht handelt, wird Er in Gärten führen, durch die Bäche fließen, worin (er) auf ewig verweilen wird. Allāh hat ihm wahrlich eine treffliche Versorgung gewährt. (11)

Allāh ist es, Der sieben Himmel erschuf und von der Erde die gleiche Anzahl. Der Befehl steigt zwischen ihnen herab, auf dass ihr erfahren mögt, dass Allāh über alle Dinge Macht hat und dass Allāhs Wissen alle Dinge umfasst. (12)

(66) Sura At-Taḥrīm (Das Verbot)

Offenbart zu Al-Madīna, 12 Āyāt

Im Namen Allāhs, des Allerbarmers, des Barmherzigen!

O Prophet! Warum verbietest du das, was Allāh dir erlaubt hat, um nach der Zufriedenheit deiner Frauen zu trachten? Und Allāh ist Allvergebend, Barmherzig. (1) Wahrlich, Allāh hat für euch die Lösung eurer Eide angeordnet, und Allāh ist euer Beschützer; und Er ist der Allwissende, der Allweise. (2) Und als der Prophet sich zu einer seiner Frauen im Vertrauen geäußert hatte und sie es dann kundtat und Allāh ihm davon Kenntnis gab, da ließ er (sie) einen Teil davon wissen und verschwieg einen Teil. Und als er es ihr vorhielt, da sagte sie: "Wer hat dich davon unterrichtet?" Er sagte: "Unterrichtet hat mich der Allwissende, der Allkundige." (3) Wenn ihr beide (Frauen des Propheten) euch Allāh reumütig zuwendet, so sind eure Herzen bereits (dazu) geneigt. Doch wenn ihr euch gegenseitig gegen ihn unterstützt, wahrlich, dann ist Allāh sein Beschützer; und Gabriel und die Rechtschaffenen unter den Gläubigen (sind ebenso seine Beschützer); und außerdem sind die Engel (seine) Helfer. (4) Vielleicht wird sein Herr ihm, wenn er sich von euch scheidet, an eurer Stelle bessere Frauen als euch geben, muslimische, gläubige, gehorsame, reuige, fromme, fastende (Frauen), Ṭaiyibāt und Jungfrauen. (5)

O ihr, die ihr glaubt, rettet euch und die Euren vor einem Feuer, dessen Brennstoff Menschen und Steine sind, worüber strenge, gewaltige Engel gesetzt sind, die Allāh nicht ungehorsam sind in dem, was Er ihnen befiehlt, und die alles vollbringen, was ihnen befohlen wird. (6)

O ihr, die ihr ungläubig seid, bringt heute keine Entschuldigung vor. Ihr werdet nur für das belohnt, was ihr zu tun pflegtet. (7)

O ihr, die ihr glaubt, wendet euch in aufrichtiger Reue zu Allāh. Vielleicht wird euer Herr eure Übel von euch nehmen und euch in Gärten führen, durch die Bäche fließen; am Tage, da Allāh den Propheten nicht zuschanden macht, noch jene, die mit ihm glauben. Ihr Licht wird vor ihnen hereilen und auf ihrer Rechten (sein). Sie werden sagen: "Unser Herr, mache unser Licht für uns vollkommen und vergib uns; denn Du hast Macht über alle Dinge." (8)

O Prophet! Bekämpfe die Ungläubigen und die Heuchler, und sei streng gegen sie. Ihre Herberge wird Ǧahannam sein, und dies ist ein schlimmes Ende! (9)

Allāh legt denen, die ungläubig sind, das Beispiel von Noahs Frau und von Lots Frau vor: Diese waren unter zwei Unserer rechtschaffenen Diener, doch sie handelten untreu an ihnen. Darum nützten sie ihnen nichts gegen Allāh, und es wurde gesprochen: "Geht ihr beide ins Feuer ein, zusammen mit denen, die (darin) eingehen!" (10)

Und Allāh legt denen, die glauben, das Beispiel von Pharaos Frau vor, als sie sagte: "Mein Herr! Baue mir ein Haus bei Dir im Paradies und befreie mich von Pharao und seinen Taten und befreie mich von dem Volk der Ungerechten!" (11) Und (Allāh legt das Beispiel) von Maria, der Tochter ʿImrāns, (vor) die ihre Scham bewahrte - darum hauchten Wir von Unserem Geist in diese ein; und sie glaubte an die Worte ihres Herrn und an Seine Schrift und war eine der Gehorsamen. (12)

(67) Sura Al-Mulk (Die Herrschaft)

Offenbart zu Makka, 30 Āyāt

Im Namen Allāhs, des Allerbarmers, des Barmherzigen!
Segensreich ist Der, in Dessen Hand die Herrschaft ruht; und Er hat Macht über alle Dinge (1), (Er) Der den Tod erschaffen hat und das Leben, auf dass Er euch prüfe, wer von euch die besseren

Taten verrichte; und Er ist der Erhabene, der Allvergebende (2), Der die sieben Himmel in Schichten erschaffen hat. Keinen Fehler kannst du in der Schöpfung des Allerbarmers sehen. So wende den Blick (zu ihnen) zurück: erblickst du irgendeinen Mangel? (3) Dann wende den Blick abermals zum zweiten Mal zurück: so wird dein Blick nur ermüdet und geschwächt zu dir zurückkehren. (4) Und Wir haben den untersten Himmel wahrlich mit Leuchten geschmückt, und Wir haben sie zu einem Mittel zur Vernichtung der Satane gemacht, und für sie haben Wir die Strafe des flammenden Feuers bereitet. (5) Und für jene, die nicht an ihren Herrn glauben, ist die Strafe der Ǧahannam, und eine üble Bestimmung ist das! (6) Wenn sie hineingeworfen werden, dann werden sie sie aufheulen hören, während sie in Wallung gerät. (7) Fast möchte sie bersten vor Wut. Sooft eine Schar hineingeworfen wird, werden ihre Wächter sie fragen: "Ist denn kein Warner zu euch gekommen?" (8) Sie werden sagen: "Doch, sicherlich, es kam ein Warner zu uns, aber wir leugneten es und sagten: »Allāh hat nichts herabgesandt; ihr befindet euch bloß in einem großen Irrtum.«" (9) Und sie werden (weiter) sagen: "Hätten wir nur zugehört oder Verstand gehabt, dann wären wir nun nicht unter den Bewohnern des flammenden Feuers." (10) So werden sie ihre Sündhaftigkeit zugeben; doch nieder mit den Bewohnern des flammenden Feuers! (11) Wahrlich, diejenigen, die ihren Herrn im Verborgenen fürchten, werden Vergebung und einen großen Lohn erhalten. (12) Und ob ihr euer Wort verbergt oder es offen verkündet, Er kennt die innersten Gedanken der Herzen. (13) Kennt Er den denn nicht, den Er erschaffen hat? Und Er ist der Nachsichtige, der Allkundige. (14) Er ist es, Der euch die Erde untertan gemacht hat; wandert also auf ihren Wegen und genießt Seine Versorgung. Und zu Ihm führt die Auferstehung. (15) Fühlt ihr euch sicher davor, dass Der, Der im Himmel ist, nicht die Erde unter euch versinken lässt, und sie dann ins Wanken gerät? (16) Oder fühlt ihr euch sicher davor, dass Der, Der im Himmel ist, nicht einen Sandsturm gegen euch schickt? Dann werdet ihr wissen, wie Meine Warnung war! (17)

Und schon jene leugneten, die vor ihnen waren; wie war dann (die Folge) Meiner Verleugnung! (18) Haben sie nicht die Vögel über sich gesehen, wie sie ihre Flügel ausbreiten und sie dann einziehen? Kein Anderer als der Allerbarmer hält sie (in der Luft). Wahrlich, Er ist aller Dinge gewahr. (19) Oder wer ist es, der eine Heerschar für euch wäre, um euch gegen den Allerbarmer beizustehen? Die Ungläubigen sind wahrlich völlig betört. (20) Oder wer ist es, der euch versorgen würde, wenn Er Seine Versorgung zurückhielte? Nein, sie verharren in Trotz und in Widerwillen. (21) Wie? Ist denn der, der mit zur Erde gebeugtem Gesicht einhergeht, besser rechtgeleitet als jener, der aufrecht auf dem geraden Weg geht? (22) Sprich: "Er ist es, Der euch ins Dasein rief und Der euch Ohren und Augen und Herzen gab; (aber) gering ist es, was ihr an Dank wisst!" (23) Sprich: "Er ist es, Der euch auf Erden mehrte, und vor Ihm werdet ihr versammelt werden." (24) Und sie sagen: "Wann wird sich diese Androhung erfüllen, wenn ihr wahrhaftig seid?" (25) Sprich:" Das Wissen (darum) ist wahrlich bei Allāh, und ich bin nur ein deutlicher Warner." (26) Doch wenn sie es nahe sehen, dann werden die Gesichter derer, die ungläubig sind, verzerrt sein, und es wird gesprochen werden: "Das ist es, wonach ihr verlangt habt." (27) Sprich: "Was meint ihr, wenn Allāh mich und diejenigen, die mit mir sind, vernichten wollte, oder wenn Er uns Barmherzigkeit erweisen wollte, wer würde (dann) die Ungläubigen vor qualvoller Strafe schützen?" (28) Sprich: "Er ist der Allerbarmer; an Ihn glauben wir und auf Ihn vertrauen wir. Ihr werdet bald erfahren, wer sich in einem offenbaren Irrtum befindet." (29) Sprich: "Was meint ihr, wenn euer Wasser versickern würde, wer könnte euch dann reichlich Wasser bringen?" (30)

(68) Sura Al-Qalam (Das Schreibrohr)

Offenbart zu Makka, 52 Āyāt

Im Namen Allāhs, des Allerbarmers, des Barmherzigen!

Nūn - und beim Schreibrohr und bei dem, was sie niederschreiben! (1) Wahrlich, du bist - durch die Gnade deines Herrn - kein Besessener. (2) Und für dich ist gewiss ein Lohn bestimmt, der dir nicht vorenthalten wird. (3) Und du verfügst wahrlich über großartige Tugendeigenschaften. (4) Also wirst du sehen und sie werden auch sehen (5), wer von euch der Besessene ist. (6) Wahrlich, dein Herr weiß am besten, wer von Seinem Weg abirrt, und Er kennt auch die Rechtgeleiteten am besten. (7) Darum richte dich nicht nach den Wünschen der Leugner. (8) Sie wünschen, dass du dich (ihnen gegenüber) entgegenkommend verhältst, dann würden (auch) sie sich (dir gegenüber) entgegenkommend verhalten. (9) Und füge dich nicht irgendeinem verächtlichen Schwüremacher (10), Verleumder, einem, der umhergeht, um üble Nachrede zu verbreiten (11), einem Behinderer des Guten, Übertreter, Sünder (12) groben Benehmens, einem Bastard. (13) Nur weil er Reichtümer und Kinder besitzt (14), sagt er, wenn ihm Unsere Verse verlesen werden: "(Dies sind) Fabeln der Alten!" (15) Wir wollen ihn auf der Nase brandmarken. (16) Wir prüfen sie, wie Wir die Eigentümer des Gartens prüften, als sie schworen, sie würden sicherlich (all) seine Früchte am Morgen pflücken. (17) Und sie machten keinen Vorbehalt. (18) Dann kam eine Heimsuchung deines Herrn über ihn, während sie schliefen. (19) Und am Morgen war (der Garten) bereits verwüstet. (20) Dann riefen sie am Morgen einander zu (21): "Geht in der Frühe zu eurem Acker hinaus, wenn ihr ernten möchtet." (22) Und sie machten sich auf den Weg und redeten dabei flüsternd miteinander (23): "Zu euch darf ihn heute kein Armer betreten." (24) Und sie gingen in der Frühe hin mit dem festen Vorsatz, geizig zu sein. (25) Doch als sie ihn sahen, sagten sie: "Wahrlich, wir befinden uns im Irrtum! (26) Nein, wir sind beraubt." (27) Der Gemäßigte unter ihnen sagte: "Habe ich euch nicht gesagt: »Warum preist ihr Allāh nicht?«" (28) (Nun) sagten sie: "Preis sei unserem Herrn! Gewiss, wir sind ungerecht gewesen." (29) Dann wandten sich einige von ihnen an die anderen, indem sie sich gegenseitig Vorwürfe machten. (30) Sie sagten: "Wehe uns! Wir waren wahrlich widerspenstig. (31) Vielleicht wird unser Herr uns einen besseren (Garten) als Ersatz für diesen geben; wir flehen demütig zu unserem Herrn." (32) So ist die Strafe. Und wahrlich, die Strafe des Jenseits ist (noch) schwerer. Wenn sie es nur wüssten! (33) Für die Gerechten sind wahrlich Gärten der Wonne bei ihrem Herrn (bestimmt).

(34) Sollten Wir etwa die Gottergebenen wie die Schuldigen behandeln. (35) Was ist euch? Wie urteilt ihr? (36) Oder habt ihr etwa ein Buch, in dem ihr studiert (37), so dass ihr danach alles erhalten sollt, was ihr wünscht? (38) Oder habt ihr Gelöbnisse von Uns - bindend bis zum Tage der Auferstehung, dass alles für euch sei, was ihr befehlt? (39) Frage sie, wer von ihnen dafür bürgen mag. (40) Oder haben sie Partner? So sollen sie ihre Partner herbeibringen, wenn sie die Wahrheit reden. (41)

Am Tage, wenn die Beine entblößt werden und sie aufgefordert werden, sich anbetend niederzuwerfen, werden sie es nicht können. (42) Ihre Blicke werden niedergeschlagen sein, (und) Schande wird sie bedecken; denn sie waren (vergebens) aufgefordert worden, sich anbetend niederzuwerfen, damals als sie (noch) wohlbehalten waren. (43) So überlass Mir diejenigen, die diese Verkündigung leugnen. Wir werden sie Schritt um Schritt gehen lassen, ohne dass sie es wissen. (44) Und Ich gewähre ihnen einen Aufschub; wahrlich, Mein Plan ist vollkommen. (45) Oder verlangst du einen Lohn von ihnen, so dass sie sich von einer Schuldenlast bedrückt fühlen? (46) Oder ist das Verborgene bei ihnen, so dass sie (es) niederschreiben können? (47) So warte geduldig auf den Befehl deines Herrn, und sei nicht wie der Mann des Fisches (Jonas), als er (seinen Herrn) anrief, während er von Kummer erfüllt war. (48) Wäre ihm keine Gnade von seinem Herrn erwiesen worden, wäre er sicher an ein kahles Land geworfen worden, und er wäre geschmäht worden. (49) Doch sein Herr erwählte ihn und machte ihn zu einem der Rechtschaffenen. (50) Und jene, die ungläubig sind, möchten dich gerne mit ihren (zornigen) Blicken zu Fall bringen, wenn sie die Ermahnung hören; und sie sagen: "Er ist gewiss verrückt!" (51) Und es ist nichts anderes als eine Ermahnung für alle Welten. (52)

(69) Sura Al-Ḥāqqa (Die Wahrheit)

Offenbart zu Makka, 52 Āyāt

Im Namen Allāhs, des Allerbarmers, des Barmherzigen!

Al-Ḥāqqa. (1) Was ist Al-Ḥāqqa? (2) Und wie kannst du wissen, was Al-Ḥāqqa ist? (3) Die Ṭamūd und die ʿĀd leugneten Al-Qāriʿa. (4) Dann, was die Ṭamūd anbelangt, so wurden sie durch einen fürchterlichen Schall vernichtet. (5) Und was die ʿĀd anbelangt, so wurden sie durch einen gewaltigen, eiskalten Wind vernichtet (6), den Er sieben Nächte und acht Tage lang ununterbrochen gegen sie wüten ließ, so dass du das Volk hättest sehen können, dort niedergestreckt, als wären sie hohle Palmstämme. (7) Siehst du von ihnen einen übrig (geblieben)? (8) Und Pharao und diejenigen, die vor ihm waren, und die zusammengestürzten Städte waren großen Frevels schuldig (9), und sie waren widerspenstig gegen den Gesandten ihres Herrn, darum erfasste Er sie mit drosselndem Griff. (10) Siehe, als das Wasser schwoll, da trugen Wir euch auf dem Schiff (11), so dass Wir es zu einer Erinnerung für euch machten, und auf dass bewahrende Ohren sie bewahren mögen. (12) Und wenn in den Ṣūr gestoßen wird mit einem einzigen Stoß (13) und die Erde samt den Bergen emporgehoben und dann mit einem einzigen Schlag niedergeschmettert wird (14), an jenem Tage wird das Ereignis schon eingetroffen sein. (15) Und der Himmel wird sich spalten; denn an jenem Tage wird er brüchig sein. (16) Und die Engel werden an seinen Rändern stehen, und acht (Engel) werden an jenem Tage den Thron deines Herrn über sich tragen. (17) An jenem Tage werdet ihr (bei Allāh) vorstellig sein - keines eurer Geheimnisse wird verborgen bleiben. (18)

Was dann den anbelangt, dem sein Buch in die Rechte gegeben wird, so wird er sagen: "Wohlan, lest mein Buch. (19) Wahrlich, ich habe damit gerechnet, dass ich meiner Rechenschaft begegnen werde." (20) So wird er ein Wohlleben (21) in einem hochgelegenen Paradies führen (22), dessen Früchte leicht erreichbar sind. (23) "Esst und trinkt und lasst es euch wohl bekommen für das, was ihr in den vergangenen Tagen gewirkt habt." (24)

Was aber den anbelangt, dem sein Buch in die Linke gegeben wird, so wird er sagen: "O wäre mir mein Buch doch nicht gegeben worden! (25) Und hätte ich doch nie erfahren, was meine Rechenschaft ist! (26) O hätte doch der Tod (mit mir) ein Ende gemacht! (27) Mein Vermögen hat mir nichts genützt. (28) Meine Macht ist von mir gegangen." (29) "Ergreift ihn und fesselt ihn (30), dann lasst ihn hierauf in der *Al-Ǧaḥīm* brennen. (31) Dann legt ihn in eine Kette, deren Länge siebzig Ellen misst (32); denn er glaubte ja nicht an Allāh, den Allmächtigen (33), und forderte nicht zur Speisung der Armen auf. (34) Hier hat er nun heute keinen Freund (35) und keine Nahrung außer Eiter (36), den nur die Sünder essen." (37)

Doch Ich schwöre bei dem, was ihr seht (38), und bei dem, was ihr nicht seht (39), dass dies wahrlich das Wort (Allāhs durch den Mund) eines ehrwürdigen Gesandten ist. (40) Und es ist nicht das Werk eines Dichters; wenig ist das, was ihr glaubt (41), noch ist es die Rede eines Wahrsagers; wenig ist das, was ihr bedenkt. (42) (Es ist) eine Offenbarung vom Herrn der Welten. (43) Und hätte er irgendwelche Aussprüche in Unserem Namen ersonnen (44), hätten Wir ihn gewiss bei der Rechten gefasst (45) und ihm dann die Herzader durchschnitten. (46) Und keiner von euch hätte (Uns) von ihm abhalten können. (47) Und wahrlich, es ist eine Ermahnung für die Gottesfürchtigen. (48) Und Wir wissen wahrlich, dass einige von euch Leugner sind. (49) Und wahrlich, es ist ein schmerzhaftes Bedauern für die Ungläubigen. (50) Und wahrlich, es ist die Wahrheit mit aller Gewissheit. (51) Darum preise den Namen deines Allmächtigen Herrn. (52)

(70) Sura Al-Maʿāriǧ (Die Himmelsleiter)

Offenbart zu Makka, 44 Āyāt

Im Namen Allāhs, des Allerbarmers, des Barmherzigen!

Ein Fragender fragt nach einer Strafe, die hereinbrechen wird (1), die für die Ungläubigen unabwendbar ist (2): sie ist von Allāh, Der über die Himmelsleiter verfügt. (3) Die Engel und Gabriel steigen zu Ihm auf in einem Tage, dessen Ausmaß fünfzigtausend Jahre beträgt. (4) Harre darum schön geduldig aus. (5) Sie meinen, er sei ferne (6); aber Wir sehen, er ist nahe. (7) Am Tage, da der Himmel wie geschmolzenes Metall sein wird (8), und die Berge wie farbige Wollflocken (9), und ein Freund nicht mehr nach einem Freunde fragen wird (10), werden sie in Sichtweite zueinander gebracht werden, und der Schuldige würde sich wohl (gern) loskaufen von der Strafe jenes Tages mit seinen Kindern (11) und seiner Frau und seinem Bruder (12) und seiner Verwandtschaft, die ihn beherbergt hat (13), und allen, die insgesamt auf Erden sind, wenn es ihn nur retten könnte. (14) Nein! Es ist wahrlich eine Feuerflamme (15), die die Kopfhaut gänzlich wegbrennt. (16) Den wird sie rufen, der (Mir) den Rücken kehrt und sich (von Mir) abwendet (17) und (Reichtum) aufhäuft und hortet. (18)

Wahrlich, der Mensch ist (seiner Natur nach) kleinmütig erschaffen worden. (19) Wenn ihn ein Unheil trifft, so gerät er in große Panik (20), doch wenn ihm (etwas) Gutes zukommt, ist er geizig. (21) Nicht so sind diejenigen, die beten (22) und (die Verrichtung) ihrer Gebete einhalten (23), und die, in deren Vermögen ein bestimmter Anteil ist (24) für den Bittenden und den Unbemittelten (25), und die, die an den Tag des Gerichts glauben (26), und die, die vor der Strafe ihres Herrn besorgt sind (27); wahrlich die Strafe ihres Herrn ist nichts, wovor man sicher sein könnte (28); und die, die ihre Scham bewahren (29), außer bei ihren Gattinnen oder denen, die sie von Rechts wegen besitzen; denn da sind sie nicht zu tadeln. (30) Diejenigen aber, die darüber hinaus etwas suchen, das sind die Übertreter. (31) Und die, die mit dem ihnen anvertrauten Gut redlich umgehen und erfüllen, wozu sie sich verpflichtet haben (32), und die, die in ihrer Zeugenaussage aufrichtig sind (33), und die, die ihr Gebet getreulich verrichten (34); diese sind es, die in den Gärten hochgeehrt sein werden. (35) Was aber ist mit denen, die ungläubig sind, dass sie auf dich zugelaufen kommen (36) von rechts und links, in Gruppen? (37) Hofft jeder einzelne von ihnen wohl, den Garten der Wonne zu betreten? (38) Niemals! Sie wissen doch, woraus Wir sie erschufen. (39) Aber nein! Ich schwöre beim Herrn der Aufgänge und der Untergänge, dass Wir imstande sind (40), bessere als sie an ihre Stelle zu setzen, und keiner kann Uns (daran) hindern. (41) So lass sie nur plaudern und sich vergnügen, bis sie ihrem Tag begegnen, der ihnen angedroht wird (42), dem Tag, an dem sie aus ihren Gräbern eilends hervorkommen, als eilten sie zu ihren Götzenfiguren. (43) Ihre Augen werden niedergeschlagen sein; Schmach wird sie bedecken. Das ist der Tag, der ihnen angedroht wurde. (44)

(71) Sura Nūḥ (Noah)

Offenbart zu Makka, 28 Āyāt

Im Namen Allāhs, des Allerbarmers, des Barmherzigen!

Wahrlich, Wir sandten Noah zu seinem Volk (und sprachen:) "Warne dein Volk, bevor über sie eine schmerzliche Strafe kommt." (1) Er sagte: "O mein Volk! Wahrlich, ich bin für euch ein deutlicher Warner (2), auf dass ihr Allāh dienen und Ihn fürchten und mir gehorchen mögt. (3) Dann wird Er euch etwas von euren Sünden vergeben und euch Aufschub bis zu einer bestimmten Frist gewähren. Wahrlich, Allāhs Termin kann nicht verschoben werden, wenn er fällig ist - wenn ihr es nur wüsstet!" (4) Er sagte: "Mein Herr, ich habe mein Volk bei Nacht und bei Tag (zum Glauben) aufgerufen. (5) Doch mein Ruf hat nur bewirkt, dass sie mehr und mehr davonliefen (6); und sooft ich sie rief, dass Du ihnen vergeben mögest, steckten sie ihre Finger in die Ohren und hüllten sich in ihre Gewänder und verharrten (in ihrem Zustand) und wurden allzu hochmütig. (7) Dann rief ich sie laut vernehmbar auf. (8) Dann predigte ich ihnen öffentlich, und ich redete zu ihnen im geheimen (9), und ich sagte: »Sucht Vergebung bei eurem Herrn; denn Er ist Allvergebend. (10) Er wird Regen für euch in Fülle herniedersenden (11); und Er wird euch mit Glücksgütern und Kindern stärken und wird euch Gärten bescheren und für euch Flüsse strömen lassen. (12)

Was ist mit euch, dass ihr Allāh nicht (in der Ihm gebührenden Weise) ehrt (13), wo Er euch doch in (verschiedenen) Phasen erschaffen hat? (14) Habt ihr nicht gesehen, wie Allāh sieben aufeinander geschichtete Himmel erschaffen hat (15) und den Mond als ein Licht in sie gesetzt hat? Und gemacht hat Er die Sonne zu einer Leuchte. (16) Und Allāh hat euch wie die Pflanzen aus der Erde wachsen lassen. (17) Dann wird Er euch wieder in sie zurückkehren lassen, und Er wird euch dann aus ihr hervorbringen. (18) Und Allāh hat die Erde für euch zu einer ausgelegten Fläche gemacht (19), auf dass ihr auf ihren gangbaren Wegen ziehen mögt.«" (20) Noah sagte: "Mein Herr, sie haben mir nicht gehorcht und sind einem gefolgt, dessen Reichtum und Kinder nur sein Verderben verstärkt haben. (21) Und sie haben gewaltige Ränke geschmiedet. (22) Und sie sagen (zueinander): »Lasst eure Götter nicht im Stich. Und verlasst weder *Wadd* noch *Suwāʿ* noch *Yaġūṯ* und *Yaʿūq* und *Nasr*.« (23) Und wahrlich, sie haben viele verführt; so mache, dass die Ungerechten selber um so mehr in die Irre gehen." (24) Ihrer Sünden wegen wurden sie ertränkt und in ein Feuer gebracht. Und dort konnten sie keine Helfer für sich gegen Allāh finden. (25) Und Noah sagte: "Mein Herr, lass auf der Erdoberfläche keinen einzigen von den Ungläubigen (übrig) (26); denn, wenn Du sie lässt, so werden sie nur Deine Diener verführen und werden nur eine unverschämte Nachkommenschaft von Ungläubigen zeugen. (27) Mein Herr, vergib mir und meinen Eltern und dem, der mein Haus gläubig betritt, und den gläubigen Männern und den gläubigen Frauen; und stürze die Ungerechten aber umso tiefer ins Verderben." (28)

(72) Sura Al-Ǧinn (Die Ǧinn)

Offenbart zu Makka), 28 Āyāt

Im Namen Allāhs, des Allerbarmers, des Barmherzigen!

Sprich: "Es wurde mir offenbart, dass eine Schar der *Ǧinn* zuhörte und dann sagte: »Wahrlich, wir haben einen wunderbaren Qurʾān gehört (1), der zur Rechtschaffenheit leitet; so haben wir an ihn geglaubt, und wir werden unserem Herrn nie jemanden zur Seite stellen. (2) Und (wir haben gehört) dass unser Herr - Erhaben ist Er - Sich weder Gattin noch Sohn genommen hat (3), und dass die Toren unter uns abscheuliche Lügen über Allāh zu äußern pflegten. (4) Und wir hatten angenommen, dass weder Menschen noch *Ǧinn* je eine Lüge über Allāh sprechen würden (5), und dass freilich einige Leute von den Menschen bei einigen Leuten der *Ǧinn* Schutz zu suchen pflegten, so dass sie letztere in ihrer Schlechtigkeit bestärkten (6), und dass sie freilich dachten, ebenso wie ihr denkt, Allāh würde nie einen (Propheten) erwecken. (7) Und wir suchten den Himmel, doch wir fanden ihn mit starken Wächtern und (schießenden) Sternschnuppen erfüllt. (8) Und wir pflegten auf einigen seiner Sitze zu sitzen, um zu lauschen. Wer aber jetzt lauscht, der findet einen schießenden Stern für sich auf der Lauer. (9) Und wir wissen nicht, ob (etwas) Böses für diejenigen beabsichtigt ist, die auf Erden sind, oder ob ihnen der Herr (etwas) Gutes zukommen lassen will. (10) Und manche unter uns sind solche, die rechtschaffen (handeln), und manche unter uns sind weit davon entfernt; wir sind Sekten, die verschiedene Wege gehen. (11) Und wir wissen, dass wir auf keine Weise Allāh auf Erden zuschanden machen können, noch können wir Ihm durch Flucht entrinnen. (12) Und als wir aber von der Rechtleitung vernahmen, da glaubten wir an sie. Und der, der an seinen Herrn glaubt, fürchtet weder Einbuße noch Unrecht. (13) Und manche unter uns sind Gottergebene, und manche unter uns sind vom rechten Weg abgewichen.«" Und die sich ergeben haben - diese haben den rechten Weg gefunden. (14)

Diejenigen, die aber vom rechten Weg abweichen, werden Brennstoff der *Ǧahannam* sein. (15) Wenn sie aber den (rechten) Weg einhalten, dann werden Wir ihnen reichlich Wasser zu trinken geben (16), um sie dadurch zu prüfen. Wer sich dann von der Ermahnung seines Herrn abwendet - Er wird ihn in eine zunehmende Strafe stoßen. (17) Und wahrlich, die Moscheen sind Allāhs; so ruft niemanden neben Allāh an. (18) Und als der Diener Allāhs aufstand, um zu Ihm zu beten, da umdrängten sie ihn, so dass sie sich fast erdrückten. (19) Sprich: "Ich rufe einzig meinen Herrn an, und ich stelle Ihm niemanden zur Seite." (20) Sprich: "Ich habe nicht die Macht, euch Schaden oder Nutzen zuzufügen." (21) Sprich: "Wahrlich, keiner kann mich vor Allāh beschützen, noch kann ich eine Zuflucht außer bei Ihm finden. (22) (Ich habe) nur die Übermittlung (der Offenbarung) von Allāh und Seine Botschaften (auszurichten)." Und für diejenigen, die sich Allāh und Seinem Gesandten widersetzen, ist das Feuer der Ǧahannam bestimmt; darin werden sie auf ewig bleiben. (23) Wenn sie dann das sehen werden, das ihnen angedroht wird, so werden sie erfahren, wer schwächer an Helfern und geringer an Zahl ist. (24) Sprich: "Ich weiß nicht, ob das euch Angedrohte nahe ist, oder ob mein Herr eine lange Frist dafür angesetzt hat." (25) Er ist der Kenner des Verborgenen - Er enthüllt keinem Seine Kenntnis vom Verborgenen (26), außer allein dem, den Er unter Seinen Gesandten erwählt hat. Und dann lässt Er vor ihm und hinter ihm eine Schutzwache (27), damit Er gewährleistet sieht, dass sie (Seine Gesandten) die Botschaften ihres Herrn verkündet haben. Und Er umfasst alles, was bei ihnen ist, und Er zeichnet alle Dinge ganz genau auf. (28)

(73) Sura Al-Muzzammil (Der Verhüllte)

Offenbart zu Makka, 20 Āyāt

Im Namen Allāhs, des Allerbarmers, des Barmherzigen!

O du Verhüllter! (1) Verbringe die Nacht stehend (im Gebet) bis auf wenige Zeit davon (2), die Hälfte von ihr, oder verringere sie ein wenig (3), oder füge ein wenig hinzu - und trage den Qurʾān mit *Tartīl* vor. (4) Wahrlich, Wir werden dir ein gewichtiges Wort zukommen lassen. (5) Wahrlich, der Anbruch der Nacht ist die beste Zeit zur Selbstzucht und zur Erfassung des wahren Sinnes der rezitierten Worte (des Qurʾān). (6) Du hast ja gewiss während des Tages eine lange Beschäftigung. (7) Und gedenke des Namens deines Herrn und wende dich Ihm von ganzem Herzen zu. (8) (Er ist) der Herr des Ostens und des Westens - es ist kein Gott außer Ihm; darum nimm Ihn zum Beschützer. (9) Und ertrage in Geduld alles, was sie reden; und halte dich von ihnen in angenehmer Weise zurück. (10) Und überlass Mir diejenigen, die (die Wahrheit) leugnen und sich des Wohllebens erfreuen; und gewähre ihnen eine kurze Frist. (11) Bei Uns sind wahrlich Fesseln und *Al-Ǧaḥīm* (12) und erstickende Speise und schmerzliche Strafe (13) an dem Tage, da die Erde und die Berge erbeben und die Berge ein Haufen zusammengesunkener Dünen sein werden. (14)

Wahrlich, Wir haben euch einen Gesandten geschickt, der euer Zeuge ist, wie Wir zu Pharao einen Gesandten geschickt hatten. (15) Doch Pharao widersetzte sich dem Gesandten; darum erfassten Wir ihn mit einem schrecklichen Strafgericht. (16) Wie wollt ihr euch, wenn ihr ungläubig seid, wohl vor einem Tag schützen, der Kinder zu Greisen macht? (17) Der Himmel wird sich an ihm spalten! Seine Verheißung muss in Erfüllung gehen. (18) Dies ist wahrlich eine Ermahnung. So nehme nun, wer da will, den Weg zu seinem Herrn. (19) Dein Herr weiß wahrlich, dass du (im Gebet etwas) weniger als zwei Drittel der Nacht stehst und (manchmal) eine Hälfte oder ein Drittel (der Nacht), und ein Teil derer, die mit dir sind, (tut desgleichen). Und Allāh bestimmt das Maß der Nacht und des Tages. Er weiß, dass ihr sie (die Ausdauer) nicht (immer) werdet aufbringen können. Darum hat Er Sich euch mit Nachsicht zugewandt. So tragt denn so viel vom Qurʼān vor, wie es (euch) leicht fällt. Er weiß, dass einige unter euch krank sein werden, und andere, die im Lande umherreisen - nach Allāhs Gnadenfülle strebend, und wieder andere, die für Allāhs Sache kämpfen. So tragt von ihm das vor, was (euch) leicht fällt, und verrichtet das Gebet und entrichtet die Zakāh und gebt Allāh ein gutes Darlehen. Und das, was ihr an Gutem für eure Seelen vorausschickt, werdet ihr bei Allāh als besseren und größeren Lohn finden. Und bittet Allāh um Vergebung. Wahrlich, Allāh ist Allvergebend, Barmherzig. (20)

(74) Sura Al-Muddaṭṭir (Der Bedeckte)

Offenbart zu Makka, 56 Āyāt

Im Namen Allāhs, des Allerbarmers, des Barmherzigen!
O du Bedeckter! (1) Erhebe dich und warne (2) und verherrliche deinen Herrn (3) und reinige deine Kleider (4) und meide den Götzendienst (5) und sei nicht wohltätig in Erwartung von persönlichen Vorteilen (6) und sei standhaft um deines Herrn willen. (7) Wenn in den Ṣūr gestoßen wird (8), dann wird der

Tag ein schwerer Tag sein (9), kein leichter für die Ungläubigen.
(10) Lass Mich mit dem, den Ich als Einzelnen erschaffen habe
(11), und dem Ich Vermögen in Fülle verlieh (12) und Söhne, die
immer zugegen waren (13), und für den Ich alle Bequemlichkeit
bereitete. (14) Dennoch wünscht er, dass Ich noch mehr gebe. (15)
Nein; denn er ist Unseren Zeichen feindlich gesonnen gewesen.
(16) Ich werde ihm bald schreckliche Mühsal aufbürden. (17)
Siehe, er sann und wog ab! (18) Darum Verderben über ihn! Wie
wog er ab! (19) Wiederum Verderben über ihn! Wie wog er ab!
(20) Dann schaute er (21), dann runzelte er die Stirn und blickte
verdrießlich (22), dann wandte er sich ab und wurde hochmütig
(23) und sagte: "Das ist nichts als Zauberei, die weitergegeben
wird. (24) Das ist nur ein Menschenwort." (25) Bald werde Ich
ihn in *Saqar* brennen lassen. (26) Und wie kannst du wissen, was
Saqar ist? (27) Sie verschont nichts und lässt nichts übrig (28) und
wird von den Menschen aus großer Entfernung wahrgenommen
(29); sie wird von neunzehn (Engeln) überwacht. (30) Und Wir
haben einzig und allein Engel zu Hütern des Feuers gemacht.
Und Wir setzten ihre Anzahl nicht fest, außer zur Prüfung derer,
die ungläubig sind, auf dass die, denen das Buch gegeben wurde,
Gewissheit erreichen, und auf dass die, die gläubig sind, an
Glauben zunehmen, und auf dass die, denen die Schrift gegeben
wurde, und die Gläubigen, nicht zweifeln, und auf dass die, in
deren Herzen Krankheit ist, und die Ungläubigen sagen mögen:
"Was meint Allāh mit diesem Gleichnis?" Somit erklärt Allāh
zum Irrenden, wen Er will, und leitet recht, wen Er will. Und
keiner kennt die Heerscharen deines Herrn außer Ihm. Dies ist
nur eine Ermahnung für die Menschen. (31)

Nein, bei dem Mond (32); und bei der Nacht, wenn sie zu
Ende geht (33); und bei dem Morgen, wenn er anbricht! (34)
Wahrlich, sie (die Hölle) ist eine der größten (Heimsuchungen)
(35), eine Warnung für die Menschen (36), für die unter euch,
die vorwärts schreiten oder zurückbleiben wollen. (37) Ein
jeder wird für das aufkommen, was er vorausgeschickt hat
(38), ausgenommen die von der Rechten (39), die einander in
Gärten fragen (40) nach den Schuldigen (41): "Was hat euch
in *Saqar* gebracht?" (42) Sie sagen: "Wir waren nicht bei denen,

die beteten (43), noch speisten wir die Armen. (44) Und wir ließen uns ein im Geschwätz mit den Schwätzern. (45) Und wir pflegten den Tag des Gerichts zu leugnen (46), bis der Tod uns ereilte." (47) Darum wird ihnen die Fürsprache der Fürsprecher nichts nützen. (48) Was ist ihnen denn, dass sie sich von der Ermahnung abwenden (49), als wären sie erschreckte Wildesel (50), die vor einem Löwen fliehen? (51) Nein, jeder von ihnen wünscht, es möchten ihm offene Tafeln der Offenbarung gegeben werden. (52) Nein! Wahrlich, sie fürchten nicht das Jenseits. (53) Nein! Wahrlich, dies ist eine Ermahnung. (54) So möge, wer da will, ihrer gedenken. (55) Und sie werden sich nicht ermahnen lassen, bis es Allāh so will. Er ist der Ehrfurcht und der Vergebung Würdig. (56)

(75) Sura Al-Qiyāma (Die Auferstehung)

Offenbart zu Makka, 40 Āyāt

Im Namen Allāhs, des Allerbarmers, des Barmherzigen!

Nein! Ich schwöre beim Tag der Auferstehung (1); und (abermals) nein! Ich schwöre bei jeder reumütigen Seele. (2) Meint der Mensch etwa, dass Wir seine Gebeine nicht sammeln werden? (3) Aber ja, Wir sind wohl imstande, seine Finger gleichmäßig zu formen. (4) Doch der Mensch wünscht sich, Sündhaftigkeit vorauszuschicken. (5) Er fragt: "Wann wird der Tag der Auferstehung sein?" (6) Dann, wenn das Auge geblendet ist (7) und der Mond sich verfinstert (8) und die Sonne und der Mond miteinander vereinigt werden. (9) An jenem Tage wird der Mensch sagen: "Wohin (könnte ich) nun fliehen?" (10) Nein! Es gibt keine Zuflucht! (11) (Nur) bei deinem Herrn wird an jenem Tage die Endstation sein. (12) Verkündet wird dem Menschen an jenem Tage, was er vorausgeschickt und was er zurückgelassen hat. (13) Nein, der Mensch ist Zeuge gegen sich selber (14), auch wenn er seine Entschuldigungen vorbringt. (15) Bewege deine Zunge nicht mit ihm (dem Qurʾān), um dich damit zu übereilen. (16) Uns obliegt seine Sammlung und seine Verlesung. (17) Darum folge seiner Verlesung, wenn Wir ihn verlesen lassen.

(18) Dann obliegt Uns, seine Bedeutung darzulegen. (19) Nein, ihr aber liebt das Weltliche (20) und vernachlässigt das Jenseits. (21) An jenem Tage wird es strahlende Gesichter geben (22), die zu ihrem Herrn schauen. (23) Und manche Gesichter werden an jenem Tage gramvoll sein (24); denn sie ahnen, dass ihnen bald darauf ein schreckliches Unglück widerfahren soll. (25) Ja! Wenn (die Seele eines Sterbenden) bis zum Schlüsselbein emporsteigt (26) und gesprochen wird: "Wer kann die Zauberformel sprechen, (um sie zu retten)?" (27) und er (der Mensch) wähnt, dass (die Stunde des) Abschieds gekommen ist (28) und sich Bein mit Bein (im Todeskampf) verfängt (29), dann wird an jenem Tage das Treiben zu deinem Herrn sein (30); denn er spendete nicht und betete nicht (31), sondern er leugnete und wandte sich (von Ihm) ab. (32) Dann ging er mit stolzem Gang zu den Seinen. (33) "Wehe dir denn! Wehe! (34) Und abermals wehe dir! Und nochmals wehe!" (35) Meint der Mensch etwa, er würde sich selber überlassen sein? (36) War er nicht ein Tropfen Sperma, der ausgestoßen wurde? (37) Dann wurde er ein Blutklumpen; dann bildete und vervollkommnete Er (ihn). (38) Alsdann erschuf Er aus ihm ein Paar, den Mann und die Frau. (39) Ist Er denn nicht imstande, die Toten ins Leben zu rufen? (40)

(76) SURA AL-INSĀN (DER MENSCH)

Offenbart zu Al-Madīna, 31 Āyāt

Im Namen Allāhs, des Allerbarmers, des Barmherzigen!

Gab es nicht für den Menschen eine Zeit, da er nichts Nennenswertes war? (1) Wahrlich, Wir erschufen den Menschen aus einer Ergussmischung, auf dass Wir ihn prüfen möchten; dann machten Wir ihn hörend und sehend. (2) Wir haben ihm den rechten Weg gezeigt, mochte er nun dankbar oder undankbar sein. (3) Wahrlich, Wir haben für die Ungläubigen Ketten, eiserne Nackenfesseln und einen Feuerbrand bereitet. (4) Die Rechtschaffenen aber trinken aus einem Becher, dem Kampfer beigemischt ist. (5) (Er wird gespeist aus) einer Quelle, von der die Diener Allāhs trinken, und die sie in reichlichem

Maße hervorsprudeln lassen. (6) Sie vollbringen das Gelübde, und sie fürchten einen Tag, dessen Unheil sich weithin ausbreitet. (7) Und sie geben Speise - und mag sie ihnen (auch) noch so lieb sein - dem Armen, der Waise und dem Gefangenen (8), (indem sie sagen:) "Wir speisen euch nur um Allāhs willen. Wir begehren von euch weder Lohn noch Dank dafür. (9) Wahrlich, wir fürchten von unserem Herrn einen finsteren, unheilvollen Tag." (10) Darum wird Allāh sie vor dem Übel jenes Tages bewahren und ihnen Herzensfreude und Glückseligkeit bescheren. (11) Und Er wird sie für ihre Geduld mit einem Paradies und seidenen (Gewändern) belohnen. (12) Darin lehnen sie auf erhöhten Sitzen, (und) sie werden dort weder Sonnenhitze noch Eiseskälte erleben. (13) Und seine Schatten werden tief auf sie herabreichen, und seine gebüschelten Früchte machen sich ganz leicht zu greifen. (14) Und Trinkgefäße aus Silber werden unter ihnen die Runde machen, und Pokale, (durchsichtig) wie Glas (15), Gläser aus Silber; und sie werden ihren Umfang selbst bemessen können. (16) Und es wird ihnen dort ein Becher zu trinken gereicht werden, dem Ingwer beigemischt ist. (17) (Er wird gespeist aus) einer Quelle darin, die *Salsabīl* genannt wird. (18) Und es werden sie dort ewig junge Knaben bedienen. Wenn du sie siehst, hältst du sie für verstreute Perlen. (19) Und wohin du dort auch schauen magst, so wirst du ein Wohlleben und ein großes Reich erblicken. (20) Sie werden Gewänder aus feiner, grüner Seide und aus Brokat tragen. Sie werden mit silbernen Spangen geschmückt sein. Und ihr Herr wird sie von einem reinen Trank trinken lassen. (21) "Das ist euer Lohn, und euer Bemühen ist mit Dank angenommen worden." (22) Wahrlich, Wir Selbst haben dir den Qurʾān als Offenbarung herabgesandt. (23) So warte geduldig auf den Befehl deines Herrn und gehorche keinem, der ein Sünder oder ein Ungläubiger unter ihnen ist. (24) Und gedenke des Namens deines Herrn am Morgen und am Abend. (25) Und wirf dich in einem Teil der Nacht vor Ihm in Anbetung nieder und preise Seine Herrlichkeit einen langen Teil der Nacht hindurch. (26) Wahrlich, diese lieben das Weltliche und vernachlässigen den Tag, der hinterher auf (ihnen) lastet. (27) Wir haben sie erschaffen und ihrer Beschaffenheit

Festigkeit verliehen; und wenn Wir wollen, können Wir andere ihresgleichen an ihre Stelle setzen. (28) Wahrlich, dies ist eine Ermahnung. So möge, wer da will, einen Weg zu seinem Herrn einschlagen. (29) Und ihr könnt nur wollen, wenn Allāh will. Wahrlich, Allāh ist Allwissend, Allweise. (30) Er lässt, wen Er will, in Seine Barmherzigkeit eingehen, und für die Frevler hat Er eine qualvolle Strafe bereitet. (31)

(77) Sura Al-Mursalāt (Die Windstöße)

Offenbart zu Makka, 50 Āyāt

Im Namen Allāhs, des Allerbarmers, des Barmherzigen!

Bei den Windstößen, die einander folgen (1); und bei den Stürmen, die durcheinander wirbeln (2); und bei den (Engeln), die stets (die Wolken) verbreiten (3) und zwischen (Gut und Böse) unterscheiden (4) und die Ermahnung überall hinabtragen (5), um zu entschuldigen oder zu warnen! (6) Wahrlich, was euch verheißen wird, wird bestimmt in Erfüllung gehen (7): dann, wenn die Sterne verlöschen (8) und der Himmel sich öffnet (9), und wenn die Berge hinweggeblasen sind (10) und die Gesandten zu ihrer vorbestimmten Zeit gebracht werden. (11) Für welchen Tag sind (diese Geschehnisse) aufgeschoben worden? (12) Für den Tag der Entscheidung. (13) Und wie kannst du wissen, was der Tag der Entscheidung ist? (14) Wehe an jenem Tag den Leugnern! (15) Haben Wir nicht die Früheren vernichtet (16), alsdann ihnen die späteren folgen lassen? (17) So verfahren Wir mit den Schuldigen. (18) Wehe an jenem Tag den Leugnern! (19) Schufen Wir euch nicht aus einer verächtlichen Flüssigkeit (20), die Wir dann an eine geschützte Bleibe brachten (21) für eine bestimmte Fügung? (22) So setzten Wir das Maß fest. Wie trefflich ist Unsere Bemessung! (23) Wehe an jenem Tag den Leugnern! (24) Haben Wir die Erde nicht zu eurer Aufnahme gemacht (25) für die Lebenden und die Toten (26) und auf sie hohe Berge gesetzt und euch wohlschmeckendes Wasser zu trinken gegeben? (27) Wehe an jenem Tag den Leugnern! (28) "Geht nun hin zu dem, was ihr verleugnet habt. (29) Geht hin zu einem Schatten, der drei Verzweigungen hat (30), der weder Schatten spendet noch vor der Flamme schützt." (31) Siehe, sie (die Hölle) wirft Funken (so hoch) wie ein Palast (32), als wären sie Kamele von hellgelber Farbe. (33) Wehe an jenem Tag den Leugnern! (34) Das ist ein Tag, an dem ihnen die Sprache versagt. (35) Es wird ihnen nicht erlaubt sein, Entschuldigungen vorzubringen. (36) Wehe an jenem Tag den Leugnern! (37) Dies ist der Tag der Entscheidung. Wir haben euch und die Früheren versammelt. (38) Habt ihr nun eine List, so setzt eure List gegen Mich ein. (39) Wehe an jenem Tag den Leugnern! (40) Die Gottesfürchtigen werden inmitten von Schatten und Quellen sein (41) und Früchten, welche sie sich wünschen. (42) "Esst und trinkt in Gesundheit um dessentwillen, was ihr getan habt." (43) Wahrlich, so belohnen Wir diejenigen, die Gutes tun. (44) Wehe an jenem Tag den Leugnern! (45) "Esst und ergötzt euch eine kleine Weile. Gewiss, ihr seid die Sünder." (46) Wehe an jenem Tag den Leugnern! (47) Und wenn zu ihnen gesprochen wird: "Beugt euch!", beugen sie sich nicht. (48) Wehe an jenem Tag den Leugnern! (49) An welches Wort, nach diesem, wollen sie denn glauben? (50)

(78) Sura An-Naba' (Die Ankündigung)

Offenbart zu Makka, 40 Āyāt

Im Namen Allāhs, des Allerbarmers, des Barmherzigen!

Wonach befragen sie einander? (1) Nach einer gewaltigen Ankündigung (2), über die sie uneinig sind. (3) Nein! Sie werden es bald erfahren. (4) Und abermals nein! Sie werden es bald erfahren. (5) Haben Wir nicht die Erde zu einem Lager gemacht (6) und die Berge zu Pflöcken? (7) Und Wir haben euch in Paaren erschaffen (8), und Wir haben euch den Schlaf zur Ruhe gemacht (9) und die Nacht zu einer Hülle (10) und den Tag zum Erwerb des Unterhalts (11), und Wir haben über euch sieben starke (Himmel) erbaut (12), und Wir haben eine hellbrennende Leuchte gemacht (13), und Wir senden aus den Regenwolken Wasser in Strömen hernieder (14), auf dass Wir damit Korn und Kraut hervorbringen

(15) sowie üppige Gärten. (16) Wahrlich, der Tag der Entscheidung ist ein fester Termin (17) an jenem Tag, da in den *Ṣūr* gestoßen wird und ihr in Scharen kommt (18), und der Himmel sich öffnet und zu Toren wird (19), und die Berge sich bewegen und zur Luftspiegelung werden. (20) Wahrlich, *Ğahannam* ist ein Hinterhalt (21) - eine Heimstätte für die Widerspenstigen (22), die dort Epochen über Epochen verweilen werden (23); sie werden dort weder Kühle noch Trank kosten (24), außer siedendem Wasser und Eiter. (25) (Dies ist) ein Lohn in angemessener Weise (26), (weil) sie mit keiner Rechenschaft gerechnet haben (27) und gänzlich Unsere Zeichen verleugneten. (28) Und alle Dinge haben Wir restlos niedergeschrieben. (29) "Kostet! Wir werden es euch nicht anders mehren als in der Pein." (30) Wahrlich, für die Gottesfürchtigen gibt es einen Gewinn (31): Gärten und Beerengehege (32) und Mädchen mit schwellenden Brüsten, Altersgenossinnen (33) und übervolle Schalen. (34) Dort hören sie weder Geschwätz noch Lüge (35); (dies ist) ein Lohn von deinem Herrn - eine angemessene Gabe. (36) Dem Herrn der Himmel und der Erde und all dessen, was zwischen beiden ist, Dem Allerbarmer, Dem sie nicht dareinzureden vermögen. (37) Am Tage, da Gabriel und die Engel in Reihen stehen, da werden sie nicht sprechen dürfen; ausgenommen der, dem der Allerbarmer es erlaubt, und der nur das Rechte spricht. (38) Dies ist gewiss der Tag. So möge, wer da will, bei seinem Herrn Einkehr halten. (39) Wahrlich, Wir haben euch gewarnt vor einer Strafe, die nahe bevorsteht: an einem Tag, da der Mensch erblicken wird, was seine Hände vorausgeschickt haben, und der Ungläubige sagen wird: "O dass ich doch Staub wäre!" (40)

(79) Sura An-Nāzi⁽āt (Die Entreißenden)

Offenbart zu Makka, 46 Āyāt

Im Namen Allāhs, des Allerbarmers, des Barmherzigen!
Bei den (Engeln, die die Seelen der Ungläubigen) heftig entreißen (1); und bei denen, (die die Seelen der Gläubigen) leicht emporheben (2); und bei denen, (die auf Geheiß Allāhs zwischen

Himmel und Erde) einher schweben (3); dann bei denen, (die mit den Seelen der Gläubigen ins Paradies) eifrig voraneilen (4); dann bei denen, die jegliche Angelegenheit (des irdischen Lebens) lenken! (5) Eines Tages wird die Dröhnende dröhnen (6), gefolgt von der Darauffolgenden. (7) Herzen werden an jenem Tage zittern (8), und ihre Augen werden niedergeschlagen sein. (9) Sie sagen: "Sollen wir wirklich in unseren früheren Zustand zurückgebracht werden? (10) Wie? Selbst wenn wir verwestes Gebein geworden sind?" (11) Sie sagen: "Das wäre dann eine verlustreiche Wiederkehr." (12) Es wird nur ein einziger Schreckenslaut sein (13), und siehe, sie sind dann auf der Erdoberfläche. (14) Ist die Geschichte von Moses zu dir gedrungen? (15) Damals rief ihn sein Herr im heiligen Tal *Wādi Ṭuwā* (16): "Geh hin zu Pharao; denn er hat das Maß überschritten. (17) Sprich dann (zu ihm): »Willst du dich nicht reinigen? (18) Und ich werde dich zu deinem Herrn führen, auf dass du dich fürchten mögest!«" (19) So zeigte er ihm das große Wunder. (20) Er aber leugnete und blieb ungehorsam. (21) Dann kehrte er den Rücken und lief weg (22), versammelte alsdann (sein Volk) und rief aus (23), indem er sagte: "Ich bin euer höchster Herr." (24) Da erfasste ihn Allāh zur Strafe für jene und diese Tat. (25) Hierin ist wahrlich eine Lehre für den, der fürchtet. (26) Seid ihr denn schwerer zu erschaffen oder der Himmel, den Er gebaut hat? (27) Er hat seine Höhe gehoben und ihn dann vollkommen gemacht. (28) Und Er machte seine Nacht finster und ließ sein Tageslicht hervorgehen. (29) Und Er breitete hernach die Erde aus. (30) Aus ihr brachte Er ihr Wasser und ihr Weideland hervor. (31) Und Er festigte die Berge (32); (dies alles) als eine Versorgung für euch und für euer Vieh. (33) Doch wenn das größte Unheil kommt (34) an jenem Tag, da der Mensch sich (all) das ins Gedächtnis zurückrufen wird, was er erstrebt hat (35), und die *Al-Ǧaḥīm* vor Augen gestellt wird für den, der sieht. (36) Was aber denjenigen angeht, der aufsässig war (37) und das irdische Leben vorzog (38), so wird wahrlich die *Al-Ǧaḥīm* (seine) Herberge sein. (39) Wer aber das Stehen vor seinem Herrn gefürchtet hatte und die eigene Seele von niedrem Gelüst abhielt (40) - so wird das Paradies sicherlich (seine) Herberge sein. (41) Sie befragen dich wegen der

Stunde: "Wann wird ihr Termin wohl sein?" (42) Was weißt du von ihr zu sagen! (43) Das endgültige Wissen darum ist allein deinem Herrn (vorbehalten). (44) Du bist nur ein Warner für den, der sie fürchtet. (45) An jenem Tage, an dem sie sie schauen, werden sie meinen, sie hätten (auf der Erde) nicht länger geweilt als einen Abend oder den Morgen darauf. (46)

(80) Sura ʿAbasa (Er runzelte die Stirn)

Offenbart zu Makka, 42 Āyāt

Im Namen Allāhs, des Allerbarmers, des Barmherzigen!

Er runzelte die Stirn und wandte sich ab (1), als der blinde Mann zu ihm kam. (2) Was lässt dich aber wissen, dass er sich nicht reinigen wollte (3) oder dass er Ermahnung suchte und ihm somit die Lehre nützlich würde? (4) Wer aber es nicht für nötig hält (5), dem kommst du (bereitwillig) entgegen (6), ohne dir etwas daraus zu machen, dass er sich nicht reinigen will. (7) Was aber den anbelangt, der in Eifer zu dir kommt (8) und gottesfürchtig ist (9), um den kümmerst du dich nicht. (10) Nicht so. Wahrlich, dies ist eine Ermahnung (11); so möge, wer da will, diesem eingedenk sein. (12) (Es ist eine Ermahnung) auf geehrten Seiten (13); sie sind emporgehoben, rein (14) in den Händen rechtschaffener Sendboten (15), die edel und tugendhaft sind. (16) Verderben auf den Menschen! Wie undankbar ist er! (17) Woraus hat Er ihn erschaffen? (18) Aus einem Samentropfen hat Er ihn erschaffen und gebildet. (19) Dann hat Er ihm den Weg leicht gemacht. (20) Dann lässt Er ihn sterben und lässt ihn ins Grab bringen. (21) Dann, wenn Er will, erweckt Er ihn wieder. (22) Nein! Wahrlich, er hat nicht getan, was Er ihm geboten hat. (23) So soll der Mensch doch seine Nahrung betrachten. (24) Siehe, Wir gossen das Wasser in Fülle aus. (25) Alsdann spalteten Wir die Erde in wunderbarer Weise (26) und ließen Korn in ihr wachsen (27) und Reben und Gezweig (28) und Ölbäume und Palmen (29) und dicht bepflanzte Gartengehege (30) und Obst und Futtergras (31) als Versorgung für euch und euer Vieh. (32) Doch wenn das betäubende Getöse kommt (33) am Tage, da der Mensch seinen Bruder fluchtartig verlässt (34) sowie seine Mutter und seinen Vater (35) und seine Frau und seine Söhne (36), an jenem Tage wird jeder eigene Sorgen genug haben, die ihn beschäftigen. (37) An jenem Tage werden manche Gesichter strahlend sein (38), heiter und freudig. (39) Und andere Gesichter, an jenem Tage, werden staubbedeckt sein. (40) Trübung wird darauf liegen. (41) Das sind die Ungläubigen, die Unverschämten. (42)

(81) Sura At-Takwīr (Das Einrollen)

Offenbart zu Makka, 29 Āyāt

Im Namen Allāhs, des Allerbarmers, des Barmherzigen!

Wenn die Sonne eingerollt ist (1), und wenn die Sterne trübe sind (2), und wenn die Berge fortbewegt werden (3), und wenn die trächtigen Kamelstuten vernachlässigt werden (4), und wenn wildes Getier versammelt wird (5), und wenn die Meere zu einem Flammenmeer werden (6), und wenn die Seelen (mit ihren Leibern) gepaart werden (7), und wenn das lebendig begrabene Mädchen gefragt wird (8): "Für welch ein Verbrechen wurdest du getötet?" (9) Und wenn Schriften weithin aufgerollt werden (10), und wenn der Himmel weggezogen wird (11), und wenn die *Al-Ǧaḥīm* angefacht wird (12), und wenn das Paradies nahegerückt wird (13); dann wird jede Seele wissen, was sie mitgebracht hat. (14) Doch nein! Ich schwöre bei den rückläufigen Sternen (15), den voraneilenden und den sich verbergenden (16), und bei der Nacht, wenn sie vergeht (17), und Ich schwöre beim Morgen, wenn er zu atmen beginnt (18), dass dies in Wahrheit ein Wort eines edlen Boten (Gabriel) ist (19), der mit Macht begabt ist bei dem Herrn des Throns und in Ansehen steht (20), dem gehorcht wird und der getreu ist (21); und euer Gefährte ist nicht ein Besessener. (22) Wahrlich, er sah ihn am klaren Horizont. (23) Und er ist weder geizig hinsichtlich des Verborgenen (24), noch ist dies das Wort Satans, des Verfluchten. (25) Wohin also wollt ihr gehen? (26) Dies ist ja nur eine Ermahnung für alle Welten. (27) Für denjenigen unter euch, der aufrichtig sein will. (28) Und ihr werdet nicht wollen, es sei denn, dass Allāh will, der Herr der Welten. (29)

(82) SURA AL-INFIṬĀR (DIE SPALTUNG)

Offenbart zu Makka, 19 Āyāt

Im Namen Allāhs, des Allerbarmers, des Barmherzigen!
Wenn der Himmel sich spaltet (1), und wenn die Sterne zerstreut sind (2), und wenn die Meere über die Ufer treten (3), und wenn die Gräber ausgeräumt werden (4); dann wird jede Seele wissen, was sie getan und was sie unterlassen hat. (5) O du Mensch! Was hat dich hinsichtlich deines Ehrwürdigen Herrn betört (6), Der dich erschuf und dich dann ebenmäßig geformt, und in einer geraden Gestalt gemacht hat? (7) In solchem Bild, das Er immer wollte, hat Er dich zusammengesetzt. (8) Seht aber, wie ihr das Gericht leugnet! (9) Und über euch sind wahrlich Hüter (10), Edle, Schreibende (11), die wissen, was ihr tut. (12) Wahrlich, die Rechtschaffenen werden in der Wonne sein (13), und wahrlich, die Unverschämten werden in der *Al-Ǧaḥīm* sein. (14) Sie werden dort brennen am Tage des Gerichts. (15) Und sie werden nicht imstande sein, daraus zu entrinnen. (16) Und was lehrt dich wissen, was der Tag des Gerichts ist? (17) Und wiederum, was lehrt dich wissen, was der Tag des Gerichts ist? (18) An jenem Tag wird keine Seele etwas für eine andere Seele zu tun vermögen; und der Befehl an jenem Tage steht (einzig) Allāh zu. (19)

(83) SURA AL-MUṬAFFIFĪN (DIE DAS MAß VERKÜRZENDEN)

Offenbart zu Makka, 36 Āyāt

Im Namen Allāhs, des Allerbarmers, des Barmherzigen!
Wehe denjenigen, die das Maß verkürzen (1), die, wenn sie sich von den Leuten zumessen lassen, volles Maß verlangen. (2) Und dann jedoch, wenn sie es ihnen ausmessen oder auswägen,

verkürzen sie es. (3) Glauben diese nicht, dass sie auferweckt werden (4) an einem großen Tag (5), an dem die Menschen vor dem Herrn der Welten stehen werden? (6) Nein! Wahrlich, das Buch der Unverschämten ist in *Siĝĝīn*. (7) Und was lehrt dich wissen, was *Siĝĝīn* ist? (8) (Es ist) ein geschriebenes Buch. (9) Wehe an jenem Tage den Leugnern (10), die den Tag des Gerichts leugnen! (11) Und es leugnet ihn keiner als ein jeder sündhafter Übertreter (12), der, wenn ihm Unsere Verse verlesen werden, sagt: "Fabeln der Früheren!" (13) Nein, jedoch das, was sie zu tun pflegten, hat auf ihre Herzen Schmutz gelegt. (14) Nein, sie werden an jenem Tage gewiss keinen Zugang zu ihrem Herrn haben. (15) Dann werden sie wahrlich in der *Al-Ĝaḥīm* brennen. (16) Und es wird gesprochen werden: "Dies ist es, was ihr zu leugnen pflegtet!" (17) Nein! Das Buch der Rechtschaffenen ist gewiss in 'Illiyyūn. (18) Und was lehrt dich wissen, was 'Illiyūn ist? (19) (Es ist) ein geschriebenes Buch. (20) Die Erwählten (Allāhs) werden es sehen. (21) Wahrlich, die Rechtschaffenen werden in Wonne sein. (22) Auf Ruhesitzen werden sie zuschauen. (23) Erkennen wirst du auf ihren Gesichtern den Glanz der Seligkeit. (24) Ihnen wird ein reiner, versiegelter Trank gegeben (25), dessen Siegel Moschus ist - und um dies mögen die Begehrenden wetteifern. (26) Und es wird ihm von *Tasnīm* beigemischt sein (27): von einer Quelle, aus der die Erwählten trinken werden. (28) Jene Frevler haben sich über die Gläubigen lustig gemacht (29); und wenn sie an ihnen vorübergingen, blinzelten sie einander zu (30); und wenn sie zu den Ihren zurückkehrten, kehrten sie frohlockend zurück (31); und wenn sie sie sahen, sagten sie: "Das sind wahrlich Irrende" (32), obwohl sie nicht als Hüter über sie gesandt worden waren. (33) Heute aber sind die Gläubigen diejenigen, die sich über die Ungläubigen lustig machen (34); sie schauen von ihren Ruhesitzen zu. (35) Hat es sich für die Ungläubigen gelohnt, was sie getan haben? (36)

(84) SURA AL-INŠIQĀQ (DAS ZERBRECHEN)

Offenbart zu Makka, 25 Āyāt

Im Namen Allāhs, des Allerbarmers, des Barmherzigen!

Wenn der Himmel zerbricht (1) und seinem Herrn gehorcht und sich Ihm gefügig zeigt (2), und wenn die Erde ausgebreitet wird (3) und herauswirft, was sie verbirgt, und sich (von allem) freimacht (4) und ihrem Herrn gehorcht und sich Ihm gefügig zeigt. (5) Du Mensch! Du strebst mit aller Mühe deinem Herrn zu; und du sollst Ihm begegnen. (6) Was nun den anbelangt, dem sein Buch in seine Rechte gegeben wird (7), der wird einer leichten Rechenschaft unterzogen sein (8) und wird fröhlich zu seinen Angehörigen zurückkehren. (9) Was aber den anbelangt, dem sein Buch hinter seinem Rücken gegeben wird (10), der wird sich bald Vernichtung herbeiwünschen (11) und wird im Höllenfeuer brennen (12); er war gewiss glücklich unter seinen Angehörigen. (13) Siehe, er dachte, dass er nie davon abkommen (und zu Allāh zurückkehren) würde. (14) Doch nein! Sein Herr hat ihn wohl gesehen. (15) Nein! Ich schwöre bei der Abenddämmerung (16); und bei der Nacht und dem, was sie verhüllt (17); und bei dem Mond, wenn er voll wird (18), dass ihr sicherlich von einem Zustand (der Not) in den anderen versetzt werdet. (19) Was also ist mit ihnen, dass sie nicht glauben (20), und wenn ihnen der Qur'ān verlesen wird, sich nicht in Anbetung niederwerfen? (21) Im Gegenteil, die da ungläubig sind, erklären (die Botschaft Allāhs) für eine Lüge. (22) Und Allāh weiß am besten, was sie verbergen. (23) Darum verkünde ihnen eine schmerzliche Strafe. (24) Nicht so denjenigen, die glauben und gute Werke tun - ihnen wird unendlicher Lohn zuteil sein. (25)

(85) SURA AL-BURŪĞ (DIE TÜRME)

Offenbart zu Makka, 22 Āyāt

Im Namen Allāhs, des Allerbarmers, des Barmherzigen!

Beim Himmel mit seinen Türmen (1), und beim verheißenen Tage (2), und beim Zeugen und beim Bezeugten! (3) Verflucht sind die Leute des Grabens (4), des Feuers, mit seinem Brennstoff. (5) Wie sie daran saßen! (6) Und sie werden das bezeugen, was sie den Gläubigen angetan haben. (7) Und sie grollten ihnen nur deshalb, weil sie an Allāh glaubten, den Erhabenen, den Preiswürdigen (8), Dem das Königreich der Himmel und der Erde gehört; und Allāh ist Zeuge von allem. (9) Diejenigen, die die gläubigen Männer und die gläubigen Frauen heimsuchen und es dann nicht bereuen - für sie ist die Strafe der *Ğahannam*, und für sie ist die Strafe des Brennens (bestimmt). (10) Doch jene, die glauben und gute Werke tun - für sie sind Gärten, durch die Bäche fließen, (bestimmt). Das ist der größte Gewinn. (11) Wahrlich, die Rache deines Herrn ist enorm. (12) Er ist es, Der erschafft und wiederkehren lässt. (13) Und Er ist der Allvergebende, der Liebvolle (14), Der Herr des Ruhmvollen Throns. (15) Er tut, was Er will. (16) Hat die Geschichte von den Heerscharen dich erreicht (17), von Pharao und den Ṯamūd? (18) Nein, aber die Ungläubigen bestehen auf dem Leugnen (19); und Allāh ist hinter ihnen her und hat sie alle in Seiner Gewalt. (20) Ja, es ist ein ruhmvoller Qur'ān (21) auf einer wohlverwahrten Tafel. (22)

(86) Sura Aṭ-Ṭāriq

Offenbart zu Makka, 17 Āyāt

Im Namen Allāhs, des Allerbarmers, des Barmherzigen!

Bei dem Himmel und bei Aṭ-Ṭāriq! (1) Und was lehrt dich wissen, was Aṭ-Ṭāriq ist? (2) (Es ist) ein Stern von durchdringender Helligkeit. (3) Wahrlich, jede Seele hat über sich einen Hüter. (4) Darum soll der Mensch denn bedenken, woraus er erschaffen ist! (5) Erschaffen wurde er aus einer herausschießenden Flüssigkeit (6), die vom Mann und von der Frau herauskommt. (7) Wahrlich, Er hat die Macht, ihn zurückzubringen (8) am Tage, wenn die Geheimnisse enthüllt werden (9); dann wird er keine Kraft und keinen Helfer haben. (10) Und beim Himmel mit seiner Wiederkehr (11); und bei der Erde, die sich spaltet! (12) Dies ist wahrlich ein entscheidendes, letztes Wort (13), und es ist nicht zum Scherzen. (14) Wahrlich, sie planen eine List. (15) Und Ich plane eine List. (16) Darum gewähre nun den Ungläubigen Aufschub, ein klein wenig Aufschub. (17)

(87) SURA AL-A'LĀ (DER ALLERHÖCHSTE)

Offenbart zu Makka, 19 Āyāt

Im Namen Allāhs, des Allerbarmers, des Barmherzigen!
Preise den Namen deines Allerhöchsten Herrn (1), Der erschaffen und geformt hat (2), Der vorher bestimmt und leitet (3), Der die Weide hervorbringt (4) und sie zu versengter Spreu macht. (5) Wir werden dir (den Qur'ān) verlesen lassen, und du sollst (ihn) nicht vergessen (6), es sei denn, was Allāh will; denn Er kennt das Offenkundige und das Verborgene. (7) Und Wir werden es dir zum Heil leicht machen. (8) So ermahne, wo die Ermahnung nützt! (9) Mahnen lassen wird sich derjenige, der gottesfürchtig ist (10); Ermahnung meiden wird der Unselige (11), der im größten Feuer brennt (12), und in ihm wird er weder sterben noch leben. (13) Erfolgreich ist wahrlich derjenige, der sich rein hält (14) und des Namens seines Herrn gedenkt (und) alsdann betet. (15) Doch ihr zieht das irdische Leben vor (16), wo doch das Jenseits besser und dauerhafter ist. (17) Dies stand wahrlich in den ersten Schriften (18), den Schriften Abrahams und Moses'. (19)

(88) SURA AL-ĠĀŠIYA (DIE BEDECKENDE STUNDE)

Offenbart zu Makka, 26 Āyāt

Im Namen Allāhs, des Allerbarmers, des Barmherzigen!
Hat die Geschichte der *Al-Ġāšiya* dich erreicht? (1) Manche Gesichter werden an jenem Tag niedergeschlagen sein (2); sie werden sich plagen und abmühen (3); sie werden in einem heißen Feuer brennen (4); sie werden aus einer kochendheißen Quelle trinken (5); für sie wird es keine andere Speise geben außer Dornsträuchern (6), die weder nähren noch Hunger

stillen. (7) (Und manche) Gesichter werden an jenem Tage fröhlich sein (8), wohlzufrieden mit ihrer Mühe (9) in einem hohen Garten (10), in dem sie kein Geschwätz hören (11), in dem eine strömende Quelle ist (12), in dem es erhöhte Ruhebetten gibt (13) und bereitgestellte Becher (14) und aufgereihte Kissen (15) und ausgebreitete Teppiche. (16) Schauen sie denn nicht zu den Kamelen, wie sie erschaffen sind (17); und zu dem Himmel, wie er emporgehoben ist (18); und zu den Bergen, wie sie aufgerichtet sind (19); und zu der Erde, wie sie ausgebreitet worden ist? (20) So ermahne; denn du bist wahrlich ein Ermahner (21), du hast aber keine Macht über sie. (22) Was jedoch den anbelangt, der sich abkehrt und im Unglauben verharrt (23), Allāh wird ihn dann mit der schwersten Strafe bestrafen. (24) Zu Uns ist ihre Heimkehr. (25) Alsdann obliegt es Uns, mit ihnen abzurechnen. (26)

(89) SURA AL-FAǦR (DAS FRÜHLICHT)

Offenbart zu Makka, 30 Āyāt

Im Namen Allāhs, des Allerbarmers, des Barmherzigen!
Beim Frühlicht (1); und bei den zehn Nächten (2); und beim (an Zahl) Geraden und Ungeraden (3); und bei der Nacht, wenn sie vergeht! (4) Ist hierin nicht ein ausreichender Beweis für einen, der Verstand hat? (5) Hast du nicht gesehen, wie dein Herr mit den 'Ād verfuhr (6), mit (der Stadt) Iram, der Säulenreichen (7), dergleichen nicht erschaffen wurde in (anderen) Ländern? (8) Und den Ṯamūd, die die Felsen im Tal aushöhlten? (9) Und Pharao mit seinen bodenfesten Bauten? (10) Denjenigen, die im Lande gewalttätig waren (11) und dort viel Verderbnis stifteten? (12) Darum ließ dein Herr die Geißel der Strafe auf sie schütten. (13) Wahrlich, dein Herr ist ständig auf der Wacht. (14) Und wenn der Mensch von seinem Herrn geprüft wird, indem Er ihm Wohltaten erweist und Gnaden auf ihn häuft, dann sagt er: "Mein Herr hat mich gewürdigt." (15) Wenn Er ihn aber prüft, indem Er ihm seine Versorgung abmisst, dann sagt er: "Mein Herr hat mich erniedrigt." (16) Nein, ihr seid nicht freigebig

gegen die Waise (17) und treibt einander nicht an, den Armen
zu speisen. (18) Und ihr verzehrt das Erbe (anderer) ganz und
gar. (19) Und ihr liebt den Reichtum mit übermäßiger Liebe. (20)
Nicht aber so, wenn die Erde kurz und klein zermalmt wird (21)
und dein Herr kommt und (auch) die Engel in Reihen auf Reihen
(kommen) (22) und die Ğahannam an jenem Tage nahegebracht
wird. An jenem Tage wird der Mensch bereit sein, sich mahnen
zu lassen; aber was wird ihm dann eine Mahnung nutzen? (23) Er
wird sagen: "O hätte ich doch im Voraus für (dieses) mein Leben
Sorge getragen!" (24) An jenem Tag wird niemand so bestrafen
wie Er (25), und niemand wird so festbinden wie Er. (26) O du
ruhige Seele! (27) Kehre zurück zu deinem Herrn wohlzufrieden
und mit (Allāhs) Wohlwollen. (28) So schließ' dich dem Kreis
Meiner Diener an. (29) Und tritt ein in Mein Paradies. (30)

(90) SURA AL-BALAD (DIE ORTSCHAFT)

Offenbart zu Makka, 20 Āyāt

Im Namen Allāhs, des Allerbarmers, des Barmherzigen!

Ich schwöre bei dieser Ortschaft. (1) Und du wohnst in dieser
Ortschaft (2); und bei dem Zeugenden und bei dem, was er
gezeugt hat. (3) Wahrlich, Wir haben den Menschen (zu einem
Dasein) in Bedrängnis erschaffen. (4) Meint er, niemand wird
ihn in Bedrängnis bringen? (5) Er sagt: "Ich habe viel Vermögen
verschwendet." (6) Meint er, niemand hätte ihn gesehen? (7)
Haben Wir ihm nicht zwei Augen gemacht (8) und eine Zunge
und zwei Lippen? (9) Und ihm haben Wir die beiden Wege
gezeigt. (10) Doch er bezwang das Hindernis nicht. (11) Und
was lehrt dich wissen, was das Hindernis ist? (12) (Es sind:) das
Befreien eines Nackens (13); oder an einem Tage während der
Hungersnot das Speisen (14) einer nahverwandten Waise (15)
oder eines Armen, der sich im Staube wälzt. (16); Dann wird
er unter denen sein, die glauben und einander ermahnen zur
Geduld und einander ermahnen zur Barmherzigkeit. (17) Dies
sind diejenigen, die von der rechten (Seite) sind. (18) Diejenigen
aber, die nicht an Unsere Zeichen glauben - sie werden von

der linken (Seite) sein (19); sie werden vom Feuer ringsum eingeschlossen sein. (20)

(91) SURA AŠ-ŠAMS (DIE SONNE)

Offenbart zu Makka, 15 Āyāt

Im Namen Allāhs, des Allerbarmers, des Barmherzigen!
Bei der Sonne und bei ihrem Morgenglanz (1); und bei dem Mond, wenn er ihr folgt (2); und bei dem Tage, wenn er sie erstrahlen lässt (3); und bei der Nacht, wenn sie sie bedeckt (4); und bei dem Himmel und bei Dem, Der ihn aufgebaut hat (5); und bei der Erde und bei Dem, Der sie ausgebreitet hat (6); und bei einer (jeden menschlichen) Seele und bei Dem, Der sie gebildet (7) und ihr den Sinn für ihre Sündhaftigkeit und für ihre Gottesfurcht eingegeben hat! (8) Wahrlich, erfolgreich ist derjenige, der sie rein hält (9); und wahrlich, versagt hat derjenige, der sie verkommen lässt. (10) So leugneten die Ṯamūd (die Wahrheit) in ihrem Trotz. (11) (Gedenke der Zeit) als der Unseligste unter ihnen auftrat. (12) Da sagte der Gesandte Allāhs zu ihnen: "Haltet euch von der Kamelstute Allāhs und von ihrer Tränke fern!" (13) Sie aber bezichtigten ihn der Lüge und töteten sie; darum kam ihr Herr (zur Vergeltung) für ihre Schuld mit Seinem Zorn über sie und ebnete sie ein. (14) Und Er fürchtet die Folgen nicht. (15)

(92) SURA AL-LAIL (DIE NACHT)

Offenbart zu Makka, 21 Āyāt

Im Namen Allāhs, des Allerbarmers, des Barmherzigen!
Bei der Nacht, wenn sie zudeckt (1), und beim Tage, wenn er erstrahlt (2), und bei Dem, Der das Männliche und das Weibliche erschaffen hat! (3) Wahrlich, euer Eifer ist verschieden. (4) Jener aber, der gibt und gottesfürchtig ist (5) und an das Beste glaubt (6), dem wollen Wir den Weg zum Heil leicht machen. (7) Jener aber, der geizt und gleichgültig ist (8) und das Beste leugnet (9),

dem wollen Wir den Weg zur Drangsal leicht machen. (10) Und sein Vermögen soll ihm nichts nützen, wenn er zugrunde geht. (11) Wahrlich, Uns obliegt die Rechtleitung. (12) Und Uns gehört das Jenseits und das Diesseits (13); darum warne Ich euch vor einem lodernden Feuer (14), in dem nur derjenige brennen wird, der unselig ist (15), der da leugnet und den Rücken kehrt. (16) Geschont von ihm wird derjenige sein, der gottesfürchtig ist (17), der sein Vermögen hergibt, um sich zu reinigen (18), und nicht als Gegenleistung für erhaltene Gabe (19), sondern im Streben nach dem Wohlgefallen seines Herrn, des Allerhöchsten. (20) Und er wird wohlzufrieden sein. (21)

(93) SURA AḌ-ḌUḤĀ (DER VORMITTAG)

Offenbart zu Makka, 11 Āyāt

Im Namen Allāhs, des Allerbarmers, des Barmherzigen!
Beim Vormittag (1) und bei der Nacht, wenn alles still ist! (2) Dein Herr hat dich weder verlassen, noch verabscheut. (3) Wahrlich, das Jenseits ist besser für dich als das Diesseits. (4) Und wahrlich, dein Herr wird dir geben und du wirst wohlzufrieden sein. (5) Hat Er dich nicht als Waise gefunden und aufgenommen (6), und dich auf dem Irrweg gefunden und richtig geführt (7), und dich dürftig gefunden und reich gemacht? (8) Was die Waise angeht, so unterdrücke sie nicht. (9) Und was den Bittenden angeht, so fahre ihn nicht an (10), und sprich überall von der Gnade deines Herrn. (11)

(94) SURA AŠ-ŠARḤ (DAS WEITEN)

Offenbart zu Makka, 8 Āyāt

Im Namen Allāhs, des Allerbarmers, des Barmherzigen!
Haben Wir dir nicht deine Brust geweitet (1) und dir deine Last abgenommen (2), die schwer auf deinem Rücken lastete (3), und deinen Namen erhöht? (4) Und, wahrlich, mit der Drangsal geht Erleichterung einher (5); wahrlich, mit der Drangsal geht

Erleichterung einher. (6) Und, wenn du (mit etwas) fertig bist, dann bemühe dich (auch weiterhin) (7), und begehre die Nähe deines Herrn. (8)

(95) SURA AT-TĪN (DER FEIGENBAUM)

Offenbart zu Makka, 8 Āyāt

Im Namen Allāhs, des Allerbarmers, des Barmherzigen!
Beim Feigenbaum und beim Ölbaum (1) und beim Berge Sinai (2) und bei dieser sicheren Ortschaft! (3) Wahrlich, Wir haben den Menschen in bester Form erschaffen. (4) Alsdann haben Wir ihn in die niedrigste Tiefe zurückgebracht (5), ausgenommen (davon) sind diejenigen, die glauben und Gutes tun; ihnen wird ein unverkürzter Lohn zuteil sein. (6) Und was veranlasst dich hernach, die Religion zu leugnen? (7) Ist nicht Allāh der gerechteste Richter? (8)

(96) SURA AL-'ALAQ (DER BLUTKLUMPEN)

Offenbart zu Makka, 19 Āyāt

Im Namen Allāhs, des Allerbarmers, des Barmherzigen!
Lies im Namen deines Herrn, Der erschuf. (1) Er erschuf den Menschen aus einem Blutklumpen. (2) Lies; denn dein Herr ist Allgütig (3), Der mit dem Schreibrohr lehrt (4), lehrt den Menschen, was er nicht wusste. (5) Doch nein! Der Mensch übt Gewalttätigkeit (6), weil er sich im Reichtum sieht. (7) Wahrlich, zu deinem Herrn ist die Heimkehr. (8) Hast du den gesehen, der da verwehrt (9) (Unserem) Diener, dass er betet? (10) Hast du gesehen, ob er auf dem rechten Weg ist (11) oder zur Gerechtigkeit auffordert? (12) Hast du (den) gesehen, der ungläubig ist und sich abwendet? (13) Weiß er nicht, dass Allāh (ihn) sieht? (14) Doch nein! Wenn er nicht (davon) ablässt, werden Wir ihn gewiss ergreifen bei der Stirnlocke (15), der lügenden, sündigen Stirnlocke. (16) So möge er denn seine Mitverschworenen anrufen (17); Wir werden die Höllenwächter herbeirufen. (18) Doch nein!

Gehorche ihm nicht und wirf dich in Anbetung nieder und nahe dich (Allāh). (19)

(97) SURA AL-QADR (DIE BESTIMMUNG)

Offenbart zu Makka, 5 Āyāt

Im Namen Allāhs, des Allerbarmers, des Barmherzigen!
Wahrlich, Wir haben ihn (den Qur'ān) herabgesandt in der Nacht von Al-Qadr. (1) Und was lehrt dich wissen, was die Nacht von Al-Qadr ist? (2) Die Nacht von Al-Qadr ist besser als tausend Monate. (3) In ihr steigen die Engel und Gabriel herab mit der Erlaubnis ihres Herrn zu jeglichem Geheiß. (4) Frieden ist sie bis zum Anbruch des Frühlichts. (5)

(98) SURA AL-BAYYINA (DER DEUTLICHE BEWEIS)

Offenbart zu Al-Madīna, 8 Āyāt

Im Namen Allāhs, des Allerbarmers, des Barmherzigen!
Diejenigen, die ungläubig sind unter dem Volk der Schrift und die Götzendiener können (von ihrem Irrtum) nicht befreit werden, bis der deutliche Beweis zu ihnen kommt (1): ein Gesandter von Allāh, der (ihnen) reinerhaltene (Qur'ān-) Abschnitte verliest (2), in denen geradlinige Vorschriften enthalten sind. (3) Und die, denen die Schrift gegeben wurde, waren nicht eher gespalten, als bis der deutliche Beweis zu ihnen gekommen war. (4) Und doch war ihnen nichts anderes befohlen worden, als Allāh treu in lauterem Glauben zu dienen und das Gebet zu verrichten und die *Zakāh* zu entrichten. Und das ist die Religion der Geradlinigkeit. (5) Wahrlich, jene, die ungläubig sind unter dem Volk der Schrift und die Götzendiener werden im Feuer der Ǧahannam sein; ewig werden sie darin bleiben; diese sind die schlechtesten der Geschöpfe. (6) Wahrlich, diejenigen aber, die glauben und gute Werke tun, sind die besten der Geschöpfe. (7) Ihr Lohn bei ihrem Herrn sind die Gärten von Eden, durcheilt von Bächen; ewig und immerdar werden

sie darin verweilen. Allāh ist mit ihnen wohlzufrieden und sie sind wohlzufrieden mit Ihm. Dies ist für den, der seinen Herrn fürchtet. (8)

(99) SURA AZ-ZALZALA (DAS BEBEN)

Offenbart zu Al-Madīna, 8 Āyāt

Im Namen Allāhs, des Allerbarmers, des Barmherzigen!
Wenn die Erde in aller Heftigkeit erbebt (1), und wenn die Erde ihre Lasten herausgibt (2), und wenn der Mensch sagt: "Was ist mit ihr?" (3) An jenem Tage wird sie ihre Geschichten erzählen (4), so wie ihr Herr (es) ihr eingegeben hat. (5) An jenem Tage kommen die Menschen in Gruppen zerstreut hervor, damit ihnen ihre Werke gezeigt werden. (6) Wer auch nur eines Stäubchens Gewicht Gutes tut, der wird es dann sehen. (7) Und wer auch nur eines Stäubchens Gewicht Böses tut, der wird es dann sehen. (8)

(100) SURA AL-ʿĀDIYĀT (DIE RENNER)

Offenbart zu Makka, 11 Āyāt

Im Namen Allāhs, des Allerbarmers, des Barmherzigen!
Bei den schnaubenden Rennern (1), die dann Feuerfunken schlagen (2), alsdann frühmorgens anstürmen (3) und damit Staub aufwirbeln (4) und so in die Mitte (des Feindes) eindringen! (5) Wahrlich, der Mensch ist undankbar gegen seinen Herrn (6); und wahrlich, er bezeugt es selber (7); und wahrlich, stark ist seine Liebe zum (irdischen) Gut. (8) Weiß er denn nicht, wenn der Inhalt der Gräber herausgeworfen wird (9) und das herausgeholt wird, was in den Herzen ist (10), dass ihr Herr sie wahrlich an jenem Tag wohl kennt? (11)

(101) Sura Al-Qāriʿa (Die Pochende)

Offenbart zu Makka, 11 Āyāt

Im Namen Allāhs, des Allerbarmers, des Barmherzigen!
Al-Qāriʿa! (1) Was ist Al-Qāriʿa? (2) Und was lässt dich wissen, was Al-Qāriʿa ist? (3) An einem Tage, da die Menschen gleich verstreuten Motten sein werden (4), und die Berge gleich bunter, zerflockter Wolle (5), dann wird der, dessen Waage schwer ist (6), ein Wohlleben genießen (7); dem aber, dessen Waage leicht ist (8), wird Al-Hāwiya seine Mutter sein. (9) Und was lehrt dich wissen, was sie (Al-Hāwiya) ist? (10) (Sie ist) ein glühendes Feuer. (11)

(102) Sura At-Takāṭur (Das Streben nach Mehr)

Offenbart zu Makka, 8 Āyāt

Im Namen Allāhs, des Allerbarmers, des Barmherzigen!
Das Streben nach Mehr lenkt euch solange ab (1), bis ihr die Gräber besucht. (2) Aber nein! Ihr werdet es bald erfahren. (3) Wiederum: Aber nein! Ihr werdet es bald erfahren. (4) Aber nein! Wenn ihr es nur mit Gewissheit wüsstet! (5) Gewiss werdet ihr Al-Ǧaḥīm sehen. (6) Dann werdet ihr sie bestimmt mit dem Auge der Gewissheit sehen. (7) Dann werdet ihr, an jenem Tage, nach dem Wohlstand befragt. (8)

(103) Sura Al-ʿAṣr (Der Nachmittag)

Offenbart zu Makka, 3 Āyāt

Im Namen Allāhs, des Allerbarmers, des Barmherzigen!
Beim Nachmittag! (1) Die Menschen sind wahrlich im Verlust (2); außer denjenigen, die glauben und gute Werke tun und sich gegenseitig die Wahrheit ans Herz legen und sich gegenseitig zur Geduld anhalten. (3)

(104) Sura Al-Humaza (Der Stichler)

Offenbart zu Makka, 9 Āyāt

Im Namen Allāhs, des Allerbarmers, des Barmherzigen!
Wehe jedem Stichler, Verleumder (1), der ein Vermögen zusammenträgt und es gezählt zurücklegt! (2) Er meint, dass sein Vermögen ihn unsterblich mache. (3) Aber nein! Er wird wahrlich in *Al-Ḥuṭama* geschleudert werden. (4) Doch was lässt dich wissen, was *Al-Ḥuṭama* ist? (5) (Es ist) Allāhs angezündetes Feuer (6), das bis zum (Innersten der) Herzen vordringt. (7) Es schlägt über ihnen zusammen (8) in langgestreckten Säulen. (9)

(105) Sura Al-Fīl (Der Elefant)

Offenbart zu Makka, 5 Āyāt

Im Namen Allāhs, des Allerbarmers, des Barmherzigen!
Hast du nicht gesehen, wie dein Herr mit den Leuten des Elefanten verfahren ist? (1) Hat Er nicht ihre List misslingen lassen (2) und Vögel in Scharen über sie gesandt (3), die sie mit brennenden Steinen bewarfen (4), und sie dadurch wie abgefressene Saat gemacht? (5)

(106) Sura Quraiš (Die Quraiš)

Offenbart zu Makka, 4 Āyāt

Im Namen Allāhs, des Allerbarmers, des Barmherzigen!
Für die Vereinigung der Quraiš (1), (für) ihre Vereinigung zur Reise in der Karawane des Winters und des Sommers. (2) So sollen sie denn dem Herrn dieses Hauses dienen (3), Der sie speist, nachdem sie gehungert haben, und ihnen Sicherheit gewährt, nachdem sie in Angst lebten! (4)

(107) SURA AL-MĀ'ŪN (DIE HILFELEISTUNG)

Offenbart zu Makka ,7 Āyāt

Im Namen Allāhs, des Allerbarmers, des Barmherzigen!
Hast du den gesehen, der das Gericht leugnet? (1) Das ist der, der die Waise wegstößt (2) und nicht zur Speisung des Armen anspornt. (3) Wehe denjenigen Betenden (4), die (mit der Verrichtung) ihres Gebets nachlässig sind (5), die (nur dabei) gesehen werden wollen (6), und die Hilfeleistung verweigern. (7)

(108) SURA AL-KAUTAR (DIE ÜBERFÜLLE)

Offenbart zu Makka, 3 Āyāt

Im Namen Allāhs, des Allerbarmers, des Barmherzigen!
Wahrlich, Wir haben dir die Überfülle gegeben. (1) Darum bete zu deinem Herrn und schlachte (Opfertiere). (2) Wahrlich, der dich hasst, ist es, der (vom Segen der Nachkommenschaft) abgeschnitten ist. (3)

(109) SURA AL-KĀFIRŪN (DIE UNGLÄUBIGEN)

Offenbart zu Makka, 6 Āyāt

Im Namen Allāhs, des Allerbarmers, des Barmherzigen!
Sprich: "O ihr Ungläubigen! (1) Ich diene nicht dem, dem ihr dient (2), und ihr dient nicht Dem, Dem ich diene. (3) Und ich werde nicht Diener dessen sein, dem ihr dient (4), und ihr werdet nicht Diener Dessen sein, Dem ich diene. (5) Ihr habt eure Religion, und ich habe meine Religion." (6)

(110) SURA AN-NAṢR (DIE HILFE)

Offenbart zu Al-Madīna, 3 Āyāt

Im Namen Allāhs, des Allerbarmers, des Barmherzigen!
Wenn die Hilfe Allāhs kommt und der Sieg (1) und du die Menschen zur Religion Allāhs in Scharen übertreten siehst (2), dann lobpreise deinen Herrn und bitte Ihn um Vergebung! Er ist wahrlich Der, Der die Reue annimmt. (3)

(111) SURA AL-MASAD (DIE PALMFASERN)

Offenbart zu Makka, 5 Āyāt

Im Namen Allāhs, des Allerbarmers, des Barmherzigen!
Zugrunde gehen sollen die Hände Abū Lahabs! Und (auch er selbst) soll zugrunde gehen! (1) Nichts soll ihm sein Vermögen nützen, noch das, was er erworben hat (2); er wird in einem flammenden Feuer brennen (3), und seine Frau wird das Brennholz tragen. (4) Um ihren Hals ist ein Strick aus Palmfasern. (5)

(112) SURA AL-IḪLĀṢ (DIE AUFRICHTIGE ERGEBENHEIT)

Offenbart zu Makka, 4 Āyāt

Im Namen Allāhs, des Allerbarmers, des Barmherzigen!
Sprich: "Er ist Allāh, ein Einziger (1), Allāh, der Absolute, (Ewige, Unabhängige, von Dem alles abhängt). (2) Er zeugt nicht und ist nicht gezeugt worden (3), und Ihm ebenbürtig ist keiner." (4)

(113) Sura Al-Falaq (Das Frühlicht)

Offenbart zu Makka, 5 Āyāt

Im Namen Allāhs, des Allerbarmers, des Barmherzigen!
Sprich: "Ich nehme meine Zuflucht zum Herrn des Frühlichts
(1) vor dem Übel dessen, was Er erschaffen hat (2), und vor dem
Übel der Dunkelheit, wenn sie hereinbricht (3), und vor dem Übel
der Knotenanbläserinnen (4) und vor dem Übel eines (jeden)
Neiders, wenn er neidet." (5)

(114) Sura An-Nās (Die Menschen)

Offenbart zu Makka, 6 Āyāt

Im Namen Allāhs, des Allerbarmers, des Barmherzigen!
Sprich: "Ich nehme meine Zuflucht zum Herrn der Menschen
(1), dem König der Menschen (2), dem Gott der Menschen (3) vor
dem Übel des Einflüsterers, der entweicht und wiederkehrt (4),
der den Menschen in die Brust einflüstert (5), (sei dieser) von den
Ǧinn oder den Menschen." (6)